Joachim Wildeis

Der Koran, Gott und ich

Alle Verse des Korans,
thematisch gegliedert und kritisch untersucht

<logik-verlag>
Werke der Vernunft

1.Auflage 2004

www.logik-verlag.de
info@logik-verlag.de
Umschlag: jw/A. Mackenbrock, D.Kreuzeder
Druck und Bindung: C.H.Beck

Printed in Germany

Inhalt

Fragen an den Koran

Kein Tabu

<Es gibt doch tatsächlich Leute, die ohne Vorbildung und ohne Anleitung und ohne den Koran zu kennen, über Gott diskutieren. (Sure 31:Vers 20)> Für jeden, der sich hier herausgefordert fühlt, wäre es also angebracht, den Koran zu kaufen und ihn zu lesen, ein Taschenbuch mit etwa 400 Seiten.

<Der Koran ist keine Dichtung, sondern eine segensreiche Ermahnung Gottes für die Menschen, die nachdenken. (12:111, 20:113, 21:50, 26:192, 38:87, 54:32)> und <Im Koran steht nichts Falsches. (41:42)> Diese Behauptungen kann man bezweifeln, denn der Koran steckt voller Widersprüche, fordert zur Verletzung der Menschenrechte auf und verurteilt das kritische Denken. Der Text ist zudem schwer zu verarbeiten, denn eine Struktur gibt es nicht, die Sprache ist holprig und die ständigen Wiederholungen ermüdend. <Daher werden manche nach der Lektüre des Korans sagen: „Das habe ich nicht verstanden." Denen hat Gott dann leider den Geist versiegelt. (47:16)> Doch damit sollte sich niemand abfinden. Hier soll der Geist geöffnet und Aufklärung geleistet werden. Der Koran soll auf seine Brauchbarkeit als Lebenshilfe und auf seine Vereinbarkeit mit einer demokratischen Ordnung und den Menschenrechten geprüft werden.

Dazu wird der Text des Korans thematisch gegliedert und seine Botschaften werden den aktuellen Erkenntnissen und den Gebräuchen der demokratischen Informationsgesellschaften gegenübergestellt. Gesucht wird nach den Antworten des Korans auf die Fragen:

Welche Bedeutung hat der Koran im Islam?
Wer ist Allah?
Woher kommt die Welt und das Leben?
Hat Allah Entscheidungsfreiheit gegeben?
Sind Juden und Christen Brüder im Glauben?
Wann ist der Gläubige gläubig?
Was passiert mit den Ungläubigen?
Wie muss eine Gesellschaft aufgebaut sein?
Erteilt der Koran einen Missionsauftrag?
Welche Stellung hat Mohammed im Koran?

Die Aussagen des Korans auf diese Fragen werden kritisch untersucht, auch wenn <am Koran, dem Buch Gottes, nicht gezweifelt werden darf. (2:2)> Die dazu notwendige Abgrenzung zwischen einer Inspiration Gottes oder gar eines wörtlichen Textes von Gott oder der Inspiration eines Menschen ohne das Zutun Gottes wird im Kapitel „Der Koran über Mohammed" behandelt. Diese Abgrenzung ist auch eine Abgrenzung gegenüber dem Fundamentalismus. Das betrifft den Fundamentalismus des Islam genauso wie den Fundamentalismus der Vernunft.

Der Weg, der hier verfolgt wird, ist der Weg der Vernunft. Doch wo die Vernunft keine Antwort auf die gestellten Fragen liefert, wird dem Glauben Raum gegeben. Das aber bedeutet, dass bis zu dem Punkt, wo die Vernunft noch greift, konsequent davon Gebrauch gemacht wird.

Das Verständnis der Theologen, dass ein theologischer Text nur in sich selbst untersucht werden darf, die Exegese in der Wissenschaft der Hermeneutik nämlich, ist eine Regel, die sie sich selbst gegeben haben. Der kritische und aufgeklärte Geist stellt solche Regeln in Frage.

Ein globales Verständnis des Islams, das zur Auslegung des Korans von den Theologen gefordert wird, ist auch nicht hilfreich. Denn da wird alles eingeebnet, doch genau die Polarität, die uns heute belastet, geht dabei unter. Die religiösen Kriege unserer Zeit, die Vernichtung der Buddha-Statuen in Afghanistan, die weltweit geltende Fatwa gegen Salmon Rushdi etc. basiert nicht auf dem Verständnis des Islams, wie es heute von den vielen Kulturmuslimen praktiziert wird, sondern auf der Auslegung jener, die den islamischen Gottesstaat als die einzig richtige Lebensform ansehen.

Hinzu kommt, dass der Koran unbeschränkte und allumfassende Gültigkeit beansprucht, denn <was im Koran steht, ist Wahrheit und Gerechtigkeit (38:67, 42:17) und ihr müsst alle Verse des Korans akzeptieren (2:85)> Neue Regeln Gottes, die an unsere Zeit angepasst sind, können auch nicht mehr kommen, denn <Mohammed ist der letzte aller Propheten (33:40)> Daher wird immer noch nach der wörtlichen Auslegung eines Buchs aus dem 7.Jahrhundert gelebt.

Wenn auf die historischen Zusammenhänge im Koran verwiesen wird, sollte diesem Argument daher kritisch begegnet werden. Mit dem Vers: <kämpft gegen die Ungläubigen, wie sie auch euch bekämpfen (9:36)> hatte sich Mohammed seinen Krieg gegen die Mekkaner im Jahr 624 mit göttlicher Inspiration sanktionieren lassen. Doch genau diese Begründung wird heute noch im Zusammenhang terroristischer Aktionen verwendet. Unter Hinweis auf den Vers 9:36 in der Fatwa von Bin Laden wird dazu aufgerufen, die ungläubigen Amerikaner und Juden zu töten. Die Entstehungsgeschichte der Verse treten in den Hintergrund, wenn zu aktuellen Ereignissen der Bezug zum Koran hergestellt wird und als Begründung dient.

Ein allgemein bekanntes und vergleichsweise harmloses Beispiel für die Tradition der nomadischen Wüstengesellschaft Mohammeds mit dem Anspruch der unveränderten Gültigkeit ist die Verordnung, dass Frauen ein Kopftuch zu tragen haben: <Die gläubigen Frauen sollen den Schal um ihre Kleidungsausschnitte legen. (24:31)> oder auch <ihre Kleidung über den Kopf herunterziehen. (33:59)> Beide Formen der Verschleierung sind gängige Praxis muslimischer Frauen, obwohl der Schutz der Frauen vor Belästigungen temperamentvoller Männer mit Sprache, Handy und Karate in unserer Zeit effektiver gesichert werden kann. Eine Verschleierung empfindet die aufgeklärte, emanzipierte und gleichberechtigte Frau eher als entwürdigend.

Weder die Geschichtsforschung, noch der Koran, noch die übrigen Wissenschaften können abschließende Antworten zu den hier gestellten philosophischen Fragen geben, sehr wohl aber zu angemessenen, sich ständig ändernden Lebensformen. Es gibt keine ausreichenden Erklärungen zu Materie und Bewusstsein, zu Unendlichkeit und Raumzeit und vor allem zum „Warum" des Seins. Da hilft nur der Glaube und genau den fordert der Koran, kompromisslos und uneingeschränkt: <Wem Gott den Koran gibt, nimmt ihn auf, wie man ihn aufnehmen soll: Man glaubt daran. Wer aber nicht daran glaubt, der stürzt sich ins Elend. (2:121)>

Gliederung und Inhalt des Korans

<Gott hat den Koran in Abschnitten offenbart, damit er den Menschen in Ruhe [Teilen?] vorgelesen wird. (17:106)> Zum intellektuellen Verständnis reicht die Ruhe der Verlesung nicht, denn der Koran ist thematisch nicht gegliedert, sondern seine Suren sind absteigend nach ihrer Länge sortiert. Dieser Aussage widerspricht natürlich der gläubige Muslim. Er glaubt an den inneren Zusammenhang, der aber mit Vernunft nicht erkennbar ist. Der Koran besteht aus 114 Suren, die man auch Kapitel nennen kann. Die Suren tragen Namen, die als Erinnerungshilfe demjenigen dienen, der den Text auswendig lernen will.

Jede Sure hat eine unterschiedliche Anzahl Verse, insgesamt 6231 bis 6348, je nach Art der Zählung, denn die Nummerierung der Verse wird in den verschiedenen Koranveröffentlichungen unterschiedlich gehandhabt. Die meisten Suren beginnen im ersten Vers mit <Im Namen Gottes, des Gnädigen, des Barmherzigen.>, weshalb dieser Vers in der Nummerierung vielfach nicht berücksichtigt wird; so auch hier. Die Quellenangabe, also Sure : Vers wird auch unterschiedlich gesetzt, manchmal vor und manchmal hinter dem Vers. Hier steht sie immer hinter dem Vers.

Der Koran ist eine Aneinanderreihung von bekannten biblischen Geschichten und ein Gesetzestext, bzw. eine „Rechtleitung“ (45:11), wie es der Koran nennt. Der Koran beschreibt Gott als <ewig, einzig, absolut, stark, erhaben, stets nahe und immer präsent. (2:186, 2:255, 22:74, 37:4, 112:1)> und den Teufel als den <Feind der Menschen (35:6)>, die Hölle als einen Ort der <bedrückenden Qual (25:65)> und das Paradies als Stätte, wo man <am Glanz der Gesichter ihrer Bewohner deren Seligkeit erkennen kann. (83:24)> Der Koran gibt Definitionen zu „gläubig“: <Das sind die, deren Herzen erbeben, wenn sie von Gott hören (8:2)>, „ungläubig“: <Das ist der, der nicht an den Koran und die Bibel glaubt> und Regeln zum irdischen und ewigem Glück: <das höchste Glück ist die Gnade Gottes. (44:57)> Im Koran gibt es eine Vielzahl von Erzählungen geschichtlicher Ereignisse aus der Zeit Mohammeds und unzählige Hinweise auf die Vorbestimmung der Welt, denn <alles steht endgültig fest. (6:59)>

Wiederholungen machen etwa die Hälfte des gesamten Textes aus. Das Wort Allah kommt als Begriff und in Form der Personalpronomina „Ich, Wir, Er, Uns, Mir“ über 7.000-mal vor. Die biblische Geschichte vom „goldenen Kalb“, die Flucht der Juden aus Ägypten und andere Geschichten werden mehrfach erzählt. Hier werden sie aber nur einmal ausgeführt und Wiederholungen nur mit ihrer Referenz, Sure:Vers, angegeben, auch wenn damit Nuancen des Sinns verloren gehen. Verse, die verschiedenen Themen zugeordnet werden können, werden dafür mehrfach genannt.

Geschichten, deren Ablauf eine bekannte Chronologie haben, wie z.B. der Auszug der Juden aus Ägypten, werden unter Berücksichtigung der mehrfachen Erzählungen angenähert in dieser Folge wiedergegeben. Andere Abläufe, wie Jüngster Tag, Jüngstes Gericht, Hölle/Paradies werden in ihrem sinnvollen Ablauf aufgeführt, was nichts anderes heißt, als dass zuerst die Wiedererweckung vom Tod erfolgt sein muss, bevor die Qualen der Hölle erfahren werden können. Auch wenn es dabei zu Sinnverschiebungen kommen kann, so bleibt doch immer die Botschaft erhalten, um die es hier geht.

Die Verwendung des Pronomens „er“ ist oft verwirrend. Ob nun Gott, Mohammed, eine Figur aus der gerade erzählten Geschichte oder der Koran selbst gemeint ist, bleibt vielfach offen. Auch das Pronomen „euch“ kann verschiedene Bedeutungen annehmen. Meint der Autor nun die Menschen schlechthin oder die Muslime, die Gläubigen oder die Ungläubigen? Manchmal ist die Zuordnung sprachlich nicht möglich. <Das Streben nach Mehr lenkt euch so lange ab, bis ihr die Gräber besucht. (102:1, 102:2)> Da dieser Vers am Beginn der Sure steht, gibt es keinen Bezug zu „euch“. Bei der Verwendung des „du“ kann entweder Mohammed gemeint sein, weil ja Gott mit ihm spricht, oder der Leser bzw. der Zuhörer. Nicht immer ist es eindeutig, aber generell gilt: <Wer nicht daran glaubt, kann es auch nicht verstehen (41:44)>

Häufig stellt der allwissende Gott Überlegungen an, was denn einer denken mag oder was denn eine Gruppe zu dieser oder jener Handlung veranlasst haben mag. Dieses Stilmittel der Erzählung soll wohl die Unsinnigkeit bestimmter Gedanken und Aktionen betonen. <Haben die Ungläubigen etwa Götzen, die ihnen einen Glauben verordnen, der im Widerspruch zu den Verordnungen Gottes stehen? Gäbe es nicht den festgesetzten Termin des Jüngsten Tags, wäre längst das Urteil über sie gefällt worden. Diese Sünder werden hart bestraft. (42:21)>

Gleichnisse sind ein stilistisches Mittel des Korans, auch wenn die Gleichnisse Gottes <nur die Gebildeten [die mit Wissen] verstehen. (29:43)> Hier eine Kostprobe: <Die Ungläubigen sind wie Tiere, die nur hören, wenn man sie anschreit. Sie begreifen nichts. (2:171)> oder <was hat ein stummer Diener gemeinsam mit einem gerechten Mann, der auf dem rechten Weg ist? (16:75, 16:76)> Um diese Aussagen als Gleichnisse zu verstehen, muss man wohl eher gläubig, denn gebildet sein. <Die Gleichnisse im Koran sind Unsinn [nur Lügen], behaupten die Ungläubigen. (30:58)> Das mag jeder selbst beurteilen. Ein Gleichnis soll dem besseren Verständnis der eigentlichen Aussage dienen. Wenn es diesen Anspruch nicht erfüllt, hat es seinen Zweck verfehlt, ob nun durch Gott inspiriert oder nicht.

Ob die vielen Widersprüche im Koran auch ein stilistisches Mittel sind, kann verneint werden, denn <der Koran ist frei von Widersprüchen [enthält nichts Krummes]. (18:2)> Kernige Behauptungen wie diese werden nicht begründet, denn <was im Koran steht, ist die Wahrheit. (35:31)>

Alle Kapitel dieses Buches gliedern sich in die Abschnitte „Korantext“ und „Korankommentierung.“ Die Korantexte stehen zu Beginn der Kapitel und sind durch eine kleinere Schriftgröße vom übrigen Inhalt abgesetzt. Gotteslob und Warnungen wurden vielfach weggelassen, da sie gesammelt an anderer Stelle erwähnt werden. Das gilt auch für Beschreibungen zu Himmel und Hölle und was Gläubigen und Ungläubigen am Jüngsten Tag widerfährt.

Es lässt sich nicht vermeiden, dass durch die neue Gliederung des Textes, der Übertragung in eine an unsere Zeit angepasste Sprache, die Zusammenfassung sich wiederholender Aussagen vereinzelt vielleicht auch Brüche, vielleicht sogar Sinnentstellungen entstanden sind. Bei der Komplexität der Aufgabe lassen sich Fehler nicht vermeiden. Man möge mir daher solche Übertretungen nachsehen. Manchmal sind deshalb auch [?] gesetzt. Da war ich ratlos und mit mir die meisten Übersetzer dieser Passage auch.

Im Sinne des Korans hat weder Gott noch göttliche Inspiration, sehr wohl aber göttliche Vorbestimmung zu diesem neuen, in Deutsch abgefassten und an den ursprünglichen Koran angelehnten Ergebnis geführt.

Lesart

Wer die interpretierte Übertragung der Koranverse in diesem Buch mit anderen Quellen vergleichen will, muss da wie dort ein bis zwei Verse davor und danach mit einbeziehen. Zum Vergleich müssen auch alle hier genannten Referenzen eines Verses und immer der ganze Absatz gelesen werden. Stets wiederkehrende Aussagen werden nicht in jedem Vers wiedergegeben und sind gesammelt dem jeweiligen Thema zugeordnet. Der Anspruch der Vollständigkeit, bezogen auf die inhaltlichen Aussagen, wird erhoben. Wo die wörtliche Sprache der Übersetzung zu weit von unserem kulturellen Verständnis abweicht oder die Folge der Erzählung nicht der zeitlichen Folge entspricht, wird sinngemäß nacherzählt. Wer das berücksichtigt, kann vergleichen.

Wenn hier von der „Bibel“ die Rede ist, so gilt das als Sammelbegriff für Altes Testament und Thora, Neues Testament und Evangelien. Die konfessionellen Unterschiede der „Bücher“ spielen hier keine Rolle.

Grundlage der Bearbeitung der Korantexte waren die in deutscher Sprache verfügbaren Übersetzungen, die seit der Herausgabe der poetischen Fassung von Friedrich Rückert im Jahre 1836 erschienen sind und heute noch zugänglich sind. Wo die Aussagen der verschiedenen Übersetzungen zu stark voneinander abwichen, wurde der Version von Rudi Paret der Vorzug gegeben.

Der Anspruch einer wissenschaftlichen Arbeit wird nicht erhoben. Die hier vorliegende Zusammenstellung der Koraninhalte wird als eine von verschiedenen Möglichkeiten angeboten, um sich über die Grundsätze des Islams zu informieren.

Autor und Herausgeber des Korans

<Der Koran stammt ohne Zweifel von Gott (32:2, 36:5, 39:1, 40:2) und er hat Mohammed als Herausgeber bestimmt. (48:8)> Gott als Autor, das ist für keinen Gläubigen noch steigerungsfähig. Daher hat der Koran die höchste Kompetenz im Islam. Alle anderen Texte, die der Islam anbietet, mögen wichtig sein und den Koran ergänzen, können aber nie im Widerspruch zum Koran, den Aussagen Gottes, stehen. Der Koran ist außerdem das von allen Strömungen des Islam anerkannte Werk und ist der Ursprung dieser Religion. Alle Muslime akzeptieren den Text, auch wenn er unterschiedlich interpretiert und kommentiert wird.

<Gott veröffentlichte die Thora (5:44), danach kam <Jesus, dem er das Evangelium gab. (5:46)> Jesus hat keine Zeile des Evangeliums verfasst, sondern die Evangelien beschreiben das Leben Jesus und sie sind erst nach seinem Tod geschrieben worden.

Nach der Veröffentlichung der Bibel hat Gott dann <den Koran zur Richtigstellung herausgegeben (3:3), da die Menschen bis dahin offensichtlich im Irrtum lebten. (3:164)> Die Bibel wurde also von den Juden und Christen verfälscht oder falsch interpretiert. Diese Behauptung, verbunden mit dem Anspruch, dass Gott der Autor all dieser Bücher ist und das jüngste davon, der Koran, eine Richtigstellung vornimmt, verhindert den kontroversen Dialog der drei monotheistischen Religionen untereinander, denn sonst bestünde ja die Gefahr, dass sich Gott widerspricht oder geirrt hat.

<Mohammed ist der Prophet Gottes und der letzte seiner Herausgeber [der Siegel der Propheten]. (33:40)> Das heißt, der Islam ist in seiner Grundstruktur festgelegt und kann sich demnach nur mit Hilfe neuer Interpretationen weiterentwickeln.

Der Koran als Buch, Übersetzung und die Übertragung

Als Mohammed 632 starb, existierte der Koran in seiner heutigen Form noch nicht. Erst 20 Jahre nach seinem Tod gab es eine erste Ausgabe. Die Aussagen Mohammeds wurden mündlich weitergegeben. Auch heute noch lernt der Gläubige den Koran im arabischen Original auswendig. Die schriftliche Aufzeichnung dient nur als Gedächtnisstütze.

Nach dem Verständnis der Muslime ist der Koran aber weit mehr als nur ein Buch. Er ist das unverfälschte Wort Gottes. Daher soll der Gläubige das Arabische Original rezitieren und die Texte verinnerlichen, denn so kann er vielleicht auch religiöse Erfahrungen machen. <Wenn der Koran verlesen wird, so hört zu und schweigt in Aufmerksamkeit (7:204) und gedenkt Gottes in Demut und Furcht, ohne laute Worte. (7:205)>

Um die Antworten des Korans auf die hier gestellten Fragen zu erhalten, ist eine sinngemäße Übertragung hilfreich und eine thematische Gliederung der Verse des Korans notwendig. Die Gliederung dient der Zusammenfassung der verschiedenen Aussagen zu einem Thema, die verstreut im Text liegen, und die sinngemäße Übertragung soll das Lesen dieser Aussagen erleichtern.

Wörtliche Übersetzung aus dem Arabischen:

<Sie fragen dich nach den Neumonden. Sprich: „Sie sind festgesetzte Zeiten für die Menschen und den Hadschdsch." Und es ist keine Frömmigkeit, wenn ihr eure Häuser von der Rückseite betretet. Frömmigkeit ist vielmehr, Allah zu fürchten. So geht in die Häuser durch ihre Türen hinein und fürchtet Allah. Vielleicht werdet ihr erfolgreich sein. (2:189)>

Sinngemäße Übertragung:

<Wenn Mohammed nach den Mondzyklen befragt wird, soll er folgendermaßen aufklären: „Sie dienen der Bestimmung des Kalenders und geben den Hinweis, wann zur Pilgerfahrt nach Mekka aufgebrochen werden soll." Auch soll er erklären, dass es kein Zeichen von Frömmigkeit ist, wenn man nach der Wallfahrt durch die Hintertüre in das eigene Haus zurückkehrt. Das ist ein heidnischer Brauch aus früheren Zeiten. Geht normal zum Eingang in euer Haus hinein und verehrt Gott. Das genügt. (2:189)>

<Niemand darf die Worte Gottes ändern. (6:34)> Wie aber an dem obigen Beispiel erkennbar ist, sind Übertragungen durchaus sinnvoll, um die Inhalte zu verstehen. Bei dem folgenden Beispiel muss man zwar gar nichts verändern, das versteht jeder sofort, ist aber nur im Zusammenhang mit den kulturellen Bedingungen Arabiens in der Zeit Mohammeds erklärbar:

<Die Männer tragen die Verantwortung für die Frauen. Darum sind die tugendhaften Frauen die Gehorsamen. Und jene, die widerspenstig sind, sollen ermahnt, im Ehebett gemieden und

geschlagen werden. (4:34)> Solche Anweisungen sind in einer demokratischen Informationsgesellschaft unbrauchbar.

Auch muss man die klimatischen und geografischen Bedingungen des Orts der Erstausgabe des Korans berücksichtigen, um vermeintlich Selbstverständliches zu verstehen:

<Sie werden unter Lotusbäumen und Bananenstauden im endlosen Schatten liegen (56:28, 56:29, 56:30)> und <Gott hat euch Kleidung gemacht, die euch vor der Hitze schützt. (16:81)> In Berlin oder Paris fühlt man sich weniger von der Hitze bedroht, als in Dubai, wohingegen der Segen des Regens in Arabien anders empfunden wird als in London oder in Seattle im Hochsommer. <Wenn Gott es regnen lässt, dann freuen sich die Menschen, obwohl sie vorher verzweifelt waren. (30:48, 30:49)> In den genannten Städten sind die meisten eher verzweifelt, weil es zu viel regnet.

Bei der Lektüre des Korans muss man auch berücksichtigen, dass die ursprüngliche Zielgruppe eine patriarchalische Nomadengesellschaft in der Wüste Arabiens des 7. Jahrhunderts war. Demnach könnte man dieses Buch als eine Sammlung von Geschichten vergangener Zeiten abtun, aber dagegen spricht, dass heute jeder 5. Mensch ein Muslim ist und im Koran der Anspruch der ewigen und absoluten Gültigkeit erhoben wird. <Der Koran ist keine Dichtung. (12:111) In ihm gibt es nichts Falsches (39:28) und er ist unabänderlich. (6:115)>

Daher gilt auch heute noch folgende Anweisung: <Wenn ihr euch zum Schlafen zurückzieht und nackt daliegt, also vor dem Morgengebet, mittags und nach dem Abendgebet, sollen euch die Sklaven und die Jungendlichen erst fragen, ob sie eintreten dürfen. Zu anderen Zeiten aber ist es keine Sünde, wenn sie ungefragt kommen. (24:58) Und wenn eure Kinder die Pubertät erreicht haben, sollen sie generell um Erlaubnis bitten, genauso wie die anderen Erwachsenen auch. (24:59)>

Wenn man von der Selbstverständlichkeit, mit der an vielen Stellen des Korans von Sklaven gesprochen wird, erst einmal absieht, dann stellt diese Regel zwar kein Problem der Umsetzung unter heutigen Bedingungen dar, ist aber doch ziemlich realitätsfremd. Die meisten Wohnungen haben heute mehrere Zimmer, so dass es keine Sünde ist, wenn die Kinder in die Küche oder ins Wohnzimmer gehen, ohne anzuklopfen. Zugegeben, im Zelt der Nomaden oder im Einzimmerhaus ist das ein Problem. <Ein fremdes Schlafzimmer soll man nur dann betreten, nachdem man angeklopft hat und aufgefordert wurde, einzutreten (24:58, 24:59)> Das wäre die zeitgerechte Übertragung des Textes. Soweit wird hier aber nicht gegangen, denn sonst müsste man den gesamten Text in diesem Sinn übertragen. Dann aber bleibt vom Koran nicht mehr viel übrig.

Aussagen wie <Wenn ihr in Furcht seid, betet zu Fuß oder beim Reiten. (2:239)> bleiben also stehen und werden nicht aufs Fahren im Auto übertragen, wovon ich aus Gründen der Sicherheit ohnehin abrate.

Die Aufforderung <nehmt nur maximal 4 Ehefrauen, (4:3)> mag manche noch entzücken, in unserer Gesellschaft ist das schlicht verboten. Obwohl der Grundgedanke die Versorgung der Witwen und deren Kinder ist, können solche Regeln nicht übertragen werden. Der lustvolle Teil der Polygamie soll nämlich erhalten bleiben. Daher kann man nicht einfach sagen, dass die Gesellschaft die Verantwortung für die Witwen und deren Kinder übernehmen soll. Somit bleiben auch diese Formulierungen so stehen wie sie sind.

Gesetze, Verordnungen und Regeln werden so weitergegeben wie sie vorliegen, alles andere setzt voraus, dass man die Absichten des Autors kennt. Doch wer kann von sich behaupten, dass er die Absichten Gottes kennt.

<Gott hat vorgeschrieben: Leben um Leben und gerechte Vergeltung für Verwundungen. Wer darauf verzichtet, dem soll der Schaden eine Sühne sein. Und wer nicht richtet, der ist ungerecht (5:45)> Vergeltung und Blutrache bringt mich in einer westlichen Demokratie unweigerlich ins Gefängnis, denn kein Richter akzeptiert dort als Begründung die Aussage <Gott hat den Koran verbindlich für die Menschen gemacht. (28:85)> Aber auch die Annahme, dass der Staat eine Vergeltung dieser Art verübt, lässt einen Demokraten erschauern.

Bei solchen Anweisungen muss der gläubige Muslim, der in einer abendländischen Demokratie leben will, persönliche Interpretationen finden, die gesellschaftskonform sind.

Die Strafe <einem Dieb oder einer Diebin die Hände abzuschneiden. (5:38)> muss nicht mal diskutiert werden, von der Steinigung untreuer Ehefrauen und Ehemännern ganz zu schweigen. Jener Koranvers, der die Steinigung untreuer Eheleute verordnete, wurde zwar „vergessen", dennoch wird diese Form der Bestrafung immer noch vollzogen. <Wenn Gott eine Verordnung aufhebt oder vergessen lässt, so wird sie durch eine bessere oder gleichwertige ersetzt. (2:106)>

Die Beschreibung der Hölle ist Ekel erregend und wäre als Videospiel in Deutschland verboten. Trotzdem sind die Details in dem Kapitel „Wie sieht die Hölle aus" nachzulesen.

Die Aufforderung, wie mit Ungläubigen umzugehen ist, ist oft inhuman und liefert auch Erklärungen zu den Ereignissen am 11.September 2001 in New York: <Gott zu den Engeln: „Den Ungläubigen will ich Angst einflößen. Schlagt ihnen den Kopf und jeden einzelnen Finger ab." (8:12)> Islamische Fundamentalisten, die sich als Engel oder ausführende Organe von Engeln berufen fühlen, handeln danach.

Die moderaten Muslime behandeln die Ungläubigen, wie man es von liberalen Mitmenschen erwarten kann: <Sag den Ungläubigen: „Handelt nach Belieben. Wir handeln gemäß unserem Glauben. Wir alle werden das Ergebnis unseres Tun erfahren." (11:121, 11:122)> Deshalb hüte man sich auch vor pauschalen Urteilen. Man findet nämlich oft widersprüchliche Anweisungen.

Glauben, erfahren, beweisen

Auch wenn das Rezitieren des Korans im Original der spirituellen Erfahrung dienen mag, so bleiben die Verse immer noch Sprache, also ein Mittel, um Informationen zu übertragen. Diese Informationen werden untersucht und dabei werden die Antworten auf die gestellten Fragen zusammengetragen. Diese Antworten werden dann nach Kriterien der Glaubwürdigkeit und der Logik mit den Hilfsmitteln der Vernunft gegliedert und bewertet. Diese Kriterien erheben den Anspruch der Objektivität. Und diese Objektivität gibt uns die Möglichkeit „Gemeinsames“ zu denken und zu erleben.

Die Sprache wird hier nach der Definition heute gültiger Lexika verwendet. Dieser triviale Hinweis erscheint notwendig, denn oft wird bei Diskussionen über metaphysische Themen der Anspruch der individuellen Sprachauslegung erhoben.

Auf Inhalte aus dem Koran, die nur mit Glauben oder mit spiritueller Erfahrung belegbar sind, wird gesondert hingewiesen. Ich glaube gerne Antworten auf Fragen, für die es keine vernünftige Erklärung gibt. Mit dem Glauben baue ich mir die Brücke zur Vernunft, denn sonst müsste ich alle offenen Fragen aus meinem Bewusstsein verbannen. Doch wenn allgemeine Erkenntnisse der Vernunft vorliegen, ist das Gegenteil nicht mehr glaubwürdig.

Was Praxis und Tradition oder Geschichte ist, muss man auch nicht glauben: <Das Jahr hat 12 Monate. Das sollt ihr glauben. (9:36)> Wieso? Das weiß ich. Das ist eine Festlegung von G.J. Cäsar. Es hätten auch 10 oder 16 Monate sein können, vorausgesetzt es sind 365,25 Tage im Jahr.

Was die Naturwissenschaft erklärt, muss ich auch nicht glauben: <Die Vögel hält Gott in der Luft (16:79)> und was widersprüchlich ist, kann nur glauben, wer die Vernunft ausschaltet: <Jeder hat sich selbst zu verantworten. (34:25) Alles steht endgültig fest. (54:3)> Entweder – Oder!

Was dann zu glauben übrig bleibt, glaube ich aus einer Vermutung heraus, da es mir wahrscheinlich erscheint, also glaubwürdig ist. Lässt sich auch das nicht machen, weil es zu weit von der Möglichkeit einer teilweise vernünftigen Zuordnung zu Bekanntem ist und daher auch nicht als wahrscheinlich erscheint, so glaube ich aus Zuneigung, aus Sympathie, aus Vertrauen zum Autor. Das aber kann ich nicht mehr begründen, ist individuell und bleibt jedem selbst überlassen. <Gott erschuf das Universum, die Zeit (10:5) und das Leben. (2:164)> Die Naturwissenschaft hat noch keine vernünftige Erklärung, die diese Aussage widerlegen könnte.

Selten wird im Koran analytisch argumentiert, d.h. eine Aussage beruft sich auf eine andere: <Satan: „Gott hat euch diesen Baum nur deshalb verboten, damit ihr nicht Engel oder Ewiglebende werdet.“ (7:20)> Damit verschiebt sich nur die immer noch erforderliche Begründung auf jenes, auf das sich berufen wird, denn warum soll ein Mensch kein Engel werden?

Meistens wird daher substanziell argumentiert und somit ein Bezug auf allgemein anerkannte Einsichten hergestellt. Da der Bezug aber immer Gott ist, gelten die Aussagen nur in dem geschlossenen System der gläubigen Muslime. <...weil Gott den Koran mit der Wahrheit veröffentlicht hat. (2:176)> Die Argumente nehmen Bezug auf Vertrautes, das schon Zustimmung gefunden hat: Gott.

Daher sind die Begründungen im Koran eher Predigten und nur selten Argumente.

<Taub, stumm und blind sind sie, darum begreifen sie nichts. (2:171)> Solche Argumente werden nicht in Frage gestellt, denn sie sind allgemein anerkannt, auch wenn es zu diesem Beispiel natürlich auch Ausnahmen gibt.

Manche Begründungen im Koran sind wie Diskussionen aufgebaut. <Die Ungläubigen sagten: „Warum ist der Koran nicht einem angesehenen Mann offenbart worden?" (43:31) Gott: „Sind sie es, welche die Barmherzigkeit Gottes verteilen?" (43:32)> Da Rhetorik die Kunst ist, einen Konsens unter den unterschiedlichen Meinungen herbeizuführen, müsste erkennbar sein, wie die Zweifler überzeugt werden. Aber auch hier wird schlicht auf Gott Bezug genommen, was jede weitere Diskussion ausschließt. Die Zustimmung hängt also wieder von der Glaubwürdigkeit Gottes ab.

Obwohl die Glaubwürdigkeit eines Autors die stärkste Überzeugungskraft in einer kritischen Auseinandersetzung hat, wird diese hier nicht berücksichtigt, denn sie ist auch Gegenstand der Untersuchung: Der eine, von der Welt getrennte, sich selbst wissende Gott und die durch ihn in Gang gesetzte Vorbestimmung unter Beibehaltung der Verantwortung seiner Marionetten, wird in Frage gestellt.

Gott weiß alles (57:3), ist Autor des Korans (42:17) und deshalb gibt es auch nichts Falsches im Koran (6:115). Dieser Zirkelschluss ist die Basis aller Argumentation des Korans und genau deshalb werden Begründungen, die darauf Bezug nehmen, nicht anerkannt.

Der Maßstab der Bewertung des Korans

<Frieden ist eine Botschaft Gottes. (36:58)> Frieden bedeutet auch Freiheit und Menschlichkeit und mit diesem Maßstab wird hier bewertet, denn nur unter dieser Voraussetzung haben die Menschen in einer multi-kulturellen und humanistischen Gesellschaft ein friedliches Auskommen miteinander.

In solch einer Gesellschaft ist die Würde des Menschen unantastbar. Hier hat der Mensch das Recht und die Pflicht zur Selbstbestimmung. Persönliche Konflikte und Konflikte unter Parteien, Gruppen oder Staaten werden mit demokratischen Mitteln ausgetragen. Das heißt Frieden verbreiten, die Staatsgewalt auf verschiedene Institutionen aufteilen und das Gewaltmonopol dem Staat zuordnen. Die Gleichberechtigung aller, die in einer solchen Gesellschaft leben, beinhaltet somit auch die Achtung vor Minderheiten. Daraus ergibt sich für jeden die Möglichkeit, unter verschiedenen Lebensauffassungen wählen zu können. In diesen Gesellschaften wird die Toleranz dort begrenzt, wo sie selbst oder die Menschenrechte verletzt werden.

Dogmatismus und absolute Wahrheiten verhindern Entwicklungen und stehen im Widerspruch zur Aufklärung. Aufklärung ist aber notwendig, denn unser Wissen wird immer begrenzt bleiben. <Zu euch ist nun das Licht Gottes und ein Buch der Aufklärung, der Koran, gekommen. (5:15)> Jeder, der an den Grundfragen des Seins interessiert ist, freut sich über neue Ideen, wie sie auch der Koran für manche vermittelt. Wenn aber die Behauptung aufgestellt wird, dass es <im Koran nichts Falsches gibt (39:28)>, dann wird dogmatisch abgegrenzt.

Die Welt in ihrer Vielfalt und Widersprüchlichkeit erleben, Leid zu minimieren und Glück zu mehren, unter Berücksichtigung der gleichen Wünsche seiner Mitmenschen, muss das Ziel sein, das eine friedliche Gesellschaft verfolgt.

Hier wird kein Urteil über den Islam gefällt, der sich in seiner Vielfalt ohnehin nicht global bewerten lässt. Hier wird ein Urteil über die Vereinbarkeit der Aussagen eines Buches, des Korans, mit den Gepflogenheiten einer demokratischen Informationsgesellschaft unserer Zeit gefällt. Wer aber anzweifelt, dass man den Koran mit diesem Maßstab bewerten kann, muss unkritisch glauben und grenzt sich selbst als Mitglied einer solchen Gesellschaft aus.

Aber auch die gläubigen Muslime müssen akzeptieren, dass es die absolute Wahrheit nur in mathematischen Räumen gibt. In der Raumzeit gibt es sie nicht. Da gilt jeder Anspruch nur bis auf weiteres. Einerseits unterstützt der Koran diese Erkenntnis <Gott hält den Himmel zurück, damit er nicht auf die Erde fällt, es sei denn, er will es. (22:65)>, doch andererseits werden oft Aussagen mit unbeschränkter Gültigkeit gemacht, die schlicht falsch sind: <Gott ist ewig und einzig. (112:1, 112:2)> Ewigkeit ist Einheit, denn die grenzenlose Zeit setzt den grenzenlosen Raum voraus. Gott, der nicht in der Einheit enthalten ist, führt daher zu einem Widerspruch, denn eine Menge ist nur dann unendlich, wenn sie umkehrbar eindeutig einer Teilmenge ihrer selbst zugeordnet werden kann. Danach müsste Gott im Universum enthalten sein oder Gott gibt es nicht. Wem das zu kompliziert ist, dem sei gesagt: Das muss man nicht glauben, das kann man beweisen.

Der Koran über sich selbst

Die Geschichte des Korans

<Das sind die Verse des Koran. (26:2, 28:2) Was hier veröffentlicht wird, stand schon in der Bibel. (87:18, 87:19, 26:196)>

<In der Nacht von Al-Kadr hat Gott ihn dann offenbart. Diese Nacht ist gesegnet und besser als tausend Monate. In dieser Nacht kommt jede weise Frage zur Entscheidung. (44:3, 44:4, 97:1, 97:2, 97:3) Mit der Erlaubnis Gottes steigen in dieser Nacht die Engel und der Geist Gottes herab. (97:4) Frieden ist in dieser Nacht bis zum Anbruch der Morgenröte. (97:5)>

<Der großartige und reine Koran ist eine Ermahnung. (80:11, 80:13, 80:14, 85:21) Er wird in den Händen der Engel (80:15, 80:16), auf einer Tafel im Himmel [?] sorgfältig aufbewahrt. (85:22) So möge, wer da will, daran glauben. (80:12)>

<Die Botschaft des Korans stammt ohne Zweifel von Gott. (26:192, 32:2, 36:5, 39:1, 40:2), sie wird vom Engel Gabriel [bzw. vom Geist Gottes] übermittelt (16:102, 26:193) und von Mohammed veröffentlicht. (26:194)>

<Gott gab dem Moses die Bibel, doch dann entstand Uneinigkeit über sie. Die streitenden Parteien hegen Zweifel über den Koran [bzw. über die Bibel]. (41:45)>

<Warum gab es nicht schon in früheren Generationen Leute mit Verstand, die dem Unheil auf Erden hätten entgegenwirken können, abgesehen von den wenigen, die Gott errettet hat? Doch die meisten folgten nur ihrem Genuss und sie missachteten die Gebote. (11:116)>

Das arabische Wort *al-Qur'an* bedeutet übersetzt Lesung, Vortrag. Der Koran ist die heilige Schrift des Islam, die nach dem Verständnis der Muslime nie entstanden, sondern eine seit Ewigkeit bestehende, göttliche Offenbarung ist (85:22) und die heute verfügbare Version ist eine identische Kopie des himmlischen Originals. Das muss man glauben, denn beweisen kann man es nicht.

Die erste dieser Offenbarungen erhielt Mohammed im Jahr 610 in einer Höhle auf dem Berg Hira in der Nähe Mekkas. Bis zu seinem Tod, also über 22 Jahre lang, hat dann Mohammed diese Offenbarungen an unterschiedlichen Orten empfangen.

Die Eingebungen, die Mohammed erfuhr, waren oft mit körperlichen Beschwerden verbunden. Er fror und zitterte, weshalb er <sich eingehüllt (73:1)> oder einen <Mantel übergezogen hat. (74:1)> Berichtet wird auch von einer Muskelverkrampfung, was zu der voreiligen Annahme einer Epilepsie führte. Bisweilen hörte Mohammed ein Rauschen, was ihm das Anhören der Offenbarungen erschwerte. Der Koran empfiehlt darum dem Propheten, <keine Hast bei der Wiedergabe des Koran (75:16)>.

Mohammed selbst konnte angeblich nicht lesen und schreiben, weshalb er die Botschaften nur mündlich weitergab. Er und die Gläubigen hielten die Texte im Gedächtnis. Manche der Verse wurden aber auch gleich bei ihrer Verlautung aus dem Munde Mohammeds auf Leder,

Palmblättern oder Ton eingraviert. In Medina beschäftigte Mohammed sogar Sekretäre für diesen Zweck. Die erste Niederschrift der gesamten Offenbarungen geschah jedoch erst nach seinem Tod.

Die Suren sind mit einigen Ausnahmen ihrer Länge nach absteigend geordnet, obwohl sie vermutlich in umgekehrter Reihenfolge offenbart wurden. Die langen Suren sind, bis auf die Geschichte Josephs [Sure 12], keine abgeschlossenen Reden, sondern Bruchstücke.

Die 114 Kapitel des Koran, die sich Suren nennen, lassen sich in zwei Gruppen einteilen, je nachdem, ob sie in Mekka [610-622] oder in Medina [622-632] offenbart wurden. Die Mekkanischen Suren sind meist kurz und an ein aktuelles Ereignis geknüpft. Oft auch kommentiert mit der Verzweiflung, dass die Menschen die Botschaft nicht verstehen wollen, obwohl doch der Jüngste Tag die große Bedrohung für alle Abweichler ist. In Medina entstanden die längeren Suren, die vorrangig religiöse, politische und legislative Themen behandeln.

Die Mekkanischen Suren können in drei Zeitabschnitte eingeteilt werden. Der erste Abschnitt entspricht den ersten vier Jahren der prophetischen Tätigkeit Mohammeds. Er warnt vor dem nahenden Jüngsten Gericht, das jeder zu fürchten habe. Der zweite Abschnitt stammt aus dem fünften und sechsten Jahr. Diese Suren betonen den Monotheismus und die Macht Gottes, die Menschen auferstehen zu lassen. Der dritte Abschnitt vom siebten bis zum zehnten Jahr enthält mehrere Berichte über das Leben der Propheten Abraham, Joseph und Jonas.

Die in Medina offenbarten Suren richten sich an die Juden und Christen. Von da an tritt Mohammed auch als politischer Führer auf.

Nach dem Tod Mohammeds findet man 114 Suren, die Said ibn Tabit, lange Zeit sein Sekretär, gesammelt hat. Mohammeds Nachfolger und Schwiegervater, Abu Bakr [Kalifat von 632-34], beauftragte Said lbn Thabit, die verschiedenen Überlieferungen zu ordnen. Daraus entstand der Koran, der aber erst 20 Jahre danach in einer endgültigen Fassung veröffentlicht wurde. Die Initiative dazu ging von seinem dritten Nachfolger und Schwiegersohn aus, dem Kalifen Othman Ibn Affan, der 644-656 regierte und eine für die öffentliche Benutzung bestimmte Koran-Edition herstellen ließ.

Aus der Fülle des Materials wurden die Aufzeichnungen der Witwe Hafsa verwendet. Sie war eine der Frauen Mohammeds und hatte die Schriftrollen aufbewahrt. Nach Fertigstellung dieser in Reimprosa geschriebenen Version ließ Othman je eine Abschrift davon in den vier Zentren der damaligen islamischen Welt, in Mekka, Medina, Damaskus und Basra hinterlegen und anschließend alle abweichenden Manuskripte vernichten. Diese gültige Fassung blieb bis heute unverändert.

Allein das arabische Original darf rezitiert werden. Die Rezitation selbst entspricht einem Gebet. Nur Muslime und nur in Arabisch und im Zustand ritueller Reinheit darf der Koran rezitiert oder abgeschrieben werden. Der Gläubige empfindet dann den Segen der Worte Gottes, auch wenn er kein Arabisch versteht.

Die erste Sure, die „Fatiha", ist von besonderer Wichtigkeit. Sie ist das Kurzgebet der Muslime und die meist zitierte Sure des Korans:

<Im Namen Gottes. (1:1) Alles Lob gebührt ihm (1:2), dem Barmherzigen (1:3), dem Richter am Jüngsten Tag. (1:4) Dir dienen wir und dich bitten wir um Hilfe. (1:5) Führe uns auf den rechten Weg (1:6), den Weg derer, denen du gnädig bist, nicht den Weg derer, die Deinen Zorn erregen oder die den falschen Weg gehen. (1:7)>

Inhalt, Qualität und Zweck des Korans

<Das sind die Verse der weisen Schrift. (31:2) Der Koran ist der sichtbare Beweis der Offenbarung Gottes. Er dient der Führung der Gläubigen und entstand aus der Barmherzigkeit Gottes. (6:126, 7:203, 45:20) Der Koran ist ein ehrwürdiges Buch. (41:41)>

<Der Koran ist keine Dichtung, sondern eine segensreiche Ermahnung Gottes für die Menschen, die nachdenken. (12:111, 20:113, 21:50, 26:192, 38:87, 54:32) Gott lässt jene den Koran begreifen, die Verstand haben. (6:98) Nach einer gewissen Zeit werdet ihr ihn verstehen. (38:88) Gott hat den Koran in Abschnitten offenbart, damit er den Menschen in Ruhe vorgelesen werden kann. (17:106)>

<Er ist eine frohe Botschaft für die Gläubigen, die beten, Sozialabgaben entrichten und mit dem Jenseits rechnen. (27:2, 27:3) Er ist eine Anweisung zur korrekten Lebensführung. (31:3, 31:4, 45:11) Er hat ihn leicht verständlich gemacht, so dass er allen als Lehre dient und auch befolgt werden kann. Trotzdem stellt sich die Frage ‚Wer will schon aufgeklärt werden.' (54:17, 54:22, 54:40) Doch der Koran enthält die entscheidenden Worte und muss ernst genommen werden. (86:13, 86:14) Der Koran ist das Buch der Wahrheit und Gerechtigkeit (38:67, 42:17), in dem sich die Inhalte gleichartig wiederholen. Der Koran berührt die Gefühle derjenigen, die Gott fürchten, aber besänftigt zugleich Leib und Seele. (39:23) In ihm berichtet Gott von den Geschichten der Propheten, um den Glauben Mohammeds zu festigen. (11:120)>

<Im Koran gibt es nichts Falsches, denn er ist eine Offenbarung Gottes. (39:28, 41:42) Wäre er nicht von Gott selbst, so ließen sich viele Widersprüche finden. (4:82) Er ist frei von Widersprüchen und Gottes strenge Strafe wird dort angedroht. Den Gläubigen aber, die gute Werke tun, wird die frohe Botschaft gebracht, dass sie einen schönen Lohn erhalten werden (18:2, 31:5), der ewig anhält. (17:9, 18:3)>

<Gott verkündet über den Koran das, was den Gläubigen hilft und den Ungläubigen schadet. (17:82) Der Koran soll euch mit folgender Botschaft aufrütteln: Die Rechtschaffenen kommen sicher ins Paradies (38:49, 38:50, 38:51) mit keuschen Mädchen (38:52), wie es euch versprochen wurde. (38:53, 38:54)>

<Satan versucht immer die Propheten zu beeinflussen, aber Gott wird korrigieren, was der Teufel in den Koran einstreut. (22:52) Gott lässt dies zu, damit sowohl die Unsicheren (22:53) wie auch die Gebildeten erkennen, dass der Koran die Wahrheit ist und dass sie daran glauben und sich Gott friedvoll unterwerfen. (22:54)>

<Gott hat mit dem Koran die Wahrheit gesandt und Gott weist dem den Weg, dem er will. (22:16, 74:56) Wer danach lebt, tut es zu seinem Besten, alle anderen zu ihrem eigenen Schaden. Mohammed ist nicht ihr Vormund. (39:41)>

<Wem Gott den Koran gibt, nehmt ihn auf, wie man ihn aufnehmen soll: Man glaubt daran. Wer aber nicht daran glaubt, der stürzt sich ins Elend. (2:121) Gott hat im Koran die Wahrheit auf verschiedene Art dargelegt, damit die Menschen aufgeklärt werden, doch bei einigen fördert es nur deren Abneigung. (17:41) Gott hat den Koran nicht geschrieben, um dich unglücklich zu machen (20:2), sondern als eine Ermahnung für den, der Gott fürchtet. (20:3) So möge, wer da will, seinen Weg zu Gott einschlagen. (74:55, 76:29)>

<Sollte Gott euch den Koran vorenthalten, weil ihr ein zügelloses Volk seid? (43:5) Der Koran ist eine Ehre für Mohammeds Volk.>

Wenn man Allgemeingültigkeit für bestimmte Erkenntnisse beansprucht, muss man interpretationsfrei begründen können. Sprache allein genügt dann nicht, denn die letzte Bedeutung der Worte wird immer individuell verstanden. Mit Definitionen, Begründungen und Schlussfolgerungen kann man zwar eine Brücke zu einem allgemeinen Verständnis schlagen, jedoch nie eine Letztbegründung führen. Daher kann der Anspruch der interpretationsfreien Begründung nur von der Mathematik erhoben werden.

Die Mathematik ist aber nicht geeignet, um Aussagen wie <Der Koran ist das Buch der Wahrheit und Gerechtigkeit (38:67, 42:17)> zu beweisen. Um dafür, wenn schon keinen Beweis, dann wenigstens eine Begründung zu finden, muss man auf die Regeln der Argumentation zurückgreifen. Doch diesem Anspruch kommt der Koran auch nicht nach, denn alle Begründungen werden auf Gott zurückgeführt, aber begründen lässt sich nur das, was in unserer Macht steht: <Im Wechsel von Tag und Nacht und in allem, was Gott erschaffen hat, liegt der Beweis für die Existenz Gottes. (10:6)>

Die im Koran verwendeten Argumente haben auch meistens die Qualität eines Zirkelschlusses:

<Im Koran gibt es nichts Falsches, denn es ist eine Offenbarung Gottes. (39:28, 41:42)>

Hier wird die These „im Koran gibt es nichts Falsches" aus der Argumentation „denn es ist eine Offenbarung Gottes" abgeleitet. Ersetzt man den Begriff „Koran" mit „göttlicher Offenbarung", denn der Koran ist nach eigener Definition eine göttliche Offenbarung, dann wird es deutlich. <In der göttlichen Offenbarung gibt es nichts Falsches, denn es ist eine Offenbarung Gottes.> Man kann aber keinen Beweis führen, indem man die Behauptung zum Gegenstand des Beweises macht.

<Der Koran ist keine Dichtung, sondern eine segensreiche, Ermahnung Gottes für die Menschen, die nachdenken. (12:111, 20:113, 21:50, 26:192, 38:87, 43:44, 54:32, 74:54)> „Nachdenken" bedeutet das absichtslose Meditieren über ein Thema. Doch genau diese Tätigkeit rückt das Thema in den Zusammenhang der Lebensumstände des Nachdenkenden. In einer von der Vernunft geprägten Tradition wird dann auch der Koran am Maßstab des Nutzens für das Individuum und die Gesellschaft bewertet. Und dieser Nutzen muss für den Lebenden erfahrbar sein.

Die Wirklichkeit selbst oder das Absolute oder Gott kann aber auch der analytisch Denkende nicht erklären, denn der Verstand hat keine anderen Quellen als die Sinne und mit den Sinnen ist das Absolute nicht erfahrbar. Dennoch benötigt man das Absolute, aber nur als Gliederungsgröße. Der Versuch, das Absolute zu beschreiben, kann daher nur in Poesie münden. In weiten Teilen ist der Koran daher Dichtung.

Doch auch diese Qualitätsbeschreibung trifft für neuere deutsche Übersetzungen nur auf die Kategorisierung des Textes zu, denn sprachlich ist der übersetzte Koran nur die Aneinanderreihung bestimmter Aussagen. Einen literarischen Genuss wird wohl niemand erfahren.

Der Autor des Korans

<Gott hat den Koran offenbart und er passt auf ihn auf. (15:9, 55:1, 55:2) Am Koran darf kein Zweifel gehegt werden. Er ist eine Anweisung zur richtigen Lebensführung für die Gottesfürchtigen (2:2), die an das Übersinnliche glauben, beten und spenden. (2:3) Gott hat den Koran mit Umsicht zusammengesetzt und ihn als Regel zur Lebensführung den Gläubigen gegeben. (7:52)>

<Vor Mohammed haben andere Männer die Worte Gottes empfangen. Wenn ihr etwas nicht wisst, dann fragt die Anhänger dieser Gemeinschaften. (15:10, 16:43) Gott gab ihnen Beweise und er gab ihnen Bücher. Dir, Mohammed, gab er den Koran, damit du die Menschen aufklärst und damit sie darüber nachdenken. (16:44) Gott schloss mit allen Propheten einen Vertrag: „Wenn ich euch ein Buch der Offenbarung und der Weisheit [vermutlich die Sunna] gebe, wird ein Gesandter kommen, der das alles bestätigt. Ihm sollt ihr glauben und ihn sollt ihr unterstützen. Wenn ihr diese Vereinbarung anerkennt, wollen wir es gegenseitig bezeugen." Sie antworteten: „Wir erkennen es an." Und Gott sagte: „So seid Zeugen und auch ich werde Zeuge mit euch sein." (3:81) Wer sich nach dieser Verpflichtung abwendet, ist ein wahrer Sünder (3:82) Wer kann sich etwas anderes als die Religion Gottes wünschen. (3:83)>

<Gott hat den Koran, das Buch der Wahrheit und Gerechtigkeit verfasst. (42:17) Die Botschaft des Korans stammt ohne Zweifel von Gott. (32:2, 36:5, 39:1, 40:2) Er hat euch den Koran als Lehrbuch veröffentlicht. Wollt ihr euch gegen diese Lehre wehren? (21:10)>

<Dieser Koran konnte von niemand anderem als von Gott verfasst werden, denn er bestätigt und erklärt die Aussagen Gottes in der Thora und im Evangelium. (10:37)>

<Gott schwört bei dem, was ihr seht (69:38) und bei dem, was ihr nicht seht (69:39), dass der Koran das Wort Gottes ist, das durch den Mund des Propheten Mohammed ausgesprochen wird. (69:40) Es ist nicht das Werk eines Dichters, auch wenn dies einige glauben. (69:41) Es ist auch nicht die Rede eines Wahrsagers (69:42), sondern eine Offenbarung Gottes. (69:43) Hätte Mohammed im Koran irgendwelche Aussagen im Namen Gottes erfunden (69:44), hätte Gott ihn an seiner rechten Hand gepackt (69:45) und ihm die Schlagadern durchgeschnitten. (69:46) Keiner könnte Mohammed helfen. (69:47) Das ist ein Hinweis für die Gottesfürchtigen. (69:48) Gott weiß, dass einige von euch Ungläubige sind. (69:49) Sie sind zu bedauern. (69:50) Der Koran ist wahr und gewiss. (69:51) Darum preise den Namen Gottes. (69:52)>

<Immer, wenn eine neue Sure von Gott kommt, gibt es welche, die fragen: „Wen von euch hat es im Glauben bestärkt?" Die Gläubigen stärkt sie in ihrem Glauben und sie freuen sich darüber (9:124) Aber bei denen, deren Glauben ungefestigt ist, werden sich die Zweifel häufen, so dass sie als Ungläubige sterben. (9:125) Obwohl jeder Mensch jedes Jahr ein- oder zweimal durch das Schicksal geprüft wird, sind die meisten trotzdem uneinsichtig. (9:126) Bei der Veröffentlichung einer neuen Sure gibt es auch welche, die darauf achten, nicht beobachtet zu werden, dass sie sich abwenden. Denen hat Gott das Herz verschlossen. Sie haben keinen Verstand. (9:127) >

<Bei Gott ist die Urschrift des Korans und bestimmte Passagen nimmt er heraus und andere bestätigt er. (13:39) Wenn Gott einen Vers im Koran austauscht und Gott weiß am besten, was er offenbart, behaupten die Ungläubigen, dass Mohammed ein Dichter sei. Sicher nicht, aber die meisten von ihnen wissen es nicht besser. (16:101) Wenn Gott einen Vers im Koran aufhebt oder vergessen lässt, so wird er durch einen besseren oder gleichwertigen ersetzt. Gott hat die Macht über alle Dinge.

(2:106)>

<Wäre das Meer Tinte für die Worte Gottes, dann würde eher das Meer versiegen, ehe die Worte Gottes zu Ende gingen. (18:109, 31:27)>

<Der Koran kommt nicht vom Teufel (26:210), denn dazu ist er nicht fähig. (26:211) Auch kommt er gar nicht an die Informationen ran. (26:212)>

Wer Verträge schließt, verhandelt. (3:81) Wer verhandelt und das Ergebnis schon vor dem Abschluss kennt, hat nicht verhandelt, sondern gespielt.

Wer von sich selbst behauptet, dass seine Aussage richtig ist, weil er es schon einmal gesagt hat, weiß nicht was Logik und folgerichtiges Argumentieren ist. (10:37) Gottes Behauptung, der Koran bestätige die Aussagen der Bibel, ist mindestens umstritten. Neben anderen hat nämlich das Evangelium Matthäus, Markus, Lukas und Johannes verfasst. Keiner weiß, ob Sie die Texte auch selbst geschrieben haben. Auch ist nicht bekannt, ob sie schriftliche Aufzeichnungen anderer verwendet haben. Andererseits ist aber bekannt, dass Markus Erzählungen von Petrus hat einfließen lassen und dass das, was sie berichten, nicht von allen selbst erlebt wurde. Die Texte haben einen teils hebräischen, teils aramäischen und teils griechischen Ursprung und alle wurden zunächst ins Griechische übersetzt. Wenn ich in meiner Muttersprache den Text lese, so ist er mindestens zweimal übersetzt worden. Wer ist nun der Autor des Evangeliums? Nach dem Verständnis der Christen ist es Gott, genauso wie auch der Koran von sich behauptet, dass Gott der Autor dieses Werks ist. <Gott hat den Koran, das Buch der Wahrheit und Gerechtigkeit verfasst. (42:17)>

Der Bezug des Korans auf das Evangelium zur Bestätigung der Wahrheit ist daher wenig tauglich und diese Ungenauigkeit ist auch in den biblischen Geschichten des Korans erkennbar. Die Erzählungen des Korans weichen teilweise stark von denen der Bibel ab.

Der Hinweis auf den Verstand derer, die Zweifel am Koran haben (21:10), hat eher umgekehrt seine Berechtigung, denn der Aufforderung im militärischen Sinn für den Islam zu kämpfen, weil Gott es vorgeschrieben hat (2:216), sollte man als friedliebender Mensch nicht folgen.

Wenn Gott meint, durch einen Schwur seinen Aussagen Gewicht zu verleihen (69:38), übersieht er, dass auch eine Lüge ohne Konsequenzen für ihn bleibt. Im Gegensatz dazu hätte aber Mohammed einen leidvollen Tod erlitten, wenn er die Offenbarungen Gottes falsch wiedergegeben hätte. (69:46) Da er eines natürlichen Todes gestorben ist, mag er zwar die Aussagen Gottes richtig wiedergegeben haben, was aber nicht heißt, dass deshalb die Aussagen selbst richtig sind.

Die Beobachtung, dass die zunehmende Lektüre des Korans die Gläubigen im Glauben bestärkt und die Zweifel bei denen fördert, die ohnehin schon eine kritische Haltung haben, kann der Leser an sich selbst beobachten. (9:125)

Es darf gehofft werden, dass die körperlose Urschrift des Korans, die Gott aufbewahrt (13:39), doch noch Veränderungen in der körperlichen Version zulässt (2:106), denn auch der zeitlose Gott kann kein Dokument erzeugen, das in der Zeit zeitlosen Bestand hat. Das widerspricht auch seiner Absicht, durch Veränderung in der Zeit die Menschen zu prüfen.

Inwiefern sich Gott durch seine Fähigkeit endlos schreiben zu können (18:109), qualifiziert, bleibt sicher vielen verborgen. Warum aber der Teufel nicht der Autor des Korans sein kann (26:210, 26:211), ist solange keine zulässige Frage, solange die Existenz des Teufels unbewiesen ist.

Der Koran und sein Herausgeber Mohammed

<Gelobt sei Gott, der Mohammed den Koran offenbart hat. Darin gibt es nichts, was vom rechten Weg wegführen würde. (18:1) Trage den Koran bedächtig vor. (73:4) Gott gibt dir einen Text von großer Bedeutung. (73:5)>

<Die Ungläubigen sagen, Mohammed habe den Koran erdichtet. Sprich: „Wenn ich ihn erdichtet hätte, könnt ihr mir auch vor Gott beim Jüngsten Gericht helfen. Gott weiß alles." (46:8)>

<Mohammed, du empfängst den Koran von Gott. (27:6) Gott hat den Gläubigen einen Dienst erwiesen, indem er einen Propheten aus ihren eigenen Reihen, Mohammed, ausgewählt hat, der ihnen Gottes Botschaft und Weisheit darlegt, denn die Menschen lebten bis dahin offensichtlich im Irrtum. (3:164, 10:2, 14:1, 25:1, 50:2, 65:11) Beim vollkommenen Koran (36:2), Mohammed ist ein Prophet (36:3), der auf dem richtigen Weg ist. (36:4) Der Koran stammt von Gott (36:5), damit Mohammed jene Leute aufklärt, deren Vorfahren nicht aufgeklärt wurden und deshalb unbesorgt waren. (36:6) Gott hat unter den heidnischen Arabern Mohammed erwählt, um euch und euren Nachkommen seine Verse zu verlesen und euch zu unterrichten. Zu euch ist vorher noch kein Prediger gekommen. (2:151, 62:2, 62:3) Mohammed selbst hatte nicht damit gerechnet. (28:86) Von niemandem soll er sich abbringen lassen, den Anweisungen der Verse des Korans zu folgen und er soll seine Mitmenschen bekehren und niemanden neben Gott stellen. (28:87)>

<Nie zuvor hatte Mohammed in einem Buch gelesen, noch könnte er eins schreiben. Wäre er dazu fähig gewesen, hätten seine Gegner zu Recht gezweifelt, dass Gott der Autor des Korans und Mohammed nur sein Herausgeber ist. (29:48) Gott hat Mohammed nicht gelehrt zu dichten. (36:69)>

<Mohammed ist der Gesandte Gottes und der letzte aller Propheten. (33:40) Mohammed soll die Botschaft des Korans in Mekka und seiner Umgebung verkünden. (6:92) Gott hat Mohammed als Prophet gesandt, damit er die frohen Botschaften bezeugt und verkündet und damit er die Menschen aufklärt, sie zu Gott ruft und mit Gottes Erlaubnis Erkenntnisse vermittelt. (33:45, 33:46) Gott wird Mohammed den Koran vortragen lassen und er soll keines seiner Worte vergessen (87:6), aber jene Absätze verschweigen, die Gott geheim halten will, denn Gott bestimmt, was veröffentlicht wird und was nicht. (75:17, 87:7) Nach der Verlesung der Texte, soll nach diesen Inhalten gelebt werden. (75:18) Doch ihr liebt das Weltliche und vernachlässigt das Jenseits. (75:20, 75:21)>

<Gott zu Mohammed: „Verkünde, was dir Gott offenbart. Wenn du es nicht tust, hast du Gottes Botschaft verschwiegen. Gott wird dich vor den Menschen schützen. (5:67) Keine Hast bei der Wiedergabe des Korans. (75:16) Warte bis dir alle Offenbarungen vollständig zuteil geworden sind und sprich: „Gott, mehre mein Wissen!" (20:114) Gott wird dir auch die Inhalte erklären. (75:19) Verkünde, was dir vom Koran offenbart wurde und bete, denn das Gebet verhindert die Sünde. (29:45)>

<Mohammed wusste nichts von einer Offenbarung und war ein Ungläubiger bis Gott ihn aufklärte, wie er es macht, wenn er einem seiner Diener den Weg weisen will. Und Mohammed soll nun andere auf den richtigen Weg führen. (42:52) Die Propheten vor Mohammed waren auch normale Menschen. (25:20) Jene, die Engel als Propheten fordern, sind überheblich. (25:21) Wenn sie nämlich Engel sehen, ist schon der Jüngste Tag gekommen. (25:22) Mohammed: „Ich bin ein gewöhnlicher Gesandter Gottes, der dem folgt, was ihm offenbart wird und ich bin ein Prediger. Auch kann ich euch nicht die Zukunft vorhersagen." (46:9)>

<Der Koran ist ein heiliges Buch, das Gott dem Mohammed gegeben hat, damit die Menschen über Gottes Verse nachdenken und damit jene daraus lernen, die verständig sind. (38:29) Gott hat den Koran nur deshalb den Menschen gegeben, damit Mohammed sie aufklärt, worüber sie uneinig sind. Aus Barmherzigkeit hat Gott für die Gläubigen auch die Regeln für das Leben aufzeichnen lassen. (16:64, 16:89)>

<Mohammed: „Ich warne euch nur mit der Offenbarung." Doch die Tauben hören den Ruf nicht, wenn sie gewarnt werden. (21:45) „Ich habe nur die Offenbarung Gottes auszurichten. Wer sich aber Gott und mir widersetzt, kommt auf ewig in die Hölle." (13:40, 47:32, 72:23) Mohammed soll erklären: „Welche Aussage ist bedeutender, eure oder die von Gott? Der Koran ist die Aussage Gottes, die er mir offenbart hat. Jeder, der mit dem Koran in Kontakt kommt, soll mit ihm aufgeklärt werden. Glaubt ihr wirklich, dass es neben Gott noch andere Götter gibt? Das kann ich nicht bestätigen. Gott ist der einzige und ich habe nichts damit zu tun, wenn ihr immer noch an andere Götter glaubt." (6:19) Wem Gott das Buch gegeben hat, der nimmt es an wie den eigenen Sohn. Wer sich aber selbst verloren hat, glaubt nicht daran. (6:20)>

<Der Koran ist eine Offenbarung Gottes. Folgt ihm und seid gottesfürchtig. (6:155) Meint bloß nicht, dass die heiligen Schriften nur den Juden und den Christen gegeben wurden und verwendet es als Ausrede, dass ihr die Texte nicht kennt. (6:156) Jetzt liegt ein klarer Beweis Gottes vor und eine Anweisung zur rechten Lebensführung. Keiner ist sündiger als einer, der Gottes Beweise leugnet und sich davon abwendet. Gott wird solche Leute hart bestrafen. (6:157) Erwarten sie, dass Engel kommen oder Gott selbst oder persönliche Offenbarungen? Wenn die Prophezeiungen Gottes eintreffen, nutzt es niemandem, plötzlich gläubig zu werden. Man muss schon vorher gläubig gewesen sein oder Gutes in seinem Glauben bewirkt haben. Mohammed soll sagen: „Wartet nur, auch wir warten." (6:158)>

<Gott weiß, dass ihr nicht immer die Ausdauer habt, die ganze Nacht zu beten, denn Gott bestimmt den Ablauf. Darum ist Gott nachsichtig mit euch. Tragt so viel vom Koran vor, wie euch leicht fällt. Gott weiß, dass einige von euch krank sind, andere geschäftlich unterwegs sind und wiederum andere für die Religion Gottes kämpfen. (73:2, 73:3, 74:4, 73:20, 76:26) Der Anbruch der Nacht ist die beste Zeit zur disziplinierten Andacht und effektiven Meditation. (73:6) Während des Tages ist Mohammed zu sehr mit anderen Tätigkeiten beschäftigt. (73:7)>

<Wenn Mohammed den Koran vorträgt, legt Gott zwischen ihm und den Ungläubigen eine unsichtbare Wand, (17:45, 41:5) eine Hülle auf ihre Herzen und belastet sie mit Schwerhörigkeit, so dass sie ihn nicht verstehen. Und wenn er den Namen Gottes erwähnt, so wenden sich die Ungläubigen widerwillig ab. (17:46)>

<Eine bestimmte Gruppe hätte Mohammed beinahe in schwere Bedrängnis wegen des Korans gebracht. Er sollte nämlich etwas anderes predigen, als ihm von Gott offenbart wurde. Hätte er ihrem Drängen nachgegeben, hätten sie ihn sicher zum Freund erklärt. (17:73) Gott hatte Mohammed aber in seiner Haltung gefestigt, denn sonst wäre er wohl schwach geworden. (17:74) Doch dann wäre er von Gott doppelt bestraft worden. (17:75) Fast hätten sie ihn deshalb aus dem Lande vertrieben, dann aber hätten sie selber nur noch kurze Zeit im Lande bleiben können (17:76) So hatte sich Gott früher verhalten und so würde er es auch in Zukunft tun. (17:77)>

<Die Bibel dient Mohammed als Anleitung und als Beleg der Barmherzigkeit Gottes. Der Koran ist eine Bestätigung dazu und er ist in arabischer Sprache abgefasst, damit die aufgeklärt werden, die sündigen und damit denen eine frohe Botschaft gebracht wird, die Gutes tun. (46:12) Wer sagt: „Unser Herr ist Gott" und danach aufrichtig bleibt, der soll weder Angst haben, noch traurig sein (46:13), denn der kommt zur Belohnung ins Paradies. (46:14)>

<Gott gab Mohammed die sieben Erzählungen und den Koran. (15:87) Mohammed soll sich nicht vom Luxus anderer blenden lassen. Er soll die Gläubigen in seine Obhut nehmen. (15:88) Mohammed soll aufklären. (15:89) Wer sich gegen Mohammed verbündet und den Koran als Lüge erklärt [?] (15:90, 15:91), wird von Gott zur Rechenschaft gezogen. (15:92, 15:93) Gott hat die Menschen in seiner Gewalt. Gott hat mit den Darstellungen Mohammeds zu Himmel und Hölle im Koran den Menschen nur Prüfungen auferlegt. Gott warnt sie, doch viele bestärkt es nur in ihrer Ablehnung. (17:60)>

<Als Gott eine Schar Engel schickte, die beim Verlesen des Korans zugegen waren, mahnten sie zur Aufmerksamkeit. Am Ende gingen die Leute nach Hause und klärten ihre Mitmenschen auf. (46:29) Sie sagten: „Wir haben von einem Buch gehört, das nach Moses offenbart wurde und diese Schriften bestätigt. Es führt zur Wahrheit und zum rechten Weg. (46:30) Hört auf den Propheten Gottes und glaubt an Ihn. Gott wird euch eure Sünden vergeben und euch vor qualvoller Strafe schützen. (46:31)>

Mohammed soll die Botschaft des Korans in Mekka und Umgebung verbreiten. (6:92) Das macht Sinn, denn die Texte des Korans sind auf die arabische Welt und die Zeit, in der Mohammed lebte, ausgelegt. Da passen die Erzählungen und die Gesetze. Im kalten Norden der Informationsgesellschaften des 21. Jahrhunderts lösen sie, von wenigen Grundaussagen abgesehen, nur Unverständnis aus.

Da Mohammed der letzte aller Propheten ist (33:40) und Gott über Propheten seine Offenbarungen veröffentlichte (25:20), wird es bis zum Jüngsten Tag keinen Menschen mehr geben, der uns Gottes Nachrichten vorträgt.

Gott, der Autor des Korans, offenbart dem Mohammed, seinem Herausgeber, eine Geschichte, die Mohammed selbst schon erlebt hat. (17:73ff) Dabei diskutiert er alternative Ausgänge der Geschichte, wobei doch beide wissen müssten, dass es wegen der Vorbestimmung keine Alternativen geben kann.

Der Koran und die Wahrheit

<Mit dem Koran ist die Wahrheit gekommen und niemand kann sie verhindern. Der Irrtum ist nun aufgeklärt. Mohammed und andere Propheten hat Gott nur als Übermittler froher Botschaften und als Warner gesandt. (3:108, 4:174, 10:53, 11:2, 13:7, 17:81, 17:105, 22:49, 26:115, 32:3, 34:28, 35:24, 37:72, 38:70, 41:4, 48:8, 51:50, 53:56) Wer diesem Weg folgt, der tut es zum Wohl seiner Seele. Wer aber davon abweicht, der schadet ihr. (10:108) Das Wort Gottes ist zur Wirklichkeit geworden und die ist unabänderlich. (6:115) Gott stärkt die Wahrheit durch seine Worte, auch wenn es seine Gegner ärgert. (10:82) An den Koran könnt ihr nun glauben oder auch nicht. Wer zum ersten Mal die Texte hört, wirft sich in Anbetung nieder (17:107, 17:109) und spricht: "Gepriesen sei Gott. Das Versprechen Gottes ist in Erfüllung gegangen." (17:108)>

<Was sollte nach der Wahrheit übrig bleiben als der Irrtum? (10:32) Auf einem Irrtum kann man nichts aufbauen. (34:49) Wie der Schaum auf dem Wasser vergeht, so vergeht auch das, was ohne Nutzen ist. So verdeutlicht Gott Wahrheit und Falschheit und so prägt er die Gleichnisse. (13:17)>

<Gott wird seine Zeichen überall auf Erden und an den Menschen selbst zeigen, damit sie erkennen, dass es die Wahrheit ist, auch wenn Gott selbst Beweis genug ist. (41:53) Doch die Menschen haben Zweifel an der Begegnung mit Gott, obwohl doch Gott alles mit seinem Wissen umfasst. (41:54)>

<Wenn ich irre, so irre nur ich selbst. Wenn ich recht geleitet bin, so geschieht es durch das, was mir Gott offenbart. (34:50) Manche lassen sich von der Wahrheit abbringen. (51:9) Tod denen, die Mutmaßungen anstellen! (51:10) Das sind diejenigen, die in den Tiefen ihrer Unwissenheit herumstochern. (51:11) Die Dichter sind die Irrenden. (26:224) Man sieht sie verwirrt in jedem Tal umherwandeln. (26:225) Sie propagieren Dinge, die sie selbst nicht tun. (26:226)>

<Mischt nicht die Wahrheit mit dem Unrecht und verschweigt die Wahrheit nicht. (2:42) Nur Gott führt zur Wahrheit, niemals die Götzen. Wem soll nun gefolgt werden? Dem mit der Wahrheit oder den anderen? (10:35) Die meisten von euch Menschen stützen sich nur auf Vermutungen, doch Meinung ist nicht Wahrheit. (10:36)>

<Der Koran klärt die Juden über Widersprüche auf, die sie diskutieren. (27:76) Er beschreibt den richtigen Weg und ist eine Barmherzigkeit Gottes für die Gläubigen. (27:77) Gott wird sein Urteil unter den gegensätzlichen Meinungen fällen. Er ist mächtig und weiß Bescheid. (27:78, 42:10) Darum vertrau auf Gott. Mohammed vertritt mit seinem Standpunkt die reine Wahrheit. (27:79)>

<Wer nicht an den Jüngsten Tag glaubt, wünscht ihn herbei. Doch die Gläubigen haben Angst davor. Die Zweifler sind es, die irren. (42:18)>

Als relativ wahr kann angenommen werden, wenn eine Behauptung mit etwas übereinstimmt, das anerkannt ist. Eine Aussage empfindet subjektiv als wahr, wer von sich behauptet, die Zusammenhänge zu verstehen und wer keine Widersprüche zur eigenen Sichtweise entdeckt. Eine Behauptung kann aber erst dann als objektiv wahr bezeichnet werden, wenn die Mehrheit allgemein zustimmen würde. Wenn diese Ansicht dann noch mit Vernunft, also sachlich und sprachlich logisch nachvollzogen werden kann, dann kann man schon von Gültigkeit sprechen. Schließlich kann aber auch als wahr angenommen werden, wenn die Praxis gezeigt hat, dass es nützlich ist. Etwas, das man nur denken kann, kann aber noch nicht als wahr bezeichnet werden.

Zur Anerkennung einer Bewertung muss der Urteilende auch noch von der Gesellschaft als normal anerkannt sein, er muss mit Wohlwollen an die Beurteilung herangegangen sein, er muss der Sprache kundig sein und logische Fähigkeiten besitzen, um Vernunft einsetzen zu können.

<Mit dem Koran ist die Wahrheit von Gott zu euch gekommen und dahingegangen ist das Falsche. (17:81)> und <Mohammed vertritt die reine Wahrheit. (27:79)> Diese Behauptungen werden nur vom Islam, jedoch von keiner fremden Quelle bestätigt. Keine Mehrheit in einer pluralistischen Gesellschaft stimmt dem zu und mit Vernunft ist die Behauptung sowieso nicht belegbar. Ein Nutzen ist auch nicht erkennbar, denn dann müsste die Umkehrung dessen, also „der Koran ist Poesie und stammt von Mohammed", etwas anderes bewirken als das Leben, das wir kennen. Im Gottesstaat der Muslime muss man allerdings dringend davon abraten, solches zu sagen, denn es droht der < Tod denen, die Mutmaßungen anstellen. (51:10)>

Der Koran und die arabische Sprache

<Aufgepasst! (44:59) Gott hat den Koran in arabischer Sprache verfasst, damit ihr ihn versteht und daraus lernt. Er ist bei Gott in der Urschrift und er ist voller Weisheit. (12:2, 13:37, 16:103, 26:195, 39:28, 41:3, 43:3, 43:4, 44:58) Gott hat den Koran auf Arabisch offenbart, damit Mohammed die Menschen aus Mekka warnt und die Araber, welche um sie herum leben über den Jüngsten Tag aufklärt. (6:92, 42:7) Hätte Gott die Offenbarung von einem Nichtaraber bekannt geben lassen (26:198), hätten sie doch nie daran geglaubt. (26:199) So hat Gott den Koran in die Herzen der Sünder einziehen lassen (26:200), doch sie werden nicht eher daran glauben, ehe sie eine schmerzhafte Strafe erleben. (26:201) Genau die wird unversehens über sie kommen. (26:202) Dann werden sie um eine Bedenkzeit bitten. (26:203) Warum wollen sie denn nicht schleunigst ihre Strafe erfahren? (26:204) Gott ließ sie ihr Leben genießen. Doch irgendwann wird die Drohung wahr und dann nützt ihnen all das, was sie genießen durften, nichts. (19:75, 26:205, 26:206, 26:207)>

<Hätte Gott den Koran in einer fremden Sprache abgefasst, hätten man gesagt, „warum gibt es die Verse nicht auch auf Arabisch?“ Der Koran ist eine Anweisung zur Lebensführung und dient der Kräftigung der Gläubigen. Wer jedoch nicht daran glaubt, kann die Inhalte auch nicht verstehen. (41:44)>

<Manche behaupten, Mohammed beziehe seine Kenntnisse zum Koran nur von einem anderen Menschen, aber der, auf den sie es beziehen, spricht gar nicht arabisch, wohingegen doch der Koran in arabischer Sprache verfasst ist. (16:103) Gott hat Mohammed den Koran in seiner Sprache gegeben, damit er den Gottesfürchtigen die frohe Botschaft verkündet und die Streitsüchtigen warnt. (19:97)>

<Es ist nicht gestattet die Aussagen des Korans zu verändern. (18:27)>

Die altertümliche Sprache und die Reimform des arabischen Originals betonen den religiösen Charakter des Korans und belegen den Anspruch, dass er sprachlich unvergleichlich ist. Das wirkt sich auf dessen Übersetzbarkeit aus, denn es gibt etliche Stellen, die in jeder Koranübersetzung anders gedeutet werden. Da der Mensch unfähig sei, ihn nachzuahmen, wird gefolgert, dass er auch nicht übersetzt werden kann. Daher soll der Muslim Arabisch lernen, um den Koran zu verstehen.

Die erste Übersetzung in eine europäische Sprache war die lateinische Version des Engländers Robert von Ketton, der sie 1143 im Auftrag des Abts Petrus Venerabilis verfasste. 1647 erschien in Paris die erste direkte Übersetzung des Korans aus dem Arabischen in eine europäische Volkssprache, das Französische, von André du Ryer. Die erste englische Übersetzung aus dem Arabischen stammt von George Sale und erschien 1734. Die erste direkte deutsche Übersetzung stammt von David Friederich Megerlin, der den Koran 1772 unter dem Titel „Die arabische Bibel“ veröffentlichte.

Die Sprache ist Spiegel der Kultur und nationaler Eigenheiten. Jede Sprache ist ein in sich geschlossenes System und der Ausdruck für die besondere Art, wie die Welt gesehen wird.

Eine Übersetzung bleibt daher immer ungefähr. Übersetzen und verstehen setzt aber den guten Willen zur Verständigung voraus, um die gemeinsame Wahrheit aus Quelle und Ziel vom Sender auf den Empfänger zu übertragen. Wenn dieser Wille nicht gegeben ist, dann klappt noch nicht einmal die gleichsprachige Verständigung.

Weil die Sprache des Korans so hervorgehoben wird, ist zum besseren Verständnis der Übersetzung eine Übertragung des Textes auf die kulturellen Eigenheiten der Zielsprache in einer aktuellen Ausprägung umso wichtiger. Dabei muss der arabische Quelltext aus einer weit zurückliegenden Zeit und Kultur in die Sprache und Lebensumstände einer Informationsgesellschaft unserer Zeit transportiert werden.

Diesem Anspruch sind Grenzen gesetzt. Die Lebensumstände der humanistischen Informationsgesellschaft des kalten Nordens sind so weit von jenen der Nomaden in der Wüste Arabiens aus der Zeit des 7.Jh. entfernt, dass Anweisungen zum rechten Leben nur bedingt übertragbar sind.

Der Autor des Korans hat auf die poetische Gestaltung des arabischen Urtextes so großen Wert gelegt, dass den Lesern und Übersetzern oft das eindeutige Verständnis des Inhalts verborgen bleibt. Sorgfältige Übersetzungen bieten daher an etlichen Stellen Alternativen mit unterschiedlichen Inhalten an. In vielen Übersetzungen findet man dann noch 30 bis 40 Fragezeichen, die das Unverständnis des Übersetzers dokumentieren.

Der Koran und die Gläubigen

<Der Koran ist das Buch Gottes, an dem nicht gezweifelt werden darf. Er ist eine Lebenshilfe für die Gläubigen und regelt deren Leben. Sie folgen den Anweisungen Gottes und ihnen wird es gut gehen. (2:2, 2:4, 2:5, 10:57) Der Koran ist eine Botschaft an jene, die bereit sind, Gott zu dienen. (21:106)>

<Gott hat Mohammed gesandt, um den Menschen Barmherzigkeit zu erweisen. (21:107) Mohammed soll sagen: „Mir ist nur offenbart worden, dass euer Gott ein einziger Gott ist, dem ihr ergeben sein sollt." (21:108) Glaubt an den Koran, der eine Fortsetzung der Bibel ist und seid nicht die ersten, die ihn verleugnen. Tauscht ihn nicht gegen eine billige Alternative. (2:41) Für die Monotheisten ist die frohe Botschaft des Korans bestimmt. (39:17) Wer dem Koran folgt, geht den rechten Weg und hat Verstand. (39:18) Wer den Koran verstanden hat, erkennt, dass er von Gott stammt. Diese Offenbarungen sind die Wahrheit und sie führen zu Gott. (34:6)>

<Die Gläubigen sollen nicht nach Dingen fragen, die, wenn sie ihnen enthüllt würden, Sorgen bereiten. Denn nach der Veröffentlichung des Korans werden sie die Antworten bekommen. (5:101) Schon früher wurde nach solchen Dingen gefragt, doch dann wollte man es nicht glauben. (5:102)>

<Wenn der Koran vorgetragen wird, hört zu und schweigt andächtig. (7:204) Denkt an Gott in Demut und Furcht, ohne aber darüber zu sprechen und tut es morgens und abends. (7:205, 21:20, 33:42) Jene, die den Koran lesen, die beten und spenden, können auf einen Handel mit Gott hoffen, der sich lohnt. (35:29) Gedenkt der Zeichen Gottes und der Worte des Korans. (33:34)>

<Soll ich denn einen anderen Richter suchen als Gott, der den Koran zu den Menschen gesandt hat? Jene, die Gottes Schriften schon früher bekommen haben, wissen, dass der Koran von deinem Herrn kommt. Zweifle nie daran. (6:114)>

<Wollt ihr den Menschen raten, fromm zu sein und euch selbst dabei vergessen. Ihr lest doch auch den Koran. Seid ihr verrückt? (2:44) Helft euch mit Geduld und Beten. Abgesehen von den Demütigen, ist das für alle anderen sehr schwer. (2:45, 2:46)>

Kritik will der verhindern, der dadurch einen Verlust fürchtet. (2:2) Wen oder was fürchtet Gott, der diesen Koran verfasst hat? Oder ist es Mohammed, der den kontroversen Dialog fürchtet?

Ob es den Gläubigen weniger gut ginge, wenn sie nicht den Anweisungen Gottes aus dem Koran folgen, ist nicht überprüfbar, da es in der einen Zeit keine realen Alternativen gibt. (2:5) Auch Gott kann keine Variante anbieten, denn er hat es so festgelegt.

Von Juden und Christen wird bestritten, dass der Koran eine Fortsetzung der Bibel ist. (2:41) Da aber der Gott der Juden, Christen und Muslime immer der eine ist, kann der Schluss gezogen werden: Gottes Aussagen sind widersprüchlich, mehrdeutig und stiften Zwietracht. Der Nachweis ist die Geschichte.

Der Koran und die Ungläubigen

<Wenn die Verse des Korans rezitiert werden, kannst du im Gesicht der Ungläubigen ihre Ablehnung erkennen. Sie möchten am liebsten über die herfallen, die ihn vorlesen. (22:72) Die Ungläubigen sagen: „Hört nicht auf den Koran, sondern opponiert. Vielleicht gelingt es euch, die Verbreitung des Islams zu verhindern.“ (41:26)

Manche loben die Poesie des Korans, statt seine Inhalte ernst zu nehmen. (56:81) Einige wenden sich sogar ab (38:68) und manche widersprechen fortgesetzt. (56:82) Wer so argumentiert, soll doch versuchen, sich selbst vor dem Tod zu bewahren. (56:83, 56:84, 56:85, 56:86, 56:87)>

<Manche halten den Koran für alte Geschichten. (16:24) Wer so spricht, trägt nicht nur die Verantwortung für den eigenen Unglauben, sondern auch noch einen Teil der Lasten derer, die sie irreführen. (16:25)>

<Ist denn der, dem Gott Verständnis für den Islam gegeben hat, so dass er ein Gläubiger ist, einem Ungläubigen gleich? Nein, sie werden von Gott verschieden eingestuft. Wehe darum denen, deren Haltung zu den Anweisungen Gottes ablehnend ist. Sie sind es, die sich irren. (3:162, 3:163, 13:19, 39:22, 39:24, 41:40, 47:14) Wer sich von Gottes Ermahnungen abwendet, wird ein kümmerliches Leben führen und am Tag der Auferstehung wird er blind vor Gott stehen. (20:124) Er wird sagen: „Herr, warum hast du mich blind vor dich geführt, obwohl ich doch auf Erden sehen konnte?“ (20:125) Gott: „Meine Aufklärung ist doch zu dir gekommen, doch du hast sie ignoriert. (20:126) Das ist jetzt das Ergebnis deiner Handlungen.“ (20:127) Schon oft hat Gott ganze Städte und Völker vernichtet. (20:128) Gäbe es nicht den festen Termin des Jüngsten Gerichts, wären sie bereits verurteilt. (20:129)>

<Gegen die Behauptung, der Koran sei erdichtet, steht die Forderung: „Schreibe 10 gleichwertige Suren und nimm als Zeugen der Wahrheit, wen du willst, nur nicht Gott.“ (2:23, 10:38, 11:13) Wenn euch das nicht gelingt, wisst ihr, dass der Koran von Gott verfasst wurde. (11:14) Wenn die Menschen und die Geister gemeinsam etwas Gleiches wie den Koran versuchen zu produzieren, so würde das niemals gelingen. (17:88) Weil euch aber das Verständnis fehlt, lehnt ihr die Botschaften ab, obwohl Erläuterungen noch folgen werden. (10:39)>

<Die Menschen um Mohammed fragten: „Wenn Mohammed nicht die Macht gegeben wurde, Wunder zu vollbringen wie es Moses konnte, dann glauben wir ihm nicht.“ Trotzdem hatten sie aber den Offenbarungen, die Moses seinerzeit empfangen hatte, genauso wenig geglaubt. Heute sagen sie: „Bibel und Koran [oder AT und NT] sind zwei Werke voller Falschmeldungen, die sich in ihrer Argumentation gegenseitig stützen.“ (28:48) Antworte ihnen: „Beschafft ein Buch von Gott, das eine bessere Führung bietet als diese beiden, dann werde auch ich diesem Werk folgen.“ (28:49) Wenn sie dir daraufhin nicht antworten, dann wollen sie nur ihren eigenen Neigungen nachgehen. Und wer irrt mehr, als jener, der ohne Leitung Gottes nur seinen Begierden folgt. (28:50)>

<Die Ungläubigen: „Mohammed ist ein Dichter. Wir wollen abwarten, denn die Zeit wird die Wahrheit ans Licht bringen.“ (52:30) Gottes Worte aus dem Munde Mohammed: „Wartet nur! Ich warte mit euch.“ (52:31) Ist es ihr Verstand, der sie so etwas denken lässt oder sind sie einfach nur Querulanten? (52:32) Manche behaupten sogar, Mohammed habe den Koran frei erfunden. Solche wollen einfach nicht glauben. (52:33) Sollen sie doch eine Verkündigung gleicher Art herbeibringen, wenn sie die Wahrheit sagen. (52:34) Oder sind die aus dem Nichts erschaffen worden, oder sind sie gar

selbst die Schöpfer? (52:35) Oder schufen sie das Universum? Nein, sie sind nicht von den Thesen des Korans überzeugt. (52:36) Oder haben sie eine Leiter in den Himmel und erhalten dort die Informationen. Dann sollen sie aber den Beweis dafür erbringen. (52:38)>

<Der Mensch wird nicht müde, Gott um das Gute zu bitten, doch wenn er Leid erfährt, dann ist er verzweifelt. (41:49) Hilft ihm dann Gott, wendet er sich wieder ab, statt dankbar zu sein. (41:50, 41:51) Mohammed sprich: „Besinnt euch: Wenn der Koran doch von Gott stammt und ihr nicht daran glaubt, dann seid ihr zu weit gegangen“ (41:52)>

<Die Hochmütigen sagen zu den Unterdrückten: „Haben wir euch vom rechten Weg abgehalten, nachdem der Koran zu euch gekommen war? Nein, da seid ihr selbst schuld.“ (34:32) Die Unterdrückten sagen zu den Hochmütigen: „Nein, es war eure Intrige, die uns zum Götzendienst verführte.“ Wenn die Strafe kommt, bereuen sie ihr Verhalten. Doch wer auf Erden ungläubig war, dem wird Gott Fesseln um den Hals legen. Die Menschen werden nur für das entlohnt werden, was sie getan haben. (34:33)>

Dass man 10 Aussagen schreiben kann (2:23), die das Thema Theologie behandeln, ist hinlänglich bewiesen. (11:14) Dass man den Text auch poetisch schmücken kann, ebenso. (10:38) Da gibt es in allen Sprachen genügend Beispiele in der Literatur. Einen Zeugen zu finden, der nicht Gott ist und der belegt, dass ein Mensch den Text verfasst hat, ist ganz einfach. Wenn aber damit gemeint sein soll, dass immer und nur Gott der Ideengeber sein kann, dann ist auch das vorliegende Buch eine Offenbarung Gottes.

Der Beweis, wie widersprüchlich die Aussagen des Korans sind und wie sehr sie mit Ort und Zeit ihrer Entstehung verbunden sind (52:38), wird hier aufgezeigt.

Die Gegner des Korans

<Die Gegner des Korans [der göttlichen Offenbarungen], die sich nicht der Argumentation Gottes anschließen [?], kommen in die Hölle. (22:51)>

<Die Ungläubigen fragen, warum der Koran nicht auf einmal von Gott gesandt wurde. Das tat Gott, um Mohammed in seinem Glauben zu festigen und um den Koran geordnet vorzutragen. (25:32) Es gibt keinen Widerspruch, den Gott nicht widerlegen könnte. (25:33)>

<Die Ungläubigen sagten: „Warum ist der Koran nicht einem angesehenen Mann aus einem der beiden Städte, Mekka oder Taif, offenbart worden?" (43:31) Gott: „Sind sie es, welche die Barmherzigkeit Gottes verteilen? Gott selbst verteilt unter ihnen ihren Lebensunterhalt im irdischen Leben und Gott gliedert sie in eine irdische Hierarchie, so dass die einen die anderen in den Dienst nehmen. (43:32) Gott gewährt den Ungläubigen Luxus (43:33), doch all das ist nur eine Versorgung für dieses irdische Leben. (43:34) Es ist nichts im Vergleich zu dem, was Gott im Jenseits für die Gläubigen bereit hält." (43:35)>

<Die Zweifler fordern, dass Gott persönlich mit ihnen spricht oder einen Beweis seiner Existenz gibt. Das haben schon viele gefordert. Sie sind sich alle gleich. Die Texte des Korans sind aber für die Menschen mit sicherem Glauben. (2:118) Gott hat Mohammed den Koran verkündet und ihn als Prediger berufen. Für die Sünder ist Mohammed nicht verantwortlich. (2:119)>

<Diejenigen, die den Koran anderen vorenthalten, werden von Gott und den Übrigen verflucht. (2:159) Wer aber später reuevoll zurückkehrt, sich bessert und alles richtig stellt, dem schenkt Gott seine Gnade. (2:160) Wer ungläubig ist und im Unglauben stirbt, auf denen lastet der ewige Fluch Gottes und aller Menschen. (2:161) Diese Strafe [der ewigen Hölle] wird niemals gemildert oder gar erlassen. (2:162)>

<An welche Botschaften wollen die Ungläubigen denn sonst glauben, nachdem sie Gottes Verse des Korans kennen gelernt haben? (45:6) Wenn denen aus dem Koran vorgelesen wird, so wenden sie sich überheblich ab. (31:7, 45:7) Die Ungläubigen behaupten sogar, der Koran sei Unsinn. (30:58) So verschließt Gott jenen die Aufklärung, die nicht erkennen wollen. (30:59) Es ist nicht Gott, der die Leute in die Irre führt, nachdem er ihnen den Weg gewiesen hat und erläutert hat, wovor sie sich schützen müssen. (9:115) Manche beharren sogar noch hochmütig auf ihrem Standpunkt. (45:8) Unter diesen Kritikern gibt es sogar welche, die leichte Unterhaltung propagieren und Spott mit dem Koran treiben. Wer aber so die Menschen von der Annahme der Lehre des Islams abhält, wird hart (31:6) und qualvoll bestraft. (45:9) Der landet in der Hölle. (45:10)>

<Hast du den gesehen, der (96:9) Gottes Diener verwehrt, dass er betet? (96:10) Ist dieser auf dem rechten Weg (96:11) oder ermahnt er zur Gerechtigkeit? (96:12) Weiß der Ungläubige nicht, dass Gott ihn sieht? (96:13, 96:14) Wenn er nicht aufhört, wird Gott ihn beim Schopf packen. (96:15, 96:16) Soll er doch seine Helfer rufen (96:17), Gott wird seine Höllenwächter rufen. (96:18) Folge nicht solch einem, sondern wirf dich in Anbetung nieder und öffne dich Gott. (96:19)>

<Es gibt einige, die nach der Lektüre des Korans sagen: „Das habe ich nicht verstanden." Denen hat Gott dann leider den Geist versiegelt. (47:16)>

<Jene, die weder an den Koran glauben noch an die anderen Veröffentlichungen Gottes, das alte

und das neue Testament, werden sich noch wundern. (40:70) Sie bekommen Eisenfesseln und Ketten um ihren Nacken gelegt (40:71), werden in siedendes Wasser gezerrt und dann ins Feuer geworfen. (40:72)>

<Die Gedanken und Handlungen der Ungläubigen stehen nicht im Einklang mit dem Koran. (23:63) Gott wird sie bestrafen und sie werden dann um Hilfe rufen, aber ihre Bitten werden nicht erhört: (23:64) „Schreit heute nicht um Hilfe, denn ihr werdet von Gott keine Hilfe bekommen. (23:65) Gottes Verse wurden euch verlesen, doch ihr seid weggegangen. (23:66) Hochmütig habt ihr über den Koran gesprochen. (23:67) Habt ihr euch keine Gedanken über die Verse des Korans gemacht? (23:68) Oder kennt ihr den Gesandten nicht? (23:69) Oder glaubt ihr, er sei ein Verrückter? Nein, er hat die Wahrheit gesagt, aber die meisten von euch lehnen die Wahrheit ab. (23:70) Doch würde sich die Wahrheit nach den Begierden richten, dann herrscht Unordnung.“ (23:71)>

<Sollen die Ungläubigen doch Beweise für die Existenz ihrer Götter vorlegen. Der Koran ist Aufklärung für die Zeitgenossen Mohammeds ebenso für jene, die vor ihm lebten. Doch die meisten wenden sich von der Wahrheit ab, weil sie keine Ahnung haben. (21:24) Schon vor Mohammed gab es keinen Propheten, dem nicht auch schon offenbart wurde: „Es gibt nur den einen Gott. Dient nur ihm.“ (16:51, 21:25) Die Ungläubigen fragen sogar: „Sollen wir wegen des besessenen Dichters Mohammed unsere Götter aufgeben?“ (37:35, 37:36) Wer so spricht, wird hart bestraft. (37:34, 37:38) Mohammed hat die Wahrheit gebracht und die früheren Propheten bestätigt. (37:37)>

Wer die Aussagen des Korans in Frage stellt, soll sich doch selbst vor dem Tod bewahren. (56:83ff) Das ist keine Argument, sondern ein Glaubenssatz, auch wenn es wie ein Argument aufgebaut ist. Da fehlt die Relevanz zwischen Behauptung und Begründung, denn rechtfertigen lässt sich nur das, was in unserer Macht steht.

Wem dies wiederum als Beweis der Richtigkeit der Koranbehauptung dient, dem sei gesagt: „Ich bin es, der es regnen lässt. Wer das nicht glaubt, soll es doch verhindern.“

In diese Kategorie der Argumente fällt auch die rhetorische Frage, ob man selbst das Universum erschaffen hat. (52:36) Daher muss man uneingeschränkt zugeben, dass die Behauptungen des Korans nur bei Menschen mit sicherem Glauben Zustimmung finden. (2:118)

Und außerdem - wer will sich selbst generell vor dem Tod bewahren? Man frage die gebrechlichen Greise, ob sie in diesem Zustand ewig weiterleben wollen. (56:83ff)

Die hier vorgetragenen Argumente gegen die Behauptungen, die der Koran aufstellt, können von Gott widerlegt werden. (23:53) Mit Interesse, vorurteilsfrei und offen für neue Schlüsse, warten wir darauf. Dann kann man gerne zurückkehren und alles richtig stellen und somit auch die Gnade Gottes erfahren. (2:160) Ein gnädiger Gott wird sicherstellen, dass dies vor dem Tod geschieht. (2:161)

Durch gleich bewertete Erkenntnisse bilden sich Gemeinschaften unter den Menschen. Um aber andere für die eigenen Ideen zu gewinnen, muss man überzeugen. Dazu wird Argumentation und Logik eingesetzt. Mit der Argumentation bilde ich die Meinung und mit der Logik versuche ich zu beweisen.

Die formale Logik liefert durch Ausschluss des offensichtlich Falschen eine Annäherung an die Wahrheit. Mit Definitionen, vereinbarten oder schon bewiesenen Voraussetzungen und folgerichtigem Schließen wird die Wahrheit ermittelt. Dabei werden die Beziehungen zwischen Mengen, Größen und Eigenschaften mit logischen Operationen beschrieben und Schlussfolgerungen werden daraus abgeleitet. Damit kann dann die Gültigkeit einer Behauptung begründet oder eine ungültige Behauptungen ausgeschlossen werden. Ein Schluss ist nämlich dann gültig, wenn alle Voraussetzung wahr sind.

Aber auch dieses Ergebnis gilt immer nur in der Geschlossenheit der Diskussion, doch dazu ist die Zustimmung zu den Definitionen und den Voraussetzungen durch alle Beteiligte erforderlich. Um das zu ermöglichen, muss man argumentieren und Meinungen bilden. Ohnehin ist die Meinung das entscheidende Element einer Diskussion, denn erst durch die Meinungen wird die Welt relevant. Erst dann gibt es eine Beziehung zwischen der Aussage und der Person. Die Aussage <wer den Koran nicht anerkennt, wird von Gott verflucht (2:159)> ist bedeutungslos, wenn das irgendwer, irgendwann einmal gesagt hat. Wenn das aber 20% der Weltbevölkerung glauben, dann ist das relevant.

Der Koran ist, gemessen an den Anforderungen der Argumentation und der Logik, voller Widersprüche. Viele der Aussagen des Korans sind an die Lebensbedingungen, unter denen Mohammed lebte, gebunden und sie geben nur Sinn in der örtlichen Umgebung und der Zeit seines Wirkens, was auch in (6:92) bestätigt wird.

Interpretation des Korans

<Ihr müsst alle Verse des Korans akzeptieren, denn sonst kommt Schande über euch und am Jüngsten Tag werdet ihr noch einmal bestraft. (2:85) Einige der Verse sind eindeutig, andere sind interpretierbar. Diejenigen, die zur Ablehnung neigen, versuchen abwertend zu deuten, aber nur Gott kennt die wahre Bedeutung. Jene aber, die einsichtig sind, glauben daran, denn der gesamte Text stammt von Gott. (3:7)>

<Es gibt keinen, der die Worte Gottes zu ändern vermag. Dazu gibt es ja Belehrungen früherer Propheten. (6:34) Es ist nicht gestattet, die Aussagen des Korans zu verändern. (18:27)>

<Wenn der Koran vorgelesen wird, wollen jene, die nicht mit einer Begegnung Gottes rechnen, andere Inhalte oder bestehende Inhalte verändern. Mohammed darf aber den Koran nicht nach eigenem Belieben verändern. (10:15) Hätte Gott dies gewollt, so hätte er ihn nicht verkündet. (10:16)>

<Es gibt doch tatsächlich Leute, die ohne Kenntnis und ohne Anleitung und ohne den Koran zu kennen, über Gott diskutieren. (22:3, 22:8, 31:20) Wer diesen teuflischen Oppositionellen folgt, kommt zur Strafe in die Hölle. (22:4) Das steht fest. (22:7) Wer über die Zeichen Gottes ohne jede Kompetenz diskutiert, ist anmaßend (40:56) und wer den Koran kennt und immer noch über Gott streitet, dessen Argumentation ist gegenstandslos. Der Zorn Gottes lastet auf ihm und er wird streng bestraft. (42:16, 42:35) Diejenigen, die sich mit dem Koran kontrovers auseinandersetzten, sind Feinde. (2:176)>

<Wenn sich die Religion in Konfessionen aufspaltet, freut sich jede Partei über das, was nur sie vertritt. (30:32)>

<Wer verheimlicht, was Gott im Koran mitteilt und stattdessen etwas anderes verbreitet, wird bestraft. (2:174) Sie sind es, die sich Verirrung gegen Führung eingehandelt haben und Strafe gegen Verzeihung. Sie verkennen die Qual der Hölle. (2:175) Es gibt nichts Schlimmeres als einen, der behauptet „Mir wurde von Gott offenbart", obwohl es nicht stimmt. Das gilt auch für jene, die von sich behaupten, etwas Ähnliches zu veröffentlichen, wie das, was Gott offenbart hat. Aber du müsstest diese Lügner in der Stunde der Abrechnung sehen. Dann erkennen sie ihre Lügen (6:93) und können sich nicht gegenseitig helfen. (6:94)>

Die Auslegung des Korans darf nur von muslimischen Gelehrten erfolgen. Nach deren Auffassung darf er auch nur zusammen mit den Hadithen, den Aussprüchen, Reden und Berichten von und über Mohammed interpretiert werden. Mohammeds Leben gilt als Auslegung des Korans. Lange nach seinem Tod wurden diese Texte gesammelt, die aus über 500.000 Textelementen, verfasst von Hunderten verschiedener Autoren, zusammengetragen wurden. Al Bukhari hat die bekannteste Zusammenstellung mit ca. 7.000 dieser Hadithe in den „sechs Büchern" vorgenommen.

Am Koran darf nicht gezweifelt werden. (2:2) Daher ist jede inhaltliche Kritik verboten. Man kann allenfalls das Neue unserer Zeit in Analogie setzen, denn die ethischen Regeln für die

Genforschung mag Gott gekannt haben, er hat es aber 610 noch nicht bekannt gegeben. Eine philologische Auslegung, also sprachliche Analysen und Vergleiche mit zeitgenössischer arabischer Dichtung ist wohl zulässig, bringt aber keine Erkenntnisse zu den Fragen unserer Zeit. Die für den Laien zugelassene systematische Einordnung der Auslegungen nach den verschiedenen theologischen Schulen, wie den Hanbaliten, den Mutaziliten und den Ashariten hat nur einen akademischen Wert, da man selbst an der Auslegung nicht beteiligt ist.

Einzelne Verse des Koran wurden nach ihrer Offenbarung geändert, obwohl die alten erhalten blieben. Die sich dadurch widersprechenden Aussagen wurden als überarbeitetes Wort Gottes gedeutet:

Im Vers (4:15) werden Frauen für Unzucht eingesperrt bis sie sterben oder Gott ihnen einen Ausweg zeigt und im Vers (24:2) werden Männer wie Frauen für die gleiche Tat mit jeweils hundert Peitschenhieben gezüchtigt. Zur rechten Deutung der Suren ist deshalb die Datierung von Bedeutung, da der jüngere Text den älteren aufhebt. Wenn man dieser Auslegung folgt, dann gilt heute 4:15, also das Todesurteil.

Mohammed soll keines der Worte Gottes vergessen (87:6) aber nicht alles veröffentlichen. (87:7) Außerdem versucht Satan, die Propheten zu beeinflussen. (22:52) Manchmal ändert Gott auch seine Meinung, da er bestimmte Verse im Koran austauscht. (16:101) Manchmal hebt Gott auch eine Verordnung auf oder lässt sie vergessen, um sie durch eine bessere oder gleichwertige zu ersetzen. (2:106) Wie soll ich da sicher sein, dass die gedruckte, mir vorliegende Fassung des Korans, den Geist Gottes wiedergibt?

Wenn Inhalte der Bibel mit denen des Korans nicht übereinstimmen, sind es Verfälschungen in der Bibel, denn der Koran erklärt den Juden das meiste von dem, worüber sie streiten (27:76) und den Juden und Christen enthüllt der Koran die vielen Stellen in der Bibel, die sie geheim gehalten haben. (5:15)

Der göttliche Ursprung des Korans und die Gottesdefinition im Koran impliziert die Richtigkeit aller Inhalte im Koran. Eine kritische Analyse kann die Aussagen des Korans also nur bestätigen, denn im Koran gibt es nichts Falsches, da er eine Offenbarung Gottes ist. (39:28, 41:42)

Weil der Koran nicht fortgeschrieben werden darf (18:27) und kein neuer Prophet auftreten wird (33:40), der eine Aktualisierung des Korans vornehmen könnte, müssen die gläubigen Muslime in der Zwickmühle leben, dass sie entweder korangetreu im Stil der Zeit Mohammeds leben oder sündigen, denn sie müssen alle Verse des Korans akzeptieren. (2:85)

Andererseits ist die Interpretation der Koranverse im Sinne unserer demokratischen Grundordnung und unter Berücksichtigung der Lebensgewohnheiten der Menschen in Informationsgesellschaften des 21.Jahrhunders immer möglich. Mit den Varianten der Übersetzung, der Ungenauigkeit jeder Sprache, dem Verweis auf historische Erzählungen und der Kunst der Verknüpfung sich widersprechender und ergänzender Aussagen des Korans lässt sich alles erklären und widerlegen. Doch ohne diese Mühe kann kein gläubiger Muslim als engagierter Demokrat in USA oder Europa leben.

Gott, die Bibel und der Koran

<Juden und Christen, warum vermengt ihr die Bibel mit Lügen, obwohl ihr doch die Wahrheit kennt. (3:71) Einige der Juden und Christen verdrehen den Wortlaut der Bibel, damit man meint, was sie sagen, steht in der Bibel, obwohl es gar nicht darin steht. Und trotzdem sagen sie, es stamme von Gott, obwohl es gar nicht von ihm stammt. Damit sprechen sie wissentlich gegen Gott eine Lüge aus. (3:78) Nach der Veröffentlichung der Thora und des Neuen Testaments durch Gott als eine Lebensanweisung (3:3) hat er den Koran zur Bestätigung und Klarstellung herausgegeben. (3:4)>

<Die Gläubigen sollen an Gott, seinen Gesandten, die Bibel und den Koran glauben. (4:136) Juden und Christen handelt nach den Geboten aus Thora und Evangelium und den übrigen Offenbarungen, aber die Offenbarungen des Korans werden viele der Juden und Christen in ihrer Ablehnung und in ihrem Unglauben nur bestärken. (5:68)>

<Muslime, diskutiert mit den Juden und den Christen! Meidet aber die Sünder unter ihnen und sprecht: „Wir glauben an die Aussagen des Korans und der Bibel und unser Gott und euer Gott ist einer und ihm sind wir ergeben." (29:46) Der Koran erklärt den Juden das meiste von dem, worüber sie streiten. (27:76) Er ist eine Führung und eine Barmherzigkeit für die Gläubigen. (27:77) Er ist die Wahrheit zur Bestätigung der Aussagen der Bibel und des Neuen Testaments. (35:31) Juden und Christen! Gottes Gesandter, Mohammed, ist nun zu euch gekommen, um euch die vielen Stellen in der Bibel zu enthüllen, die ihr geheim gehalten habt. Jedoch manches wird auch er auf sich beruhen lassen. Zu euch ist nun das Licht Gottes und ein Buch der Aufklärung gekommen. (5:15) Damit will Gott denjenigen, die seine Zuneigung suchen, den Weg des Friedens zeigen und sie aus der Finsternis ins Licht führen. (5:16)>

<Der Koran konnte von niemand anderem als von Gott verfasst werden, denn er bestätigt und erklärt die Aussagen der Thora und des Evangeliums. Es gibt daher keinen Zweifel, dass er von Gott stammt. (10:37) Gott veröffentlichte die Thora, die eine Anweisung zum richtigen Verhalten und Aufklärung enthält. Damit haben die Propheten, die Rabbiner und die Gelehrten Recht gesprochen und sie waren die Hüter des Buchs Gottes. Fürchtet nicht die Menschen, sondern Gott und verschachert nicht seine Worte. (5:44)>

<Auf andere Propheten folgte Jesus. Ihm gab Gott das Evangelium, in dem die richtige Haltung beschrieben und aufgeklärt wird. Darin wird bestätigt, was schon in der Thora stand. (5:46) Die Christen sollen danach handeln, denn wer davon abweicht, ist ein Sünder. (5:47) Schließlich hat Gott den Koran mit der Wahrheit veröffentlicht, um die Aussagen aus der Bibel zu bestätigen. Mohammed soll nun zwischen den Inhalten der Thora und des Neuen Testaments unter Zugrundelegung des Korans abwägen und die Wahrheit herausstreichen. Er soll nicht den Gebräuchen der Juden und Christen folgen. Muslime, Juden und Christen haben jeweils ihr eigenes Brauchtum und einen individuellen Weg. Wenn Gott gewollt hätte, hätte er sie nämlich alle zu einer Gemeinschaft gemacht. Mit der Veröffentlichung verschiedener Bücher bildeten sich nach seinem Willen verschiedene Gemeinschaften, die er in den Wettbewerb um die guten Dinge entließ. Am Ende werden sie ohnehin alle zu Gott zurückkehren. Und dann werden sie über ihren Dissens aufgeklärt. (5:48, 5:49, 16:93) Wer will also die Richtlinien der Heiden? Für die Gläubigen gibt es keinen besseren Richter als Gott. (5:50)>

<Wenn Mohammed Fragen zu den Inhalten des Korans hat, soll er die Juden und Christen befragen. Zu ihm ist die Wahrheit von Gott gekommen. Er soll nicht daran zweifeln. (10:94)>

In Teilen ist der Koran von der Bibel abhängig, da er sich darauf bezieht und bestimmte Passagen daraus ähnlich, vielfach aber auch anders wiedergibt. Zur Begründung wird im Koran argumentiert, dass der Text der Bibel verändert wurde (3:71, 3:78) und der Koran eine Richtigstellung vornimmt. (3:3, 3:4) Juden und Christen bestreiten das und behaupten, dass die Aussagen des Korans falsch seien. Die Behauptung des Korans, er bestätige die Aussagen oder erfülle die Prognosen der Thora und des Evangeliums (12:111, 35:31), stimmt daher nur eingeschränkt. Warum dann aber Mohammed bei Unsicherheiten ausgerechnet die Juden und Christen befragen soll, deren Aussagen er richtig stellt, bleibt uns verborgen (10:94).

Die Behauptung, Gott sei Autor des Evangeliums (3:3), wird von den Christen allenfalls dahingehend bestätigt, dass es von Gott inspiriert war. Sprachwissenschaftlich und historisch ist nachgewiesen, dass bei der Formulierung des Neuen Testaments verschiedene Menschen am Werk waren. Matthäus war der erste, der sein Evangelium in aramäischer Sprache verfasst hat. Danach entstanden die Evangelien des Markus und Lukas, teils durch Überlieferungen, teils durch eigene Aufzeichnungen, abgefasst in griechischer Sprache. Das Johannesevangelium ist das Ergebnis eines längeren Überlieferungsprozesses, das von unbekannten Autoren veröffentlicht wurde. <Die Evangelien wurden von Gott herabgesandt (3:3)> sagt Gott selbst im Koran. Das bedeutet aber, dass Gott die Menschen etwas verfassen lässt, was er später als Fälschung bezeichnet und trotzdem noch behauptet, er selbst sei der Autor. Ganz abgesehen davon, hätte er es von vorneherein wissen müssen, denn er kennt die Zukunft.

Die Gleichnisse im Koran

<Gott hat den Menschen im Koran allerlei Beispiele und Gleichnisse gegeben, damit sie aufgeklärt werden (17:89, 18:54, 30:58, 39:27), doch über vieles streiten sie. (18:54) Nichts hindert die Menschen daran zu glauben, wenn die Rechtleitung zu ihnen kommt. Sie können Gott um Verzeihung bitten oder das beispielhafte Schicksal früherer Generationen abwarten oder die Strafe offenen Auges annehmen. (18:55) Die Ungläubigen streiten in Falschheit, um dadurch die Wahrheit zu widerlegen. Sie verspotten Gottes Worte und das, womit sie gewarnt werden. (18:56)>

<Siehst du nicht, wie gut die Gleichnisse Gottes sind? (14:24) Die Erzählung entspricht der Wurzel und die Erkenntnis den Früchten eines Baumes. (14:25) Gott schämt sich nicht, auch ein Gleichnis mit einer Mücke zu bilden. Wer glaubt, weiß, dass die Wahrheit von Gott kommt. Die Ungläubigen führt er damit in die Irre, aber die Gläubigen werden auf den rechten Weg geführt. (2:26) Ein Gläubiger, der wieder ungläubig wird, hat selbst den Schaden. (2:27)>

Ein schlechtes Wort ist wie ein schlechter Baum, der aus der Erde entwurzelt ist und keinen Halt im Boden hat. (14:26)>

<Hätte Gott den Koran auf einen Berg herabgesandt, hätte sich dieser vor Ehrfurcht gespalten. Solche Gleichnisse gibt Gott den Menschen, damit sie nachdenken. (59:21)>

<Mit dem Engagement für das irdische Leben ist es wie mit einem eiskalten Wind, der über die Saatfelder weht: Er vernichtet die, die gegen sich selbst sündigen. Es ist nicht Gott, der ungerecht ist. (3:117)>

<Kann man einen Sklaven, der mehreren Herren dient, die miteinander streiten mit einem vergleichen, der einem Einzigen dient? (39:29)>

<Kann man einen Sklaven mit einem Freien vergleichen, den Gott reichlich versorgt hat und der davon spendet? (16:75)>

<Gott erzählt ein Gleichnis von einem, der stumm und ungeschickt ist, nichts Gutes leistet und für seinen Dienstherrn eine Last ist. Kann er dem gleich gesetzt werden, der Gerechtigkeit verordnet und der selbst auf dem richtigen Weg ist? (16:76)>

<Gott erzählt das Gleichnis von einer Stadt: Sie genoss Sicherheit und Frieden und ihre Bewohner waren gut versorgt. Dann aber leugneten sie die Wohltaten Gottes. Darum ließ Gott sie die Not des Hungers und der Furcht erfahren. (16:112)>

<Gott fordert Mohammed auf, das Gleichnis von zwei Männern zu erzählen: Der eine hatte zwei Weingärten, umgeben von Dattelpalmen und Kornfeldern. (18:32) Durch die Mitte seines Landes lief ein Bach. Beide Gärten waren daher sehr fruchtbar. (18:33) Der Landbesitzer sagte zu dem anderen Mann: „Ich bin reicher und mächtiger als du. (18:34) Ich kann mir nicht vorstellen, dass dies je zugrunde gehen wird. (18:35) Und wenn ich sterbe, werde ich einen noch besseren Aufenthaltsort bekommen.“ (18:36) Der Angesprochene antwortete: „Glaubst du denn nicht, dass Gott dich erschaffen hat? (18:37) Für mich ist Gott mein Herr und nie will ich meinem Herrn etwas Gleichwertiges zur Seite stellen. (18:38) Warum sagst du nicht ‚Wie Gott will, so geschehe es?’ Auch wenn du

glaubst, dass ich weniger Besitz und Nachkommenschaft habe als du, (18:39) so wird Gott mir vielleicht etwas besseres als deinen Garten geben und dich wird er vielleicht bestrafen, so dass dein Land nur noch Wüste ist, (18:40) weil die Bewässerung versagt.“ (18:41) Und tatsächlich, bei der nächsten Ernte war alles zerstört. Der Landbesitzer lief über seine Felder und jammerte: „Ach, hätte ich doch Gott niemanden zur Seite gestellt.“ (18:42) Hilfe und Schutz gibt es nur bei Gott. Von ihm wird man am besten belohnt und erzielt die besten Ergebnisse. (18:43, 18:44)>

<Haben eure Sklaven Anteil an eurem Vermögen? Seid ihr ihnen diesbezüglich gleich und fürchtet sie, so wie ihr Freien euch gegenseitig fürchtet? So erklärt Gott seine Worte denen, die verständig sind. (30:28)>

<Er gleicht einem Hund. Treibst du ihn fort, so hängt er seine Zunge heraus. Beachtest du ihn nicht, so hängt er auch seine Zunge heraus. Genauso ergeht es den Menschen, die Gottes Zeichen missachten. (7:176)>

Das Gleichnis des Hundes (7:176) und auch die meisten vorausgehenden dieses Kapitels gehören in die Kategorie der mit Vernunft nicht zugänglichen Erklärungen. Hier ist Glaube gefordert, doch leider kann noch nicht einmal der Gläubige erkennen, was er glauben soll.

Ein Buch, und das gilt auch für den Koran, ist das Informationsangebot eines Autors an seine Leser oder Zuhörer und der Autor ist verantwortlich für die korrekte Deutung seiner Aussagen. Da macht es keinen Unterschied, ob der Text von Gott oder von sonst jemandem kommt. Er muss inhaltlich von der angesprochenen Zielgruppe verstanden werden, denn sonst bleibt die Botschaft ohne Sinn.

Doch die Gleichnisse im Koran dienen weniger der Aufklärung als eher der Verschlüsselung, denn der Koran richtet sich ja an den Gläubigen, der dies dann auch versteht.

Gleichnis bedeutet Gleichheit der Verhältnisse ganz verschiedener Dinge. In der Geschichte der Stadt (16:112) und der Erzählung des Weinbauers (18:33ff) werden keine Verhältnisse beschrieben und sie sind deshalb auch keine Gleichnisse. Das kann weder der Autor noch der Herausgeber ändern. Das sind ganz einfach nur Geschichten.

Denken ist vergleichen, denken und sprechen ist abbilden. In der Erscheinungswelt gibt es nichts Gleiches und alles Denken besteht aus dem Erkennen der Beziehungen von Gleichheit und Ungleichheit. Gleichnisse sind hilfreich bei der Vermittlung komplexer Sachverhalte, doch die Gleichnisse im Koran vermitteln Verhältnisse, die heute nur noch schwer nachvollziehbar sind. Das Verhältnis von einem Sklaven und einem Freien (16:75) kennen wir nicht. Sklaven gibt es heute, „Gott sei Dank“, nicht mehr.

Der Koran über Gott

Die Beschreibung Gottes

<Es gibt nur den einen Gott. (2:163, 3:2, 16:22, 23:23, 23:32, 27:26, 40:65) Ihr sollt keinen Gott haben neben Gott (6:151, 17:22) und ihn mit nichts gleich setzen. (2:22) Gott steht über allem. (16:60, 26:9, 40:15) Über Gott soll nur in den schönsten Bildern gesprochen werden. (30:27) Er ist der einzige Gott, ihm gebühren die schönsten Namen. Bringt seinen Namen nicht in Verruf. (7:180, 20:8) Gott - der Ewiglebende, der Einzige, der Schöpfer. Alles ist vergänglich, nur er nicht. Er bringt alle am Jüngsten Tag zusammen. Wer ist glaubwürdiger als Gott? Gott sorgt für Gerechtigkeit. Auf Gott vertraue ich. Er ist der oberste Herr. Er weiß alles, er macht lebendig und lässt sterben. Diene Gott und denke an ihn. Nimm ihn als einzigen Beschützer. Alles Lob gebührt Gott, dem Herr der Welten. Gott befiehlt die Heere des Himmels und der Erde. (3:5, 3:18, 3:62, 4:87, 6:102, 6:106, 6:163, 7:59, 7:65, 9:129, 13:9, 13:30, 14:52, 17:43, 17:44, 18:110, 19:65, 20:14, 20:98, 23:88, 23:89, 23:116, 28:70, 28:88, 30:17, 30:18, 33:48, 34:1, 37:159, 37:180, 37:182, 38:65, 38:66, 40:62, 40:65, 44:8, 45:36, 45:37, 48:7, 57:1, 59:1, 59:22, 59:23, 59:24, 61:1, 62:1, 73:9, 85:15)>

<Der Mensch kann Gott nicht sehen, aber umgekehrt. (6:103) Gott zeugt nicht und ist nicht gezeugt worden und ihm ist keiner ebenbürtig. (112:3, 112:4) Bei Gott sind die Fesseln und das Höllenfeuer (73:12) und erstickende Speise und schmerzliche Strafe. (73:13)>

<Gott ist einzig, lebendig, ewig, absolut, stark, erhaben, stets nahe und immer präsent. (2:255, 22:74, 37:4) Gott vergibt, aber bestraft auch streng. (5:40, 13:6, 85:12) Gott hat Macht über seine Diener. (6:18) Gott ist allgütig (96:3), allhörend, allsehend, allweise, allwissend und allmächtig. (3:189, 10:65, 11:4, 13:16, 16:77, 26:68, 26:104, 26:220, 27:9, 35:38, 43:84, 49:18, 57:3, 64:1) Gott vergisst nichts. (19:64) Er kennt die Vergangenheit, die Zukunft und die Gedanken. Oder glaubt einer, dass Gott die geheimen Unterredungen nicht kennt? (20:7, 33:54, 43:80, 64:4, 64:18, 67:13) Gott ist der Erste und der Letzte, der Offenbare und der Verborgene. (57:3) Das Verborgene kennt Gott nur Gott. (10:20, 27:65, 27:66, 34:48) Gott ist ewig und einzig (112:1, 112:2), aber selbst ist er auf niemanden angewiesen. (6:133, 14:8, 22:64, 31:26) Gott vergibt, beschützt, ist barmherzig, gnädig und liebevoll. (4:70, 4:106, 9:21, 10:58, 15:49, 17:87, 18:58, 19:2, 19:50, 23:118, 24:10, 24:14, 24:20, 26:122, 26:140, 26:159, 26:175, 26:191, 27:73, 33:24, 33:73, 41:31, 41:32, 44:42, 48:14, 57:28, 76:31, 85:14)>

Gott sei allmächtig (10:65), obwohl er seine Allmacht nicht aufheben kann.

Gott sei allgütig (96:3) und trotzdem belässt er das Leid in der Welt.

Gott sei die Liebe, obwohl auch „Ungläubige“ die Liebe erfahren. (19:96)

Gott sei von der Welt getrennt (112:1f), obwohl er in der Welt handelt. (7:4)

Gott lasse die Ewigkeit beginnen (50:15), obwohl die Ewigkeit stets ist.

Gott lasse Raum und Zeit in der Ewigkeit zu (55:56), obwohl beides unbegrenzt ist.

Gott sei einzig (112:1), obwohl die Ewigkeit die Einheit ist.

Gott erschaffe den Teufel (38:76) und das Böse (38:82ff), um zu bestrafen. (8:14f)

Gott habe alles vorbestimmt (54:3), doch jeder ist für sein Tun verantwortlich. (34:25)

<Verehre Gott (87:1), den Schöpfer (39:62, 87:2), der euch führt (87:3), eure Nahrung produziert (87:4) und sie auch wieder vergehen lässt. (87:5) Er tut, was er will. (85:16) Gott wird nicht zur Rechenschaft gezogen, aber der Mensch. (21:23) Gott ist die Wahrheit. Götzen sind Lügen. Gott ist der Erhabene, der Große. (22:62, 31:30) Gott ist das Licht. Er leitet zu seinem Licht, wen Er will. (24:35, 24:46) Gott kennt all das, was ihr an seiner Statt verehrt. (29:42) Gott ist streng im Strafen, doch er vergibt, ist barmherzig und gnadenvoll. (5:98, 10:60, 16:18, 41:43)>

<Gott verzeiht dem, der bereut und dann glaubt, der das Gute tut und der Führung folgt. (20:82) Wer in Unwissenheit Böses tut, bereut und sich bessert, dem verzeiht Gott. (16:119) Wer das Böse wieder gut macht, dem verzeiht Gott. (27:11) Ob man etwas Gutes bekannt gibt oder verschweigt oder Böses verzeiht, Gott ist bereit zu verzeihen und hat die Macht dazu. (4:149) Gott ist gerecht. Die Götzen können nicht richten. Gott hört und sieht alles. (40:20)>

<Wer erhört den Betenden und korrigiert das Böse? Wer lässt euch als Nachfolger eurer Eltern folgen? Gibt es etwa andere Götter neben Gott? Wie wenig lasst ihr euch aufklären. (27:62) Vertrau auf Gott, der dich sieht, wenn du betest und dich vor ihm niederwirfst. (26:217, 26:218, 26:219)

<Gott erschuf das Universum (25:2) und herrscht darüber. (2:258, 20:4, 20:5, 37:5) Er hat die Macht über alle Dinge (11:4, 16:77, 18:45) und verwirklicht eine Sache, indem er sie ausspricht. (2:117, 36:82) Gott macht lebendig und lässt sterben. (2:258, 3:156) Gott hat die Macht zu strafen oder Zwietracht zu stiften, so dass sich der eine am anderen vergreift. (6:65) Gott hört den Ruf des Rufenden. Deshalb hört auf Gott und glaubt an ihn. (2:186) Gott macht die List der Ungläubigen kraftlos. (8:18) Gott kennt die Unheilstifter und die Guten. (2:220) Gott genügt als Beschützer. (4:132, 42:9) Gott hat für euch den Tod verordnet (56:60), doch er ist fähig an eurer Stelle andere wie euch zu erschaffen und euch in einen Zustand zu versetzen, den ihr nicht kennt. (56:61)>

<Gott gehört alles. (2:255, 5:40, 5:120, 6:12, 14:2, 20:6, 21:19, 22:64, 23:84, 23:85, 42:4, 45:27, 53:31, 92:13) Ihm gehört das Diesseits und das Jenseits und zu ihm werden alle Dinge zurückkehren. (3:109, 24:64, 42:53, 53:25) Das Universum ist sein Reich. (35:13, 39:63) Gott gehören die Moscheen. (72:18) Gott gehört, was im Himmel und auf Erden ist. Und wenn ihr ungläubig werdet, so gehört es ihm trotzdem. (4:131) Alle Wesen des Himmels und der Erde sind ihm untertan und demütig ergeben. (30:26)>

<Gott: „Ich und meine Gesandten werden siegen." (58:21)>

Gott ist mit nichts gleichzusetzen (6:151) und neben Gott steht keine Macht. (35:13) Gott ist ewig, einzig und absolut. (112:1, 2:255, 40:65) Somit steht Gott außerhalb seiner Schöpfung, was auch dadurch belegt wird, dass zu ihm alle Dinge zurückkehren werden. (3:109) Doch auch danach bleibt es bei der Trennung zwischen Gott und dem Rest, denn Gott ist der ewig unabhängige, von dem alles abhängt. (112:1, 112:2) Gott ist sich selbst wissend, denn zur Verwirklichung einer Sache ist die Erkenntnis seiner selbst notwendig. (2:117, 36:82) Seine Schöpfung ist auch keine Teilmenge Gottes, denn Satan ist eine von Gott getrennte Einheit.

Wie sollte man sonst Zuflucht bei Gott vor dem Satan suchen. (16:100) Schöpfer und Schöpfung sind im Koran zwei Entitäten. (25:2)

Der Allmacht kann sich nichts und niemand entziehen und es ist daher nur vernünftig, der Allmacht nichts zur Seite zu stellen. (35:13) Doch auch die Allmacht hat eine Schwäche, die Allmacht selbst nämlich, denn Gott könnte sich selbst der Allmacht beschneiden, wäre danach nicht mehr allmächtig und könnte es auch nicht mehr werden, denn sonst hätte er sich nicht seiner Allmacht beschnitten. Solche Gedankenspiele funktionieren nur, wenn man Gott in die Raumzeit stellt und genau das tut der Koran.

Gott ist ehrgeizig <ich werde siegen (58:21)>, steht unter dem Druck der Rechtfertigung <Gott schämt sich nicht einfache Gleichnisse zu geben. (2:26)>, fordert Zuneigung <alles Lob gehört Gott (1:1)>, ist launisch <Gott ändert niemals seine Meinung, es sei denn, er ändert seine Meinung (8:53)> und eitel <Gott erschuf das Universum in makelloser Weise (29:44)>. Eine so menschliche Darstellung Gottes kommt wohl eher einer Beschreibung Mohammeds nahe.

<Gott hat die Macht Zwietracht zu stiften, so dass sich der eine am anderen vergreift. (6:65)> Jeder der handelt, hat ein Motiv und ist in der Raumzeit. Der Widerspruch eines handelnden Gottes in der Zeitlichkeit, die er selbst geschaffen hat, selbst aber die Raumzeitlosigkeit repräsentiert, ist mit Vernunft nicht auflösbar. Das müssen die Muslime glauben. Das Motiv zur Saat von Zwietracht, muss ein ethisch anständiges sein, wenn man unterstellt, dass <das Gute von Gott kommt (16:53).> Daher kann nur eine Entwicklung gemeint sein, die zu einem späteren Zeitpunkt eine positive Wendung bewirkt. Aus der Allmacht seiner Möglichkeiten wählt Gott nun einen Umweg, um den Einzelnen erst einmal leiden zu lassen, bevor er den Vorteil bekommt. Um auch weiterhin zu unterstellen, dass das Gute von Gott kommt, muss dieses Vorgehen das kleinste aller Übel sein. Das heißt aber auch, dass der allmächtige Gott keine Wahl gehabt hat.

<Gott genügt als Beschützer. (4:132)> Vor wem aber soll mich Gott beschützen, der die Welt so erschaffen hat?

Wenn einem alles gehört (2:255, 20:6, 22:64), ist dieser Umstand nur dann erwähnenswert, wenn es andere gäbe, die an diesem Eigentum oder auch nur an diesem Besitz partizipieren möchten. Wer sollte das sein? Die Vergänglichkeit des Seins, der Materie, sogar die unserer Erde ist jedem bekannt. So mag Gott alles gehören und so mag er auch alles behalten. Es wird niemanden geben, der hier ein Interesse anmeldet.

Gottes Umfeld

<Gott hat keinen Sohn und keinen anderen Gott neben sich (17:111, 18:4, 21:26, 25:2), denn sonst hätte jeder Gott mit sich fortgenommen, was er erschaffen hat und die Götter hätten sich untereinander bekämpft. (23:91) Wer so etwas behauptet, hat keine Ahnung. (18:5) Darüber könnte Mohammed sich zu Tode ärgern. (18:6) Es sind Propheten, die nach Gottes Anweisung handeln. (21:27)>

<Man unterstellt Gott eine Blutsverwandtschaft mit den Engeln. Wer solches behauptet, wird vor Gott zu Gericht gebracht. Hat Gott euch mit Söhnen bevorzugt und er selbst soll Töchter mit den Engeln haben, die er ja erschaffen hat? Was für eine Behauptung! Hat Gott die Engel etwa als Frauen erschaffen? Wo sind die Beweise? Auch die Engel werden zur Bestrafung vorgeführt. (16:57, 17:40, 37:149, 37:150, 37:153, 37:154, 37:155, 37:156, 37:157, 37:158, 37:160, 43:16, 52:39)>

<Die Ungläubigen machen die Engel Gottes zu weiblichen Wesen. Waren sie etwa bei ihrer Erschaffung mit dabei? Für diese Aussagen werden sie sich rechtfertigen müssen. (43:19) Sie sagen: „Hätte Gott es gewollt, hätten wir solche Engel nicht verehrt." Wer so redet, hat keine Ahnung. (43:20) Hat Gott ihnen vor der Veröffentlichung des Korans eine andere Offenbarung gegeben? (43:21) Nein! Und trotzdem argumentieren sie weiter: „Wir treten nur in die Fußstapfen unserer Väter." (43:22) Solch eine Reaktion erfährt jeder Prophet, wenn er zum ersten Mal auftritt. (43:23) Sie leugnen das Bessere im Koran (43:24) und deshalb wird sich Gott an ihnen rächen. (43:25)>

<Die Ungläubigen rufen außer Gott auch weibliche Gottheiten, aber eigentlich rufen sie den Teufel. (4:117) Was glaubt ihr? (53:19) Sollen Al-Lat, Al-Ussa und Manat Töchter Gottes sein? (53:20) Sollt ihr Söhne bekommen und Gott nur Töchter? (53:21) Das wäre ungerecht. (53:22) Die drei sind Erfindungen eurer Vorfahren. Von Gott gibt es keine Legitimation dazu. Wer so etwas glaubt, irrt sich. (53:23) Kann der Mensch denn haben, was er wünscht? (53:24) Nein, Gott gehört das Jenseits und das Diesseits (53:25)>

Eine Tochter Gottes hat offensichtlich einen geringeren Wert als der Sohn eines Menschen (37:149, 53:21f), auch wenn dies nur als rhetorische Frage formuliert wird. Es ist aber Gott, der diese Frage stellt.

Im gesamten arabischen Sprachraum dominierte zu Zeiten Mohammeds der Glaube an einen personifizierten Sonnengott, der teils männliche, teils weibliche Gestalt angenommen hatte. Daraus entwickelte sich allmählich eine Art Monotheismus. Die Sonnengöttin wurde Al-Lat genannt und der Sonnengott Allah.

Da die Sonnengötter der Araber gewachsene Gottheiten waren, musste Mohammed seinen „Ein-Gott" Allah nicht mühsam durchsetzen. Als er in Mekka, seiner Geburtsstadt, zu predigen begann, gab es zwar noch viele verschiedene Götter, aber auch Allah, der eine Vielzahl verschiedener Namen trug. So konnte Mohammed, unter Verwendung all dieser Namen, immer wieder von dem einen Gott, von Allah, sprechen. Hubal, der Lokalgott von Mekka, wurde auch Allah genannt. Er wurde in dem Meteor verehrt, der in der Kaaba liegt.

Schwierig wurde es bei der Integration der Göttinnen. Die Mekkaner verehrten neben ihrem Hubal nämlich noch drei Göttinnen, die sie als die Töchter Hubals betrachteten. Da war Al-Lat, die Göttin der Sonne, Al-Uzza, die Göttin der Macht, die als Abendstern verehrt wurde und schließlich Manat, die Göttin des Schicksals.

Dass Allah, der eine Gott, drei Töchter haben soll, ist widersprüchlich, weshalb Mohammed verschiedene Erklärungen nachreichte. Zunächst versuchte er die drei Göttinnen als himmlische Wesen oder Engel zu definieren, doch schließlich erhielt er die Offenbarung der Sure 53 Vers 19-25, in der die drei Göttinnen als Erfindungen der Vorfahren abgetan wurden. Das Zugeständnis der drei Göttinnen an die Mekkaner war nach seinem Sieg auch nicht mehr erforderlich. Nach der Eroberung Mekkas und der Kaaba erklärte Mohammed Allah zum einzigen Gott.

<Wenn Gott eine Verordnung aufhebt oder vergessen lässt, so wird sie durch eine bessere oder gleichwertige ersetzt, (2:106)> war die Begründung für die Veränderung. Jene Verse (53:19ff) die ausgetauscht und in denen die Fürsprache der weiblichen Gottheiten Mekkas erbeten wurde, bekamen dann das Attribut „satanisch". Damit war zwar die Verantwortung für den Fehler zugeordnet und die Veränderung begründet, offen blieb aber der Verdacht, dass Mohammed offensichtlich auch Verse vom Satan empfing, ohne es zu bemerken.

Gottes Anspruch

Gottes Gedenken

<Wenn Gott mit dem Menschen spricht, dann geschieht dies durch Eingebung oder hinter einem Vorhang oder indem er einen Boten [Engel] sendet, der dem Menschen eingibt, was er sagen will. (42:51)>

<Gedenkt Gottes während einer bestimmten Anzahl von Tagen; und wer eilig in zwei Tagen tut, den trifft keine Schuld, genauso wenig den, der es länger tut. Seid gottesfürchtig, denn irgendwann werdet ihr zu ihm geführt. (2:203)>

<Gedenkt Gottes und betet. (40:14, 73:8, 87:15) Gedenkt der Gnade Gottes und der Pflichten, die er euch auferlegt hat. Damals sagtet ihr: "Wir hören und gehorchen." Fürchtet Gott. Gott weiß was ihr denkt. (5:7, 14:38, 16:23)>

<Gedenkt Gottes, wenn ihr von der Wallfahrt von Arafat kommt. Gedenkt Gottes bei den heiligen Kultstätten. Dankt ihm, dass er euch auf den richtigen Weg geführt hat. (2:198) Geht nun im Laufschritt weiter und bittet Gott um Vergebung. (2:199) Alle im Himmel und auf Erden lobpreisen Gott, sogar die Vögel im Flug. Jedes Geschöpf hat seine eigene Weise zu beten. (24:41)>

<Gedenkt Gottes, wenn ihr eure heiligen Riten beendet habt, so wie ihr eurer Väter zu gedenken pflegt, oder besser, mit noch stärkerem Gedenken. (2:200)>

Fürchtet Gott

<Fürchtet Gott und gehorcht ihm. Fürchtet den Jüngsten Tag. (6:72, 9:119, 14:14, 15:69, 16:51, 22:1, 23:87, 26:108, 26:110, 26:126, 26:131, 26:132, 26:144, 26:150, 26:163, 26:179, 26:184, 29:16, 30:31, 31:33, 33:39, 43:63, 76:10)>

<Gott ist mit denen, die ihn fürchten. (9:123) Lebt nach dem Koran! Gott zeigt den Gläubigen den Weg. Gott bringt alles ans Licht, auch das wovor ihr euch fürchtet. (5:108, 9:64) Fürchtet Gott! Seid gläubig, gehorsam und spendet, denn das ist gut für euch. Und wer vor seiner eigenen Gier bewahrt bleibt, dem wird es gut gehen. (64:16) Fürchtet den Tag, an dem niemand die Verantwortung für einen anderen übernehmen kann. (2:123) Wer Gott fürchtet, dessen Sünden werden erlassen und der wird belohnt (39:61, 50:31, 50:33, 55:46, 65:5, 67:12) Gott ist mit denen, die gottesfürchtig sind und Gutes tun. (16:128)>

<Wendet euch Gott zu, fürchtet ihn, betet und verehrt keinen anderen. (30:31)>

<Fürchtet Gott und glaubt dem Mohammed! Er wird euch einen doppelten Anteil seiner Barmherzigkeit geben. Er wird euch ein Licht bereiten und euch vergeben (57:28) Wer Gott fürchtet, kommt ins Paradies. (3:198)>

<Wollt ihr nicht gegen die kämpfen, die ihre Eide gebrochen haben und die Mohammed vertreiben wollten. Sie waren es, die zuerst angegriffen haben. Fürchtet ihr sie etwa? Gott sollt ihr fürchten, wenn ihr Gläubige seid. (9:13)>

<Wer versorgt euch vom Himmel her und aus der Erde? Wer gibt euch eure Sinne? Wer bringt das Lebendige aus dem Toten hervor und wer nimmt das Leben wieder? Wer sorgt für alles? Gott, den ihr fürchten sollt! (10:31)

Der Gott der Monotheisten, ist ein einziges personales, also sich selbst wissendes Wesen, das zugleich als der unendliche Grund allen Seins verstanden wird. In der Bibel wird dieser Anspruch mit dem ersten Gebot „du sollst keine anderen Götter haben“ erhoben und der Koran unterstreicht diese Forderung mit der Aussage <es gibt nur den einen Gott. (2:163)>

Doch wer ist dieser Gott?

Die Juden glauben, dass Gottes Wesen unerkennbar ist und alle Beschreibungen über sein Wesen nur etwas über seine Beziehung zu seiner Schöpfung aussagen können.

Die Protestanten verstehen nach Luther Gott als eine Größe, die alles Gute beinhaltet und Zuflucht in allen Nöten verspricht. Worauf du dein Herz hängst, das ist eigentlich dein Gott und mit dem Herzen an Gott hängen, ist nichts anders, denn sich gänzlich auf ihn verlassen. Alles Gute, das uns widerfährt, kommt von Gott, denn die Kreaturen sind nur die Hand Gottes.

Gott ist in sich unendlich vollkommen und glücklich, behaupten die Katholiken. In einem aus reiner Güte gefassten Ratschluss hat er den Menschen aus freiem Willen erschaffen, damit dieser an seinem glückseligen Leben teilhabe. Deswegen ist er den Menschen jederzeit und überall nahe. Gott ruft den Menschen und hilft ihm, ihn zu suchen, ihn zu erkennen und ihn mit all seinen Kräften zu lieben.

Verhalten gegenüber Gott

<Bete Gott an und vertraue ihm. Gott beobachtet euch. Dann wird er euch erhören. Wer aber zu arrogant ist, Gott zu dienen, endet unterwürfig in der Hölle. (11:123, 40:60) Wenn ihr undankbar seid, so ist Gott trotzdem nicht auf euch angewiesen. (39:7) Jeder wirft sich vor Gott nieder und dient ihm, willig oder widerwillig, genauso wie dies ihre Schatten am Morgen und am Abend tun. (13:15, 16:48, 53:62) Baut keine Gleichnisse [Geschichten] mit Gott, denn Gott weiß alles und ihr nichts. (16:74) Schon immer gab es Gegner der göttlichen Offenbarungen. Schaut euch um, was mit denen passiert ist. (3:137, 27:69, 30:42)>

<Alles Lob gehört Gott, der die Welt erschaffen hat und sie auch wieder auflöst. Wir bitten Gott um Hilfe. Zeige uns den Weg, der dir gefällt (1:1, 1:2, 1:3, 1:4, 1:5, 1:6, 1:7, 27:59) Gepriesen sei Gott, in dessen Hand die Herrschaft über allen Dingen ruht und zu dem ihr zurückkehren werdet (36:83, 43:14, 43:85, 64:1) Preise den Namen Gottes. (56:74) Siehst du nicht wie sich die Sonne, der Mond, die Sterne, die Berge, die Bäume, die Tiere und viele Menschen betend vor Gott niederwerfen? (22:18, 55:6) Meidet die Götzen und die Lüge. (22:30, 22:31)>

<Wer kann euch vor Gott beschützen? Niemand! Trotzdem gibt es manche, die lehnen die Aufklärung ab oder glauben an Götzen. (21:42, 21:43, 36:74, 36:75) Wer Götzen statt Gott zum Beschützer wählt, hat trotzdem Gott zum Hüter. (42:6)>

O ihr, die ihr glaubt…

<…gehorcht Gott und Mohammed, und wendet euch nicht von ihm ab, während er vorträgt. (8:20) …handelt nicht treulos gegenüber Gott und Mohammed und veruntreut nicht die Güter, die euch anvertraut wurden. (8:27) …gehorcht Gott und Mohammed und zerstört nicht die Taten eures Lebens. (47:33)>

<…gedenkt der Gnade Gottes. Damals als ein paar Leute euch etwas antun wollte, bewahrte euch Gott davor. Fürchtet und vertraut Gott. (5:11, 33:41)>

<…gedenkt der Gnade Gottes. Es ist kein Gott außer ihm. Wie könnt ihr euch da von ihm abwenden? (35:3)>

<…Gott wird euch einen doppelten Anteil seiner Barmherzigkeit geben, er wird euch erleuchten und wird euch vergeben (57:28)>

<…seid gerecht! Hass verhindert Gerechtigkeit. Fürchtet Gott! Gott weiß, was ihr tut. (5:8) …übt Geduld und bemüht euch standhaft zu sein. (3:200)>

<…lass uns nicht wieder ungläubig werden. Schenke uns deine Barmherzigkeit. (3:8)>

<…wenn ihr den Ungläubigen gehorcht, werdet ihr am Ende selbst ungläubig. (3:149)>

<…kümmert euch um euch selbst. Die anderen können euch nicht schaden, solange ihr nur selbst

auf dem rechten Wege seid. Zu Gott kommt ihr alle zurück und er wird über euch richten. (5:105, 88:25, 88:26)>

<...seid nicht wie jene, die Moses Schwierigkeiten bereiteten. Gott hatte ihn von den Verdächtigungen, die sie gegen ihn vorbrachten freigesprochen. (33:69)>

<...die Ungläubigen sind unrein. Darum dürfen sie ab nächstem Jahr nicht mehr zur heiligen Moschee. Und falls ihr deshalb Armut befürchtet, so wird euch Gott reich machen, wenn er will. (9:28)>

<...folgt nicht dem Satan, denn er gebietet Schändliches und Unrechtes. Und würde Gott euch nicht schützen, keiner von euch wäre jemals frei von Sünden. (24:21)>

<...wenn ihr Gott helft, so wird er euch helfen. (47:7)>

<...nehmt euch und eure Angehörigen vor der Hölle in Acht. (66:6) Dort erleben die Ungläubigen die Vergeltung. (66:7) ...wendet euch in aufrichtiger Reue zu Gott. Vielleicht wird er eure Sünden vergeben und euch ins Paradies führen. (66:8)>

<Wer die Bräuche Gottes pflegt, zeigt aufrichtige Frömmigkeit. (22:32) Nutzt eure Opfertiere bis zum Tag der Opferung, dann aber sollen sie bei dem altehrwürdigen Haus geschlachtet werden. (22:33) Wenn du Gott und den Götzen opferst, so geht das Opfer an Gott verloren. (6:136) Jedem Volk gab Gott eine Anleitung zur Opferung, damit sie Gott gedenken, was er ihnen an Vieh gegeben hat. (22:34) Die großen Kamele sollt ihr opfern, denn an ihnen habt ihr viel Gutes. Bevor ihr sie schlachtet, sollt ihr Gottes Namen vor ihnen aussprechen und nachdem ihr sie geschlachtet habt, esst davon und gebt den Armen und den Bettlern. Gott hat euch die Kamele als Nutztiere gegeben, damit ihr ihm dankbar seid. (22:36) Das Fleisch der geopferten Kamele kommt nicht zu Gott auch nicht deren Blut, aber eure Ehrfurcht ist es, die Gott erreicht. Gott hat euch die Kamele gegeben, damit ihr einen Nutzen davon habt und damit ihr Gott dankt, dass er euch auf den rechten Weg geführt hat. (22:37) Gott hat keine Formen der unblutigen Tierweihe vorgesehen. Nur die Ungläubigen behaupten das. (5:103)>

Alles Lob (1:1ff) ruft die Frage auf, wer denn für alles andere kritisiert werden soll? Ist es der Teufel oder sind es die Menschen? Beide aber sind Geschöpfe Gottes. Lob und Kritik gehen ineinander über, wenn man bedenkt, dass jede Handlung eine Kritik am Zustand vorher ist. Dieses Prinzip des Seins ist eine Erfindung Gottes, wenn man der Idee des Korans folgen will.

Gott fragt mich, warum ich nicht sehe, dass sich die Sonne vor ihm niederwirft (22:18). Lieber Gott, ich sehe es nicht. Ich weiß nur, dass sich die Erde dreht und sich die Sonne dadurch mir zu- oder abwendet. Soll ich jetzt Verständnis für den Bildungsstand von Mohammed haben? Die arabischen Gelehrten seiner Zeit wussten auch schon, dass sich die Erde um die Sonne dreht, von Gott selbst, der den Vers 22:18 verfasst hat, ganz zu schweigen. Oder kommt hier Poesie in den Koran? Das aber kann nicht sein, denn der Koran ist keine Dichtung. (12:111)

Alles, was Allgemeingültigkeit beansprucht, unterwirft sich der Vernunft und damit dem Anspruch, individuelle Erfahrungen auf andere übertragen zu können, ohne dass jeder die Erfahrung selbst macht. Genau diese Allgemeingültigkeit erhebt der Koran, auch wenn er sich dabei meistens auf den Glauben und die Gläubigen bezieht. Doch auch Glaube muss wahrheitsfähig sein, andernfalls ist es blinder Gehorsam. Diesen Gehorsam fordert der Koran, denn <wer die Verse Gottes versucht zu entkräften, wird bestraft. (34:5)>

Das Schlachten von Opfertieren muss Gott gefallen, denn er lobt ein Verhalten nach seinen Geboten (22:32). Das altehrwürdige Haus ist die Kaaba in Mekka (22:33), wo dieser Ritus heute noch praktiziert wird.

Diese rituelle Art des Schlachtens nennt sich „Schächten", wobei dem Tier ohne Betäubung die Halsschlagader aufgeschnitten wird, damit es noch lebend verblutet. Auf den Balkonen in Berlin oder London sind es dann selten die großen Kamele (22:36) wie von Gott gewünscht, sondern meist Schafe.

Das betäubungslose Schlachten von Tieren ist nicht durch den Koran begründet. Zwar ist es verboten, das Fleisch von verendeten Tieren oder Blut, zu essen. Auch Schweinefleisch und Fleisch, das beim Schlachten einem anderen als Gott gewidmet war, ist verboten zu essen. Tiere, die erstickt sind, die zu Tode geschlagen wurden oder die durch einen Unfall zu Tode kamen, dürfen auch nicht verzehrt werden. Auch sollen keine Tiere gegessen werden, die von anderen Tieren getötet wurden, es sei denn, sie bluten nachträglich aus. Doch zustechen, ohne vorher zu betäuben, hat Gott nicht angewiesen. (5:3)

Der Vers 5:3 wird oft als Argument für das Schächten herangezogen, doch offensichtlich sollte der Text die Menschen im heißen Klima Arabiens nur davor schützen, verdorbenes Fleisch zu essen. Klimaanlagen und Eismaschinen, industrielle Schlachtmethoden und gekühlte Fleischtransporte kannte Mohammed noch nicht.

Die Propheten Gottes

<Gott kennt das Verborgene - Er enthüllt es niemandem (72:26), außer seinen würdigen Propheten. Gott stellt dann Wächter vor und hinter sie. (72:27) So stellt Gott sicher, dass seine Gesandten die Botschaften Gottes verkündet haben. Gott weiß genau, was die Propheten wissen. (72:28) Ihr Propheten, esst die reinen Speisen und tut Gutes. Gott weiß, was ihr tut. (23:51)>

<Wenn Gott seine Propheten aus euren eigenen Reihen zu euch schickt, um seine Verse zu veröffentlichen, brauchen jene, die Gott fürchten und tun, was recht ist, keine Angst zu haben und sie werden auch nicht traurig sein. (7:35) Aus Barmherzigkeit schickte Gott die Propheten mit frohen Botschaften und zur Aufklärung (44:5, 44:6, 6:48), immer in der Sprache des Volkes, wo sie auftreten. (14:4, 16:36) Vor und nach Noah schickte Gott zu jedem Volk Propheten, die klare Beweise von Gott mit sich brachten. Doch die Menschen blieben ungläubig. So versiegelt Gott die Herzen der Sünder. Mit Lügen versuchen sie die Wahrheit zu widerlegen. (10:47, 10:74, 15:12, 15:13, 32:24, 40:5) Den Propheten Gottes wird Gehorsam geleistet. Wenn Sünder zu Mohammed kommen, Gott um Verzeihung bitten und auch Mohammed für sie bei Gott um Verzeihung bittet, werden sie Gottes Barmherzigkeit erfahren. (4:64) Gott hatte Mohamed, Noah, Abraham, Moses und Jesus als Propheten verpflichtet. (33:7)>

<Wie viele Propheten hat Gott schon entsandt? (43:6) Aber alle wurden verspottet und der Lüge bezichtigt. (6:10, 15:11, 21:41, 23:44, 36:30, 43:7) Gott schickte schon Propheten vor Mohammed und gab ihnen Frauen und Kinder, doch der Teufel ließ ihnen ihre Werke wohlgefällig erscheinen. (13:38, 16:63) Gott hat für jeden Propheten Feinde bestimmt: die teuflischen Menschen und die teuflischen Engel. Das alles geschieht mit Gottes Zustimmung. Daher lass sie gewähren. (6:112, 25:31) Kein Prophet kann ohne die Anweisung Gottes seine Offenbarungen verkünden, und alles nur zu einem vorbestimmten Termin. (13:38)>

<Mohammed ist nicht der Vater einer eurer Männer, sondern der Gesandte Gottes und der letzte aller Propheten. (33:40) Hätte Gott ihn als Engel geschickt, wäre er in der Gestalt eines Mannes aufgetreten und dann wäret ihr noch mehr verwirrt worden. (6:9)>

<Mohammed zu Gott: „Mein Herr, meine Landsleute wollen den Koran nicht annehmen." (25:30)>

<Nachdem Gott die früheren Generationen hatte zugrunde gehen lassen, gab er Moses die Bibel und ließ ihm weitere Propheten nachfolgen. Er gab Jesus, dem Sohn Marias, das Neue Testament und unterstützte ihn durch heilige Eingebung. Doch sooft euch ein Prophet etwas verkündete, was euch nicht gefiel, wart ihr arrogant und erklärtet einige für Lügner und andere habt ihr erschlagen. (2:87, 23:49, 28:43, 28:44) Sie sagten: „Wir sind dafür nicht empfänglich." Aber nein! Gott hat sie wegen ihres Unglaubens verflucht. Darum sind sie ungläubig. (2:88)>

<Gott schloss mit Adam einen Bund, doch er blieb ihm nicht treu, denn er hatte keine Ausdauer. (20:115) Gott erwählte Abraham, Isaak, Jakob, Ismaels, Idris, Elisas und Thu-l-Kifls, standhafte Männer mit Einsicht, die vor dem Jüngsten Tag warnten. (19:56, 19:57, 21:85, 38:45, 38:46, 38:47, 38:48) Sie waren Propheten Gottes aus der Nachkommenschaft Adams und Noahs, Abrahams und Israels und derer, die Gott recht geleitet hatte. (19:58) Gott war barmherzig zu ihnen, denn sie waren brave Leute. (21:86) Deren Nachfahren aber haben das Gebet vernachlässigt und folgten ihren Leidenschaften. So gehen sie nun dem Untergang entgegen. (19:59)>

<Nie hat Gott Propheten in eine Stadt geschickt, ohne vorher deren Bewohner Not und Unannehmlichkeiten zu bereiten, damit sie demütig werden. (7:94) Dann ließ er sie Gutes erfahren, doch trotzdem sagen sie: „Freud und Leid gab es schon immer." Danach kam ein Strafgericht Gottes, ohne dass sie es merkten. (7:95) Wären sie gläubig geworden, hätte Gott ihnen die Segnungen des Himmels und der Erde gegeben. (7:96) Sind die Bewohner dieser Städte denn sicher, dass Gottes Strafe nicht auch nachts kommt (7:97) oder vormittags beim Spiel. (7:98) Sind sie sicher vor den Plänen Gottes? Das meinen nur die, die am Ende den Schaden haben. (7:99) Wollen sie nicht aus der Erfahrung lernen? Nein, Gott hat ihnen den Verstand versiegelt. (7:100) Das sind Geschichten von Städten, ihren Propheten und Gottes Beweisen. (7:101) Die meisten von ihnen kennen keine Verpflichtungen und sind Sünder. (7:102)>

<Am Jüngsten Tag fragt Gott die Propheten: „Wie wurde eure Botschaft aufgenommen?" „Wir wissen es nicht, du allein bist allwissend." (5:109)>

<Ungläubige Adelige zu ihren Leuten über einen Propheten: „Er ist nur ein Mensch und isst und trinkt wie wir. (23:33) Wenn wir uns ihm unterordnen, sind wir verloren. (23:34) Verspricht er euch die Wiederauferstehung? (23:35) Weit, weit hergeholt ist das. (23:36) Es gibt nur dieses Leben. (23:37) Er ist nur ein Mensch, der Lügen über Gott verbreitet." (23:38) Der Prophet zu Gott: „Hilf mir, ihre Beschuldigungen zu widerlegen." (23:39) Gott: „In Kürze werden sie reumütig sein." (23:40) Da erfasste sie der Schrei der Gerechtigkeit und sie wurden vernichtet. Verflucht sei das Volk der Sünder. (23:41)>

<Schon vor Mohammed schickte Gott Gesandte. Sie brachten klare Beweise. Dann bestrafte Gott die Schuldigen und es oblag ihm, den Gläubigen zu helfen. (30:47)>

Der Prophet [griechisch: öffentlicher Verkünder] wird in der Umgangssprache als ein Mensch bezeichnet, der Zukünftiges voraussagen kann, das aus Vergangenheit und Gegenwart nicht erschließbar ist. Im theologischen Sinn ist der Prophet ein Vermittler der Offenbarung Gottes. Durch ihn offenbart Gott sein Wesen und seinen Willen.

Wenn eine Vorhersage stimmt, dann kann sie niemand verändern und man kann sie nur hinnehmen, willig oder unwillig; egal, denn auch das gehört dann zur Vorbestimmung. Oder man kann eine Änderung wegen Missliebigkeit der Vorhersage vornehmen, dann hat aber die Vorhersage nicht gestimmt.

Was Gott verkündet, ist fehlerlos und Mohammed ist sein letzter Prophet. Diese Kausalkette verhindert eine Fortschreibung des Korans, sie verhindert sogar schon den kontroversen Dialog über die Inhalte des Korans. Eine kleine Hoffnung bleibt aber trotzdem. Wenn Gott nämlich den Vers, Mohammed ist der letzte aller Propheten (33:40) aufhebt oder vergessen lässt. (2:106), könnte es eine neue Verkündung geben.

Die Götzen

<Hat Gott etwa erlaubt, ihm Götzen zur Seite zu stellen? (30:35) Gott vergibt nicht, wenn man neben ihm andere Götter anbetet. Weniger schwere Sünden vergibt er, sofern er es will. Doch wer Gott andere Götter zur Seite stellt, der ist zu weit gegangen. (4:116)>

<Jene, die Götzen anbeten, bekommen von denen zu hören: „Ihr lügt, wir sind keine Götter." (16:86) Dann werden sie sich Gott unterwerfen, denn ihre Götzen lassen sie im Stich. (16:87)>

<Wollt ihr die Götzen, die nichts erschaffen, anbeten? Sie sind doch selbst erschaffen oder können sie aus Erde Leben entstehen lassen? Versucht doch, euch mit ihnen zu unterhalten. (7:194, 21:21) Haben sie etwa Füße oder Hände oder Augen oder Ohren? Verbündet euch doch mit ihnen gegen Gott. (7:195) Sie können weder Tod noch Leben noch Auferstehung bewirken. (25:3) Sie haben keine Macht und können euch nicht helfen. (7:191, 7:197, 16:20, 16:73, 17:56) Sie können nicht helfen, noch nicht einmal sich selbst. (7:192) Ist denn einer, der erschafft, dem gleich, der nicht erschafft? (16:17) Die Götzen, die anstatt Gottes angebetet werden, können nicht mal eine Fliege erschaffen; auch dann nicht, wenn sie sich alle zusammentäten. Und würde die Fliege ihnen etwas rauben, könnten sie es ihr nicht entreißen. Götzen und Götzendiener sind die Schwachen. (22:73)>

<Ist denn Gott den Götzen gleich? Dann frag die Götzen, ob sie etwas wissen, was Gott nicht weiß. Oder ist alles nur leeres Gerede? (13:33) Wenn ihr eure Gegendarstellungen zu Gott nicht durch eure Götzen beweisen könnt, und das wird euch nicht gelingen, dann werdet ihr verbrannt wie alle Ungläubigen. (2:24) Gäbe es Götter neben Gott, dann wären sie alle dem Unheil verfallen (21:22), dann hätten die anderen gewiss versucht, Gott zu beseitigen. (17:42)>

<Betet doch eure Götzen an. Sie können nicht einmal ein Stäubchen bewegen. Sie haben keine Macht und sie sind keine Helfer für Gott. (34:22) Sie selbst suchen die Nähe von Gott, hoffen auf seine Gnade und fürchten seine Strafe. (17:57) Wer Götzen anbetet, ist verrückt. (10:66) Wer neben Gott einen anderen Gott anruft, für den er keinen Beweis hat, der wird Gott Rechenschaft ablegen müssen. Diesen Ungläubigen wird es nicht gut gehen. (23:117) Erhaben ist Gott über die Götzen. (52:43)>

<Unter den Menschen gibt es einige, die sich außer Gott Götzen nehmen, indem sie ihnen dieselbe Liebe erweisen wie ihm. Doch die Gläubigen lieben Gott noch mehr. Angesichts der Strafe, die die Ungläubigen erwartet, sollten sie sehen, dass alle Macht bei Gott ist, der sehr schwere Strafen verhängt. (2:165) Am Jüngsten Tag gibt es keine Verbindung zwischen Götzen und Götzendienern. (2:166) Dann jammern sie und sagen: „Wenn wir zurückkehren könnten, würden wir uns von ihnen lossagen, so wie sie uns jetzt verlassen haben. So lässt sie Gott sich bedauern, doch dann schickt er sie auf ewig in die Hölle. (2:167) Wehe den Götzendienern, die keine Sozialabgaben entrichten und das Jenseits leugnen. (41:7)>

<Gott gehört, was im Himmeln und auf Erden ist. Ihm gebührt die immerwährende Verehrung. Wollt ihr also einen anderen verehren als Gott? (16:52) Dies ist ein Teil der Offenbarung Gottes: Setze neben Gott keinen anderen Gott, damit du nicht in die Hölle geworfen wirst. (17:39, 51:51)>

Ein Gebet ist der Versuch des Menschen, mit Gott oder mit Götzen in Kontakt zu treten. Das können Bußgebete, Bitt-, Lob- oder Dankgebete sein, wobei aber nur die Bittgebete Einfluss nehmen können, denn sie sollen die Zukunft in einem bestimmten Sinn prägen. Für Gott aber ist die Zukunft gleich der Vergangenheit, denn Gott ist zeitlos und ohnehin steht alles endgültig fest. (6:59). So hat er es festgelegt. Was macht es da für einen Unterschied, ob nun Gott oder die Götzen angerufen werden, nachdem er ohnehin weiß, wer, wann, wen, warum anruft?

Folgt man der Idee der Vorbestimmung, dann gehören dazu auch die Vorhersagen sowie deren Befolgung oder Nichtbefolgung. Die Hoffnung, durch Gebete die Zukunft im eigenen Sinne zu bestimmen, ist somit in der Vorbestimmung integriert; das Gegenteil davon aber auch.

Indem Gott behauptet, dass die Götzen noch nicht einmal sich selbst helfen können (7:192) und die Götzen die Schwachen sind (22:73), wird die Existenz der Götzen durch Gott bestätigt. Damit beantwortet sich die Frage, ob es Götter neben Gott gibt: Sie gibt es. Wer aber behauptet, dass es Götzen gibt, wird verbrannt. (2:24) Wer muss jetzt verbrannt werden?

Die Gottesbeweise

<Als Beweis Gottes dient der Koran und die Tatsache, dass Gott die Generationen vor euch hat sterben lassen. (24:34) Das ist der Beweis, den Gott dem Abraham gab, als Argument gegenüber seinen Leuten: Gott erhebt in seiner Stellung [Rang], wen er will (6:83)>

<Gott wird seine Zeichen so zeigen, dass man sie erkennt. (27:93) Überall auf der Welt und an euch selbst wird Gott Beweise seiner Offenbarungen bringen, um deutlich zu machen, dass es die Wahrheit ist, auch wenn Gott selbst Beweis genug ist. (27:93, 41:53) Die Menschen fordern immer Beweise, dass Gott Autor des Korans ist. Die Verse sind für Menschen mit festem Glauben. (2:118) Ist es denn nicht Beweis genug, was in der Thora und im Evangelium steht? (20:133)

<Der Koran findet Platz im Herzen derer, die Verständnis dafür haben. Nur die Sünder leugnen ihn. (29:49) Die sagen: „Warum gab Gott dem Mohammed keine Beweise?" Mohammed soll antworten: „Die Zeichen sind allein bei Gott und ich bin nur ein deutlicher Warner." (29:50)>

<Gott ist der, der jedem Ding sein Wesen gibt. (20:50) Gott irrt nicht und vergisst nicht. (20:52) Gott hat die Erde zum Ort der Menschen gemacht. Er lässt es regnen und hat die Lebewesen als Paare geschaffen. (20:53, 50:7) Esst und lasst euer Vieh weiden. Das sind Belege der Existenz Gottes für Menschen mit Verstand. (20:54) Aus der Erde hat Gott euch erschaffen und zu ihr lässt er euch zurückkehren. Dann wird er euch ein weiteres Mal aus der Erde auferstehen lassen. (20:55)>

<Nur Gott kennt den entscheidenden Beweis. Hätte er es gewollt, so hätte er alle aufgeklärt. (6:149, 25:51) Wenn du für die Ungläubigen eine Leiter in den Himmel findest, um ihnen einen Beweis von der Existenz Gottes zu geben, wäre es trotzdem sinnlos, denn wäre es Gottes Wille, so wären alle gläubige Muslime. (6:35) Wollt ihr Gott über eure Religion belehren, wo Gott doch alles weiß? (49:16) Ihr Juden und Christen, warum leugnet ihr die Verse Gottes, wo Gott doch Zeuge eurer Handlungen ist? (3:98) Sie haben geschworen, sie würden an Gott glauben, wenn zu ihnen ein Zeichen Gottes käme. Das aber entscheidet Gott. Und woher willst du wissen, dass sie dann glauben, wenn diese Zeichen kommen? (6:109)>

<Der Mensch ist ungeduldig. Gott wird einen Beweis seiner Existenz schon noch bringen. Darum verlangt von Gott keine Eile. (21:37) Die Propheten haben keine Macht einen Gottesbeweis vorzulegen, es sei denn mit der Erlaubnis Gottes. (14:11)>

Da nur Gott alle Zusammenhänge kennt (6:149), die Ungläubigen ungläubig sind, weil Gott es will (6:35), Gott doch nicht über sein eigenes Werk aufgeklärt werden muss (49:16) und Argumente ohne Bezug auf Fragen gegeben werden (3:98), bleiben sowieso alle Beweise der Existenz Gottes im Glauben stecken. (6:109)

Die Inhalte der Bibel als Beweis Gottes heranzuziehen (20:133), entbehrt dem Anspruch der Vernunft, denn dort gibt es auch keine schlüssigen Beweise. Da muss man sich eben in Geduld fassen, denn Gott wird seine Existenz noch beweisen (21:37) So lange findet der Koran Platz im Herzen derer, die Verständnis dafür haben. (29:49)

Grenzen der Beweisbarkeit

Das Endliche ist mit unseren Sinnen erfahrbar und wir können daher auch Aussagen zum Wesen der Endlichkeit machen, da Veränderungen physikalischer Größen und die Konsequenzen daraus weitgehend bekannt sind. Wegen ihrer Grenzenlosigkeit bleibt uns aber das Wesen der Unendlichkeit verborgen. Grenzen sind aber eine Voraussetzung für Erfahrungen. Bei Gott kennen wir weder seine Existenz noch sein Wesen. Es ist uns unzugänglich, weil weder Ausdehnung noch Grenzen erkennbar sind.

Die theoretische Vernunft kann also den Punkt „Gott ist oder er ist nicht" nicht entscheiden. Die Existenz Gottes zu beweisen, ist der aussichtslose Versuch, Gottes Dasein und Wesen als eine vom Universum getrennte Größe durch Vernunft zu erkennen und zu begründen. Gott ist nicht mit den Sinnen erfahrbar und das bestätigt uns auch der Koran: <Ihr könnt nicht erwarten, dass Gott auf einer Wolke, von Engeln begleitet, erscheint. (2:210)>

Wer dann versucht die Nichtexistenz Gottes zu beweisen, wird genauso scheitern. Das Nichts ist nicht beweisbar. Beweisbar ist nur, was existiert, was also wahrnehmbar ist. Auch mit dem aus der Mathematik bekanntem Widerspruchsbeweis ist die Nichtexistenz Gottes nicht beweisbar. Denn dazu müsste ich vorher Gott vollständig definieren, um über eine logische Gedankenkette zu einem klar erkennbaren Widerspruch zu kommen. Damit könnte man dann bewiesen, dass die Annahme „Gott existiert" falsch ist. Der Koran liefert aber keine Definition, die dem Anspruch einer vollständigen Definition gerecht wird, denn <Gott ist der Verborgene. (57:3)>

Der ontologische Gottesbeweis

<Der großartige und reine Koran (80:13, 80:14, 85:21), geschrieben von Engeln (80:15, 80:16), wird auf einer Tafel im Himmel sorgfältig aufbewahrt. (85:22) Die Botschaft des Korans stammt ohne Zweifel von Gott. (32:2, 36:5, 39:1, 40:2) Im Koran gibt es nichts Falsches, denn er ist eine Offenbarung Gottes. (39:28, 41:42) Der Koran ist die Aufklärung für Menschen mit festem Glauben. (45:20)>

<Gibt es einen Götzen, der die Welt erklären kann (10:35), denn die Vermutung nützt nichts im Vergleich zur Wahrheit? (10:36) Gott erschuf das Universum (16:3), die Zeit (10:5) und das Leben. (2:164) Einige widersprechen den Aussagen des Korans. (56:82) Wer so argumentiert, soll doch versuchen, sich selbst vor dem Tod zu bewahren. (56:83, 56:84, 56:85, 56:86, 56:87)>

<Wer sonst war der Schöpfer und kann die Schöpfung wiederholen, außer Gott? Wer sonst ernährt euch auf Erden? Beweist doch das Gegenteil. (27:60, 27:61, 27:64) Sind die Aussagen Gottes oder die des Menschen glaubwürdiger? Es ist Gott und der Koran. Glaubt ihr wirklich, dass es neben Gott noch andere Götter gibt? (6:19)>

<Gottes Zeichen sind die Schöpfung des Universums und die Verschiedenheit eurer Sprachen und Farben. Das sind Belege für die Wissenden. (30:22)>

<Ist denn Gott den Götzen gleich? Dann frag die Götzen, ob sie etwas wissen, was Gott nicht weiß.

(13:33) Gäbe es Götter neben Gott, dann wären sie alle dem Unheil verfallen, (21:22) denn die anderen hätten gewiss versucht, Gott zu beseitigen. (17:42)>

<Gott ist ewig, einzig, absolut, stets nahe (112:1, 2:186, 2:255, 22:74, 37:4, 40:65) allhörend, allsehend, allwissend und allmächtig. Gott lässt es regnen und er weiß, welche Frauen schwanger sind. Nur Gott weiß, was ihr erleben werdet und in welchem Land ihr sterben werdet. Zu ihm werdet ihr zurückgebracht. (11:4, 31:34, 57:3)>

Weil es den Koran gibt, der Koran von Gott geschrieben ist, muss es auch Gott geben. (45:20) Weil ich keine andere Erklärung für das Sein habe, muss es Gott geben. (10:35f, 56:83ff) Weil ich mir Gott vorstellen kann, muss es Gott geben. (27:64)

Die Fähigkeit des Menschen den Gegenständen Namen zu verleihen und mit Hilfe der Sprache zu denken und zu kommunizieren, unterscheidet ihn von allen anderen Lebewesen. Das ist zumindest unser heutiger Kenntnisstand. Die Sprache verbindet über das Wort den Sinn mit dem Objekt oder der Idee. Weil die Sprache selbst sowohl Voraussetzung wie auch Bedingung des Denkens ist, erscheinen einem die sprachlich formulierten Gedanken bereits als eine mögliche Realität. Dennoch ist wirklich Gedachtes nicht zwingend die Wirklichkeit. Diese Erfahrung kann jeder selbst machen, denn man muss sich nur etwas vorstellen, was es offensichtlich nicht gibt.

Die Vieldeutigkeit und die Dynamik der Worte gestattet die sinngemäße Erfassung durch unterschiedliche Hörerkreise. Der Widerspruch aus Enthüllung und Verhüllung eines Sachverhalts ist das Wesen der Sprache. Wer es genauer will, muss sich auf die Mathematik besinnen und versuchen den Sachverhalt mit Algorithmen darzustellen. Es ist schon deshalb klar, dass jeder Gottesbeweis in der Sprache stecken bleibt. Aus der Verschiedenheit der Sprachen und der Farben (30:22) auf das Absolute schließen zu wollen, ist eine Gedankenhilfe, aber kein Beweis. Auch hier gilt: Das Absolute ist vorstellbar, aber nicht beweisbar.

<Gott ist notwendig (17:42, 21:22) und vollkommen. (112:1)>

Wenn aus der Notwendigkeit und der Vollkommenheit Gottes auf seine Existenz geschlossen wird, so ist das logisch falsch, denn die Möglichkeit „Gott“ bekommt nicht Wirklichkeit, indem ich, wie oben bereits ausgeführt, Vorstellung mit Wirklichkeit gleichsetze. Die Wirklichkeit hat immer die Merkmale der Raumzeit, Vorstellungen aber nicht unbedingt. Doch nur Größen der Raumzeit lassen sich nachweisen.

Der kosmologische Gottesbeweis

<Wissen die Ungläubigen denn nicht, dass Himmel und Erde eins waren, bis Gott sie trennte und aus dem Wasser alles Lebendige schuf. (21:30, 30:25) Gott erschuf das Universum (16:3) und sicher ist, dass Gott die Erde eines Tages in Wüstenstaub verwandeln wird. (18:8) Gott hat die Engel und die Menschen darum erschaffen, damit sie ihm dienen. (51:56) Die Erschaffung des Universums und des Lebens sind Belege für die Existenz Gottes. (45:3, 45:4, 50:7, 50:8)>

Die Erfahrung zeigt, dass es Bewegung gibt und alles Bewegte einen Beweger hat. Deshalb muss es einen ersten Beweger geben, der nicht durch etwas anderes, sondern durch sich selbst bewegt wird. Dieser erste Beweger heißt im Koran „Gott“. <Gott erschuf das Universum in makelloser Weise. (29:44)>

Alle Bewegungsenergie wird im Lauf der Zeit in Zustandsenergie umgesetzt. Würde die Welt bereits unendlich lange existierten, gäbe es keine Bewegung. Da es immer noch Bewegung gibt, muss die Welt einen Anfang haben.

Die erste Bewegung und der erste Beweger muss außerhalb der Welt angenommen werden. Außerhalb der Sinneswelt kann aber nichts nachgewiesen werden, da man zum Nachweis die Sinne braucht. Das heißt, die Behauptung „der erste Beweger ist Gott“, kann stimmen, ist aber nicht beweisbar. Und auch wenn Gott der Urheber wäre, wäre damit noch nicht ausgesagt, dass er eine eigenständige Persönlichkeit ist.

Alles hat eine Ursache. Jedes Existierende ist also die Wirkung einer Ursache, die wiederum die Wirkung einer anderen Ursache ist usw. Geht diese Ursachenkette nicht bis ins Unendliche zurück, muss es eine erste Ursache geben, die man auch „Gott“ nennen kann.

Eine Kausalkette aus Ursache und Wirkung ist aber nur in der Sinneswelt sinnvoll, denn jenseits der Zeit gibt es keine Folgen.

Das Gemeinsame aller Varianten des kosmologischen Gottesbeweises liegt in der Voraussetzung, alle Existenz müsse einen Grund haben. Es muss ein Motiv vorliegen. Der Koran nennt es uns als einen der Gründe das Bedürfnis Gottes nach einer Dienerschaft. (51:56) Ohne Angabe von Gründen wäre in der endlichen Welt die Beweisführung und der Widerspruch wirkungslos, denn hier hat alles eine Ursache und ein Motiv.

Da in der Beweisführung die Begriffe „erster Beweger“ und „erste Ursache“ außerhalb des Bereichs möglicher Erfahrung angewendet werden, kann die Gültigkeit des Beweises und seines Widerspruchs bezweifelt werden. Diese Begriffe ergeben nur in der Endlichkeit einen Sinn.

Der teleologische Beweis

<Im Wechsel von Tag und Nacht, der Gestalt von Himmel und Erde liegen die Beweise für die Existenz Gottes und die Schöpfung durch ihn. Die Gläubigen erkennen das. (10:6, 10:101, 16:12, 22:61) Hast du nicht gesehen, dass die Erde nach dem Regen grün wird und das Vieh zu trinken bekommt? Gott ist gütig. (16:65, 22:63, 30:24, 32:27, 39:21, 41:39, 43:11, 50:9, 57:17) Zu Gottes Zeichen gehören die Winde und die Schiffe, die wie Berge auf dem Meer fahren. (17:66, 30:46, 42:32, 43:12) Wenn Gott will, so kann er den Wind stillhalten, so dass die Schiffe reglos auf der Oberfläche des Meeres liegen. Wer geduldig und dankbar ist, erkennt, dass dies Zeichen Gottes sind. (42:33) Gott kann aber die Schiffe auch untergehen lassen; als Strafe für die Taten ihrer Passagiere. (42:34) Ist denn einer unter euren Götzen, der die Schöpfung vollbringen und dann auch wiederholen kann? (10:34)>

<Gott lässt euch den Blitz in Furcht und Hoffnung vor Regen sehen, denn bei diesen Ereignissen kommen die schweren Wolken. (13:12) Gott steuert die Wolken und den Regen. Er lässt es hageln und trifft damit, wen er will. Der Glanz eines Blitzes nimmt einem fast das Augenlicht. (24:43) Gott lässt den Wind die Wolken treiben und den Regen über eine tote Stadt niedergehen und die Erde neu beleben. Ebenso wird es bei der Auferstehung der Toten sein. So gibt euch Gott zu trinken. Ihr habt den Regen nicht vorrätig. (15:22, 25:48, 25:49, 25:50, 29:63, 35:9) Gott weiß, was in die Erde eindringt und aus ihr herauskommt. Er weiß, was vom Himmel kommt und zum Himmel aufsteigt. (34:2) Das Leben ist wie der Regen. Er vermischt sich mit den Pflanzen, wovon sich Mensch und Tier ernähren. Das lässt die Menschen glauben, sie hätten die Macht darüber. Aber manchmal kommt die Stunde, wo Gott die Pflanzen vernichtet, als hätte es sie am Tag zuvor nicht gegeben. Das sind Gottesbeweise für Menschen, die nachdenken. (10:24)>

<Und du siehst die Erde leblos, doch wenn Gott es regnen lässt, dann blüht sie auf. Das ist so, weil Gott die Wahrheit ist und weil er die Toten lebendig macht und weil er die Macht über alles hat. (22:5, 22:6, 23:12, 23:13, 23:14, 23:15, 23:16, 96:1, 40:67, 96:2)>

<Der Mensch soll sich mal überlegen, woher seine Nahrung kommt. (80:24) Gott lässt das Wasser in Strömen herabkommen (16:10, 35:27, 78:14, 80:25), worauf sich die Erde in wunderbarer Weise öffnet (80:26) und Korn und Pflanzen (36:33, 78:15, 80:27), Dattelpalmen und Beeren (36:34), Bäume und Weinstöcke (78:16, 80:28), Ölbäume und Palmen (16:11, 50:10, 80:29), dicht gewachsene Gärten (80:30), Obst und Futtergras (80:31) als Versorgung für euch und euer Vieh wächst. (35:28, 40:13, 80:32) Das ist Gottes Werk, nicht das des Menschen. (36:35, 50:11) Mit all dem belohnt Gott und mit noch mehr. Gott vergibt und er ist dankbar. (35:30)>

<Gott schickt die Winde als frohe Botschaft für den Regen, damit die Früchte wachsen. So wird er auch die Toten wiedererwecken. (7:57, 30:50) Gott leitet euch in der Finsterniss über Land und Meer und sendet die Winde als Freudenboten seiner Barmherzigkeit voraus. (27:63) Ob die Ungläubigen von der Macht Gottes überzeugt wären, wenn er einen Wind schickt, der die Ernte vernichtet? (30:51) Wenn ihr verzweifelt seid, lässt es Gott regnen. (42:28)>

<Gott hat die Menschen zu Paaren gemacht, die Erde zum Aufenthaltsort bestimmt und den Schlaf zur Ruhe bestimmt. Er hat die Nacht zum Liegen und den Tag zum Erwerb des Unterhalts festgelegt. (78:6, 78:7, 78:8, 78:9, 78:10, 78:11) Er hat sieben Himmel (23:86, 78:12) und die Sonne erschaffen. (78:13) Die Sterne gab er euch zur Orientierung. Das sind Beweise für Menschen, die gebildet sind. (6:97)>

<Sehen die Menschen nicht die Wunder der Natur: Kamele, Himmel, Berge, Erde? (31:10, 88:17, 88:18, 88:19, 88:20) Gott hat euch die Welt zu eurem Aufenthaltsort gemacht und darin Wege ange-

legt. (43:10) Gott hat euch eure Häuser zur Stätte der Ruhe gemacht. Er hat euch aus Tierhäuten Zelte gemacht, die ihr auf Reisen leicht mitnehmen könnt und er hat Wolle, Pelz und Haar der Tiere als Gebrauchsgegenstände festgelegt. (16:80) Gott hat die Schatten spendenden Dinge geschaffen, die Berge als Schutzwinkel gestaltet und Kleidung erfunden, die euch vor Hitze schützt. Er hat Panzerhemden gemacht, die euch im Kampf schützen. So vollendet Gott seine Gnade an euch. (16:81)>

In der Natur herrschen Ordnung und Zweckmäßigkeit. Die Naturgesetze und das Verhalten der Lebewesen belegen dies. Daraus auf einen Urheber zu schließen, ist aber unzulässig. Zulässig wäre die Annahme auf ein oberstes Glied in der Zweckkette der Natur zu schließen. Dieses oberstes Glied kann man natürlich auch mit dem Begriff „Gott“ besetzen. Danach wäre er ein Baumeister, aber kein Schöpfer. Der Schöpfer ist derjenige, der die Idee zu diesem Prinzip hat. Nun kann man zwar behaupten, dass das oberste Glied der Zweckkette zugleich auch die Idee der Zweckmäßigkeit ist, aber bewiesen ist es damit nicht.

Moralischer Gottesbeweis

Was die Menschen an Gutem [Gnade] erleben, kommt von Gott. Doch wenn sie Not erleiden, rufen sie Gott um Hilfe. (16:53) Die Gläubigen, die gute Werke tun, die tun, was recht ist, wird Gott Liebe zukommen lassen. (19:96) Als Gottesbeweis gilt, dass er den Männern die Frauen aus ihnen selbst heraus geschaffen hat, damit sie Liebe und Barmherzigkeit erfahren. (30:21)

<Gott ist allgütig. (96:3).>

<Wehre das Böse durch Besseres ab. Siehe da, dann wird auch derjenige, der in Zwietracht zu dir stand, ein treuer Freund sein. (41:34) Wer gläubig ist und gute Werke tut, betet und Sozialabgaben entrichtet, kann den Lohn Gottes erwarten. Der wird weder Furcht noch Trauer erleiden. (2:43, 2:110, 2:277)>

Die Idee des Guten kann nur dann die Triebfeder des Vorsatzes und des Anstrebens sein, wenn sie erreichbar ist. Das Paradies ist zu Lebzeiten aber unerreichbar und noch nicht einmal richtiges Verhalten ist eine Garantie für die Glückseligkeit, denn <Gott tut, was er will. (22:14)> Um diese Glückseligkeit zu erfahren, muss man auf ein Sein jenseits des Lebens hoffen. Das aber, wie alles jenseits der Raumzeit, ist nicht beweisbar.

<Gott hat alles perfekt gemacht. (32:7) Das Gute kommt von Gott. (4:79) Gott weiß, was für euch gut ist. (2:216) Vergesst nicht, dass Gott dem Moses die Bibel gegeben hat, damit ihr Recht und Unrecht unterscheiden könnt (2:53)> Danach muss es Gott geben, denn woher hätten wir sonst unsere Kenntnis des Guten und unser Streben nach dem Guten. Wer so argumentiert, macht aber das Urteil darüber, was gut und böse ist, zur Willkür Gottes.

Doch das trifft nicht zu. Denn hätte Gott die Liebe zur Sünde erklärt, würde der Gläubige behaupten, das sei unmöglich, denn Gott selbst sei doch gut. Das aber ist eine Tautologie, also mit anderen Worten dasselbe nochmal gesagt. Wer dann behauptet, Gott habe mit seiner

Macht die Liebe zu einer befolgenswerten Sache gemacht, müsste beweisen, dass Macht stets das Gute erzeugt. Jeder weiß aber, das stimmt nicht. Wer nun meint, dass Gott die Liebe gutheißt, weil sie gut ist, der macht das Gute unabhängig von Gott.

Die Idee des Guten bildet sich aus der zwingenden Notwendigkeit eines einvernehmlichen Auskommens des Einzelnen mit der Gruppe und der Natur. Diese Fähigkeit zur Anpassung wird durch die Erziehung ausgebildet. Dazu erklärt die Pädagogik drei Stufen der Entwicklung des Gewissens: Auf der ersten ist erlaubt, was Vorteile bringt, und verboten, was bestraft wird. Danach orientiert man sich am Verhalten der Erzieher und lernt das eigene Verhalten abseits von Belohnung oder Strafe abzuwägen. Auf der dritten Stufe entwickeln sich dann die persönlichen Gewissensgrundsätze und die Fähigkeit, auf eine „innere Stimme" auch dann zu hören, wenn sie nicht mit der geltenden Moral übereinstimmt. Die Moral ist das Gewissen der Gesellschaft, das sich aus den Umweltbedingungen, dem Gewissen der Individuen und der Kultur zur Moral ausbildet. Darin wird Gut und Böse definiert.

Gäbe es den Konsens der Beschreibung des Guten und des Strebens nach dem Guten unter den Menschen nicht, wären Menschen gar nicht fähig zu existieren. Das Gute ist ganz einfach aus sich heraus gut. Dazu ist weder eine Anweisung, noch nicht einmal die Billigung Gottes notwendig. Gut und Böse sind völlig losgelöst von Gott, denn das Gute ist schlicht deshalb gut, weil es für die Menschen gut ist. Das merkt jeder an sich selbst und mit seinem Verhalten in seiner sozialen Umgebung. Damit ist aber der Mensch die oberste Instanz für die Definition des Guten. Das hat Platon schon tausend Jahre vor Mohammed in dem Euthyphron-Dilemma dargelegt. Der Analphabet Mohammed konnte den Dialog des Sokrates, erzählt von Platon, leider nicht lesen.

„Gut" kann ohnehin nur an Handlungen gemessen werden. Nächstenliebe wird nur durch eine liebevolle Handlung zur Nächstenliebe. Gottes Güte wäre demnach nur an Gottes Handlungen erfahrbar. Doch Gott tritt immer nur als Naturereignis oder indirekt über eine lebende Person in Erscheinung. Nirgendwo jedoch bietet der Koran eine Erklärung an, anhand derer man unterscheiden könnte, wer nun der Urheber eines Ereignisses sei. Nur die Bewertung der Handlungen liefert das Urteil „gut" oder „nicht gut." Ob Gott gut ist oder nicht, lässt sich daher nicht sagen.

Würde man trotzdem die Annahme treffen, dass Gott immer gut sei, so beraubt man ihn außerdem seiner Allmacht, denn dann wäre er eingeschränkt und außerdem berechenbar. Wenn also Gott allmächtig (22:75), stets gütig (96:3) und allwissend (57:3) sein soll, so ist das ein Widerspruch, denn im Leben gibt es Leid und Ungerechtigkeit. Somit ist Gott entweder nicht allmächtig, weil er das Leid nicht beseitigen kann, oder er ist nicht gütig, weil er es nicht beseitigen will, oder er ist nicht allwissend, weil er nicht weiß, wie er das Übel beseitigen soll. Auch hier wäre für Mohammed die Fähigkeit des Lesens hilfreich gewesen, denn Epikur [341-270 v.Chr., das Theodizee-Problem] hat das schon lange Zeit vor der Offenbarung des Korans veröffentlicht.

Die Umkehrung der Beweislast

<Wie könnt ihr Gott leugnen, wo ihr doch tot ward und er euch lebendig machte und euch sterben

lässt und am Jüngsten Tag wieder lebendig macht. (2:28) Habt ihr die Götter gesehen, die ihr statt Gott anruft? Zeigt mir, was sie von der Erde erschaffen haben. Oder gehört euch gar selbst ein Teil des Universums? Hat Gott vielleicht ein Buch veröffentlicht, woraus ersichtlich ist, dass solche Annahmen richtig seien? Nein, die Sünder machen sich gegenseitig nur etwas vor. Wer irrt mehr, als einer, der Götzen anbetet, die ihn nicht erhören? (34:27, 35:40, 46:4, 46:5)>

<Was meint ihr, wenn euer Wasser versickern würde, wer könnte euch dann reichlich Wasser bringen? (67:30) Das Universum ist Gottes Schöpfung. Zeigt mir nun, was andere geschaffen haben. (31:11) Sollen wir statt Gott andere anbeten, die uns weder nutzen noch schaden? Sollen wir einen anderen Weg gehen, nachdem wir den richtigen kennen? (6:71)>

<Sollen die Ungläubigen doch Beweise für die Existenz ihrer Götzer vorlegen. (21:24) Wenn ihr eure Gegendarstellungen zu Gott nicht mit euren Götzen beweisen könnt, und das wird euch nicht gelingen, dann werdet ihr verbrannt wie alle Ungläubigen. (2:23, 2:24) Wer sonst war der Schöpfer und kann die Schöpfung wiederholen, außer Gott? Wer sonst ernährt euch auf Erden? Beweist doch das Gegenteil. (27:64)>

Einst stritt Abraham mit einem Herrscher über Gott. Der König bestritt die Behauptung Abrahams, dass Gott ihm die Königsherrschaft gegeben hatte? Abraham: „Gott ist es, der lebendig macht und sterben lässt." Darauf der König: „Ich mache lebendig und lasse sterben." Abraham: „Gott lässt die Sonne im Osten aufsteigen. Bring du sie vom Westen her." Da war der andere verblüfft. (2:258)>

Gott ist nicht beweisbar. Die Methoden der Vernunft versagen beim Versuch „Gott" zu beweisen. Das schließt nicht aus, dass Gott jenseits der Vernunft individuell erfahren werden kann und somit ein Glaube an „Gott" auch verständlich ist. Das sagt zumindest die Vernunft.

Die Geschichte Abrahams lässt sich ganz einfach umdrehen. Soll Gott doch die Sonne vom Westen her aufgehen lassen (2:258).

Statt Beweise Erzählungen

<Die Juden und Christen verlangen von Mohammed, dass er zum Beweis seiner Gesandtschaft Gottes eine Schrift Gottes vorlegt. Von Moses haben sie seinerzeit noch mehr als das verlang. Damals sagten sie zu ihm: „Lass uns Gott klar und deutlich sehen." Zur Strafe für eine solche Anmaßung kam der Donnerschlag über sie. Daraufhin erschufen sie ein Kalb, das sie als Götzen verehrten. Und das, obwohl sie klare Beweise erhalten hatten. Aber Gott vergibt ihnen. Gott hatte Moses Macht verliehen. (4:153)>

<Überzeugende Beweise hat Gott den Menschen von sich gegeben. Wenn sie euch überzeugen, so ist es zu eurem Besten, sonst eben zu eurem Schaden. (6:104) Gottes Verse sind mannigfaltig, damit die Leute mit Glauben die Aussagen Gottes verstehen. Manche behaupten deshalb, Mohammed selbst [?] habe es erarbeitet. (6:105)>

<Was denkt ihr wohl, wer euer Sperma erschaffen hat? (56:58) Erschafft ihr es oder ist Gott der Schöpfer? (56:59) Ihr wisst doch, dass Gott das Universum erschaffen hat. Warum also wollt ihr nicht glauben, dass er auch alle wieder auferstehen lässt ? (56:62) Wenn eure Saat aufgeht, (56:63) wer lässt es wachsen. Seid ihr es oder ist es Gott? (56:64) Wenn aber Gott will, macht er die Ernte

unbrauchbar. (56:65) Dann werdet ihr klagen: „Jetzt können wir unsere Schulden nicht zurückbezahlen. Schlimmer noch, jetzt sind wir verloren." (56:66, 56:67) Was glaubt ihr denn, wo euer Trinkwasser herkommt. (56:68) Lasst ihr es regnen? (56:69) Wenn Gott will, lässt er das Wasser bitter schmecken. (56:70) Habt ihr das Feuer in die Welt gebracht? (56:71) Lasst ihr die Bäume wachsen? (56:72)>

<Wie sollte Gott Ehrfurcht vor euren Götzen haben, wo ihr noch nicht einmal fürchtet, neben Gott noch Götzen zu stellen? Wer hat denn mehr Recht auf Sicherheit? Die Gläubigen oder die Ungläubigen? (6:81) Die Gläubigen, die ihren Glauben nicht verwässern, leben in Sicherheit und die gehen den richtigen Weg. (6:82)>

Überzeugende Beweise hat Gott den Menschen nicht von sich gegeben. (6:104) Statt Vernunft soll unkritischer Glaube die Zeichen Gottes plausibel machen (6:105), denn wer es genau wissen will, muss diese Welt verlassen. Die Zweckmäßigkeit der Natur als die Idee Gottes zu erklären (56:58ff) und den Beginn der Endlichkeit aus der Unendlichkeit mit Gott zu begründen, kann der Koran nicht leisten.

Ist Gott schon in der Endlichkeit mit Vernunft nicht begründbar, so wird er unter dem Aspekt der Unendlichkeit zur Unsinnigkeit, denn der personale Gott ist vom Rest getrennt und bildet keine Einheit, wo es doch in der Ewigkeit nur Einheit geben kann. Stattdessen lässt dieser Gott die Ewigkeit sogar noch beginnen, um Paradies und Hölle zu ermöglichen. So etwas kann sich nur ein Geist der Endlichkeit ausdenken.

Widersprüche und Unsinnigkeiten Gottes

<Würde Gott den Menschen das Unheil so eilig zukommen lassen, wie sie sich wünschen, dass das Gute zu ihnen kommt, so wäre ihr Leben schon zu Ende. Gott belässt die Ungläubigen in ihrer Opposition, so dass sie völlig verwirrt sind. (10:11)>

<Geht von hier. Die Menschen und der Teufel sollen einander Feinde sein. Für eine bestimmte Zeit sollt ihr auf Erden leben. (7:24) Geht von hier. Der eine von euch soll der Feind des anderen sein. Und wenn Gottes Führung kommt und wer dann dieser Führung folgt, der wird nicht zugrunde gehen und muss kein Unglück erleiden. (20:123) [Die Vertreibung aus dem Paradies]>

<Jene, die sich Freunde an Stelle Gottes nehmen, sind wie Spinnen, die sich ein Haus bauen. Deren Häuser sind nämlich am gebrechlichsten. (29:41) Gott weiß, wen sie statt seiner anbeten. (29:42) Dies sind Gleichnisse Gottes für Menschen mit Wissen. (29:43)>

<Gott hat einzig und allein die Engel zu Hütern des Höllenfeuers gemacht. Er setzte ihre Anzahl nur zur Prüfung der Ungläubigen fest, damit die Juden und die Christen von der Wahrheit des Korans überzeugt werden und der Glauben der Gläubigen gestärkt wird. Auch wird damit bezweckt, dass jene, denen der Koran gegeben wurde, nicht an ihrem Glauben zweifeln und dass die Gegner des Islams und die Ungläubigen sagen mögen: „Was will Gott mit diesem Gleichnis?" Somit erklärt Gott zum Irrenden, wen er will und leitet recht, wen er will. Und keiner kennt die Heerscharen Gottes außer ihm selbst. Dies ist nur eine Ermahnung für die Menschen. (74:31)>

<Der Sabbat als Ruhetag wurde für die bestimmt, die über ihn uneins waren. Am Tag der Auferstehung wird Gott erklären, wer recht hatte. (16:124)>

<O Gott, lass meinen Eingang einen guten Eingang sein und lass meinen Ausgang einen guten Ausgang sein und gib mir deine Hilfe. (17:80)>

Warum sollte Gott den Menschen das Unheil so eilig zukommen lassen? (10:11) Was spricht gegen den Wunsch, das Gute zu wünschen? Nichts anderes ist überhaupt möglich, denn jede Handlung dient der Verbesserung, ausnahmslos, auch wenn der Maßstab nur vom Handelnden selbst festgelegt wird.

<Der eine soll der Feind des anderen sein> (20:123), sagt der, der das Gute in der Dualität repräsentiert.

Das Haus der Spinne, das Netz, ist optimal für die Spinne. (29:41) Eine Million Jahre Evolution hat diese Perfektion hervorgebracht. Wissen scheint hier eher hinderlich zu sein. (29:43)

Die Uneinigkeit über den Sabbat (16:124) kann tatsächlich nur Gott erklären und ebenso welcher Eingang und welcher Ausgang gemeint ist. Auch sollte er ausführen, warum die Engel das Höllenfeuer hüten und warum viele Engel den Glauben der Juden und Christen prüfen müssen. Dass viele Engel mehr Überzeugungskraft haben als ein Engel, ist noch einsichtig, aber warum sie der Verwirrung der Ungläubigen dienen, muss Gott auch noch erklären. (74:31)

Die Erbarmungslosigkeit Gottes

<Gott hat das Universum erschaffen und wenn er will, kann er es wieder vernichten und von vorne beginnen. (14:19) Wenn Gott will, beseitigt er die Menschen und bringt andere. (4:133, 76:28) Gott lässt es regnen, kann aber jederzeit das Wasser der Erde wieder entziehen. (23:18) Gott ändert die Lage der Menschen nicht, ehe sie nicht selbst ihre Haltung ändern. Und wenn Gott den Menschen etwas Übles zufügen will, so gibt es dagegen keinen Schutz. (13:11)>

<Gott beschert Mädchen, wem er will und Jungens, wem er will oder er gibt Jungen und Mädchen. Gott macht unfruchtbar, wen er will. (42:49, 42:50) Wenn Gott will, kann er euch vernichten und eine neue Schöpfung hervorbringen. (35:16) Das fällt Gott nicht schwer. (35:17)>

<Gott hat den Ungläubigen die Herzen, Ohren und Augen versiegelt (16:108) Wenn einer das Irdische begehrt, bereitet Gott ihm schnell das, was Gott will. Danach aber kommt der Betroffene in die Hölle. (17:18)>

<Gott gestattet, dass sich die Ungläubigen eine Weile erfreuen, aber am Ende werden sie streng bestraft. (31:24) Die Sünder folgen ohne Wissen ihren persönlichen Neigungen. Niemand kann denen helfen, da Gott für sie dieses Schicksal bestimmt hat. (30:29) Die Sünder haben keine Helfer, die ihnen gegen Gott beistehen könnten. Wen Gott in die Irre führt, der hat keine Chance. (42:46)>

<Ob die Frevler nun willig oder unwillig spenden, ist gleichgültig, denn es wird von Gott nicht angenommen (9:53), weil sie ungläubig sind und nur widerstrebend zum Gebet kommen und widerwillig spenden. (9:54) Wundere dich nicht über deren Reichtum und auch nicht über das Glück mit ihren Kindern. Gott will damit nur sicherstellen, dass sie bis zu ihrem Tod noch ungläubig sind. (9:55)>

<Gott wird die Gedanken und die Wahrnehmung der Ungläubigen verwirren, weil sie ihre erste Chance, den wahren Glauben anzuerkennen, nicht nutzten. Gott lässt sie dann mit ihrem Irrtum herumirren. (6:110)>

<Unter den Menschen sind einige, die Mohammed zwar zuhören, doch Gott verhindert, dass sie begreifen. Sie werden nicht glauben. (6:25) Sie hindern sich selbst und andere am Glauben und stürzen sich ins Verderben. (6:26) Wenn sie dann vor der Hölle stehen, werden sie um eine zweite Chance bitten und würde sie gewährt (6:27), dann würden sie trotzdem nicht glauben, (6:28) denn sie behaupten, dass es kein anderes Glück, außer dem irdischen gibt und dass es keine Auferstehung geben wird. (6:29) Wer aber so spricht, wird bestraft. (6:30) Wer gläubig sein will, der sei es und wer ungläubig sein will, der soll es genauso sein. (18:29)>

Gott erklärt die Unerklärlichkeit des Schicksals mit seiner Laune. (9:53ff) Er zeigt, dass niemand der Vorbestimmung ausweichen kann. (14:19) Aber auch wenn man annimmt, dass alles endgültig feststeht (6:59), gilt trotzdem: Jede Vorbestimmung ist bedeutungslos, denn wie auch immer ich entscheide und handle, es wäre vorbestimmt. Eine fatalistische Haltung wäre genauso vorbestimmt wie Initiative und Tatkraft. Für die Allwissenheit, die jene Kenntnis der Vorbestimmung voraussetzt, gilt daher auch: sie ist ohne Aussagekraft.

<Gott wird die Gedanken und die Wahrnehmung der Ungläubigen verwirren, weil sie ihre erste Chance, den wahren Glauben anzuerkennen, nicht nutzten. Gott lässt sie dann mit ihrem Irrtum herumirren. (6:110)> Dieser Gott ist nicht allgütig (96:3).

Die Erbarmungslosigkeit Gottes, die er in seinem Text so hervorhebt, ist ein Stück Selbstdarstellung, auf die er oder sein Herausgeber Mohammed offensichtlich Wert legen. Ob die eine Milliarde Menschen, die diesen Gott als ihren Gott ansehen, alle die Texte des Korans kennen?

Gottes Willkür

<Gott tut, was er will. (22:14) Gottes Wille ist unveränderlich. (33:62) Zu Gottes Zeichen gehören Himmel, Erde und alles Leben. Wenn Gott will, kann er sie alle bei sich versammeln. (42:29) Wenn er will, kann er alles vernichten. (34:9)>

<Du kannst nicht dem den Weg weisen, den du liebst. Gott aber weist dem den Weg, dem er will. Gott kennt jene am besten, die die Führung annehmen. (11:34, 14:4, 28:56) Gott gibt Weisheit, wem er will. Wer es erhält, hat wahrlich etwas Wertvolles bekommen. (2:269) Mit Blitzen trifft Gott, wen er will. (13:13) Gott gibt Hilfe und Zuneigung, wem er will. (30:5, 62:4) Gott bestraft, wen er will und erweist Barmherzigkeit und Gnade, wem er will. Niemand kann das beeinflussen (3:74, 9:15, 9:27, 14:11, 29:21, 35:2) Gott führt den, den er will. (2:272, 92:12) und er verteilt Wohlstand, Macht und Gaben, wie er will. (3:26, 13:26, 17:30, 29:62, 30:37, 34:36, 34:39, 39:52, 42:12, 42:19, 53:48) Gott erschafft, was er will und erwählt, was ihm gefällt. Die Menschen haben keine Wahl (28:68) Voller Segen ist Gott, der, wenn er will, dich ins Paradies führt. Voller Segen ist der, der Burgen im Himmel gebaut hat und die Sonne und den Mond hineingestellt hat. (25:10, 25:61, 67:1)>

<Erkennst du denn nicht, dass Gott euch die Erde zu eurem Nutzen gegeben hat und dass er es ist, der die Schiffe über das Meer fahren lässt? Er stützt das Universum, damit es nicht zusammenfällt; jedoch nur solange, wie er es will. (22:65, 35:41) Einige müssen auf Gottes Entscheidung warten. Vielleicht bestraft er sie, vielleicht erbarmt er sich. (9:106)>

<Frieden sei mit den Menschen, die Gott auserwählt hat. (27:59) Gott weiß über die Menschen Bescheid. Wenn er will, erbarmt er sich. Wenn er will, betraft er. Gott hat Mohammed nicht als deren Anwalt geschickt. (19:54)>

<Gott macht gläubig, wen er will. Gott: „Mohammed, du kannst die Toten nicht mehr gläubig machen. (35:22) Du kannst nur aufmerksam machen.“ (35:23)>

<Gott führt manche in die Irre und andere auf den richtigen Weg. (6:39) Wenn Gott es will, kann er Mohammed die Offenbarungen wieder wegnehmen. (17:86) Gott zeigt den Weg, aber es gibt einige, die davon abweichen. Hätte Gott es anders gewollt, so würden alle den richtigen Weg gehen. (10:99, 16:9) Er gibt aber seine Barmherzigkeit nicht jedem. (42:8) Willst du, Mohammed, die Menschen dazu zwingen, Gläubige zu werden? (10:99) Niemand darf ohne Gottes Erlaubnis gläubig werden. Gott nimmt es aber denen übel, die dafür ihre Vernunft nicht gebrauchen wollen. (10:100) Jedes Wunder könnte Gott vollbringen und manche würden doch nicht glauben, es sei denn, Gott will es so. (6:111)>

<Am Jüngsten Tag hat jeder Angst,. Doch Gott verschont die, bei denen er es will. (27:87) Am Jüngsten Tag werden alle sterben. Doch Gott verschont die, bei denen er es will. (39:68)>

<Gott ändert niemals seine Gnade, es sei denn er ändert seine Gnade. (8:53)>

Aufklärung durch Wissensvermittlung ist das Fundament jeder Entwicklung, weshalb Beratung bei Entscheidungen sehr wohl angenommen wird. (28:56) Dass Gott nicht alle gläubig macht, gibt uns die Möglichkeit der Auseinandersetzung mit dem Koran. (35:22) Wenn aber Gott den Gläubigen ihre Gläubigkeit nur im Zusammenhang mit Vernunft gestattet, so muss der Verdacht ausgesprochen werden, dass Gott den Begriff anders verwendet, als es die allgemein anerkannte Definition vorgibt. (10:100) Denn, wenn einer zum Verständnis des Korans die Vernunft einsetzt, muss er logische Fehler und Widersprüche zum Wissen unserer Zeit erkennen.

Gottes Rache

<Gott: „Hätte ich gewollt, hätte ich jedem den rechten Weg gezeigt. Ich will aber die Hölle mit den Teufeln und den Menschen füllen." (32:13) Manche Menschen heucheln und geben vor an Gott zu glauben. (2:8) Sie meinen Gott zu betrügen, betrügen aber nur sich selbst. (2:9) Ihre Gesinnung ist krank. Gott verschlimmert diese Krankheit und wird sie für ihre Lügen auch noch hart bestrafen. (2:10) Wen Gott führen will, dem gibt er Verständnis für den Islam. Und wen Gott in die Irre gehen lassen will, der wird es nie begreifen. So verhängt Gott die Strafe über jene, die nicht glauben. (6:125) Wen Gott in die Irre führt, den kann außer Gott niemand beschützen. (42:44) Die werden unterwürfig und gedemütigt die Hölle erfahren. (42:45)>

<Viele der Götzenanbeter opfern auf Veranlassung ihrer Götzen ihre Kinder. Hätte Gott das verhindern wollen, so hätte er es getan. Er überlässt sie aber sich selbst. (6:137)>

<Für den, den Gott in die Irre führt, gibt es keine Hilfe (7:186, 13:33) Wer seinen Glauben wieder verliert, dessen Reue wird nicht angenommen. (3:90)>

<Als sie vergaßen, wozu sie ermahnt wurden, da gab ihnen Gott Glück und Wohlstand. Als sie sich darüber freuten, verhängte er eine Strafe über sie und sie wurden in Verzweiflung gestürzt. (6:44) So wurden die Sünder ausgerottet. (6:45) >

<Zugrunde gehen sollen die Hände Abu Lahabs! Und er selbst genauso. (111:1) Nichts soll ihm sein Vermögen nützen, noch das, was er erworben hat. (111:2) Er wird in einem flammenden Feuer schmoren (111:3) und seine Frau wird das Brennholz tragen. (111:4) Um ihren Hals ist ein Strick aus Palmfasern. (111:5)>

<Verflucht sind die Leute des Grabens (85:4), die eines Tages in der Hölle schmoren werden (85:5, 85:6) und zugeben müssen, was sie den Gläubigen angetan haben. (85:7) Sie hassten sie wegen ihres Glaubens an Gott (85:8), dem alles gehört. (85:9)>

Wenn Gott mehr Gefallen daran findet, die Hölle mit den Menschen zu füllen als ihnen den rechten Weg zu zeigen oder Wohltaten zu verteilen, um dann die Strafe umso schlimmer empfinden zu lassen (6:44), dann nennt man das „Sadismus". (32:13)

Wer bei Unglücksfällen oder gemeiner Gefahr (6:137) oder Not nicht Hilfe leistet, obwohl dies erforderlich und ihm den Umständen nach zuzumuten, insbesondere ohne erhebliche eigene Gefahr und ohne Verletzung anderer wichtiger Pflichten möglich ist, wird mit Freiheitsstrafe bis zu einem Jahr oder mit Geldstrafe bestraft. [Deutsches Strafgesetz § 323c. Unterlassene Hilfeleistung] Das ist das Gesetz der Menschen, die nicht Gott, sondern sich selbst zur obersten Instanz der Gesetzgebung erklärt haben.

Mit der Rache des Siegers teilt der allgütige Gott die Menschen in Gläubige und Ungläubige, um die Ungläubigen dann zu vernichten. (2:167, 3:90, 7:186, 13:33, 44:16) Mohammed, sein Prophet, scheint hier seine eigenen Erfahrungen und Wünsche zu offenbaren.

Vernichtung durch Gott

<Wenn Gott beabsichtigt, eine Stadt zu zerstören, befiehlt er den Wohlhabenden zu sündigen. Jedem Volk ist eine Frist gesetzt. Damit geht die Vorbestimmung in Erfüllung und sie werden vernichtet. (7:34, 17:16, 23:43) Gott schickte in keine Stadt einen Propheten, ohne dass deren wohlhabende Bewohner gesprochen hätten: „Nein, wir glauben nicht an eure Botschaft. (34:34) „Wir haben mehr Vermögen und Kinder. Wir rechnen nicht mit einer Bestrafung. (34:35)>

<Schon oft hat Gott ganze Städte und Völker vernichtet. (7:4, 17:17, 18:59, 19:98, 20:128, 22:45, 28:58, 36:31, 38:3, 50:36, 54:51) Sie riefen um Gnade, als es zu spät war, der Strafe zu entkommen. (7:5, 38:3) Und danach kommen neue Generationen. (23:31, 23:42) Das sollten doch Warnungen für Menschen mit Verstand sein. (50:37)>

<Gott würde aber nie eine Stadt zerstören, ohne zuvor die Botschaft des Korans zu vermitteln und auch nur dann, wenn ihre Bewohner zuvor gesündigt hatten. (6:131, 26:208, 26:209, 28:59) Manche ungerechte Stadt hat Gott schon vernichtet und danach ein anderes Volk erweckt. (21:11, 47:13) Wenn sie die Strafe erahnen, fliehen sie. (21:12) Gott: „Lauft nicht weg. Vielleicht könnt ihr euch rechtfertigen.“ (21:13) Die Sünder: „O je, wir waren Sünder.“ (21:14, 21:46) Dieser Ruf ertönte immer wieder, bis Gott sie vernichtet hatte. (21:15)>

<Es gibt keine Stadt, die Gott nicht vor dem Tage der Auferstehung vernichten wird. (17:58) Gottes Strafe kann nicht von einem sündigen Volk abgewendet werden. (12:110) Das sind Geschichten für verständige Menschen, keine Poesie, sondern eine Bestätigung der bereits vorliegenden Offenbarungen und ein Leitfaden für Gläubige. (12:111) Gott hat die früheren Generationen vernichtet (77:16) und auch die späteren. (77:17) So verfährt Gott mit den Schuldigen. (6:11, 77:18) Schon die früheren Generationen planten Intrigen, doch Gott rüttelte ihren Bau an den Grundmauern, so dass er zusammenstützte. Die Strafe kam, ohne dass sie es ahnten. (16:26)>

<Die Ungläubigen werden sich noch wünschen, Muslime zu sein. (15:2) Sollen sie doch das Leben genießen, bald werden sie ihre Dummheit einsehen. (15:3) Gott hat noch nie eine Stadt zerstört, ohne vorher aufgeklärt zu haben, doch (15:4) zur Einsicht gibt es eine bestimmte, festgesetzte Zeit. (15:5)>

<Wenn die Strafe Gottes kommt, plötzlich oder auch erwartet, wer sonst als die Sünder werden vernichtet. (6:47)

<Sehen die Menschen denn nicht, wie viele Generationen Gott vor ihnen hat zugrunde gehen lassen? Denen hatte Gott mehr Macht verliehen, als sie Mohammed hat und sie wurden außerdem mit reichlich Regen versorgt. Wegen ihrer Sünden hatte Gott sie zugrunde gehen und ein anderes Volk aufkommen lassen. Sie kamen durch Naturkatastrophen um. Aber nicht Gott wollte ihnen Unrecht tun, sondern sie taten sich selbst Unrecht an. Bei euren Reisen im Lande könnt' ihr doch sehen, was mit den vielen früheren Generationen geschehen ist und die waren vermögender als ihr. (6:6, 10:13, 19:74, 29:40, 30:9, 30:10)>

<Euch machte er zu deren Nachfolgern auf Erden, um zu sehen, wie ihr handeln werdet. (10:14) Wollte Gott die Menschen für ihre Taten direkt zur Rechenschaft ziehen, müsste er sie sofort bestrafen. Doch es gibt einen festgesetzten Termin. (18:58)>

<In eine Stadt, die Gott zerstört hat, dürfen ihre Bewohner niemals zurückkehren (21:95) Sie bleiben in ihren Gräbern bis Gog und Magog sie öffnen und alle zum Jüngsten Gericht laufen. (21:96) Manch einer Stadt gewährte Gott Bedenkzeit, obgleich in ihnen die Sünde war. Dann aber kam das Strafgericht und damit kehrten sie zu Gott zurück. (22:48) Und so manche Stadt widersetzte sich dem Befehl Gottes und seiner Gesandten. Die wurden zur Rechenschaft gezogen und mit einer grässlichen Strafe belegt. (65:8, 65:9) Ist ihnen [?] denn nicht klar, dass Gott schon manches Volk vor ihnen vernichtet hat, an deren Wohnungen sie nun vorbeigehen? Das sind Zeichen Gottes. Wollen sie also nicht begreifen? (32:26)>

<Gott zerstört keine Stadt, deren Bewohner rechtschaffen sind. (11:117) Nie hatte Gott je eine Stadt vernichtet, deren Bewohner gläubig waren. Würden sie denn nun gläubig werden? (21:6) >

Die pauschale Vernichtung ganzer Städte oder Völker, durch wen auch immer, nennt man Völkermord. (7:4) Da die Ungläubigen vernichtet werden (15:2ff), sollte sich jeder seine Haltung zum Islam sorgfältig überlegen. In jedem Fall kann man nur hoffen, in einer Stadt zu leben, in der es keine Wohlhabenden gibt. (17:16)

Gott und die Tiere

<Erkennen denn die Menschen nicht, dass Gott das Vieh mit seinen Händen für sie erschaffen hat. (36:71) Betrachtet das Vieh als Lehre. Gott gibt euch deren Milch zu trinken. (16:66, 23:21) Manche Tiere sorgen nicht für sich selbst. Gott versorgt sie und euch auch. (29:60) Und von Tieren werden die Menschen getragen, genauso wie von Schiffen. (23:22) Es gibt kein Tier auf Erden, für dessen Versorgung nicht Gott zuständig wäre. (11:6)>

<Gott hat euch acht Haustiere [Schafe, Kamele, Rinder, Ziegen] als Paare erschaffen. (39:6) Gott hat das Vieh erschaffen, das Wärme und sonstigen Nutzen gibt und wovon ihr esst. (16:5, 40:80) Und es ist schön für euch, wenn ihr das Vieh abends eintreibt und morgens wieder auf die Weide treibt. (16:6) Auch tragen sie eure Lasten in Gegenden, die ihr sonst nur mit großen Mühen selbst tragen könntet. (16:7) Gott hat Pferde, Maultiere und Esel zum Reiten und zu eurem Schmuck erschaffen und Gott wird erschaffen, was ihr noch nicht kennt. (16:8)>

<Gott gab der Biene den Auftrag: „Bau dir Häuser und iss von allen Früchten und folge den Wegen Gottes“ Aus ihren Leibern kommt Honig, ein Heilmittel für die Menschen. Hierin liegt ein Zeichen für Leute, die nachdenken. (16:68, 16:69)>

<Gott hat Tiere erschaffen, auf denen ihr reitet. Gedenkt der Gnade Gottes, wenn ihr im Sattel sitzt und sprecht: „Gepriesen sei Gott, der uns dies ermöglicht hat. Wir wären dazu nicht imstande gewesen.“ (43:12, 43:13) Gott hat das Vieh den Menschen dienstbar gemacht, so dass manche zum Reiten geeignet sind und andere Nahrung geben. (36:72, 40:79) Wieder andere liefern Milch. (36:73)>

<Kein Geschöpf bewegt sich auf Erden, welches Gott nicht an seiner Stirnlocke festhielte. (11:56) Seht ihr nicht die Vögel, die in der Luft schweben. Keiner hält sie außer Gott. Darin liegen Zeichen für Menschen, die glauben. (16:79, 67:19)>

<Noch weniger angesehen als die Tiere sind bei Gott die Tauben und die Stummen und die keinen Verstand haben (8:22) Würde Gott etwas Gutes in ihnen erkennen, so hätte er sie verstehend gemacht. (8:23)>

Und das erzählt uns Gott, die wir rund 1400 Jahre nach der Veröffentlichung des Korans geboren wurden. Wenn etwas auch noch in tausend Jahren Gültigkeit haben soll, so muss es entweder abstrakt sein oder es muss sich gefallen lassen, fortgeschrieben zu werden. Trifft beides auf den Koran nicht zu.

Heute gibt es Kinder, die die Milch nur aus dem Supermarkt kennen (16:66), Erwachsene, die den ohnehin für Muslime verbotenen Dattelschnaps noch nie probiert haben (16:67) und viele, die nicht wissen, dass der Mittelteil von Hamburgern von geschlachteten Rindern stammt. (23:21) Die Freude des Transports in Schiffen (23:22) ist der Freude des Transports in Flugzeugen gewichen und ob das in tausend Jahren noch gilt, ist eher zu bezweifeln. Tiere, die Lasten tragen, gibt es noch im Hochgebirge, nicht aber in Stockholm oder Sydney. (16:8) Mit einem Maultier kann ich mich heute nicht mehr schmücken. Diesen Platz haben Schweizer Uhren und italienische Sportwagen eingenommen. Die Heilmittel, die aus Honig gewonnen wurden, sind durch Aspirin oder Ähnliches ersetzt worden. (16:68f) Die Kunst des Reitens beherrschen nur noch wenige, aber der Ausspruch <gepriesen sei Gott, der uns dies ermöglicht hat> lässt sich auch im Auto formulieren. Der Zusatz <der uns dies ermöglicht hat. Wir wären dazu nicht imstande gewesen (43:13)>, entfällt, denn da müsste man den Automobilherstellern danken.

Aber dass bei Gott die Tauben und die Stummen weniger angesehen sind, erstaunt, denn Gott selbst hätte es ändern können. (8:22, 8:23) Dass er aber jene, die keinen Verstand haben, im Ansehen Gottes auch gering eingestuft werden, ist widersprüchlich, denn nur die mit Verstand können Kritik am Koran üben.

Der Koran über die Welt

Die Schöpfung

Das Universum

<Gott erschuf das Universum. (16:3, 64:3) Gott erschuf Sonne und Mond zur Bestimmung der Zeit. (6:96, 10:5, 17:12, 21:33, 55:5) Gott erschuf den Menschen. (55:3) Gott hat sieben Himmel und von der Erde die gleiche Anzahl nacheinander [?] erschaffen. (65:12) Gott erschuf Himmel und Erde nicht zum Zeitvertreib. (44:38) Gott erschuf Himmel und Erde für eine bestimmte Zeit. (46:3)>

<Gott ist der Schöpfer und der Herrscher des Universums, ihm gehört alles und zu ihm kehrt alles zurück. Er bestimmt alles und gibt die Erklärungen dazu, damit ihr an ihn glaubt. (2:29, 2:107, 4:126, 6:13, 6:73, 10:55, 10:56, 13:2, 15:85, 15:86, 24:42, 39:44, 44:39, 51:47, 57:2, 57:4, 57:5, 67:24)>

<Gott verwirklicht eine Sache, indem er sie ausspricht. (2:117, 16:40, 36:82) Gott erschuf Himmel und Erde in sechs Tagen. (7:54, 10:3, 11:7, 32:4, 50:38) Gott schuf die Erde in zwei Tagen. (41:9) Er gründete auf ihr feste Berge mit gangbaren Pässen (15:19, 21:31, 31:10, 50:7) und ordnete die Nahrung im richtigen Verhältnis. Das tat er in vier Tagen. (41:10) Zum Himmel und zur Erde sprach Gott: „Kommt ihr beide, willig oder unwillig." (41:11) So vollendete er die Schöpfung mit sieben Himmeln in zwei Tagen und jedem Himmel wies er seine Aufgabe zu. Gott schmückte den untersten Himmel mit Leuchten, die auch zum Schutz dienen. (41:12) Ein Tag bei Gott ist gleich tausend Jahre nach eurer Zeitrechnung. (22:47) Die Engel und Gabriel steigen zu Gott an einem Tage auf, dessen Ausmaß fünfzigtausend Jahre beträgt. (70:4)>

<Wissen die Ungläubigen denn nicht, dass Himmel und Erde eins waren bis Gott sie trennte und aus dem Wasser alles Lebendige schuf. (21:30) Gott hält Himmel und Erde zusammen. Würden sie auseinander fallen, gäbe es keinen außer ihm, der sie halten könnte. (35:41) Auch machte Gott den Himmel zu einem schützenden Dach. (21:32) Gott lässt alles entstehen, was ausgewogen ist. (15:19) Er erschafft die Mittel zum Leben auch für jene, die nicht von den Menschen versorgt werden. (15:20) Es gibt nichts, was Gott nicht auf Vorrat hätte, doch er gibt es in einem bestimmten Maß. (15:21) Gott hat die Erde zu einer Ruhestätte und den Himmel zu einem Bau gemacht. Gott ist der Herrscher über das Klima, damit Nahrung als Gabe für euch entsteht. (2:22)>

<Gott hat die Erde als festen Grund für die Menschen und den Himmel als Bau geschaffen. Von dort kommt die Versorgung und dorthin werdet ihr gebracht. Gott hat den Menschen eine schöne Gestalt gegeben und versorgt sie mit guten Dingen. Voller Segen ist Gott, der Herr der Welten. (40:64) Im Himmel ist eure Versorgung und all das, was euch versprochen wurde. (51:22) Gott hat die Erde mit Bergen und Flüssen geschaffen und er schuf auf ihr Früchte aller Art: Palmen, Korn und duftende Pflanzen. Er lässt die Nacht den Tag bedecken, Wind und Regen kommen. Für Menschen, die nachdenken, sind das Gottesbeweise. (13:3, 23:80, 24:44, 25:47, 25:62, 30:23, 31:29, 36:37, 36:40, 39:5, 40:61, 45:5, 51:48, 55:11, 55:12) Auf der Erde liegen dicht beieinander Landstriche und Gärten mit Weinstöcken, Kornfeldern und Dattelpalmen. Sie alle werden mit demselben Wasser getränkt, dennoch übertreffen die einen den Fruchtertrag der anderen. Für Menschen, die nachdenken, sind das Gottesbeweise. (13:4)>

<Gott ist der Schöpfer des Universums und er lässt es regnen, damit Früchte für eure Ernährung wachsen. Er hat euch das Meer, die Flüsse und die Schiffe dienstbar gemacht, die Sonne und den Mond, die Nacht und den Tag. Er gab euch alles, was ihr benötigt. Wenn man Gottes Wohltaten

aufzählen wollte, würde man sie nicht vollständig erfassen können. Wer das nicht anerkennt, ist ein Sünder und undankbar. (14:32, 14:33, 14:34, 36:38, 36:39, 45:12, 45:13)>

<Nach dem Willen Gottes sprießen an guten Orten die Pflanzen, während sie an schlechten Orten nur kümmerlich wachsen. (7:58) Von Gott bekommt ihr eure Nahrung. (34:24) Er hat für euch Gärten mit Dattelpalmen und Beeren hervorgebracht, an denen ihr reichlich Früchte habt und von denen ihr esst. (23:19) Er hat einen Baum hervorgebracht, der aus dem Berge Sinai wächst und Öl und Würze für das Essen gibt. (23:20) Gott lässt die Gärten, Felder, Bäume und Früchte wachsen. Esst davon und gebt den Armen, aber seid dabei nicht verschwenderisch. Gott liebt nicht die, die nicht Maß halten. (6:141)>

<Gott bestimmt das Wetter. Wenn Gott es regnen lässt, dann ahnen die Menschen Gutes, obwohl sie zuvor, ehe es regnete, verzweifelt waren. (30:48, 30:49) Gott lässt es regnen, damit sich die Vegetation entfaltet. (6:99) Und trotzdem gibt es Ungläubige, die machen den Teufel zu ihrem Partner und in ihrer Unkenntnis dichten sie Gott noch Söhne und Töchter an. (6:100)>

<Es gibt Süß- und Salzwasser. Eines kann man trinken und aus beiden bekommt man Fische zu essen und Schmucksachen. Auf beiden Gewässern siehst du Schiffe fahren. Seid dankbar dafür! (16:14, 35:12) Hast du denn nicht gesehen, dass Gott euch dienstbar gemacht hat, was auf Erden ist und dass die Schiffe das Meer auf Gottes Anweisung hin durcheilen? (22:65, 36:42) Gott ist es, der dem Süß- und Salzwasser freien Lauf gelassen hat und zwischen beiden eine Scheidewand und eine sichere Schranke errichtet hat. Perlen und Korallen kommen aus den Gewässern, die Gott erschaffen hat. (25:53, 55:19, 55:20, 55:21, 55:22)>

<Gott schuf das Eisen, mit dem man die Kraft zum Krieg hat und auch sonst dem Menschen von großem Nutzen ist. (57:25) Gott hat das Feuer erschaffen. Es soll euch an die Hölle [?] erinnern und den Reisenden in der Wüste nutzen. (56:73)>

<Gott bestimmt Tag und Nacht und lässt das Lebende aus dem Toten entstehen und umgekehrt. (3:27) Gott hat euch den Schlaf zur Ruhe gemacht und die Nacht zu einer Hülle und den Tag voll Licht zum Erwerb des Unterhalts. (10:67, 27:86, 28:73, 78:9, 78:10, 78:11) Er hat die Sterne erschaffen, die euch zur Orientierung dienen. Und Gott gibt die Erkenntnisse dazu. (6:97, 16:16) Was haltet ihr davon, wenn Gott das Tageslicht bis zum Tage der Auferstehung dauern ließe? Nur Gott kann euch die Nacht bringen. (28:71, 28:72)>

<Gott hat Türme in den Himmel gesetzt [Tierkreiszeichen?] und mit Leuchten geschmückt. (15:16) Gott hat ihn vor jedem Satan geschützt (15:17), außer vor jenem, der heimlich lauscht und den dann eine eindrucksvolle Flamme verfolgt. (15:18)>

<In der Schöpfung von Materie und Zeit durch Gott liegen die Hinweise für die Gebildeten. (3:190, 3:191) Die Schöpfung des Universums ist größer als jede Schöpfung der Menschen, doch die meisten Menschen wissen es nicht. (40:57) Was bei euch ist, vergeht. Doch Gottes Lohn für eure guten Taten bleibt ewig. (16:96)>

<Weißt du nicht, wie Gott den Schatten verlängert? Hätte er es gewollt, hätte er ihn stillstehen lassen. So hat Gott die Sonne zu seinem Wegweiser [?] gemacht. (25:45, 25:46) Sehen sie denn nicht, dass Gott kommt und das Land schmälert? [Gezeiten?] (13:41, 21:44)>

<Wenn Mohammed nach den Mondzyklen befragt wird, soll er folgendermaßen aufklären: „Sie dienen der Bestimmung des Kalenders und geben den Hinweis, wann zur Pilgerfahrt nach Mekka aufgebrochen werden soll." Auch soll er erklären, dass es kein Zeichen von Frömmigkeit ist, wenn man

nach der Wallfahrt durch die Hintertüre in das eigene Haus zurückkehrt. Das ist ein heidnischer Brauch aus früheren Zeiten. Geht normal zum Eingang in euer Haus hinein und verehrt Gott. Das genügt. (2:189)>

<Gott gehört die Welt! Wo immer ihr euch hinwendet, dort ist Gott. (2:115) [Gebetsrichtung?] Er hat die Welt für euch erschaffen. (16:13)>

<Gott hat die Engel mit je zwei, drei und vier Flügeln zu Boten gemacht. Er fügt der Schöpfung hinzu, was ihm gefällt. (35:1)>

Niemand kann zur Zeit die Welt und das Leben vollständig erklären. Wo unser Wissen Lücken hat, müssen wir vermuten oder glauben. Ob das Universum und das Leben von Gott erschaffen wurde, ist nicht beweisbar, ebenso wenig wie Gott selbst, der noch nicht einmal definierbar ist. (16:3, 55:2)

Wieso Gott zur Erschaffung der Erde zwei Tage oder zweitausend Jahre benötigt (22:47, 41:9) hat, obwohl er seine Wünsche doch nur aussprechen muss (2:117, 36:82) und im Moment des Erschaffens noch Einheit herrschte, wird uns Gott am Jüngsten Tag erklären. Ob überhaupt eine Schöpfung stattgefunden hat oder ob die Gegenwart ein Spiegel der Einheit, der Unendlichkeit ist, wird uns vielleicht einmal unsere Vernunft offenbaren.

In der Quantenmechanik ist die Unendlichkeit sogar schon wahrnehmbar. Dort können Teilchen gleichzeitig an verschiedenen Orten sein, sie können sich schneller als mit Lichtgeschwindigkeit miteinander verständigen oder zeitlos von einem Ort zum anderen springen. Sie sind unendlich schnell. Demnach wäre die Unendlichkeit, die Ewigkeit schon längst da, was logisch auch nicht anders sein kann, denn die Unendlichkeit kann nicht beginnen, wie der Koran behauptet: <Am Jüngsten Tag wird Gott die Gläubigen ins Paradies und die Ungläubigen in die Hölle schicken (22:56, 22:57), wo sie ewig sein werden. (2:82, 59:17)>

Seit dem Urknall vor etwa 15 Milliarden Jahren bewegen sich die Galaxien von uns weg. Ihren Bewegungsdrang beziehen sie aus der Konzentration der gesamten Energie in einem winzigen Punkt, aus dem heraus es zum Urknall kam. (16:3) Raum und Zeit hatten somit einen Anfang.

Was einen Anfang hat, muss auch ein Ende haben. Getrieben von dieser Energie expandiert das Universum Billionen von Jahre, aber irgendwann, angeblich in einigen Quintillionen Jahren, fällt es in sich zusammen und setzt mit einem neuen Urknall den Kreislauf fort.

Dieser String-Theorie zufolge ist das Universum nämlich in einem unendlichen Kreislauf von Ausdehnung und Zusammenbruch, denn die Energie kann sich nicht selbst vernichten, sondern nur verändern. Unter Berücksichtigung der uns bekannten Dimensionen heißt das aber, wir sind in der Unendlichkeit, in anfangsloser Zeit.

15 Milliarden Jahre oder Quintillionen Jahre sind Dimensionen, die mit Mathematik und formaler Logik vielleicht noch begründet werden können, für den Menschen ist es nicht mehr

von Bedeutung, denn die Erde wird weit vor dem Ende des Universums vernichtet sein. Bei solchen Betrachtungen ist man dem Glauben ohnehin näher als dem Wissen, denn Wahrnehmung ist nicht mehr möglich.

Die Basis der Naturwissenschaften sind jedoch die wahrnehmbaren Erscheinungen dieser Welt, die in ihrer gegenseitigen Bedingtheit begrifflich erfasst werden. Durch systematisches Denken bemüht man sich dann, diese Erscheinungen durchgängig miteinander in Verbindung zu setzen.

Ein Geschehen, das von keinem Leben mehr wahrgenommen wird, ist bedeutungslos. Ob eine Million Jahre vergehen oder das milliardenfache davon, ist dann egal. Hier bekommt die Frage nach dem Sinn Vorrang vor der Frage nach der richtigen Abfolge des Sachverhalts.

Solange aber gelten die Prinzipien der Newtonschen Mechanik, die vor allem eine weitgehende Klärung der Probleme aus Ursache und Wirkung geliefert haben. (17:12) Mit Messungen bestimmter Größen eines Zustands eines physikalischen Systems zu einem gegebenen Zeitpunkt kann die Voraussage seines Zustandes zu jedem beliebigen späteren Zeitpunkt gegeben werden. Dieses Prinzip der Kausalität, nämlich dass gleiche Ursachen gleiche Wirkungen haben, erscheint logisch, ist aber unmöglich zu beweisen, denn eine identische Wiederholung eines Experiments lässt die Raumzeit nicht zu. Daher erweitert man die Forderung auf: Ähnliche Ursachen haben ähnliche Wirkungen.

Die Naturgesetze beschreiben das Geschehen in der Natur, aber warum die Natur Gesetzmäßigkeiten folgt und warum ausgerechnet die Mathematik die Natur so präzise darstellen kann, darauf gibt es keine mit Vernunft begründete Antwort.

<Die Engel steigen zu Gott in einem Tag auf, dessen Ausmaß fünfzigtausend Jahre beträgt. (70:4)> Zur Beschleunigung und zur Verzögerung beim Emporsteigen zu Gott gibt es unendlich viele Zeitintervalle und unendlich viele Grade der Geschwindigkeit, obwohl die Unendlichkeit an diesem Tag, dem Jüngsten Tag, doch schon begonnen hat. Aber vielleicht klärt uns ein Engel auf, mag er zwei, drei und vier Flügel [oder Attribute, wie manche Übersetzer behaupten] haben, denn <Gott hat die Engel mit je zwei, drei und vier Flügeln zu Boten gemacht. Er fügt der Schöpfung hinzu, was ihm gefällt. (35:1)>

Das Leben

<Gott ist es, der die Menschen zum Leben erweckt hat. Einige sind gläubig, andere nicht. (64:2) Doch die Menschen sind wenig dankbar. (27:73, 67:23) Gott hat die Erde für das Leben erschaffen. (55:10)>

<Gott gehört das Universum. Er macht lebendig und lässt sterben und wird euch am Tag der Auferstehung vor sich versammeln. Das steht ohne Zweifel fest, doch die meisten Menschen wissen es nicht. (9:116, 15:23, 36:32, 45:26, 50:43, 53:44) Gott allein ist der Erbe von allem. (15:23) Wissen denn die Ungläubigen nicht, dass Himmel und Erde eine Einheit waren, bevor Gott sie teilte und aus dem Wasser das Leben erzeugte. (21:30)>

<Ist denn einer, der tot war und von Gott zum Leben erweckt wurde und den Gott dann führt, dem gleich, der ohne diese Führung auskommen muss. Die Ungläubigen meinen sogar, ihr Tun sei gut. (6:122) Kein Leben entsteht, ohne dass Gott es weiß. (41:47) Gott hat alle Lebewesen aus Wasser erschaffen. Unter ihnen sind manche, die auf ihren Bäuchen kriechen, mache die auf zwei Beinen gehen und manche, die sich auf allen vieren fortbewegen (24:45)>

<Gott erschuf den Menschen aus einem einzigen Wesen, aus ihm dann seine Gattin und aus beiden viele Menschen. (4:1, 6:98, 23:78, 23:79, 39:6) Seine Nachkommen machte er aus einer nicht beachtenswerten Flüssigkeit. (32:8) Dann formte er ihn und haucht ihm von seinem Geist ein. Er hat euch eure Sinne und euer Gefühl gegeben. Doch euer Dank ist recht gering. (32:9) Gott hat den Menschen aus Lehm und den Satan aus Feuer erschaffen. (6:2, 15:26, 15:27, 30:20, 32:7, 55:14, 55:15) Gott hat euch aus Erde erschaffen, dann aus einem Samentropfen, dann machte er euch zu Paaren. Kein weibliches Wesen wird schwanger oder entbindet ohne das Wissen Gottes. Die Lebenszeit eines jeden ist vorbestimmt. (35:11, 53:45, 53:46, 78:8, 80:18, 80:19, 80:20, 80:21) Gott gewährt keinem Menschen das ewige Leben. (21:34) In den Schößen eurer Mütter entsteht ihr in drei Finsternissen. (39:6) Weiß der Mensch denn nicht, dass Gott ihn aus einem Samentropfen erschaffen hat? (16:4, 36:77, 76:2, 86:4, 86:5, 86:6, 86:7) Dann machte Gott ihn hörend und sehend. (76:2) Und trotzdem ist er ein Widersacher. (36:77) Gott hat ihm den rechten Weg gezeigt, ob er nun dankbar ist oder nicht. (76:3)>

<Wenn ihr über die Auferstehung im Zweifel seid, so bedenkt, dass Gott euch aus Erde erschaffen hat, dann aus einem Samentropfen, dann aus geronnenem Blut, dann aus einem Klumpen Fleisch, teils geformt und teils ungeformt. Gott lässt die Embryos bis zu einem bestimmten Zeitpunkt in den Mutterschößen ruhen und bringt sie dann als Kinder hervor. Gott lässt sie groß werden, damit sie ihre volle Kraft [Männer werden] erreichen. Und mancher von euch wird abberufen und mancher von euch wird ein debiler Greis. Sterben werdet ihr mit Gewissheit und erweckt am Tag der Auferstehung. (22:5, 23:12, 23:13, 23:14, 23:15, 23:16, 40:67, 96:2)>

<Gott hat euch aus dem Schoß eurer Mütter ins Leben gebracht, ohne dass ihr etwas wusstet. Und er gab euch Ohren und Augen und Herzen. Seid dankbar dafür. (16:78) Er hat euch eine schöne Gestalt gegeben. (64:3) Gott erschuf den Menschen, wird ihn sterben lassen und dann wieder lebendig machen. (16:70, 22:6, 22:66, 30:40, 31:28, 40:68, 50:16)>

<Gott lässt den Samen keimen. Er bringt das Lebendige aus dem Toten hervor und er löscht das Leben wieder aus. (6:95)>

<Gott erschuf die Menschen. Doch warum wollen sie es nicht zugeben? (56:57) Waren die Menschen denn schwerer zu erschaffen als der Himmel? (79:27) Gott hat den Himmel emporgehoben (79:28) und machte die Nacht dunkel und den Tag hell. (79:29) Danach breitete er die Erde aus (79:30) und brachte aus ihr Wasser und Futter hervor. (79:31) Er festigte die Berge (16:15, 79:32) und tat dies alles zur Versorgung für euch und für euer Vieh. (79:33)>

<Jeder wird sterben und erst zum Jüngsten Tag bekommt ihr euren vollen Lohn. Wem dann die Hölle erspart bleibt und ins Paradies eingehen darf, der erlebt das Glück. Das irdische Leben ist doch nur ein trügerischer Genuss. (3:185) Lasst euch nicht vom Leben dieser Welt verführen und lasst euch nicht hinsichtlich Gott verwirren. (31:33)>

Es gibt viele logische Erklärungen und Einzelbeweise für die Evolutionstheorie, aber keinen dagegen. Dagegen steht nur Unkenntnis und Glauben. Ob Gott das Leben erschaffen hat, oder ob das Ereignis durch Ursache und Wirkung naturwissenschaftlich erklärbar ist, ist ohnehin nicht die Frage, denn jede naturwissenschaftliche Erklärung verschiebt immer nur die Frage auf die erste Ursache und auf das „Warum". Und weder das eine noch das andere wird die Naturwissenschaft je beantworten.

Die Voraussetzungen, um ein System als lebend zu bezeichnen, sind erstens die Selbstreproduktion, zweitens das Vorhandensein eines Stoffwechsels und drittens ein Potential zur Evolution, also zur Anpassung und Entwicklung.

Die Evolution ist eine Theorie, nach der auf chemischer Basis aus den Spurengasen der ersten Atmosphäre komplexere Substanzen hervorgegangen sind, bis schließlich die ersten Einzeller entstanden sind und am vorläufigen Ende nun der Mensch steht.

Das Geheimnis der Entstehung des Lebens schien im Jahre 1953 durch ein berühmt gewordenes Experiment des Chemikers Stanley Miller enträtselt worden zu sein. Miller hatte mittels einer einfachen Apparatur organische Kleinmoleküle nachgebildet, welche die Bestandteile jeglicher belebter Materie darstellen. Damit war die Ursuppentheorie experimentell untermauert und die Entstehung des Lebens auf natürliche Weise erklärt.

Diese Versuche zeigten, dass unter abiotischen Bedingungen im Prinzip alle kleinen Moleküle entstehen können, die wir als Bestandteile von Zellen oder als Ausgangsstoffe der Biosynthese benötigen. Doch damit war der Nachweis, dass auch Makromoleküle entstehen können, nicht erbracht. Solche Systeme können sich vervielfältigen und sind fehlertolerant. Sie haben einen Kontrollmechanismus zum Erhalt ihrer genetischen Informationen und können differenzieren, ob eine Information wertvoll ist oder nicht. Sie haben einen Stoffwechsel und die Fähigkeit zur Anpassung an die Lebensbedingungen mit der Möglichkeit zur Fortpflanzung. Ein einmal erreichter Informationsstand bleibt erhalten und kann weiter ausgebaut werden.

Wie solche Makromoleküle, die der Definition „Leben" entsprechen, auf der Erde entstanden sind, kann die Naturwissenschaft noch nicht erklären. Von einer Simulation solcher Einheiten im Labor ganz zu schweigen. Jede Eigenart für sich kann bereits der einen oder der anderen künstlich erzeugten Molekülklasse zugeschrieben werden, doch keine allein erfüllt alle Bedingungen. Leben aber ist eine Systemeigenschaft, an der Vertreter verschiedener Molekülklassen als Systemelemente beteiligt sind.

Physiker und Geologen geben das Alter der Erde mit etwa 5 Milliarden Jahren an. Alles, was wir unter Evolution der Organismen verstehen, muss sich innerhalb dieses Zeitraums abgespielt haben, es sei denn, man nimmt an, lebende Systeme seien anderswo entstanden und aus dem Weltall auf die Erde gelangt. Außer Spekulationen gibt es aber dazu keinen vernünftigen Beweis.

Für die Entstehung des Lebens gibt es zwar endlich viele, aber kaum vorstellbar viele Kombinationsmöglichkeiten. Deren Anzahl übersteigt die Anzahl der Atome unserer sichtbaren Welt. Statistisch reichen dann auch 5 Milliarden Jahre und die Größe der Erde nicht mehr, um durch Versuch und Irrtum zum Ergebnis „heute" zu kommen. Hier muss es mindestens eine weitere Ursache geben, die noch unbekannt ist. (16:78)

Die Bewertung der Schöpfung

<Ich erschuf das Universum mit Weisheit. Dies ist ein Beweis für die Gläubigen. (29:44) Ich kenne das Verborgene und das Sichtbare und habe alles gut gemacht. (32:6, 32:7) Keinen Fehler kannst du in meiner Schöpfung sehen. (67:3, 67:4) Ich habe alles auf Erden schön gestaltet, um die Menschen zu prüfen, wer der Beste unter ihnen ist. (18:7) Nie war ich unachtsam bei der Schöpfung. (23:17) Die Schöpfung des Universums ist größer als die Schöpfung der Menschen. Allein die meisten Menschen wissen es nicht. (40:57)>

<Ich habe alles im richtigen Verhältnis geschaffen. (54:49)>

sagt Gott von sich.

Der Jüngste Tag

<Der Jüngste Tag ist nahe und doch wenden sich die Menschen achtlos ab (21:1, 27:72) und hören nicht aufmerksam auf die Ermahnungen Gottes. (21:2) Jene, die spöttisch fragten: „Wann kommt er nun, der Jüngste Tag, überraschend bei Nacht oder am helllichten Tag und wie werden sich die Sünder dem entziehen?“ bekommen dann die Antwort (10:48, 10:50, 51:12, 75:6) Die Auferstehung ist so wahr, wie die Tatsache, dass ihr redet. (40:59, 51:5, 51:6, 51:23, 77:7) Ein einziger Befehl Gottes, so schnell wie ein Augenblick, und er ist da. (54:50) Die Toten merken noch nicht einmal, wenn sie erweckt werden. (16:21)>

<Wann trifft der Jüngste Tag ein? - Der Tag der Auferstehung steht fest, doch die Menschen wissen nicht wann. (27:71, 33:63, 34:29, 34:30, 36:48, 44:40, 50:41, 50:42, 67:25, 77:12, 77:13, 77:14, 79:42, 78:17, 82:17, 82:18) Den Zeitpunkt des Jüngsten Tags kennt nur Gott und das Ereignis wird überraschend eintreffen. (7:187, 41:47, 67:26, 69:15, 79:44) Meinen die Ungläubigen der Jüngste Tag sei in weiter Ferne (70:6), so sieht Gott ihn schon sehr nahe. (70:7) Habe Geduld. (70:5) Die Stunde naht (53:57, 54:1) und der Mond verfinstert sich. (54:2) Keiner außer Gott kann sie abwenden. (53:58) Wundert ihr euch darüber? (53:59) Statt zu lachen, solltet ihr weinen. (53:60) Oder wollt ihr es ignorieren. (53:61) Der Befehl Gottes wird noch kommen. Drängt ihn nicht. (16:1) Gott legt das Datum für den Jüngsten Tag auf einen berechneten Termin. (11:104) Die Zeichen kommen unversehens, so dass die Menschen verwirrt werden. Und sie werden es nicht abwehren können, noch wird es Aufschub geben. (21:40)>

<An jenem Tag hat Gott allein die Herrschaft. Er wird die Gläubigen ins Paradies und die Ungläubigen in die Hölle schicken. (22:56, 22:57) Die Gläubigen brauchen sich nicht fürchten. (43:68, 43:69)>

<Zwischen Himmel und Hölle gibt es eine Wand und auf den Höhen stehen Männer, die die Menschen an ihren Merkmalen erkennen. [?] Sie rufen „Frieden“ zu den Bewohnern des Paradies'. Sie [selbst?] sind noch nicht ins Paradies eingegangen, obwohl sie es sich wünschen (7:46) Sie fragen die Bewohner der Hölle mit Blick auf die Bewohner des Paradies': „Sind das jene, von denen ihr einst geglaubt habt, Gott würde ihnen keine Barmherzigkeit zukommen lassen?“ Siehe, die gehen jetzt ins Paradies, wo es weder Furcht noch Trauer gibt. (7:49)>

Erkenntnisse aus Erfahrungen gelten immer nur so lange, bis sie relativiert oder umgestoßen werden. Erkenntnisse, die durch keinerlei Erfahrung belegt sind, gelten immer. Die Mathematik ist die Wissenschaft der abstrakten Räume. Sie behandelt das Potential dieser Räume. Die Erkenntnisse der Mathematik sind unumstößlich, denn keine Erfahrung kann deren Beweise verändern.

Der Jüngste Tag soll der Beginn der Ewigkeit sein. Da er noch nicht erlebt wurde, gibt es auch keine Erfahrungen dazu. Keine Erfahrung kann uns Eindrücke aus der Ewigkeit liefern, doch die Mathematik kann Aussagen zur Unendlichkeit machen, die auf keinerlei Erfahrung beruht und somit auch durch keine Erfahrung verändert wird.

Das Universum

<Am Jüngsten Tag öffnet sich der Himmel und die Erde wird zur Illusion. Dann kommen die Engel zur Erde nieder. (25:25, 69:13, 69:15, 69:16, 73:18, 73:19, 78:19, 78:20) Dann werden einige erniedrigt und andere erhöht. (56:3) Das ist der Tag, der euch angekündigt wurde und den jeder erleben wird. (50:20, 56:1, 56:2, 78:39) Es werden die Engel am Rand des Himmels stehen und acht Engel werden den Thron Gottes über sich tragen (69:17) Dann wird das Auge geblendet (75:7), der Mond verfinstert sich (75:8) und Sonne und Mond vereinigen sich. (75:9) Sollte Gott durch die erste Schöpfung ermüdet sein? Nein, aber die Menschen sind sich nicht im Klaren darüber, dass es eine zweite Schöpfung geben wird. (50:15, 53:47)>

<Sicher ist, dass Gott die Erde eines Tages schüttelt und in Wüstenstaub verwandeln wird. (18:8, 56:4) Es gibt keine Stadt, die Gott nicht vor dem Tage der Auferstehung vernichtet oder der nicht eine strenge Strafe auferlegt wird. (17:58) Am Jüngsten Tag erlöschen die Sterne, der Himmel öffnet sich und er wird wie geschmolzenes Metall sein. Die Berge werden wie farbige Wollflocken sein und sie werden weggeblasen. Ausnahmslos alle Menschen wird Gott dann versammeln. (18:47, 20:105, 20:106, 20:107, 27:88, 52:9, 52:10, 56:5, 56:6, 69:14, 70:8, 70:9, 73:14, 77:8, 77:9, 77:10, 77:38)>

<Am Jüngsten Tag wird Gott den Himmel zusammenrollen, so wie Schriftrollen zusammengerollt werden. So wie Gott die erste Schöpfung vollbrachte, wird er sie dann wiederholen. Gott verpflichtet sich dazu. (21:104) An diesem Tag werden die Propheten zusammengebracht. (77:11)>

Die Mathematik definiert die Unendlichkeit als das Grenzenlose, beziehungsweise dasjenige, dass die Annahme einer Begrenztheit zu einem logischen Widerspruch führt. Die Mathematik kennt zwei Formen der Unendlichkeit: die potenzielle und die aktuale Unendlichkeit.

Die Zahlenreihe ist das einfachste Beispiel der potentiellen Unendlichkeit: Sie ist beliebig lang, denn ich kann stets um Eins erhöhen. Sie ist potenziell unendlich. Anders die aktuale Unendlichkeit: Die Fläche des Kreises wird über die Definition eines Vielecks berechnet. Der Kreis ist ein Vieleck mit unendlich vielen unendlich kurzen Seiten. Daher kann man sich der absoluten Genauigkeit nur nähern, sie theoretisch aber nie real erreichen. Indem man aber die Stetigkeit als Funktion beschreibt, ist das Unendliche dieser Berechnung aktual gegeben und nicht mehr ein potenziell endloser Prozess.

Die Mathematik selbst belastet das Vorstellungsvermögen von der Unendlichkeit mit Merkwürdigkeiten: So ist die unendliche Menge der Quadratzahlen genauso groß wie die Menge der natürlichen Zahlen, obwohl deren Abstände unterschiedlich sind.

Das Universum umfasst alles, nur nicht Gott, den personalen Schöpfer, denn er wird am Jüngsten Tag das Universum auflösen (21:104). Das aber heißt, dass es auch dann keine Einheit mit Gott und demnach auch keine Ewigkeit geben kann, denn <Gott ist der ewig unabhängige, von dem alles abhängt (112:1, 112:2)>

Eine Menge aller Mengen, die sich nicht selbst enthält, führt zu einem Widerspruch: Besagte Menge gibt es dann nämlich nicht. Eine Menge ist nur dann unendlich, wenn sie umkehrbar eindeutig einer Teilmenge ihrer selbst zugeordnet werden kann. Danach müsste Gott im Universum enthalten sein oder Gott gibt es nicht.

Jede räumliche Größe und die Zeit und somit auch jede Bewegung ist relativ und kann sich nur auf einen Bezugspunkt beziehen. Die Unendlichkeit hat keine definierbar räumliche und zeitliche Größe, denn sie hat keinen Bezugspunkt. Ohne Bezugspunkt ist alles „nichts" oder „zugleich".

Das unendlich Kleine ist aufgrund der unendlich schnellen Bewegung zugleich auch unendlich groß und daher bewegungslos. Ohne zeitlichen Bezugspunkt ist die Unendlichkeit sowohl augenblicklich als auch ewig.

Neben der Unendlichkeit kann es nichts geben, denn dann gäbe es neben der Unendlichkeit noch etwas und dann wäre die Unendlichkeit nicht unendlich, sondern eingeschränkt durch das „noch etwas". Die Unendlichkeit muss also „jetzt" sein. Da wir uns und die Welt wahrnehmen, ist die Unendlichkeit auch nicht „nichts", sondern „alles zugleich" und unsere Raumzeit ist daher Bestandteil der Unendlichkeit. Da wir die Welt mit unseren Sinnen wahrnehmen, sind es demnach die Lebenden, die den notwendigen Bezugspunkt für Raum und Zeit bilden, ohne den sonst alles nichts wäre.

Der Mensch

<Meint der Mensch, er sei schwerer zu erschaffen, als die anderen Lebewesen, die Gott erschaffen hat? (37:11) Meint der Mensch etwa, er würde sich selber überlassen sein? War er nicht ein Erguss verspritzten Spermas und wurde anschließend ein Blutklumpen, der dann von Gott zum vollkommenen Menschen ausgebildet wurde. Gott schuf aus ihm ein Paar, den Mann und die Frau. Sollte Gott denn nicht imstande sein, die Toten ins Leben zu rufen? (46:33, 75:36, 75:37, 75:38, 75:39, 75:40, 77:20, 77:21, 77:22) Gott schwört beim Tag der Auferstehung und jeder reumütigen Seele (75:1, 75:2), dass die Menschen und die Teufel sich vor ihm versammeln werden. Meint der Mensch etwa, dass er seine Gebeine nicht zusammensetzen kann. Aber ja, er ist imstande des Menschen Finger gleichmäßig zu formen (17:99, 19:68, 36:79, 75:3, 75:4), auch dann wenn ihr aus Stein oder Eisen wärt. (17:50) Die Menschen werden fragen: „Wer soll uns ins Leben zurückrufen?" Antworte: „Gott, der euch das erste Mal erschuf" Dann werden sie zweifeln und fragen: „Wann geschieht es?" (17:51) Antworte: „Vielleicht sehr bald. An dem Tag, an dem Gott euch ruft, da werdet ihr ihm betend entgegenkommen und meinen, ihr hättet nur kurz im Grabe verweilt." (17:52) Wenn Gott will, erweckt er die Menschen wieder. (19:40, 80:22) Gott weiß, was die Erde von den Toten zurückbehält. Alles ist in einem Buch aufgeschrieben. (50:4)>

<„Wenn ich als Mensch tot bin, soll ich dann wirklich wieder zum Leben auferstehen? Mit verwesten Gebeinen, das wäre furchtbar." (19:66, 56:47, 56:48, 79:10, 79:11, 79:12) Solche Fragen stellen die Ungläubigen. Wer so spricht, bekommt Ketten um den Hals und muss auf ewig in die Hölle. (13:5) Bedenkt der Mensch denn nicht, dass Gott ihn erschaffen hat, als er ein Nichts (19:67) und lange Zeit nichts Nennenswertes war? (76:1) Nun will der Mensch Gott Gleichnisse erzählen und vergisst dabei, wer ihn erschaffen hat. Der Mensch sagt: „Wer kann Gebeine beleben, wenn sie morsch geworden sind?" (17:48, 36:78, 37:16, 37:17) „Gott, der sie das erste Mal erschuf. Er wird sie beleben, denn Gott kann alles erschaffen und ihr werdet demütig sein. (36:79, 37:18) Gott, der für euch Feuer aus den grünen Bäumen hervorbringt, das euch als Anzünder dienen. (36:80) Sollte

der, der das Universum erschaffen hat nicht imstande sein, Tote zu erwecken? Er kann es, er ist der Schöpfer, der Allwissende. (36:81) Gott wird die Menschen zur Stätte der Wiederkehr, dem Gericht, zurückbringen. (28:85, 86:8, 86:9, 86:10)>

<Schaut euch um, wie Gott das erste Mal die Schöpfung hervorbrachte. Am Jüngsten Tag ruft Gott die zweite Schöpfung hervor. Dann werdet ihr zu ihm zurückgebracht und die Gläubigen belohnt und die Ungläubigen bestraft. (2:281, 3:9, 6:62, 10:4, 18:48, 29:19, 29:20, 30:11, 36:53, 85:13)>

<Mohammed, warne die Menschen vor dem Jüngsten Tag, damit sie nicht weiter in Sorglosigkeit leben und ungläubig bleiben. (19:39, 27:83, 40:15, 40:18) Am Jüngsten Tag kann kein Vater mehr etwa für seinen Sohn tun, genauso wenig umgekehrt. (31:33) Besinnt euch auf die wahre Religion, denn wenn der Jüngste Tag gekommen ist, gibt es nur noch zwei Gruppen (30:14, 30:43): Die Ungläubigen und die Gläubigen (30:44)>

<Am Jüngsten Tag werden sich die Gesichter demütig vor Gott verneigen. Verloren sind die Sünder. Blauäugig [?] werden sie versammelt. (20:102, 20:111) Am Jüngsten Tag werden die Gläubigen froh und unbeschwert zu Gott schauen (20:112, 75:22, 75:23) und zu ihren Angehörigen zurückkehren. (80:38, 80:39, 84:9) Die Gläubigen werden den Ungläubigen sagen: „Das ist der Tag von dem ihr nichts wissen wolltet. Nun habt ihr eure Angehörigen verloren." (30:56, 42:45) Die Ungläubigen: „O je, der Tag des Gerichts." (37:20, 75:24, 75:25) Die Übeltäter, die sich über die Gläubigen lustig gemacht haben, werden schließlich selbst ausgelacht. Dann nämlich, wenn die Gläubigen vom Paradies aus die Frevler in der Hölle beobachten. Das ist nun der Lohn für deren Unglauben. (79:36, 83:29, 83:30, 83:31, 83:32, 83:33, 83:34, 83:35, 83:36)>

<Am Jüngsten Tag (54:6) werden die Ungläubigen mit niedergeschlagenen Blicken aus ihren Gräbern steigen, als wären sie Heuschrecken. (36:51, 54:7) „Was für ein schrecklicher Tag" ist dann ihr Kommentar. (54:8) Gott wird ein Tier aus der Erde hervorbringen, das zu ihnen spricht und ihnen ihre Ungläubigkeit auf Erden vorführt. (27:82) Der Jüngste Tag ist der Tag des gegenseitigen Verlustes. Dem Gläubigen, der das Rechte tut, wird Gott seine Übel verzeihen und ihn ins Paradies der Glückseligkeit führen (64:9), die Ungläubigen aber kommen in die Hölle. (64:10)>

<Am Jüngsten Tag kommen alle Seelen zusammen. (56:49, 56:50, 78:18) Am Jüngsten Tag gibt es nur einen einzigen Schreckenslaut und betäubendes Getöse. Dann sind die Menschen wieder auf der Erdoberfläche. (79:6, 79:7, 79:8, 79:9, 79:13, 79:14, 79:34, 80:33) Rauch wird hervorquellen, der die Menschen schmerzhaft umschließt. (44:10, 44:11) Die Ungläubigen werden rufen: „Herr befrei' uns von der Qual, wir werden gläubig." (44:12) Doch wie können sie lernen, wo doch schon ein Gesandter zur Aufklärung gekommen war. (44:13) Damals hatten sie sich abgewandt und gesagt: „Er hat sich das ausgedacht und er ist verrückt." (44:14)>

<Am Tag der Auferstehung wird sich die Erde spalten und die Toten freigeben, worauf sie aus ihr herauseilen. (30:25, 50:44) Gott wird aus jeder Gemeinschaft einen Zeugen bestimmen. Die Ungläubigen dürfen sich nicht rechtfertigen. Ihre Bitte, sich zu entschuldigen, wird nicht erfüllt. (16:84) In Reih und Glied werden die Menschen aufgestellt und in drei Gruppen aufgeteilt (41:19, 56:7): Die Rechten, doch wer weiß, was das bedeutet. (56:8, 56:27) Die Linken, doch wer weiß, was das bedeutet. (56:9, 56:41) Die Vordersten, die ganz vorne bei Gott im Paradies stehen. (56:10, 56:11, 56:12) Das sind viele der früheren Generationen und wenige von heute. (56:13, 56:14) Die Rechten kommen ins Paradies. (56:28, 56:29, 56:30, 56:31, 56:32, 56:33, 56:34) Die Linken kommen in die Hölle. (56:42, 56:43, 56:44) In ihrem irdischen Leben ließen sie es sich gut gehen (56:45) und sie sündigten. (56:46)>

<Hört auf die Gebote Gottes, denn wenn ihr zu Gott zurückkommt, wird er euch sagen, was ihr zu tun pflegtet. Dann wird abgerechnet. (20:110, 21:47, 39:7, 40:16, 40:17, 42:47, 96:8) Warum ist der

Mensch seinem Schöpfer gegenüber so undankbar? (82:6, 82:7, 82:8) Manche erklären das Jüngste Gericht für eine Lüge. (82:9) Es gibt jedoch Beobachter (82:10), Engel (82:11), die wissen, was ihr tut. (82:12) Die Lügner werden die Verlierer sein. (45:27) Wer am Jüngsten Tag verschont wird, dem hat Gott Barmherzigkeit erwiesen. (6:16) An jenem Tag gibt es keinen Schutz. (44:41)>

<Am Jüngsten Tag wird der Mensch seinen Bruder, Mutter, Vater, Frau und Söhne verlassen. (80:34, 80:35, 80:36) Jede Stillende wird ihr Baby vergessen und jede Schwangere ihr Kind verlieren. Du wirst die Menschen trunken sehen, obwohl sie nicht trunken sind. (22:2) An jenem Tag wird jeder genug eigene Sorgen haben. (80:37) Die Menschen werden sagen: „Wohin könnte ich nur fliehen?“ (75:10), doch es gibt keine Zuflucht. (75:11) Bei Gott ist die Endstation. (75:12) Die Rechtschaffenen kommen ins Paradies (82:13), die Sünder in die Hölle (82:14, 82:15) aus der sie nicht entkommen können. (82:16)>

<Wenn die Ungläubigen mit grimmigem Gesicht das Jüngste Gericht sehen, wird man ihnen sagen: „Das ist es, was ihr immer verlangt habt, zu sehen.“ (67:27) Gibt es Anwälte, die für uns Fürsprache einlegen können? Oder können wir auf Erden zurückgeschickt werden, damit wir anderes tun, als das was wir taten?“ Sie haben ihre Seelen zugrunde gerichtet, und das, was sie sich vorgestellt hatten, war falsch. (7:53, 39:43) Da wird es keine Fürsprache geben, es sei denn, Gott gibt die Erlaubnis dazu. (6:51, 20:109) Ohne die Erlaubnis Gottes nützt es nichts, jemanden zu verteidigen. Auch die Ungläubigen [? oder die Engel?] werden erkennen, dass Gott die Wahrheit gesprochen hat. (34:23) Ein Fürsprecherecht gibt es für jene, die die Wahrheit bezeugen und die Bescheid wissen. (43:86) Am Jüngsten Tag werden die Ungläubigen neben ihre Götzen gesetzt. Die Götzen werden behaupten, nicht verehrt worden zu sein und Gott wird fragen: „Wo gibt es noch andere Götter?“ Die Ungläubigen müssen nun zugeben, dass sie sich irrten (10:28, 10:29, 19:82, 41:47) und dass es kein Entrinnen gibt. (41:48)>

<Herr, lass die Gläubigen, ihre rechtschaffenen Väter, Frauen und Kinder ins Paradies einkehren. (40:8) Bewahre sie vor dem Übel der Hölle. (40:9) Den Ungläubigen wird zugerufen: „Gottes Widerwille über euch und euer eigener Widerwille gegen euch selbst.“ (40:10) Sie sagen: „Herr, du hast uns zweimal sterben lassen und zweimal lebendig gemacht. Wir bekennen unsere Sünden. Gibt es denn eine Möglichkeit der Hölle zu entkommen?“ (40:11) Gott: „Nein, denn ihr ward Ungläubige.“ (40:12)>

Wenn Gott am Jüngsten Tag die Menschen auferstehen lässt, dann ist das ein Vorgang voller Widersprüche. Der von der Einheit getrennte unendliche Gott lässt eine zweite Unendlichkeit entstehen, die auch keine Einheit ist. In dieser zweiten Grenzenlosigkeit erwachen die körperlich begrenzten Menschen mit den körperlichen Bedürfnissen und Bewusstheiten der Endlichkeit; jedes Individuum im Zustand seines Ablebens. Zwei Ewigkeiten nebeneinander, wovon die eine begrenzt und der ersten untergeordnet ist. Vernunft und guter Wille reichen nicht mehr aus, um so etwas zu verstehen. Wer dem zustimmt, muss bedingungslos glauben und die Vernunft ausschalten.

Aber auch der Glaube liefert nur Schreckensvorstellungen: Wer nach einem glücklichen Leben als Gläubiger stirbt, soll in diesem Zustand unendlich lang mit Jungfrauen und Früchten sein Dasein fortsetzen. Er verpasst dabei das Glück durch Verzicht und Wunsch, Wille und Befriedigung, unbekannter Zukunft und Hoffnung, jemals eine Entwicklung erfahren zu können.

Das Jüngste Gericht

Der erste „Tag“

<Am Jüngsten Tag werden sie mit einem Schrei [des Engel Gabriel?] erweckt. (37:19) „O je, das ist der Tag des Gerichts.“ (37:20) Das ist der Tag, den sie für unmöglich hielten. (37:21) „Wer hat uns erweckt? Es ist wohl wahr, was Gott und die Gesandten gesagt haben.“ (36:52) Wehe denen, die ungläubig waren. (25:26, 77:15, 77:19, 77:24, 77:28, 77:37, 77:40, 77:45, 77:47, 77:49) Die Ungläubigen, die dem Gesandten den Gehorsam versagten, werden sich wünschen, nicht mehr zu existieren, denn sie werden kein Wort vor Gott verheimlichen können. (4:41, 4:42, 74:8, 74:9, 74:10) Hätten die Ungläubigen alle Schätze der Erde und noch mal so viel, so könnten sie sich am Jüngsten Tag auch nicht loskaufen. (5:36, 10:54, 39:47) Gott wird sie fragen: „Habt ihr meine Diener in die Irre geführt oder sind sie von selbst vom Weg abgekommen?“ (25:17) Durch den Genuss des Lebens, den Gott ihnen gab, haben sie die Ermahnungen vergessen. (25:18) Jetzt bekommen sie ihre Strafe. (25:19)>

<Am Tag der Auferstehung wird Gott rufen: „Wo sind meine Partner, von denen ihr vermutet habt, dass ich sie habe?“ Die Ungläubigen werden sagen: „Das sind jene, die wir irreführten. Wir taten dies, weil wir es selbst nicht besser wussten. Wir distanzieren uns von denen. Nicht wir waren es, die sie anbeteten“ Gott antwortet: „Ruft eure Götter an.“ Und sie werden sie anrufen, doch jene werden ihnen nicht antworten. Dann erleben sie ihre Strafe. Wären sie doch dem rechten Weg gefolgt. (6:40, 16:27, 18:52, 28:62, 28:63, 28:64)>

<Am Tag der Auferstehung werden die Menschen nur zu Gott beten und er wird ihnen vielleicht vergeben, weswegen sie ihn bitten. Sie werden vergessen und verleugnen, welche Götzen sie auf Erden angebetet haben. (6:41, 46:6)>

Am Jüngsten Tag wird der Mensch in seinem Körper wiedererweckt und kann dann all das, was er auch zu Lebzeiten konnte. Er kann sich bewegen, denken und fühlen. <Du wirst die Sünder in Ketten gefesselt sehen. (14:49)> oder <Die Bewohner des Paradies liegen mit ihren Frauen im Schatten auf Ruhebetten. (36:56)> und <essen und trinken. (77:44)> Dem Wiedererweckten stehen genauso wie dem Lebenden das Gedächtnis, die Fähigkeit der Wahrnehmung, die Verarbeitung der Wahrnehmungen und die Gefühle zur Verfügung. Das sind die Elemente, die das individuelle Bewusstsein ausmachen.

Dieses Bewusstsein bekommt seine Informationen von den Sinnen, die im Wachzustand permanent eine Unmenge an Daten aufnehmen. Um diese Menge auf ein erträgliches Maß zu reduzieren, selektiert ein subjektives Auswahlverfahren das Wesentliche aus dem Unwesentlichen und ist somit Teil der Persönlichkeit, des Wesens oder des Charakters. Es werden nämlich nur jene Daten durchgelassen, die bewusste Empfindungen auslösen sollen.

Das Bewusstsein hat keinen Raum, obwohl es zweifelsfrei mit uns verbunden ist. Was aber keinen Raum einnimmt, ist grenzenlos, ist unendlich. Das muss nicht erst in die Unendlichkeit gebracht werden (29:20), was, wie oben beschrieben, ohnehin ein Widerspruch ist.

Schuld und Biografie

<Am Jüngsten Tag wird jeder erkennen, was er Gutes und Böses getan hat. Jeder wird sich wünschen, nur Gutes getan zu haben. (3:30) An jenem Tag werden weder die Menschen noch der Teufel nach ihrer Schuld befragt. (55:39) An diesem Tag wird dem Menschen das verkündet, was er getan hat und was er versäumt hat, zu tun. (27:74, 58:6, 75:13) Alle knien, während sie zur Verlesung ihrer Biographie gerufen werden. (45:28, 45:29) Der Mensch ist Zeuge gegen sich selber, wenn er seine Entschuldigungen vorbringt. (24:24, 75:14, 75:15) Die Ohren, die Augen und die Haut werden Zeugen gegen die Person, der sie angehören. (41:20) Gott hat ihnen die Fähigkeit zu reden verliehen. (41:21) Keiner kann seine Sünden so verbergen, dass nicht Ohren, Augen und Haut Zeugen gegen den Menschen sein könnten. (41:22)>

<Am Jüngsten Tag durchschaut Gott alle. (35:45) Nichts bleibt unberücksichtigt, wenn die beiden Engel zur Linken und zur Rechten Gottes alles aufnehmen. (50:17, 50:18) Von den Gottesfürchtigen abgesehen, werden am Jüngsten Tag die Freunde Feinde sein. (43:67) An diesem Tag hilft den Sündern keine Ausrede, denn sie sind verdammt. (40:52)>

<Jedem Menschen hat Gott seine Taten angeheftet und am Tag der Auferstehung wird Gott jedem das Buch seiner Biographie vorlegen, um mit seiner Seele die Abrechnung vorzunehmen. (10:30, 17:13, 17:14, 18:48, 18:49, 22:70, 36:12, 39:51, 39:48, 39:69, 69:18, 79:35, 83:18, 83:19, 83:20, 83:21) Und es gibt nichts, was nicht in dem Buch stünde. (27:75) Jeder soll sich überlegen, was er tut, denn sein Erdenleben wird bewertet. Darum fürchtet Gott. Er ist bestens darüber unterrichtet, was ihr tut. (6:132, 59:18)>

<Wem sein Buch in die Rechte gegeben wird, wird sagen: „Lest mein Buch", denn der hat damit gerechnet. (17:71, 69:19, 69:20) Der wird ins Paradies geführt. (69:21, 69:22, 69:23, 69:24)>

<Wem jedoch das Buch seiner irdischen Taten von hinten [oder in seine linke Hand] gegeben wird (69:25, 84:10), der wird schreien (84:11), denn der hat nicht damit gerechnet und kommt in die Hölle. (69:26, 84:12) Zu Lebzeiten war solch einer gewiss glücklich unter seinen Angehörigen (84:13) und meinte, dass es immer so bleiben würde. (84:14) Nein (84:15)>

Unsere Sinne spiegeln uns eine Realität vor, die es objektiv gar nicht gibt. Zeitpunkt, Ort und Stellung der Person zum Geschehen sind subjektiv und einmalig. Auch erscheinen uns die materiellen Dinge unbeweglich, doch auf atomarer Ebene gibt es heftige und ständige Bewegungen der Elektronen. Subjektive Wahrnehmung und objektive Realität gibt es nur scheinbar, wie die Beobachtung eines Quantenzustands zeigt: die vermeintliche Realität wird nämlich im Augenblick der Messung verändert. Obwohl man nur durch die Beobachtung Auskunft bekommt, wird der Sachverhalt durch genau diese Beobachtung verändert.

<Das irdische Leben ist nichts als Einbildung. (3:185)> Das bestätigt auch die Vernunft.

Die selektive Wahrnehmung des Einzelnen, die Unmöglichkeit mit den Sinnen alle Informationen einer Situation aufnehmen zu können, die Bindung der Situation an die wahrnehmende Person, den konkreten Ort, die bestimmte Zeit und die Veränderung der Welt durch die Wahrnehmung macht die Wahrnehmung einer objektiven Realität unmöglich. Das wahrnehmende Individuum und das Objekt bedingen sich daher gegenseitig. Realität ist subjektiv.

In Gottes „Ewigkeit“ gelten nach dem Koran die gleichen Regeln wie im irdischen Leben. Danach gilt: *Das ewige Leben ist nichts als Einbildung. (3:185)*

Der Strafprozess

<Wenn jener Tag kommt, werden die Engel und die Seelen nur mit Gottes Erlaubnis sprechen. (11:105, 78:38) Man wird sie nur flüstern hören. (20:108)>

<Alle werden sterben und am Tag der Auferstehung werdet ihr mit Gott streiten. (39:30, 39:31) Jeder wartet auf das Urteil, ob er recht geleitet war. (20:135)>

<Am Jüngsten Gericht ist jede Seele für sich selbst verantwortlich. Nur die haben ein Recht auf Verteidigung, die dazu das Versprechen Gottes bekommen haben. Nur Gott gibt die Anweisungen. (19:87, 53:38, 82:19) Man wird sagen: „Das ist das Ereignis, das die Ungläubigen leugneten.“ (83:17) An diesen Tag vollzieht Gott die Strafen. (39:70, 52:47, 89:25, 89:26)>

<Wenn der Tod an einen von ihnen [Sünder? Ungläubige?] herantritt, sagen sie: „Gott, lass mich ins Lebern zurückkehren (23:99), damit ich dann das Richtige tue, da ich es bisher versäumt habe.“ Es ist aber nur ein Lippenbekenntnis. (23:100) Am Jüngsten Tag gibt es keinen Zusammenhalt in der Verwandtschaft und keiner kann den anderen um Beistand bitten. An diesem Tag muss jeder alle seine eigenen Taten verantworten und jene mit den guten Werken sollen glücklich sein. (23:101, 23:102) Wer zu wenig Gutes getan hat, muss auf ewig in die Hölle. (23:103) Das Feuer wird ihnen qualvoll die Gesichter verbrennen. (23:104) „Wurde euch nicht der Koran verlesen und habt ihr die Inhalte nicht immer als Unsinn abgetan?“ (23:105, 45:31, 45:32) Dann werden sie um Gnade bitten (23:106, 23:107), aber Gott wird sie nicht gewähren. (23:108)>

<Ein Freund wird nicht mehr nach einem Freund fragen. Die Schuldigen würden sich gerne von ihrer Strafe loskaufen und dafür Söhne, Frau und Verwandte einsetzen, wenn es sie nur retten könnte. (70:10, 70:11, 70:12, 70:13, 70:14) Nicht mal die Fürsprache der Engel wird nützen, wenn Gott nicht die Erlaubnis dazu gibt. (53:26) Am Tage der Auferstehung wirst du diejenigen, die über Gott logen, mit geschwärzten Gesichtern sehen. Ist nicht die Hölle der richtige Aufenthaltsort für die Hochmütigen? (39:60, 80:40, 80:41, 80:42, 3:106) Die Gläubigen mit den weißen Gesichtern dagegen, die geduldig den Spott der Ungläubigen ertragen haben, werden am Jüngsten Tag belohnt. (3:107, 23:110, 23:111)>

<Wer den Bund mit Gott verletzt hat, hat keinen Anteil am Jenseits. Am Jüngsten Tag wird Gott nicht mit denen sprechen. Er wird sie noch nicht einmal angucken. Er reinigt sie nicht und sie erwartet eine harte Strafe. (3:77)>

<Am Jüngsten Tag gibt es niemanden, der nicht als Diener zu Gott kommen wird. (19:93) Er kennt alle. (19:94) Einzeln werden sie bei ihm antreten. (19:95)>

Jede geistige Tätigkeit wird durch erkannte Unterschiede ausgelöst. Durch Unterscheidungen wird uns die Welt bewusst. Um die Masse der Informationen noch verarbeiten zu können, ordnen wir unsere Eindrücke in ein System von Kategorien. Durch Abstrahieren wird zugeordnet. Die Sinneseindrücke liefern die Maße der Erscheinungsformen, die in ein Verhältnis zu unseren bisherigen Erfahrungen gesetzt und mit dem Zeitpunkt des Ereignisses verknüpft werden. Gibt es keine Erfahrungswerte, wird aus dem Potential der Erscheinungsformen das Neue gebildet. Damit konstruieren wir die Welt in unseren Köpfen und aus der Polarität unserer Gefühle bewerten wir sie dann.

Alle sinnlichen Wahrnehmungen gehören also nicht den Dingen an, sondern entstehen in uns selbst. Unsere Empfindungen bestimmen, wie uns die Dinge erscheinen, denn nichts ist groß oder klein, wenn wir es nicht in ein Verhältnis zu uns setzen.

Mit der Fähigkeit der Allwissenheit ist dann jedes Verhalten erklärbar und unter dem Aspekt der Ewigkeit auch entschuldbar, denn es gibt niemanden mehr, der jetzt noch entschädigt oder geläutert werden kann. Welche Schuld sollte auch noch ausgeglichen werden, wenn zum Zeitpunkt der Wiedererweckung keiner mehr einen Schaden hat, der Täter nichts mehr gut machen kann und die Gesellschaft keine abschreckenden Beispiele mehr braucht?

Der Prozess

<Gott wird die Propheten fragen, ob sie ihren Auftrag erfüllt haben [die Wahrhaftigen nach ihrer Wahrhaftigkeit befragen]. (33:8) Gott wird die Propheten und deren Zuhörer zur Rechenschaft ziehen. (7:6) Gott wird ihnen dann die objektive Wahrheit berichten, denn er war immer anwesend. Dann wird Gott abrechnen und urteilen. (7:7, 7:8, 7:9, 22:69, 24:25, 32:25, 39:46) Gott wird jedem seine irdischen Taten vergelten. (8:51, 11:111) Er ist schnell im Abrechnen (14:51), streng im Strafen (2:165, 3:11, 15:50, 59:4) und Herr der Vergeltung. (3:4, 5:95)>

<Gott: „Ihr Engel und ihr Menschen, sind denn keine Propheten gekommen, die euch von meiner Existenz berichteten und die euch vor diesem Tag gewarnt haben? Das irdische Leben hat euch betört, jetzt müsst ihr euch rechtfertigen.“ (6:130) Am Jüngsten Tag, wenn sich jeder selbst rechtfertigen muss und alle Taten vergolten werden, soll keiner ein Unrecht erleiden. Jeder bekommt das, wonach er auf Erden strebte und alles wird von Gott vergolten. (2:81, 16:111, 36:54, 40:17, 53:39, 53:40, 53:41, 53:42, 76:22)>

<Gott wird die Ungläubigen fragen: „Welche Antwort gabt ihr den Propheten?“ (28:65) Sie werden keine Ausreden mehr haben und sie werden sich auch nicht beraten können. (28:66) Wer aber bereut, gläubig wird und das Richtige tut, der wird belohnt. (28:67) Am Jüngsten Tag werden die Ungläubigen schwören, sie seien Gläubige gewesen. (58:18) Sie werden sagen: „Nun glauben wir, wären wir doch früher schon den Weg des Gesandten gegangen und nicht dem Freund des Satans gefolgt.“ Doch wie kann der Glaube an einem so fernen Ort aufkommen, wenn sie zuvor Ungläubige waren? (25:27, 25:28, 25:29, 34:52, 34:53) Auf einmal wird ihnen bewusst, wie weit sie mit ihren Begierden von sich selbst entfernt sind. Anderen vor ihnen ist es ähnlich ergangen. Auch sie befanden sich in beunruhigendem Zweifel. (34:54)>

<Am Jüngsten Tag werden die Schuldigen glauben, dass sie nur eine Stunde auf der Erde weilten, so sehr sind sie an die Selbsttäuschung gewöhnt. (30:55) Doch ihre Ausreden werden nicht fruchten und sie werden keine Vergebung bekommen. (30:57) An jenem Tag werden die Schuldigen an ihren Merkmalen erkannt und sie werden an ihren Stirnlocken und Füßen erfasst werden. (55:41)>

<Es gibt Menschen die sagen: „Herr, gib uns in dieser Welt Gutes und im Jenseits Gutes und verschone uns vor der Hölle." (2:201) Den Menschen werden ihre Taten verrechnet. Gott ist schnell im Abrechnen. (2:202)>

Was allen sinnlichen Wahrnehmungen gemein ist, ist der bestimmte Zeitpunkt der Wahrnehmung. Doch die Zeit selbst nehmen wir nicht wahr, denn jede Wahrnehmung kann ohne Bezug zur Zeit vorgestellt, aber nicht ohne Zeit wahrgenommen werden. Wenn die Zeit selbst kein Gegenstand unserer Wahrnehmung ist, doch jede Wahrnehmung nur in der Zeit stattfinden kann, dann ist die Zeit keine Eigenschaft der Ereignisse, sondern muss Bestandteil des Bewusstseins sein.

Was für die Zeit gilt, gilt genauso für den Raum. Raum können wir nicht wahrnehmen, denn „Raum" ist die Abwesenheit von etwas, das wahrzunehmen wäre. Trotzdem können wir uns selbst und alle Gegenstände nur im Raum wahrnehmen. Einerseits entzieht sich der Raum der Wahrnehmung, andererseits ist keine materielle Wahrnehmung ohne den Raum möglich.

Raum und Zeit sind nicht wahrnehmbar, doch ohne den Bezug zu Raum und Zeit gibt es keine Wahrnehmung. Alle Erscheinungsformen müssen uns daher dem Prinzip nach bekannt sein, sie müssen in unserem Bewusstsein verfügbar sein, denn sonst könnten wir nichts wahrnehmen.

Unvermitteltes Wissen kann es somit nicht geben. So wie die Mathematik keine neue Zahl entdecken kann, ist alles Neue nur ein Aufdecken aus dem Potential des Möglichen. Aus den Sinneseindrücken, die in ein Verhältnis zu den Erfahrungen gesetzt werden, wird die Wirklichkeit konstruiert. Wenn es keine Erfahrungswerte gibt, bedient sich das individuelle Bewusstsein dem Potential des Möglichen, das „irgendwie" dem Menschen zur Verfügung steht. Die Wahrnehmungen werden demnach vom Verstand vergegenständlicht.

Im Jenseits ohne Raum ohne Zeit, sind Wahrnehmungen nicht möglich. Die geschwärzten Gesichter der Lügner sind nicht wahrnehmbar. (39:60) Nimmt man trotzdem an, es gäbe eine Raumzeit, dann wäre sie endlich. Der personale Schöpfergott hat dann keinen Einfluss, denn das Individuum bleibt die letzte Instanz der Bewertung. Wollte Gott dies ändern, müsste er die Einheit zulassen. Dann aber gäbe es keine Individuen mehr und ihn selbst auch nicht.

In der „koranischen Ewigkeit" sind aber nach der Wiedererweckung Wahrnehmungen üblich. Gottes Ewigkeit muss daher begrenzt sein, denn wahrnehmen lässt sich nur, was endlich ist. Was ist nun der Unterschied zum hiesigen Leben?

Subjektive und objektive Realität

<Die Ungläubigen meinen zehn Tage im Grab gewesen zu sein (20:103) und der Vernünftigste unter ihnen meint, es sei nur ein Tag gewesen. (20:104) Die Aufgeklärten und Gläubigen werden zu den Ungläubigen sagen: „Ihr wart so lange im Grab, wie Gott es festgelegt hatte. Das ist der Tag der Auferstehung.“ (30:56) Gott wird die Ungläubigen fragen: „Wie viele Jahre wart ihr auf Erden?“ „Einen Tag oder weniger, doch frage die Engel, die Buch darüber führen.“ (23:112, 23:113, 79:46) Gott antwortet: „Ihr wart nur kurze Zeit auf Erden. Habt ihr denn geglaubt, eure Existenz war sinnlos und ihr würdet nicht zu Gott zurückkommen?“ (23:114, 23:115) Am Tag der Auferweckung glaubt ihr, nur eine Stunde tot gewesen zu sein. Dann werdet ihr euch alle wiedersehen. (10:45)>

<Dieses irdische Leben ist nichts als ein Zeitvertreib und ein Spiel. Die Wohnstatt des Jenseits aber, das ist das eigentliche Leben. (29:64) Die meisten Menschen kennen nur die Außenseite des diesseitigen Lebens. Das Jenseits aber beachten sie gar nicht. (30:7) Machen sie sich denn keine Gedanken? (30:8)>

Da Raum und Zeit nicht unabhängig vom Bewusstsein existieren, können die Erscheinungsformen nie als objektive Realität erfahren werden. Weil aber alle einer Gattung und Art ähnlich wahrnehmen und empfinden, kommt der Eindruck auf, dass die Wahrnehmungen objektiven Charakter haben. Das lässt die These zu: Es gibt nur ein einziges Bewusstsein. Das individuelle Bewusstsein ist nur die Methode, mit den Sinneswerkzeugen einen Ausschnitt der Realität aufzunehmen und darzustellen. <Gott weiß alles und ihr nichts. (16:74)> Da das Potential des Möglichen „alles“ ist, kann jeder dieser Aussage zustimmen, denn: <Wo immer ihr euch hinwendet, dort ist Gott. (2:115)>

Was auch immer das Leben eines Individuums überdauern soll, es ist für die Lebenden mit ihren Sinnen nicht wahrnehmbar. Seele, Geist, Bewusstsein sind die Begriffe jener raumlosen Entität, die das biologische Leben überdauern soll. Fraglos gibt es ein Bewusstsein, denn jeder Lebende kennt es, doch keiner kennt den Bezug zwischen dem körperlichen Individuum und dem Bewusstsein.

Raum, Zeit und Leben sind die Voraussetzungen für alle Erfahrungen. Da Raum und Zeit unbegrenzt und ewig sind und das endliche Leben dem Individuum eine lebensbedingte Interpretation aus der Unendlichkeit, der Einheit offenbart, wird die Beziehung zwischen der Unendlichkeit und der Endlichkeit über das Leben hergestellt.

Dass das Grenzenlose das Unendliche ist, ist für jeden mit Vernunft ausgestatteten Menschen einsichtig. Was aber grenzenlos ist, muss auch zeitlos sein. Dass einem dann, sofern man von „einem selbst“ überhaupt noch sprechen kann, das Leben als Spiel vorkommt (29:64), lässt sich nur erfahren, nicht mehr erklären. Ob die Gegenwart die Ewigkeit ist, die Raumzeit nur zur Wahrnehmung von Abbildungen aus dem Bewusstsein durch das Bewusstsein dient und ob individuelles Bewusstsein nur ein kleiner und interpretierter Ausschnitt eines globalen

Bewusstseins ist, ist genauso Spekulation wie die Annahme: <Gott gab euch das Leben und wird euch sterben lassen und er wird euch wieder erwecken. (6:36, 22:66)>

Einheit und Dualität

<Hätte Gott es gewollt, so hätte er die Menschen zu einer Einheit gemacht, doch die Menschen wollten uneins sein. (11:118) Ausgenommen sind jene, derer sich Gott erbarmt, denn dazu hat Gott sie erschaffen. Seine Prophezeiung ging in Erfüllung: „Gott wird die Hölle mit den Teufeln und den Menschen füllen." (11:119) Der Blinde ist dem Sehenden, der Taube dem Hörenden nicht gleich, noch ist es die Finsternis dem Licht. Der Schatten ist der Sonnenhitze nicht gleich, noch sind es die Lebenden den Toten. Die guten Werke gleichen nicht den bösen und genauso wenig sind die Bewohner der Hölle denen des Paradies' gleich. (11:24, 13:16, 35:19, 35:20, 35:21, 40:58, 59:20)>

<Gott zu den Engeln: „Es ist mein Wille, einen Menschen aus Ton zu erschaffen. Wenn ich ihn gebildet und meinen Geist eingehaucht habe, dann fallt vor ihm nieder." (38:71, 38:72) Da warfen sich alle Engel nieder bis auf Iblis, er wandte sich hochmütig ab und war ungläubig. (38:73, 38:74) Gott zu Iblis: „Was hindert dich daran, dich vor etwas niederzuwerfen, das ich mit meinen Händen geschaffen habe? Bist du hochmütig?" (38:75) Iblis zu Gott: „Ich bin besser als er. Du hast mich aus Feuer erschaffen und ihn hast du aus Ton erschaffen." (38:76) Gott zu Iblis: „Geh weg von hier, du bist ein Verfluchter. Mein Fluch soll auf dir bis zum Jüngsten Tag lasten." (38:77, 38:78) Iblis zu Gott: „O mein Herr, gewähre mir eine Frist bis zu dem Tag, an dem sie auferweckt werden." (38:79) Gott stimmte zu. (38:80, 38:81) Iblis zu Gott: „Ich will sie sicher alle in die Irre führen, ausgenommen davon sind deine von dir erwählten Diener." Gott zu Iblis: „So soll es sein. Ich werde die Hölle mit dir und jenen füllen, die dir folgen werden." (38:82, 38:83, 38:84, 38:85) Satan zu Gott: „Du hast mich abirren lassen, daher will ich das Böse auf Erden ausschmücken und alle irreführen, bis auf jene, die Gott als Diener auserwählt hat" (15:39, 15:40) Gott erklärt sich einverstanden: „Du sollst keine Macht über meine Diener haben, bis auf jene der Verführten, die dir folgen" (15:41, 15:42)>

<Alle Menschen erfahren Sieg und Niederlage im Wechsel. Gott will auf diese Weise die Gläubigen erkennen. (3:140)>

<Es gibt das Unheil, damit die Menschen das Ergebnis ihrer Handlungen erfahren und sich besinnen. (30:41) Gott hat sie auf Erden in Gemeinschaften zerteilt. Unter ihnen sind Rechtschaffene und solche, die nicht so sind. Gott prüft sie durch Gutes und Böses, damit sie sich bekehren. (7:168)>

<Gelobt sei Gott, der die Arten alle paarweise geschaffen hat. (36:36, 43:12, 51:49, 78:8) Alles Lob gebührt Gott, der das Universum erschaffen hat und die Finsternisse und das Licht [die Dualität] kreierte. Trotzdem setzen die Ungläubigen andere Götter neben Gott. (6:1)>

<Wenn man's schwer hat, kommt Erleichterung. (94:5, 94:6) Suche neue Herausforderungen (94:7) und öffne dich Gott. (94:8)>

Das Prinzip der Dualität entsteht aus der Wandlung der Einheit hin zur differenzierten Begrenztheit in Form der Raumzeit. (21:30) Wo vormals eins war, ist nun ein „vormals" und auch vieles. Dieses Prinzip durchdringt das gesamte Sein, ohne aber ausschließlich zu werden, denn im Denken bleibt die Einheit oder das Potenzial oder Gott erhalten.

Die Raumzeit selbst bekommt aber erst dann Bedeutung, wenn es Wahrnehmung gibt, denn nur über die Wahrnehmung wird die Raumzeit zur Raumzeit. Nur mit der Wahrnehmung wird eine Veränderung erkannt und ohne Wahrnehmung wird keine Veränderung bewusst.

Mit den Sinnen nehme ich die Dimensionen der Erscheinungen wahr und nach deren Zuordnung, erfolgt die Bewertung. In einem dualen System wird bewertet, um aus dem, was negativ bewertet wurde, ein Handlungsmotiv zur Verbesserung der Situation zu bilden.

Im Koran wird die Symbolik der Dualität durch Gott und Teufel dargestellt. (7:12ff) Gott nimmt in dieser Struktur eine widersprüchliche Doppelbedeutung ein, denn er repräsentiert das Gute und zugleich die Einheit. Mit dem Bösen, dem Teufel, will er nichts mehr zu tun haben, obwohl er ihn erschaffen hat.

Der Koran über den Menschen

Gottes Kategorisierung der Menschen

<Es gibt keinen, der nicht seinen ihm zugewiesenen Platz einnimmt. (37:165)>

<Wer sich Gott, Mohammed und den Gläubigen anschließt, gehört zu den Gewinnern. (5:56) Wer den Gläubigen schadet oder sie ungerechtfertigt in Verruf bringt, lädt sich Sünde auf. (33:58)>

<Ist denn ein Gläubiger, dem Gott das Leben geschenkt hat, einem Ungläubigen gleich? Die Ungläubigen denken sogar noch, ihr Tun sei richtig. (6:122) In allen Städten hat Gott die größten Sünder dazu bestimmt, ihre Feindseeligkeiten zu entwickeln. Doch das sind Handlungen, die sie gegen sich selbst richten. (6:123) Wenn sie Gottes Verse vernehmen, sagen sie: „Wir werden nicht eher glauben, bis wir selbst die Offenbarungen Gottes erhalten." Doch Gott weiß am besten, wem er seine Botschaft anvertraut. Erniedrigung vor Gott und eine strenge Strafe werden sie erfahren. (6:124)>

<Die Gläubigen folgen der Wahrheit Gottes, die Ungläubigen der Lüge. So beschreibt Gott die Lage der Menschen. (47:3) Die Menschen waren einst eine einzige Gemeinde, doch dann haben sie sich zerstritten. Hätte Gott nicht den Termin des Jüngsten Gerichts festgelegt, wäre bereits das Urteil gefällt worden. (10:19) Gott hat das Leben des Menschen so eingerichtet, dass sie als Kinder schwach, als Erwachsene stark und als Greise wieder schwach sind. (30:54) Gott hat die Erde zur Aufnahme der Lebenden und Toten geschaffen. (77:25, 77:26) Gott hat die Menschen zu Nachfolgern auf Erden gemacht und er hat eine Hierarchie unter den Menschen eingerichtet, um sie durch das zu prüfen, was er ihnen gegeben hat. [?] (6:165)>

<Meinen die Übeltäter, sie werden genauso behandelt, wie jene die gute Werke tun? Welch ein Irrtum! (45:21) Jeder wird für das belohnt, was er verdient. (45:22) Auch wenn ihr nicht auf die Rufer Gottes hört, so könnt ihr ihm doch nicht entrinnen. (46:32)>

<Gott will euch die Wege eurer Vorfahren erklären, euch warnen und euch führen und sich in Gnade euch zuwenden. (4:26) Einige der Menschen werden von Gott geführt, die anderen haben sich den Teufel zum Beschützer genommen. (7:30) Keiner kann die Last des anderen tragen, mag einer mit Schuld noch so sehr darum bitten. Ihm wird nichts davon abgenommen, auch wenn sich ein Verwandter für ihn einsetzt. Du kannst nur jene warnen, die auch gläubig sind. (35:18) Unter den Menschen gibt es welche, die sagen: „Gott, gib uns Gutes in dieser Welt." Doch die sollen nicht ins Paradies kommen. (2:200)>

<Weder euer Vermögen noch eure Kinder sind es, die euch Gott in eine enge Beziehung zu Gott bringen. Wer gläubig ist und rechtschaffen handelt, erwartet doppelter Lohn. Sie kommen ins Edelparadies. (34:27)>

<Es ist egal, ob einer flüstert oder laut spricht, ob sich einer bei Nacht versteckt oder sich bei Tag zeigt. (13:10) Die Gläubigen sind den Ungläubigen nicht gleich. (32:18) Kann denn der, dem ein Beweis Gottes vorliegt, der Koran und Bibel zur Richtschnur nimmt, ein Lügner sein? Wer einsichtig ist, glaubt daran. Die anderen kommen garantiert in die Hölle. (11:17, 20:100, 20:101)

<Gott hat die Menschen aus Mann und Frau entstehen lassen und zu Stämmen und Völkern gemacht, damit sie sich untereinander erkennen. Der mit dem höchsten Ansehen bei Gott ist der mit dem tiefsten Glauben. (49:13) Gott hat den Mann aus einer einzigen Seele erschaffen und aus ihr erschuf er seine Gattin, damit er bei ihr ruht. Als er ihr dann beigewohnt hatte, wurde sie schwanger. Sie gelobten: „Wenn du uns einen gesunden Jungen gibst, werden wir dankbar sein." (7:189) Als

Gott den Eltern einen gesunden Jungen schenkte, schrieben sie seine ihnen gewährte Gabe anderen zu. (7:190)>

Des Menschen Kategorisierung seiner selbst

Die Verfassung der türkischen Republik, dem demokratischen Staat mit mehr als 90% muslimischer Bevölkerung zeigt, dass des Muslims Verständnis von seinem Mitmenschen sehr wohl auch von der Anweisung Gottes im Koran abweichen kann. In dieser Verfassung taucht das Wort Gott, Muslim oder Islam kein einziges Mal auf, stattdessen wird Meinungs- und Religionsfreiheit zugesichert. Gottes Einfluss mag sich über das Bewusstsein der Parlamentarier ergeben.

Gekürzter Auszug aus der Verfassung der Republik der Türkei vom 17.Oktober 2001:

Artikel 7: Die gesetzgebende Macht wird in der großen türkischen Nationalversammlung im Auftrag der türkischen Nation vollzogen. Diese Macht kann nicht übertragen werden.

Artikel 10: Vor dem Gesetz sind alle gleich, unabhängig der Sprache, Rasse, Hautfarbe, Geschlecht, politischen Meinung, philosophischen Haltung, der Zugehörigkeit zu einer Religion oder Sekte oder sonst einer Überzeugung.

Artikel 14: Die Rechte und Freiheiten der Verfassung sind unveränderlich. Der Staat und die Nation mit seinem Land als Ganzes und die weltliche Ordnung der türkischen Republik, die auf den Menschenrechten aufbaut, dürfen nicht gefährdet werden.

Artikel 24: Niemand darf zur Anbetung oder Teilnahme religiöser Zeremonien gezwungen werden, um einem bestimmten Glauben zu folgen. Niemand darf wegen seines Glaubens oder wegen seiner Überzeugung beschuldigt oder angeklagt werden.

Artikel 25: Jeder hat das Recht der freien Meinung und der freien Gedanken. Niemand darf wegen seiner Gedanken und seiner Meinungen aus irgendeinem Grund oder zu irgendeinem Zweck beschuldigt oder angeklagt werden.

Gottes Erfahrung mit den Menschen

<Würde Gott den Menschen die Mittel zum Unterhalt mit offener Hand geben, so würden sie übermütig werden. Gott gibt seine Gaben in dem Maße, wie er will, denn er kennt und durchschaut die Menschen. (42:27)>

<Wenn Gott die Menschen Barmherzigkeit kosten lässt, freuen sie sich und trotzdem wenden sie sich wieder ab. Wenn sie aber ein Übel trifft, das sie selbst initiiert haben, dann verzweifeln sie.

(17:83, 30:36) Jede Gnade kommt von Gott und wenn die Menschen einen Schaden erleiden, dann flehen sie Gott um Hilfe an. Wenn Gott den Schaden von ihnen nimmt, gibt es einige die andere Götter ihm zur Seite stellen, oder sie meinen sich selbst geholfen zu haben oder sie vergessen die Hilfe und leugnen somit, dass Gott die Hilfe geleistet hat. (10:12, 11:9, 11:10, 16:53, 16:54, 16:55, 30:33, 30:34, 39:8, 39:49) So haben sich die Menschen schon immer verhalten. (39:50)>

<Als Gott die Menschen durch Zeugung und Geburt entstehen ließ und sie zu Zeugen gegen sich selbst machte, fragte er: „Bin ich nicht euer Herr?" und die Menschen antworteten: „Wir bezeugen es." Diesen Dialog hat Gott gewollt, damit der Mensch am Tag der Auferstehung nicht sagt: „Davon wusste ich nichts", oder „wir sind nur unserer Tradition gefolgt." Dies ist ein Hinweis, damit ihr gläubig werdet. (7:172, 7:173, 7:174) Gott: „Mohammed, berichte über den Mann, der eine Prophezeiung Gottes empfing, sie dann aber widerrief. Der Teufel wurde sein Partner. (7:175) Wenn Gott es gewollt hätte, hätte er ihn mit seinen Prophezeiungen zum Star gemacht, doch er zog es vor, seinen persönlichen Interessen zu folgen. Er gleicht einem Hund. Treibst du ihn fort, so hängt er seine Zunge heraus. Beachtest du ihn nicht, so hängt er auch seine Zunge heraus. Genauso ergeht es den Menschen, die Gottes Zeichen missachten. (7:176) Schlimm, was denen passiert, die Gottes Prophezeiungen missachten. (7:177) Es gibt nichts Schlimmeres, als eine Lüge über Gott zu erfinden oder seine Zeichen für Lügen zu erklären. Diese Verbrecher werden scheitern. Ihre Strafe soll verdoppelt werden. (10:17, 11:18, 11:19, 11:20, 11:21, 11:22)>

<Die Menschen sind nicht freigiebig zu den Waisen und spornen sich nicht an, den Armen zu helfen. (89:17, 89:18) Sie zehren das Erbe anderer auf und sie lieben den Reichtum über alle Maßen. (89:19, 89:20) Doch wenn die Erde nicht mehr existiert (89:21), Gott, die Engel und die Hölle erscheinen, hilft keine Aufklärung mehr. (89:22, 89:23) Dann wird er sagen: „Hätte ich doch in meinem Leben vorgesorgt." (89:24)

<Der Mensch ist höchst undankbar gegenüber Gott (22:66, 80:17), ungerecht und unwissend (33:72), voreilig (17:11) und beflissen. (21:37) Hätten die Menschen die Barmherzigkeit Gottes, sie würden aus Geiz ihre Gaben nicht verteilen. (17:100) Die Menschen sind in Hochmut auf Erden und böse im Planen. Doch der böse Plan fängt nur seine Urheber ein. Erwarten sie denn eine andere Behandlung durch Gott als die Generationen vor ihnen? Gott wird sein Vorgehen nie ändern. (35:43) Gott findet kein Wohlgefallen am Unglauben seiner Diener. Doch wenn ihr dankbar seid, so gefällt ihm das an euch. (39:7)>

<Wenn Gott die Menschen für alle ihre Vergehen bestrafen würde, gäbe es kein einziges Lebewesen mehr. Bis zu einem bestimmten Termin gewährt er ihnen eine Frist. (16:61) Schon vor Mohammed gab es Propheten. Nachdem sie aufgetreten waren, hat Gott dort Not und Schwierigkeiten über die Menschen kommen lassen, damit sie ihn anflehen. (6:42) Warum wurden sie nicht demütig? Ihre Haltung war verhärtet und der Teufel ließ ihnen alles, was sie taten, als gut erscheinen. (6:43)>

<Sie haben geschworen, dass sie sich bekehren ließen, wenn einer käme, der sie aufklärte. Als aber einer kam, bestärkte sie es nur in ihrer Abneigung. (35:42) Sie sind arrogant und bösartig. Doch mit ihren bösen Absichten werden sie sich selbst schaden. Sie erwartet das gleiche, wie die Generationen vor ihnen. Gottes Zugriff kann sich keiner entziehen. (35:43) Wissen sie denn nicht, was mit denen passierte? Die waren sogar noch mächtiger als sie. (35:44, 40:82) Wissen denn die Menschen nicht, was mit denen passierte, die ungläubig waren? Sie mussten die schlimmen Konsequenzen ihres Verhaltens ertragen und sie erwartet auch noch eine qualvolle Strafe. (64:5) Nicht zuletzt auch deshalb, weil sie ihren Propheten, die mit klaren Beweisen gekommen waren, sagten: „Sollen uns etwa Menschen den Weg weisen?" Also waren sie ungläubig. Doch Gott bedurfte ihrer nicht, denn Gott ist sich selbst genügend und auf niemanden angewiesen. (64:6)>

Des Menschen Erfahrungen mit Religion

Religion ist eine menschliche Konstruktion, in der vom Menschen nicht Wahrnehmbares behauptet und Unmögliches von ihm zu leisten gefordert wird. Dafür wird die Erfüllung ganz menschlicher Wünsche versprochen, doch die Einhaltung dieses Versprechens ist nicht überprüfbar. Wer braucht das?

In der frühesten Geschichte der Menschheit ist Religion und somit Gott nicht nachweisbar. Mangelnde Kenntnisse der Natur, verbunden mit dem Wunsch, die Natur beherrschen zu können, führten erst nach Aufkommen der Kunst zu den ersten Formen von Religionen. Die Vergötterung von Naturkräften und deren Anbetung, um ein bestimmtes Verhalten der Natur zu beschwören, sind erste Belege für Religionen. Später folgte die Vergötterung sozialer Kräfte und noch später kam der Monotheismus auf, der sich aus den Religionsverschmelzungen ergab, die durch Siege und Allianzen entstanden. Der Monotheismus hat dann, im Sinne der Mächtigen, der Menschheit das schlechte Gewissen verpasst. Schließlich zwingt der Glaube an den allwissenden Gott, unter Androhung von Schuld, zur Anpassung an die vorgegebenen Regeln.

Mit zunehmender Bildung der Menschheit folgte die Vergeistigung des Gottesbegriffs. Die Religionen bemühten sich um eine theoretische Wirklichkeitsdeutung, verbunden mit normierenden Handlungsanweisungen und versprachen Erfahrungen bei bestimmten rituellen Aktionen in Form einer Transzendenz des Selbst hin zu einer Einheit. All diese Ansprüche befriedigt der Koran.

Ausführlich erklärt Gott im Koran die Entstehung des Universums (16:3) und des Lebens (24:45) und gibt damit eine Deutung der Wirklichkeit (29:44). Eine umfassende Gesellschaftsordnung im Koran regelt das Leben der Muslime und der arabische Text des Korans, verfasst in Reimprosa, soll den Gläubigen beim Zuhören oder beim Zitieren und in Verbindung mit unterschiedlichen kultischen Handlungen zu einer Transzendenz seiner selbst hin zu Gott führen.

Doch trotz individueller Erfahrungen und trotz aller Vergeistigung bleibt ein Widerspruch beim Versuch, Allah zu erklären, denn er ist eigenständige Person (58:21) und zugleich körperlos. (22:62) Diese Eigenschaften können in der Raumzeit nicht gleichzeitig auftreten, weshalb allein schon deshalb eine Entität mit dieser Beschreibung nicht existent sein kann. Wer nun versucht, dagegen zu argumentieren, muss die Logik in Frage stellen. Doch tut man dies, ist das Erkennen von Gemeinsamkeiten mit objektiven Mitteln nicht mehr möglich.

Gott versucht gar nicht diesen Widerspruch aufzuklären. Gottes Rechtfertigung ist sogar die Betonung dieses Widerspruchs, genauso wie er das Thema seiner Allmacht und Allwissenheit im Widerspruch zur Eigenverantwortung behandelt. (10:65, 34:25)

Des Menschen Erfahrung mit Religion gipfelt in der Enttäuschung des allmächtigen und gütigen Gottes, der die Dualität mit seinem Leid und dem Bösen zulässt. Dieser Widerspruch lässt sich nur auflösen, wenn man Gott entweder der Allmacht oder der Güte beschneidet.

Aber es ist ohnehin sinnlos über diese sich selbst wissende Einheit „Gott“ zu reflektieren, denn keine Aussage von Gott ist überprüfbar. Man kann beliebig alles über ihn behaupten. Und wenn <an jenem Tag, an dem die Prophezeiungen Wirklichkeit werden, alle erkennen werden, dass die Gesandten Gottes die Wahrheit gesprochen haben (67:27)>, so ist diese Behauptung noch nicht einmal wahrheitsfähig, denn jenseits der Wahrnehmung, in der Raumzeitlosigkeit, verschmelzen wahr und unwahr.

Gottes Beziehung zu den Menschen

<Gott hat den Menschen die Erde untertan gemacht. So soll er sich entwickeln und die Versorgung durch Gott genießen. (67:15) Gott hat den Menschen Macht auf Erden gegeben und ihn auch versorgt, doch wie undankbar ist er. (7:10) Gott hat euch Kleidung gegeben, um eure Geschlechtsteile zu bedecken und zu eurem Schmuck. Aber das Kleid der Frömmigkeit ist das Beste. (7:26) Gott hat den Menschen geehrt und ihn über Land und Wasser getragen und ihn mit den guten Dingen des Lebens versorgt. Gott hat den Menschen vor vielen anderen ausgezeichnet, die er erschaffen hat. (17:70)>

<Gott hat den Menschen das Schreiben gelehrt. (96:4) Gott lehrt den Menschen das bisher Unbekannte. (96:5) Gott hat dem Menschen das Reden beigebracht. (55:3, 55:4) Gott will keinen Unterhalt von den Menschen, noch will er, dass sie ihm Essen geben. Gott allein ist der Versorger, der Stärke und Festigkeit besitzt. (51:57, 51:58, 20:132)>

<Wenn Gott dir Schaden zufügt, dann kann nur er es beenden. Meint ihr, jene anderen, die ihr anbetet, können euch helfen? Mit seiner Allmacht kann Gott dir Gutes tun und Barmherzigkeit erweisen. (6:17, 39:38)>

<„Herr, gib uns Gutes im Diesseits und im Jenseits. Zu dir sind wir zurückgekehrt.“ [oder „Für dich haben wir das Judentum angenommen“] [?] Gott bestraft, wen er will. Aber seine Barmherzigkeit kommt denen zu, die gottesfürchtig sind, die Sozialabgaben entrichten und die an die Zeichen Gottes glauben. (7:156)>

<Wenn ihr die rechte Gesinnung habt, dann verzeiht Gott. Wer Reue zeigt, dem ist er bereit, zu vergeben. (17:25)>

Des Menschen Beziehung zu Gott

Religiöse Erfahrungen sind nicht durch Wahrnehmungen, also durch bewusste psychische Vorgänge möglich, denn Gott trifft man nicht objektiv auf der Straße. Trotzdem muss der Mensch eine bestimmte psychische Disposition haben, Religion wahrzunehmen, denn viele Menschen, und Kultur übergreifend, können von den gleichen göttlichen Erfahrungen berichten, die sie in ihren Vorstellungen und mit ihren Empfindungen erfahren haben. Alle Religionen haben ihre Wurzeln in diesen göttlichen Erscheinungen.

Psychische Erfahrungen, die als göttliches Erleben bezeichnet werden, werden in der Psychologie mit dem kollektiven Unbewussten erklärt. Kollektiv deshalb, weil diese Ereignisse viele Menschen unabhängig voneinander erfahren und unbewusst, weil keine physische Wahrnehmung damit einhergeht. Diese Bilder werden vom Unterbewusstsein erzeugt, auch wenn damit noch nicht die Frage beantwortet ist, woher diese Bilder stammen.

Die Erklärung der Psychologie: In solchen Erfahrungen wird das Ideal des Selbst zum Bild Gottes und dieses wird zur Wahrnehmung gebracht. Gott tritt als ein bildhaftes Gegenüber auf, das meist als Übermacht erfahren und oft personifiziert wird.

Die Bilder, die der Koran vermittelt, sind daher Entsprechungen der religiösen Erfahrungen Mohammeds und nichts anderes behauptet er auch, wenn er von Gott über sich selbst erfährt: <Gott weiß, dass Mohammed und einige Gläubige lange Zeit der Nacht betend verbringen. Auch weiß er, dass sie nicht immer die Ausdauer haben, denn Gott bestimmt den Ablauf. Darum ist Gott nachsichtig mit euch. (73:20)> Da kann man Gott mit dem Gewissen Mohammeds gleichsetzen.

Lässt man die Aussage zu, dass Menschen auf Grund ihrer Disposition solche Offenbarungen erfahren, werden sich diese immer wieder ereignen. Die Religionen würden sich stets erneuern. Diese Fähigkeit zur Erneuerung und die mit ihr gegebene Relativierung aller historischen Offenbarungen ruft jedoch den Widerspruch des Korans hervorrufen, denn damit würden elementare Ansprüche des Koran hinfällig. <Mohammed ist der Prophet Gottes und der letzte seiner Herausgeber. (33:40)>

Gottes Rechtfertigung

<Gott hat den Menschen in bester Form erschaffen (95:4), doch dann hat er ihn ganz tief herunterkommen lassen. (95:5) Ausgenommen davon sind die Gläubigen, die Gutes tun. Die kommen ins Paradies. (95:6) Wie kann man dann noch das Jüngste Gericht leugnen? (95:7) Ist nicht Gott der gerechteste Richter? (95:8)>

<Gott bot das Amt des Treuhänders dem Himmel, der Erde und den Bergen an, doch sie weigerten sich, es zu übernehmen. Aber der Mensch nahm an. Das ist wirklich dumm. (33:72) Gott hat die Menschen zu Statthaltern auf Erden gemacht (35:39), doch er hat noch nicht ausgeführt, was Gott ihm aufgetragen hat. (80:23) Fühlt ihr euch denn sicher, dass Gott die Erde nicht versinken lässt (67:16) oder dass er nicht einen Sandsturm schickt? So würdet ihr erfahren, wie Gottes Warnungen gemeint sind. (67:17)>

<Von Gott bekommt ihr euren Lohn. Euer Vermögen und eure Kinder sind nur eine Versuchung (8:28) Konzentriere dich nicht auf den Genuss des irdischen Lebens. Das ist von kurzer Dauer und dient nur deiner Prüfung. (20:131) Gott setzt die Menschen dem Guten und Bösen in Form von Prüfungen aus. (21:35) Schon die früheren Generationen haben ihre Zukunft geplant, doch alles Planen

ist allein Gottes Sache. Er weiß, was jeder tut. (13:42) Wenn Gott den Menschen prüft, indem er großzügig ist, dann sagt er: „Gott war großzügig." (89:15) Wenn aber Gott den Menschen prüft, indem er seine Versorgung einschränkt, dann sagt er: „Gott hat mich erniedrigt." (89:16) Gott hat die irdischen Güter ungleich verteilt, um die Menschen zu prüfen. Wer sich fragt, ob Gott einige bevorzugt, dem sei gesagt, Gott weiß am besten Bescheid über die, die dankbar sind. (6:53)>

<Unter den Menschen ist mancher, der sich selbst opfert im Verlangen nach Gottes Wohlgefallen. Aber Gott hat Mitleid mit den Menschen. (2:207) Unter den Menschen ist mancher, der Gott nur am Rande dient. Wenn ihn Gutes trifft, so ist er damit zufrieden, trifft ihn aber eine Prüfung, dann kehrt er zu seinem früheren Weg zurück. Dieser verliert diese Welt genauso wie die künftige. (22:11) Er ruft statt Gott das an, was ihm weder zu schaden noch zu nutzen vermag. Er begeht einen fatalen Fehler. (22:12, 22:13)>

<Gott begeht kein Unrecht an den Menschen, doch die Menschen begehen Unrecht an sich selbst. (10:44) Gott genügt als Beschützer und Helfer. Er kennt eure Feinde. (3:150, 4:45) Er kennt doch den, den er erschaffen hat. (67:14) Ihr Menschen seid auf Gott angewiesen, Gott aber auf niemanden. (35:15)>

<Wer Gott begegnet, tut es als Diener. (19:93) Euer Herr ist Gott. (10:3) Gehorcht ihm! (39:2) Vor Gott könnt ihr nicht flüchten. (42:31) Gehorcht Gott, Mohammed und seinen Delegierten. (4:59)>

Des Menschen Rechtfertigung

Ständig erlebt der Mensch seine Getrenntheit vom Rest der Welt und das erzeugt Unwohlsein. Er ist also bemüht, sich in Ereignisse zu begeben und seine Haltung so auszurichten, dass er Momente der Vereinigung erlebt. In der Beziehung zu einem anderen Menschen und im Erleben eines gewünschten Ereignisses kommen dann diese Gefühle der Vereinigung auf und manche erleben dies sogar in einer metaphysischen Vereinigung mit Gott. Doch dieser Wunsch nach Vereinigung mit Gott ist nichts anderes, als der Wunsch nach Vereinigung mit der Welt, nach Auflösung in der Einheit.

Diese Einheit bekommt den Namen „Gott" und wird, entgegen dem Begriff „Einheit", als eigenständige Größe definiert. Das „Ich" wird dann als Ableger dieser Größe gesehen. Gott ist demnach nichts anderes als das idealisierte Selbst. Die Beschreibungen Gottes im Koran tragen daher die idealisierten Züge Mohammeds:

Mohammed begeht kein Unrecht an den gegnerischen Stämmen, denn sie bräuchten sich nur ihm unterzuordnen. [s.10:44] Mohammed genügt als Beschützer und Helfer. Er kennt die Feinde. [s.3:150, 4:45] Wer Mohammed begegnet, tut es als Diener. [s.19:93] usw.

Wer die interpretierte Botschaft nicht versteht, der bekommt es aber auch wörtlich, von Gott persönlich: <Gehorcht Gott und Mohammed und seinen Delegierten! (4:59)> Das ist die klare Anweisung zum Gottesstaat und <Mohammed ist ein Vorbild für jeden Gläubigen. (33:21)> Damit wird festgelegt, wie man sich zu verhalten hat. Über 5000 anerkannte Berichte von und über Mohammed, die Hadithe, erklären im Detail, was zu tun und was zu unterlassen ist.

Der Koran fordert zwar die Eigenverantwortung, nicht jedoch die Methodik zur Eigenverantwortung. Abgesehen von dem Widerspruch der Vorbestimmung in Verbindung mit Eigenverantwortung, handelt der Mensch nach der Definition des Korans eigenverantwortlich, doch nicht am Maßstab eigener Regeln, sondern am Maßstab der Regeln Gottes oder Mohammeds. Den Mut eigene Regeln aufzustellen und somit die ursächliche Verantwortung zu übernehmen, hat der Gläubige nicht und soll ihn auch nicht haben.

Aus dem Wunsch der Vereinigung mit dem idealisierten Selbst und der Übertragung der Regelverantwortung auf eine externe Instanz mit absoluter Kompetenz entsteht dann ein Glaube, der dem Menschen Halt und Sicherheit verspricht. Der Mensch findet sich wieder, bekommt die methodische Handlungsanweisung, kann seine Handlungen mit Gottes Gesetzen begründen, ohne aber jemals dessen Anweisungen erklären zu müssen und kann sogar auf den Fortbestand über sein biologisches Leben hinaus hoffen.

Gottes Lebensanweisung

<Glaubt an Gott, an Mohammed und an das Licht [der Koran?], das Gott den Menschen gesandt hat. Gott weiß, was ihr tut. (64:8) Gehorcht Gott und Mohammed. Wer ihm nicht folgt, dem soll nur die Botschaft überbracht werden. (64:12) Es gibt nur den einen Gott, auf ihn sollen die Gläubigen vertrauen. (64:13) Gottes Schützlinge sollen sich nicht fürchten und nicht traurig sein. (10:62) Sie sind gläubig und gottesfürchtig. (10:63) Für sie gilt die frohe Botschaft im Diesseits wie im Jenseits. Unabänderlich sind Gottes Worte und das ist höchst Glückseligkeit. (10:64)>

<Wer Macht anstrebt, dem sei gesagt: Alle Macht hat Gott. Gute Worte und gute Taten belohnt er. Wer aber Böses plant, dessen Pläne scheitern und der wird streng bestraft. (35:10)>

<Wer sein Geld für Gott spendet, erhält es vielfach zurück. (2:261, 64:17) Wie gut ergeht es einem, wenn man gläubig ist. (4:39) Gott fügt den Menschen kein Unrecht zu. Im Gegenteil, er vervielfacht die guten Taten. Die Menschen aber begehen Unrecht gegen sich selbst. (4:40, 10:44) Verlasst euch auf die Versprechen Gottes und lasst euch nicht vom diesseitigen Leben und den Gegnern Gottes betören. (35:5)>

<Selig ist, wer sich rein hält. (87:14) Die Geschöpfe des Universums unterwerfen sich Gott, genauso wie die Engel. Die Engel aber betragen sich nicht hochmütig. (16:49) Sie fürchten sich und tun, was ihnen befohlen wird. (16:50) Die Menschen bewerten Gott nicht nach seinem wahren Wert. (22:74)>

<Den Menschen erscheint es herrlich, zu lieben, wonach sie Lust habe: Frauen, Söhne, große Mengen Gold und Silber, Rassepferde, Viehherden und Saatfelder. Das aber ist nur für den kurzen Gebrauch im hiesigen Leben bestimmt. Am schönsten ist es bei Gott. (3:14) Besser als das Diesseits ist das Paradies, in dem die Gläubigen ewig verweilen dürfen. (3:15)>

<Bedenke, deine Sinne und dein Herz werden zur Rechenschaft gezogen. (17:36) Meinen die Menschen, es genügt zu sagen: „Wir glauben." Meinen sie, sie würden nicht auf die Probe gestellt? (29:2) Gott hatte doch auch früher die Menschen auf die Probe gestellt. Also wird er gewiss die erkennen, die es ehrlich meinen. (29:3) Oder glauben die Übeltäter, dass sie Gott entrinnen könnten? (29:4) Wer mit Gottes Begegnung rechnet, soll wissen, dass Gott dies zu einem bestimmten Termin

einrichtet. (29:5)>

<Ist nicht für die Gläubigen die Zeit gekommen, sich den Mahnungen und der Wahrheit Gottes zu öffnen? Andernfalls ergeht es ihnen wie jenen, denen zuvor die Bibel gegeben wurde und denen es zu lange dauerte, so dass sich deren Herzen verhärteten und viele von ihnen Sünder wurden. (57:16)>

<Gott warnt vor der Hölle (92:14), wo die Unseligen brennen (92:15), welche sich von der Wahrheit abwenden und sie zur Lüge erklären. (92:16) Wer aber fromm und gottesfürchtig ist (92:17), wird verschont. Wer sein Vermögen ohne Gegenleistung spendet, um sich zu reinigen (92:18, 92:19), aus reiner Hingabe an Gott (92:20), so einer wird zufrieden sein. (92:21)>

<Herr, kannst Du mir die Hölle zeigen (23:93), doch setz mich nicht dorthin zu den Sündern. (23:94) Gott hat die Macht dir die Hölle zu zeigen. (23:95)>

<Folgt den Offenbarungen Gottes, bevor es zu spät ist (11:112, 39:55) und sich keiner Vorwürfe machen muss, wie zum Beispiel: „O je, das habe ich versäumt" (39:56) oder „hätte Gott mich geleitet, so wäre ich ein Gläubiger geworden" (39:57) oder „könnte ich es nur wieder gut machen." (39:58, 39:59) Sündigt nicht, weder offensichtlich noch in Gedanken. (6:120) Der Mensch will sündigen. (75:5) „O je, wir waren Sünder", rufen sie, wenn sie auch nur der Hauch einer Strafe Gottes berührt. (21:46)>

<Der Mensch bittet um das Schlimme [angeblich Flüche], genauso wie er um das Gute bittet. (17:11) Würde Gott das Hab und Gut der Menschen fordern, würden sie es verweigern und auch noch verärgert sein. (47:37) Wenn die Menschen doch Gewissheit im Glauben hätten, doch sie sind im Zweifel und spielen mit der Wahrheit. (44:7, 44:9) Gott weiß, wer gläubig und wer ungläubig ist. (6:117)>

<Denkt an Gott, damit er an euch denkt. Sucht Hilfe in der Geduld und im Gebet, denn Gott hilft den Geduldigen. (2:152, 2:153, 39:10) Und seid nicht wie jene, die Gott vergaßen und die Gott darum sich selbst vergessen ließ. (59:19) Beschäftige dich nicht mit Dingen, von denen du keine Ahnung hast. Deine Sinne und dein Herz werden zur Rechenschaft gezogen. (17:36) Sei nicht übermütig, denn du kannst weder die Erde durchbrechen noch die Berge versetzen. (17:37, 17:38)>

Wer sein Leben nach den Grundsätzen des Korans führt, ist für sich selbst verantwortlich. (34:25) Da hilft ihm keiner. Erlösung gibt es erst am Jüngsten Tag im Dialog Gottes mit dem Einzelnen. (23:101f) Kein Christ kann das mit Gott alleine ausmachen, denn die Christen gehen davon aus, dass die Sünde eine Wesensbestimmung des Menschen sei, deren Auflösung oder Erlösung nur durch die Vermittlung von Jesus erfolgen kann.

Wenn aber ein Mittler fehlt, der zwischen profan und sakral die Brücke schlägt, dann verschmelzen Religion und Weltlichkeit. Rabbis und Priester sind die Vermittler, die in speziellen Gottesdiensten die sakralen Handlungen vornehmen. Taufe, Beschneidung, Kommunion, Hochzeit, Beerdigung und Gottesdienst am Sabbat oder Sonntag etc. bilden die Brücke zwischen Gott und Mensch. Damit ist aber auch Abgrenzung möglich, auch wenn die Grenze zwischen profan und sakral unscharf ist.

Der Koran kennt die Trennung zwischen Religion und Weltlichem nicht. Doch das macht das Leben der Muslime komplizierter, weil es keine Abgrenzung zu simplen Tätigkeiten des täglichen Lebens gibt. Jede Handlung ist eine sakrale Handlung, denn alles ist immer auf Gott ausgerichtet. Der Filter des Priesters oder des Rabbis oder des Jesus fehlt dem Muslim. Alle Handlungen sollen das Wohlgefallen Gottes hervorrufen. Auch wenn nur ein Nagel in die Wand geschlagen wird, Gott ist dabei. Alles hat eine moralische Dimension, denn gegen nichts kann abgegrenzt werden. Für den Gläubigen sind daher alle Handlungen gottesdienstliche Handlungen.

Körper und Seele

<Der Koran berührt die Gefühle derjenigen, die Gott fürchten, aber besänftigt zugleich Leib und Seele. (39:23) Wer dem Weg des Islam folgt, der tut es zum Wohl seiner Seele. (10:108)>

<Die Seele [kann auch der Geist Gottes sein] entsteht auf Anweisung Gottes. Ihr wisst nur wenig darüber. (17:85) Gott fordert von keiner Seele mehr als das, was sie zu leisten vermag. Jeder erhält das, was ihm zusteht, Belohnung oder Strafe. (2:286, 7:42, 23:62) Jede Seele hat einen Hüter. (86:3)>

<Wenn Gott euch eure Sinne nähme und eure Gefühle versiegelte, wer außer Gott könnte euch das dann wiedergeben? (6:46) Wer für Gott kämpft, tut es für das Heil der eigenen Seele. (29:6) Nichts bleibt Gott verborgen, auch nicht die Geheimnisse in deiner Seele. (2:284) Das, was ihr an Gutem für eure Seelen auf Erden leistet, bekommt ihr von Gott im Jenseits noch viel großzügiger ausgeglichen. (73:20) Die Seelen, die den Glauben an Gott als Zerstreuung betrachteten und ihr Spiel damit trieben und vom irdischen Leben betört waren, müssen die Pein der Hölle ertragen. (7:51) Wer Gott dankbar ist, der ist dankbar zum Besten seiner eigenen Seele. (31:12) Wenn jemand rechtschaffen handelt, so tut er es zum eigenen Seelenheil. Wenn einer Böses tut, so tut er es zum eigenen Nachteil. (41:46) Wer gegen die Verordnungen Gottes verstößt, der tut Unrecht gegen seine eigene Seele. (65:1)>

<Jeder Mensch wird sterben. (21:35, 29:57) Nach dem Tod wird jede Seele von einem Treiber und einem Zeugen begleitet (50:21) und dann weiß auch der Mensch Bescheid. (50:22) Der Zeuge wird sagen: „Das ist es, was bei mir [?] bereit ist.“ (50:23)>

<Gott nimmt die Seelen der Menschen zur Zeit ihres Sterbens zu sich. Die Seelen der Lebenden besuchen Gott, wenn die Körper schlafen. Dann hält er jene zurück, über die er den Tod verhängt hat und schickt die anderen wieder für eine bestimmte Zeit ins Leben. (39:42)>

Ego, Wesen, Geist, Seele und Bewusstsein sind nicht voneinander zu unterscheiden, da keines davon physikalisch nachweisbar ist und niemand eine allgemein anerkannte Differenzierung vorlegen kann. Diese Begriffe sind eine Sammelbezeichnung für den Willen, die Gefühle, Erinnerungen, Erwartungen und das Denken. Das Objekt „Bewusstsein“ ist ein Zustand, in dem zu einem bestimmten Zeitpunkt alle aktuellen Gedanken, Empfindungen, Bilder, Wahrnehmungen und Wünsche enthalten sind. Da sich das meiste davon ständig ändert, ist es eine Größe, die nie fassbar ist. Auch der Koran bietet keine Definition für Seele oder Bewusstsein an.

Niemand hat jemals eine Seele berührt oder das Bewusstsein gesehen. Trotzdem werden heute noch Versuche der physikalischen Zuordnung des Ichs bzw. des Bewusstseins unternommen, denn manche vermuten das Gehirn oder die Gene als Ort der Seele. Da kann man sich der Aussage <die Seele entsteht auf Anweisung Gottes (17:85)> durchaus anschließen.

Aus dem Bewusstsein lassen sich aber jene Teile abgrenzen, die dem Bereich der Informationsverarbeitung der körperlichen Signale zugeordnet werden können. Diese gliedern sich in bewusste, vorbewusste und unbewusste Informationen. Aus der Vielzahl der Wahrnehmungen bezeichnet man jene als bewusst, die dominant sind und einen Bezug zur Gegenwart haben, vorbewusst jene, die im permanenten Abgleich der Gegenwartseindrücke mit dem Gedächtnis stehen und aus diesem geholt werden und die unbewussten Informationen als den Rest, der aber nur mit größerem Aufwand zugänglich ist. Nach dem Koran ist aber immer Gott im Spiel, denn <wenn er euch eure Sinne nähme und eure Gefühle versiegelte, wer außer Gott könnte euch das dann wiedergeben? (6:46)>

Das Unbewusste organisiert die psychische Stabilität einer Person, indem es dem Bewussten manche Informationen zugänglich macht und andere nicht. Das Unbewusste kontrolliert den Informationsstand des Bewussten und kann durch besondere Ereignisse angesprochen werden und dadurch zum Auslöser innerer Änderungsprozesse werden. Das Unbewusste wird meist positiv interpretiert, denn dort herrscht das Prinzip der guten Absicht. Auch ist es mächtiger als das Bewusste, weil es die meisten Lebensprozesse steuert und dem Bewussten nicht direkt zugänglich ist. Das Unbewusste beeinflusst das Verhalten im Sinne eines idealisierten Selbst. Es ist die gleiche Instanz, die bei religiösen Erlebnissen Gott erfährt, nämlich dann <wenn Gott den Kontakt zu dir herstellt. (6:103)>

In diesem Informationsverarbeitungssystem werden Daten erfasst und kritisch untersucht. Das System selbst erhält ein Gegenüber, das Gewissen oder Über-Ich, mit dem der Dialog geführt wird. Das Ich kann offensichtlich diese „andere Instanz" reflektieren und sie durch Anweisung beeinflussen. Diese Selbstreflektion geschieht ohne des Drucks der Aktualität, denn am Sachverhalt lässt sich ohnehin nichts mehr ändern. Alternative Lösungen eines Problems der Vergangenheit können zwar keine Änderung mehr herbeiführen, helfen aber im Sinne einer Erleichterung durch eine veränderte Einstellung.

Die Informationsverarbeitung des Bewusstseins organisiert sich in einer Hierarchie von den Überlebensinformationen hin zu den vernünftigen und lustvollen, die je nach Disposition des Betroffenen priorisiert werden. Die Dramatik aktueller Ereignisse verändert ständig diese Hierarchie.

So wie das Bewusstsein, die Seele, der Geist und das Ego von Geburt an auf dem biologischen Fundament des Lebens aufgebaut wird, so erfolgt die Demontage zum Lebensende hin. Mit abnehmender Lebenserwartung, nimmt auch die Fähigkeit des Bewusstseins ab, Wahrnehmungen und Denkvorgänge mit der Kapazität zu behandeln, wie es vormals möglich war. Die Perspektive wird dann immer enger bis nur noch die Gegenwart übrig bleibt <und die Seele eines Sterbenden bis zum Schlüsselbein emporsteigt. (75:26)>

Das Bewusstsein ist in jedem Moment des Lebens ein anderes und genau der Status zum Zeitpunkt des Todes soll dann jener sein, der im Paradies oder der Hölle ewig zur Verfügung steht? Wie furchtbar für jene, die mit dem Bewusstsein eines Hundertjährigen oder jene, die noch nie mit dem Islam in Kontakt gekommen sind? <Die müssen auf ewig in die Hölle. (21:38f, 33:8, 35:7...)>, denn eine Ausnahmeregel findet man nicht im Koran.

Sollte aber gemeint sein, dass es die idealisierte Seele mit dem idealisierten Körper ist, welche im Jenseits aufersteht, dann wären sie alle gleich, denn dann bleibt nur noch der Mensch an sich übrig.

Sterben und Tod

<Gott kennt den Zeitpunkt eures Todes (15:24) und wird euch zu sich bringen. (15:25) Die Lebensfrist eines jeden hat Gott vortrefflich bestimmt. (77:23) Der Engel des Todes wird euch abberufen und zu Gott zurückbringen. (32:11) Jede Seele wird den Tod erfahren und am Tag der Auferstehung wird Gott abrechnen. (62:8)>

<Wenn die Seele des Sterbenden zur Kehle steigt (56:83, 75:26, 75:29), der Betroffene selbst meint, Abschied nehmen zu müssen (75:28) und man selbst den Vorgang beobachtet (56:84), ist Gott ihr näher als man selbst. (56:85, 75:30) Warum bringt der, der nicht an das Jüngste Gericht glaubt (56:86), sie nicht wieder in den Körper zurück? (56:87) Wer kann die Zauberformel sprechen, um sie zu retten? (75:27)>

<Wenn ihr sterbt oder gewaltsam getötet werdet, werdet ihr vor Gott versammelt. (3:158)>

<Im Todeskampf erkennt der Mensch die Wahrheit und sieht, dass er ihr zeitlebens ausgewichen ist. (50:19)>

<Wer lange lebt, den setzt Gott einem körperlichen Verfall aus. (36:68) Es gibt einige unter euch, die ins debile Greisenalter getrieben werden, so dass sie nichts mehr wissen, nachdem sie doch Wissen hatten. Gott aber weiß und kann alles. (16:70)>

Manche Menschen erleben Nah-Tod-Erfahrungen und kehren dann wieder in unser Raumzeitgefüge zurück. Solche Ereignisse sind wissenschaftlich inzwischen belegt und die Erfahrungsberichte haben eine weitgehend übereinstimmende Form. Wenn das Herz stillsteht und das EEG keine Ausschläge mehr zeigt und genau in dieser Zeit die betroffene Person Beobachtungen macht, dann gibt es keine Erklärung, wie diese zustande kommen. Solche Erfahrungen sind ungeplant, unerwartet und oft auch ungewollt und sie spielen sich ausschließlich im Bewusstsein der betreffenden Person ab.

Während bei den meisten Berichten über Übernatürliches die Tatsächlichkeit der Erfahrung in der gemeinsamen Wirklichkeit hervorgehoben wird, betonen Menschen mit Nah-Tod-Erfahrungen den Bruch mit dieser Wirklichkeit. Sie schweben über sich selbst und können die Gefühle der anwesenden Mitmenschen empfinden. (56:83ff) Den Erzählungen nach erleben sie ihre Sinneswahrnehmungen als vollkommen und machen objektiv korrekte Wahrnehmungen. Schmerzen werden aber nicht mehr wahrgenommen.

Oft kommt es dann zu einem Lebensfilm, in dem wichtige Szenen des Lebens als Film vorbeiziehen. Danach scheint sich eine Art Tunnel zu öffnen, in den sich der Betroffene hineingezogen fühlt. Ein helles Licht am Ende des Tunnels lockt, doch kurz danach und zu deren Bedauern verspüren sie dann eine unangenehme Kraft, die sie wieder zurück in ihren Körper zwingt. Die Betroffenen fühlen sich hellwach und das Erfahrene erscheint wirklicher als die alltägliche Wirklichkeit.

Die Interpretation dieser Jenseitserlebnisse geschieht meistens auf der Basis weltanschaulicher Grundpositionen. Viele berichteten von einem unvergleichlich schönen Gefühl, doch die Behauptung vom schönen Tod gilt nicht immer. Manche Menschen erleben die Hölle, nur erzählen sie dann weniger gern davon. (50:19)

Irgendwann aber tritt der Tod nachweislich bei jedem ein. Das heißt das Gehirn wurde durch Verletzung, Blutung oder Sauerstoffmangel unwiederbringlich zerstört, es fehlen die menschlichen Reaktionen, die lebensnotwendige Regulation des Herzens und der Atmung und die Schutzreflexe. Dies ist der Hirntod und so wird der Tod heute diagnostiziert. (29:57)

Wird der Tote nicht mehr ins Leben zurückgeholt, dann ist sein Erlebnis vom Tod nicht an die Lebenden kommunizierbar. Das Erlebnis des Todes, das sozial kommunizierbar ist, beschränkt sich auf das Erleben des Todes anderer.

Der Tod ist unerwünscht und muss es auch sein, denn sonst gäbe es weniger Gründe zu leben als zu sterben. Trotzdem kann der Tod für den, der ihn erleidet, kein Übel sein, denn wer tot ist, erlebt diesen Zustand nicht und kann ihn demnach auch nicht beklagen. Dennoch halten ihn viele für ein Übel. Nicht nur wegen des Verlustes, den andere dadurch erleiden mögen oder weil der Prozess des Sterbens qualvoll sein kann. Nein, die Lebenden lieben ihr Leben und lieben das Tun und das Erleben. Und das ist es, was sie zu vermissen vermuten, doch der Koran bietet die Fortsetzung des Seins an, so wie wir es kennen: Die unbeschränkte Fortsetzung des Erlebens, entweder im Paradies (50:34) oder in der Hölle. (41:24)

Willens- und Handlungsfreiheit

Die Selbstbestimmung des Menschen

<Jeder hat sich selbst zu verantworten. (2:48, 2:123, 34:25) Das Gute kommt von Gott, doch jedes Unglück, das du erleidest, hast du selbst zu verantworten. Gott aber ist nachsichtig. (4:79, 42:30) Wer das Leben begehrt, bekommt davon, genauso wie jene, die das Jenseits begehren. Gott wird es denen vergelten, die ihm dankbar sind. (3:145)>

<Ein jeder geht seinen individuellen Weg und Gott weiß, wer den rechten Weg geht. (17:84) Nichts geschieht ohne das Wissen Gottes. (10:61) Gott weiß am besten, wer die Menschen auf den rechten Weg bringt und wer sich offensichtlich irrt. (28:85) Gott prüft, was in euch vorgeht und kennt eure Absichten. (3:154)>

<Wer das Gute dieser Welt begehrt, so liegt es an Gott, ob ihr es bekommt, genauso wie das Gute des Jenseits. (4:134)>

Umgangssprachlich wird Freiheit oft als Grenzenlosigkeit verstanden, Freiheit als Ursachelosigkeit. Man möchte frei sein von dem Handlungszwang, sich für eine der Wahlmöglichkeiten entscheiden zu müssen, man möchte frei sein von Pflichten, von Charaktermängel und finanziellen Grenzen.

Freiheit wird als Grenzenlosigkeit gewünscht und damit ist bereits die Unmöglichkeit des Erlebens solcher Freiheit ausgesagt. Freiheit muss immer begrenzt sein, um sie erleben zu können. Sie ist nur im Verhältnis zu einem anderen, weniger freien Zustand erfahrbar. Freiheit bedeutet aus einer begrenzten Menge an Möglichkeiten eine Wahl treffen zu können.

Willensfreiheit ist eine unbeweisbare Vorstellung. Willensfreiheit setzt voraus, dass wir uns anders hätten entscheiden können, als wir es tatsächlich getan haben. Da wir aber nur diese eine Zeit wahrnehmen, sind Varianten der Geschichte zwar denkbar, jedoch nie beweisbar. Die Varianten der Zukunft kann man sich vorstellen und daraus seinen Willen bilden, aber zur Wirklichkeit kommt nur das eine.

Trotzdem wird Willensfreiheit angenommen. Sie sei das Vermögen, frei von persönlichen Zwängen wie Sucht oder anderen Abhängigkeiten, aufgrund von rationaler Einsicht eine Handlungsalternative nach gut oder weniger gut beurteilen zu können und dann demgemäß zu handeln.

Entscheidend aber ist, dass man das als gut Erkannte entgegen widerstrebenden sozialen und psychischen Zwängen auch wählen kann. Diese Wahlfreiheit wird somit durch die Willensstärke bestimmt und die wiederum von der Durchsetzungsfähigkeit.

Handlungsfreiheit ist dann die Fähigkeit seine Wünsche handelnd in die Tat umsetzen zu können, ohne zum Handeln gezwungen oder am Handeln gehindert zu werden. Weder äußere Zwänge wie Gefangenschaft, Krankheit oder finanzielle Not noch inneren Zwänge wie eine Zwangspsychose hindern am Handeln. Handlungsfreiheit ist immer die Abwesenheit solcher Zwänge, auch wenn die Beurteilung, ob frei oder nicht in der Beurteilung des Betroffenen liegt.

Jede Form der Freiheit widerspricht dem Glaubensgrundsatz des Korans, dass Gott allmächtig ist und alles vorbestimmt hat. (11:4, 54:3) Doch damit ist auch festgelegt, wer alles zu verantworten hat: Gott. (17:84) Da bleibt die Überlegung zu Willensfreiheit, Wahlfreiheit und Handlungsfreiheit Theorie, denn Gott prüft in euch, was er selbst festgelegt hat, zumal er auch eure Absichten kennt. (14:38) Daher ist nicht nur das Leben ein Spiel (6:32), sondern die Lebenden sind die Spieler im Spiel Gottes.

Vorbestimmung durch Gott

<Alles steht endgültig fest (6:67, 54:3) und Gott verwaltet die Angelegenheiten des Universums. (32:5) Bei Gott liegt der Schlüssel zum Verborgenen. Er weiß, was auf der Welt geschieht. Und nicht das Kleinste geschieht, das nicht vorbestimmt ist. (6:59) Kein Unglück trifft ein ohne die Erlaubnis Gottes. (64:11) Wen Gott führt, den können andere nicht verführen, denn Gott ist mächtig und die Sünder erfahren seine Rache. (39:37) Es geschieht kein Unheil auf Erden oder an euch, das nicht aufgezeichnet wäre, bevor es Gott ins Dasein ruft. (57:22) Seid also nicht betrübt darüber, was euch entging, noch frohlockt über das, was euch Gott gegeben hat. Gott liebt keinen der eingebildeten Prahler (57:23), die geizig sind und die andere Menschen zum Geiz anhalten. (57:24) Wenn Gott dich mit einem Übel treffen will, so gibt es keinen, der das verhindern kann. Und wenn Gott dir Gutes erweisen will, so gibt es keinen, der seine Gnade verhindern kann. (10:107) Die Menschen können Gottes Pläne nicht vereiteln, weder auf Erden noch im Himmel, noch habt ihr einen Beschützer oder Helfer außer Gott. (29:22)>

<Sie [die Ungläubigen oder die Christen] sagen: „Wenn Gott gewollt hätte, hätten wir die Götzen nicht verehrt." Doch sie kennen die Zusammenhänge nicht und raten nur. (43:20) Gott kennt die Zukunft und die Vergangenheit. Zu Gott kommt alles zurück. (21:28, 22:76) Gott kennt das Verborgene und das Wahrnehmbare. (23:92) Jede Weissagung hat eine festgesetzte Zeit und bald werdet ihr es erfahren. (6:67, 6:134)>

<Gott gestaltet euch von der Zeugung an. (3:6) Gott weiß, ob ein weibliches Wesen schwanger ist, denn er gestaltet alles nach einem bestimmten Maß. (13:8) Niemand weiß, was morgen geschehen wird und wo man sterben wird, nur Gott. (31:34) Die Lebenszeit eines jeden ist vorbestimmt. (35:11) Gott versammelt die Menschen während ihres Schlafs bei sich und weiß genau, was ihr während des Tage getan habt. Aus dem Schlaf erweckt er euch, damit ihr euer Leben zu Ende führt. (6:60) Er hat die Macht über die Menschen und er bestimmt den Zeitpunkt des Todes. (6:61) Keiner stirbt ohne die Erlaubnis Gottes, denn dies geschieht gemäß einer zeitlichen Vorbestimmung. (3:145)>

<Wer nicht an die Zeichen Gottes glaubt, wird nicht von Gott auf den rechten Weg geführt. (16:104) Wen aber Gott nicht führt, für den gibt es überhaupt keine Führung. (39:36) Wer von Gott geführt wird, kann nicht in die Irre geführt werden. (39:37)>

<Gott kennt eure Gedanken, eure Aussagen und eure Bedürfnisse. (6:3, 16:19, 50:16) Nichts bleibt Gott verborgen, auch nicht die Geheimnisse in deiner Seele. Er wird dich auch dafür zur Rechenschaft ziehen. Dann bestraft er oder verzeiht, wie er es für richtig hält. (2:284)>

<Ihr könnt nur wollen, was Gott will. (76:30) Gott kennt eure Gedanken und eure Aussagen. (3:29, 11:5, 28:69, 42:24, 57:6) Vor ihm lässt sich nichts verheimlichen. (2:77) Gott kennt die Blicke des Verrats und alles, was ihr denkt. (40:19) Es gibt keine geheime Unterredung bei der Gott nicht anwesend wäre. (58:7)>

<Gott ist es, der euch zum Lachen und zum Weinen bringt. (53:43)>

<Du kannst dir selbst weder schaden noch nützen, weil Gott es bestimmt. (10:49) Über was immer ihr uneins seid, die Entscheidung darüber ruht bei Gott. (42:10)>

Wir werden geboren, ohne gefragt zu werden (3:6) und sterben, ohne das verhindern zu können. (6:61, 31:34) Alter und Geschlecht grenzen den Handlungsspielraum weiter ein. Schließlich bestimmt noch die aktuelle physische und psychische Konstitution die Entscheidung. Müde, erschöpft und kränklich werden andere Entscheidungen getroffen als frisch, ausgeschlafen und gesund. Instinktive und affektive Handlungen entscheide ich sowieso nicht. Mein Herz schlägt und ich kann es mit meinem Willen nicht zum Stillstand bringen. Das Gefühl des Hungers kommt, wenn ich nichts esse usw.

Unsere Sinnesorgane informieren uns über unsere Umwelt und unser Geist ordnet die Informationen. Er überlegt, was zu tun ist und veranlasst uns, nachdem er eine Entscheidung getroffen hat, die Handlung auszuführen. Doch wie kann der körperlose Geist physische Wirkungen haben, und wie kann er Einfluss nehmen, nachdem die Natur im Wesentlichen kausal geschlossen ist?

Da der körperlose Geist mit unseren heutigen Kenntnissen nicht nachweisbar ist, ist der Schluss zulässig, dass alle unsere Handlungen physikalisch und biologisch determiniert sind. (6:59) Gedanken, Gefühle und Werturteile verändern das physikalische Geschehen also deshalb, weil sie selbst etwas Physisches bzw. Biologisches sind. (3:29, 28:69, 57:6, 42:24) Wenn jemand eine bestimmte Überzeugung übernimmt, heißt das also nichts anderes, als dass sich diese Eigenschaft biologisch manifestiert. Die individuelle Biographie eines jeden hat genau dahin geführt und jedes neue Erlebnis prägt die Biographie neurobiologisch erneut. Das behaupten zumindest einige Neurobiologen.

Wenn das Haben von Gedanken, Gefühlen und Werturteilen eine biologische Eigenschaft ist, wenn der Vorgang des Nachdenkens durch neuronale Prozesse abläuft und wenn es für alle biologischen Prozesse hinreichende biologische Ursachen gibt, dann muss biologisch determiniert sein, welche Überlegungen in meinem Kopf ablaufen und damit auch, welche Handlungen sich aus diesen Überlegungen ergeben.

Trotzdem bleibt das Unvorhersagbare auch in der Biologie erhalten. Die Evolutionstheorie beschreibt mit den Begriffen Zufall und Notwendigkeit, dass Mutationen quantenmechanisch durch unvorhersehbares Verhalten in der DNS-Atomstruktur bestimmt sind, denn manchmal stehen die Elektronen in ihren Schwingungen so, dass beim Reduplizieren Fehler entstehen. Dann werden DNS-Stränge falsch zusammengebunden, so dass Mutationen entstehen, die, falls die Umweltbedingungen sie selektieren, zur Herausbildung neuer biologischer Arten führen. In Unkenntnis der genauen Umstände kann man natürlich auch sagen, dass Gott genau das bestimmt hat. (3:29, 28:69, 57:6, 42:24, 6:59)

Gleich zweimal gibt es also Zufälle oder unbekannte göttliche Maßnahmen. (23:92) Zunächst durch Fehler bei der Reduplikation und dann bei der Auswahl des neuen Typs durch die Umwelt. Die Erklärung der Zufälle mögen vielleicht einmal durch Erkenntnisse der Wissenschaft Gewissheit werden, wodurch dann aber die Entscheidungsfreiheit weiter eingeschränkt würde.

Doch nicht nur die Biologie grenzt unseren Entscheidungsspielraum ein, sondern auch die Regeln der sozialen Gemeinschaft, der man zugehörig ist. Geht man die sozialen Einheiten von allgemein zu spezifisch durch, so ergibt sich ein komplexes Verordnungsgebilde, das Wille und Wahl zu Entscheidungen maßgeblich einschränkt.

Die allgemeinen Menschenrechte und die Verfassungen der einzelnen Staaten bilden den äußeren Rahmen der Einschränkung von Wahlmöglichkeiten. Darauf bauen die Gesetze und Verordnungen auf, die durch Traditionen und religiösen Bestimmungen der gesellschaftlichen Gruppen ergänzt werden. Innerhalb dieser Gruppen gelten dann die Regeln der Familie und im speziellen bilaterale Übereinkünfte.

Wenn man die Zukunft nicht kennt, ist jede Entscheidung subjektiv eine freie Entscheidung. Und würde man die Zukunft kennen, würde sich auch nichts ändern, denn man kann gar nicht anders entscheiden, denn sonst wäre die Vorhersage falsch. Ob vorbestimmt oder nicht, für Entscheidungen und Handlungen ist es bedeutungslos, so mag man auch behaupten: <du kannst nur wollen, was Gott will. (76:30)>

<Gott begeht kein Unrecht an den Menschen, doch die Menschen begehen Unrecht an sich selbst. (10:44)> Wo ist die Abgrenzung Gottes und damit die Beschneidung seiner Allmacht oder der Vorbestimmung oder der Allwissenheit oder des Wegguckens. Das ist sinnlos und den Sinn bestimmt der Mensch, anders ist er nicht lebensfähig.

Verantwortung und Vorbestimmung

Durch Physik, Biologie und Gesellschaft, der eingeschränkten Freiheit des Willens und der Wahl sind wir vorbestimmt. Kann dann noch die Handlung des Menschen als frei und selbst verantwortet bezeichnet werden? Die soziale Situation, meine Fähigkeiten und meine Ausbildung verengen das Wollen auf das Können. Und auch das wird nochmals eingeschränkt durch die Zeit, da das Machbare nur dann sinnvoll ist, wenn es in einer bestimmten Zeit erbracht werden kann.

Der Rest an Entscheidungsraum wird durch die Vielzahl der Einzelschritte, die ihrerseits jeweils im gleichen Maße vorbestimmt sind, weiter eingegrenzt. Schon die biologischen Bedingungen, die mich zum handeln veranlassen, bilden einschränkende Kausalketten: Weil ich Hunger verspüre, gehe ich einkaufen, koche ich, decke den Tisch und erst dann komme ich zur Befriedigung des ursprünglichen Bedürfnisses. Ob es einem gefällt oder nicht, aber die objektive Freiheit des Individuums ist nicht zu finden, alles scheint festzustehen. (54:3)

Auch wenn es nur eine Illusion ist, dass ich für mein Handeln verantwortlich bin, genügt der Eindruck, dass ich glaube, dass das geschieht, was ich will. Doch wie kann einer von dem Architekten der Struktur, von Gott, verantwortlich für sein Handeln gemacht werden, der biologisch durch seinen Körper, physisch durch die Einflüsse der Natur und emotional und rational durch die Gesellschaft prinzipiell zur Marionette degradiert wird? (6:59)

Einzig die Absicht, die eigene Tat für richtig und gut einzustufen, bleibt als Größe der Verantwortung, auch wenn die Gesinnung wieder nur das determinierte Ergebnis des Zusammenspiels aus Erbmolekülen und Sozialisation ist. Das Verfügen über moralische Begriffe bedeutet aber die Möglichkeit seine Handlungen zu beurteilen und dieses Urteil könnte zur Bewertung durch Gott herangezogen werden. Aber selbst diese Möglichkeit schließt der Koran aus, denn dann wären solche Gedanken von Gott nicht beeinflussbar und das würde seine Allmacht einschränken.

Das Prinzip aus Ursache und Wirkung wird durch Gründe, deren Ursache die Gefühle sind, ergänzt. Auch wenn Gefühl, Gründe und Handlung eine Einheit bilden, so kann ich zumindest für die Gründe verantwortlich gemacht werden, auch wenn Wille, Wahl und Handlung weitgehend vorbestimmt wären. Meine Gründe geben der Handlung den Sinn und dafür trage ich die Verantwortung.

Doch auch diese Bewertungen sind einer ständigen Entwicklung während des Lebens unterworfen. Was ich einst für gut hielt, muss heute nicht mehr so sein. Eine Bewertung über das Gesamtleben eines Menschen müsste daher die Haltung zu allen Ereignissen in jedem Moment beinhalten. Das aber ist nicht möglich zu ermitteln, denn niemand reflektiert ständig über alles. Erneut ist der allmächtige Gott eingeschränkt, denn auch er kann nur bewerten, was war. Es darf aber vermutet werden, dass der Hass des Kindes in einer bestimmten Situation, Jahre später von dem dann Erwachsenen ganz anders beurteilt wird. Wie dumm, wenn nicht erneut darüber nachgedacht wurde. Sonst nämlich wäre die Bewertung Gottes falsch.

Der Sinn des Lebens

<Gott hat die Engel und die Menschen nur darum erschaffen, damit sie ihm dienen. (51:56) Gott zu gedenken ist das Höchste. (29:45) Gott hat den Tod und das Leben erschaffen, um die Menschen zu prüfen, wer die besseren Taten verrichtet. (67:2) Gott hat das Universum nicht sinnlos erschaffen. Das meinen vielleicht die Ungläubigen. (38:27) Soll Gott etwa jene, die glauben und gute Werke tun genauso behandeln wie die, die Verderben auf Erden stiften? (38:28) Gott hat die Welt doch nicht aus Langeweile erschaffen. (21:16) Hätte Gott nur einen Zeitvertreib gewollt, so hätte er dies in sich selbst gefunden. Zudem ist fraglich, ob er dies überhaupt hätte tun wollen. (21:17) Gott will doch vielmehr mit der Wahrheit die Lügen beseitigen. (21:18)>

<Mit ihrem Trieb zu Frauen und Kindern, Geld, Rassepferden, Vieh und Saatfeldern wird den Männern Freude bereitet, aber am schönsten ist es bei Gott. (3:14) Das irdische Leben ist nur ein Spiel und ein Zeitvertreib, (6:32, 47:36, 57:20) ein vorübergehender und vergänglicher Genuss. (40:39, 42:36) Es ist geprägt von Prunk und Geprahle und von einem Wettrennen um Vermehrung von Gut und Kindern. Es gleicht dem Regen, der die Pflanzen wachsen lässt, die mit der Zeit wieder verdorren und kaputt gehen. Das diesseitige Leben ist nur ein Genuss, durch den man sich betören lässt. (57:20) Das Streben nach Mehr lenkt die Menschen solange ab (102:1), bis sie die Gräber besuchen. (102:2)>

<Im Vergleich zum Diesseits ist das Jenseits für die Frommen der bessere Ort. (6:32) Das Leben bei Gott ist nämlich schöner und dauerhafter. (40:39, 42:36) Das gilt jedoch nur für die Gläubigen, die schwerste Sünden meiden und keine Verbrechen begehen, die auf Gott hören und vergeben können, wenn sie zornig sind. (42:37) Sie müssen beten, sich gegenseitig beraten und spenden (42:38), aber sich auch rächen, wenn ihnen Gewalt angetan wird. (42:39)>

<Wer nur für seine eigene Lust lebt, den hat Gott mit Bedacht in die Irre geführt. Dem hat er die Sinne vernebelt. Wer könnte ihn wohl retten, nachdem Gott ihn hat fallen lassen? (45:23) Jene Versager behaupten: „Es gibt nichts als dieses irdische Leben. Nur die Zeit vernichtet uns." Wer so etwas sagt, weiß nicht Bescheid. (45:24)>

<Jeder verfolgt sein individuelles Ziel. Stellt euch dem Wettbewerb der guten Taten. (2:148) Dient Gott, der euch erschaffen hat (2:21) und wetteifert um die Vergebung Gottes und um das Paradies. (57:21)>

Wer geboren ist, ist auch zum Tod verurteilt und muss sein Leben leben, wie lange und wie schlimm oder wie schön und wie kurz auch immer. Da wir leben, haben wir dem Leben zugestimmt. Wer aber die Frage nach dem Sinn seines Lebens stellt, hat seine Werteordnung verloren und muss eine neue Perspektive eröffnen.

Wer an diesem Punkt seines Lebens angekommen ist, muss unter komfortablen Bedingungen leben. Menschen, die nicht wissen, wovon sie leben sollen, fragen nicht nach dem Sinn des Lebens und dies ist auch der Grund, warum es in Krisenzeiten weniger Depressionen und Selbstmorde gibt. Erst wenn die Grundbedürfnisse befriedigt sind, wird die Sinnfrage gestellt.

Nicht die Not, sondern der Wunsch das Leben zu ordnen und bewusst zu führen, ist das Motiv der Fragestellung.

Die Frage nach dem Sinn des Lebens setzt eine Ahnung um einen möglichen Sinn im Leben voraus, denn die Frage kommt erst dann auf, wenn das Wissen darüber fraglich geworden ist. Aber einmal diese Frage gestellt, gibt es kein zurück mehr.

In unserer dualen Welt ist das Negative die notwendige Ergänzung des Positiven, das ohne das Negative gar nicht positiv wäre. Wer Gutes tut, kann es nur, weil es das Böse auch gibt. Das muss man akzeptieren, wenn man in dieser Welt lebt. Weil aber Glück und Leid sich gegenseitig bedingen, kann es das zeitlose Glück, die Glückseligkeit nicht geben. Einen Lebenssinn in der Glückseligkeit zu suchen, ist daher Unsinn. Ein Zustand der Vollendung kann keine sinnstiftende Funktion haben, denn das Wesen des Lebens ist die Zeit, die durch die Veränderung erfahren wird. Für die Sinngebung des Lebens muss eine Methode in Verbindung mit einem wünschenswerten, jedoch unerreichbarem Ideal definiert werden.

Ein Ideal ist Selbstzweck, dem nichts übergeordnet ist und alles darunter ist Mittel zum Zweck. Wenn alles Streben im Leben mit einem Sinn verknüpft werden soll, muss ein Ideal jede Handlung, das Ziel und den Weg zum Ziel prägen. Das Ideal muss uneingeschränkt als „gut" bewertet werden, zumindest von dem, der es sich setzt. Ein als „gut" definiertes Ideal hat Werte, die in der Vorstellung als begehrt, respektiert oder verehrt gelten.

Wer sich solche Werte setzt, muss seine Lebensumstände berücksichtigen, denn wenn sie im Widerspruch dazu stehen, sind sie nicht durchsetzbar. Die Werte der Natur und jene der Mehrheit der Gesellschaft in der man lebt, müssen daher auch im Einklang mit den eigenen Werten stehen. Die verschiedenen Gesellschaftsformen liefern dazu unterschiedliche Vorschläge:

Der primitivste und für jedes lebende Wesen gegebene Sinn seines Lebens ist die Befriedigung seiner Triebe: Triebempfindung, Triebhandlung, Triebbefriedigung. Das gilt auch für den Menschen in bestimmten Situationen. (3:14) Doch zur Sinngebung eines bewussten Lebens ist der Trieb ungeeignet.

Die Wachstumsgesellschaft erhebt den Komparativ zum Ideal und meint so dem Leben einen Sinn zu geben. Der Komparativ stellt einen unerreichbaren Wert dar und erfüllt somit eine der Eigenschaften eines Ideals. Auch der Verbesserung wird genüge geleistet, aber einen positiven Wert kann ich nie dem „mehr" an sich zuordnen. Auch wachsen nur die Ansprüche, denn eine Sinnbefriedigung muss ausbleiben, weil es immer ein „mehr" gibt. Das Wachstum zum Sinn zu erheben, ist somit Unsinn. (102:1, 102:2)

Das Kausalitätsprinzip, also die Natur in ihrem Ablauf aus Ursache und Wirkung ist auch keine Antwort, denn keiner wird bestreiten, dass es so ist. In der Sinnfrage geht es aber um den Sinn dieses Prinzips und einer Sinn gebenden Idee für das Leben. Da ist der Hinweis auf die Welt wie sie ist, nicht mehr befriedigend.

Aber schon der Selbstwertcharakter des Lebens scheint zu genügen, denn die meisten Menschen hängen am Leben. Das zeigt sich in lebensbedrohenden Situationen, in denen der Selbsterhaltungstrieb immer das Leben retten will, egal wie die Umstände dieses Lebens sind.

Doch nur die ethischen Werte, die keinen übergeordneten Wert kennen, taugen zur Sinngebung. Ideale wie Freundschaft, Liebe, Gerechtigkeit, Weisheit, Freiheit und ähnliches können solche Werte sein. Durch ihre Rangfolge geben sie der Person den individuellen Sinn im Denken und Handeln. Gott zu dienen (51:56), mag so ein Wert sein, den sich der gläubige Muslim setzt.

Die Selbstvervollkommnung ist dann das Streben nach Umsetzung dieser Werte. Wie gut auch immer das gelingt, ist nachrangig, denn es geht um das Streben. Nicht die Vollkommenheit, sondern der Wille zur Vervollkommnung gibt den übergeordneten Sinn.

Wer Werte hat, kann messen und das Unsinnige benennen, um es dann in Sinnvolles zu wandeln. Doch Bescheidenheit ist angesagt, denn man hat sich mit dem punktuellen Glück zu begnügen. Das Leben ist weder Paradies noch Hölle, sondern nur die Möglichkeit der Veränderung im eigenen Sinn, sei es durch Handlungen, wenigstens aber durch die Einstellung.

In der perfekten Welt steht die Zeit still, da gibt es kein Streben mehr. Würde da die Zeit eintreten, müsste jede Handlung zur Verschlechterung führen. Freuen wir uns, dass wir verbessern können.

Angebote zum Sinn des Lebens

Das Oberste dem Menschen erreichbare Gut stellt sich dar als ein Tätigsein der Seele im Sinne der ihr wesenhaften Tüchtigkeit. [Aristoteles, Nickomachische Ethik - Buch 1,6. 1098a]

Der Sinn des Lebens besteht darin, dass es keinen Sinn hat zu sagen, dass das Leben keinen Sinn hat. [Nils Bohr]

Schon wegen der Neugier ist das Leben lebenswert. [Jüdisches Sprichwort]

Wenn ich nun erkläre, dass die Freude das Ziel des Lebens ist, dann meine ich: keine körperlichen Schmerzen leiden und in der Seele Frieden haben. [Epikur]

Unter dem Erkennbaren als letztes und nur mit Mühe sieht man die Idee des Guten. Hat man sie aber gesehen, so muss man die Überlegung anstellen, dass sie für alles die Urheberin alles Richtigen und Schönen ist. Denn im Sichtbaren bringt sie das Licht und seinen Herrn hervor. Im Einsehbaren aber verleiht sie selbst als Herrin Wahrheit und Einsicht. Sie muss man erblickt haben, wenn man für sich oder im öffentlichen Leben vernünftig handeln will. [Plato, Politeia 7,517a]

Wir verlangen, das Leben müsse einen Sinn haben - aber es hat nur ganz genau so viel Sinn, als wir selber ihm zu geben imstande sind. [Hermann Hesse]

Unser Leben ist das, wozu unser Denken es macht. [Marc Aurel]

Wirken, nicht gewinnen! Schaffen, nicht besitzen! Wer auf sich sieht, strahlt nicht in die Welt. [Laotse]

Frei von Stolz und Verblendung, siegreich über das Übel der Verhaftung, beständig im Selbst wohnend, ohne jedes Verlangen, befreit von den Gegensatzpaaren wie Freude und Leid, erreicht der, der nicht mehr zu täuschen ist, das ewige Ziel. [Bhagavad Gita Kap. 15, Vers 5]

Es lebt nur der, der lebend sich am Leben freut. [Meanander]

Wer Bäume setzt, obwohl er weiß, dass er nie in ihrem Schatten sitzen wird, hat zumindest angefangen, den Sinn des Lebens zu begreifen. [Rabindranâth Tagore]

Dies allein lehre ich euch jetzt wie ehemals: das Leiden und die Aufhebung des Leidens. [Siddharta Gautama, Buddha]

Gen 3:15ff Feindschaft setze ich zwischen dich und die Frau. Viel Mühsal bereite ich dir, sooft du schwanger wirst. Unter Schmerzen gebierst du Kinder. Du hast Verlangen nach deinem Mann; er aber wird über dich herrschen. So ist verflucht der Ackerboden deinetwegen. Unter Mühsal wirst du von ihm essen alle Tage deines Lebens. [Gott]

Der Koran über die Juden, Christen, Moslems

Geschichte

<Nach einer Prüfung hatte Gott dem Abraham eine besondere Stellung gegeben, indem er ihn zum Vorbild für die Menschen machte. Gott beauftrage ihn und seine gläubigen Nachkommen diese Vorbildfunktion einzunehmen, doch die Ungläubigen sollten ausgegrenzt werden. (2:124) Gott hatte für die Gläubigen einen Versammlungsort, die Kaaba in Mekka, eingerichtet, der auch als Stätte der Zuflucht dienen soll. Gott: „Nutzt diesen Ort Abrahams zum Gebet.“ Gott hatte seinerzeit Abraham und Ismael aufgetragen, dieses Haus für die Gläubigen rein zu halten, damit sie das Gebäuden siebenmal umkreisen, sich dorthin zurückziehen, sich verneigen und sich niederwerfen können. (2:125, 22:26) Abraham bat, dass Gott diesen Ort zu einer Stätte des Friedens macht und seine Besucher, die Gläubigen, mit Früchten ernährt. Gott: „Auch die Ungläubigen werde ich versorgen, aber am Jüngsten Tag werden sie mit der Hölle bestraft.“ (2:126, 14:35, 14:36) Bei den Bauarbeiten zu der Kaaba sagte Abraham zu Gott: „Bitte nimm dieses Haus als unser Geschenk an (2:127) und mach uns und unsere Nachkommen zu einer Gemeinde, die dir ergeben sind. Lehre uns unsere Riten und schenk uns deine Gnade. (2:128) Einen Teil meiner Nachkommen habe ich in Mekka angesiedelt. Sie sollen beten. Herr, erfülle die Herzen der Menschen mit Liebe für sie. (14:37) Gib unseren Nachkommen einen Propheten, der deine Worte verkündet und der ihnen das Buch der Weisheit erklärt.“ (2:129) Wer kann den Glauben Abrahams ablehnen, außer einem der dumm ist? Gott hat Abraham bereits im Diesseits auserwählt und im Jenseits wird er auch unter den Auserwählten sein. (2:130) Als Gott zu ihm sagte; „Sei mir ergeben!“ fügte er sich. (2:131) Abraham vererbte die Religion seinen Söhnen und Jakob, einer von ihnen, sprach wiederum zu seinen Söhnen: „Diese Religion hat Gott für euch gewählt, deshalb lebt und sterbt nur als wahre Muslime. (2:132) Was werdet ihr nach mir anbeten?“ Sie antworteten: „Deinen Gott und den Gott deiner Väter, Abraham und Ismael und Isaak. Dem einen Gott sind wir ergeben.“ (2:133)>

<Gott hat Mohammed Offenbarungen vermittelt, genauso wie er es mit Noah, Abraham, Ismael, Isaak, Jakob und den Stämmen Israels, Jesus, Hiob, Jonas, Aaron und Salomon getan hat. Und dem David hat Gott den Psalter offenbart. (4:163) Abraham: „Gelobt sei Gott, der mir trotz meines hohen Alters Ismael und Isaak geschenkt hat.“ (14:39) Mohammed soll im Koran an Ismael erinnern. Ismael war einer der hält, was er verspricht und er war ein Prophet. (19:54) Er verordnete seinen Angehörigen zu beten und Sozialabgaben zu leisten. Gott konnte ihn gut leiden. (19:55) Gott hat doch schon in den Psalmen, im Anschluss an die Ermahnungen, geschrieben, dass das Land von seinen rechtschaffenen Dienern geerbt werden soll. (21:105)>

<Gott hat Moses die Schrift gegeben und sie als Lebensanweisung für die Juden, den Nachkommen Noahs und seinen Mitreisenden auf der Arche, gemacht. Gott hat untersagt, andere Autoritäten zuzulassen. (17:2, 17:3) Gott hat den Juden prophezeit: „Ihr werdet zweimal Unheil auf Erden anrichten und ihr werdet mächtig und anmaßend sein. (17:4) Wenn die erste Prophezeiung in Erfüllung geht, wird Gott Diener mit großer Kampfkraft schicken, damit die Juden aus den Häusern getrieben werden. (17:5) Damit gewinnt ihr die Oberhand. Gott versorgt euch mit Vermögen und Söhnen und ihr werdet ein großes Volk. (17:6) Wenn die zweite Prophezeiung in Erfüllung geht, sollen die Feinde euch heftig zusetzen. Sie werden die Kultstätten in Jerusalem und alles, was sie in ihre Gewalt bekommen, völlig zerstören. (17:7) Vielleicht wird sich Gott danach euer erbarmen. Wenn ihr euch aber genauso verhaltet wie damals, wird auch Gott sich so verhalten. (17:8).>

<Zu den Juden und Christen ist nach langer Zeit wieder ein Prophet gekommen, der sie nun aufklärt. Er ist ein Vermittler froher Botschaften und einer, der warnt. (5:19)>

Das Judentum ist der Ursprung des Christentums und des Islam und Abraham ist einer der frühen historischen Gestalten dieser Religionen. Er hat wahrscheinlich um 1900 v.Chr. gelebt und hatte zwei Söhne von unterschiedlichen Frauen. Ismael war das uneheliche Kind aus der Verbindung mit der Sklavin Hagar und Isaak der Sohn aus der Ehe mit seiner Frau Sarah. Noch heute beziehen sich die Juden auf ihre leibliche Abstammung von Abraham. Auch die Christen betonen im Matthäus-Evangelium, dass Jesus von David und Abraham abstammt und manche der Muslime behaupten, dass sich auch der Stammbaum Mohammeds über Ismael bis auf Abraham zurückführen lässt.

Unbestritten aber sehen alle Muslime in Abraham den Urvater ihrer Religion. (2:124ff)

Von seiner Geburtstadt Ur, in der Nähe des heutigen Basra, ist Abraham in der Zeit des Zerfalls des babylonischen Reichs in ein Gebiet ausgewandert, das heute zum nördlichen Teil Syriens gehört. Auch in seinem Stamm gab es einen Hausgott und bei ihm hieß er wahrscheinlich Jahwe. Nachdem sich seine Sippe im Laufe der folgenden Jahrhunderte in der neuen Heimat durchgesetzt hatte, etablierte sich auch Jahwe und damit dieser eine Gott.

Jahwe hatte Abraham und seinen Nachfolgern verordnet, den Glauben an ihn zu fördern und seine Gebote zu verwirklichen und die Juden, die sich als Familienangehörige Abrahams verstanden, achteten darauf, dass diese Anweisungen auch erfüllt wurden. Die Geschlossenheit der Gemeinschaft der Juden, bei denen der Glaube in der Mutterlinie vererbt wird, führte aber immer stärker in die selbst verordnete Isolation des auserwählten Volks.

Es war daher abzusehen, dass Mohammeds Bemühungen, die Juden mit den arabischen Stämmen unter Bezug auf Mohammeds Offenbarungen zu verbinden, scheitern musste. Nach der Flucht [Hedschra] Mohammeds im Jahr 622 aus Mekka nach Medina versuchte er, die jüdischen und christlichen Gruppen mit dem Argument gegen den Polytheismus zu kämpfen, zu gewinnen. Doch beide lehnten ab. Sie erkannten unüberbrückbare Widersprüche zur eigenen Lehre. Daraufhin warf Mohammed den Juden und Christen eine falsche Überlieferung des „Wort Gottes“ vor. Die Wahrheit sei deshalb der Islam, die Religion Abrahams, die noch nicht von der Gesetzgebung des Talmud und der christlichen Vielgötterei der Dreieinigkeit belastet war: <Folgt der Religion Abrahams. (3:95)>

Nach der geistigen Trennung von den Juden und Christen, waren auch die Riten und die heiligen Stätte verloren. Dieses Vakuum galt es nun zu füllen. Da es noch keinen Ort der Verehrung für Abraham gab, wurde ihm die Kaaba zugeschrieben. Er, der aus Mesopotamien stammte und der im heutigen Ägypten und in Nordsyrien lebte, soll dieses Gebäude in Mekka zusammen mit seinem Sohn Ismael errichtet haben. Das Haus eignete sich sehr gut zur Definition einer heiligen Stätte, denn es wurde schon von den dort lebenden arabischen Stämmen wegen des merkwürdigen Meteoriten als Heiligtum verehrt. (2:125)

Die Juden

Gottes Offenbarungen und die Juden

<Gott verkündete die Thora, die Rechtleitung und Licht enthält. Danach haben die Propheten Gottes, sowie die Rabbiner und Gelehrten, Recht bei den Juden gesprochen. Doch wer sich nicht nach diesen Maßstäben Gottes richtet, ist ungläubig. (5:44)>

<Wer den Koran ablehnt, obwohl einer der Juden bestätigt, dass er von Gott stammt, muss doch sehr hochmütig sein. (46:10) Die Ungläubigen: „Wäre der Koran etwas Besonderes, hätte niemand anderer vor uns davon erfahren. Der Koran ist keine Offenbarung Gottes" (46:11)>

<Der Koran klärt die Juden über die meisten ihrer Streitpunkte auf. (27:76)>

<Fragt die Juden, wie viele klare Beweise ihnen Gott gegeben hat. Doch wer die Gnade Gottes eintauscht, nachdem sie ihm zuteil geworden ist, den wird Gott streng bestrafen. (2:211)>

<Gott gab die Schrift einem auserwählten Volk. Unter ihnen sind einige, die gegen sich selbst sündigen und andere, die einen gemäßigten Standpunkt einnehmen [?] und wiederum andere sind ernsthafte Gläubige. (35:32)>

<Gott gab den Juden die Thora, die Herrschaft und die Propheten. Gott versorgte sie mit guten Dingen und bevorzugte sie vor anderen Völkern. (45:16) Gott gab ihnen klare Beweise in der Sache. Erst als das Wissen zu ihnen gekommen war, haben sie sich gespalten. Am Jüngsten Tag wird Gott über die Streitpunkte aufklären. (45:17)>

<Wissen denn die Leute aus Mekka nicht, dass die gebildeten Juden schon Kenntnis vom Koran hatten? (26:197)>

Zulässige Speisen für Juden nach den Regeln des Koran

<Bis zur Offenbarung der Thora war den Juden erlaubt alles zu essen, ausgenommen das, worauf sie selbst verzichteten. (3:93) Den Juden hat Gott bestimmte Regeln der Ernährung schon früher verordnet. Nicht Gott tat ihnen damit Unrecht, sondern sie taten sich selber Unrecht an. (16:118) Er hatte ihnen nämlich verboten, das Fleisch von Tieren zu essen, die Klauen haben. Auch hat Gott ihnen verboten, von Rindern und Kleinvieh das Fett zu essen, außer dem, was am Rücken oder an den Eingeweiden sitzt oder was mit den Knochen verwachsen ist. Das war Gottes Strafe für ihre Widerspenstigkeit. Gott sagt die Wahrheit. (6:146) Wenn sie nun Gott der Lüge bezichtigen, dann sag ihnen, dass Gott zwar barmherzig ist, aber vom Volk der Sünder wird seine Gewalt nicht abgewendet. (6:147)>

Vertreibung und Aufstand

<Gott hat die ungläubigen Juden aus ihren Wohnungen in Medina vertrieben. Ihr Muslime habt nicht damit gerechnet und die Juden dachten, dass sie sich vor Gott schützen könnten. Doch Gott hat sie überrascht und erschrocken, so dass sie ihre Häuser mit ihren eigenen Händen und den Händen der Gläubigen zerstörten. Die Einsichtigen sollten darüber nachdenken. (59:2) Hätte Gott sie nicht verbannt, hätte er sie anders bestraft. Im Jenseits kommen sie in die Hölle. (59:3)>

<Gott hatte doch den Juden komfortable Häuser und angenehme Lebensumstände bereitet, doch sie spalteten sich, nachdem die Offenbarungen gekommen waren. Doch am Tag der Auferstehung wird Gott aufklären. (10:93)>

<Die Juden folgten den Aufrührern, die sich unter der Herrschaft Salomos bildeten. Nicht Salomo war ungläubig, sondern die Anhänger der Opposition. Sie folgten den beiden Engeln aus Babel, Harut und Marut. Doch diese beiden Engel unterrichteten niemanden, ohne vorher zu sagen: „Wir sind nur eine Versuchung für die Menschen." Und so lernten die Menschen von den Engeln, womit man zwischen einem Mann und seiner Gattin Streit hervorruft. Doch die Engel schädigten damit niemanden, es sei denn mit Gottes Erlaubnis. Im Gegenteil, sie lehrten die Menschen, was ihnen schadet. Die Juden wussten, dass derjenige, der so handelt, nicht ins Paradies kommt. Die Juden haben sich auf einen schlechten Handel eingelassen. Hätten sie es nur gewusst. (2:102) Wären sie Gläubige, würde es ihnen besser gehen. (2:103)>

Appelle an die Juden

<„Ihr Kinder Israels, gedenkt der Gnade Gottes, mit der er euch entgegen gekommen ist, denn er hat euch vor allen anderen Menschen vorgezogen. (2:40, 2:47, 2:122, 5:20, 44:32) Erinnert euch, dass Gott euch vor dem Pharao gerettet hatte, der eure Söhne töten ließ und wo nur eure Frauen überlebten. Welch schwere Prüfung Gottes für euch. (2:49, 44:33) Erinnert euch, dass er das Meer für eure Flucht geteilt hat und die Verfolger anschließend ertrinken ließ. (2:50) Vergesst nicht, als Gott mit Moses 40 Tage verbrachte und ihr euch in dieser Zeit von Gott abgewendet habt. (2:51) Gott vergibt euch. Seid dankbar dafür." (2:52)>

Spott und Beschimpfungen

<Ihr Muslime, wie könnt ihr von den Juden erwarten, dass sie euch glauben, nachdem sie, gegen

besseres Wissen, das Wort Gottes verfälschten? (2:75) Wenn sie mit euch zusammentreffen, sagen sie: „Wir glauben". Doch wenn sie allein sind, sagen sie: „Wir wollen den Muslimen nicht sagen, was Gott uns offenbart hat, damit sie es nicht als Argumente in der Auseinandersetzung gegen uns verwenden können." (2:76) Als ob sie nicht wüssten, dass Gott alles weiß. (2:77)>

<Es gibt Ungläubige unter ihnen, die die Bibel nicht kennen und stattdessen nur Wunschvorstellungen folgen. (2:78) Wehe denen, die mit selbst verfassten Texten behaupten, „das ist eine Offenbarung Gottes", um daran zu verdienen. (2:79) Die Juden sagen: „Die Hölle wird uns höchstens ein paar Tage erfassen." Mohammed antworte denen: „Habt ihr dazu ein Versprechen von Gott? Dann wird Gott sein Versprechen bestimmt halten. Oder behauptet ihr etwas, obwohl ihr es nicht wisst?" (2:80)>

<Jene, denen die Thora gegeben wurde, und die nicht danach leben, sind wie Esel die Bücher tragen. (62:5)>

<Einige von ihnen bevorzugen den Irrtum und wollen, dass auch die Gläubigen vom rechten Weg abweichen. (4:44)>

<Die Juden sind eine Gemeinde der Vergangenheit. Sie bekommen, was sie sich verdient haben und ihr bekommt, was ihr euch verdient habt. Ihr seid nicht verantwortlich für deren Verhalten. (2:134)>

<Wenn jemand einen Menschen tötet, so soll es sein, als hätte er die ganze Menschheit getötet. Wenn jemand einem anderen das Leben rettet, so soll es sein, als hätte er die ganze Menschheit gerettet. Das ist eine Anweisung Gottes für die Juden. Ausgenommen von dieser Regel sind Tötungen aus Blutrache und Hinrichtungen auf Grund einer Strafe. Gottes Propheten sind doch mit klaren Beweisen zu den Juden gekommen und trotzdem richten immer noch viele von den Juden Unheil auf der Erde an. (5:32) Mohammed, stör' dich nicht an jenen Ungläubigen, die ohnehin nur vorgeben zu glauben. Unter den Juden gibt es solche. Die hören immer nur auf Lügen und folgen anderen, die nicht bei dir waren. Sie entstellen die Texte der Bibel. Sie sagen: „Wenn sich unsere Aussagen mit denen von Mohammed decken, so ist es gut. Wenn nicht, hütet euch davor, ihm recht zu geben." Wenn Gott will, dass einer so denkt, dann geschieht es eben. Das passiert denen, denen Gott das Herz nicht reinigen will. Schämen sollen sie sich. Im Jenseits kommen sie in die Hölle. (5:41) Die Juden hören nur auf Lügen und verbrauchen, was ihnen nicht gehört. (5:42) Die Juden sind nicht als Gläubige zu bezeichnen (5:43)>

<Die Juden sagen: „Gott ist geizig" Sie selbst sind es und sie sollen verflucht sein für solche Reden. Gott verteilt seine Gaben, wie er will. Gottes Offenbarungen im Koran werden bei den Juden Widerspruch erzeugen und sie in ihrem Unglauben noch bestärken. Aber Gott lässt unter ihnen Feindschaft und Hass entstehen. Immer wenn sie einen Krieg anzetteln, beendet ihn Gott. Sie wollen Unheil im Land anrichten, doch Gott liebt nicht den, der Unheil anrichtet. (5:64) Wären die Juden gläubig gewesen, hätte Gott ihnen ihre Sünden verziehen und hätte sie ins Paradies geführt. (5:65)>

<Die Juden greifen nach den armseligen Gütern dieser Welt und sagen: „Gott wird uns verzeihen." Doch sie sind rückfällig. Wurde denn der Bund der Schrift nicht mit ihnen geschlossen, damit sie von Gott nichts als die Wahrheit sagen? Schließlich haben sie gelesen, was darin steht: Wer gottesfürchtig ist, für den ist das Jenseits der bessere Aufenthaltsort. Wollt ihr es denn nicht begreifen? (7:169) Wer gläubig ist und betet, dessen Lohn lässt Gott nicht verloren gehen. (7:170) Als Gott den Berg Sinai über ihnen schüttelte, als wäre er eine Hütte, da dachten sie, er würde auf sie stürzen. Gott: „Haltet an den Offenbarungen fest und denkt daran, was darin steht. Vielleicht werdet ihr dann gottesfürchtig." (7:171)>

<Ihr Juden, wenn ihr meint, ihr seid die Freunde Gottes unter Ausschluss der anderen Menschen,

dann wünscht euch den Tod. (62:6) Doch sie würden sich niemals den Tod wünschen, denn sie können sich nicht von ihrem Besitz trennen. Gott kennt die Sünder. (62:7)>

Vertragsbrüche der Juden

<Als Gott mit den Juden den Vertrag schloss: Ihr sollt nur Gott anbeten, euch den Eltern, Verwandten, Waisen und Armen gegenüber wohltätig erweisen, freundlich zu den Menschen sein, beten und Sozialabgaben leisten, da haben sie sich, bis auf wenige, von Gott abgewendet. (2:83) Auch der Vertrag ‚kein Blut zu vergießen und das Eigentum zu respektieren' (2:84) wurde gebrochen, denn sie haben sich gegenseitig umgebracht und einer dem anderen das Vermögen abgejagt. Wenn sie [?] als Gefangene zu euch [?] kommen, dann kauft ihr sie frei, wobei euch [?] doch ihre [?] Vertreibung verboten ist. Sie müssen alle Offenbarungen akzeptieren, sonst kommt Schande über sie und am Jüngsten Tag werden sie noch einmal bestraft. (2:85) [Dieser Vers ist besonders wirr und anerkannt unklar.]>

<Als Gott den Bund mit den Juden schloss, forderte er sie auf, die Bibel zu verbreiten, doch sie taten es nur halbherzig. (3:187) Manche Juden lügen, verdrehen die Worte, widersprechen und sprechen verächtlich über den Islam. Deshalb hat Gott sie verflucht und darum glauben sie so wenig. [oder sind so wenige gläubig] (4:46)>

<Immer wenn die Juden eine Verpflichtung eingingen, hat ein Teil von ihnen es verleugnet. Die meisten von ihnen sind eben ungläubig. (2:100) Als schließlich Gott den Mohammed zu ihnen schickte und er mit dem Koran bestätigte, was in den früheren Offenbarungen steht, haben einige von ihnen seine Botschaften ignoriert. (2:89, 2:101) Wenn ihnen gesagt wird: „Glaubt an das, was Gott offenbart hat" antworten sie: „Wir glauben an das, was seinerzeit uns offenbart wurde." Sie leugnen den Koran, obgleich es um die Wahrheit geht, die das bestätigt, was seinerzeit schon offenbart wurde. Mohammed soll fragen: „Warum habt ihr damals die Propheten Gottes getötet, wenn ihr Gläubige seid?" (2:91)>

<Anlässlich des Bundes Gottes mit den Juden am Berg Sinai, ließ er sie niederknien und mahnte die Einhaltung des Sabbatgebots an. (4:154) Als sie den Bund brachen, die Zeichen Gottes verleugneten und die Propheten widerrechtlich töteten, sagten sie: „Wir sind unabhängig." [unsere Herzen sind unbeschnitten] Aber nein, Gott hat ihnen zur Strafe den Glauben beschränkt. (4:155) Die Juden waren ungläubig und haben Maria verleumdet. (4:156)>

Wer Jude ist, ist ein Zugehöriger zum Stammesvolk der Israeliten oder ein gläubiger Jude oder beides. In die erste Position wird man hineingeboren, in die zweite geht man freiwillig. Über die Linie der Mütter müsste der gebürtige Jude seinen Stammbaum bis zu Abraham zurückverfolgen können.

Die Religion des Judentums geht aber, nach deren eigener Definition, nicht so weit zurück. Als Stifter gilt Moses, der um ca. 1200 v.Chr. lebte und als Begründer des Judentums gilt Esra, der um 500 v.Chr. lebte. Er war Schriftgelehrter und hat erstmalig eine vollständige

Tora [der Pentateuch, die 5 Bücher Moses] dokumentiert. Er gründete die Tradition der regelmäßigen Lesung aus der Tora am Sabbat und nimmt bei den Juden den Rang nach Moses ein.

Der Gott der Juden ist eine sich wissende Person, die mit dem Volk Israel einen Bund schloss. Damit wurden die Juden zum Volk Gottes, das den Willen Gottes vollzieht. In Verbindung mit den ethnischen Regeln steht damit aber auch fest, dass Mohammed niemals einen Fusionsvertrag mit den Juden hätte abschließen können. (4:46)

Das Glaubensbekenntnis der Juden hat Rabbi Maimonides um 1200 n.Chr., also rund 600 Jahre nach Mohammed, verfasst. In dreizehn Aussagen hat er die Glaubenssätze der Juden zusammengefasst.

Danach glauben die Juden, dass Gott jedes Leben erschafft und lenkt und dass er allein der Urheber des Universums ist. Nichts und niemanden gibt es neben ihm. Nach ihren Vorstellungen ist Gott körperlos und demnach nicht vorstellbar. Gott ist Anfang und Ende und nur er darf angebetet werden. All diese Glaubenssätze findet man genauso im Koran. (16:3, 50:43 u.a.) Ebenfalls einig mit dem Koran sind sich die Juden, dass alle Propheten der Bibel Gesandte Gottes sind, welche Gottes Willen verkündeten. Nach dem Verständnis der Juden gehören aber weder Jesus noch Mohammed dazu. In deren Glaubensbekenntnis hat dafür Moses eine Sonderstellung, denn er ist der Urheber aller Propheten vor ihm und nach ihm, wie auch immer das funktionieren soll.

Im Glaubensbekenntnis der Juden wird betont, dass die heutige Tora inhaltlich die gleiche sei wie die Urfassung des Moses. (5:44) Außer diesem Buch Gottes gibt es auch kein weiteres. Damit wird klar gegen Christen und Muslime abgegrenzt.

Gott kennt alles Tun und Wollen der Menschen und eines Tages wird er darüber richten. Anders als im Koran ist aber der einzelne nicht nur für sich selbst verantwortlich, sondern jeder trägt die Gesamtverantwortung für das Volk. Damit tut sich hier, genauso wie im Koran, der Widerspruch aus Vorbestimmung und Verantwortung auf. (54:3, 34:25)

Die Juden warten täglich auf die Erscheinung des Messias und schließlich auf die Auferstehung der Toten, die, wie im Koran auch (51:12), aus der Verbindung von Körper und Seele geschieht. Nach dem Jüngsten Gericht gibt es aber für die Sünder nur eine zeitlich begrenzte Höllenstrafe, die der Läuterung der Seele dient.

Anders als im Koran glauben die Juden, dass Auferstehung, Paradies und Hölle bereits Bestandteile der Schöpfung sind und der Übergang in die Zeitlosigkeit nur die Vollendung der Zeitlinie ist.

Trotz Allmacht und Allwissenheit Gottes und somit trotz aller Vorbestimmung ergibt sich der gläubige Jude nicht einfach in sein Schicksal, sondern er streitet auch mit Gott. Der Name Israel besagt es schon: Gottesstreiter. Die Haltung zur Vorbestimmung ist bei den Juden widersprüchlich, wie sie auch im Koran ist. Ein richtender Gott setzt Entscheidungsfreiheit voraus und in einem der Glaubenssätze wird man darauf hingewiesen, dass Gott alle Taten vergelten wird. Nach dem Verständnis der Juden ist der Geschichtsverlauf das Ergebnis von guten oder bösen Taten, gemessen an Gottes Geboten. Andererseits lenkt der Schöpfer jegliche Kreatur [erster Glaubenssatz des Maimonides].

Die Schöpfung Gottes vollendet sich in der Geschichte der Menschen in dem Maße wie die Gemeinschaft mit Gott verwirklicht wird. Auch wenn es nie eine Einheit mit Gott geben kann, fühlen sich die Juden mit Gott enger verbunden als alle anderen Menschen. Sie sind nämlich das auserwählte und gesalbte Volk Gottes (2:47, 2:122) und sonst niemand. Ein gläubiger Jude, durch Geburt ein Mitglied des Volkes Israel, kann daher niemals ein Staatsbürger eines muslimischen Gottesstaats werden.

Die Christen

<Und als Gott den Jüngern eingab, an ihn und an Jesus zu glauben, sagten sie 'wir glauben'. (5:111) Die Jünger fragten aber trotzdem Jesus (5:112), ob Gott zum Beweis seiner Glaubwürdigkeit imstande sei, einen Tisch mit Speisen vom Himmel zu senden. (5:113) Jesus bat Gott darum und so geschah es. (5:114) Dann aber drohte Gott mit noch nie da gewesener Bestrafung, wenn die Jünger immer noch ungläubig wären. (5:115)>

<Gott: „Johannes der Täufer, handle nach den Grundsätzen der Bibel.“ Schon im Knabenalter hat Johannes von Gott Weisheit erhalten. (19:12) Der ehrliche und gottesfürchtige Johannes hatte die Zuneigung Gottes. (19:13) Er war nicht gewalttätig oder ungehorsam, sondern er war anständig zu seinen Eltern. (19:14) Das Gute begleitete ihn bei seiner Geburt und bei seinem Tod. Das Gute wird ihn auch begleiten, wenn er wieder zum Leben erweckt wird. (19:15)>

<Nur Gott steht es zu, dass man ihn anbetet [an ihn glaubt, ihm gehorcht]. Wer neben Gott noch andere zu Beschützern oder Freunde zulässt und dies damit begründet, dass sie ihn Gott nahe bringen sollen, geht den falschen Weg. Gott wird über dieses Verhalten sein Urteil sprechen. (39:3)>

<Jene, die nicht an das Jenseits glauben, benennen die Engel mit weiblichen Namen. (53:27) Sie haben aber keine Ahnung. (53:28)>

<Dies ist eure Gemeinschaft [Muslime und Christen?]. Sie ist eine Einheit. Gott ist euer Herr. Dient ihm. (21:92) Sie [die Christen?] teilten sich aber in Gruppen auf, doch am Ende werden sie alle bei Gott zusammengeführt. (21:93) Sie [die Christen?] machen aus einem Teil seiner Diener Nachkommen Gottes [weibliche Engel]. Wie undankbar sie sind. (43:15) Sollte Gott von dem, was er erschuf, für sich nur Töchter und für euch Söhne zulassen. (43:16) Wenn ihr von der Geburt einer Tochter erfahrt, dann ärgert ihr euch schwarz. Gott aber mutet ihr solches zu (43:17), noch dazu welche, die sich schmücken und rhetorisch wenig gewandt sind. (43:18)>

<Unter ihnen [Christen?] gibt es welche, die als gläubige Muslime bezeichnet werden können [daran glauben] und andere, die ungläubig sind [die nicht daran glauben]. Gott kennt jene, die Unheil anrichten. (10:40) Sie [Christen?] können sich gar nicht für rein erklären. Das kann nur Gott. Beim Jüngsten Gericht werden sie gerecht behandelt. (4:49) Sie glauben an Zauberei und Götzen und halten die Muslime für Ungläubige. (4:51) Die hat Gott verflucht und die sind verloren. (4:52) Glauben sie etwa, sie hätten Anteil an der Herrschaft Gottes? Wenn dem so wäre, würden sie nichts mit anderen teilen. (4:53) Oder beneiden sie die Muslime wegen der Offenbarungen, die sie empfangen haben? Gott hatte doch schon früher dem Stamm Abrahams Offenbarungen und Macht gegeben. (4:54)>

<Am Jüngsten Tag spricht Gott zu den Engeln: „Einige von euch haben sich sehr um die Menschen gekümmert. Und die davon betroffenen Menschen erwidern: „Herr, wir hatten einen gegenseitigen Nutzen. Darauf Gott: „Auf ewig in die Hölle sollt ihr, es sei denn, ich will es anders.“ (6:128)> [Vermutlich sind die Christen gemeint.]

Die Bibelforscher zählen bis zu 41 Wunder, die Jesus vollbracht haben soll. Das hier (5:111ff) von Gott im Koran beschriebenen Wunder wäre dann das 42igste. Vermutlich handelt es sich bei diesem Ereignis um das Abendmahl. [Mt 26:18ff, Mk 14:12ff, Lk 22:7ff, Joh.Ev. 13:1ff] Da der Koran zur Richtigstellung der Bibel veröffentlicht wurde (3:3, 3:4), stimmen also die Aussagen im Neuen Testament nur teilweise, denn in der Abendmahlsgeschichte der Evangelien gibt es weder Zweifel der Jünger noch einen drohenden Gott, der bei Ungläubigkeit schwere Bestrafung (5:115) ankündigt. Warum es aber Gott zulässt, dass seine eigenen Veröffentlichungen 600 Jahre lang in allen vier Fassungen der Evangelien anders als im Koran dargestellt werden, wird er uns am Jüngsten Tag verraten.

Maria

<Gott hat Adam und Noah und die Familien Abrahams und Imrans vor allen anderen auserwählt. (3:33, 3:34) Damals sagte die Frau Imrams: „Gott ich gelobe Dir das Kind, das in mir wächst." (3:35) Als ein Mädchen geboren wurde, sagte sie: „Ich habe sie Maria genannt und ich möchte, dass sie und ihre Nachkommen bei Dir Zuflucht nehmen." (3:36) Gott nahm das Mädchen gnädig an und schenkte ihr eine schöne Kindheit. Sie wuchs in der Obhut des Zacharias heran. Immer wenn er zu ihr in den Tempel kam, fand er bei ihr die Dinge, die sie zum Leben brauchte. Auf seine Frage woher das kommt, sagte sie ‚von Gott'. (3:37)>

<Die Engel sprachen zu Maria: „Gott hat dich auserwählt und gereinigt. (3:42) Sei demütig vor Gott und wirf dich vor ihm nieder." (3:43) Dies ist eine geheime Information Gottes. Du, Mohammed, warst nicht dabei, als sie auslosten und stritten, wer Maria betreuen soll. (3:44) Damals sagten die Engel zu Maria: „Gott verkündet dir die Geburt von Jesus Christus. Er wird schon in dieser Welt und auch im Jenseits angesehen sein und Gott sehr nahe stehen. (3:45) Schon als kleines Kind wird er zu den Menschen sprechen und als Erwachsener wird er ein frommer Mann sein." (3:46) Maria: „Wie soll ich schwanger werden, wenn mich kein Mann berührt." „Wenn Gott es will, sagt er nur ‚Es sei und es ist' " (3:47)>

<Als sich Maria von ihrer Familie nach Osten zurückzog (19:16), sandte Gott seinen Geist in der Gestalt eines gut aussehenden Mannes zu ihr. (19:17) Maria: „Gott beschütze mich vor dir. Lass mich in Ruhe, wenn du Gott fürchtest." (19:18) Er antwortete: „Ich bin der Bote Gottes. Er hat mich zu dir geschickt, auf dass ich dir einen reinen Sohn beschere." (19:19) Sie antwortete: „Wie soll ich ein Kind bekommen, wo mich noch kein Mann berührt hat und ich auch keine Hure bin?" (19:20) Der Geist erwiderte: „Gott ist es ein leichtes. Gott wird deinen Sohn zu einem Zeichen seiner Barmherzigkeit machen." (19:21) Und so empfing sie ihn und zog sich mit ihm an einen entlegenen Ort zurück. (19:22) Als die Wehen kamen, ging sie zu einer Dattelpalme. „O, wäre ich doch schon gestorben und ganz und gar vergessen!" (19:23) Da rief ihr Jesus aus dem Geburtskanal zu: „Sei nicht traurig. Gott hat dir ein Bächlein fließen lassen. (19:24) Schüttele den Stamm der Palme und frische reife Datteln werden herunterfallen. (19:25) Iss und trink und sei frohen Mutes. Und wenn du jemanden triffst, sag: ‚Ich habe Gott gelobt zu fasten, darum will ich heute mit keinem Menschen reden.' " (19:26) Dann brachte sie ihren Sohn zu ihren Verwandten. Die sagten: „Maria, du hast etwas Großartiges geleistet. (19:27) Schwester Aarons, dein Vater war ein ordentlicher Mann und deine Mutter keine Hure." (19:28)>

<„Wie sollen wir mit ihm reden, der noch ein Kind in der Wiege ist?" (19:29) Da antwortete Jesus: „Ich bin ein Diener Gottes. Gott hat mir die Thora gegeben und mich zu einem Propheten gemacht. (19:30) Gott gab mir Segen, befahl mir Gläubigkeit und die Entrichtung von Sozialabgaben, solange

ich lebe. (19:31) Ich soll respektvoll zu meiner Mutter sein. Gott hat mich nicht gewalttätig und nicht unselig gemacht. (19:32) Friede war an dem Tag meiner Geburt und Friede wird am Tag meines Todes sein und ebenso wird Friede am Tag meiner Auferstehung sein." (19:33)>

<Gedenke Maria, die ihre Keuschheit wahrte. Ihr hauchte Gott von seinem Geist ein und machte sie und ihren Sohn zu einem Zeichen für die Welt. (21:91) Maria, die Mutter von Jesus, hatte ihre Jungfräulichkeit bewahrt, bis Gott seinem Geist in ihr einsetzte. Sie war gläubig und Gott demütig ergeben. (66:12)>

Im Jahr 325 fand ein Konzil der Christen in Nicäa, dem heutigen Iznik in der Türkei, statt. Dort wurde festgelegt, dass Jesus nicht durch einen Menschen gezeugt wurde, sehr wohl aber ein Mensch war. So einfach geht das. Man berief sich dabei auf Mt 1:18ff und Lk 1:26ff, Dokumente, die nur ein- bis zweihundert Jahre vorher von denselben Institutionen geschrieben, wenigstens aber redigiert wurden. Rund 50 Jahre später, im ersten Konzil von Konstantinopel wurde dann dieses Dogma nochmals bestätigt. Seither heißt es, Maria hat Jesus vom heiligen Geist empfangen.

Die Ausführungen der Bibel, der ersten Quelle dieser Geschichte, sind aber nicht annähernd so detailliert wie die des 500 Jahre später erscheinenden Korans. Dort wird der Vorgang so realitätsnah dargestellt, dass man sich ihn sogar vorstellen kann. (19:17ff)

Im Konzil von Ephesus im Jahr 431 wird dann Maria zur Mutter Gottes gemacht. Die Gegner dieser Ansicht erklärten die Stellung von Jesus mit einer menschlichen und einer göttlichen Natur, die in seiner Person eine Einheit gebildet haben. Dementsprechend betrachteten sie Maria als Mutter des Menschen Jesus, nicht des göttlichen Jesus.

Doch die Beschlüsse vom Konzil in Nicäa wurden nicht revidiert. Stattdessen beriefen sich die chistlichen Theologen mit großer Interpretationskunst auf Lukas 1:43 und Galater 4:4. Aus der Verbindung der Vaterschaft Gottes mit der menschlichen Frau Maria soll den Menschen ihre Unfähigkeit gezeigt werden, sich selbst in die Glückseligkeit zu führen. Diesen Zusammenhang kann man nur als gläubiger Katholik verstehen.

Die katholischen Christen machen aus Maria nicht nur die Frau, die körperlos von Gott befruchtet wurde, sondern auch noch eine zeitlose immerwährende Jungfrau. Das erinnert an die Huris im Paradies, die ihre Jungfräulichkeit auch nie verlieren. (56:35ff)

Jungfrau heißt „bisher kein Sex mit einem Mann." Bezieht man diese Aussage auf eine junge Frau, hat sie einen direkten Bezug zur Gesellschaftsordnung, besonders dann, wenn im gleichen Zusammenhang von der Zeugung eines unehelichen Kindes die Rede ist. Die Rechtfertigung der ewigen Jungfräulichkeit Marias mit der Quelle Offb. 14;4 ist denn auch sehr dürftig: Der Koran begnügt sich mit der Aussage, dass <Maria etwas Großartiges geleistet hat. (19:27)>

Im Konzil von Konstantinopel im Jahr 553 wurde Maria zur ewigen Jungfrau erklärt, da sie für Gott immer „empfänglich" ist. Nach christlichem Verständnis symbolisiert sie den

Wunsch der Menschen nach ewiger Liebe. Auch dieser Zusammenhang darf mit Vernunft nicht hinterfragt werden. Vernunft wurde in diesem Konzil ohnehin abgeschafft, denn die philosophische Schule Athens, deren Begründer Sokrates, Plato und Aristoteles waren, musste geschlossen werden, da Bildung dem Glauben schadet.

Tief gläubiger Katholik muss man sein, um auch noch das Dogma der Makellosigkeit Marias und damit verbunden die Makellosigkeit der Kirche anzunehmen. Die Christen behaupten nämlich, dass Gott Maria schon im Mutterleib ihrer Mutter geheiligt hatte und sie somit von der Macht der Sünde befreit war. Sie leiten diese Behauptung aus Lk 1:28ff. Bei dieser Gelegenheit gibt sich die Kirche selbst noch den Titel der Reinheit und stellt eine Beziehung zwischen Marias Makellosigkeit und der Kirche her. [Epf 5:25] Wenn Interpretation so weit geht, dann werden die Aussagen beliebig, dann darf jeder alles sagen. Der Koran verzichtet auf die Übernahme dieser Merkwürdigkeiten.

Aus der Gott gleichen Position der Maria folgert bei den Christen ihre Himmelfahrt, auch wenn es in der Bibel keinerlei Hinweis dafür gibt. Mit neuerlicher Interpretationskunst wird Lk 1:15, Offb. 3:21, Röm 8:28ff, Eph. 2:6, Kol. 3:4, Joh. 12:32 und 14:3 bemüht. Wie dann durch Maria den Menschen gezeigt werden soll, dass sie Teil an der Auferstehung und der Herrlichkeit Gottes haben, wird nur der gläubige Christ erfahren.

Auch Augustinus, der an dem ersten Konzil in Konstantinopel teilgenommen hat, konnte trotz seines persönlichen Einsatzes die Erde nicht zur Scheibe machen oder unbefruchtete Fortpflanzung höherer Säugetiere durch das Siegel eines Konzils festlegen. Dafür hat er einige, offensichtlich gefälschte Paulusbriefe, im neuen Testament untergebracht, die Ursünde oder Erbsünde den Menschen auferlegt und das römische Fest der Wintersonnenwende, den 25.12. zum Geburtstag von Jesus erklärt. <Leute, übertreibt es nicht in eurem Glauben (4:171)>

Jesus

<Die Christen sagen: „Gott hat einen Sohn bekommen." Gott gehört sowieso das gesamte Universum und alles ist ihm untertan. (2:116, 19:88) Es ist eine Lüge zu behaupten (19:89, 37:151), Gott habe ein Kind gezeugt. (37:152) Himmel und Erde bersten fast auseinander und Berge stürzen zusammen (19:90), weil sie Gott einen Sohn zuschreiben. (19:91) Für die Behauptung, „Gott hat einen Sohn gezeugt", gibt es keinen Beweis. Solche Reden sind ungehörig. Gott ist der Sich-selbstgenügende. (10:68, 19:92) Hätte Gott sich einen Sohn nehmen wollen, hätte er von dem, was er erschaffen hat, wählen können, was ihm gefällt. (39:4) Ungläubig sind diejenigen, die sagen: „Jesus ist Gott." Wer will etwas dagegen ausrichten, wenn Gott Christus oder seine Mutter oder die ganze Welt vernichten würde. Gott ist der Herr über alles. (5:17) Mohammed: „Hätte Gott wirklich einen Sohn, so wäre ich der erste, der ihn angebetet hätte." (43:81) Gott steht über solchem Gerede. (43:82) Bis zum Jüngsten Tag können die Christen ihr Spiel mit der Wahrheit über einen Sohn Gottes treiben. (43:83)>

<Und trotzdem gibt es Ungläubige, die machen den Teufel zu ihrem Partner und ihrer Unkenntnis dichten sie Gott noch Söhne und Töchter an [Jesus und die Engel oder die Töchter des Sonnengottes Hubal]. (6:100)>

<Dies ist Jesus, Sohn der Maria. (19:34) Es geziemt sich nicht für Gott sich einen Sohn zuzulegen. Wenn er etwas beschließt, so spricht er nur; „es sei“ und dann ist es so. (19:35) Jesus selbst sagte 'Gott ist mein und euer Herr, dient ihm.' (19:36) Doch die Christen wurden uneins untereinander. (19:37) Am Jüngsten Tag werden sie die Wahrheit erfahren. (19:38) Gott machte Jesus und seine Mutter Maria zu einem Zeichen und ließ sie in den Bergen, nahe einer Quelle leben. (23:50)>

< Ich bin mit der Weisheit gekommen, um euch aufzuklären, worüber ihr uneinig seid. (43:63) Gott ist mein und euer Herr. Dient ihm. Das ist der richtige Weg.“ (43:64) Doch sie blieben uneinig. Die Sünder werden ihre Strafe am Jüngsten Tag erfahren. (43:65) Dieser Tag kommt plötzlich und ohne Vorwarnung. (43:66)>

<Die Juden planten eine List und auch Gott plante, wobei Gott es besser kann. (3:54) Gott zu Jesus: „Du wirst sterben und zu mir kommen. Ich befreie dich von den Ungläubigen. Die Gläubigen werden den Ungläubigen überlegen sein und am Jüngsten Tag werde ich über das richten, worüber ihr gestritten habt. (3:55) Dies sind weise Ermahnungen Gottes. (3:58) Jesus ist wie Adam, den Gott erschaffen hat. (3:59) Das ist die Wahrheit. Zweifle nicht daran. Schwört mit euren Söhnen und Frauen darauf. Der Fluch Gottes soll auf den Lügnern lasten. (3:60, 3:61, 3:63, 3:66) Wie sollte Gott einen Sohn haben, wo doch Gott keine Frau hat und ohnehin alles erschaffen hat? (6:101)>

<Gott zu Mohammed: „Wann immer deine Leute von Jesus hören, beginnen sie aufgeregt zu diskutieren. (43:57) Dann fragen sie, wer besser sei, die Götter oder er. Sie debattieren und sind streitsüchtig. (43:58) Jesus war nur ein Diener, dem Gott Gnade erwiesen hatte. Gott machte ihn zu einem Vorbild für die Juden. (43:59) Wenn Gott es will, könnte er aus euren Reihen Engel hervorgehen lassen, um euch auf Erden zu ersetzen. (43:60) Jesus ist ein Vorzeichen des Jüngsten Tags. Folgt Gott, das ist der richtige Weg.“ (43:61) Als Jesus mit klaren Beweisen kam, sagte er: „Ich bin gekommen, um unter euch zu schlichten. Fürchtet Gott und gehorcht mir. (43:63) Gott allein ist mein Herr und euer Herr.“ (43:64)>

<Den Propheten hat Gott eine höhere Stellung gegeben und es gab welche, zu denen Gott direkt sprach. Gott unterstützte Jesus durch den heiligen Geist, aber seine Nachfolger haben sich gegenseitig bekämpft. Gott hat es so gewollt, denn sonst hätte er es verhindert. (2:253)>

<Gott wird Jesus die Schrift, die Weisheit, die Thora und das Evangelium lehren. (3:48) Jesus sprach zu den Juden: „Ich komme im Auftrag Gottes. Ich erschaffe aus Ton die Gestalt eines Vogels und mit Gottes Erlaubnis hauche ich ihm Leben ein. Mit seiner Erlaubnis heile ich die Blinden und die Aussätzigen, mache die Toten lebendig und sage euch, was ihr essen und aufbewahren sollt. (3:49) Als ein Prediger der Bibel bin ich gekommen, um einen Teil von dem zu erlauben, was euch verboten war. (3:50) Gott ist mein und euer Herr.“ (3:51) Jesus bat um Helfer. Darauf die Jünger: „Wir sind die Helfer Gottes. Wir glauben an ihn und sind ihm ergeben. (3:52) Herr, wir glauben an die Offenbarungen und folgen dem Propheten. Ordne uns zur Gruppe seiner Anhänger [Zeugen] ein.“ (3:53)>

<Auf andere Propheten folgte Jesus zur Bestätigung der Thora und ihm gab Gott das Evangelium, worin Rechtleitung und Licht sind. (5:46)>

<Ungläubig sind diejenigen, die sagen, dass Jesus Gott ist, wo er doch selbst gesagt hat: „Betet zu Gott, meinem und eurem Herrn.“ (5:72) Ungläubig sind die, die sagen: „Gott ist einer von Dreien.“ Es gibt nur einen Gott. (5:73) Wollen sich denn die Christen nicht wieder Gott zuwenden und um Vergebung bitten? (5:74) Jesus war nur ein Gesandter, wie andere vor ihm auch. Seine Mutter war eine Wahrheitsliebende. Beide hatten Bedürfnisse wie andere Menschen auch. Seht diesen Beweis der Einheit Gottes und trotzdem gibt es welche, die von der Wahrheit abweichen. (5:75)>

<Gott zu Jesus: „Hast du zu den Menschen gesagt, nehmt mich und meine Mutter als zwei Götter neben mir?" Jesus zu Gott: „Nie könnte ich das sagen, denn dazu habe ich kein Recht. Hätte ich es gesagt, würdest du es sicherlich wissen. Du weißt, was ich denke, aber ich weiß nicht, was du denkst. Du allein kennst die Gedanken. (5:116) Nichts anderes sagte ich zu ihnen, als das, was du mir aufgetragen hattest zu sagen: Dient Gott, meinem und eurem Herrn. Solange ich lebte, habe ich auf sie aufgepasst. Danach tatest du es. (5:117) Ob du sie bestrafst oder ihnen vergibst, du bist der Allmächtige, der Allwissende." (5:118) Gott: „Das ist der Tag, an dem den Ehrlichen ihre Ehrlichkeit nützt. Sie kommen ins Paradies. (5:119)>

<Dem Propheten Jesus gab Gott das Evangelium. In die Herzen derer, die ihm folgten, legte Gott Güte und Barmherzigkeit. Doch das Mönchtum, das sie im Bemühen um Gottes Wohlgefallen erfanden, das hat Gott ihnen nicht befohlen und trotzdem taten sie es, und auch noch auf eine falsche Art. Viele waren Sünder, aber dennoch belohnte Gott die Gläubigen unter ihnen. (57:27)>

<Jesus: „Ihr Juden, ich bin Gottes Gesandter, einer, der die Bibel bestätigt und einen Gesandten ankündigt, der nach mir kommen wird. Sein Name wird Ahmed bzw. Mohammed, sein." (61:6)>

<Ihr Gläubigen, seid wie die Jünger von Jesus, der sie fragte: „Wer unterstützt mich in der Sache Gottes?" und alle antworteten „Wir!" So wurde ein Teil der Juden gläubig, während ein anderer Teil ungläubig blieb. Gott verlieh denen, die glaubten, Stärke gegen ihren Feind und sie haben gesiegt. (61:14)>

<Es darf nicht sein, dass Gott einem Menschen die Bibel, Urteilsfähigkeit und Prophetie gibt und dieser daraufhin zu anderen geht und sagt: „Verehrt mich statt Gott." Vielmehr soll er ihnen die Bibel predigen und selber darin forschen. (3:79) Auch ist es anmaßend, wenn er euch befiehlt, die Engel und Propheten auf eine Stufe mit Gott zu stellen. Darf er euch befehlen, ungläubig zu sein, nachdem ihr bis dahin Gott ergeben wart? (3:80)>

Außerhalb des neuen Testaments gibt es nur Tacitus, Sueton, Plinius und Flavius Josephus, die von Jesus berichten und mehr oder weniger Zeitgenossen von ihm waren. Die Werke dieser Publizisten entstanden zwischen 110 und 120 n.Chr. Der berühmte Schriftsteller und Zeitgenosse von Jesus, Seneca, erwähnt ihn mit keiner Zeile.

Tacitus [55-120] weist die Schuld der Christen am Brand Roms zurück: „Aber der tödliche Kult, obwohl er eine Zeit lang unter Kontrolle gehalten wurde, brach nicht nur in Judäa aus, dem Ursprung dieses Übels, sondern auch im gesamten Rom, wo alle scheußlichen und geschmacklosen Ideen aus der ganzen Welt eindringen und bereitwillige Nachfolger finden" [Tacitus, Annalen 15,44]. Er berichtet auch vom Namensgeber der Bewegung, Christus, der unter Tiberius vom Prokurator Pontius Pilatus hingerichtet wurde.

Plinius [61-120] hält Christus für den Kultgott der Christen. Sueton [70-130] kommt im Rahmen der Vertreibung der Juden aus Rom unter dem Kaiser Claudius [um 49 n. Chr.] auf Christus zu sprechen. Er nimmt fälschlicherweise an, dass Christus der Anstifter der Unruhen in Rom zur Zeit des Claudius war. Die älteste jüdische Quelle zu Jesus kommt von dem jüdischen Historiker Josephus Flavius [37/38-100]. Josephus berichtet, dass Jesus ein Lehrer und Wunderheiler war, der hingerichtet wurde. Er berichtet auch von der Steinigung des Jakobus, den er als Bruder von Jesus bezeichnet.

Mehr gibt es nicht von dem Mann zu berichten, der ähnlich wie Mohammed, die Welt umfassend verändert hat. Alle weiter führenden Hinweise kommen aus dem Neuen Testament.

Danach ist Jesus über seinen Stiefvater Joseph ein Nachkomme König Davids. Der Nachweis wird über zwei Stammbäume geführt [Mt. 1,1-16 u. Lk. 3,23-38], von denen die Lukas-Version sogar mit Adam, dem ersten Menschen, beginnt. Mindestens einer von beiden muss also falsch sein. Den gläubigen Christen stören solche Merkwürdigkeiten nicht. Nach der Darstellung des Korans müsste Jesus sogar ein Neffe von Moses sein, sofern der Autor des Korans nicht Maria mir Mirjam verwechselt hat. (19:28, 3:35f, 66:12)

Die Geburt des Jesus in Bethlehem [Lk. 2,1ff], jene Weihnachtsgeschichte, die auf der Volkszählung des Quirinius basiert, ist rein mythisch. Diese Geschichte sollte nur den Messiasanspruch stützen. In der Prophezeiung des Micha 5:2 wurde nämlich die Geburt des Messias in Bethlehem, dem Stammsitz Davids, vorhergesagt. Bei solchen Volkszählungen musste man zu seinem Geburtsort reisen. Ob nun Jesus in Nazareth in Galiläa, immerhin fast 1000 km nördlich von Jerusalem, geboren wurde oder in Bethlehem, ist ohnehin bedeutungslos. Die christliche Lehre bleibt davon unberührt.

Sieht man einmal von den Kindheitsgeschichten des Jesus ab, beschäftigen sich die Evangelien nur mit den letzten eineinhalb bis zwei Jahren seines Lebens. Danach hatte er sich der Bewegung des Johannes d. T. (19:12ff) angeschlossen, bevor er selbst in der Öffentlichkeit auftrat. Vermutlich war Jesus ein jüdischer Nationalist, der sich gegen die römische Besatzungsmacht wandte und er war ein Wanderprediger, was auch den Titel Messias und die Hinrichtungsart erklärt.

> <Die Juden sagten: „Wir haben Jesus getötet." Nein, sie haben ihn nicht getötet und nicht gekreuzigt. Sie haben ihn wohl mit einem anderen verwechselt. Sie haben keine Ahnung. Gewiss haben sie ihn nicht getötet. (4:157) Vielmehr hat Gott ihn zu sich emporgehoben (4:158), denn bevor Jesus tatsächlich stirbt, wird jeder Jude an ihn glauben und am Tag der Auferstehung wird er ihr Verhalten bezeugen. (4:159) Wegen dieser Sünden und weil sie andere vom Glauben abhielten, hat Gott ihnen gute Dinge verboten, die ihnen vorher erlaubt waren. (4:160) Auch nehmen sie Zinsen, obgleich es ihnen untersagt ist und sie zehren das Gut der Leute widerrechtlich auf. (4:161) Aber die Gebildeten unter ihnen und die Gläubigen, die an Koran und Bibel, an Gott und die Auferstehung glauben, die beten und Sozialabgaben entrichten, werden belohnt. (4:162)>

Für die Berechnung des Lebenszeit Jesus gibt es zwei Anhaltspunkte: Nach Lk 1:5 und Mt 2 wurde Jesus zur Zeit Herodes geboren. Da dieser im Jahr 4 vor Christus starb, müsste dies sein spätestes historisches Geburtsjahr gewesen sein. Nach Lk 3,1 trat Johannes der Täufer, und somit auch Jesus, im 15. Jahr der Regierung des Kaisers Tiberius auf, das im Jahr 27 oder 28 war.

Das erste Evangelium, das Markusevangelium, ist erst nach dem Tod des Petrus und somit mindestens 30 Jahre nach dem Tod von Jesus selbst, im Jahr 64, entstanden. Die anderen Evangelien entstanden noch später. Angesichts dieses langen Zeitraumes haben die Evangelien nur beschränkten historischen Wert, zumal sie auch noch von überzeugten Christen geschrieben wurden. Sicher aber ist, dass nicht Jesus, sondern seine Nachfolger und ganz besonders Paul von Tarsus, der Apostel Paulus, die große Bewegung ins Rollen gebracht hat.

Muslime zu Juden und Christen

<Die einzig wahre Religion bei Gott ist der Islam. Juden und Christen haben sich über die Religion zerstritten. Wer aber nicht an die Bücher [Zeichen] Gottes glaubt, wird von ihm bestraft. (3:19) Die Juden und Christen freuen sich über den Koran, doch gibt es auch einige unter ihnen, die Teilen daraus widersprechen. Mohammed soll denen sagen: „Mir wurde nur befohlen, dem einen Gott zu dienen und keine Götzen zu verehren. Dazu rufe ich auch die Menschen auf. Eines Tages werde ich zu Gott zurückkehren. (13:36) Juden und Christen, glaubt an das, was in Koran und Bibel steht, sonst werdet ihr vernichtet und von Gott verflucht, genauso wie jene Juden, die sich am Sabbatgebot vergangen haben. Gott vollzieht, was er ankündigt. (4:47) Wäre das Volk der Bibel gläubig, wäre es besser für sie. Manche sind gläubig, aber die Mehrheit sind Sünder. (3:110)>

<Die Juden und die Christen werden nicht eher zufrieden sein, bis du dich zu ihnen bekennst. Wenn du ihnen aber folgst, obwohl du den Koran kennst, so wirst du vor Gott weder Freund noch Helfer haben. (2:120) Die Ungläubigen unter den Juden, Christen und Heiden möchten nicht, dass Gott den Muslimen Gutes tut, doch Gott gibt seine Barmherzigkeit, wem er will. (2:105) Wollt ihr Mohammed ausfragen, wie früher Moses ausgefragt wurde? Wer den Unglauben gegen den Glauben eintauscht, der ist endgültig vom rechten Weg abgekommen. (2:108) „Es kommt niemand ins Paradies außer Juden und Christen", sagen sie. Das sind Wunschvorstellungen. Mohammed soll fragen: „Wo sind die Beweise dafür?" (2:111) Wer sich Gott hingibt und Gutes tut, wird von Gott belohnt. So einer braucht keine zu Angst haben und wird auch nicht traurig sein. (2:112)>

<Falls euch gesagt wird: „Wenn ihr Juden oder Christen seid, dann seid ihr doch auf dem rechten Weg." Antworte: „Nein! Wir sind Muslime und glauben an die Religion Abrahams, der nur den einen Gott verehrt und nicht noch Götzen neben Gott. (2:135) Wir glauben an Gott und an das, was er uns, Abraham, Ismail, Isaak, Jakob und deren Stämmen offenbart hat, was er Moses, Jesus und den anderen Propheten mitgeteilt hatte. Wir kennen unter den Propheten keinen Unterschied. Wir bleiben Gott ergeben." (2:136) Wer so glaubt, der verhält sich richtig. Wer sich aber abwendet, spaltet die Gemeinde. Doch Gott unterstützt die Gemeinde. (2:137) Dies ist unsere Identität [? Taufe, Glaube, ?] von Gott und das ist schönste Form einer Identität [?]. (2:138) Oder wollt ihr Juden und Christen mit uns Muslimen über Gott streiten, wo doch unser Gott auch euer Gott ist? Am Ende muss sich jeder selbst verantworten. (2:139) Oder wollt ihr etwa behaupten, dass Abraham, Ismail, Isaak, Jakob und deren Stämme Juden oder Christen waren. Wisst ihr es besser oder Gott? Wer ist schlimmer als einer, der eine Aussage Gottes verheimlicht. Gott weiß Bescheid. (2:140)>

<In eurem Leben werdet ihr sicher noch mit eurem Vermögen und eurer Persönlichkeit Prüfungen ausgesetzt. Ihr sollt auf eure Entschlossenheit geprüft werden, indem ihr verletzende Äußerungen von den Juden, Christen und Heiden hört. (3:186) Zwischen den Muslimen, den Juden, den Sabäern und den Christen, den Zoroastristen und den Götzendienern wird Gott am Tag der Auferstehung richten. (22:17)>

<Gott hat die Juden in zwölf Stämme aufgeteilt. Er hat sie verpflichtet zu beten, Sozialabgaben zu entrichten, an seine Propheten zu glauben und ihnen zu helfen und gute Werke zu tun. Im Gegenzug versprach er Anteilnahme, vergab ihnen ihre Sünden und ließ sie in ein fruchtbares Land einziehen. Wer aber danach ungläubig wird, so der Vertrag, der ist dann endgültig vom rechten Weg abgekommen. (5:12) Weil aber die Juden ihren Bund mit Gott brachen, wurden sie verflucht. Daraufhin hatte Gott ihnen ihr Gefühl blockiert, so dass sie die Bibel an bestimmten Stellen entstellten. Mit Ausnahme weniger verhalten sich die Juden hinterhältig. Man soll aber nachsichtig mit ihnen sein, denn Gott liebt die Rechtschaffenen. (5:13) Auch die Christen haben einen Teil ihrer Versprechun-

gen an Gott vergessen. Darum sät Gott Feindschaft und Hass unter ihnen, der bis zum Tag der Auferstehung anhalten wird. Dann wird er sie über ihre Fehler aufklären. (5:14)>

<Die Juden und Christen sagen: „Wir sind die Söhne Gottes und seine Lieblinge." Nein, sie sind gewöhnliche Menschen. Er bestraft sie schließlich auch für ihre Sünden. (5:18) Die Juden und Christen sollen nicht meinen, dass die Muslime nicht imstande seien, die Gnade Gottes zu erlangen. Diese Gnade liegt in seiner Hand. Er gibt sie, wem er will. Gott ist voller Gnade. (57:29)>

<Ein Teil der Juden und Christen hatte sich von den Offenbarungen abgewandt. (3:23) Sie meinen nämlich, das Leid der Hölle sei nur befristet. Wie können sie nur so etwas denken? (3:24) Die hat Gott verflucht und am Jüngsten Tag müssen sie alle ihre Sünden bezahlen. Trotzdem wird ihnen kein Unrecht getan. (3:25)>

<Juden und Christen sind untereinander Verbündete, deshalb sollen die Muslime sie nicht als Freunde nehmen. Wer es trotzdem tut, der gehört zu ihnen. Gott weist nicht dem Volk der Sünder den rechten Weg. (5:51) Diejenigen unter ihnen, die den Islam ablehnen, sagen: „Wir fürchten, dass uns ein Unglück treffen wird. Aber vielleicht wird Gott den Erfolg oder sonst eine Entscheidung herbeiführen. [?] Dann werden sie ihre Haltung bereuen [?]. (5:52) Darauf die Gläubigen: „Sind das die, die geschworen haben, den Muslimen die Treue zu halten?" Ihre Werke sind hinfällig. Sie haben den Schaden. (5:53)>

<Würden die Juden und Christen den Geboten der Thora und des Evangeliums und der übrigen Offenbarungen folgen, würde es ihnen wohl ergehen. Unter ihnen gibt es einige, die sich gemäßigt verhalten, andere benehmen sich jedoch schlimm. (5:66) Juden und Christen handelt nach den Geboten aus Thora und Evangelium und den übrigen Offenbarungen. Die Offenbarungen des Korans werden aber viele der Juden und Christen in ihrer Ablehnung und in ihrem Unglauben nur bestärken. (5:68)>

<Juden und Christen, warum leugnet ihr die Zeichen Gottes? Warum wollt ihr die Muslime vom Islam abhalten und Gottes Offenbarungen verdrehen, obwohl ihr sie doch kennt? (3:99) Wenn die Muslime den Juden oder Christen folgen, werden sie ihren Glauben wieder verlieren. (3:100) Doch wie sollte dies möglich sein, denn den Muslimen wird der Koran verlesen und Mohammed weilt unter ihnen. (3:101) Viele der Juden und Christen versuchen die Gläubigen in ihrem Glauben zu verunsichern, dass sie neidisch auf die Muslime sind, denen die Wahrheit der Offenbarung klar ist. Verzeiht ihnen und seid nachsichtig, bis Gott seine Entscheidung über sie trifft. (2:109)>

<Juden und Christen lasst uns beschließen, dass wir Gott allein verehren und ihm niemanden gleich setzen. Wenn ihr damit nicht einverstanden seid, dann lasst uns zumindest alle wahrhaft gottergeben sein. (3:64) Juden und Christen, warum streitet ihr über Abraham. Thora und Neues Testament wurden doch erst nach seinem Tod veröffentlicht. Wisst ihr das nicht? (3:65) Folgt der Religion Abrahams, der keine Götzen neben Gott zuließ. (3:95) Diskutiert nur über Dinge, zu denen ihr Kenntnisse habt. Ihr könnt euch doch nicht über etwas auseinander setzen, von dem ihr keine Ahnung habt. Gott allein nur weiß es, ihr doch nicht. (3:66) Abraham war weder Jude noch Christ. Er war fromm und reinen Glaubens, ein Monotheist, kein Anhänger der Vielgötterei. (3:67) Die ihm folgen und am nächsten stehen, sind der Prophet Mohammed und die Muslime. (3:68) Einige der Juden und Christen wollen euch bekehren, aber sie täuschen nur sich selbst und wissen es noch nicht einmal. (3:69) Juden und Christen, leugnet doch nicht die Zeichen Gottes, die ihr schließlich doch bestätigt. (3:70) Juden und Christen verpackt nicht die Wahrheit mit der Unwahrheit, wo ihr die Wahrheit doch kennt. (3:71) Einige der Juden und Christen sagen: „Glaubt des Morgens an das, was die Muslime propagieren und des Abends leugnet es wieder. So könnt ihr die Muslime vielleicht bekehren. (3:72) Glaubt nur dem, der eures Glaubens ist." Nur von Gott kommt der Hinweis auf den richtigen Weg, den er euch und anderen gibt. Und wenn die Juden und Christen mit euch streiten wollen, dann ant-

wortet ihnen: „Die Güte kommt von Gott. Er gibt sie, wem er will." (3:73)>

<Es gibt manchen unter den Juden und Christen, denen du etwas Wertvolles anvertrauen kannst. Er wird es dir wiedergeben. Aber es gibt auch einige, die dir erst dann geliehenes Kleingeld zurückgeben, nachdem du sie mehrfach daran erinnert hast. Ihre Begründung: Wir haben gegen jene, die nicht unsere Glaubensbrüder sind, keine Verpflichtungen. Damit sprechen sie gegen Gott wissentlich eine Lüge aus. (3:75) Wer jedoch seinen Verpflichtungen nachkommt und Gott fürchtet, den liebt Gott. (3:76)>

<Einige der Juden und Christen verdrehen den Wortlaut der Bibel, damit ihr meint, was sie sagen, steht in der Bibel, während es tatsächlich gar nicht darin steht. Und trotzdem sagen sie, es stamme von Gott, obwohl es gar nicht von ihm stammt. Damit sprechen sie wissentlich gegen Gott eine Lüge aus. (3:78) Die Juden und Christen kennen sehr wohl die Wahrheit, aber sie verheimlichen einen Teil davon. (2:146) Die Wahrheit kommt von Gott. Zweifle nicht daran. (2:147)>

<Unter allen Menschen sind die Juden und die Heiden die schlimmsten Gegner der Gläubigen. Die Christen stehen den Gläubigen am nächsten, weil es unter ihnen Priester und Mönche gibt und weil sie nicht hochmütig sind. (5:82) Wenn sie die Offenbarungen aus dem Koran hören, füllen sich ihre Augen mit Tränen, ob der Wahrheit, die sie erkennen. Dann sagen sie: „Lieber Gott, auch wir wollen Muslime werden. (5:83) Wir glauben an Gott, an die Offenbarungen und auch daran, dass Gott uns mit den Gläubigen ins Paradies führt." (5:84) Im Paradies erwartet sie die Glückseligkeit. (5:85) Die Ungläubigen aber kommen in die Hölle. (5:86)>

<Hätte Gott den Juden [es können auch die Christen sein] gesagt: „Tötet euch selbst oder verlasst eure Heimat", so hätten sie es verständlicherweise nicht getan. Aber wenn sie wenigstens das tun würden, wozu sie aufgefordert werden, so wäre es besser für sie und stärkend für ihren Glauben. (4:66) Dann kämen sie ins Paradies und Gott würde sie auf den richtigen Weg führen. (4:67, 4:68)>

<Die Juden, die Christen, die Sabäer und wer an Gott und den Jüngsten Tag glaubt, Gott gehorcht und Gutes tut, wird von Gott belohnt. Diese werden auch keine Angst haben und nicht traurig sein. (2:62, 5:69) Gott hatte einen Bund mit den Juden geschlossen und Propheten geschickt. Wenn sie aber etwas forderten, was ihnen missfiel, erklärten sie sie für Lügner und brachten sie um. (5:70) Sie meinten, es gäbe keine weiteren Prüfungen und so wurden sie blind und taub. Als Gott sich ihnen erneut zuwandte, wurden viele erneut blind und taub. (5:71)>

<Sprich: „Wollt ihr statt Gott etwas anbeten, was euch weder schaden noch nützen kann? Gott allein ist der Allhörende, der Allwissende. (5:76) Juden und Christen übertreibt es nicht mit der Religion und folgt nicht dem Stil der Leute, die den falschen Weg gingen und viele dazu verführt haben. (5:77) Die ungläubigen Juden, die gegen die Gebote verstießen, wurden schon von David und Jesus verflucht. (5:78) Sie haben sich nicht gegenseitig an ihren Sünden gehindert. Übel war deren Verhalten. (5:79) Man kann beobachten, dass viele der Juden sich den Ungläubigen anschließen. Schlimm, wie sie sich damit selbst belasten und Gott gegen sich aufbringen. Sie kommen auf ewig in die Hölle. (5:80) Hätten sie an Gott, die Propheten und die Offenbarungen geglaubt, hätten sie die Ungläubigen nicht zu ihren Freunden nehmen müssen. Viele von ihnen sind Sünder. (5:81)>

<Einst hatten die Menschen nur einen einzigen Glauben. Als sie sich später spalteten, ließ Gott die Propheten als Verkünder froher Botschaften und als Lehrer auftreten. Mit ihnen schickte er immer ein Buch der Wahrheit, um den Menschen in Momenten des Zweifels zu helfen. Aber genau über diese Bücher stritten sie dann. Gott führt nun die Muslime in Fragen des Glaubens. (2:213) Wollen Juden oder Christen mit den Muslimen über Gott streiten? Er ist doch unser aller Gott und ihr seid für euch und wir für uns verantwortlich. Gott sind wir Muslime treu ergeben. (2:139)>

<Wir glauben an Gott und an das, was uns übermittelt wurde. Wir machen keinen Unterschied zwischen den Offenbarungen, die Abraham und seine Nachfolger erhielten, oder zwischen Moses, Jesus und den anderen Propheten. Wir sind Muslime. (2:136, 3:84) Wer einer anderen Religion als dem Islam anhängt, ist ein Ketzer. Gott hilft den Muslimen gegen diese Abtrünnigen und im Jenseits werden sie untergehen. (2:137, 3:85)>

<Die Juden und die Christen bezichtigen sich gegenseitig der Inkompetenz. Und doch lesen beide die Bibel. Solche Beschuldigungen äußern auch die Heiden. Aber Gott wird am Tag der Auferstehung über das entscheiden, worüber sie heute streiten. (2:113) Juden und Christen sind Gemeinschaften, die der Vergangenheit angehören und ihr Muslime seid nicht verantwortlich für das, was sie getan haben. Ihr seid verantwortlich für das, was ihr tut. (2:141)>

<Die Dummen unter den Menschen fragen: „Was hat sie bewogen, ihre Gebetsrichtung zu ändern?“ Sprich: „Gott gehört der Osten und der Westen. Er leitet, wen er will, auf den richtigen Weg.“ (2:142) Gott hat die Muslime zu einer Gemeinschaft gemacht, die Juden und Christen verbinden und er hat Mohammed zu einem Mittler zwischen ihnen eingesetzt. Damit man aber die Gläubigen von den anderen unterscheiden kann, wurde die Gebetsrichtung geändert. Die alte Gebetsrichtung galt nur, um jetzt mit der neuen zu prüfen, wer ein Abtrünniger ist. Mag es manchen schwer fallen, wer aber recht geleitet ist, dem fällt es leicht. Gott will euren Glauben erblühen lassen. (2:143) Bisher habt ihr beim Beten euer Gesicht zum Himmel emporgehoben. Wo immer ihr auch seid, wendet es nun zum Tempel nach Mekka. Jeder, der die heiligen Schriften kennt, weiß, dass diese Anordnung von Gott kommt. (2:144) Würdest man den Juden und Christen noch so viele Beweise bringen, sie würden trotzdem nicht ihre Blickrichtung beim Gebet ändern. Juden und Christen haben ja auch keine gemeinsame Gebetsrichtung. Folgt daher auch nicht den anderen. Tut ihr es trotzdem, gehört ihr zu den Sündern. (2:145) Von wo du auch herkommst und wo du auch bist, wende dein Gesicht in Richtung der heiligen Moschee nach Mekka. Dann haben die Menschen kein Argument gegen euch - außer denen, die unrecht tun. Fürchtet nicht sie, sondern fürchtet Gott. So vollendet Gott seine Gnade an euch und wird euch vielleicht auf den rechten Weg führen. (2:150)>

<Eure Gemeinschaft ist eine Einheit und Gott ist euer Herr. Fürchtet ihn. (23:52) Aber die Menschen wurden uneinig und spalteten sich in Parteien. (23:53) Belass sie eine Zeitlang in ihrer Unwissenheit. (23:54) Nur weil Gott sie reichlich mit irdischen Gütern und mit Söhnen versorgt (23:55), meinen sie, Gott wolle ihnen auch im Jenseits Gutes tun. Nein, sie haben keine Ahnung. (23:56)>

<Ihr Juden und Christen feindet ihr die Muslime nur deshalb an, weil sie an Gott, an die früheren Offenbarungen und an den Koran glauben? Feindet ihr die Muslime an, weil die meisten von euch Sünder sind? (5:59) Noch schlimmer als ihr sind jene, auf die Gott zornig ist und die er verflucht. Aus denen hat er Affen, Schweine und Götzendiener gemacht. (5:60) Das sind Ungläubige, die behaupten, Gläubige zu sein. Doch Gott weiß, was sie denken. (5:61) Man sieht, wie sie sündigen und wie sie zu Unrecht erworbenes Gut verbrauchen. (5:62) Warum untersagen ihnen die Rabbiner und die Schriftgelehrten nicht ihr Verhalten? Übel was sie tun. (5:63)>

<Muslime, diskutiert mit den Juden und den Christen! Meidet aber die Sünder unter ihnen und sprecht: „Wir glauben an die Aussagen des Korans und der Bibel und unser Gott und euer Gott ist einer und ihm sind wir ergeben.“ (29:46)>

Wer ist Muslim, wer ist Christ und wer ist Jude?

Ein Muslim ist ein Mensch, der das Glaubensbekenntnis „Es gibt keinen Gott außer Gott und Mohammed ist sein Prophet“ vor mindestens zwei Zeugen ausspricht. Die Schiiten ergänzen dieses Glaubensbekenntnis noch um die Aussage: „…und Ali ist der Freund Gottes.“ Ali war der Schwiegersohn Mohammeds und in den Augen der Schiiten sein erster Nachfolger. Ein Muslim muss aber auch anerkennen, dass der Koran das Wort Gottes und die Engel Boten Gottes sind und dass der Jüngste Tag der Beginn der Ewigkeit ist, an dem Gott über die Menschen richtet. Einer der sich Muslim nennt, muss sich auch noch zu den fünf Säulen des Islam bekennen: dem oben genannten Glaubensbekenntnis, der Verpflichtung fünfmal täglich zu beten, Sozialabgaben zu leisten, Fasten im Monat Ramadan und einmal im Leben die Pilgerreise nach Mekka anzutreten.

Ein Christ kann ein orthodoxer, protestantischer, lutherischer, katholischer, baptistischer usw-Christ sein. Ein Katholik z.B. muss von einem katholischen Priester getauft sein und wird dann in der Gemeinschaft der Kirche aufgenommen. Er muss im Besitz des Geistes Christi sein und die ganze Ordnung der Kirche mit allen in ihr eingerichteten Mittel zum Heil annehmen. Dazu gehört die Anerkennung der Autorität des Papstes und der Bischöfe. Institution und Gläubige sind durch die Bande des Glaubensbekenntnisses und der Sakramente verbunden. Nicht gerettet wird, wer im Schoße der Kirche zwar „dem Leibe“, aber nicht „dem Herzen“ nach verbleibt. Glauben ist nach dem Verständnis der Katholiken ein kirchlicher Akt, denn der Glaube der Kirche geht dem Glauben des einzelnen voraus, zeugt, trägt und nährt ihn. „Niemand kann Gott zum Vater haben, der die Kirche nicht zur Mutter hat.“

Die Definition eines Juden ist bedeutend einfacher. Ein Jude ist nämlich Jude, wenn die Mutter Jüdin ist, und er ist es sogar dann, wenn er sich selbst als ungläubig bezeichnet. Aber einer, der konvertiert ist und nach den Regeln des Judentums, der Halacha, lebt, doch keine jüdische Mutter hat, wird von orthodoxen Juden nicht als Jude anerkannt.

Für die Gemeinschaft der Juden gibt es viele Bezeichnungen, aber keine die allgemein anerkannt ist. Sie reicht von Volk, über Religion zu Rasse oder Kulturgemeinschaft. Die Bezeichnung Volk erscheint trotz der biblischen Bestimmung heute nicht mehr geeignet, denn ein Zusammengehörigkeitsgefühl, basierend auf Kultur, Sprache und Geschichte trifft sicher nicht auf Menschen zu, die in der Welt verstreut leben. Religion trifft nur teilweise zu, wie am obigen Beispiel des ungläubigen jedoch gebürtigen Juden gezeigt wurde. Eine Gemeinschaft die keine einheitliche Sprache, Kultur und Rasse hat und keinem regionalen Ursprung aus jüngerer Zeit zugeordnet werden kann, kann nicht als ethnische Gruppe bezeichnet werden. Dagegen spricht aber, dass Jude ist, wer eine jüdische Mutter hat. Am ehesten noch greift die Bezeichnung Traditionsgemeinschaft.

Das Verständnis des einen vom anderen

<Glaubt nur denen, die auch Muslime sind. (3:73)>

<Die Juden sagen, Esra ist Gottes Sohn und die Christen sagen Jesus ist Gottes Sohn. Das sind unüberlegte Äußerungen, genauso haben die Ungläubigen früherer auch gesprochen. Gott wird sie für diese Lügen bestrafen. (9:30) Sie akzeptieren neben Gott die Autorität ihrer Rabbiner, der Mönche sowie Christus, den sie mit Gott gleich stellen. Dabei sollen sie nur dem einen Gott dienen. (9:31) Sie wollen das Licht Gottes auslöschen. Aber Gott will sein Licht in ganzer Helligkeit erstrahlen lassen, so sehr sich die Ungläubigen dem auch widersetzen. (9:32) Gott ist es, der Mohammed mit der Rechtleitung und der wahren Religion geschickt hat, um ihr zum Sieg über alle anderen Religionen zu verhelfen, auch wenn sich die Andersgläubigen dem noch so sehr widersetzen. (9:33) Viele Priester und Mönche bringen die Menschen in betrügerischer Weise um ihr Vermögen und halten sie vom Weg Gottes ab. Doch wer Geld sammelt und es nicht entsprechend dem Willen Gottes einsetzt, der wird schwer bestraft. (9:34) Am Jüngsten Tag sollen diese Schätze am Feuer der Hölle glühend gemacht und ihre Stirn, Seiten und Rücken damit gebrandmarkt werden. „Seht her, das ist es, was ihr euch selbst eingesteckt habt. Genießt es nun.“ (9:35)>

<Die Juden, Christen und Heiden können von ihrem Irrtum nicht befreit werden, bis ein klarer Beweis zu ihnen kommt (98:1): Ein Gesandter Gottes, der ihnen die originale Abschnitte des Korans erklärt (98:2), in denen beweisbare Texte enthalten sind. (98:3) Erst nachdem sie die klaren Beweise [der Koran?] erhalten hatten, haben sie sich in Gruppen aufgespaltet. (98:4) Im Koran wird doch nichts anderes befohlen, als an Gott zu glauben, zu beten und Sozialabgaben zu entrichten. Das ist die wahre Religion. (98:5) Jene, die ungläubig unter den Juden, Christen und Heiden sind, kommen in die Hölle und werden dort ewig bleiben. Sie sind die schlechtesten aller Geschöpfe. (98:6)>

Die katholischen Christen bezeichnen die Juden als das Volk Gottes, dem das Gesetz, der Gottesdienst und die Verheißung gegeben wurde. Diesem Volk gewährt Gott Gnade und Berufung und diesem Volk entstammt auch Christus. [Röm 9,4f , Röm 11,29] Nach dem Verständnis der Christen verfolgen Juden und Christen ähnliche Ziele: Die Ankunft bzw. die Wiederkunft des Messias.

Den Muslimen gestehen die Christen zu, dass sie als Monotheisten die „Heilsabsichten“ Gottes erfahren werden.

Das Verhältnis der Juden zu den Muslimen und den Christen ist frei von jedem Bestreben, den Andersgläubigen zu bekehren, oder auch nur Einfluss auf deren Glauben zu nehmen. Wie sollte das auch gehen, wenn nach dem Verständnis der orthodoxen Juden ein Jude nur dann ein Jude ist, wenn seine Mutter Jüdin ist. Jede Mission müsste in die Unsinnigkeit führen, nichtjüdische Männer zur Ehe mit jüdischen Frauen zu animieren.

Was ist das Gemeinsame des Glaubens?

Bei Juden, Christen und Muslimen gleichermaßen ist jener sich selbst wissende, von der Einheit getrennte Gott, der transzendentale Bezugspunkt. Gott ist der Schöpfer der Raumzeit und des Lebens. Er steht eigenständig neben seiner Schöpfung. Gott hat alles vorbestimmt und eines Tages wird er die Toten auferwecken und über sie am Maßstab der göttlichen Gesetze seiner Offenbarungen richten. Die Propheten haben die Offenbarungen Gottes an die Menschen weitergegeben und die fünf Bücher des Moses sind das Wort Gottes.

Die Gemeinsamkeiten der Muslime und der Christen geht noch einen Schritt weiter, nämlich bis zur Anerkennung des Evangeliums als göttliche Offenbarung.

Von den Juden übernahmen die Muslime einige ihrer Riten, änderten sie aber so, dass sie Identität stiftend sind:

Der islamische Gottesdienst am Freitag entsprechend der jüdischen Sabbatfeier, das regelmäßige Gebet und die anfängliche Gebetsrichtung nach Jerusalem, die später gegen Mekka ausgetauscht wurde. Aus den jüdischen Fastentagen wird der Fastenmonat. Die Wallfahrt nach Jerusalem wird durch die Pilgerreise nach Mekka ersetzt. Die rituellen Waschungen vor dem Gebet und die Aufteilung reiner und unreiner Speisen werden mit entsprechenden Anpassungen auch übernommen.

Was trennt die Gemeinschaften?

Damit sind die Gemeinsamkeiten aber schon erschöpft, obwohl man annehmen könnte, dass wenigstens die begriffliche Definition von Gott, auf den sie sich ja alle beziehen, noch gleich ist.

Doch die Christen beschreiben Gott mit „Dreieinigkeit", „Dreifaltigkeit" oder „Trinität." Der Einfluss der drei römischen Götter, Jupiter - Juno - Minerva und die zunehmende Verbreitung des Christentums unter den Römern förderte wohl die Idee der Trinität.

> <Leute, übertreibt es nicht in eurem Glauben. Jesus ist nur ein Gesandter Gottes. Sagt nicht „Drei", also Gott, Jesus und heiliger Geist. Es liegt Gott fern, ein Kind zu haben. (4:171) Jesus selbst würde es nicht ablehnen, als ein Diener Gottes bezeichnet zu werden, genauso wenig wie die Gott nahe stehenden Engel. (4:172)>

Seither behaupten viele der christlichen Kirchen, dass der Begriff „Gott" ein Gruppenname sei, bestehend aus Vater, Sohn und Geist. Diese Behauptung führt zu Absurditäten, denn dann wurde Maria von Gott geschwängert [Joh 1:18], um ihn anschließend zu gebären, war der Allmächtige ein hilfloses Kind und stirbt als Mann, obwohl er doch unsterblich ist und in seinen Gebeten führte er Selbstgespräche. Der Ausspruch von Jesus: „Nicht mein Wille, sondern der Deine“ [Lk 22:42] besagt, dass Gottes Wille gespalten ist. „Der Vater ist größer als ich“ [Joh. 14:28], heißt ‚ich bin größer als ich’

<Gott zu Jesus: „Gedenke Gottes Gnade und wie dich Gott mit dem heiligen Geist stärkte, so dass du schon in der Wiege zu den Menschen sprechen konntest. Und später als dir Gott Weisheit gab und dich die Bibel lehrte und wie du mit Gottes Erlaubnis Vögel aus Ton bildetest, die dann mit deinem Atem und Gottes Erlaubnis zu wirklichen Vögeln wurden, wie du die Blinden und Aussätzigen geheilt hast, wie du die Toten mit Gottes Erlaubnis erweckt hast und wie Gott die Juden von dir abhielt, als sie dich der Zauberei bezichtigten.“ (5:110)>

Mit der Bibel, ähnlich dem Koran, lässt sich natürlich jede Aussage begründen, denn die Elastizität der Interpretation wurde von den Theologen vorgegeben und dann ist auch Trinität begründbar: „So haben doch wir nur einen Gott, den Vater. Von ihm stammt alles und wir leben auf ihn hin. Und einer ist der Herr Jesus Christus. Durch ihn ist alles und wir sind durch ihn.“ [1Kor 8:6] Jesus sagt: „Wenn jemand mich liebt, wird er an meinem Wort festhalten; mein Vater wird ihn lieben und wir werden zu ihm kommen und bei ihm wohnen.“ [Joh.14:23] Aus diesen Aussagen auf die Einheit Gott und Sohn zu schließen, gelingt nur dem gläubigen Christen und der katholischen Dogmatik.

Die Gegner der Dreifaltigkeit verweisen darauf, dass neben Jesus [Joh.20:28] auch Moses [2. Mose 4:16], der Teufel. [2. Kor. 4:4] oder der eigene Körper [Phil. 3:19] mit dem Begriff „Gott“ in der Bibel besetzt wird, im übertragenen Sinn natürlich.

Auch der Geist Gottes wird in der Bibel personifiziert [Römer 8:9], genauso wie die Weisheit [Mat. 11:19] oder der Tod [Röm 5:14, 17, 21; 6:12] oder die Liebe. [1. Kor.13] Die Dogmatik schließt daraus auf die Einheit Gottes mit dem Geist.

Ein wesentliches Detail der vielen Unterschiede aus Bibel und biblischen Nacherzählungen im Koran ist die Geschichte Abrahams und die versuchte Opferung seines Sohnes. In der Bibel wird Isaak [Gen.22ff], der Sohn mit seiner Frau Sara genannt, im Koran ist es Ismael, der Sohn Abrahams mit seiner Sklavin Hagar. Für die Juden ist Isaak ihr leiblicher Stammvater, für die Muslime ist es Ismael, der ein Urvater Mohammeds sein soll.

Die Juden lehnten Mohammed auch deswegen ab, weil „wenn ein Prophet spricht und sein Wort sich nicht erfüllt, dann ist es nicht das Wort Gottes [5. Mose 18:22].“ Sie bezeichneten ihn als Lügner, <denn Gott hat Mohammed keine Zeichen der Prophetie mitgegeben, da solche Zeichen auch früher nicht zur Gläubigkeit geführt hatten. (17:59) Schließlich ist Mohammed nur eine Mensch und ein Gesandter Gottes. (17:83)>

Alle anderen Abweichungen zum Grundsatz des jeweiligen Glaubens ergeben sich aus den gegenseitig nicht anerkannten Quellen göttlicher Veröffentlichungen oder Offenbarungen. Juden und Christen bestreiten, dass Gott der Autor des Korans ist und schon das Neue Testament ist für die Juden ein rein menschliches Produkt.

Die Bezeichnung „göttliche Offenbarung“ für Thora, Evangelium und Koran wird auch unterschiedlich gehandhabt. Für Juden ist die Offenbarung Gottes das Sprechen und Handeln

Gottes in der Geschichte Israels und die Christen erfahren die Offenbarung Gottes durch das Wirken seines Sohnes.

Für den Islam ist der Koran das zeitlos gültige Wort Gottes: <Die Botschaft des Korans stammt ohne Zweifel von Gott. (32:2, 36:5, 39:1, 40:2) und im Koran gibt es nichts Falsches, denn es ist eine Offenbarung Gottes. (39:28, 41:42) Er ist eine Anweisung zur korrekten Lebensführung. (45:11)> Der Koran nimmt im Islam die Stellung ein, die im Christentum Jesus und im Judentum Israel innehat. Die Bezeichnung „Schriftreligion“ trifft im wörtlichen Sinn daher nur auf den Islam zu. Diese Fixierung auf den Text bedeutet, dass der Wortlaut des Originals göttlich ist. Jede Anweisung im Original ist verbindlich und unveränderlich. Eine lebendige Theologie ist somit nicht möglich.

Der Koran über die Gläubigen

Fromm und gläubig

<Ihr Gläubigen seid die beste Gemeinde, die für die Menschen entstand. Ihr verordnet das Rechte und verbietet das Unrecht und glaubt an Gott. (3:110)>

<Es gibt keinen Zwang im Glauben. Der richtige Weg ist aber jetzt erkennbar. Wer an Gott glaubt, der hat einen sicheren Halt. (2:256) Und fürchtet das Feuer, das für die Ungläubigen vorbereitet ist. (3:131) Ein Gläubiger hat an Mohammed ein schönes Vorbild. (33:21) An jedem Gläubigen habt ihr ein gutes Beispiel. Und wenn sich mal einer abwendet, Gott ist auf keinen angewiesen. (60:6)>

<Frömmigkeit heißt nach dem Gelübde leben (76:7), an Gott glauben, an den Jüngsten Tag, an die Engel, an den Koran und an die Propheten. Fromm sein heißt nicht, das Gesicht nach Osten oder Westen zu richten. Frömmigkeit bedeutet den Verwandten, den Waisen, den Armen, dem Pilger und den Bettlern vom eigenen Vermögen geben, auch wenn man daran hängt. Frömmigkeit heißt Sklaven freikaufen, beten und Sozialabgaben [Zakah] entrichten, Versprechen einhalten und in Zeiten von Elend, Not und Krieg geduldig sein. Wer sich so verhält, ist wirklich fromm und gottesfürchtig. (2:177) Mohammed und die Muslime glauben an die Offenbarungen Gottes. Sie glauben an Gott, seine Engel, seine Schriften und seine Propheten, unter denen es keine Unterschiede gibt. Die Gläubigen horchen und gehorchen. (2:285)>

<Betet, entrichtet eure Sozialabgaben und gehorcht Mohammed. (24:56) Selig ist derjenige, der sich von Sünden rein hält (91:9), aber versagt hat derjenige, der sich in Sünden verstrickt. [oder: enttäuscht ist, wenn sie geschehen] (91:10) Der Gläubige findet Trost im Denken an Gott. (13:28)>

<Nur die sind gläubig, die beim Vortrag des Korans sich niederwerfen und beten. Wer sich so verhält, ist nicht hochmütig (32:15) und schläft nicht ein [?] (32:16) Niemand weiß, welch wunderbaren Ausgleich sie dafür erhalten. (32:17) Zu Gottes Zeichen gehören Tag und Nacht, Sonne und Mond. Doch ihr dürft weder Sonne noch Mond anbeten. Werft euch vor Gott nieder, der sie geschaffen hat und dient nur ihm allein. (41:37)>

<Wer ist besser als einer, der tut, was recht ist und sagt: „Ich bin ein Gott Ergebener." (41:33) Gläubig sind die, deren Herzen erschauern, wenn sie an Gott denken und die in ihrem Glauben bestärkt werden, wenn aus dem Koran gelesen wird und die auf Gott vertrauen. (8:2) Das sind jene, die beten und spenden. (8:3) Diese sind die wahren Gläubigen. Sie genießen die Wertschätzung Gottes, sowie Vergebung und kommen ins Paradies. (8:4) Unter den Dienern Gottes gab es welche, die sagten: „Herr, wir glauben. Vergib uns und erbarme dich unser." (23:109)>

<Die gläubigen Männer und Frauen sind einer des anderen Beschützer. Sie fördern das Gute, verbieten das Böse, verrichten ihr Gebet, spenden und gehorchen Gott und Mohammed. (9:71) Die Gläubigen sind Leute, die dem Bündnis mit Gott die Treue halten. Manche haben ihr Gelübde schon erfüllt, andere warten noch. (33:23) Unter denen, die Gott erschuf, gibt es eine Gemeinschaft, die ihre Mitmenschen nach den Grundsätzen des Korans [der Wahrheit] führen und Gerechtigkeit üben. (7:181)>

<Gläubigkeit und Liebe zu Ungläubigen schließen sich gegenseitig aus, auch dann, wenn die geliebten Personen Väter, Söhne, Brüder oder sonstige Verwandte sind. Gott hat die Gläubigen doch mit seinem Geist gestärkt und ihnen das Paradies versprochen. Gott hat Gefallen an den Gläubigen sowie die Gläubigen Gefallen an Gott haben. Sie vertreten den Standpunkt Gottes. (58:22)>

<Meint bloß nicht, dass Gott bloß die Sünder prüft. (8:25) Lasst euch nicht von Satan verführen, denn er ist euer Feind. (43:62) Auf Gott sollen die Gläubigen vertrauen. (58:10)>

<Sind die Gläubigen den Ungläubigen gleich? Nur der lässt sich aufklären, der verständig ist, (39:9) den Ermahnungen folgt und Gott im Verborgenen fürchtet. Darum gib nur diesen die frohe Botschaft von Vergebung und einem ehrenvollen Lohn. (36:11)>

<Jedem Volk hat Gott Andachtsriten gegeben, die sie befolgen. Streitet nicht mit Mohammed darüber. (22:67) Wenn sie es trotzdem tun, so sprich: „Gott weiß, was ihr tut." (22:68)>

<Ihr Gläubigen seid die beste Gemeinde, die für die Menschen entstand. Ihr verordnet das Rechte und verbietet das Unrecht und glaubt an Gott. (3:110) Wer Gott liebt, der folgt Mohammed, damit auch Gott ihn liebt und seine Schuld vergibt. Bitte Gott um Vergebung. (3:31, 4:96, 4:106) Wer an Gott und Mohammed glaubt und keinen Unterschied zwischen Ihnen macht, wird belohnt. (4:152, 47:2)>

<Gottes Erde ist groß [und darum findet jeder Muslim einen sicheren Ort zur Praktizierung seines Glaubens.] (29:56)>

<Diejenigen, die geduldig sind, glauben und gute Werke tun, denen wird Gott Liebe zukommen lassen und ihnen vergeben. (4:173, 5:9, 11:11, 11:23, 13:29, 19:96, 34:4) Jene, die Gott führt, sind auf dem rechten Weg. Die anderen, die er in die Irre führt, sind verloren. (7:178) Wer gefestigt im Glauben ist, der erkennt die Zeichen Gottes auch in sich selbst. (51:20, 51:21) Gott will die Gläubigen nur so lange in der bekannten Situation belassen, bis er die Schlechten von den Guten getrennt hat. Er beabsichtigt auch nicht, euch die Geheimnisse der Welt zu offenbaren, sondern wählt dafür einen Gesandten. (3:179) Gott gibt den Gläubigen Hilfe und verzeiht ihnen ihre Sünden. (8:29) Sei geduldig, denn Gott vergisst nicht die Rechtschaffenen. (11:115) Wer keine großen Sünden begehet, dem vergibt Gott. Er kennt euch, seit ihr Embryos wart. Darum erklärt euch nicht selber als rein. Er kennt diejenigen am besten, die ihn fürchten. (53:32)>

<Gott hat den Gläubigen versprochen, dass er sie zu den Nachfolgern der Ungläubigen in diesem Land machen wird und dass er ihnen ihre Religion festigt [ihre Religion überall verbreiten wird] und ihnen Frieden und Sicherheit geben wird. (24:55)>

<Wenn euch auf dem Meer ein Unheil widerfährt, so verschwinden auf einmal jene Götzen, die ihr anstatt Gottes angebetet habt. Hat Gott euch dann aber ans Land gerettet, dann kehrt ihr euch wieder von Gott ab und übt Gewalttaten aus. Der Mensch ist undankbar. (6:63, 10:21, 10:22, 10:23, 17:67, 29:65, 29:66, 31:31, 31:32) Seid ihr denn sicher, dass Gott euch nicht auf dem Festland versinken lässt oder dass Gott einen heftigen Sandsturm gegen euch schickt und ihr dann keinen Beschützer mehr findet? (17:68) Oder seid ihr sicher, dass Gott euch nicht noch ein zweites Mal aufs Meer schickt und euch im Unglauben ertrinken lässt? (17:69) Dann gibt es keine Möglichkeit der Hilfe (36:43), außer der Barmherzigkeit Gottes, die es euch ermöglicht, noch eine bestimmte Zeit zu leben. (36:44)>

<Die Gläubigen müssen Gott wahrhaftig fürchten und dem Islam bis zum Tod treu ergeben sein. (3:102) Nur diejenigen haben bei Gott Vergebung zu erwarten, die in Unwissenheit Böses tun und sich rechtzeitig besinnen. Diesen wendet sich Gott wieder gnädig zu. (4:17, 6:54, 6:55, 9:104) Wenn ihr euch an euren Seelen vergangen habt, verzweifelt nicht an Gottes Barmherzigkeit, denn Gott vergibt euch. (39:53)>

Die Attribute dogmatisch, einfach, tröstend, führend, verbindend und besinnlich bilden die Anforderungen, die an die Befriedigung der Gefühle Sicherheit und Zuneigung gestellt werden, elementare Bedürfnisse des Menschen. Wenn eine Lehre dies leistet und auch noch das Jenseits des Lebens erklärt, dann nennt man das Religion.

Unabhängig von Bildung, Alter und Geschlecht muss eine Religion Sicherheit im Denken und Handeln vermitteln und Zuneigung in der Gruppe der Glaubensgenossen und zu sich selbst empfinden lassen. Der Islam erfüllt all diese Anforderungen und der Koran liefert den Hinweis dazu:

Der Koran ist dogmatisch, <denn mit dem Islam ist die Wahrheit von Gott gekommen und dahingegangen ist das Falsche. (17:81)> Das dokumentiert auch noch die Richtigkeit jeder Aussage.

<Das Verborgene kennt Gott allein. (10:20)> Damit wird jede neue Erkenntnis als bekannt vorausgesetzt, was dem Bedürfnis an Sicherheit entgegenkommt.

Der Koran ist einfach, denn Gott erschuf das Universum, die Zeit (10:5) und das Leben (2:258) und alle aktiven Muslime kommen ins Paradies. (33:35, 48:5) Das sind Erklärungen zur Welt, die dem Auffassungsvermögen der großen Mehrheit der Menschheit angepasst sind, verbunden mit der Aussicht einer angenehmen Zukunft für die Seele über das bestehende Leben hinaus.

Der Koran ist tröstend, denn wer bereut, dem vergibt Gott. (2:52, 3:129, 5:95, 24:5)

Mit dem Glauben an eine jenseitige Vergeltung und ewiges Leben tröstet der Koran die Gläubigen über die Lebensprobleme hinweg. Manchmal aber fordert Gott mehr als der Durchschnittsmuslim zu leisten gewillt ist, denn <zu kämpfen ist euch vorgeschrieben, auch wenn es euch nicht gefällt. (2:216)> Solch eine Aufforderung wird nicht alle zu freudigen Kriegern machen, genauso wie die Muslima nicht immer Gefallen an der Unterordnung unter ihren Mann finden wird, denn <eure Frauen sind ein Saatfeld für euch; darum bestellt euer Feld wie ihr wollt. (2:223)> Da ist es gut zu wissen, dass auch die Gattinnen Glück im Jenseits haben, denn Gottes Diener und deren Gattinnen kommen ins Paradies und werden glückselig sein. (43:70)>

Der Koran ist führend, denn er gibt strenge gesellschaftliche Regeln vor. (6:153)

Der Koran wirkt verbindend, denn wer selbst vergibt und sich aussöhnt, findet Zustimmung bei Gott (42:40) und wer Beleidigungen geduldig erträgt und vergibt, benimmt sich tugendhaft. (42:43)

<Wenn ihr am Freitag zum Gebet in die Moschee geht, dann geht hin zum Gedenken an Gott und hört auf, eurem Job nachzugehen. (62:9)> Der friedvolle und nachsichtige Umgang untereinander bildet die Basis für eine Solidargemeinschaft. Der gemeinsame Versammlungsort, die Moschee, führt die Gleichgesinnten zusammen und gemeinsam ausgeübte kultische Handlungen verbindet die Gruppe.

Der Koran wirkt besinnlich, denn er fordert auf, vor Sonnenaufgang, vor Sonnenuntergang, in den Nachtstunden und an den Tagesenden zu beten. (20:130) Dass man dabei sein Gesicht nach Mekka ausrichten soll (2:149), bereitet den Muslim auf das größte Ereignis vor: Die große Pilgerfahrt nach Mekka (2:196)>

Vollzieht man solche Handlungen, können religiöse Erfahrungen der Einheit aufkommen. Tut man es sogar noch in der Gruppe, entsteht ein Gemeinschaftsgefühl, das den Einzelnen stärkt und ihm ein Gefühl der Zuneigung innerhalb und zur Gruppe vermittelt.

Im Gegensatz zur Philosophie, in der das Denken die Voraussetzung für brauchbare Ergebnisse ist, muss der Gläubige in der Ausübung seiner Religion die Vernunft, zumindest bezogen auf einen Teil seiner Erkenntnisse, ausschalten, um offensichtliche Widersprüche nicht zu hinterfragen.

Etwas Unbekanntes auf etwas Bekanntes zurückzuführen, gibt ein Gefühl der Sicherheit. Der Gläubige spart sich die Mühe, das Neue zu erklären, denn alles Fremde wird mit dem Willen Gottes begründet. Irgendeine Erklärung ist besser als die Unsicherheit durch Unwissen. Wird dieses Denken und Verhalten auch noch von vielen der sozialen Gemeinschaft mitgetragen, dann stellt sich schnell das Gefühl der Sicherheit ein und das Unbekannte wird als bekannt definiert, ohne aber eine mit Vernunft begründete Erklärung verfügbar zu haben. <Wissen die Ungläubigen denn nicht, dass Himmel und Erde eins waren bis Gott sie trennte und aus dem Wasser alles Lebendige schuf. (21:30)>

Gott ist die Ursache für die angenehmen Ereignisse, der Teufel für die Sünde und das Unangenehme und das Gewissen ist verantwortlich für das Gute, welches seinen Ursprung wieder in Gott hat. Dass der Versuch Gott und den Teufel mit Vernunft zu begründen schon im Ansatz scheitert, stört nicht, denn Glaube trumpft Vernunft. <Gott beschützt die Gläubigen. (2:257)> und <wer sich von Gott abwendet, bekommt den Teufel als Begleiter. (43:36)>

Der Islam und die Pflichten der Gläubigen

Das Glaubensbekenntnis und die „5 Säulen des Islam" sind das Fundament dieser Religion. Der Glaube an den einen Gott, seine Engel, seine Bücher, seine Propheten, das Jüngste Gericht und die Vorbestimmung sind das Credo. Das Glaubensbekenntnis ist kurz, prägnant und ist auch vielen Nicht-Muslimen bekannt: „Es gibt keinen Gott außer Gott und Mohammed ist sein Prophet." Die fünf Säulen des Islam sind erstens jenes Glaubensbekenntnis, zweitens die Verpflichtung fünfmal täglich zu beten, drittens Sozialabgaben zu leisten, viertens das Fasten im Monat Ramadan und fünftens einmal im Leben die Pilgerreise nach Mekka anzutreten.

...gegenüber Gott

<Rufe keinen anderen als Gott an, denn sonst wirst du bestraft. (26:213) Folgt dem Weg Gottes und seid gottesfürchtig. (6:153, 4:131) Halte an dem fest, was dir offenbart wurde, dann bist du auf dem richtigen Weg. (43:43) Die Gläubigen sollen Gott fürchten, bereuen und die Wahrheit sagen, damit Gott deren Taten segensreich fördert und ihnen ihre Sünden vergibt. (33:70, 33:71, 42:25, 42:26) Sie sollen geduldig sein und sich nicht verunsichern lassen, denn Gott wird seine Versprechen wahr machen. (30:60)>

<Die Gläubigen sollen zugunsten der Wahrheit und als Zeugen für Gott auch gegen sich selbst, die Eltern und Verwandte aussagen. Gott macht keinen Unterschied, ob einer reich oder arm ist. Darum folgt nicht der persönlichen Neigung, sondern seid gerecht. (4:135)>

<Nur die können Gottes Wort aufnehmen, die zuhören. (6:36) Vertraue auf Gott, der nicht stirbt und preise ihn. Es genügt, dass er die Sünden seiner Diener kennt. (25:58)>

<Richte deine Anstrengung auf den wahren Glauben. Das entspricht der natürlichen Veranlagung, mit der Gott die Menschen geschaffen hat, und was Gott geschaffen hat, bleibt, wie es ist. Der Islam ist der wahre Glaube, doch die meisten Menschen wissen es nicht. (30:30) Unter den Gläubigen gibt es welche, die ihre Verpflichtung gegenüber Gott erfüllt haben. Andere haben es noch vor sich und sie haben nichts verfälscht. [?] (33:23)>

<Bitte Gott um Vergebung deiner Sünden und der Sünden der gläubigen Männer und Frauen. (47:19) Wenn einer die Gebote Gottes ehrt, dann kommt die Gottesfürchtigkeit aus dem Herzen. (22:32) Wer den rechten Weg befolgt, tut es zum eigenen Heil und wer irre geht, der tut es zum eigenen Schaden. Keiner kann die Verantwortung für einen anderen übernehmen. (17:15, 39:7)>

<Die Gläubigen ordnen sich Gott und dem Propheten unter. (24:51) Wendet euch Gott zu und ergebt euch ihm, bevor ihr bestraft werdet, denn dann gibt es keine Hilfe mehr. (39:54)>

Das Glaubensbekenntnis [Schahada] muss auf Arabisch gesprochen werden und es soll das erste und das letzte sein, was ein Muslim hört. Nach der Geburt werden einem Baby diese Worte ins Ohr geflüstert und einem sterbenden Muslim sollen sie auch vorgetragen werden.

Jeder gläubige Muslim betet es mehrmals täglich und der Muezzin ruft es vom Minarett. Jeder, der es vor mindestens zwei Zeugen ausspricht, kann sich Muslim nennen. Wer sich damit identifiziert, erkennt an, dass der Koran das Wort Gottes ist, die Engel Boten Gottes und der Jüngste Tag der Beginn der Ewigkeit ist, an dem Gott über die Menschen richtet.

...zu beten

<Jedes aufrichtige Gebet kommt nur Gott zu. Ein Gebet zu Götzen ist wie Wasser trinken aus den Händen, aber mit ausgestreckten Armen. (13:14, 39:44)>

<Bevor ihr betet, wascht euer Gesicht und eure Hände bis zu den Ellenbogen und streicht über euren Kopf und wascht eure Füße bis zu den Knöcheln. Betet nicht, wenn ihr betrunken oder unrein seid, ausgenommen ihr kommt zufällig an einer Gebetsstätte vorbei. Und wenn ihr krank seid oder auf Reisen oder von einer Notdurft zurückkommt oder Sex mit einer Frau hattet und kein Wasser findet, dann sucht reinen Sand und reibt euch damit Gesicht und Hände ab. (4:43, 5:6)>

<Ihr sollt euch bei jeder Gebetsstätte Gott zuwenden. (7:29) Ihr sollt gepflegt an den Gebetsstätten erscheinen. Esst und trinkt und seid maßvoll. (7:31) Wo du auch bist, wenn du betest, richte dein Gesicht nach Mekka. (2:149) Bete zu Gott vor Sonnenaufgang, vor Sonnenuntergang in den Nachtstunden und an den Tagesenden, damit du die wahre Glückseligkeit findest. (11:114, 20:130) Die Gläubigen schlafen nur zu einem kleinen Teil der Nacht (51:17), denn vor Tagesanbruch suchen sie stets Vergebung. (51:18) Wenn ihr in Furcht seid, betet zu Fuß oder beim Reiten. (2:239) Bete bei Sonnenuntergang und lies den Koran bei Tagesanbruch. (17:78) Nachts kannst du zusätzliche Lesungen vornehmen. Es kann sein, dass dir Gott dann einen besonderen Rang zuordnet. (17:79)>

<Ruft Gott in Demut und im Verborgenen. (7:55) Sei dir bewusst, dass es keinen Gott außer Gott gibt. Bitte Gott um Vergebung für deine Schuld und für die Schuld der gläubigen Männer und Frauen. (47:19)

<Sprich dein Gebet nicht zu laut und nicht zu leise (17:110) Das Gebet hält von schändlichen und abscheulichen Dingen ab. Gott zu gedenken, ist gewiss das Höchste. (29:45) Wenn ihr reist, so könnt ihr die Gebetszeiten verkürzen, falls ihr befürchtet, durch die Ungläubigen bedroht zu werden. (4:101) Achtet als Gebetsführer in einer feindlichen Umgebung darauf, dass ein Teil der Gläubigen Waffen tragen. Beschützt euch gegenseitig, denn die Ungläubigen könnten euch überfallen. Es ist keine Sünde, wenn ihr eure Waffen ablegt, falls ihr krank seid oder es regnet. Seid immer auf der Hut. (4:102) Nach dem Gebet sollt ihr im Stehen, Sitzen oder Liegen Gottes gedenken. Wenn ihr wieder in Sicherheit seid, dann betet zu den Zeiten, die für die Gläubigen festgelegt wurden. (4:103)>

<Die Gläubigen sollen ihren Geschäftsbetrieb einstellen, wenn zum Freitagsgebet gerufen wird. (62:9) Nach dem Gebet sollt ihr wieder auseinander gehen und an Gott denken, auf dass es euch wohl ergehe. (62:10) Die Gläubigen sollen sich verneigen und in Anbetung niederwerfen. Verehrt Gott und tut das Gute. (22:77) Ist denn einer, der sich zu Boden wirft, ein besserer Gläubiger als der, der aufrecht den richtigen Weg geht? (67:22)>

<Wer nicht betet, um den kümmert sich auch Gott nicht. (25:77) Wehe den Betenden (107:4), die beim Beten nachlässig sind (107:5) und nur dabei gesehen werden wollen (107:6) und die Hilfeleistung verweigern. (107:7) Haltet die Gebete ein, besonders das mittlere Gebet und seid demütig und

Gott ergeben. (2:238) Herr, hilf mir, dass ich und meine Kinder das Gebet verrichten. (14:40)>

<Sprich: „Gott, ich nehme meine Zuflucht bei dir vor den Einflüssen des Satans. (23:97, 23:98) Herr, mach uns nicht zu einer Versuchung für die Ungläubigen und vergib uns.“ (60:5)>

<Fordere deine Angehörigen zum Gebet auf und sei selbst darin ausdauernd. (20:132)>

<Sprich: Ich nehme meine Zuflucht beim Herrn der Morgenröte (113:1) vor dem Übel dessen, was er erschaffen hat (113:2) und vor dem Übel der Dunkelheit, wenn sie hereinbricht (113:3), vor Hexen, die Zauberkonten bespucken und vor dem Übel eines jeden Neiders, wenn er neidet. (113:5) Sprich: Ich nehme meine Zuflucht beim Herrn der Menschen (114:1), dem König der Menschheit (114:2), dem Gott der Menschen (114:3), vor dem Übel des Satans (114:4), der den Menschen beeinflusst (114:5), als sei er ein Engel oder ein Mensch. (114:6)>

<Die Ungläubigen dürfen die Kultstätten Gottes nicht instand halten. (9:17) Es gibt Moscheen, die von Ungläubigen gebaut wurden, um Unheil, Spaltung und einen Hinterhalt zu schaffen. (9:107) Gehe nie dorthin zum Beten. Geht in Moscheen, die auf Frömmigkeit aufgebaut sind. Dort sind Männer, die sich reinigen. Gott liebt jene, die sich reinigen. (9:108) Ist denn nicht einer, der seinen Bau auf Gottesfurcht gegründet hat, besser dran als einer, der sein Haus auf Sand baut und damit in die Hölle abstürzt? Gott weist nicht den frevelhaften Leuten den Weg. (9:109) Das Gebäude, das sie errichtet haben, wird sie so lange mit Sorgen erfüllen, bis sie sterben. (9:110) Eine Moschee darf nur von Gläubigen gepflegt werden. (9:18) Das Licht Gottes ist in jenen Gebäuden, deren Bau er genehmigt hat. Dort wird gebetet. (24:36)>

<Wenn ihr zum Gebet ruft, treiben die Ungläubigen damit ihren Spott und Scherz. Diese Leute haben keinen Verstand. (5:58)>

<Gott zu Mohammed: Preise Gott zu bestimmten Zeiten in der Nacht und nach jedem Gebet. (50:40)>

Die Gebetsrichtung

<Gott sieht, dass du [Mohammed oder der Gläubige?] Hilfe suchend in den Himmel blickst, um zu erkunden, wohin du dein Gesicht zum Gebet wenden sollst. Gott gibt nun die Anweisung zur Gebetsrichtung, mit der du sicher einverstanden sein wirst: Wo immer ihr auch seid, wendet es nun zum Tempel nach Mekka. Jeder, der die heiligen Schriften kennt, weiß, dass diese Anordnung von Gott kommt. (2:144)>

Mohammed wurde in einer Offenbarung mitgeteilt, künftig das Gebet in Richtung der Moschee, in der die Kaaba steht, zu verrichten. (2:144) Vorher war die Gebetsrichtung Jerusalem, aber nachdem Mohammed einsehen musste, dass eine Vereinigung mit den Juden nicht möglich war, empfing er jenen Vers.

Das rituelle Gebet wird fünfmal am Tag gesprochen. Bei Sonnenaufgang, mittags, nachmittags, beim Sonnuntergang und noch einmal zwei Stunden danach. (11:114, 20:130) Es ist aber erlaubt, das Mittags- und Nachmittagsgebet sowie das Abend- und Nachtgebet zusammenzulegen. Vor jedem Gebet sind rituelle Waschungen vorzunehmen: Hände, Füße, Unterarme und Gesicht, Nase putzen und Mund spülen, über die Haare streichen und die Ohren auswischen. Zum Gebet müssen die Schuhe ausgezogen werden und man hat sich auf einen sauberen Platz zu stellen. Der Körper muss sauber und die Kleidung angemessen sein. Während des Gebets muss das Gesicht zur Kaaba nach Mekka ausgerichtet sein. Das Gebet wird in disziplinierter Haltung und in Ehrfurcht vor Gott gesprochen.

Es ist beruhigend zu wissen, dass man bei Regen oder Krankheit seine Waffen ablegen kann, bevor man zu beten beginnt. (4:102) Für jene, die statt einer Waffe bisher allenfalls einen Regenschirm in der Hand hielten, klingt das doch sehr befremdlich. Warum dann ausgerechnet bei Regen die Waffe abgelegt werden kann, wird uns Gott am Jüngsten Tag verraten.

Meditieren oder beten soll zum innersten Selbst führen. Die einzige „Technik", die anzuwenden ist, ist jene des erwartungslosen Loslassens. Jede Erwartungshaltung ist sinnlos, da Meditation jenseits der Rationalität steht. Ursache und Wirkung gibt es da nicht. Da gibt es nur individuelle Erfahrung. Nur das Bereitstellen der Rahmenbedingungen und das Zulassen von Erfahrungen ist möglich. Der Lohn für diese Mühe soll in Bereiche führen, die außerhalb unserer gewohnten Sinnesinformationen stehen.

...zu spenden

<Frömmigkeit bedeutet vom Besitz geben, obwohl man ihn liebt, den Verwandten, den Waisen, den Armen, dem Pilger und den Bettlern geben. Frömmigkeit heißt Sklaven freikaufen, beten und Sozialabgaben entrichten. (2:177, 51:19) Im Koran wird doch nichts anderes befohlen, als an Gott zu glauben, zu beten und Sozialabgaben zu entrichten. Das ist die Religion der Wahrheit. (98:5)>

<Jene, die gläubig sind und gute Werke tun, beten und ihre Sozialabgaben entrichten, können Lohn von Gott erwarten. (2:43, 2:110, 2:277) Macht den Empfängern eurer Spenden weder Vorhaltungen noch bereitet ihnen Unannehmlichkeiten. (2:262) Betet vom Koran so viel, wie euch leicht fällt und entrichtet eure Sozialabgaben. Alles Gute, das ihr tut, werdet ihr vielfach von Gott zurückerhalten. (73:20) >

<Wer sein Vermögen mit der Absicht verteilt, Gott zu gefallen und die eigene Seele zu stärken, verdoppelt das gute Ergebnis, so wie ein Garten nach dem Regen oder dem Tau aufblüht. (2:262) Die Gläubigen sollen von dem spenden, was Gott ihnen gegeben hat, bevor der Tag kommt, an dem es weder Handel noch Freundschaft geben wird. (14:31)>

<Vereitelt nicht eure Spenden mit Belehrungen, so dass es für den Empfänger unangenehm ist. Spendet auch nicht mit dem Hintergedanken Anerkennung zu finden, so wie es die Ungläubigen tun. So einer bewirkt nichts, denn Gott leitet nicht die ungläubigen Leute. (2:264) Wer spendet, um Gott zu gefallen und um den Glauben zu festigen, bekommt sein Verhalten doppelt belohnt. (2:265) Spendet das, was ihr selber nähmet. (2:267) Wenn ihr Spenden öffentlich verteilt, so ist das schon hilfreich. Es ist aber besser, wenn ihr es stillschweigend tut, denn damit sühnt ihr eure Sünden. (2:271) Spendet den Armen, damit sie sich fei bewegen können und auf dem Weg des Islam nicht gehindert werden. Sie betteln nicht aufdringlich. Was immer ihr gebt, Gott weiß es. (2:273) Wer in allen Situationen spendet, wird von Gott belohnt und muss keine Angst vor dem Jüngsten Gericht haben. (2:274)>

<Auch unter den Beduinen gibt es Gläubige, die spenden und den Segen Mohammeds empfangen. Es ist ihre Art der Annäherung und Gott wird sie bald in seiner Barmherzigkeit aufnehmen. (9:99)>

<Ihr sollt niemanden außer Gott anbeten, euch den Eltern, Verwandten, Waisen und Armen und euren Gästen gegenüber wohltätig erweisen, freundlich zu den Menschen sprechen, beten und Sozialabgaben entrichten. (2:83, 2:215)>

<Gott zu Mohammed: „Nimm Spenden von denen, die zwischen Glauben und Unglauben [Heuchler, Beduinen und Sünder] schwanken, weil du sie damit reinigst und läuterst. Bete für sie, denn dein Gebet verschafft ihnen Beruhigung.“ (9:103) Nicht Mohammed, sondern Gott führt auf den rechten Weg. Was immer ihr spendet, so ist es gut für euch. Nur aus einem Verlangen nach Gott sollt ihr spenden. Er gibt es euch zurück und euch soll kein Unrecht zugefügt werden. (2:272)>

<Wenn ihr Spenden versprecht oder ein Gelübde ablegt, dann bedenkt, dass Gott es nicht vergisst. (2:270) Die Gläubigen (23:58), die in Ehrfurcht (23:57) nur Gott verehren (23:59), die spenden, was zu spenden möglich ist, deren Gefühle beim Gedanken an die Begegnung mit Gott aufgewühlt werden (23:60), die sind es, die sich dem Wettbewerb der guten Taten stellen. (23:61)>

<Die Spenden erhalten nur die Armen, Bedürftigen, die Spendenverwaltung, die Mission und die Reisenden. Spenden dürfen zur Befreiung von Sklaven und für jene verwendet werden, die sich verschuldet haben und die in den heiligen Krieg ziehen. Das ist eine Vorschrift Gottes. (9:60)>

Die Sozialabgaben sind eine Pflichtabgabe für jeden Muslim, der über dem Existenzminimum lebt und dessen Schulden nicht sein Vermögen übersteigen. Sie betragen zwischen 2% und 7% der Einnahmen.

… zu essen, trinken, Alkohol und Glücksspiele

<Esst von dem, was erlaubt und gut ist und folgt nicht dem Satan, denn er ist euer Feind. (2:168, 2:172) Erlaubt ist euch alles Vieh mit Ausnahme dessen, was euch verboten ist. (22:30)>

<Ohne Bedenken könnt ihr das Fleisch essen, über das beim Schlachten der Name Gottes gesprochen wurde. (6:118, 6:121) In einer Zwangslage könnt ihr diese Anordnung übertreten. Aber aus Unwissenheit und Disziplinlosigkeit werden oft die Fehler gemacht. (6:119)>

<Die Ungläubigen sagen: „Bestimmte Tiere und bestimmte Getreidesorten sind euch verboten zu essen; ausgenommen wir gestatten es. Reittiere oder Tiere, denen beim Schlachten nicht der Name Gottes durch uns ausgesprochen wurde, sind euch verboten.“ Wer so redet, lügt und wird bald bestraft. (6:138) Auch behaupten manche, dass der Verzehr von ungeborenen Tieren nur Männern vorbehalten sei. Was aber tot geboren wird, daran können Männer und Frauen gleichermaßen teilhaben. Solche Lügen wird Gott bestrafen. (6:139)>

<Verboten ist euch der Genuss von natürlich Verendetem, Blut, Schweinefleisch und allem, was als Opfer für Götzen geschlachtet wurde. Aus Not heraus ist der Verzehr des Verbotenen aber erlaubt. (2:173, 16:115) Esst kein Fleisch von Tieren, die erstickt sind, die zu Tode geschlagen wurden oder

die durch einen Unfall zu Tode kamen. Auch sollt ihr keine Tiere essen, die von anderen Tieren getötet wurden, es sei denn, ihr lasst sie nachträglich ausbluten. In einer Notlage dürft ihr die Regeln verletzen. (5:3, 6:145) Alle guten Dinge sind euch erlaubt. Auch was euch die Jagdtiere erbeuten, könnt ihr essen (5:4)>

<Was die Juden und Christen essen, ist euch auch erlaubt zu essen und was euch erlaubt ist, dürfen die Juden und Christen essen. (5:5) Alles was Krallen hat, hat Gott den Juden verboten zu essen. Von Rindern und von Kleinvieh dürfen sie nicht das Fett vom Rücken, das Fett an den Eingeweiden, das Fett an den Knochen essen. Damit hat Gott ihnen ihre oppositionelle Haltung vergolten. (6:146)>

<Erklärt die guten Dinge, die euch Gott erlaubt hat, nicht für unerlaubt (5:87, 10:59, 16:116, 16:117) Es gibt Lasttiere und Schlachttiere [?]. Esst von dem, was Gott euch erlaubt hat (5:88, 6:142, 16:114) und seid bescheiden. (20:81) Schafe, Ziegen, Kamele und Rinder, männliche und weibliche Tiere und ungeborene Tiere. Wer kann bezeugen, dass Gott verboten hat, bestimmte Tiere davon nicht zu essen? Wer Lügen über Gottes Offenbarungen verbreitet und dabei noch Leute ohne Wissen in die Irre führt, wird bestraft. (6:143, 6:144, 6:150)>

<Von den Früchten der Dattelpalmen und den Trauben macht ihr eure berauschenden Getränke und gute Speisen. Auch hierin liegt ein Zeichen für die Leute, die Verstand haben. (16:67) Im Berauschenden und Glücksspiel liegen Übel und Nutzen, jedoch das Übel überwiegt. (2:219) Berauschendes, Glücksspiel, Opfersteine und Lospfeile sind ein Gräuel. Sie sind das Werk des Satans. Meidet sie, damit es euch gut geht. (5:90) Satan will mit Alkohol und Glücksspiel nur Feindschaft und Hass zwischen euch säen, um euch vom Gedenken an Gott und vom Gebet abzuhalten (5:91) Es ist euch verboten das Schicksal durch Lospfeile zu erkunden. (5:3)>

<Gott wird euch der Prüfung aussetzen, ob ihr Wild [während der Pilgerfahrt] erjagt und esst. (5:94) Tut das nicht! Wenn doch, opfert im gleichen Maß zu der Kaaba oder speist die Armen oder fastet. Gott vergibt das Vergangene, wer aber rückfällig wird, wird bestraft. (5:95) Der Fang aus dem Meer und sein Genuss sind euch auf der Pilgerfahrt erlaubt. (5:96)>

<Gott hat den Körper des Menschen nicht so gestaltet, dass er keiner Speise bedarf, noch dass er ewig lebt. (21:8)>

<Ihr selbst, die Blinden, die Kranken und die Behinderten können in ihrem eigenen Haus, im Haus des Vaters, der Mutter, des Bruders, der Schwester, des Onkels oder der Tante sofern ihr die Schlüssel besitzt oder im Haus eurer Freunde essen. Es ist keine Sünde zusammen [mit den Frauen?] oder getrennt zu essen. (24:61)>

...zu fasten

<Das Fasten ist euch vorgeschrieben, genauso wie es schon euren Vorfahren vorgeschrieben war. (2:183) Im Monat Ramadan, dem Monat in dem der Koran offenbart wurde, sollt ihr fasten. Reisende und Kranke können zu einer anderen Zeit fasten. Diejenigen, die beim Fasten große Mühe haben, können stattdessen den Armen zu essen geben. Doch fasten und spenden ohne Kompensation ist besser für euch. (2:184, 2:185) Während des Fastens ist es euch erlaubt, in der Nacht mit euren Frauen zu schlafen. So gebt ihr euch gegenseitig Geborgenheit. Das gilt jedoch nicht für die Zeit des Gebets. Während des Fastens dürft ihr auch essen und trinken, jedoch nur, wenn es Nacht ist.

(2:187)>

<Wer auf der Wallfahrt nach Mekka keine Möglichkeit hat, ein Opfertiere darzubringen, soll drei Tage während der Wallfahrt und sieben nach der Rückkehr fasten. Dies gilt aber nur für die, deren Angehörige nicht an der heiligen Kultstätte wohnen. [alternativ: das tue auch der, deren Familie die heilige Moschee nicht aufsuchte.] (2:196)

<Die Sühne für einen Meineid sei die Speisung von zehn Armen, wie ihr eurer Familie zu essen gebt oder gebt ihnen stattdessen neue Bekleidung oder gebt einen Sklaven frei. Wer das nicht kann, der soll drei Tage fasten. (5:89)>

<Jene, die sich von ihren Frauen scheiden, indem sie sagen: „Du bist mir verboten, wie meine Mutter“, irren, denn ihre Mütter sind sie nicht. Vor einem neuen sexuellen Kontakt und zur Wiedergutmachung solch einer Aussage müssen sie als Buße dafür einen Sklaven befreien. (58:2, 58:3) Wer aber keine Möglichkeit zur Freilassung eines Sklaven hat, soll zwei Monate hintereinander fasten. Wer das nicht kann, soll sechzig Arme speisen. (58:4)>

<Die Gläubigen dürfen sich nicht gegenseitig töten. Geschieht es trotzdem und war der Getötete ein Verbündeter, dann sollen seine Erben ein Blutgeld erhalten und ein gläubiger Sklave befreit werden. War der Getötete euer Feind aber gläubig, dann soll ein gläubiger Sklave freigelassen werden. Wer das nicht kann, der soll zwei Monate hintereinander fasten. (4:92)>

Das Fasten im Monat Ramadan ist für jeden Muslim Pflicht. Der Ramadan beginnt in jedem Land zu einem anderen Zeitpunkt. Einmal im Jahr, wenn die jüngste sichtbare Mondsichel gesehen wird, beginnt eine 30 Tage dauernde Fastenzeit. Von Sonnenaufgang bis zum Sonnenuntergang sollen sich die Muslime von allen Genüssen fernhalten. Der Höhepunkt und Abschluss des Fastenmonats Ramadan ist die Nacht der Bestimmung, in der Mohammed die erste Sure des Korans offenbart wurde.

Das wirtschaftliche Leben in den islamischen Ländern ist in dieser Zeit stark eingeschränkt, aber dafür werden die sozialen Kontakte gepflegt und nach Sonnenuntergang häufig Familienfeste gefeiert. Die Gläubigen sollen in dieser Zeit Gott ihren Dank für seine Gaben erweisen und sie sollen lernen, ihre Triebe zu kontrollieren. Auch hat der Gläubige Gelegenheit, versäumte religiöse Pflichten nachzuholen.

Fasten kann auch zur Besinnung für Fehlverhalten und zum Ausgleich dafür praktiziert werden. Sogar Totschlag lässt sich damit sühnen, nämlich dann, wenn kein gläubiger Sklave befreit werden kann und der Täter den Hinterbliebenen keinen Schadenersatz leisten kann. (4:92) Solche Anweisungen Gottes sind für einen Humanisten indiskutabel.

Warum das Strafmaß für Meineid dem Totschlag so wenig abweicht (5:89), beschreibt die Wertigkeit von Leben, Wahrheit und Sklaverei in der Zeit und der Gesellschaft Mohammeds.

...zur Pilgerfahrt nach Mekka

<Im Monat Ramadan, dem Monat in dem der Koran offenbart wurde, sollt ihr fasten. Reisende und Kranke können zu einer anderen Zeit fasten. Diejenigen, die beim Fasten große Mühe haben, können stattdessen den Armen zu essen geben. (2:183, 2:184, 2:185)>

<Gott hat für die Gläubigen einen Versammlungsort, die Kaaba in Mekka eingerichtet, die auch als Stätte der Zuflucht dient. Gott: „Nutzt diesen Ort Abrahams zum Gebet." Gott hatte Abraham und Ismael aufgetragen, dass sie dieses Haus rein halten, damit die Gläubigen das Gebäude in einer Prozession umkreisen, sich dorthin zurückziehen, sich verneigen und sich niederwerfen können. (2:125). Abraham bat, dass Gott diesen Ort zu einer Stätte des Friedens macht und seine Besucher, die Gläubigen, mit Früchten ernährt. Gott: „Auch die Ungläubigen werde ich versorgen, aber am Jüngsten Tag werden sie mit der Hölle bestraft." (2:126) Bei den Bauarbeiten zur Kaaba sagte Abraham zu Gott: „Bitte nimm dieses Haus als unser Geschenk an (2:127) und mach uns und unsere Nachkommen zu einer Gemeinde, die dir ergeben sind. Lehre uns zu dir zu beten und schenk uns deine Gnade. (2:128) Gib unseren Nachkommen einen Propheten aus ihrem eigenen Volk, der deine Worte vorträgt und sie das Buch der Weisheit lehrt und es erklärt." (2:129)>

<Zu Ehren Gottes sollt ihr die große Pilgerfahrt nach Mekka und auch gelegentliche Besuche dorthin machen. Wenn ihr daran gehindert werdet, so bringt stattdessen ein Opfertier dar, das euch leicht fällt zu opfern und schneidet euch die Haare nicht eher, als bis das Opfertier geschlachtet ist. Wer von euch krank ist oder ein Leiden am Kopf hat, kann alternativ durch Fasten, spenden oder Opferung eines Tieres Ersatz leisten. Wenn ihr aber wieder in Sicherheit seid und die Möglichkeit dazu habt, könnt ihr statt der großen Pilgerfahrt auch einen Besuch in Mekka machen und ein Tier opfern, das ihr euch leisten könnt. Sofern ihr keine Möglichkeit habt ein Tier zu opfern, könnt ihr stattdessen, während der Wallfahrt, drei Tage und nach der Rückkehr sieben Tage fasten. Das gilt besonders für diejenigen, deren Angehörige nicht an der heiligen Kultstätte wohnen. (2:196) Die Wallfahrt findet in den bekannten Monaten statt. Und wer daran teilnimmt, darf in dieser Zeit keinen sexuellen Kontakt mit Frauen haben, keine Sünden begehen und sich nicht streiten [unziemliche Rede]. (2:197)>

<Das erste Haus, das für die Menschen gegründet wurde, steht in Mekka. Ein gesegnetes Haus, von dem die Leitung der Welten ausgeht. Es ist die Stätte Abrahams. Wer das Haus betritt, ist sicher. Die Menschen haben die Pflicht gegenüber Gott, eine Pilgerfahrt dorthin zu machen. (3:96, 3 97)>

<Jene zwei Hügel [Al-Safa und Al-Marwa] in Mekka gehören auch zu den Kultstätten Gottes. Wer nach Mekka pilgert, soll zwischen diesen Hügeln hin- und hergehen. (2:158) Gott hat die Kaaba, das unverletzliche Haus, zu einer Gebetsstätte für die Menschen gemacht, ebenso den heiligen Monat und die Opfertiere und die Tiere mit dem Halsschmuck. (5:97)>

<Rufe die Menschen zur Pilgerfahrt auf. Sie werden zu Fuß und auf jedem mageren Kamel aus allen fernen Gegenden zu dir kommen. (22:27) Diese Reise wird für sie nützlich sein. Am Ende der Pilgerfahrt sollen sie ein Tier opfern, das ihnen Gott geschenkt hat. Sie sollen davon essen und auch den Bedürftigen davon geben. (22:28) Dann sollen sie sich waschen [ihre körperliche Verwahrlosung abstellen] und ihre Gelübde erfüllen und um das altehrwürdige Haus wandeln. (22:29)>

<Die Gläubigen sollen die heiligen Gebräuche bei der Wallfahrt nicht entweihen. Sie sollen auf die

Riten des heiligen Monats und auf den richtigen Umgang mit den Opfertieren und deren Schmuck achten. Die Wallfahrer nach Mekka dürfen nicht beleidigt werden. Nach der Wallfahrt [am Ende des Weihezustands] könnt ihr wieder jagen. Lasst euch nicht aus Hass gegen jene, die euch vom Besuch der heiligen Moschee abhalten, zu Übergriffen verleiten. Helft einander rechtschaffen und fromm zu sein und vermeidet Sünden und Vergehen. (5:2)>

Mehrdeutig sind die Verse 2:196 und 2:197. Man muss sie im Zusammenhang mit den geschichtlichen Ereignissen zu Zeiten Mohammeds sehen. Die erwähnte Behinderung bezieht sich wohl auf feindlichen Widerstand, auch wenn die Übersetzer die Möglichkeit der Behinderung durch Krankheit oder andere Gründe auch zulassen.

Die Kaaba [arab.: Würfel] ist ein würfelförmiges Gebäude im Hof der Moschee von Mekka, das vom Propheten Abraham und seinem Sohn Ismael auf dem Fundament des ersten Hauses der Menschheit erbaut wurde. Die Kaaba steht nämlich auf dem Platz, auf dem schon Adam, der nach dem Glauben der Muslime auch ein Prophet war, ein Haus auf eine Anweisung Gottes hin gebaut hatte. (3:96f) In der Kaaba ist ein schwarzer Stein, vermutlich ein Meteorit, eingelassen.

Einmal im Leben soll jeder gläubige Muslim nach Mekka zu dieser Kaaba und dem schwarzen Stein pilgern. Dieser Dienst soll helfen, Gott näher zu kommen und das eigene Leben als Gottesdienst zu begreifen. Der Gläubige soll üben, sich selbst willentlich in sein Schicksal, in Gott, zu ergeben. Dazu dient die Pilgerfahrt.

Der Koran unterscheidet zwischen der kleinen und der großen Pilgerfahrt. Die „große Pilgerfahrt“ kann nur einmal im Jahr angetreten werden und muss angekündigt sein, die „kleine“ ganz nach Belieben. Die große Pilgerfahrt findet während der ersten 10 Tage des letzten Monats des Mondjahres statt.

Das Mondjahr besteht aus zwölf Monaten a 29 oder 30 Tagen und ein Monat beginnt mit dem Neumond. Das gegenüber dem Sonnenjahr kürzere Mondjahr hat den Vorteil, dass der Fastenmonat und die „große“ Pilgerfahrt in den Jahreszeiten wandert.

Bevor die Pilgerung losgeht, muss man sich einer Reihe von Riten unterziehen. Für alle beginnt der Kult mit rituellen Waschungen und dem Ablegen der Kleidung, denn man muss ein weißes Pilgergewand tragen. Danach soll man die Kaaba sieben Mal umlaufen und den schwarzen Stein küssen. Da das heute, wegen der Masse der Besucher, nicht möglich ist, genügt ein Heben der Hand in Richtung des Meteors. Manche interpretieren diesen Ritus als symbolischen Lauf der Planeten um die Sonne. Anschließend soll man aus der Zam-Quelle trinken und sieben Mal zwischen den Hügeln Safa und Marwa, die etwa 700 Meter auseinander liegen, hin und her laufen. <Jene zwei Hügel in Mekka gehören auch zu den Kultstätten Gottes. Wer nach Mekka pilgert, soll zwischen diesen Hügeln hin- und hergehen. (2:158)> Mit diesem Ritual gedenken die Pilger einer der Frauen Abrahams, die an diesem Ort verzweifelt Wasser für ihren Sohn Ismael gesucht haben soll.

Wer die große Wallfahrt macht, übernachtet im Freien, im Tal von Musdalifah. Am nächsten Tag geht es zum 25 Kilometer entfernten Berg Arafat, wo man sich von Mittag bis Sonnenuntergang aufhält. Mit dem Ausruf, „Hier bin ich, o Gott, hier bin ich“, dokumentiert der Gläubige seine Gottergebenheit.

Das nächste Ziel der Wallfahrt ist eine Steinsäule in Mina, die den Teufel symbolisiert. Gegen diese Säule und damit gegen den Teufel werfen die Gläubigen nun sieben vorher gesammelte Steine. Zum Abschluss wird ein Tier im Gedenken an Abraham geopfert, der selbst von Gott aufgefordert wurde an dieser Stelle seinen Sohn zu opfern.

Danach feiern die Pilger sowie alle Gläubigen der islamischen Welt das Opferfest. Nach dem Opferfest lassen sich viele Pilger vor der Rückkehr nach Mekka die Haare schneiden. In Mekka wird abermals die Kaaba umkreist, womit dann der offizielle Teil der Wallfahrt beendet ist. Wer das hinter sich gebracht hat, darf sich ein „Hadschi“ nennen.

...gegenüber den Mitmenschen

<Helft euch mit Geduld und Gebeten, was für die Demütigen einfach ist. (2:45) Die Gläubigen sollen ihre Versprechen einlösen. (61:2, 61:3) Übe Nachsicht, tue das Richtige und wende dich von den Unwissenden ab. (7:199) Sage nie „ich werde es morgen tun“, es sei denn, du fügst hinzu, „sofern es Gott will.“ Vielleicht wird Gott dich zu etwas leiten, was eher richtig ist. (18:23, 18:24) Warte geduldig auf das Wohlgefallen Gottes. Trachte nicht nach Luxus im irdischen Leben und gehorche nicht den Ungläubigen und auch nicht dem, der seinen Gelüsten folgt und kein Maß und Ziel kennt. (18:28) Kommt ein Frevler mit Neuigkeiten zu einem Gläubigen, so soll er die Aussagen prüfen, damit er nicht anderen Leuten in Unwissenheit ein Unrecht zufügt, das er hernach bereuen muss. (49:6)>

<Die Gläubigen sollen den Ungläubigen vergeben. Gott belohnt die, die es verdienen. (45:14)>

<Warum behandelt ihr die Heuchler unterschiedlich? Gott hat sie wegen ihrer Taten verstoßen. Wollt ihr einen bekehren, den Gott in die Irre geführt hat? Das gelingt nicht. (4:88)>

<Verbindet euch nicht mit den Ungerechten [den Sündern]. (11:113) Die Gläubigen sollen keine Ungläubigen als Freunde nehmen. Wer das tut, löst die Gemeinschaft mit Gott. Nur wenn ihr aber Angst vor ihnen habt, ist es gestattet. (3:28) Wer von den Gläubigen sich Ungläubige zu Freunden nimmt, ist ein Heuchler und wird hart bestraft. Hoffen sie auf Macht und Ansehen bei den Ungläubigen? (4:138, 4:139) Die Gläubigen sollen keine Ungläubigen anstatt von Gläubigen zu Freunden nehmen. Wollt ihr, dass Gott euch bestraft? (4:144) Eure Freunde sind einzig Gott, Mohammed und die Gläubigen, die beten, spenden und Gott allein verehren. (5:55) Die Gläubigen sollen sich unter den Juden oder Christen niemanden zum Freund nehmen, der mit dem Islam Spott und Spiel treibt. Sie sollen auch keine Ungläubigen zu Freunden nehmen. (5:57) Wendet euch von denen ab, die den Koran nicht annehmen, genauso wie von denen, die nur das irdische Leben begehren. (53:29) Mehr

kennen sie wohl nicht. (53:30)>

<Ihr Muslime, schließt keine Freundschaft mit den Ungläubigen. Sie zögern nicht, euch zu verderben und sie wünschen euch den Untergang. Ihren Hass haben sie schon ausgesprochen, aber ihre Gedanken sind noch viel schlimmer. Richtet euch nach den Geboten. (3:118) Auch wenn ihr sie liebt, so gilt das nicht umgekehrt. Ihr sollt an alle Verse glauben. Wenn sie euch treffen, geben sie nur vor, auch zu glauben. Sind sie unter sich, beißen sie sich in die Fingerspitzen vor Zorn gegen euch. Verflucht sie mit dem Spruch: „Sterbt an eurem Zorn." Gott weiß, was die Menschen denken. (3:119) Wenn euch Gutes zukommt, so empfinden sie es als Übel. Habt ihr Pech, so freuen sie sich. Seid geduldig und gottesfürchtig und ihr werdet keinen Schaden davon haben. (3:120) Lasst die Ungläubigen allein und plaudern und sich vergnügen. Am Tag der Auferstehung, (52:45, 70:42, 70:43) können sie nicht ausweichen und niemand hilft ihnen. (52:46) Deprimiert und beschämt werden sie sein. (70:44)>

<Schließt keine Freundschaft mit Nationen [Volk], über die Gott verärgert ist. Das sind solche, die nicht an das Jenseits glauben. (60:13) Nehmt nicht eure Väter und eure Brüder zu Freunden, wenn sie ungläubig sind, sonst seid ihr selbst Sünder. (9:23)>

Gewiss war Fundamentalismus die treibende Kraft in der ersten Stunde des Islams, denn da ging noch die Angst um, dass die Bewegung untergehen könnte oder die Religion Beschädigungen erleiden würde. Neben politischen und militärischen Motiven waren es daher auch religiöse Beweggründe, die zu Verordnungen führte, sich nicht mit den Ungläubigen zu verbinden. (3:28, 4:138f, 4:144, 5:57, 11:113, 53:29f) Diese Gefahr ist heute sich sicher nicht mehr gegeben. Der Islam ist in seinem Bestand bestimmt nicht gefährdet, doch Gottes Aussagen im Koran gelten unbeschränkt.

...in ihrer Lebensführung

<Gütige Rede und Verzeihung sind besser als ein Almosen, das an Bedingungen geknüpft ist. (2:263) Ihr seid solange nicht gütig, bis ihr von dem spendet, was ihr liebt. (3:92)>

<Stiftet kein Verderben auf Erden, nachdem dort Ordnung herrscht und ruft Gott in Furcht und Hoffnung an. (7:56)>

<Die Diener Gottes treten bescheiden auf und sprechen friedlich zu den Unwissenden. Sie nutzen die Nacht, um sich niederzuwerfen und zu beten. (25:63, 25:64) „Herr, verschone uns vor der Hölle", ist ihr Gebet. (25:65) Sie spenden weder verschwenderisch noch geizig, sondern maßvoll. (25:67) Sie kennen nur den einen Gott und töten niemanden zu Unrecht und begehen keine Unzucht. Wer sich aber anders verhält, der soll dafür büßen. (25:68) Der soll am Jüngsten Tag die doppelte Strafe erhalten. (25:69) Wer aber bereut und sich rechtschaffen verhält, dem wird Gott die schlechten Taten gegen die guten eintauschen. Gott ist barmherzig und bereit, immer zu vergeben. (25:70)>

<Ihr Gläubigen, lasst euch nicht durch euer Vermögen und eure Kinder vom Gedenken an Gott abhalten (63:9) und spendet von dem, was Gott euch gegeben hat, bevor einen von euch der Tod ereilt, denn dann ist es zu spät. (63:10) Gott gewährt niemandem Aufschub, wenn seine Frist um ist.

(63:11)>

<Es ziemt sich nicht für die Gläubigen anders zu handeln, als es Gott und sein Gesancter Mohammed vorschreiben. (33:36)>

<Das Jahr hat zwölf Monate. So ist es im Buch Gottes festgelegt worden und so ist es seit dem Tag der Schöpfung. Vier davon sind heilig. Das ist der wahre Glaube. Sündigt nicht in den heiligen Monaten. Kämpft gegen die Ungläubigen, wie sie auch euch bekämpfen. Gott unterstützt die, die ihn fürchten. (9:36) Das Verschieben des Kalenders ist besondere Ungläubigkeit. Die Ungläubigen werden dadurch noch mehr verwirrt. Sie erlauben es in einem Jahr und verbieten es im nächsten, um die Zahl der heiligen Monate gleich zu halten. Das Böse ihres Tun kommt ihnen auch noch gut vor. (9:37)>

Der Lohn der Gläubigen

<Gott ist der Freund der Rechtschaffenen. (45:19) Gott ist der Beschützer der Gläubigen. (47:11) Wer gläubig und rechtschaffen ist, kann auf Erden Gutes erwarten. Gottes Erde ist groß. Die Geduldigen bekommen ihren Lohn, ohne gegen zu rechnen. (39:10) Wer Gott ein gutes Darlehen [in Form von guten Taten] gibt, dem wird er ein Vielfaches zurückgeben. (57:11, 57:18) Wer sich Gott hingibt und Gutes tut, der hat das beste Gerüst fürs Leben, denn Gott entscheidet in letzter Instanz. (31:22) Erfolgreich [selig] sind die Gläubigen (23:1), die demütig beten (23:2) und leerem Gerede nicht zuhören (23:3), die ihre Sozialabgaben entrichten (23:4) und keusch leben (23:5), außer mit ihren Frauen und Sklavinnen. (23:6) Die Gläubigen, die geduldig und demütig sind, die spenden und die am Morgen im Gebet Gott um Vergebung bitten, kommen auf ewig ins Paradies. (3:16, 3:17, 4:124, 6:127, 9:72, 13:18, 16:30, 16:31, 16:32) Wer Gott nahe steht (56:88), wird die Glückseligkeit genießen und die Düfte der Gärten der Wonne. (56:89) Wer da dazu gehört, wird mit einem ‚Friede sei mit dir' von den bereits Anwesenden begrüßt. (56:90, 56:91)>

<Die Gläubigen, die gute Werke tun und andere dazu anleiten auch Gutes zu tun, die beten, sich in Reue Gott zuwenden, die Gott verehren, das Böse verbieten, die Gesetze Gottes achten und missionieren, sind die besten Geschöpfe. Sie sind recht geleitet. Sie bekommen Gottes Segen und seine Barmherzigkeit. Denen macht Gott den Weg zum Heil leicht. Die kommen ins Paradies und werden ewig darin bleiben. Das höchste Glück für die Gottesfürchtigen ist das ewige Leben im Paradies, die Gnade Gottes und sein Schutz vor der Hölle. Was Gott verspricht, geht in Erfüllung. (2:82, 2:157, 3:115, 3:148, 4:175, 9:112, 14:23, 15:45, 15:46, 18:107, 18:108, 19:60, 19:61, 22:14, 22:23, 22:24, 22:50, 26:90, 29:58, 29:59, 30:15, 31:8, 31:9, 32:19, 35:33, 35:34, 35:35, 42:22, 44:56, 44:57, 45:30, 47:2, 47:12, 51:15, 51:16, 52:17, 52:18, 68:34, 78:31, 78:32, 85:11, 92:4, 92:5, 92:6, 92:7, 98:7, 98:8).>

<Wer Ehrfurcht vor Gott hat und sich von persönlichen Lüsten abhält (79:40), kommt ins Paradies. (79:41) Wer das ihm anvertraute Gut sorgfältig verwaltet, wer seinen Verpflichtungen nachkommt, wer ehrlich ist und betet, kommt ins Paradies. (70:32, 70:33, 70:34, 70:35)>

<Die Gläubigen erhalten von Gott, dem niemand dreinreden kann, doppelten Lohn, weil sie: geduldig sind und das Böse durch das Gute abwehren, ihre Versprechen gegenüber Gott einhalten, weil sie ihre Verpflichtungen gegenüber den Mitmenschen erfüllen und das zusammenhalten [die Blutsverwandtschaft?], was Gott fordert, weil sie von dem spenden, was Gott ihnen gegeben hat. Sie fürchten Gott und den Jüngsten Tag. Dafür bekommen sie von Gott alles, was sie sich wünschen. Gott vergibt ihnen die schweren Sünden und belohnt sie mit dem Besten für ihre guten Taten. Die Gläubigen dürfen in den Himmel und ewig dort weilen. Wie herrlich ist der Lohn des Paradieses. (3:57, 9:22, 10:103, 12:57, 13:20, 13:21, 13:22, 13:23, 13:24, 18:30, 18:31, 19:76, 25:16, 25:24, 28:54, 33:44, 33:47, 34:37, 39:33, 39:34, 39:35, 39:73, 39:74, 41:8, 76:11, 78:36, 78:37)>

<Gott stärkt die Gläubigen mit klaren Formulierungen. (14:27) Gott sorgt für die Verteidigung der Gläubigen. Er liebt keinen, der treulos und undankbar ist. (22:38) Gott hilft den Propheten und den Gläubigen im diesseitigen Leben und am Jüngsten Tag. (40:51)>

<Gott ist der Freund der Gläubigen. Er führt sie aus der Dunkelheit ins Licht. (2:257) Denn wer recht handelt, ob Mann oder Frau und gläubig ist, wird Gott im Jenseits ein gutes Leben gewähren. (16:97, 29:9) Wer sich dem Wettbewerb der guten Taten stellt[andere Übersetzungen sagen: in den heiligen Krieg zieht], wird von Gott geführt. Gott ist mit den Frommen. (29:69) Gott hat die schönen Dinge des Lebens für die Gläubigen geschaffen, die sie auch im Paradies erhalten. (7:32) Dem, der

die Ernte des Jenseits begehrt, vermehrt Gott seine Ernte; und dem, der die Ernte dieser Welt begehrt, gibt Gott davon, doch am Jenseits wird er keinen Anteil haben. (42:20)>

<„Gott, vergib uns Gläubigen unsere Sünden und lass uns als fromme Muslime sterben." (3:193) Gott lässt den Lohn der Gläubigen nicht verloren gehen. (3:171, 21:94) Den Gottesfürchtigen, die glauben und gute Werke tun, soll als Sünde nicht angerechnet werden, was sie aßen. (5:93) Wer die Gebote Gottes ehrt, tut sich selbst Gutes. (22:30)>

<Am Jüngsten Tag gibt es auch fröhliche Gesichter. (88:8, 88:9) Das sind die, die ins Paradies kommen. (88:10, 88:11, 88:12, 88:13, 88:14, 88:15, 88:16)>

Der Lohn der Gläubigen ist das Glück, denn das wünschen sich alle Menschen an erster Stelle, doch nur die Gläubigen bekommen es von Gott. (39:33ff)

Das Glück ist ein Gefühl der Freude, der Lust und des Behagens, ausgelöst durch eine sinnliche Wahrnehmung oder eine intellektuelle Tätigkeit. Es ist ein Ausgleich zwischen dem Auslöser des Glücks und dem empfindenden Individuum und es hinterlässt ein Mehr an Freude, also einen überwiegend angenehmen Gesamtzustand. Wird nur der Ausgleich ohne das Mehr erzielt, spricht man von Zufriedenheit.

Wie dieses Glück auslösende Mehr bewertet wird, kann, wie alle Wertungen, nur individuell erfolgen. Da mag Gott Vorschläge machen, ein allgemein gültiges Rezept würde nur dann greifen, wenn alle gleich empfinden.

Jenes Glück, das durch die Wirkung des Denkens herbeigeführt wird, kann Probleme verdrängen, Schmerzen lindern, das Gemüt beruhigen oder einfach nur Freude erzeugen. Alles durch die Kraft der Vorstellung. Jenes Glück, das durch die Sinne empfunden wird, kommt immer von außen und gipfelt in orgiastischen Erlebnissen.

Aber alles Glück ist nur aus der Polarität erfahrbar. Das setzt voraus, dass ein Bedarf existiert, der dann durch den Ausgleich Glück erfahren lässt. In der Konsequenz heißt das: Freuen wir uns über das Defizit, damit wir das Glück erfahren können. Trotzdem muss sich niemand darum kümmern, denn das erledigt allein die Zeit. Sie lässt jedes Glück wieder vergehen und den Bedarf und die Wünsche entstehen.

Das non polare Glück, die Glückseligkeit, kann nur im religiösen Rausch oder im Zustand der Erleuchtung oder in einer Nah-Tod-Erfahrung erahnt werden. Dieses ewige Glück versucht uns Gott, Mohammed, mit der Beschreibung des Paradies zu erklären, doch die Mühe ist vergebens, denn auch Gott kann mit Sprache und Vernunft nicht erklären, wie ewiges Glück beginnen oder enden soll und wie in der Ewigkeit, der Zeitlosigkeit, der Einheit, die im Widerspruch dazu stehende Vielseitigkeit des Paradies' herrschen soll. (44:56f)

Das Glücksgefühl ist wie alle Gefühle an die Gegenwart gebunden und daher immer punktuell. Das ist es, was der Mensch anstreben kann, das punktuelle Glück, mehr nicht. Ein glückliches Leben muss also ein Leben sein, das frei ist von dem hoffnungslosen Streben nach Glückseligkeit.

Wer kommt ins Paradies

<Die Gläubigen, die gute Werke tun, sind die besten Geschöpfe. (98:7) Sie kommen ins Paradies. (98:8) Wer Gott und Mohammed gehorcht, Gott fürchtet und sich vor ihm in Acht nimmt, kommt ins Paradies. (24:52)>

<Verkündet die frohe Botschaft denen, die glauben und Gutes tun. Sie kommen in schöne Gärten und können köstliche Früchte essen, sie bekommen schöne Frauen und werden ewig leben. (2:25, 10:9) Mit einem „Grüß Gott" treten sie ins Paradies ein und ihr Gruß wird mit „Heil" erwidert. (10:10) Wer sich zu Gott bekennt und aufrichtig verhält, zu dem kommen die Engel und sprechen: „Fürchtet euch nicht und seid nicht traurig. Erfreut euch des Paradies', das euch versprochen wurde." (41:30) Wer Gutes tut und gläubig ist, sei es Mann oder Frau, kommt ins Paradies und wird dort ewig sein. (4:122, 4:124) Die Gläubigen, die gute Werke tun, verzeiht Gott ihre Übel und gibt ihnen den besten Lohn für ihre Taten. Sie kommen in ein Paradies mit reichlich Schatten und sollen dort reine Gattinnen haben. (4:57, 29:7) Gottes Diener und deren Gattinnen kommen ins Paradies und sollen glückselig sein (43:70) und mit ihren gläubigen Vorfahren zusammengebracht werden. Ihre Taten werden nicht vergessen, denn jeder hat sich selbst zu verantworten. (52:21) Wer das Jenseits begehrt, es beharrlich anstrebt und gläubig ist, dessen Eifer wird mit unbeschränktem Dank belohnt. (17:19, 17:20) Gott belohnt im Jenseits jene Männer, die sich weder von Waren noch vom Handel von den Pflichten eines gläubigen Muslims haben abhalten lassen. (24:37, 24:38)>

<Die Gläubigen (48:4, 48:5), die Gottesfürchtigen (39:20, 44:51, 50:31, 50:33, 54:54, 54:55), die Rechtschaffenen (38:49, 38:50), die Reumütigen, welche die Gebote geachtet haben (50:32), jene die Gutes tun (10:26), die nicht danach streben, mächtig [gewalttätig] zu sein, kommen ins Paradies. (28:83) Alle gläubigen Muslime, die demütig, geduldig und bescheiden sind, die spenden, fasten und ihre Scham hüten und Gott gedenken, kommen ins Paradies. (33:35) Die Gerechten (76:5) kommen ins Paradies. Sie gaben den Armen, Waisen und Gefangenen zu essen (76:8) und wollen dafür weder Lohn noch Dank. (76:9)>

<Wer nichts Falsches bezeugt und mit Würde vorbeigeht, wenn er leeres Gerede hört (25:72) und wer die Zeichen Gottes blind und taub umsetzt, ohne die Vernunft vorzuschalten, kommt ins Paradies [oder: und wer die Ermahnungen Gottes nicht blind und taub umsetzt]. (25:73) Wer Gott um Erfreuliches bei seinen Frauen und Kindern bittet und wer ein Vorbild für die Gottesfürchtigen sein will (25:74), der wird mit dem Paradies belohnt und kann ewig darin bleiben. (25:75, 25:76)>

<Diejenigen, die mit dem ihnen anvertraute Gut sorgfältig umgehen, ihren Verpflichtungen nachkommen (23:8) und ihre Gebete einhalten (23:9), werden das Paradies erben (23:10) und ewig werden sie darin bleiben. (23:11)>

<Gott hat das Leben und das Vermögen der Gläubigen im Tausch für das Paradies erkauft, wenn sie für die Sache Gottes kämpfen. Auch wenn sie töten oder getötet werden, so ist es doch ein Handel der bindend für Gott ist und in der Thora, im Evangelium und im Koran dokumentiert wurde. Und wer hält seine Versprechen getreuer als Gott? Freut euch des Handels, denn das ist Glückseligkeit. (9:111) Und nennt nicht die Gotteskrieger „Tote", denn sie leben. Ihr könnt sie nur nicht wahrnehmen. (2:154) Durch Angst, Hunger, Verlust von Besitz und sogar des Lebens wird Gott euch prüfen. (2:155) Wenn die Geduldigen ein Unglück trifft, tröstet euch Gott mit der Botschaft: Wir gehören Gott und zu ihm kehren wir zurück. (2:156)>

<Ihr sollt an Gott und an Mohammed glauben und euch für Gottes Sache mit eurem Vermögen und eurem Leben einsetzen. (61:11) Wer so handelt, dem vergibt er die Sünden und belohnt ihn mit dem Paradies. (61:12) Es sollen die für den Islam kämpfen, die das irdische Leben um den Preis des jenseitigen Lebens verkaufen. Und wer dabei getötet wird, den erwartet das Paradies. (4:74)>

<Die ersten Auswanderer [aus Mekka nach Abessinien] und die Helfer [aus Messina] und jene, die ihnen gefolgt sind, kommen ins Paradies. (9:100)>

<Wenn ihr die schweren Sünden meidet, vergibt euch Gott die leichteren und ihr kommt trotzdem ins Paradies. (4:31)>

Ein Leben nach den Grundsätzen des Korans soll ins Glück des Paradies' führen, doch wem nutzt das ungewisse Glück des Jenseits? Für den Gotteskrieger (4:74, 9:111, 61:11ff) ist es eine notwendige Sehnsucht, doch alle anderen können ihr Glück aus den Gefühlen der Gegenwart des Lebens empfinden. Der Selbstmordattentäter opfert das Diesseits, weshalb nur noch das Jenseits gewünscht werden kann. Mit dem Jenseits müssen sich auch all die trösten, die aus religiösen Gründen auf irgendetwas verzichten, denn genau dieser Verzicht soll erst im Jenseits wieder ausgeglichen werden. Wer aber sein Leben so aufbaut, muss unkritisch glauben, denn mit Vernunft gibt es dafür keine Begründung.

In der Zeitlichkeit, ob im Diesseits oder im Paradies, ist es das Glück, das Mehr der guten Gefühle in der Bilanz aller Gefühle, welches das Sein lebenswert macht. Wenn das nicht gegeben ist, dann doch wenigstens die Hoffnung, dass sich dieses Mehr in Kürze einstellen wird, denn sonst ist das Leben eine Qual, bestenfalls noch belanglose Gleichförmigkeit.

Die Möglichkeiten Glück zu erfahren, ist für jeden Menschen individuell, ebenso wie die Methoden zum Glücklichwerden. Für alle gleichermaßen aber gilt, dass meist das Glück mit anderen Menschen gemeinsam erfahren wird. Doch dazu kann der Einzelne nur die Bedingungen bereitstellen, die zu dem angestrebten Ergebnis führen sollen, denn die Liebe zu einem anderen Menschen wird nur dann empfunden, wenn ein Ausgleich stattfindet, d.h. wenn sie erwidert wird. Doch niemand hat in einer solchen Situation unmittelbaren Einfluss auf den Anderen.

Wenn wir das Glück mit anderen erleben wollen, müssen wir die Zuneigung der Menschen gewinnen, von denen unser Glück abhängt. Das ist aber nur zu erreichen, wenn wir ihnen unsere Zuneigung geben. Trotzdem ist es kein Tauschgeschäft, denn oft werden große Schmerzen, ja sogar der Tod, um einer Liebe willen in Kauf genommen. Solche Opfer sind nicht mehr ausgleichbar.

Im Koran wird der Ausgleich im Jenseits versprochen, nämlich für die, die für die Liebe zu Gott ihr Leben geben, <denn Gott hat das Leben und das Vermögen der Gläubigen im Tausch für das Paradies erkauft, wenn sie für die Sachte Gottes kämpfen. (9:111)>

Besser aber für das Zusammenleben der Menschen sollte die individuelle Suche nach dem Glück im Irdischen sein. Der Mensch sollte Neigungen und Leidenschaften haben, denn dann kann er das Glück durch die Befriedigung dieser Neigungen und Leidenschaften erfahren.

Das aber gelingt nur, wenn die Glücksempfindung öfter eintritt als die Enttäuschung aus der Glückserwartung. Wenn die Enttäuschung überwiegt, müssen die Leidenschaften und Neigungen beschränkt werden, was dann die Aufgabe der Vernunft ist.

Wer meint, zu oft verzichtet zu haben, neigt dazu, sein Glück in sich selbst zu suchen, wobei sich manche dabei der Hilfe von Drogen bedienen. Doch nicht nur Gott im Koran (2:219), sondern nahezu alle Gesellschaftsordnungen verbieten Drogen oder beschränken zumindest deren Konsum.

Wer selbst glücklich ist, macht andere auch glücklich, denn der Glückliche vermittelt Freude. Doch dazu braucht man ein gutes Gewissen, denn das Gewissen bildet die Einheit zwischen Denken und Handeln und nur dann erweckt man den Eindruck, glücklich zu sein. Ein gutes Gewissen schließt somit das destruktive Glück der Schadenfreude aus. Dieses vermeintliche Glück hat seine Wurzel nur darin, dass sich der Freuende über den Leidenden erhebt. Er stellt seinen Wert über den des Verlierers und freut sich in der Rangordnung höher zu stehen. Das Gewissen in der Funktion des „besseren Ichs“ bildet dann aber keine Einheit mehr mit dem Handelnden.

Die Gleichung vom frommen Gehorsam und Glück funktioniert auch nicht, denn Gott tut, was er will und ist nicht berechenbar. Trotzdem verspricht er die Anrechnung frommen Gehorsams, aber erst jenseits des Lebens, doch das Glück wird in der Gegenwart erlebt. Hier wird also erneut der Glaube strapaziert. (48:4ff, 44:51, 54:54f, 50:32)

Die sinnlichen Empfindungen, Erinnerungen oder Projektionen über glückliche Zeiten oder das Aufkommen von Ideen sind die Quellen des Glücks. Angeblich sprudeln sie ständig im Paradies des Korans. (11:108)

Leben im Paradies

<Geht ein ins Paradies des Friedens. Dies ist der Tag der Ewigkeit. Wer dort ist, wird nie mehr vertrieben und muss sich nie mehr abmühen [und wird nie mehr müde sein]. (15:48, 43:71, 43:72, 50:34) Im Paradies werden die Glücklichen ewig bleiben. Dieses Geschenk Gottes dauert solange Himmel und Erde dauern, es sei denn, Gott will es anders. (11:108, 38:53, 38:54) Gott befreit euch von euren Aggressionen. Brüderlich sollt ihr einander gegenübersitzen. (15:47) Wohin du auch schaust, wirst du große Herrlichkeit erblicken. (76:20)>

<Die Bewohner des Paradieses sind dann beschäftigt und genießen es. (36:55) Es gibt alles, was sie sich wünschen und noch mehr. (36:57, 41:31, 50:35) Sie und ihre Frauen liegen im Schatten auf Ruhebetten. (36:56, 77:41) >

<Der Genuss des irdischen Lebens ist gering und vergänglich, verglichen mit dem Jenseits. (13:26) Den Tod erfährt man nicht im Paradies und Gott schützt vor der Hölle. (44:56) Im Diesseits und im Jenseits gibt es Ränge und Auszeichnungen Gottes. (17:21)>

<Der Lohn des Jenseits ist besser für jene, die glauben und Gott fürchten. (12:57) Besitztum und Söhne sind Schmuck des irdischen Lebens. Doch besser sind die guten Taten, die ewig gelten und von Gott belohnt werden. (18:46)>

<Im Paradies gibt es keusche Mädchen mit großen Augen und züchtigem Blick, die weder ein Mann noch ein Engel entjungfert hat. (37:48, 38:52, 55:56) Das sind Geschenke Gottes an euch. (55:57, 55:61) Sollte die Belohnung für gute Taten etwas anderes sein als das, was ihr kennt? (55:60) Die Mädchen sind schön wie Rubine und Korallen. (55:58, 55:59) Das Paradies ist ein Garten der Wonne. (52:17) Freut euch, dass Gott euch die Hölle erspart hat. (52:18)>

<Im Paradies gibt es wunderschöne Gärten mit sprudelnden Quellen (55:62, 55:64, 55:66) Das sind Geschenke Gottes an euch. (55:63, 55:65, 55:67, 55:69) Darin werden Früchte, Getränke, Palmen und Granatäpfel angeboten. (38:51, 52:19, 55:68, 55:69, 77:42) In Zelten, von den Augen Fremder abgeschirmt, leben gute und schöne Mädchen, Huris. (52:20, 55:68, 55:70, 55:72) Sie wurden weder von Engeln noch von Menschen entjungfert. (55:74) Auch sie sind Geschenke Gottes an euch. (55:71, 55:73, 55:75, 55:77) Sie ruhen auf grünen Kissen und schönen Teppichen. (55:76) Voller Segen ist Gott, der Erhabene. (55:78)>

<Die Gottesfürchtigen leben im Paradies. (44:51) Sie sitzen in klimatisierten (76:13) Gärten mit Quellen (44:52), bekleidet in Seide und Brokat (44:53, 76:12, 76:21) und Gott wird sie mit großäugigen Huris vermählen. (44:54) In den Gärten des Paradies ist Sicherheit und es gibt allerlei Früchte. (44:55) Dort wird man nie sterben. (44:56) All das kommt von der Gnade Gottes und ist eine großes Glück. (44:57) Bei den Dienern Gottes werden keusche Mädchen sein, die züchtig aus großen Augen blicken (37:48), als ob sie verborgene Perlen [unberührt] wären. (37:49) Es sind Mädchen mit schwellenden Brüsten. (78:33) Zur Belohnung für ihre irdischen Taten bekommen die Gottesfürchtigen diese Jungfrauen, wohlbehüteten Perlen gleich. (56:22, 56:23, 56:24) Gott hat sie zu Jungfrauen gemacht (56:35, 56:36), als liebevolle Altersgenossinnen (56:37), die ihnen zur rechten Seite gestellt werden. (56:38) Einige von ihnen gehören der früheren (56:39) und einige der späteren Generation an. (56:40)>

<Die erwählten Diener Gottes (37:40) erhalten Früchte und werden geehrt. (37:41, 37:42) In den

Gärten der Wonne (37:43) sitzen sie sich gegenüber (37:44) und ein wohlschmeckendes Getränk macht unter ihnen die Runde. (37:45, 37:46, 78:34) Kein berauschendes Getränk und auch keines, das müde macht. (37:47) Die Bewohner des Paradies werden mit Früchten, Fleisch und Geflügel versorgt, wie sie es nur wünschen (43:73, 52:22, 56:20, 56:21, 76:14, 77:43) Sie bekommen Getränke und Speisen aus silbernen und goldenen Gefäßen (43:71, 76:15, 76:16), die weder zu sinnlosem Gerede noch zu Sündhaftigkeit verleiten. (52:23) Sie werden von ihren Jünglingen bedient, als ob sie wohlverwahrte Perlen wären. (52:24, 76:19) Sie servieren aus einer fließenden Quelle namens Slsabil (56:18, 76:18), die weder Kopfschmerzen verursacht, noch das Bewusstsein schwinden lässt. (56:19) Ihnen wird ein reines edles Getränk gegeben (83:25), dessen Siegel aus Moschus ist. Das wünscht sich jeder (83:26), denn dem ist Tasnim oder Ingwer beigemischt. (76:17, 83:27) Das stammt von einer Quelle, aus der die trinken, die Gott nahe stehen. (76:6, 83:28) Im Paradies fließt frisches Wasser, Milch, berauschende Getränke und Honig. Dies dient dem Genuss seiner Bewohner. Es gibt Früchte aller Art. Gott vergibt ihnen. Können diese wohl mit den Bewohnern der Hölle verglichen werden, die siedendes Wasser trinken, das ihre Därme zerreißt. (47:15)>

<Die Bewohner des Paradies werden sich erinnern, wie sie und ihre Angehörigen auf Erden Angst von dem Jüngsten Tag hatten. Doch nun hat Gott ihnen Gnade erwiesen und sie vor der Hölle bewahrt. Sie haben schließlich gebetet. (52:25, 52:26, 52:27, 52:28) Sie werden sich erinnern, wie sie gefragt wurden, ob sie an die Auferstehung glauben. (37:50, 37:51, 37:52, 37:53) Wenn sie in die Hölle hinabblicken, werden sie die Zweifler aus dem irdischen Leben sehen. (37:54, 37:55) Sie werden zu dem Höllenbewohner sagen: „Beinahe hättet ihr uns ins Verderben gestürzt, wäre da nicht die Gnade Gottes gewesen. (37:56, 37:57) Im Paradies lebt man ewig und einmal dort, wird man auch nicht bestraft.“ (37:58, 37:59, 37:60) Das ist doch ein Ziel, auf das man sein Handeln auf Erden einstellen sollte. (37:61)>

<Im Paradies sitzt man auf Polstern mit Gold (56:15, 56:16) und wird von Jünglingen bedient, die nicht altern. (56:17) Sie werden dort weder leeres Gerede noch Anschuldigungen hören, sondern nur das Wort: „Frieden, Frieden!“ (19:62, 19:63, 56:25, 56:26, 78:35) Die Gläubigen werden glücklich (83:22) auf Ruhesitzen umherblicken. (83:23) Du kannst Glanz der Seligkeit auf ihren Gesichtern erkennen. (83:24)>

<So belohnt Gott die, die Gutes tun. (77:44) Den Bewohnern des Paradies nimmt Gott jede Aggression. „Gelobt sei Gott, der uns ins Paradies geführt hat, was ohne ihn nicht möglich gewesen wäre. Die Propheten Gottes habe tatsächlich die Wahrheit gebracht. Das Paradies ist nun der Lohn für unsere irdischen Taten. (7:43) Herr, bring uns nicht mit den Bewohnern der Hölle zusammen.“ (7:47) Den Menschen in der Hölle rufen sie zu: „Wir können bestätigen, dass die Prophezeiungen Gottes wahr geworden sind. Trifft das nicht auch auf euch zu?“ „Ja, sein Fluch kommt jetzt über uns (7:44), weil wir Ungläubige waren.“ (7:45)>

Ist jeder glücklich, der das, was er will, auch bekommt? Nein, denn wir werden von Wiederholungen regiert und mit der Monotonie geht die Fähigkeit zur Empfindung verloren. Nur aus der Veränderung und bei rhythmischen Veränderungen aus der Veränderung des Rhythmus ist eine Sinnesempfindung mit einer höheren Wertigkeit möglich. (9:38) Es kann daher nicht unser Wunsch sein, immer das zu bekommen, was wir begehren (36:57, 41:31), denn das Glück wird relativ zu den gesamten Bedingungen des Seins erfahren.

Das Gefühl des Glücks wird geprägt durch das aktuelle Ereignis und steht im Verhältnis zum Potential der verfügbaren Gefühle. Es wird beeinflusst durch das Handlungspotential und bildet ein Verhältnis zum betrachteten Zeitabschnitt und der Einstellung, die daraus gebildet wird. Aus den Erlebnissen der Vergangenheit und dem daraus resultierenden Gewöhnungsfaktor sowie den Planungen und Hoffnungen setzt sich dann das Maß der Glücksempfindung zusammen. Das ewige Glück im zeitlichen Erleben (11:108) ist daher Unsinn.

Im Paradies mit seinen Frauen im Bett zu liegen (36:56) und zudem von Gott mit schönen Jungfrauen vermählt zu werden (44:51ff), deren Erotik durch schwellende Brüste (78:33, 78:34) betont wird, muss Konflikte erzeugen. Die Kinderlosigkeit und die Jungfräulichkeit (56:35ff) der Geliebten wird sicher auch nicht von allen Männern gewünscht. Wohlschmeckende und nicht berauschende Getränke (37:45ff) sowie gutes Essen a la carte, kennen wir auch vom Diesseits. (52:22ff, 56:20ff) Aber was wir dabei gelernt haben, ist das Genießen aus dem Defizit heraus.

Die Unsterblichkeit (44:56) und das Fehlen der Hölle (47:15) wird bei den Bewohnern des Paradies' daher die Sehnsucht nach Tod und Hölle aufkommen lassen. Und welche Genüsse die gläubigen Frauen erfahren, bleibt uns unbekannt.

Im Hier und Jetzt nötigt uns die Unwiederbringlichkeit der Gegenwart zur aufmerksamen Wahrnehmung des Glücks, denn die Stunde, die vorbei ist, kann nicht mehr mit Glück erfüllt werden. Das schafft noch nicht mal Gott, denn Alternativen derselben Zeit würde seine Raumzeiterfindung zusammenbrechen lassen. Im Gegensatz zu Gott jedoch kennt niemand den morgigen Tag, weshalb die Planung des Glücks zu Lasten des unmittelbaren Glücks sorgfältig abgewogen werden muss, denn <der Genuss des irdischen Lebens ist gering und vergänglich. (13:28)>

Glück auf Erden ist die Liebe. Weil ich mich liebe, nehme ich Rücksicht auf meine Wünsche, entwickle ich meine von mit und anderen geliebten Eigenschaften. Weil ich meine Mitmenschen liebe, gleiche ich die Interessen zwischen ihnen und mir aus. Weil ich das Absolute, die Einheit oder Gott liebe, verbinde ich mich immer mehr mit dem, was außerhalb von mir steht und im Denken verbinde ich mich mit dem Fremden und mache es mir vertraut. Das „Mehr" der angenehmen Gefühle gegenüber dem ausgeglichenen Zustand der Zufriedenheit erfahre ich durch den Moment der Freude, den ich mit der geliebten Person teile. <Diejenigen, die glauben und gute Werke tun, denen wird Gott Liebe zukommen lassen. (19:96)>

Der Koran über die Ungläubigen

Der Satan, der Teufel

<Nachdem Gott den Menschen aus Lehm erschaffen hatte, sagte er zu den Engeln: „Werft euch vor Adam nieder“ und alle bis auf Iblis [der Teufel] taten dies. Er sündigte, denn er kam Gottes Anordnung nicht nach. (2:34, 7:11, 15:28, 15:29, 15:30, 15:31, 17:61, 18:50, 20:116)>

<Satan wurde gefragt, warum er sich nicht vor Adam niederwirft, nachdem es ihm Gott befohlen hatte. „Ich bin besser als der Mensch, weil ich aus Feuer geschaffen bin, er aber nur aus Lehm.“ (7:12, 15:32, 15:33) Gott: „Verschwinde! Es gehört sich nicht für dich, hochmütig zu sein! Jetzt bist du einer der Erniedrigten.“ (7:13, 15:34)>

<Satan: „Gewähre mir Aufschub bis zu dem Tage, da sie auferweckt werden, denn ich werde die meisten von denen in meine Gewalt bekommen.“ (7:14, 15:35, 15:36, 17:62) Gott: „Das geht in Ordnung.“ (7:15, 15:37, 15:38) Satan: „Weil du mich verführt hast, will ich jetzt die Menschen verführen und sie von Gottes Weg abbringen. (7:16) Ich will sie bedrohen und Gott wird erkennen, dass die meisten Menschen undankbar sind.“ (7:17) Gott: „Verschwinde, sei verachtet und verstoßen! Die Menschen, die dir folgen, kommen in die Hölle. (7:18, 15:43, 17:63) Betöre mit deiner Stimme wen auch immer du kannst und setze deine Mittel gegen sie ein, habe Anteil an ihrem Vermögen und ihren Kindern und mache ihnen Versprechungen, die du nie halten kannst. (17:64) Über meine Diener wirst du keine Macht haben. Die brauchen nur mich als Beschützer.“ (17:65)>

<Gott: „Adam, du sollst mit deiner Frau im Paradies bleiben und essen, wovon ihr wollt, nicht jedoch von einem bestimmten Baum, denn das ist eine Sünde.“ (7:19) Gott: „Der Teufel ist euer Feind. Achtet darauf, dass er euch nicht aus dem Garten vertreibt, denn sonst werdet ihr unglücklich. (20:117) Hier gibt es keinen Hunger, keinen Durst und hier müsst ihr nicht frieren und nicht schwitzen.“ (20:118, 20:119)>

<Doch Satan verführte sie. Er sagte: „Gott hat es euch nur deshalb verboten, damit ihr weder Engel werdet noch ewig lebt.“ (7:20, 7:21, 20:120) Sie aßen beide von dem Baum, so dass ihnen ihre Nacktheit bewusst wurde und sie sich bekleideten. (20:121) Gott: „Habe ich euch nicht verboten von diesem bestimmten Baum zu essen. Der Satan ist euer Feind.“ (7:22) Sie antworteten: „Wir haben gegen uns selbst gesündigt und wenn du uns nicht verzeihst, sind wir verloren.“ (7:23) Gott: „Weg mit euch. Der eine sei des anderen Feind. Auf Erden werdet ihr nur eine bestimmte Zeit sein.“ (7:25) Doch dann erwählte Gott Adam, wandte sich ihm gnädig zu und führte ihn auf den rechten Weg. (20:122)>

<Als Gott zu den Engeln sprach: „Ich werde einen Nachfolger auf der Erde einrichten“ ,antworteten sie: „Willst du jemanden einrichten, der Unheil anrichtet?“ (2:30) Er antwortete: „Ich weiß mehr als ihr.“ (2:31) „Ja, wir wissen nur das, was du uns gelehrt hast. Nur du bist allwissend.“ (2:32) Gott zu Adam: „Nenne ihnen ihre Namen.“ Und als er sie ausgesprochen hatte, sagte Gott: „Ich bin allwissend und weiß, was ihr sagt und was ihr denkt.“ (2:33)>

<Gott hat Satan auf die Ungläubigen losgelassen, um sie zur Sünde zu verführen. (19:83) Darum beeile dich nicht, ihren Untergang zu wünschen, denn Gott hat ihre Lebenszeit genau bestimmt. (19:84) Gott lässt den Einfluss Satans zu, um jene zu prüfen, deren Herzen krank und verhärtet sind. (22:53) Satan droht euch Armut an [indem er euch auffordert, nichts zu spenden] und befielt euch das Böse. (2:268) Er will, dass ihr seine Helfer fürchtet. Das müsst ihr nicht, aber Gott sollt ihr fürchten (3:175) Satan hat die Ungläubigen in seiner Macht und lässt sie die Offenbarungen Gottes vergessen. (58:19)>

<Der Teufel ist (26:221) der Verbündete eines jeden Lügners (26:222) und Sünders. (26:223) Satan ist euer Feind. Er ruft seine Anhänger nur herbei, damit sie in die Hölle kommen. (35:6) Lasst euch nicht vom Teufel verführen, wie er es mit euren Eltern tat, die darauf aus dem Paradies vertrieben wurden. Der Teufel hatte ihnen ihre Kleidung entrissen, um ihnen ihre Geschlechtsteile sehen zu lassen. Er und seine Freunde erkennen euch, ohne dass ihr sie erkennt. Gott hat den Teufel zum Freund derer gemacht, die ungläubig sind. (7:27)>

<Der Teufel gebietet euch nur Böses und Abscheuliches, und er verleitet euch Aussagen über Gott zu treffen, wovon ihr keine Ahnung habt. (2:169) Geheime Verschwörungen kommen vom Satan, der die Gläubigen betrüben will. Doch er kann ihnen nicht den geringsten Schaden zufügen, es sei denn mit Gottes Erlaubnis. (58:10)>

<Wer sich von Gott abwendet, wird Satan als Begleiter bekommen. (43:36) Satan bringt die Ungläubigen vom Weg ab, jedoch meinen sie, sie seien recht geleitet. (43:37) Wenn Satan zu dem Menschen spricht: „Sei ungläubig!" und er wird ungläubig, so wendet er sich anschließend von ihm ab: „Ich habe nichts mit dir zu schaffen, denn ich fürchte Gott." (59:16) Und die Folge davon wird sein, dass beide auf ewig in der Hölle schmoren werden. (59:17)>

<Gott hat den Himmel mit Sternen ausgeschmückt, die Schutz vor den Teufeln bieten. Somit können die Teufel den Engeln nicht zuhören. Zudem werden sie von allen Seiten mit Himmelskörpern beworfen. Damit sollen sie verjagt werden. Auch sollen sie ewige Strafe erleiden. Manchmal erlauschen sie aber doch etwas und dann folgt ihnen ein heller Komet. (37:6, 37:7, 37:8, 37:9, 37:10, 67:5, 67:6)>

<Folgt nicht den Fußstapfen Satans. Er ist euer offenkundiger Feind. (2:208) Wenn du vom Satan zur Bösartigkeit aufgefordert wirst, dann suche Zuflucht bei Gott. (7:201) Eure heidnischen Brüder bleiben dagegen dem Irrtum verfallen. (7:202) Wenn du ihnen keinen Gottesbeweis bringst, dann fragen sie: „Warum legst du keinen vor?" Antworte: „Ich folge nur dem, was mir Gott offenbart hat. Der Koran ist der sichtbare Beweis Gottes. Den Gläubigen zeigt er den rechten Weg." (7:203)>

<Bevor du den Koran liest, suche Zuflucht bei Gott vor dem Satan. (16:98) Der Satan hat keine Macht über die, die glauben und auf Gott vertrauen. (16:99) Seine Macht erstreckt sich nur auf jene, die bei ihm Beistand suchen und die Götzen verehren. (16:100) Und wenn du vom Satan zu einer bösen Tat verführt wirst, dann suche Zuflucht bei Gott. (7:200, 41:36)>

<Die Sünden irren und sind verrückt. Sie werden am Jüngsten Tag abgesondert. (36:59, 54:47) Gott hatte euch doch befohlen, nicht dem Satan zu dienen, sondern nur Gott. (36:60) Und doch hat der Teufel eine große Menge von euch verführt. (36:61) Hattet ihr denn keinen Verstand? (36:62)>

<Die Ungläubigen rufen außer Gott auch weibliche Gottheiten, aber eigentlich rufen sie den Teufel. (4:117) Satan wird einen Teil von ihnen irreleiten (4:118) und Hoffnungen wecken und ihnen befehlen, dem Vieh die Ohren aufschlitzen und somit die Schöpfung Gottes zu verändern. (4:119) Wer sich Satan zum Beschützer nimmt, der geht unter. (4:120)>

<Beim Jüngsten Gericht argumentieren die Ungläubigen: „Hätte Gott uns geführt, stünden wir nicht hier. Als Gefolgsleute tun wir, was angeordnet wird. Vielleicht nimmt uns der Teufel, der verantwortlich dafür ist, die Strafe ab. (14:21) Wenn das Jüngste Gericht entschieden hat, wird Satan sagen: „Gottes Versprechen war die Wahrheit. Mein Versprechen habe ich gebrochen. Ich hatte keine Macht über euch. Ich konnte euch nur verführen. So verurteilt nicht mich, sondern euch selber. Ich kann euch nicht retten, noch könnt ihr mich retten. Ich hatte schon früher abgelehnt, dass ihr mich mit Gott gleich setzt." (14:22)

Die theologische Wurzel des dualen Prinzips geht auf den persischen Zoroastrismus zurück. Dort werden Gut und Böse mit zwei Urwesen symbolisiert.

Im Koran wird das duale Prinzip durch Gott und Teufel dargestellt. Da aber der Teufel, Satan oder Iblis als Repräsentant des Bösen durch den Willen Gottes entstanden ist, bleibt er ein Untertan und somit, bezogen auf die Einheit, auch ein Teil Gottes. Wie kann der Mensch da Zuflucht bei Gott von dem Teufel suchen? (16:98) Auch trifft der Teufel eigene Entscheidungen gegen den Willen Gottes (7:12) und beschneidet damit entweder Gottes Allmacht oder Gottes Güte. Ein weiterer Widerspruch ergibt sich aus dem Anspruch, dass Gott zwei Positionen in dieser Konstruktion einnimmt: jene der Einheit (15:23, 16:3) und die des Guten (9:21…85:14); entweder oder.

In der Raumzeit wird die Welt in einer Folge erlebt, weshalb wir Gut und Böse als Gegensätze erfahren müssen. Das Gute bedingt somit das Böse. Für die Gläubigen lässt sich daraus der einfache Schluss ableiten, dass sie den Ungläubigen dankbar sein sollten, dass es sie gibt, denn sonst wären nicht sie die Guten, immer vorausgesetzt, man folgt dem Wertesystem des Korans.

Die Ungläubigen und Satan werden im Koran gleichgesetzt (19:83f), womit die übelste aller Haltungen und Taten benannt ist: Ungläubigkeit. Angeblich wird der Mensch auf seine Gläubigkeit geprüft (22:53), auch wenn das ganze nur ein Spiel ist (6:32, 47:36, 57:20), denn ohnehin ist alles vorbestimmt. (6:67, 54:3) Die Spielregeln lauten: Aus Angst vor Armut wird man zum Bösen verführt (2:268), doch Angst soll man nur vor Gott haben, der das Böse bestraft. (3:175) Und Gott, der nach Eigendarstellung (28:68, 42:49) von der Welt getrennt ist, beobachtet die Welt. Er ist Drehbuchautor, Regisseur, Zuschauer und Kritiker in diesem spannenden Film.

Das Böse selbst ordnet sich Gott unter (8:48), aber jede Sünde die getan wurde, wird von Gott verfolgt und bestraft. (6:160) Das Böse wird als Kraft dargestellt, das zu keiner Rechtfertigung herangezogen werden kann (59:16), denn es ist nur Selbstzweck (26:221f), wohingegen das Gute ausgleicht und verbindet. Um aber ausgleichen zu können, braucht es ein Potential zum Augleich. Warum also den Teufel verteufeln? (2:208, 36:60)

Ob Gott den Himmel mit Sternen ausgeschmückt hat, damit sie uns von den Teufeln schützen (37:6ff), wird hier nicht weiter untersucht, da weder diese Behauptung noch irgendein Widerspruch Relevanz hat. Das ist Poesie.

Die Konsequenz aus dem Bündnis mit dem Satan ist klar (36:59), denn es führt in die Hölle (36:63) und Gott, der willkürliche (58:10), erfreut sich an der Unfähigkeit der Ungläubigen sich zu rechtfertigen (36:65), obwohl er mit seiner Allmacht auch hätte helfen können.

Nach dem Koran ist der Satan eine Erfindung Gottes, sind die Menschen eine Erfindung Gottes, ist die Raumzeit eine Erfindung Gottes und außerdem ist das Denken und Handeln jedes Einzelnen von Gott vorbestimmt. Wie kann man da das Böse verurteilen, wo doch alles was Gott tut, gut ist.

Die Ungläubigen

<Die Vorbestimmung Gottes hat sich an den Ungläubigen dadurch bewahrheitet, dass sie ungläubig sind. (10:33, 10:96, 10:97, 36:7) Wer ungläubig ist, ist es zum eigenen Schaden und wer rechtes tut, tut es zum eigenen Wohl. (30:44)>

<Gott liebt nicht die Ungläubigen. (30:45) Würde Gott sich ihrer erbarmen und sie befreien, würden sie dennoch in Widerspenstigkeit verharren und verblendet umherirren. (23:75) Nun hat sie Gott doch bestraft und trotzdem haben sie sich Gott nicht untergeordnet. (23:76) Doch eines Tages öffnet sich die Hölle und dann werden sie verzweifelt sein. (23:77, 30:12)>

Gott befiehlt Mohammed zu sagen: „Ihr Ungläubigen (109:1), ich glaube an etwas anderes als ihr. (109:2, 109:3) Keiner von uns will das ändern. (109:4, 109:5) Daher sei euch euer Glaube und mir meiner. (43:88, 43:89, 109:6) Soll jeder so handeln, wie er es für richtig hält. Bald werden wir wissen, wer Recht hatte. Den Sündern wird es nicht gut gehen. (6:135)>

<Ihr liebt das irdische Leben und bereitet euch nicht auf das Jenseits vor. (76:27) Findet doch Gefallen an eurem Unglauben." (6:113, 14:3) Die Ungläubigen sagen, ‚das Jüngste Gericht wird nicht kommen.' Doch, es wird bestimmt kommen. Gott entgeht nichts und alles wird aufgezeichnet. (22:55, 34:3)>

<Wo ist die Macht, die euch gegen Gott helfen könnte? Die Ungläubigen sind völlig verwirrt. (67:20) Gehören ihnen die Schätze Gottes oder sind sie die Herrscher des Universums? (52:37) Wollen sie die Klügeren sein? Nein, sie sind es, die überlistet werden. (52:42) Oder gäbe es eine Versorgung, wenn Gott euch nicht versorgt? Die Ungläubigen verharren in Opposition und Ablehnung. (67:21) Wenn man sie fragt: „Wer hat Himmel und Erde, Sonne und Mond erschaffen, antworten sie -Gott". Wieso glauben sie dann nicht? (29:61, 31:25, 43:9, 43:87) Wenn ihr die Ungläubigen auffordert, dem Weg Gottes zu folgen, dann folgen sie euch nicht. Es ist offensichtlich egal, ob ihr sie auffordert oder nicht. (7:193, 7:198)>

<Die Ungläubigen behaupten von sich: „Ich werde bestimmt Reichtum und Kinder bekommen." (19:77) Sollten etwa die Ungläubigen, die nicht spenden, das Verborgene kennen oder ein Versprechen von Gott haben? (19:78, 52:41, 53:33, 53:34, 53:35) Sehen sie nicht den Himmel über sich, der keine Fehler hat? (50:6) Kennen sie nicht die Offenbarungen des Moses' und des Abrahams? (53:36, 53:37) Gott führt Buch über die Taten der Ungläubigen, so dass er ihnen ihre Strafe verlängern kann. (19:79) Gott weiß, was sie sagen und zu ihm werden sie alle kommen. (19:80)>

<Als die Gesandten mit klaren Beweisen kamen, spotteten sie darüber. Doch das, worüber sie spotteten, traf ein. (40:83) Als sie die Art der Bestrafung erfuhren, wurden sie gläubig. (40:84) Zu spät, sie gingen zugrunde. Das ist der Stil Gottes. (40:85) Pharao und sein Volk und die Bewohner der zerstörten Städte waren große Sünder. (69:9)>

<"Wer von uns hat die bessere Stellung in der Gesellschaft?", fragen die Ungläubigen mit Blick auf die Gläubigen, wenn aus dem Koran verlesen wird. (19:73) Die Ungläubigen sind stolz und feindselig. (38:2)>

<Wer sich denen [?] anschließt, auf die Gott zornig ist, der gehört weder zu euch noch zu den anderen. Der lügt und ist sich dessen auch bewusst. Gott wird sie im Jenseits bestrafen. (58:14, 58:15)

Die verstecken sich hinter ihren Eiden und halten ihre Mitmenschen vom Islam ab. Dafür werden sie in aller Härte bestraft. (58:16)>

Die Ungläubigen und ihre Tradition

<Wenn man die Ungläubigen auffordert kein Unheil anzurichten, dann behaupten sie den Frieden zu fördern. (2:11) In Wahrheit aber sind sie die Stifter des Unheils, wollen es jedoch nicht wahrhaben. (2:12) Fordert man sie auf zu glauben wie die anderen, dann lehnen sie ab und bezichtigen die Gläubigen der Dummheit, obwohl sie Selbst die Dummen sind. (2:13)>

<Wenn den Ungläubigen gesagt wird: „Folgt den Offenbarungen Gottes“, so sagen sie: „Nein, wir folgen dem Glauben und der Tradition unserer Väter“ auch dann, wenn ihre Väter nichts begriffen hatten. (2:170, 77:48) Treffen sie mit Gläubigen zusammen, behaupten sie, auch Gläubige zu sein. Wenn sie aber wieder alleine unter ihresgleichen sind, erzählen sie: Wir treiben nur Spott mit den Gläubigen. (2:14) Gott aber verspottet sie und lässt sie weiter verblendet umherirren. (2:15)>

<Die Ungläubigen fragen „Wie will Mohammed aus den vielen Göttern einen einzigen machen? (38:5) Haltet besser an eurer Tradition fest (5:104, 38:6), besser keine Veränderungen, denn seine Verkündung ist Phantasie. (38:7) Warum sollte einer von uns ein Prophet sein?“ Sie zweifeln an der Aufklärung, doch sie kennen Gottes Strafe nicht. (38:8) Haben sie die Barmherzigkeit Gottes oder gehört ihnen das Universum? Sollen sie doch in den Himmel hinaufsteigen. (38:9, 38:10) Ein Heer, das verloren hat. [?] (38:11)>

<Wenn die Ungläubigen sündigen, rechtfertigen sie sich mit ihrer Tradition und mit der Anweisung Gottes. Doch Gott befiehlt keine Sünden. Sie sagen etwas über Gott aus, wovon sie keine Ahnung haben. (7:28) Wenn die Ungläubigen Zitate aus dem Koran hören, sagen sie: „Wir sollen unsere Tradition aufgeben, doch der Koran ist Poesie und Lüge, offenkundige Zauberei.“ (34:43) Doch sie hatten noch nie Bücher, die sie hätten studieren können, auch hatte Gott vor Mohammed noch nie einen Propheten zu ihnen geschickt. (34:44) Schon früher hatten sie die Botschaft Gottes für eine Lüge gehalten. Dabei haben die Ungläubigen von heute nicht ein Zehntel von dem erreicht, was die Ungläubigen früherer Generationen erreicht hatten. Sie hatten Gottes Propheten der Lüge bezichtigt. Doch was erwartet sie dafür? (34:45)>

<Nachdem die Heiden aufgeklärt waren und sich kontrovers auseinandergesetzt hatten, haben sie sich in verschiedene Glaubensrichtungen aufgespaltet. Gäbe es nicht die Ankündigung Gottes zum festgelegten Termin des Jüngsten Tag, so wäre schon über die verschiedenen Meinungen das Urteil gesprochen. Die nach ihnen von den Offenbarungen erfahren haben, hegen bedenkliche Zweifel darüber. [?] (42:14)>

Vor Mohammed lebten auf der arabischen Halbinsel Juden, Christen und Polytheisten. Die „Leute der Schrift“ und die „Heiden“ wie die beiden Gruppen im Koran genannt werden. Von den Heiden hatte jeder Stamm seinen eigenen Gott oder auch mehrere. Mehrere Stämme zusammen hatten dann eine übergeordnete Gottheit und denen übergeordnet eine noch höhere Gottheit. Je nach Freund-Feind-Situation veränderten sich aber auch die Verhältnisse der Gottheiten. Der Staat baute auf den Stämmen auf, deren Führer eine Art Staatsrat bildeten. Der Staat war oft theokratisch organisiert, wenn König und oberster Priester eine Personalunion bildeten.

Die harten Lebensbedingungen der Araber erklären deren Eigenschaften der Ausdauer, der Bescheidenheit und Gastfreundschaft und deren Regeln des gesellschaftlichen Zusammenlebens. Die sind es aber auch, die es Mohammed so schwer machten, neue Ideen in bestehende Traditionen einzubringen.

Eigenschaften der Ungläubigen

<Die Ungläubigen haben keinen Beschützer. (22:71, 47:11) Sie wollen nicht an den Koran glauben, und auch nicht an die Thora und das Evangelium. Vor dem Jüngsten Gericht werden sie sich dann gegenseitig beschuldigen. Die Diener werden ihren Herren sagen: „Wäret ihr nicht gewesen, wären wir gläubig geworden.“ (34:31) Wer aber Gottes Zeichen leugnet, ist taub und stumm. (2:18, 6:4, 6:39, 40:63, 75:32) Die Ungläubigen erdichten sogar Lügen über Gott. Das allein genügt als offenkundige Sünde. Doch sie werden keinen Erfolg haben. Ein kurzer Genuss auf dieser Welt, dann kommen sie zu Gott und werden bestraft. (4:50, 6:5, 10:69, 10:70, 50:5) Die Ungläubigen kennen doch auch die Geschichten und abschreckenden Warnungen von früher (54:4), Geschichten voller Weisheit. Aber Warnungen richten bei denen nichts aus. (36:45, 54:5) Sie bestreiten die Zeichen Gottes. (36:46) Lass dich nicht dadurch verunsichern, dass sie sich frei und ungestraft im Land bewegen. (40:4)>

<Wer seine persönlichen Neigungen zu seinem Gott macht (25:43), ist vom richtigen Weg abgekommen. Solche Menschen sind wie die Tiere (25:44), die nur hören, wenn man sie anschreit. Sie begreifen nichts. (2:171) Die Ungläubigen sind ängstliche Leute (9:56) und blind im Herzen. (22:46) Sie halten keine Verträge und reden euch nach dem Munde, aber denken und handeln anders. (9:8)>

<Die Ungläubigen beten nicht (75:31) und behaupten, die göttlichen Offenbarungen seien Lügen (75:32) und sie sind stolz. (75:33) Sei kein Ungläubiger, denn sonst hast du den Schaden. (10:95) Wer ist schlimmer als jener der falsche Aussagen über Gott macht oder Gottes Aussagen als Lügen hinstellt? Diese sollen ihr vorbestimmtes Leben führen bis zum Tod. Dann können sie ihre Götzen anrufen und müssen erkennen, dass diese ihnen nicht helfen können. (6:21, 6:22, 6:23, 6:24, 7:37) Die Ungläubigen nehmen sich Götzen, um durch sie zu Macht und Ansehen zu kommen. (19:81)>

<Die Ungläubigen erdichten Falsches und sie sind die Lügner. (16:105) Die Ungläubigen irren und sie bekommen auch nicht die rechte Führung. (2:16) Sie sind wie Leute, die Licht machen, das anschließend von Gott gelöscht wird. (2:17) Sie sind wie Leute, die bei einem Gewitter aus Angst die Finger in die Ohren stecken. Gott hat die Ungläubigen in seiner Hand. (2:19) Wenn es blitzt, gehen sie ein Stück, doch so bald es dunkel ist, bleiben sie stehen. Wenn es Gott gewollt hätte, hätte er sie blind und taub gemacht. (2:20)>

<Der Koran besteht aus klaren Aussagen und ist in den Herzen derer, die aufgeklärt wurden. Nur die Übeltäter leugnen die Worte Gottes (29:49) und behaupten es sei Zauberei (17:47, 25:8, 46:7) Auch wenn Gott ein von ihm beschriebenes Blatt Papier geschickt hätte, würden die Ungläubigen trotzdem behaupten, das sei Zauberei. (6:7) Würde Gott den Ungläubigen das Paradies zeigen (15:14), so würden sie immer noch nicht gläubig werden, sondern denken, ihnen würde etwas vorgespielt. (15:15) Und wenn ein Stück vom Himmel fällt, würden die Ungläubigen immer noch sagen: „Das ist nur ein Haufen Wolken.“ (52:44)>

<Jene, die mit Eifer im irdischen Leben den falschen Glauben verfolgen und über Gottes Verse spotten, werden die Verlierer sein. Sie meinen dabei sogar noch, sie täten das Richtige. Doch sie kommen auf ewig in die Hölle. (18:103, 18:104, 18:105, 18:106)>

<Die Ungläubigen meinen auch, ihre Götzen hätten ihnen ihren Wohlstand beschert. Für solche Phantasien werden sie zur Rechenschaft gezogen. (16:56) Wissen denn die Ungläubigen nicht, dass Himmel und Erde eine Einheit waren, bevor Gott sie teilte und mit dem Wasser das Leben erzeugte? (21:30)>

<Gott rettet euch aus jeder Schwierigkeit und trotzdem stellt ihr ihm andere Götter zur Seite. (6:64) Die Sünder verehren statt Gott das, was weder nutzt noch schadet oder von Gott genehmigt wurde. Wollen die etwa Gott aufklären über das, was im Himmel und auf Erden ist? (10:18, 10:106, 22:55, 22:71) Wenn die Ungläubigen zu ihren Götzen beten, hören sie es nicht. Und auch wenn sie es könnten, würden sie nicht zuhören. Am Tag der Auferstehung werden die Ungläubigen leugnen, dass sie Götzen angebetet haben. Niemand kann so aufklären wir Gott. (35:14)>

<Jene, die ungläubig sind, unter den Juden und Christen und die Heiden kommen in die Hölle und werden dort ewig bleiben. Sie sind die schlechtesten aller Geschöpfe. (98:6)>

<Wer ist ungerechter als einer, der mit der Botschaft Gottes aufgeklärt wurde, sich aber abwandte und vergisst, was er in seinem bisherigen Leben getan hat. Gott hat solche Menschen unverständig gemacht. Wenn du versuchst, sie auf den rechten Weg zu führen, dann werden sie nie diesen Weg einschlagen. (18:57) Den Ungläubigen ist es sowieso egal, ob man sie aufklärt oder nicht. Sie bleiben ungläubig (2:6, 36:10), denn Gott hat das verhindert. Trotzdem erwartet sie eine harte Strafe. (2:7)>

<Die Ungläubigen sollen nicht glauben, dass sie ein langes Leben haben, um sich zu bewähren. Nein, sie leben lange, damit ihre Schuld anwächst. (3:178) Es mag wohl sein, dass die Ungläubigen wünschen, sie wären Muslime geworden. (15:2) Wenn sie so sehr vom Diesseits abgelenkt sind, sollen sie doch ihr Leben genießen. Sie werden noch sehen, was mit ihnen passiert. (15:3, 77:46) Die Ungläubigen erkaufen sich das diesseitige Leben um den Preis des jenseitigen. (2:86)>

<Nichts Gutes gibt es in den vielen Besprechungen der Ungläubigen. Wer jedoch zu Spenden, Güte und Frieden aufruft und dies im Streben nach Gottes Wohlgefallen tut, der wird von Gott belohnt. (4:114)>

<Die Ungläubigen geben ihr Vermögen dafür aus, die Verbreitung des Islams zu verhindern. Sollen sie es doch verschwenden, aber am Ende werden sie es bedauern und sich in der Hölle versammeln (8:36), weil Gott die Bösen von den Guten trennt. (8:37)>

<Die Ungläubigen haben sich vom irdische Leben betören lassen und die Zeichen Gottes zum Gespött gemacht. Ihr Unrecht können sie nicht wieder gut machen. (45:35) Sie sind betrübt, wenn nur Gott erwähnt wird und freuen sich, wenn die Götzen genannt werden. (39:45)>

<Wer den Jüngsten Tag leugnet, der verstößt auch die Waisen und hält nicht dazu an, die Armen zu versorgen. Wer sich so benimmt, glaubt richtig zu handeln, aber den erwartet eine harte Strafe. Der ist der Verlierer im Jenseits. (16:109, 23:74, 27:4, 27:5, 107:1, 107:2, 107:3)>

<Die Ungläubigen schwören bei Gott, Gott wird die Toten nicht wiedererwecken. Irrtum! Gott hält seine Versprechen, aber die meisten haben keine Ahnung. (16:38) Gott wird sie aufklären, damit sie wissen, dass sie selbst die Lügner sind. (16:39) Die Ungläubigen behaupten, sie würden nicht wiedererweckt werden. Mohammed soll sagen: „Ihr werdet bestimmt erweckt und dann wird man euch sagen, was ihr auf Erden getan habt. Das zu tun, ist Gott ein leichtes. (64:7)>

<Die Ungläubigen spotten (37:12) und wenn man sie ermahnt, so ignorieren sie es. (37:13) Gottes

Zeichen verdrehen sie zu Spott (37:14) und meinen es sei Zauberei. (37:15) Gott wird die Engel anweisen, sie und ihre Gattinnen und ihre Götzen (37:22) in die Hölle zu führen. (37:23) Zu ihrer Rechtfertigung (37:24) können sie sich dann nur gegenseitig beschuldigen (37:25, 37:26, 37:27, 37:28, 37:29, 37:30, 37:31, 37:32), aber alle müssen die Strafe Gottes hinnehmen. (37:33) So verfährt Gott mit den Sündern. (37:34) Immer wenn ihnen gesagt wurde: „Es gibt keinen Gott, außer Gott", waren sie arrogant (37:35) und antworteten: „Sollen wir wegen eines besessenen Dichters unsere Götter aufgeben?" (37:36) Mohammed hat die Wahrheit gebracht und die früheren Aussagen bestätigt. (37:37) Für eure Haltung werdet ihr hart bestraft (37:38) und euch wird auch vergolten, was ihr auf Erden getan habt. (37:39)>

<Die Ungläubigen haben bei Gott geschworen, falls ein Prophet kommt, würden sie ihm folgen. Als dann einer kam, der ihnen predigte, bestärkte es sie aber nur in ihrer Ablehnung. (35:42)>

Ungläubig ist, wer nicht an den Koran und auch nicht an die Bibel glaubt. (34:31) Die Ungläubigen sind die schlechtesten aller Geschöpfe. (98:6) Die versöhnende Aussage „euch sei euer Glaube und mir mein Glaube" (109:6) ist wertlos, wenn der Autor vergisst, was er an anderer Stelle Gegenteiliges behauptet. Wer immer die Toleranz des Islams lobt, sollte den Koran lesen, denn jede andere Haltung wird mit Ängstlichkeit (9:56), Blindheit im Herzen (22:46) und der Neigung zum Vertragsbruch (9:8) gleichgesetzt.

Wer ein beschriebenes Blatt vorlegt mit der Behauptung, „das stammt von Gott", wird immer des Unsinns bezichtigt werden, denn das Körperlose kann nicht körperlich erscheinen. (6:7) Das eine schließt das andere aus und das ist in dieser Raumzeit unabänderlich.

Wer trotz des Motivs, Gutes zu tun, verurteilt wird, verurteilt nicht die Person, sondern das Wertesystem des Betroffenen. <Wer mit Eifer den falschen Glauben verfolgt, wird verlieren. (18:104)> Dafür jedoch sind allenfalls die Autoren dieser Lehren verantwortlich. Der „falsche Glaube" der Juden basiert auf der göttlichen Offenbarung der Thora und der der Christen auf dem Evangelium und beides ist nach dem Koran ebenfalls eine Veröffentlichung Gottes. Auch hätte Gott es in der Hand, sie alle zu einer Gemeinschaft zu machen. (11:118)

Dass Himmel und Erde eins waren, werden auch die Ungläubigen nicht bestreiten (21:30), denn dafür gibt es hinreichende naturwissenschaftliche Belege.

Der allmächtige Gott verhindert die Konversion der Ungläubigen (2:6) und bestraft sie stattdessen für ihren Unglauben. (2:7)Er lässt sie im Glauben, das Richtige zu tun, wohl wissend, dass es das Falsche ist und dass dadurch das Leid noch anwächst. (3:178) Und immer wieder erfreut er sich an den grausamen Konsequenzen, die den Ungläubigen erwarten. (8:36, 45:35…)

Umgang der Gläubigen mit den Ungläubigen

<Sag den Ungläubigen: „Handelt nach Belieben. Wir handeln gemäß unserem Glauben. Wir alle werden das Ergebnis unseres Tun erfahren. (11:121, 11:122, 39:39) Dann werden wir wissen, wer bestraft wird. (39:40) Die Ungläubigen vergrößern nur den Widerwillen Gottes gegen den Unglau-

ben und sie mehren ihren eigenen Schaden. (35:39) Wie wollen sich die Ungläubigen vor dem Tag schützen [Jüngste Tag], der Kinder zu Greisen macht? (73:17)>

<Es gibt Menschen, die verspotten jene Gläubige, die freiwillig Almosen geben oder die ihre Arbeitskraft als Spende einsetzen. Wer so spricht, wird von Gott verhöhnt und bestraft. (9:79) Und wenn du für sie bei Gott sogar siebzig Mal um Vergebung bittest, wird er sie doch nicht gewähren. (9:80)>

<Die Ungläubigen sagen zu den Gläubigen: „Wenn ihr unserem Weg folgt, so wollen wir eure Sünden tragen." Sie lügen. (29:12) Sie sollen ihre eigenen Lasten tragen und noch andere Lasten dazu. Am Tag der Auferstehung werden sie befragt, was sie erdichtet haben. (29:13)>

<Diejenigen, die das Falsche glauben und Gott ablehnen, haben den Schaden. (29:52) Lass dich nicht blenden durch den Lebensstil der Ungläubigen. (3:196) Ein winziger Vorteil, der mit der Hölle bezahlt werden muss. (3:197) Den Ungläubigen zeigt sich das diesseitige Leben wunderschön und dabei verspotten sie die Gottesfürchtigen. Aber am Tag der Auferstehung ist es umgekehrt. (2:212) Für die Ungläubigen ist eine Strafe im Diesseits vorgesehen, wobei aber die Strafe im Jenseits noch härter ist. (13:34)>

<Helft euch mit Geduld und Gebet, was für die Demütigen einfach ist. (2:45) Die Gläubigen sollen den Ungläubigen vergeben, denn Gott sorgt für Vergeltung. (45:14)>

<Die Ungläubigen verlangen von Mohammed, dass er ihnen ihre Strafe schon jetzt gibt, aber der Zeitpunkt dafür ist genau festgelegt. Und diese Strafe kommt unerwartet, ohne dass sie es merken. (29:53)>

Zu Freundschaften, die der Gläubige mit Nicht-Muslimen eingehen will, siehe im Kapitel „Der Koran über die Gläubigen, Der Islam und die Pflichten der Gläubigen …gegenüber den Mitmenschen."

Gott und die Ungläubigen

<Wer von sich sagt: „Ich bin Gott", kommt in die Hölle. (21:29)>

<Die Ungläubigen sollen nicht meinen, dass sie sich dem Zugriff Gottes entziehen könnten. (8:59) Stellen die Ungläubigen weitere Götter Gott zur Seite, die wie er als Schöpfer tätig waren, so dass ihnen die Schöpfungen gleichartig erscheinen? Gott ist der Schöpfer von allem. (13:16) Was können sie anderes erwarten, als dass die Engel des Todes zu ihnen kommen oder dass der Befehl Gottes ergeht. Genauso erging es den Generationen vor ihnen. Gott war nicht ungerecht. Sie selbst waren ungerecht gegen sich. (16:33) Würde Gott die Strafe für die Ungläubigen verschieben, dann sagen sie bestimmt: „Was hält ihn zurück?" Doch am Jüngsten Tag ereilt sie die Strafe, über die sie sich ein Leben lang lustig gemacht haben. (11:8)>

<Hätte Gott die Ungläubigen vor der Bekanntgabe der Offenbarung vernichtet, dann hätten sie si-

cher gesagt „Warum hat uns Gott keinen Propheten geschickt, der uns hätte helfen können, seine Gebote zu befolgen, so dass wir nicht auf den falschen Weg geraten mussten?“ (20:134) Sollen die Ungläubigen doch verehren, was sie wollen. Den Schaden haben sie selbst und am Jüngsten Tag erfahren sie es. (39:15)>

<Aus der Sicht Gottes sind die Ungläubigen schlimmer als das Vieh. (8:55) Vor Gott hilft den Ungläubigen weder ihr Vermögen noch ihre Kinder. (3:10, 58:17) Schon früher hat man sich über die Propheten lustig gemacht. Gott gewährt den Ungläubigen und Sündern eine Frist. Danach aber trifft sie seine Strafe. (13:32, 14:42, 14:43) Die Ungläubigen sagen: „Hätte Gott es so gewollt, so würden wir nur ihn anbeten und nach seinen Geboten handeln.“ (6:107, 16:35) Genauso haben schon frühere Generationen gesprochen. Mohammed soll sagen: „Wie wollt ihr die Zusammenhänge verstehen? Wenn ihr sie kennt, erklärt sie doch. Doch ihr habt nur Vermutungen und ihr rätselt rum.“ (6:148)>

<Gott hat die Mitmenschen Mohammeds und auch die Generationen davor versorgt. (43:29) Jetzt ist Mohammed mit der Wahrheit da und sie sagen: „Das ist Zauberei. Daran glauben wir nicht.“ (4:170, 23:90, 40:22, 43:30) Die Ungläubigen haben Gott nicht richtig eingeschätzt. Sie sagen: „Gott hat nichts offenbart.“ Mohammed soll antworten: „Wer hat denn die Tora dem Moses gebracht? Die Menschen haben es nur auf Papier geschrieben und veröffentlicht, denn die Inhalte haben sie nicht vorher gekannt. Gott hat ihnen das Wissen gegeben.“ Aber lass sie nur weiter plappern. (6:91)>

<Die Ungläubigen, die Gottes Botschaft leugnen, sind die Ungerechten und werden von Gott Schritt für Schritt ins Elend gestürzt, ohne dass sie den Zusammenhang verstehen. (3:94, 6:49, 7:182, 30:16, 41:41, 67:18) Gott gewährt ihnen eine bestimmte Lebensfrist, denn sein Plan steht fest. (7:183) Sehen sie denn nicht, dass Mohammed kein Besessener ist? Er ist ein Warner. (7:184) Sehen sie denn nicht die Schöpferleistung Gottes? Erkennen sie denn nicht, dass ihr Leben vielleicht schon bald zu Ende ist? Woran wollen sie denn sonst glauben? (7:185, 77:50)>

<Gott verkündete, er werde bis zum Jüngsten Tag den Ungläubigen Leute schicken, die ihnen schlimme Qualen auferlegen. Gott ist schnell im Strafen. Aber er ist auch barmherzig und nachsichtig. (7:167) Wenn man die Ungläubigen auffordert: „Werft euch vor dem Barmherzigen nieder“, antworten sie: „Wer ist das, der Barmherzige? Sollen wir uns vor etwas niederwerfen, nur weil man es befiehlt.“ So etwas verstärkt nur ihre Ablehnung. (25:60)>

<Gott hat den ungläubigen Obstbauern eine Prüfung auferlegt: Eines Tages sagten sie, sie werden morgen ernten, (68:17) ohne aber hinzuzufügen, „sofern Gott will“. (68:18) Doch in der Nacht ließ Gott bereits das Obst ernten. (68:19, 68:20) Am nächsten Morgen (68:21) gingen die Bauern in die Gärten (68:22) und vereinbarten (68:23), dieses Mal den Armen nichts zu geben (68:24), in der Annahme, dass sie noch über ihr Obst verfügen. (68:25) Als sie sahen, dass es bereits abgeerntet war (68:26), fühlten sie sich beraubt. (68:27) Die Einsichtigen unter ihnen erkannten aber, dass sie Gott hätten preisen müssen. (68:28) Sie entschuldigten sich bei Gott (68:29) und machten sich dann gegenseitig Vorwürfe (68:30): „Wir haben gegen Gott gesündigt. (68:31) Hoffentlich wird uns Gott einen Ausgleich geben, denn wir verehren ihn doch.“ (68:32) Das ist eine Strafe im Diesseits. Die Strafe des Jenseits ist noch schwerer. (68:33)>

<Überlass Gott, was mit denjenigen geschehen soll, die den Koran für eine Lüge erklären. Gott wird sie, ohne dass sie es ahnen, immer tiefer ins Elend stürzen. (25:77, 68:44, 85:19) Gott gewährt ihnen Bedenkzeit. Seine List ist planvoll angelegt. (68:45, 85:20) Darum habe Geduld Mohammed und erinnere dich des Jonas, im Bauch des Fisches. (68:48) Ohne die Gnade Gottes wäre er an ein kahles Land gespült worden (68:49), aber Gott hatte ihn erwählt. (68:50) Die Ungläubigen wollen dich mit bösen Blicken zum Straucheln bringen, indem sie sagen: „Mohammed ist besessen.“ (68:51) Nein, der Koran ist eine Mahnung für die Welt. (68:52)>

<Gott wird es den Ungerechten und Hochmütigen unmöglich machen, Einsicht in die wahre Religion zu bekommen, weil sie Gottes Zeichen als Lügen erklären und sie nicht beachten. (7:146) Deren irdische Werke werden umsonst sein und ihnen werden am Jüngsten Tag ihre irdischen Taten vergolten. (3:22, 7:147, 22:10, 25:23, 47:8, 47:9)>

<Die Ungläubigen sagen: „Wenn wir nach unserem Tod zu Staub geworden sind, sollen wir dann wirklich zu einer neuen Schöpfung auferweckt werden? (17:49, 23:81, 23:82, 23:83, 27:67, 27:68, 32:10, 34:7, 44:34, 44:35, 50:3) So bringt doch unsere Väter zurück, wenn ihr die Wahrheit redet!“ (44:36) Die so reden, sind nicht besser als die Leute des Tubba und die Generationen vor ihnen. Sie alle wurden vernichtet, denn sie waren Sünder. (43:8, 44:37)>

<Wer nicht an das Jenseits glaubt, irrt und wird bestraft. (34:8) Sehen sie denn nicht Himmel und Erde? Wenn Gott will, könnte er sie vernichten. Das ist doch ein Hinweis für jeden, der einsichtig ist. (34:9)>

<Die Ungläubigen würden auch dann nicht glauben, wenn es einen Koran gäbe, durch den Berge versetzt, die Erde gespalten oder durch den zu den Toten gesprochen werden könnte. Alles liegt in der Hand Gottes. Gott hätte die ganze Menschheit zu Gläubigen machen können. Solange müssen die Handlungen der Ungläubigen ertragen werden und solange müssen auch noch Gläubige in der Nähe von Ungläubigen leben. Gott kennt den Termin, zu dem sich alles ändert. (13:31)>

<Die Ungläubigen können nur jene zum Unglauben verführen, die für die Hölle vorgesehen sind. (37:161, 37:162, 37:163)>

<Meinen die Ungläubigen, sie könnten Gottes Diener anstelle seiner selbst zu Freunden nehmen? Nein! Für die Ungläubigen hat Gott die Hölle vorgesehen. (18:102)>

Liberale Bekenntnisse wie, <euch sei euer Glaube und mir meiner (109:6)>, sind nur dann glaubwürdig, wenn nicht im selben Dokument behauptet wird <Doch wenn die heiligen Monate abgelaufen sind, dann tötet die Heiden, wo immer ihr sie findet. Werden sie aber Muslime, dann verschont sie. (9:5)>

Oft beklagt der Koran das Wohlergehen der Ungläubigen, <lass dich nicht blenden durch den Lebensstil der Ungläubigen. (3:196)>, verbunden mit der Sorge, durch Toleranz den eigenen Glauben zu verlieren. <Schließt keine Freundschaft mit den Ungläubigen, denn sie wünschen euch den Untergang. (3:118) Auch wenn ihr sie liebt, so gilt das nicht umgekehrt. (3:119)> Doch solch ein Denken verschärft die Polarität und mit dem Anspruch der Unfehlbarkeit, <im Koran gibt es nichts Falsches. (39:28)>, wird ein gleichberechtigtes Miteinander mit den Ungläubigen ausgeschlossen, denn <aus der Sicht Gottes sind die Ungläubigen schlimmer als das Vieh. (8:55)> Und mit einem Zitat Noahs wird Gott sogar noch aufgefordert, dass er <keinen der Ungläubigen am Leben lässt. (71:26)>

Doch ohne die Ungläubigen gäbe es keine Gläubigen. So ist unsere Welt und auch Gott könnte das nur ändern, wenn er die Dualität und damit die Wahrnehmung und damit die Zeit aufhebt. Dann aber wäre diese Welt nicht mehr unsere Welt. Solange lässt sich nur das Niveau des Leids und des Glücks verschieben.

Offenheit für neue Erkenntnisse ist die Voraussetzung einer friedlichen Auseinandersetzung. Der Aufruf sich mit Geduld zu helfen, Demut zu zeigen (2:45) und den Ungläubigen zu vergeben (45:14), ist ein Appell sich den Ungläubigen zu öffnen und sie anzunehmen. Wenn aber deren totale Ausrottung gefordert wird, verlieren die freundlichen Aussagen ihre Bedeutung.

Nur die Annahme des Gegensätzlichen als eine Einheit bringt Friede, denn dann kann sich die Polarität ausgleichen. In der Vereinigung der Gegensätze werden die Ungläubigen als notwendiger Teil der Gläubigen verstanden, so wie Satan ein Teil Gottes ist. (7:12f) Sie treten als Pole einer Einheit auf, sie gehören zusammen und lassen sich nicht trennen. Es ist daher unmöglich, die Ungläubigen zu vernichten und die Uma, die Einheit der Menschen im muslimischen Glauben und in der Politik, herzustellen. (13:31) Das bleibt Poesie oder punktuelle Realität.

Die Ungläubigen werden bestraft

<Wehe denen, die den Jüngsten Tag bezweifelt haben. (12:107, 41:7, 51:60, 52:11, 52:12) Ihre Strafe können sie nicht abwehren. (52:7, 52:8) Die Ungläubigen kommen in die Hölle und werden dort ewig bleiben. (4:121, 8:14, 10:7, 10:8, 14:2, 16:34, 21:38, 21:39, 24:57, 25:9, 25:11, 25:12, 25:13, 31:21, 33:8, 35:7, 35:36, 39:71, 40:6, 46:34, 52:13, 65:10)>

<„Wollt ihr erst dann glauben, dass es die Hölle gibt, wenn der Jüngste Tag eintrifft? (10:51) Zu spät! Denn dann werdet ihr im Feuer gepeinigt. Kostet dann euer Leid, das ihr herbeigewünscht habt. (51:13, 51:14) Wenn sie dich fragen: „Ist das wahr?“, dann antworte: „Bei Gott, es ist ganz bestimmt wahr und niemand kann sich dem entziehen.“ (10:53)>

<Wer seine Mitmenschen zum Unglauben verführt (4:167, 14:28), kommt in die Hölle. (4:168, 4:169, 14:29) So einer hat Gott Götzen zur Seite gestellt, damit die Menschen vom wahren Glauben abrücken. Der darf zwar noch leben, aber endet in der Hölle. (14:30)>

<Wer zur Unseligkeit verdammt ist, meidet die Ermahnung. (87:11) So einer wird in der Hölle schmoren (87:12), wo er weder sterben noch leben kann. (87:13) Die Unseligen kommen in die Hölle, wo sie seufzen und schluchzen werden. (11:106) Dort werden sie solange bleiben, wie die Welt existiert, es sei denn, Gott will es anders. Gott tut, was er will. (11:107) Gott wird den Ungläubigen Schrecken einjagen und sie in die Hölle werfen. (3:151)>

<Die Ungläubigen und jene, die Gläubige vom rechten Weg abhalten, werden mit einer Serie von Strafen belegt, weil sie Unheil anrichteten. (16:88) Wer die Offenbarungen für Lügen erklärt hat, kommt mit Sicherheit in die Hölle. (27:84, 27:85, 39:32, 56:92, 56:93, 56:94, 56:95)>

<Gott veranlasst jeden Ungläubigen (26:91, 50:24), jeden der in die Irre geleitet wurde (17:97, 17:98), jeden der das Gute vorenthält, alle Niederträchtigen (50:25) und jeden Verleumder in die Hölle zu werfen. (50:26)>

<Gott hat die Hölle zu einem Gefängnis für die Ungläubigen gemacht. (17:8) Und würde ihnen alles auf Erden gehören und noch mal so viel, sie könnten sich nicht loskaufen. (13:18) Gegenseitige Schuldzuweisungen werden nichts nützen. (50:27, 50:28, 50:29, 50:30) Gott hat viele Geister und Menschen erschaffen, die in der Hölle enden. Sie haben einen Geist, mit dem sie nicht begreifen und sie haben Augen, mit denen sie nicht sehen, und sie haben Ohren, mit denen sie nicht hören Sie sind

wie Vieh. Nein! Sie irren noch leichter vom Weg ab. Sie sind leichtsinnig. (7:179)>

<Was hat ein ungläubiges Volk anderes zu erwarten, als das, was die Generationen davor auch schon erfahren mussten? Mohammed soll sagen: „Wartet nur. Ich warte mit euch.“ (10:102)>

<Aufgepasst, ihr Ungläubigen (75:34, 75:35): Ihr werdet im Diesseits und Jenseits bestraft (3:56, 32:21, 42:26)>

<Der Fluch Gottes und der Engel und der Menschen verfolgt die Ungläubigen. (3:87) Sie kommen in die Hölle (3:88), davon ausgenommen sind aber jene, die gläubig werden und gute Werke tun. (3:89)>

<Die Strafe für die Ungläubigen ist unabwendbar und wird von Gott verhängt. (70:1, 70:2, 70:3) Gott hat die Ungläubigen verflucht und hat für sie ein flammendes Feuer bereitet (33:64, 88:23, 88:24, 88:26, 88:26), in dem sie ewig bleiben. Sie werden keine Hilfe bekommen. (5:37, 33:65)>

<Gott zu den Engeln: „Ich bin mit euch. Festigt die Gläubigen. Den Ungläubigen will ich Angst einflößen. Schlagt ihnen den Kopf und jeden einzelnen Finger ab.“ (8:12)>

<Den Geizigen und Gleichgültigen aber (92:8), die das Beste leugnen (92:9), wird Gott den Weg zur Hölle erleichtern. (92:10) Ihr Vermögen und ihr Hochmut nützt ihnen dann nichts, wenn sie zugrunde gehen. (7:48, 92:11)>

<Wer seine Mitmenschen vom Weg Gottes abirren lässt, wird auf Erden Schande erleiden und kommt in die Hölle. (22:9) Die Ungläubigen, die ihre Mitmenschen vom Weg Gottes abhalten oder vom Besuch der heiligen Kultstätten, die für alle Menschen da sind, egal ob sie dort wohnen oder zu Besuch sind, werden hart bestraft. (22:25)>

<Wer Gott den Rücken kehrt, den ruft die Hölle. (70:17) Wer ungläubig ist und andere vom Glauben abhält und als Ungläubiger stirbt, dessen Arbeiten lässt Gott fehlschlagen und dem wird er nicht vergeben. (47:1, 47:34) Die Werke der Ungläubigen sind gleich Asche, die der Wind verstreut. Im Jenseits sollen die Ungläubigen keinen Nutzen davon haben. (14:18) Wer ungläubig ist und Gottes Zeichen als Lügen darstellt, ist in die Irre gegangen und kommt in die Hölle. Wer neben Gott Götzen verehrt, dem wird Gott nicht verzeihen. Doch Gott vergibt, was geringer ist, sofern er es will. (2:39, 4:48)>

<Es gibt einige, die trotz Verbot konspirative Planungen gegen Mohammed vereinbaren. Wenn sie zu ihm kommen, verwenden sie einen Gruß, der nicht Gott würdigt und fragen dann: „Warum bestraft uns Gott nicht für das, was wir über ihn sagen?“ Sie werden in der Hölle schmoren. (58:8)>

<Könntest du nur sehen, wie die Engel die Ungläubigen zum Jüngsten Gericht mitnehmen, während sie ihnen ins Gesicht und auf den Rücken schlagen und dabei sagen: „Genießt die Strafe des Verbrennens.“ (8:50, 29:55, 34:51)>

<Jene, die ungläubig geworden sind und im Unglauben sterben, haben eine schmerzhafte Strafe verdient. (3:91) Auf denen lastet der Fluch Gottes, der Engel und der Menschen. (2:161, 29:23) Am Jüngsten Tag werden den Ungläubigen die bösen Folgen ihres Handelns bewusst und sie erleben genau das, worüber sie in ihrem Leben gespottet haben. (45:33) Dann aber heißt es: Heute hat Gott euch vergessen, so wie ihr das Eintreffen dieses Tags vergessen habt. (45:34) Den Ungläubigen wird in der Hölle gesagt: „Ihr hattet die guten Dinge auf Erden und ihr konntet euch daran erfreuen. Heute werdet ihr bestraft, weil ihr ohne jegliches Recht hochmütig wart und weil ihr gesündigt habt.“

(46:20)>

<Wer den Glauben für den Unglauben verkauft, der wird hart bestraft. (3:177)>

<Gott wird die Ungläubigen streng bestrafen und ihre schlimmsten Taten vergelten. (41:27) Der letzte Ort für die Ungläubigen ist die Hölle. (13:35, 29:54, 39:72, 41:28) Gott hat den Ungläubigen Ketten, eiserne Nackenfesseln und einen Feuerbrand vorbereitet. (76:4)>

<Eher geht ein Kamel durch ein Nadelöhr, als ein Ungläubiger ins Paradies kommt. (7:40) Sie kommen in die Hölle. (7:41) Die Ungläubigen werden bald übermannt sein und in die Hölle verbannt - was für eine schlechte Ruhestätte. (3:12)>

<Verloren haben jene, welche die Begegnung mit Gott als Lüge erklärten. Auch wenn sie bedauern, sie tragen die Last ihres Verhaltens. (6:31) Die Ungläubigen werden in der Hölle versammelt und sollen ewig darin bleiben. (2:257, 3:116, 5:10, 5:86, 7:36) Den Ungläubigen wird eine erniedrigende (2:90), schmerzliche (2:104, 17:10), schmähliche (4:102), gewaltige (2:7, 3:176), schändende (3:178), qualvolle (58:4) Strafe erteilt.>

<Sind sie [?] denn nicht auf der Erde umhergezogen, so dass sie sehen konnten, wie die Generationen vor ihnen umkamen? Die waren sogar mächtiger und hatten deutlichere Spuren hinterlassen als sie [?]. Da kam Gott mit einer Strafaktion zur Vergeltung ihrer Schuld. Niemand hätte sie schützen können. (40:21)>

<Gott wird die Strafe für einige Ungläubigen geringfügig mildern, doch sie werden wieder rückfällig. (44:15) Am Jüngsten Tag aber wird Gott sich mit einem großen Schlag rächen. (44:16)>

Mit der Ankündigung der zu Lebzeiten unüberprüfbaren Strafe der Hölle mag vielleicht noch ein Zweifler im Glauben zur Annahme aller Behauptungen des Korans genötigt werden. (7:36) Doch Menschen, die nicht in der Tradition des Korans erzogen wurden und die ihre Vernunft zur Bewertung des Unbekannten einsetzen, tun sich schwer dabei. Paradies und Hölle sind mit Vernunft nicht erfassbar. Das kann man nur bedingungslos glauben. Da aber Glauben nicht überprüfbar ist, muss sichergestellt werden, dass ein Gläubiger ein wahrer Gläubiger ist. Es muss also eine Instanz geben, die das Denken kontrolliert: Gott. Der, der alles Denken vorbestimmt hat, prüft das Ergebnis seiner Handlung, um es dann gegebenenfalls zu bestrafen.

Weil der Koran auch ein Gesetzbuch ist (6:152f ...), dient die Androhung der Hölle auch zur Durchsetzung der irdischen Gesetze, denn, obwohl irdische Strafen festgelegt sind (16:126...), muss dem unentdeckten Täter klar sein, dass er nie ungeschoren davonkommt. Zu Mohammeds Zeiten nämlich war Strafverfolgung eher Glücksache oder Dummheit des Täters. Mit den heutigen Methoden der Tataufklärung lassen sich die meisten Verbrechen zu Lebzeiten des Täters ermitteln, auch wenn der Aufwand nicht bei jeder Straftat betrieben wird. Aus diesem Grund muss heute nicht mehr mit der Qual im Jenseits gedroht werden.

Sieht man mal über die Unsinnigkeit hinweg, dass es in der Ewigkeit keine zeitlichen Folgen gibt, so wird Leben noch nicht einmal im Kontext einer Zeit in der Ewigkeit sinnvoll. In der Ewigkeit gibt es kein Ziel, das es anzustreben lohnt, denn alles lässt sich für jeden erreichen

(39:34), da endlos viel Zeit zur Verfügung steht. (39:73) Es gibt auch keinen Handlungsdruck, denn alle Handlungen, die dem Fortleben dienen, entfallen. (52:22, 56:20, 56:21) Was bleibt, sind die Handlungen der Lust (37:48f, 78:33f), die es aber nur in der Dualität geben kann, denn in der Hölle gibt es das ewige Leid und im Paradies die ewige Freude (33:64f, 50:34) und in beiden Fällen gibt es daher keine Veränderung. Doch es ist die Erfüllung eines Wunsches, der Ausgleich eines Nachteils, der die Freude empfinden lässt oder umgekehrt das Leid.

Was für einen Sinn macht dann die Strafe, gar die endlose Strafe der Hölle? <Die Übeltäter kommen auf ewig in die Hölle. (10:27)>

In einer humanistischen Gesellschaft gibt es Strafen, die für bestimmte Bereiche des Lebens die Freiheit beschränken oder entziehen. Geldstrafe, Fahrverbot, Berufsverbot und Entzug des Wahlrechts sind die üblichen Strafen für leichtere Straftaten. Das sind alles Strafen, die den Täter an der Teilnahme der sozialen Systeme einschränken. Sie verändern die Chancen und schaffen damit die Bedingungen für einen Lernprozess.

So subtil geht's in der Hölle nicht zu. Da wird gefoltert. (22:19ff) Auch gibt es in der Ewigkeit der Hölle, ohne den Bezug zu anderen Sozialsystemen, keinen Lernprozess, denn Lernen macht nur Sinn, wenn man am Status etwas verändern kann, doch einmal Hölle immer Hölle.

Für die heftigeren Straftaten ist in den liberalen Demokratien Freiheitsentzug vorgesehen. Freiheitsentzug gibt es aber nur unter dem Aspekt der möglichen Freiheit. Im Strafvollzug soll dann der Täter lernen, künftig in sozialer Verantwortung ein Leben ohne Straftaten zu führen, was die Häftlinge dann während des Freigangs üben. Für die Insassen der Hölle würde das -Freigang ins Paradies- bedeuten.

Strafe soll nicht nur auf die Anpassung an herrschende Normen ausgerichtet sein, sondern vielmehr darauf, durch Teilnahme in gesellschaftlichen Lebensbezügen Alternativen zu Straftaten zu erarbeiten. Der Ungläubige müsste zum Beispiel die Wohltaten des Betens durch Einbeziehung in die Gruppe der Gläubigen erfahren. In der Isolation der Hölle ist diese Läuterung nicht möglich, da es keine Veränderung und keine Kontakte zum übrigen Sein gibt.

Und was geschieht am Jüngsten Tag mit jenen, die nur vermindert schuldfähig sind? Ab in die sozialtherapeutische Anstalt des Himmels? Wohin mit den Suchtkranken? In die Entziehungsanstalt? Und wohin mit den geistig Behinderten, die zur Gewalt neigen? In die psychiatrischen Krankenanstalt des Paradies oder in die Sicherungsverwahrung der Hölle?

In der Darstellung der Ewigkeit des Korans entfällt die Notwendigkeit der ständigen Anpassung an das einmal erworbene Wissen, denn Gut und Böse sind getrennt und Entwicklung aus der Dualität ist nicht mehr möglich. Was soll man dann mit den Höllenbewohnern tun? Man quält sie. (18:29) Eine Berufsausbildung und eine Lebensbegleitende Erwachsenenbildung mit dem Ziel der Integration in die Gesellschaft ist unerwünscht, denn da müssten sie Kontakt mit Bezugsgruppen des Paradies haben, um so für die künftige Lebensgestaltung zu lernen und zu planen.

Solche Entwicklungen sind nicht das Konzept des Korans. Da steht alles endgültig fest. Jene, einmal zu Lebzeiten wegen Untreue zum Tode verurteilte Ehefrau (4:15), wird auch nach ihrer Wiedererweckung ewig in der Hölle schmoren. (10:27) Da wirken doch die gebetsmühlenartigen Wiederholungen der Barmherzigkeit Gottes zu Beginn fast jeder Sure unglaubwürdig.

Die Fehler der Erziehung sind nicht nur ein Problem des Individuums und seiner Persönlichkeitsstruktur, sondern ein Problem sozialer Beziehungen und sie sind auch nur in ihnen korrigierbar. In der Hölle wird nicht korrigiert, sondern Rache ausgeübt.

Jede Freiheit entziehende Strafe muss auf die Herstellung von Chancen der Teilnahme in sozialen Systemen ausgerichtet sein. Nur so reduziert man die Neigung zu krimineller Problembewältigung. Die Strafe ist ein Hilfsangebot an den Täter. Doch Hilfe soll in der Hölle nicht mehr gegeben werden. Auch ist die Strafe der Hölle nicht lebenslang, sondern ewig. (33:65) Lebenslange oder gar ewige Strafe dient nur der Vergeltung. Mohammeds Wut, Hass und Enttäuschung über die Ungläubigen drückt sich in diesem Strafmaß aus. Die soziale Todesstrafe nach dem Tod befriedigt nur die Rachegelüste des Autors des Korans.

Strafe setzt Schuld voraus und Schuld ist der Grund und das Maß der Strafe. Schuld bedeutet, der Täter hat sich für das Unrecht entschieden, obwohl er sich für das Recht hätte entscheiden können. Wie sollte das möglich sein, wo Gott doch alles vorbestimmt hat. Und immer ist die Gesellschaft an der Tat beteiligt, weshalb der Täter einen Anspruch auf die Berücksichtigung der Gesamtumstände hat. Gott fragt nicht mehr nach Schuld (45:34), denn entweder wird gleiches mit gleichem vergolten oder mit der ewigen Hölle.

Schuld setzt sich zusammen aus Einzeltatschuld, der Lebensführungs- und der Charakterschuld. Als der ungläubige Thamud dem Kamel die Sehnen durchschnitt und es somit verdursten ließ (54:29), weil er das knappe Wasser nicht mit dem Kamel teilen wollte, hatte er eine Prüfung Gottes nicht bestanden. Die Umstände der Tat und seine Biographie werden bei der Zumessung des Strafmaßes aber nicht berücksichtigt. Er wird nämlich mit dem Tod bestraft. Wird die Strafzumessung aber als Endpunkt, wie in der Hölle, und nicht auch als der Beginn, wie im realen Leben, eines sozialen Prozesses verstanden, dann hat die Strafe ausschließlich die Funktion der Rache.

Die Beispielfunktion der Hölle zur Erhaltung der Rechtstreue der Bewohner des Paradies' kann es auch nicht geben, denn sie kommen niemals in die Hölle. Damit beschneiden sie sich der Freude an der Freiheit, denn Freiheit wird als Freiheit nur dann empfunden, wenn das Risiko des Verlusts der Freiheit gegeben ist.

Nachdem die Androhung der Strafe der Hölle für unentdeckte Straftaten heute auch nicht mehr von Bedeutung ist, sollte Gott über eine Fortschreibung der entsprechenden Passagen im Koran nachdenken.

Friede und Vergebung ist wichtiger als vollkommene Gerechtigkeit, die ohnehin nur dann erreichbar wäre, wenn alle unter gleichen Umständen gleich reagieren. Dann aber haben wir die Einheit. Das Vergessen der Untaten, nicht die Erinnerung und die Strafe, ist eine Voraussetzung des Friedens. Frieden ist wichtiger als arithmetische Gerechtigkeit und das sagt auch der Koran: <Frieden! Dies ist eine Botschaft Gottes (36:58)>

Die Zweifler, die Heuchler

<Die Zweifler sind keine Gläubigen, ehe sie nicht Mohammed als Autorität akzeptieren und sich unterordnen. (4:65) Die Zweifler sollen bedenken, dass der Jüngste Tag ganz plötzlich kommt oder auch eine Bestrafung. (22:55) Kennst du nicht jene, die den Aussagen des Korans widersprechen? Wie können sie sich nur vom rechten Weg abbringen lassen? Sie werden schon noch sehen, was mit ihnen passiert. (40:69, 40:70) Am Koran darf nicht gezweifelt werden. (2:2) Ihr müsst alle Verse des Korans akzeptieren. (2:85) Wer die Zeichen Gottes versucht zu entkräften, wird bestraft. (34:5, 34:38)>

<Glaube nicht, dass diejenigen, die sich über ihre Taten freuen und die gelobt werden wollen für das, was sie nicht getan haben, deswegen einer Strafe entgehen. [?] (3:188)>

<Es gibt Menschen, die behaupten, an die Inhalte des Korans zu glauben, während sie sich aber an ihre Götzen wenden, wenn sie bei Entscheidungen unsicher sind. Das ist Satan, der sie vom Weg abirren lässt. (4:60) Wenn du sie aufforderst, sich Gott und Mohammed zuzuwenden, zeigen sie ihre Abneigung. (4:61) Wenn sie mit Unheil für ihre Taten bestraft werden, dann schwören sie bei Gott, „sie taten es nur in guter Absicht und wollten behilflich sein.“ (4:62) Gott weiß, was sie denken. Ermahne sie Mohammed und wende dich von ihnen ab. (4:63, 36:76)>

<Sie halten unzweifelhaft ketzerische Reden, obwohl sie schwören, nichts dergleichen zu tun. Sie sind in den Unglauben zurückgefallen, nachdem sie den Islam angenommen hatten. Sie wollten Unerreichbares erreichen. Sie haben sich darüber geärgert, dass Gott Mohammed durch seine Gnade reich gemacht hat. Es wäre besser für sie, wenn sie sich bekehren ließen. Wenn sie sich aber abwenden, wird Gott sie im Diesseits und im Jenseits hart bestrafen und auf Erden werden sie keine Freunde und Helfer haben. (9:74) Unter ihnen gibt es mache, die wollten erst dann spenden und Gläubige werden, wenn sie von Gott beschenkt werden. (9:75) Und obwohl sie Gott schließlich beschenkt hat, haben sie ihr Versprechen nicht eingelöst. (9:76) Zur Vergeltung pflanzte Gott ihnen Heuchelei in ihre Herzen. (9:77)>

<Diejenigen, die nicht sowohl an Gott als auch an seine Propheten glauben und einen Zwischenweg einschlagen wollen, sind Ungläubige (4:150), die Gott bestrafen wird. (4:151) Wer gegen Gott und Mohammed Opposition betreibt, wird hart bestraft. (8:13) Wer den Glauben für den Unglauben vertauscht, kann Gott nicht schaden, sondern wird selbst bestraft. (3:177) Denjenigen, die im Glauben schwanken, wird Gott nicht vergeben und er wird sie auch nicht führen. (4:137)>

<Meinen die Menschen, es genügt zu sagen „wir glauben“, ohne dass ihre Aussage überprüft wird. (8:21, 29:2) Die Gläubigen sollen doch Gott nur treu und in aufrichtigem Glauben dienen. (98:5) Es gibt manche, die sagen: „Wir glauben an Gott“, doch wenn sie wegen ihres Glaubens Unannehmlichkeiten haben, so setzen sie solche Prüfungen der Strafe Gottes gleich. Kommt aber Hilfe von Gott, dann sagen sie: „Wir haben es mit euch [?] geschafft.“ Doch Gott weiß am besten, was die Menschen denken. (29:10) Gott weiß die Gläubigen von den Heuchlern zu unterscheiden. (29:11)>

<Die Heuchler wollen Gott betrügen, doch er betrügt sie. Wenn die zum beten kommen, tun sie es nachlässig und um gesehen zu werden. Ihre Gedanken sind woanders. (4:142) Sie schwanken zwischen Glauben und Unglauben. Doch wen Gott in die Irre führt, für den gibt es keinen Ausweg. (4:143) Wer sich nicht bessert, an Gott festhält und sich in seinem Glauben ganz auf ihn einstellt, kommt ins Innerste der Hölle. (4:145, 4:146, 4:147)>

<Die Heuchler fürchten, es könnte eine Sure gegen sie offenbart werden, die bekannt gibt, was sie denken. Mohammed soll sagen: „Spottet nur, Gott wird sagen, wovor ihr Angst habt.“ (9:64) Sie werden antworten: „Wir plauderten nur und scherzten.“ Mohammed soll fragen: „Galt euer Spott etwa Gott und seinen Zeichen und mir?“ (9:65) Versucht nicht, euch zu entschuldigen. Ihr seid ungläubig geworden, nachdem ihr Gläubige wart. Wenn Gott einigen von euch vergibt und die anderen bestraft, dann darum, weil sie auch noch Sünder waren. (9:66) Die Heuchler sind eine Gemeinschaft. Sie gebieten das Böse und verbieten das Gute. Sie spenden nicht, haben Gott vergessen, genauso wie Gott sie vergessen hat. Die Heuchler sind wahre Sünder. (9:67) Gott hat den Heuchlern und Heuchlerinnen und den Ungläubigen das Feuer der Hölle prophezeit. Dort werden sie auf ewig bleiben. Gott hat sie verflucht und das ist ihre Strafe. (9:68)>

<Die Zweifler sagen, sie seien zum Gehorsam bereit, doch wenn Mohammed nicht mehr da ist, dann wenden sie sich ab. Gott zeichnet ihre Abweichungen auf. Wendet euch von denen ab und vertraut auf Gott. (4:81) Machen die sich denn keine Gedanken über den Koran. Wäre er nicht von Gott selbst, so ließen sich viele Widersprüche finden. (4:82) Wenn diese Leute von feindlichen Aktionen hören, dann reden sie in aller Öffentlichkeit darüber. Würden sie aber nur Mohammed und seinen Offizieren erzählen, dann wüssten die, wie man reagieren soll. Gäbe es nicht Gottes Gnade und Barmherzigkeit, wäret ihr alle bis auf wenige Ausnahmen dem Teufel gefolgt. (4:83)>

<Wenn ihr zweifeln solltet, nachdem ihr vom Islam gehört habt, dann bedenkt, dass Gott mächtig und weise ist. (2:209) Befrage jemanden über Gott, der über Gott Bescheid weiß. (25:59) Ihr könnt nicht erwarten, dass er auf einer Wolke, von Engeln begleitet, erscheint. Wenn ihr darauf wartet, ist alles schon entschieden. Auf Gott lässt sich alles zurückführen. (2:210, 6:8)>

<Wer ist schlimmer als einer, der gegen Gott eine Lüge erdichtet, wenn er gerade zum Islam aufgefordert wird? Gott führt keine Sünder. (29:68, 61:7) Die Kritiker wollen Gottes Licht mit ihren Mündern auslöschen, doch Gott wird sein Licht vollenden, auch wenn die Ungläubigen es verwünschen. (61:8) Wonach suchen sie? (78:1) Nach einer Erklärung für alles, über das sie sich selbst nicht einigen können? (78:2, 78:3) Sie werden es bald erfahren. (78:4, 78:5)>

<Gott wird die Heuchler und Heuchlerinnen und die Götzendiener und Götzendienerinnen bestrafen, die üble Gedanken über Gott hegen. Gott ist zornig auf sie und er hat sie verflucht. Die ewige Hölle ist für sie vorgesehen. (9:68, 48:6), wie schon für deren Generationen davor. Die waren sogar mächtiger und vermögender und hatten mehr Kinder. Sie alle erfreuen sich ihres Schicksals und ihrer Reden. Ihre Taten sind im Diesseits und im Jenseits ohne Wert. (9:69) Wissen denn die Heuchler nicht, dass Gott ihre Geheimnisse und Gedanken kennt. (9:78)>

Ein bisschen Muslim ist zuwenig und das wird bestraft. (2:85) Zweifel im Glauben ist nicht erlaubt (2:2), aber trotzdem darf man hoffen, dass Mohammed sich da oder dort unscharf ausgedrückt hat, denn nicht alle Verse sind in der Urschrift im Himmel, so dass einige interpretierbar sind. (3:7) Wer zwar an Gott glaubt, aber nicht an die Autorität Mohammeds ist ein Ungläubiger. Ob dieser Vers auch in der Urschrift steht, weiß nur Gott. (4:150)

Zweifel heißt Unschlüssigkeit und Ambivalenz. Zwei Meinungen konkurrieren im Bewusstsein einer Person. Das ist die Haltung jedes Menschen bei jeder Neuigkeit, die überprüft werden soll. Zweifel ist der Vorgang der Bewertung im dualen Gebilde des Bewusstseins. Zweifel ist der Weisheit Anfang und es ist die Methode der Wissenschaft, um falsifizierend eine Idee auf Tauglichkeit zu prüfen.

Zweifel können den Glauben stärken, indem man das „andere" als weniger glaubwürdig einstuft oder den Glauben auch rauben, wenn nach objektiver Gewissheit gesucht wird. Objektive Gewissheit wird es zu den Grundaussagen des Korans, nämlich dem Sein Gottes und des Universums, nie geben. Wer daran zweifelt, ist sowieso kein Muslim, denn der kann das Glaubensbekenntnis nicht oder nicht mehr aussprechen.

Um das Glaubensbekenntnis, die Shahada, auszusprechen, muss der Glaube zweifelsfrei (29:2) und aufrichtig sein (98:5): „Ich bezeuge, dass es keinen Gott außer Gott gibt und dass Mohammed der Prophet Gottes ist." Die Gültigkeit dieser Aussage hängt von der ehrlichen Überzeugung ab. Wer mit zweifelsfreiem Glauben das Glaubensbekenntnis spricht, bekommt dann den Segen Gottes.

Der zweifelsfreie Glaube bedeutet subjektive Gewissheit (41:33) und die Bereitschaft, Krieg gegen die Ungläubigen zu führen. (49:15) Wer das nicht tut (9:45), ist ein Heuchler. Der Glaube muss Bestandteil des Denkens und der Unterordnung werden. (24:51) Diese Unterordnung soll in Hingabe übergehen. (39:54)

Wer von den Gläubigen kommt in die Hölle?

<Wer Böses tut, dem wird vergolten und der hat außer Gott keine Freunde und Helfer. (4:123) Der soll gedemütigt werden und der steht schutzlos vor Gott da. Um den herum ist Dunkelheit und der kommt in die Hölle, wo er ewig bleiben muss. (10:27) Die Sünder kommen auf ewig in die Hölle. Sie taten sich selbst das Unrecht an. (43:74, 43:75, 43:76)>

<Die Seelen, die den Glauben an Gott als Zerstreuung betrachteten und ihr Spiel damit trieben und vom irdischen Leben betört waren, müssen die Pein der Hölle ertragen. Sie werden nicht erhört, wenn sie sich beklagen. (7:51) Die Übeltäter bekommen eine harte Strafe: (38:55) die Hölle, in der sie schmoren werden. (38:56) Die wartet (78:21) auf die Widerspenstigen, (78:22) die dort unübersehbar lange bleiben müssen. (78:23)>

<Jene, die das Vermögen der Waisen ungerecht aufzehren, werden vom Höllenfeuer aufgezehrt. (4:10) Wer Gott oder Mohammed und den Geboten Gottes den Gehorsam versagt, der kommt in die Hölle. (4:14, 4:115) Jene haben keine Vergebung zu erwarten, die schlechte Taten begehen und erst dann, wenn sie sterben, bereuen. Auch diejenigen nicht, die als Ungläubige sterben. Für sie hat Gott eine schmerzhafte Strafe vorgesehen. (4:18)>

<Wer sich unter dem Vorwand, gesellschaftliche Nachteile zu erfahren, geweigert hatte, den Islam anzunehmen, bekommt den Hinweis, dass er hätte auswandern können. Deswegen kommen auch sie in die Hölle (4:97), ausgenommen die Unterdrückten, die keine Möglichkeit zur Emigration hatten oder keinen Ausweg finden konnten. (4:98) Denen wird Gott vielleicht verzeihen. (4:99)>

<Und wer einen Gläubigen vorsätzlich tötet, dessen Lohn ist die Hölle, worin er auf ewig bleibt. (4:93) Auch die Selbstmörder (16:28) müssen in die Hölle (16:29)>

<Die Sünder kommen auf ewig in die Hölle. (82:14, 82:15, 82:16) Wer trotz des Verbots immer noch Zinsen nimmt, kommt auf ewig in die Hölle. (2:275) Wer sündigt und sich in seiner Sündhaftigkeit verstrickt, kommt in die Hölle und wird ewig darin bleiben. (2:81)>

<Diejenigen, die das irdische Leben und seine Pracht als den Sinn des Seins ansehen (11:15), bekommen von Gott ihren Lohn im Diesseits, aber im Jenseits kommen sie in die Hölle. (11:16) Wer sündigte und das irdische Leben vorzog, kommt in die Hölle (79:36, 79:37, 79:38, 79:39)>

<Sie geben Gott, was ihnen selbst nicht gefällt [neugeborene Mädchen?]. Sie lügen, denn sie behaupten, sie bekämen das Beste [kommen ins Paradies?]. Zweifellos kommen sie in die Hölle und dort sollen sie verlassen sein. (16:62)>

<Es gibt Menschen, deren Rede über die Welt dich in Bewunderung versetzen mag. Solche bekennen sich sogar zum Islam und doch sind sie streitsüchtig. (2:204) Wenn die wieder alleine sind, richten sie Unheil an. Sie vernichten das Ackerland und die Nachkommenschaft. Doch Gott liebt das Unheil nicht. (2:205) Wenn denen gesagt wird: „Verehrt Gott“, überwältigt sie sündhafter Stolz. Für die ist die Hölle vorgesehen. (2:206)>

Wer von den Gläubigen sündigt, das Gute vorenthält, wer Böses tut, wer Glauben als Zerstreuung oder Spiel ansieht, wer das Vermögen der Waisen ungerecht aufzehrt, wer Gott oder wer Mohammed den Gehorsam verweigert, wer einen Gläubigen vorsätzlich tötet, wer im Ramadan Krieg führt, wer die Gläubigen von den Kultstätten des Islams vertreibt und wer Zinsen nimmt, kommt in die Hölle. Doch auch alle Niederträchtigen, die Verleumder, die Übeltäter, die Widerspenstigen, die Heuchler, die Götzendiener, diejenigen, die aus gesellschaftlichen Gründen nicht konvertieren, die Selbstmörder, die Kriegsdienstverweigerer, die Unseligen, die Unverschämten, die Christen und die Ungläubigen kommen genauso in die Hölle.

Die Hölle ist das Totenreich der Übeltäter, die Unterwelt oder das Schattendasein. Die Hölle ist ein Zustand ewiger Verdammnis. (2:81) Am Ende aller Zeiten (44:16), wenn Gott zum Jüngsten Tag aufruft, werden die Menschen gemäß ihren Taten in gute und böse geteilt, um entweder ins Paradies oder in die Hölle gesteckt zu werden.

Die Möglichkeit einer begrenzten Dauer von Höllenstrafen, verbunden mit einer Reinigung der Seele, ist nirgendwo im Koran explizit erwähnt. Auch ist das Höllenfeuer im Koran ganz real (4:55, 39:16) und keine symbolische Station zur Läuterung der Seele. „Ewig" heißt ewig und meint endlos. Verrenkungen der sprachlichen Umdeutung in „sehr lange" können auch nicht helfen, denn ein symbolisches Verständnis des Korans ist gar nicht erwünscht. (6:34)

Wie aber an anderer Stelle schon erwähnt, ist der Beginn der Ewigkeit sowieso Unsinn. Und wie lassen sich ewige Strafen in Einklang mit der Güte Gottes bringen?

Der Koran instrumentalisiert die Hölle zu moralpädagogischen Zwecken. (4:14, 4:115) Wer nicht zum Islam übertritt und dabei bleibt, wer nicht für den Islam in den Krieg zieht und wer nicht die Gesellschaftsordnung des Koran annimmt, kommt in die Hölle. Da spielt es keine Rolle, ob man ein Kind, ein Jugendlicher, ein Erwachsener, ein Greis, ein Mann oder eine Frau ist, ob man debil oder gesund ist; entweder Paradies oder Hölle.

In welchem Körper man in diese Institutionen geht, ist nicht klar. Ist es der Körper, den man zum Todeszeitpunkt hatte oder ein anderer? Die schönen Jungfrauen im Paradies sind im Körper eines 90-jährigen wenig interessant (56:35ff) und das dreijährige Mädchen kann sich auch nicht an den schönen Jünglingen erfreuen. (52:24)

Die Frage, ob die Hölle von Gott getrennt ist, muss mit nein beantwortet werden, denn er hat sie aus der Einheit heraus erschaffen. Dann aber müssen die Bewohner der Hölle Eigenschaftsträger Gottes sein. Dann gibt es auch in der Hölle keine Gottesferne, denn die Hölle selbst ist ein Element Gottes.

Wie sieht die Hölle aus?

<Wie kannst du wissen, was die Hölle ist? (74:27) Sie verschont nichts und lässt nichts übrig. (74:28, 74:29) Sie wird von neunzehn Engeln bewacht. (74:30) Sieben Tore hat sie und durch jedes dieser Tore wird ein Teil der Delinquenten gehen. (15:44) Wenn nun Gottes Strafe in der Hölle vollzogen wird, wie will ein anderer dann jemanden daraus retten? (39:19)>

Los geht's

<Das hier ist die Hölle, die euch angedroht wurde. (36:63) Brennt heute in ihr dafür (36:64), dass ihr ungläubig wart. Heute versiegelt Gott ihre Münder, so dass sie sich nicht verteidigen können, jedoch ihre Hände werden zu ihm sprechen. (36:65) Hätte Gott es gewollt, hätte er sie erblinden lassen. Dann hätten sie versucht, möglichst schnell auf den rechten Weg zu kommen. Aber wie hätten sie dann etwas sehen können? (36:66) Hätte Gott es gewollt, wären sie nicht imstande gewesen, vorwärts oder rückwärts zu gehen. (36:67)>

<Am Tag der Auferstehung ist es um die Lügner schlecht bestellt (83:10), denn sie haben dieses Ereignis geleugnet. (83:11) Wer sich so verhält, ist auch ein Sünder. (83:12) Wenn so einer die Verse des Korans hört, hält er sie für Geschichten aus früheren Zeiten. (83:13) Aber nein! Deren schlechte Taten haben sich wie Rost auf ihre Seele gelegt. (83:14) Sie haben am jüngsten Tag keinen Zutritt zu Gott (83:15), denn sie schmoren in der Hölle. (83:16) Dann wird zu ihnen gesagt: „Das ist es, was ihr stets geleugnet habt.“ (83:17)>

<Die Sünder sehen die Hölle vor sich und erkennen, dass sie nun dort hineinstürzen und keine Möglichkeit haben, dem zu entgehen. (18:53) „Dies geschieht euch, weil ihr euch auf Erden unberechtigterweise gefreut habt und weil ihr übermütig wart. (40:75) Geht nun hinein in die Hölle, die ihr zeitlebens verleugnet habt.“ (19:85, 19:86, 40:76, 44:50, 77:29, 77:30, 77:31)>

<Die Hölle ist der angemessene Lohn für Unglauben. (78:26, 78:27, 78:28) Alles hat Gott im Koran angekündigt. (78:29) Jetzt bekommt ihr es zu spüren. (78:30) Den Sündern, die ihre Strafe erleben, wird kein bisschen davon erlassen, noch bekommen sie Aufschub. (16:85) Wenn ihr einen Trick kennt, dem zu entkommen, so könnt ihr ihn nun einsetzen. (77:39) Wenn einer im Diesseits blind war, ist er es im Jenseits erst recht. (17:72)>

<Gott wird aus jeder Partei der Gottesgegner die Anführer herausgreifen (19:69, 19:70, 19:71), Mohammed als Zeugen auftreten lassen (16:89), die Gottesfürchtigen erretten und die Sünder niederkniend in der Hölle belassen. (19:72)>

<Die Schuldigen werden an ihren Merkmalen erkannt und sie werden an Haaren und Füßen gepackt. (55:41) Wenn du nur sehen könntest, wie sie jammern, wenn sie noch vor der Hölle stehen: „Ach, würden wir doch wieder ins Leben zurückgebracht! Niemals würden wir dann die Zeichen Gottes für Lügen erklären und würden natürlich Gläubige werden.“ (6:27)>

<Die Ersten rufen den Letzten zu: „Ihr habt keinen Vorteil, weil ihr später dran kommt, denn jeder wird für das, was er begangen hat, bestraft.“ (7:39) Auf euren Gesichtern sollt ihr in die Hölle geschleift werden: „Genießt nun die Glut der Hölle.“ (25:34, 26:94, 26:95, 26:96, 54:48)>

<Wenn die Schuldigen in die Hölle geworfen werden, dann tönt ihnen ein Geschrei entgegen und die Höllenglut pulsiert. (67:7) Das ist nun die Hölle, von der ihr glaubtet, dass sie nicht existiere. (18:100, 18:101, 55:43) Immer wenn neue Gefangene kommen, fragen ihre Wächter: „Seid ihr denn nicht aufgeklärt worden?“ (67:8) Sie werden antworten: „Doch, sicherlich, aber wir glaubten es nicht.“ (67:9)>

<Die Gegner des Islam und diejenigen, die sie verführt haben, werden zusammen in die Hölle gestürzt. Sie werden nicht begrüßt und kommen direkt ins Feuer. (38:59)>

<An diesem Tag wird den Ungläubigen (77:34) die Sprache versagen, (77:35) denn es ist ihnen nicht erlaubt, Entschuldigungen vorzubringen. (77:36) Gott wird sie fragen: „Ist nicht dies die Wahrheit, der Jüngste Tag? Jetzt bekommt ihr die Strafe für eure Ungläubigkeit.“ (6:30) Die Ungläubigen werden gefragt: „Wo sind eure Götzen, damit sie euch helfen?“ (26:92, 26:93, 30:13, 40:73, 40:74) „Wir haben geirrt und nun sind wir allein. (26:97, 26:98, 26:99, 26:100, 26:101) Ach, hätten wir doch die Gelegenheit zur Umkehr, damit wir gläubig werden könnten.“ (26:102) Das sollte den Menschen eine Warnung sein, doch die meisten sind ungläubig. (26:103)>

<Wenn die Heuchler zu den Gläubigen sagen: „Wartet auf uns, wir wollen von euch Licht bekommen“, bekommen sie zur Antwort: „Geht zurück und sucht euch dort Licht.“ Dann wird zwischen ihnen eine Mauer mit einem Tor errichtet. Auf der einen Seite ist die Barmherzigkeit, auf der anderen die Strafe. (57:13) Sie werden den Gläubigen zurufen: „Wir waren doch auf eurer Seite.“ „Das schon, aber ihr habt gegen euch selbst gesündigt und gezweifelt und euch von euren Wünschen betören lassen bis es zu spät war. (57:14) Heute wird weder von euch noch von den Ungläubigen Lösegeld angenommen. Jetzt geht's in die Hölle.“ (57:15)

Feuer

<Die Hölle ist ein furchtbarer Aufenthaltsort, (25:66) dort ist ein Flammenmeer. (4:55) Es gibt Schichten von Feuer über und unter den Delinquenten. (39:16) Es ist ein loderndes Feuer, (70:15) welches die Kopfhaut gänzlich wegbrennt. (70:16) Sobald die Haut der Gefangenen verbrannt ist, gibt Gott ihnen eine neue, damit die Strafe nicht aufhört. (4:56) Die Hölle wirft Funken gleich den Türmen eines Palastes hoch (77:32), in der hellgelben Farbe der Kamele. (77:33)>

<Du wirst die Sünder in Ketten gefesselt sehen. (14:49) Ihre Hemden werden aus Teer sein und das Feuer wird ihre Gesichter bedecken. (14:50) Um ihren Hals hat Gott Fesseln gelegt, die bis an das Kinn reichen, so dass ihr Kopf hoch gezwängt ist. (36:8) Vor und hinter ihnen ist eine Wand, so dass sie nichts sehen. (36:9) Gott hat ihnen ein Feuer bereitet, das sie wie eine Zeltdecke umschließen wird. Und wenn sie um Hilfe schreien, so werden ihnen mit geschmolzenem Metall die Gesichter verbrannt. (18:29)>

<Sooft sie auch daraus entfliehen wollen, werden sie wieder zurückgetrieben. „Kostet nun die Strafe des Feuers, die ihr nie für möglich gehalten habt!“ (32:20, 52:14, 52:15, 52:16) Der Tod wird von allen Seiten zu ihnen kommen, doch sie werden nicht sterben. (14:17)>

<Gott hat die Ungläubigen verflucht und hat für sie ein flammendes Feuer bereitet, in dem sie ewig bleiben. Sie werden keine Hilfe bekommen. An dem Tag, an dem ihre Gesichter im Feuer gewendet werden, werden sie sagen: „Oh, wenn wir doch Gott und Mohammed gehorcht hätten! Herr, wir haben nur die Anweisungen unserer Regierung befolgt. Sie haben uns vom Weg abgeführt. Gib ihnen die doppelte Strafe und verfluche sie.“ So bekennen sie ihre Schuld. (33:64, 33:65, 33:66, 33:67, 33:68, 43:38, 43:39, 67:10, 67:11)>

Eiter, Blut und kochendes Wasser

<Die Übeltäter sollen siedendes Wasser (6:70, 37:67) gemischt mit Blut und Eiter trinken. (14:16, 38:57, 38:58, 78:25) Danach geht's zurück zum Feuer. (37:68) Sie bekommen keine Abkühlung. (78:24) Die Gefangenen werden sich plagen und abmühen (88:2, 88:3), doch sie werden in einem heißen Feuer brennen (88:4) und aus einer kochendheißen Quelle trinken. (88:5) Zum Essen gibt es Dornensträucher (88:6), die weder nähren noch den Hunger stillen. (88:7)>

Spezialbehandlung

<Die Sünder werden unterschiedlich behandelt. Es kommt darauf an, was einer zu Lebzeiten getan hat. (6:129)>

<Die Ungläubigen bekommen eine Kleidung aus Feuer zurechtgeschnitten. Siedendes Wasser wird über ihre Köpfe gegossen (22:19, 40:71, 44:48), wodurch das, was in ihren Bäuchen ist, aufplatzt, genauso wie ihre Haut. (22:20) Mit eisernen Keulen werden sie geschlagen. (22:21) Sooft sie der Qual zu entfliehen versuchen, sollen sie wieder zurückgetrieben werden. Dann heißt es: „Genießt eure Strafe." (22:22) „Ihr dachtet doch, selbst Gott zu sein." (44:49) „Ergreift ihn, zerrt ihn in die Mitte der Hölle (44:47, 69:30), lasst ihn in der Hölle brennen." (69:31) Den Ungläubigen werden Eisenfesseln und Ketten um ihren Nacken gelegt (69:32) und sie werden dann ins Feuer gezogen. (40:72) Sie glaubten nicht an Gott, den Allmächtigen (69:33), und forderte nicht zur Speisung der Armen auf. (69:34) Hier hat man nun heute keinen Freund mehr (69:35) und die einzige Nahrung ist der aus Wunden geflossene Eiter. (69:36, 69:37)>

<Gott hat den Baum der Hölle (37:62) zu einer Versuchung für die Missetäter gemacht. (37:63) Er kommt aus der Tiefe der Hölle (37:64) und seine Früchte sind wie Schlangenköpfe. (37:65) Die Sünder sollen davon essen und ihre Bäuche damit füllen (37:66, 56:51, 56:52, 56:53) und darauf siedendes Wasser wie halbverdurstete Kamele trinken. (37:67, 56:54, 56:55) Der Baum der Hölle (44:43) ist die Speise der Sünder. (44:44) Wie geschmolzenes Kupfer (44:45) und kochendes Wasser wird es in ihren Bäuchen brodeln. (44:46) Das ist die Bewirtung der Sünder bei Gericht. (56:56)>

Hoffnungslos

<Wen Gott in die Hölle schickt, den macht er endgültig fertig, denn die Sünder haben keine Helfer. (3:192) Die Verführten werden sich beklagen: „Die anderen haben uns das eingebrockt. Wie furchtbar ist das hier. (38:60) Gott, wer immer uns dies bereitete, verdopple ihnen die Strafe. (38:61) Wo sind wir überhaupt? Wir sehen gar nicht jene, die wir zu den Übertätern zählten? (38:62) Oder sollte es sein, dass wir die Falschen verspottet haben?" (38:63) Das ist eine typische Klage aus der Hölle. (38:64)>

<Die Ungläubigen werden sagen: „Gott, zeige uns den Teufel und jene Menschen, die uns irreführten, damit wir sie mit unseren Füßen treten. Wir wollen sie erniedrigen." (41:29)>

<Die letzten, die in die Hölle kommen, werden bei Gott über jene klagen, die schon da sind: „Herr, die anderen haben uns in die Irre geführt. Gib ihnen die Qual des Feuers mehrfach." Gottes Antwort: „Ihr alle bekommt sie mehrfach. Ihr wisst es nur nicht. (7:38) Schreit nicht nur einmal, schreit dau-

ernd. (25:14) Gefällt euch dies nun besser als das Paradies?“ (25:15)>

<Eure Meinung über Gott hat euch in die Hölle gebracht. (41:23) Einmal in der Hölle muss man sich damit abfinden, denn die Möglichkeit der Wiedergutmachung wird nicht gewährt. (41:24) Gott hatte für diese Menschen Begleiter bestimmt, die ihnen ihr Tun und ihre Planungen im schönsten Licht erscheinen ließen. So erfüllte sich die Vorbestimmung, genauso wie an den Engeln und den Menschen früherer Generationen. Am Ende haben sie den Schaden. (41:25)>

<Die Gefangenen der Hölle werden klagen: „Oh hätte doch der Tod ein Ende gemacht. (69:27, 78:40) Mein Besitz hat mir nichts genützt und Macht habe ich auch keine mehr.“ (69:28, 69:29)>

<Sie schreien: „Gott, befreie uns! Wie wollen rechtschaffene Werke tun, anders als wir es zuvor zu tun pflegten.“ Gott: „Gab ich euch nicht ein genügend langes Leben, so dass ein jeder, der sich besinnen wollte, dies auch tun konnte? Und außerdem kam einer zu euch, der euch aufklärte. Ihr müsst die Strafe hinnehmen, denn Sünder haben keine Helfer.“ (32:12, 32:14, 35:37)>

<Die Gefangenen der Hölle rufen den Bewohnern des Paradieses zu: „Gießt etwas Wasser über uns aus oder etwas von dem, was Gott euch gegeben hat.“ Sie sagen: „Nein, Gott hat beides den Ungläubigen verwehrt.“ (7:50)>

<Dem Propheten und den Gläubigen steht es nicht zu, für die Ungläubigen um Verzeihung zu bitten, auch wenn es ihre nächsten Verwandten sind; besonders dann nicht mehr, wenn ihnen klar wurde, dass sie in die Hölle kommen. (9:113) „Genießt nun die Strafe der Ewigkeit. Erhaltet ihr denn etwas Anderes als das, was ihr selbst zu verantworten habt?“ (10:52)>

<Die Wächter der Hölle werden die Insassen der Hölle fragen: „Sind nicht immer wieder Propheten mit klaren Beweisen zu euch gekommen?“ „Ja.“ Die Wächter: „Bittet doch um Gnade.“ Doch das Bitten der Ungläubigen ist völlig umsonst. (40:50) Die Gefangenen der Hölle zu ihren Wächtern: „Möge doch Gott ein Ende mit uns machen.“ Der Höllenwächter zu den Gefangenen: „Ihr müsst bleiben.“ (43:77) Gott hatte euch die Wahrheit gegeben, doch die meisten von euch haben sie verabscheut. (43:78) Haben sie sich für einen Plan entschieden? Nun, auch Gott hat sich entschieden. [?] (43:79)>

Die Ereignisse der Hölle, wie sie der Koran beschreibt, sind Verherrlichung von Gewalt: Wer zum Hass aufstachelt oder zu Gewalt- und Willkürmaßnahmen auffordert oder die Menschenwürde anderer angreift, beschimpft, böswillig verächtlich macht oder verleumdet, wird mit Freiheitsstrafe von drei Monaten bis zu fünf Jahren bestraft. [Deutsches Strafrecht §130] Wer nur für die Verbreitung von Schriften mit solchem Inhalt verantwortlich gemacht werden kann, kommt mit drei Jahren oder mit Geldstrafe davon. Das gleiche gilt schon für diejenigen, die nur eine Anleitung dazu geben. Soweit die deutsche Gesetzgebung. Wie kann Gott über sich selbst im Koran an über 400 Stellen behaupten, er sei barmherzig? Die Wiederholung dieser Aussage macht sie nicht wahr, noch nicht einmal glaubwürdig.

Zwar können sich die Verleger des Korans damit rechtfertigen, dass es sich um Vorgänge der Geschichte handelt, aber wer die betreffenden Verse so wiedergibt, dass man daraus Identität zur eigenen Haltung ableiten kann, der riskiert eine Anklage in der auf Humanismus aufgebauten Demokratie. Sollte es dann zu einer Verurteilung kommen, kann aber der Täter auf die

Grundsätze einer liberalen Gesellschaft vertrauen. Ihm werden nicht die Finger einzeln abgeschlagen (8:12) oder die ewige Hölle angedroht.

Die Verse zu Teufel, Hölle und deren Insassen nennt man Mediengewalt, denn Poesie sind sie nach eigener Darstellung nicht. (12:111) Viele der Verse verherrlichen die Gewalt (10:52, 40:50) und so etwas bedroht eine offene Gesellschaft. Dagegen hilft Aufklärung, ohne gleich den Anspruch zu erheben, die einzige Wahrheit zu verkünden. (4:82, 39:28, 41:42)

Die unkritische Lektüre des Korans und die Identifikation mit seinen Inhalten fördert die Gewaltbereitschaft und bewirkt eine emotionale Desensibilisierung. Sie reduziert die Mitleidensfähigkeit, verbunden mit einer größeren Wertschätzung von Gewalt. Die Tötungshemmung wird abgebaut, dafür aber destruktive Emotionen wie Hass und Rache aufgebaut. Es werden Handlungsmuster für Gewalttätigkeiten erlernt und die Lust an der Gewalt geweckt. Mag der Koran an anderer Stelle auch anderes bewirken. Das eine hebt das andere nicht auf. Auch mag es andere Religionen geben, auf die das gleichermaßen zutrifft. Das aber ändert nichts daran, dass es auf den Koran zutrifft.

Im Koran gibt es reichlich Darstellungen zu Gewalt (2:190f, 4:89, 9:5...), Grausamkeit (14:16, 38:57f, 78:25...), Sadismus (32:20, 52:14ff...), Verbrechen (40:71f...) und Menschenverachtung. (7:38)

Mediengewalt und die Zunahme der Gewalt in der Gesellschaft stehen im direkten Zusammenhang und sind nachgewiesen. Um einen Menschen zu töten, muss man zuerst eine psychologische und dann sogar eine biologische Hemmschwelle überwinden. In einem solchen Moment wird der Täter gelähmt. Die außergewöhnliche Stresssituation führt zu einer Verkrampfung der Blutgefäße und das Gehirn stellt seine normalen Funktionen ein. Damit die Tat dann doch noch ausgeübt werden kann, muss ein antrainierter oder defekter Reflex den urtümlichen Reflex der Tötungshemmung überdecken.

Das Militär bildet deshalb die Soldaten an Tötungssimulatoren aus. In ständigen Wiederholungen soll dann beim virtuellen Töten ein Gefühl der Gewöhnung und der Freude aufkommen, um das Spiel zu gewinnen. Wenn man die nachfolgenden Ausschnitte oft genug liest und ernsthaft daran glaubt, dann kann man denselben Effekt erzielen:

<Tötet die Ungläubigen, wo immer ihr sie trefft, (2:190f, 4:89, 9:5) und bekämpft sie, bis sie niemanden mehr zur Ungläubigkeit verführen können. (2:193) Wer gläubig ist, der kämpft für Gott. (4:76, 4:84) Köpft die Ungläubigen und haut ihnen ihre Finger ab. (8:12) Wer sich gegen Gott und Mohammed auflehnt oder Unordnung im Land erregen will, soll getötet oder gekreuzigt oder wechselweise Hand und Fuß abgeschlagen werden. (5:33)> Der Koran beschreibt diese Art des Umgangs mit den Ungläubigen an über 200 Stellen. Die ständige Wiederholung ihrer Vernichtung und ihrer Qualen in der Hölle (33:64) kommen der oben beschriebenen militärischen Ausbildung nahe, so dass bei bestimmten Personen dann Gewöhnung eintritt und sie schließlich, durch die Treue zur Idee, zur eigenständigen Handlung verleitet werden.

Wer nach solcher Lektüre noch sagen kann, dass er Widerwillen empfindet beim Gedanken, dass einem „Ungläubigen" kochendes Wasser über den Kopf geschüttet wird (44:48), bei dem scheint die Botschaft des Koran noch nicht zur vollen Entfaltung gekommen zu sein, aber so einer ist dann auch kein gläubiger Muslim, <denn ihr müsst alle Verse des Korans akzeptieren. (2:85)>

Es ist unmöglich, Menschen, die viele Jahre lang humanistisch erzogen wurden, plötzlich in Killer zu verwandeln. Spiel und Sport, eine Wirtschaftsordnung im Wettbewerb und die Wissenschaft sind Schauplätze und Betätigungsfelder für natürliche Aggressionen. Wem das nicht reicht, der soll Bungee-Springen, den Mount Everest besteigen oder Autorennen fahren, und wer das nicht kann, kann auch ins Kino oder ins Theater oder in die Virtualität der elektronischen Medien gehen. Wenn man dort die Aufbereitung von Konflikten sieht, kann man sich am künstlerischen Ergebnis erfreuen und sich weiter entwickeln, ohne irgendjemandem zu schaden. Natürlich nur dann, wenn das Drama die Idee der Menschenwürde in sich trägt. Dann kann man auch die eigenen Gefühle durch Identifikation mit einem der Darsteller ausleben, ohne dabei gleich das eigene Leben zu riskieren.

Die humanistischen Prinzipien eines friedlichen Miteinanders, die Anerkennung der anderen Meinung, die kritisch liberale Auseinandersetzung in der Debatte stehen im Gegensatz zu Hass und Vernichtungslust gegen Andersdenkende, wie es der Koran beschreibt.

<Euch sei euer Glaube und mir meiner (18:29, 109:6)>, verblasst damit zur Worthülse.

Der Koran über die Gesellschaft

Umgangsformen

Gutes Benehmen

<Wenn ihr gegrüßt werdet, grüßt noch freundlicher zurück (4:86) und wenn ihr in ein Haus eintretet, so begrüßt einander mit einem gesegneten und lauten Gruß von Gott. (24:61) Sage nie „ich werde es morgen tun“, es sei denn, du fügst hinzu, „sofern es Gott will.“ Vielleicht wird Gott dich zu etwas leiten, was eher richtig ist als deine ursprüngliche Planung. (18:23, 18:24)>

<Gott liebt es nicht, dass böse Worte laut ausgesprochen werden, außer wenn einem Unrecht geschieht. (4:148) Gott will, dass die Gläubigen nur in freundlicher Art miteinander reden. (17:53)>

<Die Gläubigen sind Brüder, darum stiftet Frieden zwischen euren Brüdern. (49:10) Niemand soll über den anderen spotten oder ihn verleumden oder einen Schimpfnamen geben. Schlimm ist es, wenn ein Gläubiger der Sündhaftigkeit bezichtigt wird. (49:11) Vermeidet Argwohn, denn mancher Argwohn ist Sünde. Spioniert nicht und führt keine Intrigen untereinander. (49:12)>

<Die Gläubigen betreten keine anderen Wohnungen als die eigenen, bevor sie nicht um Erlaubnis gefragt und ihre Bewohner gegrüßt haben. (24:27) Tretet nicht eher ein, bevor ihr nicht die Erlaubnis dazu habt. Wenn sie euch nicht gegeben wird, dann kehrt um und geht. (24:28) Es ist aber keine Sünde, wenn ihr in ein unbewohntes Haus geht, das euch von Nutzen ist. (24:29)>

<Wenn ihr euch zum Schlafen zurückzieht und nackt daliegt, also vor dem Morgengebet, mittags und nach dem Abendgebet sollen euch die Sklaven und die Jungendlichen erst fragen, ob sie eintreten dürfen. Sonst könnten sie nämlich eure Geschlechtsteile sehen. Zu anderen Zeiten aber ist es keine Sünde, wenn sie ungefragt kommen. (24:58) Und wenn eure Kinder die Pubertät erreicht haben, sollen sie generell um Erlaubnis bitten, so wie das schon immer üblich war. (24:59)>

<Wenn ihr bei Versammlungen [mit Mohammed?] hört: „Macht Platz!“, dann macht Platz. Gott wird ausgiebig Platz für euch im Paradies machen. Und wenn gesagt wird: „Erhebt euch!“, dann erhebt euch. Gott wird die unter euch, die gläubig und gebildet [Wissen haben] sind, eines Tages erheben. (58:11)>

Keiner kann heute dem Propheten Mohammed Platz machen (58:11), denn er lebt nicht mehr. Auch haben sich die Umgangsformen seiner Zeit mehrfach geändert. (24:58f) Viele dieser Änderungen haben zwar auch zu einer Entfremdung in den demokratischen Gesellschaften geführt, doch genauso zur Gleichberechtigung der Geschlechter und der Stände. Aus dem Gemeinschaftsraum und dem einen Topf, aus dem gegessen wurde, ist nun eigenes Besteck und Geschirr geworden und fast jeder hat inzwischen sein eigenes Zimmer. Frauen stehen gleichberechtigt neben Männern und Gläubige sind den Ungläubigen gleich, wenigstens in den demokratischen Gesellschaften. Auch käme heute niemand auf die Idee, eine fremde Wohnung zu betreten, ohne aufgefordert zu werden. (24:27ff) Das ist inzwischen gesellschaftlicher Standard geworden und muss nicht mehr erwähnt werden.

Gottes Offenbarung im Koran zum Thema des „guten Benehmens“ brachte aber schon damals nichts Neues, denn tausend Jahre vor ihm hatten Platon und Epicur und später Seneca und viele andere auch den freundlichen Umgang untereinander propagiert, der schließlich von Kant im kategorischen Imperativ algorithmisch festgelegt wurde.

Eltern und Kinder

<Seid gut zu den Eltern, zu den Verwandten, den Waisen, den Armen, dem Nachbar, dem Freund, dem Reisenden und zu euren Sklaven. (4:36, 6:151)>

<Wenn die Mutter will, kann sie ihre Kinder zwei volle Jahre stillen. Vater und Mutter können einvernehmlich den Zeitpunkt der Entwöhnung bestimmen. Die Säuglinge können auch einer Amme gegeben werden, wenn sie für ihre Leistungen bezahlt wird. Der Vater hat für den Unterhalt zu sorgen. Niemand soll vom anderen mehr fordern, als er zu leisten vermag. Mutter und Vater sollen wegen ihrer Kinder nicht benachteiligt werden. (2:233)>

<Nennt eure Adoptivsöhne nach ihren Vätern. Wenn ihr sie nicht kennt, so sind sie Brüder im Glauben und eure Schützlinge. Wenn ihr versehentlich irrt, dann ist das keine Sünde. Sünde ist nur das, was ihr vorsätzlich tut. (33:5)>

<Gott hat befohlen, zu den Eltern gütig zu sein. Eine Mutter erträgt die Schwangerschaft und die Geburt mit Schmerzen [wörtlich: mit Widerwillen]. Von der Zeugung bis zur Entwöhnung dauert es dreißig Monate und dann, wenn der wahre Verstand mit vierzig Jahren ausgeprägt ist, sagt er: „Mein Herr, sporne mich an, dankbar für deine Gnade zu sein, die du mir und meinen Eltern erwiesen hast. Sporne mich an, Rechtes zu tun, das dir gefällt und lass meine Nachkommen rechtschaffen sein. Ich bin dir ergeben.“ (46:15) Das sind die, von denen Gott die guten Werke annimmt und deren üble Taten er übergeht. Solche kommen ins Paradies. (46:16) Wer aber zu den Eltern sagt: „Ihr spinnt wohl! Wollt ihr mir sagen, dass ich auferstehen soll, obwohl schon Generationen vor mir gestorben sind? Das sind doch nur alte Märchen.“ (46:17) Wer so etwas sagt, kommt in die Hölle. (46:18)>

<Seid gut zu euren Eltern. Wenn sie ein hohes Alter erreicht haben, dann benimm dich nicht überheblich, sondern sprich zu ihnen in Ehre erweisender Art. (17:23) Sei demütig und sprich: „Gott erbarme dich ihrer, genauso wie sie sich meiner erbarmt haben und mich aufgezogen haben.“ (14:41, 17:24)>

<Gott hat den Menschen befohlen, den Eltern Gutes zu tun. Doch wenn sie dich zwingen wollen, Gott einen Götzen zur Seite zu stellen, so gehorche ihnen nicht. Zu Gott werdet ihr heimkehren und dann wird Gott euch verkünden, was ihr getan habt. (29:8)>

<Wer nachträglich gläubig geworden und ausgewandert ist und mit euch Krieg geführt hat, gehört zu euch. Aber die Blutsverwandten stehen einander am nächsten. Das ist in der Schrift Gottes festgelegt. (8:75) Beachtet die Bindungen der Blutsverwandtschaft. (4:1) Gott hat den Menschen aus Wasser erschaffen und ihm Blutsverwandtschaft und Schwägerschaft gegeben. (25:54)>

Dem respektvollen Umgang der Menschen einer islamischen Gesellschaft (4:36) steht das kalte, höfliche und egoistische Benehmen der von zu knapper Zeit getriebenen Mitglieder der Informationsgesellschaft gegenüber. Die praktische Gültigkeit des freundlichen Verhaltens, das der Koran fordert (4:86, 17:53), kann jeder selbst überprüfen. Auch die Beziehung zwischen Eltern und Kindern hat eine andere Qualität als in Staaten, in denen die soziale Verantwortung der Staat übernommen hat. (46:15ff)

Der Altruismus der Muslime untereinander spiegelt sich auch im Rechtsverständnis, denn zuerst wird immer davon ausgegangen, dass sich die Gläubigen einigen. (49:10ff)

Ganz anders ist da die heutige Rechtskultur in den Demokratien. Da wird alles bis ins Kleinste geregelt, was neben dem Wettbewerbsdruck mehr und mehr zum Verlust der Identifikation mit der Gesellschaft führt. Die Entscheidungsspielräume für den Bürger werden immer knapper und ökonomische Sorglosigkeit führt den Individualismus zum Narzissmus. Das verleitet dazu, die eigene Befindlichkeit zum Maßstab aller Dinge zu machen, wodurch Rechtsindividualismus und Vereinzelung aufkommt. Obwohl die europäische Rechtskultur auf den freiheitlichen Ideen der Aufklärung fußt, geht aber genau diese Freiheit damit immer mehr verloren.

Gastfreundschaft, Spenden und Sozialabgaben

<Seid gläubig, tut gute Werke, betet und entrichtet eure Sozialabgaben. Wer so handelt, erhält seinen Lohn von Gott. Der muss keine Angst vor dem Jüngsten Tag haben, denn er wird nicht enttäuscht. (2:43, 2:110, 2:277) Spendet den Überschuss. (2:219)>

<Frömmigkeit heißt an Gott glauben, an den Jüngsten Tag, an die Engel, an den Koran und an die Propheten. Frömmigkeit bedeutet vom Besitz geben, obwohl man ihn liebt, den Verwandten, den Waisen, den Armen, dem Pilger und den Bettlern geben. Frömmigkeit heißt Sklaven freikaufen, beten und Sozialabgaben entrichten, Versprechen einhalten und in Zeiten von Elend, Not und Krieg geduldig sein. Wer sich so verhält, ist wirklich fromm und gottesfürchtig. (2:177)>

<Ihr sollt der Religion Gottes, dem Islam, spenden. Doch unter euch sind einige, die geizig sind. Wer aber geizig ist, der geizt nur gegen sich selber. Gott ist reich und ihr seid arm. Wenn ihr den Islam nicht unterstützt, so wird Gott ein anderes Volk an eure Stelle setzen [die Perser?] und sie werden nicht so sein wie ihr. (47:38)>

<Spendet für den Islam [für den Krieg?], tut Gutes und bringt euch selbst nicht ins Unglück. (2:195) Spendet von dem, was Gott euch gegeben hat, bevor alles zugrunde geht. (2:254) Glaubt an Gott und an Mohammed und spendet von dem, zu dessen Erben Gott euch gemacht hat. Dann werdet ihr belohnt. (57:7, 57:19)>

<Gib den Verwandten, was ihnen zusteht und ebenso den Armen und den Gästen (30:38), aber sei dabei nicht verschwenderisch, (17:26) denn die Verschwender sind Brüder des Teufels. (17:27) Wenn du selbst nichts hast, dann sprich nette Worte zu ihnen. (17:28) Sei nicht egoistisch, aber auch nicht übertrieben großzügig, damit du nicht getadelt wirst und am Ende mittellos bist. (17:29)>

<Wenn zu den Ungläubigen gesprochen wird: „Spendet von dem, was Gott euch gegeben hat", antworten sie: „Sollen wir denn einem zu essen geben, den Gott hätte versorgen können?" (36:47) Sie werden ihre Überraschung am Jüngsten Tag erleben. Sie werden auch nicht zu ihren Angehörigen zurückkehren. (36:49, 36:50)>

<Gott hat dem Menschen sein Dasein als Herausforderung geschaffen. (90:4) Meint er, niemand habe Macht über ihn? (90:5) Er prahlt mit seinem Vermögen. (90:6) Meint er, niemand könnte ihn sehen? (90:7) Gott hat ihm zwei Augen (90:8), eine Zunge und zwei Lippen gemacht (90:9) und er hat ihm zwei verschiedene Wege gezeigt. (90:10) Doch der Mensch geht nicht den schwierigen Weg. (90:11) Das heißt (90:12): Einen Sklaven befreien (90:13) oder in Zeiten der Not (90:14) einer Waisen aus der Verwandtschaft zu helfen (90:15) oder einem Not leidenden Armen zu essen geben (90:16); außerdem gläubig zu sein und sich gegenseitig zur Geduld und Barmherzigkeit ermahnen. (90:17) Wer so handelt, tut das richtige. (90:18) Wer aber nicht an Gottes Zeichen glaubt, ist ein Unseliger (90:19), der in die Hölle kommt. (90:20)>

<Jene Menschen verlieren (103:2), die nicht glauben und keine guten Werke tun und sich nicht gegenseitig die Wahrheit ans Herz legen und sich nicht gegenseitig zur Geduld anhalten. (103:3)>

<Sei nicht wohltätig in Erwartung persönlicher Vorteile. (74:6)>

Zwischen 0,1 und 1,0%, gemessen am Bruttosozialprodukt, geben/gaben die Industrienationen für Entwicklungshilfe im Jahr 2004 aus. Das Steueraufkommen Deutschlands geht in diesem Haushaltsjahr mit fast 45% in Sozialversicherung, Arbeitsmarkt und Versorgung. Bei einem persönlichen Steuersatz zwischen 16 und 45% schwanken somit die sozialen Abgaben jedes Einzelnen zwischen 7 und 20% seiner Einnahmen. Die Frage eines persönlichen Vorteils (74:6) stellt sich dabei gar nicht und ob einer geizig ist oder auch nicht (47:38), genauso wenig.

Gehorcht Gott, Mohammed und euren Führern. (4:59)

Der großen Zahl gläubiger Muslime, die in die traditionell christlichen und demokratischen Gesellschaften Europas einwandern, ist die Gesellschaftsordnung dieser Länder nicht mehr ausreichend gewachsen. Der Status des Gastes ist nicht mehr gegeben, wenn einzelne Stadtviertel mehrheitlich von Muslimen bewohnt werden, die auch schon viele Jahre dort leben. Das Miteinander und das Nebeneinander muss neu bestimmt werden.

Die friedliebenden Muslime müssen daher prüfen, welches die Minimalvoraussetzungen sind, um ein zufriedenes Leben in der Religionsgemeinschaft zu führen, denn jeder Versuch fundamentale Ansprüche des Islam in der neuen Heimat durchzusetzen, wird scheitern. Die Trennung von Kirche und Staat (6:116f, 57:25...), das Prinzip der Gleichstellung der Geschlechter (4:34) und der unterschiedslose Wert jedes Menschen (2:178), die Rechtsprechung durch die Gerichte (42:41), die Ablehnung von Todes- und Verstümmelungsstrafen (5:38f...) sind in keinem dieser Staaten diskutierbar. Nur wenn die Kompromissbereitschaft der Muslime so weit geht, dass sie sich entweder über die entsprechenden Anweisungen des Korans hinwegsetzen oder mit Interpretationskunst das Zusammenpassen begründen, wird eine Integration auf der Basis der bestehenden Ordnung möglich sein.

Kompromissbereitschaft ist aber genauso auf der anderen Seite gefordert, wenn es um Bekleidungssitten, Religionsunterricht, den Bau von Moscheen, Erb-, Familien- oder Arbeitsrecht etc. geht.

Mag der Bau einer Moschee mit Minarett an vielen Orten noch möglich sein, so stößt der Gebetsruf oft auf Widerstand. Ob das Tragen eines Kopftuchs der geschlechtsreifen Frauen in Europa ein islamisches Identifikationsmerkmal darstellt, lässt sich mit „ja“ beantworten. Die Frage, ob das Tragen des Kopftuchs zwingend ist, bleibt offen, denn es ist eine „Sollbestimmung.“ (24:31, 24:60, 33:59) Die Frau, die kein Kopftuch trägt, verletzt zwar eine Bestimmung, ist aber deshalb nicht gleich eine Ungläubige. Ob aber das Tragen auffälliger religiöser Symbole, wie das Kopftuch, im öffentlichen Leben in Europa geduldet wird, bestimmt nicht der Koran, sondern die Mehrheit in den Parlamenten.

Körperlich hart arbeitenden Muslimen kann in einer von Respekt geprägten Arbeitswelt auch ohne Rechtsvorschriften entgegen gekommen werden. Wenn die im Monat Ramadan wegen der strengen Fastenregeln nicht ganz so leistungsfähig sind, genügt ein wenig Rücksichtnahme. Auch die Einhaltung der Gebetszeiten muss nicht Gegenstand einer gesetzlichen Verordnung sein. Da genügt eine bilaterale Vereinbarung unter den Beteiligten. Ein dreimaliges tägliches Gebet ist ausreichend (11:114, 20:130), d.h. während der Arbeitszeit tritt die Frage nur einmal auf, nämlich mittags.

Das Verbot jeder Zinsnahme (2:275) ebenso wie der Handel mit Wertpapieren regelt der Markt selbst. Angebote islamisch geprägter Banken, die ihre Leistungen nicht über Zinsen verrechnen, gibt es inzwischen auch hier.

Die Einführung der Polygamie öffnet die Diskussion zu alternativen Familienformen. Im Heimatland geschlossene polygame Ehen werden in Deutschland zwar anerkannt, doch Rentenansprüche, Familienversicherungen und Scheidungen sind wegen der rechtlichen Konsequenzen ungeklärt.

Das Erbrecht des Korans ist deshalb ein gänzlich anderes als es die europäischen Gesetze vorgeben. Eine einheitliche Regelung mit einer christlich demokratischen Gesellschaft kann es hier nicht geben, denn das würde die Anerkennung der Polygamie für alle bedeuten. Daher kann man nur die speziellen Bestimmungen des Korans neben den nationalen Gesetzen zulassen oder es ist Anpassung der hier lebenden Muslime gefordert. Spanien praktiziert bereits das doppelte Recht.

Islamischer Religionsunterricht wird in Deutschland an einigen öffentlichen Schulen angeboten, denn das regelt das Grundgesetz: „Das gesamte Schulwesen steht unter der Aufsicht des Staates. Der Religionsunterricht ist in den öffentlichen Schulen mit Ausnahme der bekenntnisfreien Schulen ordentliches Lehrfach. Unbeschadet des staatlichen Aufsichtsrechtes wird der Religionsunterricht in Übereinstimmung mit den Grundsätzen der Religionsgemeinschaften erteilt." [Grundgesetz [Gg.] der BRD Art. 7]

Die in Deutschland lebenden Muslime können als Religionsgemeinschaft mit mehr als 1% Mitgliedern an der Gesamtbevölkerung sogar den Status einer Körperschaft des öffentlichen Rechts anstreben. Damit würden Hoheitsrechte verliehen, die sonst nur dem Staat selbst zustehen: Es können verbindliche Verordnungen für die Mitglieder der Religionsgemeinschaft erlassen werden, Beschäftigungsverhältnisse in einem Beamtenstatus begründet und Steuern erhoben werden. Damit verbunden gäbe es eine Vielzahl von Sonderrechten wie steuerliche Begünstigungen, Freistellung von staatlichen Kontrollen im Datenschutzrecht und eine Vorrangstellung als Träger im Bereich der Sozialdienste.

Die Verleihung des Status einer Körperschaft des öffentlichen Rechts setzt aber voraus, dass die Muslime in ihrem Wirken nicht die Grundrechte Dritter oder andere mit Verfassungsrang ausgestattete Rechtsgüter beeinträchtigen. <Peitscht die Unzüchtigen (24:1ff), schlagt die ungehorsamen Frauen (4:34), tötet die untreue Gattin (4:15), übt Selbstjustiz (2:178) und haltet euch Sklavinnen (2:221)> steht im krassen Widerspruch zur Verfassung demokratischer Staaten.

Gerechtigkeit, Gut und Böse

<Gott erklärt euch die Gebote, denn er ist allwissend. (24:18) Die Ungläubigen sind die Bösen. (16:60)>

<Gott hat nur die Abscheulichkeiten verboten, seien es Handlungen oder Gedanken. Er hat die Sünde und unberechtigte Gewalt verboten. Er hat verboten ihm Götzen zur Seite zu stellen, sofern er keine Genehmigung dazu erteilt. Er hat verboten Aussagen über ihn zu machen, sofern ihr kein entsprechendes Wissen habt. (7:33)>

<Gott will keine Ungerechtigkeit in der Welt. (3:108) Das Schlechte und das Gute sind nicht gleich, obgleich einen die Menge des Schlechten in Erstaunen versetzen mag. (5:100) Wehre das Böse durch eine gute Tat ab und siehe da, dann wird auch jener, der in Zwietracht zu dir stand, ein treuer Freund sein. (41:34) Aber dies wird nur denen gewährt, die geduldig sind und die großes Glück haben. (41:35)>

<Vergesst nicht, dass Gott dem Moses die Thora gegeben hat, damit ihr den rechten Weg geht. (2:53) Damals als Moses zu seinen Leuten zurückkam und die inzwischen einen Götzendienst eingerichtet hatten, forderte er Reue und den Tod der Verantwortlichen mit dem Hinweis: „Das ist besser für euch." Gott wandte sich danach wieder gnädig seinen Leuten zu. (2:54)>

<Ist etwa der, dessen böses Tun ihm selbst gut erscheint, gut? Nein, denn Gott bestimmt, wer gut und wer böse ist. Darum bedaure nicht jene, die Böses tun. Gott weiß, wer was tut. (35:8)>

<Wenn jemand aufrichtig ist, so ist er es zu seinem eigenen Seelenheil. Wenn jemand Böses tut, so handelt er gegen sich selbst. Gott ist niemals ungerecht zu den Menschen. (17:7, 41:46, 45:15)>

<Gott hat angeordnet, gerecht zu sein. (7:29) Gott schickte seine Propheten mit klaren Beweisen und sandte mit ihnen den Koran und die Kriterien zur Beurteilung des Rechts, damit die Menschen gerecht sind. (57:25)>

<Gott gebietet, gerecht zu handeln, uneigennützig Gutes zu tun und freigiebig gegenüber den Verwandten zu sein. Gott verbietet, was schändlich und abscheulich und gewalttätig ist. (16:90) Wenn einer freiwillig Gutes tut, so wird es Gott nie vergessen. (2:158)>

<Gebt zurück, was euch anvertraut wurde und wenn ihr Recht sprecht, seid gerecht. (4:58) Gehorcht Gott, dem Propheten Mohammed und euren Führern. (4:59)>

<Sei geduldig, denn Gott vergisst nicht die, die tun, was recht ist. (11:115) Alles, was die Menschen getan haben, ist aufgezeichnet. (54:52, 54:53) Gott wird am Jüngsten Tag alle Menschen zusammenbringen und dann in Gerechtigkeit richten. (34:26) Jeder wird für seine Taten eingestuft und diese Taten werden heimgezahlt. Unrecht wird es nicht geben. (46:19)>

<Die guten Taten tilgen die bösen. (11:114) Wer eine gute Tat vollbringt, dem soll sie zehnfach vergolten werden; derjenige aber, der eine böse Tat verübt, soll nur das Gleiche zum Ausgleich passieren, alles andere wäre ungerecht. (6:160) Dem, der Gutes tut, wird Besseres als das zuteil werden. (27:89) Wer aber Böses tut, kommt in die Hölle. (27:90)>

<Wer den Anweisungen des Korans folgt, der folgt ihm nur zu seinem eigenen Besten. (27:92)>

<Diejenigen sind von der Strafe ausgenommen, die glauben und gute Werke tun und Gott des Öfteren gedenken und Vergeltung üben, nachdem ihnen Unrecht widerfuhr. Die Unrechten werden bald erfahren, was mit ihnen passieren wird. (26:227)>

<Wehr das Böse mit etwas ab, das besser ist. (23:96) Sind denn jene, die Böses planen (16:45), sicher davor (16:46), dass Gott sie nicht in der Erde versinken lässt? Er hat sie doch vorher gewarnt. (16:47)>

Recht im Islam wird von verschiedenen Quellen gespeist: dem Koran, der Sunna, der Scharia, dem „Konsens", dem „Analogieschluss" und der Vernunft des Richters.

Der Koran ist zwar die erste Quelle, doch regelt er nur einen kleinen Teil des Rechts. Der größte Teil des islamischen Rechts ergibt sich aus den Hadithen, welche die Sunna bilden, jenen Text, der die Lebensweise des Propheten Mohammed beschreibt. Der Gläubige soll den Islam auf die Art und Weise praktizieren, wie sie der Prophet vorgelebt hat. <Gehorcht Gott, dem Propheten und euren Führern. (4:59)>

Nach Mohammeds Tod schufen islamische Rechtsgelehrte auf der Grundlage von Koran und Sunna das, was heute unter „Scharia" verstanden wird, eine Sammlung von Vorschriften, die das Leben des gläubigen Muslims regelt. Aus der Sicht des Islam wird hier gut und böse, richtig und falsch festgelegt. „Scharia" bedeutet „Pfad in der Wüste, der zur Wasserquelle führt."

In der Scharia werden Anweisungen zu religiösen Ritualen und Pflichten mit weltlicher Gesetzgebung zu Zivil- und Strafrecht vermischt. Jede Handlung des Gläubigen ist in eine von fünf Kategorien eingeordnet: Die Pflicht, das Verbot, empfehlenswerte, verwerfliche und erlaubte Handlungen. Die Scharia beeinflusst daher die gesellschaftlichen Verhältnisse wesentlich mehr, als es die Rechtssysteme römischen Ursprungs in den Informationsgesellschaften tun.

Da aber Koran und Sunna mit Scharia einen breiten Raum für Interpretation zulassen, bildete sich die dritte Quelle der islamischen Rechtswissenschaft., der „Konsens", eine Übereinkunft der islamischen Rechtsgelehrten zu einem Thema.

Die vierte Quelle ist für die Sunniten der Analogieschluss. Neu auftretende Fälle werden in Anlehnung an bekannte Fälle behandelt, eine Art empirisches Recht. Bei den Schiiten ist die vierte Quelle der Verstand, was nichts anderes bedeutet, als dass der Richter Gebrauch von der Vernunft machen soll.

Innerhalb der beiden Konfessionen gibt es dann noch jeweils mehrere Rechtsschulen, die in ihren Meinungen oft stark voneinander abweichen. Eine Instanz, die eine Frage endgültig entscheidet, gibt es nicht und ist auch gar nicht erwünscht, denn die Vielfalt der Rechtsmeinungen gilt im Islam als Gnade.

Da der Koran die höchste Instanz im Islam ist, können die nachrangigen Verordnungen wie Sunna, Scharia oder andere Veröffentlichungen niemals eine höhere Autorität beanspruchen.

Nach dem Koran ist eine gleichberechtigte, demokratische und multikulturelle Gesellschaftsordnung nicht zulässig, <denn der Mann steht über der Frau (4:34), Freie und Sklaven sind ein Faktum (4:24) und ein gleichwertiges Nebeneinander verschiedener Religionen ist auch nicht gestattet, denn die Gläubigen sollen keine Freundschaften mit Ungläubigen schließen. (3:118) Auch sind die Gläubigen die beste Gemeinde, die für die Menschheit entstand (3:110) und die Heiden sind die schlechtesten aller Geschöpfe. (98:6)>

Schuld und Vergeltung, Sühne und Vergebung

<Ihr sollt euch verteidigen, wenn ihr Unrecht erleiden müsst. (22:39) Ihr sollt euch verteidigen, wenn ihr schuldlos aus euren Häusern vertrieben werdet, nur weil ihr sagtet: „Unser Herr ist Gott." Gott hat die Macht zu helfen. Täte er es nicht, so wären gewiss schon Klöster, Kirchen, Synagogen und Moscheen niedergerissen worden. Gott steht dem bei, der ihm beisteht. (22:40) [Diese Anweisung bezieht sich auf] jene, denen Gott die Macht [die ihr auf Erden lebt?] gegeben hat, die beten, Sozialabgaben entrichten, Gutes verordnen und Böses verbieten. (22:41)>

<Setz dich nicht für die ein, die sich selbst betrügen. Gott liebt nicht die, die Betrüger oder Sünder sind. (4:107) Sie sagen nicht, was sie denken, doch Gott kennt ihre Gedanken. (4:108) Ihr habt euch auf Erden für sie eingesetzt, doch wer soll sie am Jüngsten Tag verteidigen? (4:109)>

<Wer Gutes vollbringt, soll Besseres als das erhalten. Wer jedoch eine böse Tat vollbringt, soll nur gemäß dem bestraft werden, was er getan hat. (28:84)>

<Wenn ihr etwas Schändliches getan habt, bittet Gott um Vergebung. Wenn ihr bereut und solches künftig nicht mehr tut (3:135), wird euch vergeben und ihr könnt ins Paradies einziehen. (3:136) Wer bereut und Gutes tut, der wendet sich in wahrhafter Reue Gott zu. (25:71)>

<Wer gegen euch gewalttätig handelt, gegen den handelt in gleichem Maße gewalttätig. (2:194) Gott hat vorgeschrieben: Leben um Leben, Auge um Auge, Nase um Nase, Ohr um Ohr und Zahn um Zahn und für Verwundungen gleichwertige Vergeltung. Wer aber darauf verzichtet, der gleicht damit seine Sünden aus. Wer sich aber nicht nach diesen Regeln verhält, ist ein Sünder. (5:45) Wer in dem Maße Vergeltung übt, in dem ihm Unrecht zugefügt wurde und dann wieder Unrecht erleidet, dem verhilft Gott zum Recht. Gott ist bereit, Nachsicht zu üben und zu vergeben. (22:60)>

<Wenn ihr bestraft [euch rächen wollt], dann bestraft in dem Maße, wie euch Unrecht zugefügt wurde. Wenn ihr aber verzeiht, dann ist das aber besser für euch. (16:126) Wer Böses tut, dem soll nur mit Gleichem vergolten werden. Wer aber Gutes tut, sei es Mann oder Frau und dabei gläubig ist, kommt ins Paradies und wird fürstlich versorgt. (40:40)>

<Die Vergeltung für eine Übeltat soll ein Übel gleichen Ausmaßes sein. Wer aber vergibt und sich aussöhnt, findet Zustimmung bei Gott. Gott liebt nicht die Ungerechten. (42:40) Wer selber Rache nimmt, nachdem ihm Unrecht zugefügt wurde, den trifft keine Schuld. (42:41) Schuldig machen sich nur die, die den Menschen Unrecht zufügen und Gewalttaten verüben. Sie werden bestraft. (42:42) Wer ein Unrecht geduldig erträgt und vergibt, der benimmt sich tugendhaft. (42:43)>

<Es ist euch vorgeschrieben den Tod eines Freien mit einem Freien, den eines Sklaven mit einem Sklaven und den einer Frau mit einer Frau zu vergelten. Doch wenn dem Täter vom nächsten Verwandten [Bruder] vergeben wird, so dass er nur noch ein Blutgeld zu zahlen hat, so muss die Vereinbarung unbedingt eingehalten werden. Wer sich dann nicht daran hält, der kommt in die Hölle. (2:178) Das Recht auf Vergeltung erhält euer eigenes Leben. (2:179)>

<Wer Böses tut oder gesündigt hat und dann Gott um Vergebung bittet, dem wird er verzeihen (4:110), denn der Sünder begeht die Sünde zum eigenen Nachteil. (4:111) Wer aber die Sünden anderen zuschiebt, begeht das Verbrechen der Verleumdung. (4:112)>

Islamisches Recht hat eine eigene Form. Es gibt Elemente des empirischen und des positiven Rechts. In keines der beiden Rechtssysteme passt jedoch die Pflege der Rechtsordnung, denn im islamischen Recht wird durch konkurrierende Rechtsschulen das Recht aktualisiert. Obwohl sich diese Schulen alle gegenseitig anerkennen, liefern sie doch sehr unterschiedliche Aussagen. Auch die Vermengung von Zivil- und Strafrecht passt nicht in die demokratischen Rechtssysteme: <Wenn ihr bestraft, dann bestraft in dem Maße, wie euch Unrecht zugefügt wurde. (16:126)> Das Maß des Schadens kann nicht das Maß der Strafe sein. Der Versuch einer Straftat würde demnach ungesühnt bleiben und ein Pilot würde bei einem selbstverschuldeten Flugzeugabsturz hundertfach bestraft werden.

Das empirische Recht gibt dem Richter große Entscheidungsmacht, da der Fall nicht in Bezug zum unverrückbaren Maßstab vorgegebener Gesetze gestellt wird, sondern mit ähnlichen Fällen der Vergangenheit verglichen wird. Hier kommt es viel stärker auf die plausible Darstellung der jeweiligen Position an, denn nur die wird in die Bewertung einbezogen. Die Begründungen müssen daher in sich schlüssig sein.

Schlüssig sind Zeugenaussagen und Geständnisse. <Wenn eine eurer Frauen Unzucht begeht, dann lasst es von 4 Männern bezeugen. (4:15)> Das gilt auch heute noch. Historisch ist das leicht erklärbar, denn Tataufklärung mit Indizien in einer Nomadengesellschaft, die durch die Wüste wandert und keinerlei technische Hilfsmittel hat, ist nicht möglich. In einer solchen Gesellschaft ist ein positives Recht auch nicht das richtige System, denn dazu muss man Gesetzestexte lesen können. Doch dieses Können war eher die Ausnahme. (29:48)

Abgesehen von Fahrlässigkeit im Falle falscher Namensgebung (33:5), wird im Koran nicht nach differenzierter Schuld bei einem Vergehen gefragt. Ganz im Gegenteil. Ein Diebstahl im volltrunkenen Zustand begründet nicht etwa verminderte Schuldfähigkeit, sondern doppelte Bestrafung, denn Alkohol ist verboten (2:219, 5:90) und Diebstahl (5:38f) sowieso. Das alles wäre kein Gegenstand der Diskussion, wenn man es als historisch ablegen könnte. Im Jahr 700 waren die Verhältnisse in Europa vielerorts auch nicht besser, aber das islamische Rechtssystem aus dieser Zeit gilt heute noch, und das weltweit, überall dort, wo Islam und Staat eine Einheit bilden. Ein Rechtssystem ohne Berücksichtigung der Schuld ist ethisch nicht mehr hinnehmbar.

Die Staaten Europas und ihre Gesellschaften befürworten mehrheitlich eine differenzierte Haltung zur Schuld. <Jeder hat sein Handeln selbst zu verantworten (35:18)>, müsste hier ergänzt werden um „sofern ihn Schuld trifft." Wenn aber der Täter seine Schuld verbüßt hat, gilt die Tat als verziehen. Der Koran gibt dazu widersprüchliche Anweisungen: <Es steht nicht in deiner Macht deinen Gegnern zu verzeihen oder sie zu bestrafen. (3:128) Gott vergibt oder straft. (3:129)> oder <wer auf Vergeltung verzichtet, der gleicht damit seine Sünden aus. (5:45)>

Wer in einer Demokratie Selbstjustiz verübt (2:178f, 5:45), wird immer angeklagt, denn die Durchsetzung von Recht und Ordnung und das Gewaltmonopol liegt beim Staat. Das gilt sowohl für Staaten mit empirischem Recht, wie es in den angelsächsischen Ländern praktiziert wird, wie auch in den übrigen europäischen Ländern, die ein positives Recht in ihrer Verfassung verankert haben.

Demokratien mit einem positiven Rechtssystem benötigen eine intensive Beteiligung der unterschiedlichen Interessensgruppen am Prozess der Meinungsbildung, um mögliche Konflikte schon im Vorhinein durch entsprechende Rahmenbedingungen regeln zu können. Die verschiedenen islamischen Strömungen in den einzelnen Ländern müssten deshalb mit einer Stimme sprechen, denn sich widersprechende oder auch nur unterschiedlich akzentuierte Haltungen werden in einem solchen System wenig beachtet. Sollten sie dann mit einer Stimme Forderungen nach Straffreiheit bei Kapitalverbrechen stellen, weil der Geschädigte dem Täter vergibt (5:45, 16:126), so wäre es trotzdem nicht durchsetzbar, denn die Verfassung verbietet es. Spezielle Adoptions- und Erbgesetze wären schon eher vorstellbar. In allen Fällen aber gilt auch dann, dass dafür eine parlamentarische Mehrheit gefunden werden muss. Anders wird kein Gesetz zum Gesetz.

Genau das ist aber auch der Nachteil für Minderheiten wie die Muslime in einem positiven Rechtssystem. Sie müssen sich nicht nur zu einer einzigen Partei formieren, um überhaupt gehört zu werden, sondern auch noch Außenstehende für Ihre Anliegen gewinnen, denn eine eigenständige parlamentarische Vertretung werden sie auf absehbare Zeit nicht erhalten. <Freude spenden, Leid und Hass unterdrücken (3:134)> sollte dann das Handlungsmotiv der angesprochenen Parlamentarier sein, die um Unterstützung gebeten werden, denn sie tragen die moralische Verantwortung für eine Gruppe, die am Entscheidungsprozess selbst nicht beteiligt ist.

Recht und Moral bilden eine Einheit, die sich nur durch die Art ihrer Verbindlichkeit unterscheidet. Da das Recht einer Gesellschaft der Moral immer hinterherläuft, können die Muslime abschätzen, ob einzelne Anliegen von der Mehrheit der Bevölkerung mitgetragen oder zumindest geduldet würden. Nur dann macht es Sinn, sich um eine Interessensvertretung zu bemühen, die ihrerseits die Mehrheit dafür gewinnen kann. Das aber muss erlernt werden, denn Hinweise auf Methoden zur Erlangung von Mehrheitsbeschlüssen sucht man im Koran vergeblich. Im Koran bestimmt sich Gott als die oberste Instanz für die Definition des Rechts auf Erden. In der Demokratie wählt die Mehrheit der Bürger ihre Repräsentanten auf eine befristete Zeit, die dann das Recht bestimmen.

Politischer Liberalismus ist die Abbildung unterschiedlicher Modelle des guten Lebens. In einer Demokratie mit christlicher Mehrheit hat sich der muslimische Bevölkerungsteil damit abzufinden, dass nicht alle im Islam das gute Leben erkennen, denn <nicht alle wollen sich Gott und dem Propheten unterordnen. (24:51)> Alle anderen können sich in Toleranz üben, denn <euch sei euer Glaube und mir meiner (109:6)>

Doch es gibt Grenzen, die nicht verhandelbar sind. Die Trennung von Kirche und Staat und die aktive Anerkennung der demokratischen Grundprinzipien. Sie sind Voraussetzung einer friedlichen Koexistenz in einer multikulturellen Gesellschaft. <Der Koran ist über jede Kritik erhaben (2:2) und regelt das Leben der Muslime (2:2), die alle Verse des Koran akzeptieren müssen (2:85)>, verhindert den Frieden, denn dann muss der Gläubige die Sunna, die Scharia und die vielen menschenverachtenden Anweisungen des Koran annehmen und umsetzen. Die Verse <Haltet an den Inhalten des Koran fest (43:43), die niemand verändern darf. (6:34)

Gehorcht Gott und Mohammed (4:80, 8:1) und die Gläubigen bestimmen Recht und Unrecht (3:110)>, verhindern auch noch jede Entwicklung. Wenn sich also einer als Demokrat und gläubiger Muslim bezeichnet, ist das ein Widerspruch in sich.

Für den Muslim gibt es auch keine Kompromisse, denn <es ziemt sich nicht anders zu handeln, als es Gott und sein Gesandter Mohammed vorschreiben. (33:36)> Doch viele Anweisungen und Forderungen des Korans sind nicht akzeptabel, denn sie sind verfassungsfeindlich und verstoßen gegen die Menschenrechte. Ein Muslim, der in einem demokratischen Staat leben will, muss Sure : Vers 33:36 und alle der Demokratie widersprechenden Verordnungen des Koran wenigstens ignorieren. Eine Institution, welche die Interessen der Muslime in einer Demokratie vertritt, muss sich sogar öffentlich zur Verfassung bekennen, denn sonst bleibt der Verdacht der Planung zum Umsturz. (9:1)

Die Macht wechselnder Mehrheiten und der Dialog, der zur Veränderung und somit zur Anpassung an die neuen Lebensverhältnisse führt, ist die einzige Möglichkeit der friedlichen Entwicklung einer Gesellschaft, und diese Gesellschaftsordnung nennt sich Demokratie. Aus der Dualität, der Erfindung Gottes (7:12ff), wird im Dialog der Parteien ein Ausgleich vorgenommen, womit die Anpassung an die neuen Verhältnisse erfolgt.

Damit fehlerhaftes menschliches Verhalten zeitlich begrenzt bleibt, wird Verantwortung nur auf Zeit verliehen. Diese Frage stellt sich im Koran gar nicht, denn man hat <Gott, dem Propheten und deren Führern zu gehorchen. (4:59)> Wehe dem, der Opposition betreibt.

Nur weil Mohammed unter merkwürdigen Umständen (75:1ff) Offenbarungen Gottes vernommen hat, die in geschriebener Form von ihm selbst nie autorisiert werden konnten, solche Texte als unveränderliches Wort Gottes zu bezeichnen, erscheint doch fragwürdig.

Die Entstehungsgeschichte des Koran hält eine Fülle an Fehlerquellen bereit. Schließlich hat Gott nicht einer Gruppe mehrerer Schreiber seine Texte diktiert, sondern der Engel Gabriel hat es Mohammed wörtlich eingegeben und Mohammed hat es dann ausgesprochen. Danach wurden die Informationen mündlich weitergereicht, bis Abu Bakr eine Sammlung dieser Aussagen angelegt hat. Aus der Fülle des gesammelten Materials haben dann die Nachfolger Abu Bakrs nach heftigen Auseinandersetzungen die heute gültige Fassung bestimmt und dann das gesamte ursprüngliche Material vernichtet. Solch ein verschlungener Weg wird dem Anspruch unfehlbarer [göttlicher] Qualität sicher nicht gerecht. Wer trotzdem daran festhält, hält an Sklaverei fest und kann kein anerkanntes Mitglied einer demokratischen Gesellschaft werden. Er ist und bleibt ein Gast auf befristete Zeit.

In einer demokratischen Gesellschaft müssen die meisten Fragen jenseits aller Weltanschauungen beantwortet werden, denn die Übereinstimmung der Mehrheit zu einem Beschluss, wäre sonst nur möglich, wenn die Mehrheit auch die gleiche Weltanschauung hat. Wenn es darum geht, das Internet gesetzlich zu etablieren oder eine Umgehungsstraße zu genehmigen, muss nicht über den göttlichen Willen diskutiert werden. Es können daher nur solche Argumente zugelassen werden, die andere sich zueigen machen können.

Es genügt die Gleichheit und Freiheit anderer zu schützen, denn religiöse Argumente erheben immer den Anspruch der Letztbegründung und sind daher auch nicht mehr verhandelbar.

Nur in Fragen des Seins, wie beim Schwangerschaftsabbruch, der Euthanasie, bio-technischen Verfahren etc. mögen sie daher noch die politische Auseinandersetzung beeinflussen. Doch zu genau diesen Fragen gibt der Koran keine Antwort. Das war kein Thema damals in Mekka und Medina.

Die Allerletztbegründung der Demokraten ist ohnehin vorgegeben und auf die haben sich alle hier Lebenden geeinigt: Das ist der Ausschluss der Selbstauflösung der demokratischen Gesellschaftsordnung. Denn auch der Liberalismus umfasst nicht alle Menschen gleichermaßen. Von den Muslimen verlangt er einen weitgehenden Verzicht auf ihre tiefste Überzeugung, den Verzicht auf die Autorität des Korans, die Autorität Gottes, bei der Gestaltung der gesellschaftlichen Ordnung. Wer diesen Konflikt nicht mit Interpretationskunst auflösen kann, kann kein Mitglied einer Demokratie sein. <Gottes Erde ist groß und darum findet jeder Muslim einen sicheren Ort zur Praktizierung seines Glaubens (29:56)>, ist der Rat, der dann gegeben werden muss.

Gesetze und Verordnungen

<Das Wort Gottes ist die Wahrheit und Gerechtigkeit. Niemand ist imstande, sein Worte zu ändern. (6:115) Wer der Mehrheit folgt, wird vom rechten Weg abgelenkt. Die Mehrheit der Menschen folgen nur Vermutungen, sie raten [lügen] nur. (6:116)>

<Niemand begeht mehr Unrecht als der, welcher verhindert, dass in den Gebetsstätten gebetet wird oder diese gar zerstört werden. Sie werden im Leben Schande erleiden und im Jenseits schwere Strafe erfahren. (2:114)>

Das Schwören

Der Eid Gottes

<Gott schwört bei den Sternen (56:75) und dies ist ein großer Schwur (56:76), dass dies ein edler Koran ist (56:77), dessen Urschrift bei Gott ist. (56:78) Nur die Reinen dürfen mit ihm umgehen. (56:79) Sie ist eine Offenbarung Gottes. (56:80)>

<Gott schwört beim Tag der Auferstehung (75:1) und bei jeder reumütigen Seele: (75:2) Meint der Mensch etwa, dass Gott am Jüngsten Tag seine Gebeine nicht sammeln wird. (75:3) Aber ja, Gott ist imstande auch die Finger des Menschen gleichmäßig zusammenzufügen. (75:4)>

<Gott schwört bei den Planeten (81:15, 81:16) und bei der Nacht (81:17) und beim Morgen (81:18), dass der Koran ein Wort eines vortrefflichen Gesandten ist (81:19), der mit Macht versehen ist und von Gott eingesetzt wurde (81:20), dem gehorcht wird und der Vertrauen genießt. (81:21) Mohammed ist kein Besessener. (81:22) Er sah ihn [?, den Gesandten, Engel Gabriel?] am klaren Horizont. (81:23) Mohammed hält keine Offenbarung zurück. (81:24) Der Koran ist nicht die Aussage des Satans. (81:25) Was fällt euch ein, so etwas zu behaupten. (81:26) Er ist eine Ermahnung für alle Menschen (81:27), die einen geraden Weg gehen wollen. (81:28) Doch nur wollen, was Gott will. (81:29)>

<Gott schwört bei der Abenddämmerung (84:16) und bei der Nacht und dem, was sie verhüllt (84:17) und bei dem Mond, wenn er voll wird (84:18), dass ihr sicherlich mehr und mehr in Not geraten werdet. (84:19)>

<Gott schwört beim Herrn des Ostens und des Westens, dass er imstande ist, bessere Menschen als die Ungläubigen an deren Stelle zu setzen. Keiner kann Gott daran hindern. (70:40, 70:41)>

Der Eid der Menschen

<Wer seinen Eid der Treue zu Gott bricht, tut es zum eigenen Nachteil. Wer ihn aber hält, der kommt ins Paradies. (48:10) Wenn ihr den Bund mit Gott geschlossen habt, so haltet ihn auch ein und brecht nicht die Eide, nachdem ihr sie auch noch bekräftigt und Gott zu eurem Zeugen gemacht habt. (16:91) Seid nicht wie jene Frau, die ihren Eid zu einem Mittel des Betrugs macht. (16:92) Macht eure Eide nicht zu einem Mittel euch gegenseitig zu betrügen, sonst werdet ihr dafür bestraft. (16:94) Und verschachert Gottes Bund, euren Schwur, nicht zu einem armseligen Preis. (16:95)>

<Wer seinen Gattinnen Ehebruch vorwirft und keine Zeugen dafür außer sich selbst hat, dessen Aussage ist gültig, wenn er viermal bei Gott schwört, dass er die Wahrheit spricht. (24:6) Sein fünfter Eid soll sein, dass der Fluch Gottes auf ihm laste, wenn er ein Lügner sei. (24:7) Von der beschuldigten Gattin soll die Strafe aber abgewendet werden, wenn sie viermal den Schwur bei Gott leistet, dass er ein Lügner sei. (24:8) Ihr fünfter Eid soll sein, dass der Fluch Gottes auf ihr laste, wenn sie eine Lügnerin sei. (24:9)>

<Gott zu Hiob: „Nimm eine Rute, schlage deine Frau damit und werde somit nicht eidbrüchig." (38:44)>

<Gott zu Mohammed: Warum verbietest du dir, was Gott dir erlaubt hat? [die Sklavin Maria zur Frau zu nehmen] Nur um deinen Ehefrauen zu gefallen? (66:1) Gott hat deinen Treueschwur aufgehoben. (66:2)>

<Die Reichen unter euch sollen nicht schwören, den Verwandten und den Bedürftigen und den wegen ihres Glaubens vertriebenen Muslimen nichts zu geben. Sie sollen vielmehr vergeben und verzeihen. Wollt ihr nicht, dass Gott euch vergibt?(24:22)>

Der Meineid

<Zur Bekräftigung eurer Ehrlichkeit oder Gläubigkeit oder um Frieden zu stiften, sollt ihr nicht bei Gott schwören. [?] (2:224) Unachtsamkeit in euren Schwüren macht Gott euch nicht zum Vorwurf, aber den bewussten Meineid sehr wohl. (2:225) Gott wird euch nicht wegen eines unbedachten Wortes in euren Eiden zur Rechenschaft ziehen, doch Gott wird Rechenschaft fordern, für Aussagen, die ihr mit Bedacht geschworen habt. Die Sühne für einen Meineid sei dann die Speisung von zehn Armen, wie ihr eurer Familie zu essen gebt oder stattdessen neue Bekleidung für die zehn Armen oder die Freigabe eines Sklaven. Wer all das nicht kann, der soll drei Tage fasten. Gebt Acht auch eure Eide. (5:89)>

Wie erklären sich die merkwürdigen Schwüre Gottes bei den Sternen (56:75ff) oder beim Jüngsten Tag? (75:1ff) Was würde passieren, wenn Gott nicht die Wahrheit sagt? Würden dann die Sterne zu reden beginnen oder der Jüngste Tag ausfallen? Poesie ist die Erklärung, auch wenn sich der Koran so heftig und schon präventiv gegen diesen Vorwurf wehrt: <Der Koran ist keine Dichtung. (69:41) Manche loben die Poesie des Korans [?], [statt seine Inhalte ernst zu nehmen]. (56:81)>

Ganz anders sind die Konsequenzen beim Meineid eines Menschen. Nach dem Koranvers (5:89) kommt man noch billig davon: Die Speisung von 10 Armen oder sie neu einkleiden oder einen Sklaven befreien. Wer aber in Deutschland einen Meineid leistet, wird mit Freiheitsstrafe zwischen 6 Monaten und 5 Jahren bestraft. [§154 deutsches StGB] Schon die Lüge, im Amtsdeutsch „die uneidliche Falschaussage“, wird mit 3 Monaten bis zu 5 Jahren Freiheitsentzug bestraft. [§153 deutsches StGB]

Warum nach islamischem Recht aber gleich fünfmal geschworen werden muss (24:6f), lässt sich nur mit dem Verhältnis der Menschen dieses Kulturkreises dieser Zeit zur Wahrheit erklären. Phantasie, Wunsch und Realität scheinen da enger miteinander verbunden gewesen zu sein, als das heute in den westlich geprägten Demokratien üblich ist.

Das zeigt sich auch beim Schwur des Propheten Mohammeds im Zusammenhang mit seinem promiskuitiven Leben. Das Versprechen gegenüber einer seiner Gattinnen das Verhältnis mit der Sklavin Maria zu beenden, war vielleicht ernst gemeint, hat ihn aber doch überfordert, denn er ist wieder schwach geworden. Doch kein Problem, denn Gott steht ihm zur Seite und hebt einfach seinen Schwur wieder auf. (66:1f)

Das demokratische Recht kennt noch den Aussagenotstand. Danach darf ein Beschuldigter oder der Verwandte eines Beschuldigten einen Meineid leisten, um einer Strafe in einer anderen Sache zu entgehen. Wenn die untreue Ehefrau nach dem Recht des Korans fünf Meineide zur ehelichen Treue schwört, um der Todesstrafe zu entgehen, kommt sie nach der Rechtsvorschrift des Korans auch davon, aber auf ihr lastet dann der Fluch Gottes. (24:6ff).

Mord und Totschlag

<Tötet keinen Menschen, den Gott verboten hat zu töten, es sei denn, ihr seid dazu berechtigt. Wenn einer zu Unrecht getötet wird, gibt Gott seinen nächsten Verwandten das Recht zur Rache. Sie dürfen aber diese Regel nicht missbrauchen, um dabei die Grenzen zu überschreiten. Ihnen wird ja geholfen. (6:151, 17:33)>

<Wer seine Kinder aus Dummheit tötet und wer zum Verzehr verbietet, was Gott erlaubt und dabei Lügen gegen Gott erfindet, der hat am Ende selbst den Schaden. So einer ist auf dem falschen Weg. (6:140)>

<Die Gläubigen dürfen sich nicht gegenseitig töten, es sei denn, aus Versehen. Geschieht dies, dann soll der Täter einen gläubigen Sklaven befreien und eine Entschädigung an seine Erben zahlen, es sei denn, sie erlassen es aus Mildtätigkeit. War der Getötete aber ein Feind, jedoch ein Muslim, dann muss er nur einen gläubigen Sklaven befreien. War der Getötete ein Verbündeter, dann sollen seine Erben ein Blutgeld erhalten und ein gläubiger Sklave befreit werden. Wer das nicht kann, der soll zwei Monate hintereinander fasten. (4:29, 4:92) Wer einen Gläubigen vorsätzlich tötet, der kommt auf ewig in die Hölle. (4:93)>

<Jene, die nicht an Gott glauben, werden eine schmerzliche Strafe bekommen; ebenso jene, welche die Propheten ohne rechtlichen Grund töten und genauso jene, welche Menschen töten, die Recht und Gerechtigkeit predigen. Wer so handelt, den erwartet eine schmerzhafte Strafe. (3:21)>

<Tötet eure Kinder nicht aus Furcht vor Armut. (6:151) Gott sorgt für sie und für euch. Sie zu töten ist eine große Sünde. (17:31) Am Jüngsten Tage werden die lebendig begrabenen Mädchen (81:8) gefragt, für welches Verbrechen sie getötet wurden. (81:9)>

<Wird einem von ihnen [die Christen?] die Geburt einer Tochter verkündet, so ärgert er sich und ist tief betrübt. Wegen der üblen Nachricht verbirgt er sich und überlegt sich, ob er das Mädchen zu seiner Schande behalten oder im Sand vergraben soll. Ist solch eine Haltung nicht übel? (16:58, 16:59)>

<Einst geschah ein Totschlag und man stritt darüber, wer der Täter sei. Gott sollte aufklären (2:72) und sagte: „Berührt ihn mit einem Stück von dem vermeintlichen Täter [von ihr]." So erweckt Gott ihn wieder zum Leben und er wird auf den zeigen, der ihn erschlagen hat. (2:73) Trotz dieses Zeichen Gottes verhärteten sich eure Herzen wieder. (2:74) [Es gibt Übersetzungen, die behaupten, hier handle es sich um die vermeintliche Aussage der Juden, Jesus getötet zu haben??]>

In einer der heutigen Informationsgesellschaften kommt kein Mensch auf die Idee ein Neugeborenes zu töten, weil es ein Mädchen ist. Das sind grausame, wenn auch wahre Geschichten aus vergangenen Zeiten. (16:58f)

Mord und Totschlag gibt es zwar immer noch, aber diese Verbrechen werden hierzulande unterschiedslos verfolgt. Bei Straftaten gegen das Leben und gegen die körperliche Unversehrtheit macht es keinen Unterschied, ob das Opfer ein Mann oder eine Frau, ein Kind oder ein Greis ist, sehr wohl aber, ob der Täter Schuld trägt, seine Motive und die Hintergründe der Tat. In feiner Differenzierung wird unterschieden, ob der Täter einen Menschen in eine hilflose Lage versetzt hat und ihn gar noch in einer solchen Lage im Stich gelassen hat, ob er sein Opfer fahrlässig getötet hat oder ob die Tat als Folge einer Körperverletzung angesehen werden kann. Wer aber einen Menschen aus Mordlust, zur Befriedigung des Geschlechtstriebs, aus Habgier oder aus sonst einem niederen Motiv heraus, heimtückisch oder grausam oder mit gemeingefährlichen Mitteln oder um eine andere Straftat zu ermöglichen oder zu verdecken, tötet, der wird mit lebenslanger Freiheitsstrafe bestraft. [§221 deutsches StGB]

Im islamischen Strafrecht gilt bei Tötungsdelikten als Strafe die Vergeltung. (5:45) Das bedeutet, dass dem Täter genau das gleiche angetan wird wie seinem Opfer. (17:33) Dies gilt jedoch nur dann, wenn Täter und Opfer einander gleichwertig sind. Ein gläubiger Muslim, der eine ungläubige Frau tötet, kommt billiger weg als umgekehrt. (2:178f) Im ersten Fall darf sogar angenommen werden, dass der Täter mit Blutgeld davon kommt, ungeachtet der Meinung der Hinterbliebenen, denn Gott hat im Koran speziell das Töten der Gläubigen verboten (4:92), was bei einer Auslegung im Sinne des positiven Rechts das Töten von Ungläubigen sogar zuließe.

Bei Totschlag ist den Hinterbliebenen eine Abfindung zu zahlen. Aber auch bei anderen Verbrechen und Vergehen sind Täter und Opfer frei, sich anstelle der Vergeltung auf eine finanzielle Entschädigung zu einigen oder ganz auf die Strafverfolgung zu verzichten, weil die Betroffenen dem Täter verzeihen. (5:45)

Im Sinne der Vergeltung würde bei Mord die Todesstrafe verhängt, doch über die Vollstreckung der Hinrichtung entscheiden die Hinterbliebenen. Nach diesem Modell wird die Bestrafung in private Hand gelegt. Der Staat ist nur insofern beteiligt, als er dem Bluträcher durch richterliches Urteil das Recht bestätigt, über das Leben des Täters zu bestimmen. Im Iran gilt das heute nur noch eingeschränkt, denn für den Fall eines Verzichts der Hinterbliebenen auf die Hinrichtung des Täters wird er zu einer Freiheitsstrafe verurteilt. Somit kann der Hinterbliebene nur eine Begnadigung zu einer Freiheitsstrafe aussprechen.

An der Stätte des Wirkens Mohammeds, im heutigen Saudi-Arabien, gilt noch klassisches, islamisches Strafrecht. Dort wird die Todesstrafe für eine Vielzahl von Vergehen verhängt und auch vollzogen: Mord, Vergewaltigung, Hochverrat, Korruption, Sabotage, Entführung, Drogenhandel, sowie Abfall vom muslimischen Glauben, Ehebruch, Gotteslästerung, Hexerei und Zauberei und die Führung eines Bordells. Diebstahl wird mit der Abtrennung der rechten Hand bestraft, Straßenraub mit Kreuzamputation: rechte Hand und linker Fuß.

Die übliche Hinrichtungsart ist die Enthauptung durch das Schwert in den Vormittagsstunden auf einem öffentlichen Platz. Das Land Mohammeds hat auch heute noch kein Strafgesetzbuch und keine Strafprozessordnung. Prozesse finden unter Ausschluss der Öffentlichkeit statt und Angeklagte verfügen während ihres Verfahrens über keinen Rechtsbeistand. Eine Strafsache wird einem Richter vorgelegt, der auf Grund der Scharia das Urteil fällt. Dieses Urteil wird dann dem Berufungsgericht, danach dem Hohen Justizrat und schließlich dem König zur Bestätigung vorgelegt. Korangetreu räumt das saudische Recht den Angehörigen von Opfern das Recht ein, dem Täter zu vergeben, doch leider sind Gnadenakte dieser Art eher selten.

Die Klassifizierung von Menschen, die Behandlung Tatverdächtiger, die Todesstrafe und Verstümmelungen verletzen fundamentales Menschenrecht und stehen im Widerspruch zur „Allgemeinen Erklärung der Menschenrechte“:

Jeder Mensch hat das Recht auf Leben, Freiheit und Sicherheit der Person. [Art. 3]

Niemand darf in Sklaverei oder Leibeigenschaft gehalten werden; Sklaverei und Sklavenhandel sind in allen Formen verboten. [Art. 4]

Niemand darf der Folter oder grausamer, unmenschlicher oder erniedrigender Behandlung oder Strafe unterworfen werden. [Art. 5]

Jeder Mensch hat überall Anspruch auf Anerkennung als Rechtsperson. [Art. 6]

Alle Menschen sind vor dem Gesetz gleich und haben ohne Unterschied Anspruch auf gleichen Schutz durch das Gesetz. Alle haben Anspruch auf gleichen Schutz gegen jede unterschiedliche Behandlung, welche die vorliegende Erklärung verletzen würde, und gegen jede Aufreizung zu einer derartigen unterschiedlichen Behandlung. [Art. 7]

Diese Artikel sind allgemein bekannt. Jeder Jurist in der islamischen Welt kennt sie und viele islamische Staaten haben dem zugestimmt, doch nicht nur Ignoranz, sondern sogar bewusstes Verschweigen mit dem Ziel, irgendwann das Gesetz Gottes, den Koran mit Sunna und Scharia zum allgemeinen Gesetz der Welt zu machen, sind die Beweggründe des Stillhaltens. Wer mit diesem Wissen in den Informationsgesellschaften unkritische Toleranz zu den Wünschen der Integration muslimischer Gepflogenheiten zeigt, weiß nicht, was Freiheit bedeutet.

Die Ordnung von Besitz und Eigentum

<Die Gläubigen sollen ihre Verträge erfüllen. Sie sollen sich nicht in betrügerischer Art untereinander um ihr Vermögen bringen. Betreibt Handel im gegenseitigen Einverständnis. Messt und wiegt richtig. Wer dagegen verstößt, kommt in die Hölle. Verwendet euer Vermögen nicht zur Bestechung [?] von Richtern, um illegal an das Vermögen anderer heranzukommen. (2:188, 4:29, 4:30, 5:1, 17:35, 26:181, 26:182, 26:183, 55:7, 55:8, 55:9)>

<Wehe den Betrügern (83:1), die beim Einkauf stets das volle Maß fordern (83:2), doch beim Verkauf fälschen. (83:3) Rechnen sie denn nicht mit dem Tag der Auferstehung (83:4, 83:5), an dem sie zur Verantwortung gezogen werden. (83:6) Nein, das Verzeichnis ihrer Sünden geht nicht verloren. (83:7) Aber wie kannst du davon wissen? (83:8) Es ist ein Buch. (83:9)>

<Wer in einer Auseinandersetzung vermittelt, soll einen Anteil daran haben. (4:85)>

Verteilung von Besitz und Eigentum

<Was euch an irdischen Gütern gegeben wurde, ist nur eine Leihgabe des Lebens und soll euch erfreuen. Was aber bei Gott ist, ist besser und von Ewigkeit. (28:60) Ist denn jener dem Gott das Paradies verspricht und sicher auch erhält, genauso belohnt wie ein anderer, den Gott mit den guten Dingen des irdischen Lebens versorgt hat? (28:61)>

<Wenn ihr am Freitag zum Gebet in die Moschee geht, dann geht hin zum Gedenken an Gott und hört auf, eurem Job nachzugehen. (62:9) Wenn das Gebet zu Ende ist, dann geht eurer Wege und strebt danach, dass Gott euch Gunst erweist. (62:10) Manche verlassen die Moschee [lassen dich im Gebet stehen], um einem Geschäft oder einem Vergnügen nachzugehen. Bedenkt aber, dass alles, was bei Gott ist, besser ist, als jedes Vergnügen oder Geschäft. (62:11)>

<Gebt den Schwachsinnigen kein Vermögen zur freien Verfügung, sondern nur das, was sie zum Leben brauchen und seid nett zu ihnen. (4:5)>

Reichtum und Vermögen

<Wer Reichtum anhäuft und speichert, den ruft die Hölle. (70:18) Die Reichen unter euch sollen nicht schwören, den Verwandten und den Bedürftigen und den wegen ihres Glaubens vertriebenen Muslimen nichts zu geben. Sie sollen vielmehr vergeben und verzeihen. (24:22) Gott hat einige von euch vor anderen mit materiellen Gütern begünstigt. Und doch wollen die Vermögenden nichts davon denen zurückgeben, die sie dem Recht nach besitzen, also ihren Sklaven. Sie wollen nicht, dass alle gleich beteiligt sind. Wollen sie denn Gottes Gnade verleugnen? (16:71)>

<Eure Reichtümer und eure Kinder sind wahrlich eine Versuchung, doch bei Gott gibt es Glückseligkeit. [großen Lohn] (64:15)>

Habsucht

<Der Mensch ist mutlos. (70:19) Hat er Pech, gerät er in Panik. (70:20) Hat er Glück, ist er geizig. (70:21) Nicht so die Gläubigen. (70:22, 70:23, 70:24, 70:25, 70:26, 70:27, 70:28) Wer geizig ist oder zum Geiz aufruft, der wird bestraft (4:37); genauso diejenigen, die spenden, um bewundert zu werden. (4:38) Die Menschen neigen zur Habsucht (4:128) und sie üben Gewalt aus, weil sie reich sein wollen. (96:6, 96:7) Wer sich vor Geiz bewahrt, dem wird es gut gehen. (64:16) Verlangt nicht nach dem, was Gott dem einen oder anderen vorzugsweise gegeben hat. Jeder soll erhalten, was er verdient. (4:32)>

<Die Geizigen sollen am Tag der Auferstehung ein Halsband der Güter tragen, mit denen sie geizig waren. (3:180)>

Ohne den guten Willen eine Gesellschaft als ihre Gesellschaft anzunehmen, geht jede Gemeinschaft in die Brüche. Der Zusammenhalt islamischer Gesellschaften, der von Gott im Koran gelobt wird und der durch den Glauben auch gelebt wird (3:110), verhindert die Auswüchse eines Rechtsindividualismus, wie wir ihn von den westlichen Demokratien her kennen. Dort ist ja erlaubt, was nicht verboten ist und wer sich an die Regeln hält, darf auch beliebig viel Reichtum und Macht anhäufen.

Die Demokratie gebietet zwar Rücksicht auf die Wahl der Lebensmodelle anderer, aber sie zwingt niemanden zur aktiven Beteiligung an der Gestaltung der Gesellschaft. Doch wer sich nicht aktiv und altruistisch beteiligt, versteht nicht den Sinn dieser Gesellschaftsform. Ohne ein Interesse der Mehrheit der Bürger an einer ausgeglichenen Entwicklung ihrer Gemeinschaft geht das Wesen der Demokratie verloren. Wer sich auf die Wahl der Möglichkeiten beschränkt, ohne selbst Angebote im Sinne eines Ausgleichs zu machen, ist kein Demokrat. Solch ein Egoismus ist in einer islamisch geprägten Gesellschaft weniger ausgeprägt. <Spendet nicht, um bewundert zu werden (4:38), häuft keine Reichtümer an (70:18) und übt keine Gewalt aus, um reich zu werden (96:6f) …>

Darlehen und Zinsen

<Wenn einem Schuldner die Tilgung seines Kredits schwer fällt, sollt ihr ihm Aufschub gewähren. Und wenn ihr mildtätig seid und es ihm nachlasst, so ist es noch besser. (2:280)>

<Diejenigen, die Zinsen verlangen, werden zum Wahnsinn getrieben, weil sie sagen, dass Handel und Zinsgeschäfte dasselbe sind. Den Handel hat Gott erlaubt, das Zinsnehmen jedoch verboten. Für eure Zinsgeschäfte aus der Zeit vor Kenntnis dieser Anweisung sei euch vergeben, wenn ihr es künftig unterlasst. Wer aber weiter Zins nimmt, kommt in die Hölle. (2:275) Gott wird den Zins dahinschwinden lassen und die Mildtätigkeit vermehren. (2:276) Die Gläubigen sollen auf noch ausstehende Zinsen verzichten. (2:278) Wenn ihr das nicht tut, dann ist euch Krieg von Gott und seinem Propheten angesagt. Wenn ihr aber bereut, dann soll euch euer Kapital zustehen. So geschieht kein Unrecht. (2:279)>

<Was immer ihr auf Zinsen verleiht, damit sich das Geld vermehre, es vermehrt sich nicht vor Gott. Doch was ihr gerne an Spenden entrichtet, wird vielfach vermehrt (30:39) Seid nicht gierig und betreibt keinen Wucher. (3:130)>

<Nehmt Zeugen, wenn ihr Kredite gebt oder aufnehmt. Wenn der Schuldner geschäftsunfähig ist, soll ein Sachwalter für ihn diktieren. Zwei Männer oder ein Mann und zwei Frauen sollen als Zeugen dabei sein. Zwei Frauen deshalb, falls sich eine irrt, kann die andere sie daran erinnern. Niemand hat das Recht, sich als Zeuge zu verweigern. Scheut euch nicht, alles niederzuschreiben, egal, ob es große oder kleine Beträge sind. Das ist zuverlässiger und bewahrt euch eher vor Zweifeln. Bei einem Handel mit sogleich verfügbarer Ware, die von Hand zu Hand geht, ist es kein Vergehen, den Vertrag ohne die Schriftform abzuschließen. Aber nehmt Zeugen, wenn ihr miteinander Handel treibt. Und weder dem Schreiber des Vertragstextes noch dem Zeugen soll es ein Schaden zugefügt werden. Und wenn ihr es trotzdem tut, dann ist es eine Sünde. (2:282) Wenn ihr auf Reisen seid und kein Schreiber zu finden ist, ist es auch zulässig, ein Pfand für einen Kredit zu geben. Das Pfand sollt ihr aber auch zurückgeben, denn wer es zurückbehält, der hat ein sündhaftes Herz. (2:283)>

Das Eigentum der Waisen

<Tastet nicht das Vermögen der Waisen bis zu deren Volljährigkeit an, ausgenommen, es ist zum Besten für den Waisen. Messt und berechnet ehrlich. Gott fordert von keinem mehr, als er zu leisten vermag. Wenn ihr ein Urteil fällt, so übt Gerechtigkeit, auch wenn es zu Lasten eines nahen Verwandten geht. (6:152)>

<Gott gibt euch Auskunft über die Frauen. Bedenkt, was der Koran hinsichtlich der Waisenmädchen vorschreibt. Oft gebt ihr denen nicht, was vorgeschrieben ist, obwohl ihr sie doch zu heiraten wünscht. Auch den Schwachen unter den Kindern gebt ihr oft nicht, was vorgeschrieben ist. Setzt euch für das Recht der Waisen ein. Gott weiß über eure guten Taten Bescheid. (4:127) Verbessert die Lage der Waisen. Verwaltet ihr Vermögen so gut wie euer eigenes. Sie sind ja eure Brüder. (2:220)>

<Gebt den Waisen, was ihnen gehört, tauscht nicht Schlechtes mit Gutem und zehrt nicht deren Vermögen auf. (4:2) Sorgt für die Waisen, bis sie mündig und selbständig geworden sind und bis sie reif zur Ehe sind. Gebt ihnen dann ihr Vermögen zurück. Geht also nicht verschwenderisch damit um, weil ihr nach deren Volljährigkeit nicht mehr darüber verfügen könnt. Ein reicher Vormund soll sich zurückhalten und ein armer soll nach Bedarf davon nehmen. Wenn ihr ihnen schließlich ihr Vermögen zurückgebt, tut es vor Zeugen, denn Gott fordert Rechenschaft. (4:6, 17:34)>

<Wenn bei der Erbverteilung Waise und Arme anwesend sind, dann gebt ihnen etwas von der Hinterlassenschaft. (4:8)>

<Wer das Vermögen der Waisen ungerecht aufzehrt, wird vom Feuer der Hölle aufgezehrt. (4:10, 6:152)>

Strafen für Eigentumsdelikte

<Kein Prophet darf etwas veruntreuen. Wer etwas unterschlagen hat, soll es am Tag der Auferstehung [zu seiner eigenen Belastung] mitbringen, damit ein Ausgleich erfolgt. (3:161)>

<Dem Dieb und der Diebin schneidet die Hände ab, als Vergeltung für das, was sie begangen haben und zur Abschreckung. Wer aber, nachdem er gesündigt hat, bereut und sich bessert, von dem wird Gott die Reue annehmen. (5:38, 5:39)>

Trotz der konkreten Vorschrift Gottes <hackt dem Dieb die Hände ab (5:38f)>, gibt es nach islamischen Strafrecht immer noch Möglichkeiten der Auslegung: Nur wer eine fremde, bewegliche Sache heimlich wegnimmt, diese Sache einen erheblichen Wert hat, der Gegenstand angemessen gesichert war und nachträglich nicht durch Kauf oder Schenkung übereignet wurde, muss diese drastische Strafe befürchten. Bagatelldiebstähle und Diebstähle ungesicherter Waren werden dann mit weltlichen Gesetzen verfolgt und bestraft. So gehen zumindest die Schiiten im Iran vor.

Neben Geständnis und Zeugen als Beweismittel ist dort auch das Wissen des Richters ein Mittel der Beweisaufnahme. Das erlaubt die Einbeziehung der modernen Spurensicherung. Um dann aber in dem Geflecht unterschiedlicher Beweismittel und verwobener Rechtssysteme Recht zu sprechen, braucht man eine fundierte Ausbildung, die umso wichtiger ist, wenn der Richter zugleich religiöser und weltlicher Führer ist. Gefährlich wird es, wenn, wie bei den Taliban in Afghanistan, deren Führung nicht das Studium an einer der großen theologischen Hochschulen des Islam abgeschlossen hat. Die Ausbildung zum Dorfmullah genügt nicht, denn dann werden, wie das Beispiel gezeigt hat, Frauen misshandelt, ein Teil des Weltkulturerbes zerstört und das Faustrecht etabliert.

Die Regeln zur Ordnung von Besitz und Eigentum des Korans stehen weitgehend in Einklang mit denen der europäischen Staaten. Die Erfüllung von Verträgen (5:1), das Verbot der Unterschlagung, des Betrugs (4:29) und der Bestechung (2:188) gilt da wie dort. Dass es sinnvoll ist, geschäftliche Vereinbarungen schriftlich zu fixieren (2:282) und manchmal dafür einen Notar hinzuzuziehen (2:283), gilt unverändert, genauso wie die Bezahlung von Anwälten. (4:85)

Obwohl niemand sein Vermögen mit ins Jenseits nehmen kann (28:60), hat das immer noch nicht zu der Einsicht geführt, dass die irdischen Güter, nicht nur für die Muslime, Leihgaben für die Zeit des Lebens sind.

Die Bereitschaft zu spenden ist in den Sozialstaaten, nicht annähernd so ausgeprägt, wie in islamischen Gesellschaften (2:254). Das ist auch nicht nötig, denn der Staat versorgt die Bedürftigen. Mag der Sozialstaat mit arithmetischer Gerechtigkeit jeden versorgen, der Not leidet, so verpasst aber der Steuerzahler das persönliche Erlebnis des Gebens und Nehmens. Andererseits sollte einer, der in der islamischen Gesellschaft in wirtschaftliche Bedrängnis geraten ist, wohlhabende Freunde und Verwandte haben, die ihn versorgen können.

Der freundliche Umgang der Gläubigen untereinander geht bis ins Geschäftsleben. (2:280) Aufschub bei Kreditrückzahlungen wird zwar auch jede Bank der freien Marktwirtschaft einem Schuldner gewähren, aber das Motiv ist niemals Mitleid, sondern immer nur Sachzwang. Nachlass zu erbitten, weil man in Not ist, ist sinnlos, denn in der Wettbewerbsgesellschaft zählen nur die Machtverhältnisse. Das mag vereinzelt auch ein Schuldner ausnutzen können und sogar Erfolg dabei haben, aber nur deshalb, weil der Gläubiger Sorgen hat, sonst noch weniger zu bekommen.

Der Abfall vom islamischen Glauben

<Wer Gott oder Mohammed den Gehorsam versagt, der kommt auf ewig in die Hölle. (4:14) Wer sich Mohammed widersetzt, nachdem er den Islam angenommen hat und einen anderen Weg geht als die Gläubigen, den wird Gott verfolgen lassen [?] und der kommt in die Hölle. (4:115)>

<Denjenigen, die im Glauben schwanken und immer mehr dem Unglauben verfallen, denen wird Gott nicht vergeben und er wird sie auch nicht führen. (4:137) Wenn ihr ungläubig geworden seid, nachdem ihr gläubig wart, so vergibt Gott einem Teil von euch. Jene aber, die auch noch Sünder waren, werden bestraft. (9:66) Gott hat den Heuchlern und Heuchlerinnen und den Ungläubigen das Feuer der Hölle prophezeit. Dort werden sie auf ewig bleiben. Gott hat sie verflucht und das ist ihre Strafe. (9:68)>

<Jene, die sich vom Islam abwenden, nachdem sie gläubig waren, denen hat der Teufel den Kopf verdreht. Auf denen lastet der Zorn Gottes und die werden streng bestraft. Ausgenommen von dieser Regelung sind nur jene, die zum Unglauben gezwungen wurden. (16:106, 16:107, 47:25) Es gibt keinen schlimmeren Sünder als den, der, nachdem er mit dem Koran aufgeklärt wurde, sich dann doch davon abwendet. Gott wird sich an diesen Sündern rächen. (32:22)>

<Wer versucht, Gläubige vom Islam abzubringen, kommt in die Hölle. (85:10) Wer den Bund mit Gott bricht, nachdem er ihn geschlossen hat und auflöst, was Gott zu verbinden geboten hat und Unheil stiftet auf Erden, auf dem lastet der Fluch Gottes und der kommt in die die Hölle. (13:25)>

Der Abfall vom Islam, die Apostasie, wird auch heute noch mit dem Tod bestraft. Wer die verpflichtende Wirkung der wichtigsten Glaubensprinzipien leugnet und in einem Land lebt, in dem der Islam Staatsreligion ist, begeht Hochverrat. Eindeutig wird die Abkehr vom Glauben zwar erst dann, wenn der Abtrünnige einen anderen Glauben annimmt, aber manchmal ist schon öffentliche Distanz zum Islam ausreichend, um der Apostasie angeklagt zu werden. <Die Heuchler wünschen, dass auch die Gläubigen wieder ungläubig würden. Nehmt sie daher nicht zu euren Freunden, ehe sie nicht den Weg Gottes gehen. Wenn sie sich aber vom Glauben ganz abwenden, dann ergreift sie und tötet sie, wo immer ihr sie findet. (4:89)> Mag der Vers 4:89 in seiner Interpretation auch umstritten sein, so sind die Anweisungen der Scharia eindeutig. Apostaten sind hinzurichten. In allen anderen Stellen des Korans wird den Ungläubigen und den Abtrünnigen nur die Strafe des Jenseits angedroht. (2:211, 4:115, 4:137, 9:66ff, 47:25)

Die Allgemeine Erklärung der Menschenrechte, Resolution 217 A [III] vom 10.12.1948, Artikel 18: „Jeder hat das Recht auf Gedanken-, Gewissens- und Religionsfreiheit; dieses Recht schließt die Freiheit ein, seine Religion oder Überzeugung zu wechseln, sowie die Freiheit, seine Religion oder Weltanschauung allein oder in Gemeinschaft mit anderen, öffentlich oder privat durch Lehre, Ausübung, Gottesdienst und Kulthandlungen zu bekennen."

Das Erbrecht

<Das Erbrecht steht fest. Gebt also auch jedem seinen Anteil. (4:33)>

<Ihr Gläubigen, zur Abfassung eines Testaments braucht ihr zwei Zeugen. Wenn ihr an deren Redlichkeit Zweifel habt, sollen sie schwören, dass sie sich keinen Vorteil als Testamentsvollstrecker verschaffen werden. (5:106) Sollte sich aber herausstellen, dass die beiden Zeugen sündhaft falsch geurteilt haben, so sollen an deren Stelle zwei der Benachteiligten treten. Diese sollen dann schwören, dass sie ehrlicher sind, als die beiden zuvor. (5:107) So ist die Wahrscheinlichkeit größer, dass sie ehrlich sind, auch weil sie fürchten müssen, dass noch andere kommen, die auch schwören. (5:108)>

<Wer stirbt und ein Vermögen hinterlässt, soll die Eltern und die Verwandten berücksichtigen. (2:180) Wer als Testamentsvollstecker ein Testament verändert, macht sich schuldig. (2:181) Vermutet der Testamentsvollstrecker aber einen Irrtum oder eine Unrechtmäßigkeit des Verstorbenen und versucht dann die Angelegenheit gütlich zu vermitteln, so handelt er korrekt. (2:182)>

<Männer und Frauen haben einen Anspruch auf einen Teil der Hinterlassenschaft ihrer Eltern und Verwandten. (4:7) Wenn bei der Verteilung des Erbes Waise und Arme anwesend sind, so schenkt ihnen etwas vom Erbe und sprecht freundliche Worte zu ihnen. (4:8) Achtet darauf, für den Unterhalt unselbständiger Nachkommen zu sorgen. (4:9) Wer das Vermögen der Waisen zu Unrecht aufzehrt, kommt in die Hölle. (4:10)>

<Wenn ein Mann ohne Kinder stirbt und er hat eine Schwester, so erhält diese die Hälfte und er beerbt seine Schwester, wenn sie ohne Kinder stirbt. Gibt es aber zwei Schwestern, so erhalten diese zwei Drittel. Und wenn sie Geschwister sind, Brüder und Schwestern, wird im Verhältnis 2 zu 1 aufgeteilt. (4:176)>

<Gottes Vorschrift zur Aufteilung des Erbes: 2 Teile den Söhnen, 1 Teil den Töchtern. Gibt es nur Töchter und sind es mehr als zwei, so erhalten sie zwei Drittel des Erbes. Ist es nur eine, erhält sie die Hälfte. Jedes Elternteil erhält ein Sechstel, sofern der Erblasser auch Kinder hat. Hat er keine Kinder, steht der Mutter ein Drittel zu. Hat der Verstorbene auch Brüder, erhält seine Mutter ein Sechstel, jedoch erst nach Bezahlung eines etwa gemachten Vermächtnisses oder einer Schuld, die ausgeglichen werden muss. Wer von euren Vätern und Söhnen euch mehr wert ist, wisst ihr nicht. (4:11)>

<Wenn eine eurer Frauen stirbt und keine Kinder hinterlässt, bekommt ihr die Hälfte ihres Vermögens. Hat sie Kinder, dann erhaltet ihr ein Viertel. Vor der Berechnung und Auszahlung des Rests an euch, müssen eventuell gemachte Vermächtnisse oder Schulden ausgeglichen werden. Wenn ihr sterbt und kinderlos seid, erhalten eure Frauen genauso ein Viertel. Habt ihr aber Kinder, erhalten sie ein Achtel, nach Abzug der Schulden und eines eventuell vom Verstorbenen gemachten Vermächtnisses. Wenn ein Mann oder eine Frau einen entfernten Verwandten zum Erben einsetzt und er oder sie noch einen Halbbruder oder eine Halbschwester hat, erhält jeder von diesen ein Sechstel des Nachlasses. Gibt es mehrere Geschwister, dann teilen die sich ein Drittel zu gleichen Teilen, jedoch nach Abzug eines eventuell gemachten Vermächtnisses oder Schulden. (4:12) Das sind die Gesetze Gottes. (4:13) Ein Mann soll seinen Frauen für ein Jahr Versorgung sichern, falls er stirbt. (2:240)>

<Den Gläubigen ist es nicht erlaubt, Frauen durch Erbschaft, gegen ihren Willen, sich anzueignen. Ihr dürft die Witwen auch nicht an einer Neuverheiratung hindern, um ihnen einen Teil von dem zu nehmen, was ihnen als Brautgabe gegeben wurde, es sei denn, sie hätten offenkundig Hurerei begangen. Geht sachlich mit ihnen um und wenn ihr Abscheu gegen sie empfindet, empfindet ihr vielleicht Abscheu gegen etwas, in das Gott reiches Gut gelegt hat. (4:19)>

Sich Frauen durch Erbschaft anzueignen (4:19), verbietet der Koran; eine Regelung, die in der Demokratie absurd ist, denn das ist Sklaverei und schon von der Verfassung her ausgeschlossen.

Nach dem Erbrecht des BGB kann jeder Erbe werden, der zur Zeit des Erbfalls lebt, zumindest aber vom Erblasser gezeugt war. [BGB § 1923] Die werdende Mutter muss in dieser Zeit vom Erbe versorgt werden. [BGB § 1963] In der Erbfolge stehen nämlich die Kinder an erster Stelle, die alle zu gleichen Teilen erben, unabhängig davon, ob es leibliche oder adoptierte Kinder, Frauen oder Männer sind. Gleich heißt gleich und meint gleich. [BGB § 1924] Wenn aber keine Kinder da sind, folgen die Eltern [BGB § 1925], dann die Geschwister und noch zwei weitere Generationen zurück, jeweils gefolgt von deren Kindern.

Dagegen steht Gottes Vorschrift zur Aufteilung des Erbes. (4:11) Diese berücksichtigt nicht die Rechte eines gezeugten, aber noch nicht geborenen Kindes. Die Möglichkeit Kinder mit dem Sperma des Verstorbenen auch nach dessen Tod zu zeugen oder gar einen geklonten Nachkommen zu produzieren, bedenkt diese Vorschrift natürlich auch nicht. Es mag vielleicht noch soweit kommen, dass aus einem Gen-Mix verschiedener Eigenschaften ein neuer Mensch gebildet wird. Dann wird die Erbfolge sehr schwierig. Jedes weltliche Recht kann darauf reagieren, Gottes Vorschrift ist nicht anpassungsfähig.

Wenn der Ehemann stirbt, erben nach dem Koran die Ehefrauen ein Viertel (4:12), genauso wie im deutschem Recht auch. Hat der Verstorbene aber mehrere Ehefrauen, gibt es keine gesetzliche Regel dafür. Stirbt aber die Frau, erbt nach koranischem Recht der Mann die Hälfte. Diese Regelung gilt hier nur, wenn das Ehepaar keine Kinder hatte. [BGB § 1931] Doch nichts davon gilt, wenn gerade ein Scheidungsverfahren läuft. [BGB § 1933] Im Koran bleibt dieser Fall unberücksichtigt.

Die Familienangehörigen, die im Haushalt des Erblassers lebten, erhalten wenigstens den Unterhalt für 30 Tage [BGB § 1969], eine Regelung, die im Koran nicht erwähnt wird, weil sie sich von selbst versteht, da der Umgang untereinander freundlich sein soll. (30:38)

Weitgehende Übereinstimmung gibt es zu Testament und zur Haftung von Schulden des Erblassers durch die Erben. (4:12) [BGB § 1967] In beiden Systemen kann der Erblasser die gesetzlichen Verfügungen aufheben und in einem Testament ganz andere Erben bestimmen. (5:106f) [BGB § 1937] Nach deutschem Recht kann auch bestimmt werden, dass niemand erbt [BGB § 1938] oder es kann ein Vermächtnis erlassen werden, womit der Begünstigte kein Erbe ist und demnach auch nicht für mögliche Schulden geradestehen muss. [BGB § 1939]

Doch auch wenn ein Testament zu Ungunsten der Ehefrau und den Verwandten ersten Grades vorliegt, gehen sie nach deutschem Erbrecht nie leer aus, denn sie bekommen wenigstens einen Pflichtteil, was der Hälfte von dem entspricht, was sie bekämen, gäbe es kein Testament. [BGB § 2303] Das ist im Koran nicht explizit erwähnt, doch die Vermächtnisregel im Koran hat genügend logische Lücken, so dass der Interpretation breiten Raum gegeben ist.

War aber der Erbe in seinem bisherigen Leben in solchem Maße der Verschwendung ergeben oder ist er in solchem Maße überschuldet, kann das Erbe in die Verwaltung eines Testamentsvollstreckers übertragen werden. [BGB § 2338] Ähnlich der Regelung, die im Koran für die Verwaltung des Erbes von Waisen (4:9, 4:10, 6:152) oder für die Handhabung des Vermögens von Schwachsinnigen vorgesehen ist. (4:5)

Was aber bekommen die Sklavinnen? Sie bleiben unberücksichtigt, obwohl sie doch sicher ganz wesentlich zur Lebensfreude des Erblassers beigetragen haben. Die mögliche Erbunwürdigkeit eines Erben wird im Koran auch nicht behandelt. Nach deutschem Gesetz ist nämlich einer erbunwürdig, wenn er den Erblasser oder einen Miterben getötet oder zu töten versucht hat oder verhindert hat, dass ein Testament verfasst wird. Indirekt gilt die Regel zwar auch im Koran, denn nach dessen Recht der Vergeltung überlebt es der Täter gar nicht.

Was aber, wenn der Erbe das Erbe gar nicht will? Heute kann jeder ein Erbe ausschlagen [BGB § 1942] oder auch verkaufen. [BGB § 2371] Bleibt am Ende keiner übrig, erbt der Staat. [BGB § 1936] Zu Mohammeds Zeiten konnte sich das niemand vorstellen und niemand weiß heute, wie sich der Sachverhalt in 1000 Jahren darstellt. Es ist daher nur klug, wenn Gesetze und Verordnungen der Zeit angepasst werden. Auch wenn Gott, der ja die Probleme in tausend Jahren kennt, heute die Gesetze dazu verkünden könnte, wäre es keine Hilfe, denn es berührt uns nicht. Es berühren uns aber auch nicht die Probleme der arabischen Stämme aus dem Jahre 600.

Sex und Ehe

<Wer sich wünscht, dass sich Unzucht unter den Gläubigen verbreitet, wird auf Erden und im Jenseits hart bestraft. Gott weiß Bescheid. (24:19)>

<Die Menstruation ist eine Plage. In dieser Zeit sollt ihr keinen Sex mit euren Frauen haben. Danach geht zu ihnen hin, so wie es Gott euch befohlen hat. (2:222)>

Homosexualität

<Lot zu seinen Leuten: Warum tut ihr etwas derart Abscheuliches, was bisher noch niemand getan hat? (7:80) Es ist eine Schande, wenn ihr euch in eurer Sinneslust mit Männern statt mit Frauen abgebt. (7:81, 27:54, 27:55) Wenn zwei von euch Männern homosexuellen Verkehr haben, dann züchtigt sie. Wenn sie aber bereuen und sich bessern, dann vergebt ihnen. (4:16)>

<Lot hatte sein Volk ermahnt, aber sie hatten Zweifel. (54:36) Sie haben seine Warnungen als Lüge erklärt. (54:33) Von seinen eigenen Leuten wurde Noah mit dem Argument aus der Stadt vertrieben: „Die wollen sich rein halten.“ (7:82) Mit Ausnahme seiner Frau errettete Gott den Lot und seine Familie. (7:83) Gott ließ einen Steinregen über sie niedergehen und das war ihr Ende. (7:84)>

<Als Gottes Gesandte zu Lot kamen, geriet er in Bedrängnis. (11:77, 15:67, 15:68, 15:69) Die Mitbürger zu Lot: „Haben wir dir nicht verboten, Gäste zu empfangen. (15:70) Die Gesandten sind Lügner.“ (26:160) Darauf Lot: „Warum wollt ihr nicht gottesfürchtig sein. Ich bin ein Gesandter Gottes und will keinen Lohn von euch. (26:161, 26:162, 26:164, 37:133) Hier habt ihr meine Töchter. Die sind reiner für euch als meine Gäste. Ist denn kein ehrlicher Mann unter euch? (11:78, 15:71) Sie sagten: „Du weißt, dass wir kein Interesse an deinen Töchtern haben. (11:79) Treibt ihn und seine Familie aus dem Land.“ (27:56) Lot: „Hätte ich doch Macht über euch oder Unterstützung.“ (11:80) Die Mitbürger Lots versuchten ihn zu überreden, seine Gäste auszuliefern. Daher ließ Gott sie erblinden und sprach: „Kostet nun meine Strafe und meine Warnung.“ (54:37)>

<Die Gesandten Gottes sagten: „Vergeht ihr euch unter allen Geschöpfen an Männern (26:165, 29:28, 29:29, 29:30) und lasst eure Frauen beiseite, die Gott für euch geschaffen hat? Nein, ihr seid ein Volk, das die Schranken überschreitet. (26:166, 26:167, 26:168, 26:169) Deine Mitmenschen können dir, Lot, nicht helfen. Verlass die Stadt bei Nacht und niemand soll sich umwenden, außer deiner Frau. Sie erleidet dasselbe Schicksal wie deine Mitbürger. (11:81, 15:57, 15:58, 15:59, 15:60, 15:61, 15:62, 15:63, 15:64, 15:65, 15:66, 21:74, 21:75, 37:134, 37:135) Gott vernichtete die Stadt (11:82, 15:72, 15:73, 15:74, 15:76, 15:77, 26:170, 26:171, 26:172, 26:173, 27:57, 27:58, 29:31, 29:32, 29:33, 29:34, 29:35, 37:136, 37:137, 37:138, 54:38, 54:39), indem er einen Steinregen über sie niedergehen ließ. Gott verschonte nur die Familie Lots. (54:34) Darin liegen Zeichen für Menschen mit Einsicht. (15:75, 26:174) So belohnt Gott die, die dankbar sind (54:35) und so bestraft er die Sünder. (11:83, 15:78, 15:79)>

Mann und Frau

<Gott hat die Menschen und die Herdentiere zu Paaren gemacht und damit hat er die Fortpflanzung in Gang gesetzt. (42:11) Gott erschuf die Gattinnen für euch aus euch heraus, damit ihr Frieden bei ihnen findet und er hat Zuneigung und Barmherzigkeit zwischen den Geschlechtern gesetzt. (30:21) Aus euren Gattinnen macht Gott euch Söhne und Enkel. (16:72)>

<Eure Frauen sind ein Saatfeld für euch; darum bestellt euer Feld, wie ihr wollt, aber lasst gute Taten vorausgehen. (2:223) Die Männer stehen über den Frauen, weil Gott sie ausgezeichnet hat und weil sie die Kosten für die Frauen tragen. [weil die von ihrem Vermögen gegeben haben] Darum sind die tugendhaften Frauen die Demütigen und sie geben Acht auf das, was der Öffentlichkeit verborgen ist. Und jene, deren Widerspenstigkeit ihr befürchtet, ermahnt sie, meidet sie im Ehebett und schlagt sie. Wenn sie euch dann aber gehorchen, sollt ihr nicht nachtragend sein. (4:34) Sofern es aber nicht besser wird, bittet um Vermittlung durch jeweils einen deiner und ihrer Familie. (4:35)>

Frauen, die nicht in einer muslimischen Gesellschaft aufgewachsen sind und beabsichtigen, einen Muslim zu heiraten, sollten doch dringend den Koran lesen.

Kleiderordnung

<Die älteren Frauen, die nicht mehr auf Heirat hoffen können, dürfen ihre Tücher ablegen, ohne ihren Schmuck zur Schau zu stellen. Aber wenn sie das nicht tun, ist es besser für sie. (24:60)>

<Sag den gläubigen Männern, dass es besser für sie ist, ihre Blicke auf den Boden zu richten und ihre Keuschheit zu wahren. (24:30)>

<Die gläubigen Frauen sollen mit ihrem Blick nach unten ihre Keuschheit wahren. Sie sollen ihre Reize nicht zur Schau stellen, bis auf das, was sichtbar sein muss. Sie sollen ihren Schal um ihre Kleidungsausschnitte legen [über den Schlitz ziehen/über den Busen ziehen]. Sie sollen ihre Reize nur vor ihrem Gatten, Vater, Schwiegervater, ihren Söhnen, Brüdern, Neffen, Schwägerinnen, Sklaven, Eunuchen und den Kindern, die noch nichts von den Reizen der Frau wissen, zeigen. Und sie sollen ihre Füße nicht so auf den Boden stampfen, dass man das Klappern des Schmucks hört. (24:31) Mohammed soll seinen Frauen, Töchtern und den Frauen der Gläubigen mitteilen, dass sie ihre Kleidung über den Kopf herunterziehen sollen. [tief über sich ziehen/in ihrem Gewand verhüllen] So weiß jeder, dass sie ehrbare Frauen sind und sie werden auch nicht belästigt. (33:59)>

In der demokratischen Türkei wurde das religiös bestimmte Kopftuch von Atatürk abgeschafft. Heute wird es dort sogar schon von den konservativ islamischen Kräften abgelehnt, nachdem junge Studentinnen daraus ein Symbol der Frauenbewegung gemacht haben. Eine Richtung, die der patriarchalischen Tradition zuwiderläuft. Andererseits wird von der streng gläubigen Seite der arabischen Länder versucht, das Passbild mit Kopftuch international durchzusetzen, was bisher weder den katholischen Nonnen noch den Sikhs gelungen ist.

Ehe mit Ungläubigen

<Heirate keine Ungläubige, bevor sie nicht Muslima geworden ist. Eine gläubige Sklavin ist besser als eine freie Ungläubige, auch wenn sie euch noch so sehr gefällt. Und verheiratet nicht gläubige Frauen mit Ungläubigen, ehe sie gläubig geworden sind. Ein gläubiger Sklave ist besser als ein Freier, der ungläubig ist. Die Ungläubigen locken euch nur in die Hölle. (2:221)>

Eheregeln

<Heiratet keine Frauen, die schon einmal mit euren Vätern verheiratet waren. Bei solchen Ehen, die vor Bekanntgabe dieser Verordnung geschlossen wurden, wird es hingenommen. (4:22) Auch ist es verboten, die Mütter, die Töchter, die Schwestern, die Tanten, die Nichten, die Nährmütter, die Ehefrauen eurer Söhne, zwei Schwestern zusammen, die Mütter eurer Frauen oder eure Stieftöchter zu heiraten. Es gilt die Ausnahme, dass ihr eure Stieftöchter heiraten dürft, sofern ihr noch keinen ehelichen Verkehr mit deren Mutter hattet. (4:23) Heiratet die ehrbaren gläubigen Frauen und die ehrbaren Jüdinnen und Christinnen. Gebt ihnen ihre Brautgabe und erweist euch als ehrbare Männer, die keine Unzucht treiben und sich keine Liebschaften halten. (5:5)>

<Verheiratet die Ledigen eurer Familie und auch die guten Sklaven, sowohl Männer wie auch Frauen. Wenn sie arm sind, wird Gott sie reich machen. (24:32) Und jene, die nicht vermögend genug sind zu heiraten, sollen enthaltsam leben, bis Gott sie reich macht. Wenn eure tüchtigen Sklaven eine Freilassungsurkunde begehren, so stellt sie ihnen aus und gebt ihnen von eurem Reichtum.

Zwingt eure Sklavinnen nicht zur Prostitution, wenn sie ein ehrbares Leben führen wollen, nur um Geld mit ihnen zu verdienen. Geschieht es aber doch, dann wird Gott barmherzig sein und vergeben. (24:33)>

<Schlechte Frauen sind für schlechte Männer und umgekehrt. Das gilt genauso für die guten Frauen und Männer. Die guten Menschen sind frei von Verdächtigungen, die man über sie äußert. (24:26)>

<Ihr dürft euch keine Frauen, die mit anderen Männern verheiratet sind, nehmen. Die Sklavinnen bilden aber eine Ausnahme. Erlaubt sich euch alle anderen, die ihr mit eurem Vermögen anwerben könnt; dies jedoch nur als ehrbare Männer, nicht um Unzucht mit ihnen zu treiben. Und gebt denen, die ihr genossen habt, eine Morgengabe. Ihr könnt aber auch eine einvernehmliche andere Vereinbarung mit ihnen treffen, sofern sie über den Pflichtteil hinausgeht. (4:24)>

<Wer von euch nicht vermögend genug ist, um gläubige Frauen zu heiraten, der heirate eine gläubige Sklavin. Ihr Gläubigen gehört zusammen. Aber heiratet sie nur mit Erlaubnis ihrer Herren und gebt ihnen ein angemessenes Brautgeld. Prüft aber, dass sie keusch sind, keine Unzucht treiben, noch insgeheim einen Liebhaber haben. Sollten sie sich nach der Heirat der Unzucht schuldig machen, dann sollen sie die Hälfte der Strafe erleiden, die für freie Frauen gilt. Diese Möglichkeit der Ehe mit einer Sklavin wird jenen Männern gegeben, die nicht enthaltsam leben können. Besser aber ist es, keusch zu bleiben. (4:25)>

<Wer seinen Gelüsten folgt, ist vom rechten Weg abgekommen. (4:27) Gott will euch Erleichterung geben, denn der Mensch ist schwach. (4:28) Wer gegenüber seinen Frauen und Sklavinnen untreu ist, begeht ein Vergehen. (23:7)>

Der Spagat der Übertragung solcher Verse in die Gepflogenheiten unserer Zeit, um die zeitlose Gültigkeit der Verse Gottes zu belegen, kann nicht gelingen. Prostitution war zu Mohammeds Zeiten dasselbe wie heute und jemanden dazu zu zwingen, ist Freiheitsberaubung und Vergewaltigung. [Zwingt man sie zur Prostitution, dann wird Gott barmherzig sein / nur zu den Frauen oder auch zu den Zuhältern?] (24:33) Es beruhigt zu wissen, dass sich die heutige Gesellschaft vor solchen Männern schützt. Gottes Barmherzigkeit gegenüber den Zuhältern und den Vergewaltigern nützt denen im irdischen Leben dann auch wenig, denn die kämen ins Gefängnis.

Prostitution wird mit Freiheitsstrafe bis zu drei Jahren geahndet [StGB §180a] und da es sich in Vers 24:33 auch noch um Vergewaltigung handelt, greift noch der § 177 StGB, der für solches Tun eine Freiheitsstrafe nicht unter zwei Jahren vorsieht. Damit ist auch der Tatbestand der Zuhälterei [181a StGB] gegeben, der mit bis zu 5 Jahren bestraft wird. In Saudi-Arabien würden Delikte der Prostitution und Zuhälterei mit dem Tod bestraft, nicht jedoch der, dem es gelingt, seine Handlung nach dem Vers 24:33 auszulegen.

Polygamie

<Wenn ihr fürchtet, nicht gerecht zu den Waisen zu sein, dann heiratet zwei, drei oder vier Frauen. Wenn ihr dann immer noch glaubt ungerecht zu sein, dann heiratet nur eine oder lebt mit den Sklavinnen, die euch gehören. So könnt ihr am ehesten Ungerechtigkeit vermeiden. (4:3) Und gebt den

Frauen ihre Brautgabe. Und wenn sie euch gern etwas davon erlassen, so könnt ihr dies unbedenklich annehmen. (4:4)>

<Ihr könnt nicht alle eure Frauen in gleichem Maße lieben, auch wenn ihr euch darum bemüht. Vernachlässigt aber nicht offensichtlich bestimmte Frauen. Wenn ihr es wieder gut macht, vergibt euch Gott. (4:129) Und wenn Mann und Frau sich trennen wollen, wird Gott beiden helfen. (4:130)>

Auf den Stufen der menschlichen Entwicklung, gibt drei hauptsächliche Familienformen: Vorgeschichtlich die Gruppenfamilie, dann für die vorkulturelle Zeit die Paarungsfamilie und schließlich die Monogamie. Ein wesentliches Merkmal der Unterscheidung dieser Familienformen ist die Sicherheit der Bestimmung „Wer ist Vater des Kindes?" In Kulturen wie dem Islam, in denen sogar noch die Vielzahl männlicher Nachkommen als besonders wertvoll angesehen wird, ist genau diese Frage von großer Bedeutung.

In der Gruppenfamilie ist es völlig ungewiss, wer der Vater ist. In der Paarungsfamilie ist die Nachkommenschaft eines Ehepaars zwar bekannt, aber die Kinder der Brüder und die Kinder der Schwestern werden jeweils als eigene angenommen, denn nur im größeren Verbund ist die Familie überlebensfähig.

Mit Beginn der Sesshaftigkeit, der Zähmung der Haustiere und der Zucht von Herden entwickelte sich ein bis dahin unbekannter Reichtum. Doch wem gehörte das alles? Ursprünglich der geschlechtlichen Gruppe, aber schon früh hat sich Privateigentum an den Herden als Sondereigentum von Familienvorständen entwickelt und damit entstand die Paarungsfamilie. Nach deren Arbeitsteilung fiel dem Mann die Beschaffung der Nahrung und der hierzu nötigen Arbeitsmittel zu, woraus dann die Ableitung getroffen wurde, dass dies alles ihm gehört. Nach dem Koran gilt dies unverändert. (4:34)

In so einer Familienform steht der leibliche Vater in den meisten Fällen fest. Da er außerdem der Eigentümer aller Werte ist, änderte sich das Erbrecht zugunsten einer männlichen Erbfolge. (4:11) Das festigte die Herrschaft der Männer, die manchmal aus sozialem Bewusstsein (4:3), manchmal aus Lust (4:24) mehrere Frauen und Sklavinnen (4:25) in der Familie aufnahmen. In jedem Fall aber musste die Treue der Frauen, also die Vaterschaft der Kinder gesichert werden, weshalb der Mann die Frauen in seine Gewalt und sein Eigentum überführte. (4:34)

Inzwischen hat sich aber auch im Islam die monogame Familie mehrheitlich durchgesetzt. Doch ist auch in dieser Familienform der Zweck auf die Erzeugung von Kindern mit unbestrittener Vaterschaft gegründet. Die individuelle Geschlechtsliebe ist nicht der Ursprung dieser Familienform, sondern die ökonomischen Bedingungen der Elternfamilien. Auch im Koran wird davon ausgegangen, dass die Paare nicht heiraten, sondern verheiratet werden. (2:221)

In Europa gibt es heute so unterschiedliche Familienformen, dass die Zulassung der selten vorkommenden Polygamie des Islam keine Belastung mehr für die abendländische Gesellschaft darstellen würde. Neben der traditionellen Form der Familie gibt es die Einelternfamilie, die Patchworkfamilie, die durch das Zusammenleben unterschiedlicher Elternkombinationen entsteht, die Großfamilie mit Großeltern, Tanten und Onkeln, die Kinderhaushalte und sogar homosexuelle Ehen. Dabei spielt es keine Rolle, ob die Beteiligten Christen, Muslime, Juden oder sonst einem Glauben angehören, entscheidend ist der persönliche Wille, eine Beziehung eingehen zu wollen. Nur eines ist formal noch nicht erlaubt, die Polygamie.

In den Lehren des Korans ist es genau umgekehrt. Da werden die Gläubigen aufgefordert, nur unter ihresgleichen zu heiraten (2:221), es werden sexuelle Verbindungen ohne Trauschein abgelehnt (70:29f), aber dafür wird dem Mann gestattet, sich Sklavinnen zu halten. Da wird der Kauf der Braut zur Tradition gemacht (4:4) und die Polygamie als zulässig eingestuft. (4:3) Dass persönliche Schönheit, vertrauter Umgang und gleiche Interessen das Verlangen einer Beziehung erzeugt, dass es Männern wie Frauen nicht gleichgültig ist, mit wem sie in ein intimes Verhältnis treten, das gilt schon immer, findet aber im Koran nur Rücksicht auf die Bedürfnisse der Männer.

Von allen Lebensformen genießt die Ehe auch bei jungen Generationen unverändert die höchste Wertschätzung, gefolgt vom nichtehelichen Zusammenleben. Mehr als zwei Drittel der heute Heiratenden haben schon vorher zusammengelebt. Das passt aber nicht ins Konzept der Korans (24:33), denn da muss vorher geheiratet werden.

Da der Koran die Scheidung ähnlich einfach zulässt (65:1ff), wie es in den demokratischen Gesellschaften möglich ist, gibt es keine Konflikte zu diesem Thema. Die häufigste Form der Eheauflösung ist ohnehin immer noch die Verwitwung.

Die Familienform der Zukunft ist die multilokale Mehrgenerationenfamilie, also enge Beziehungen, aber getrennte Haushalte, zu der vereinzelt neue Mitglieder hinzukommen. Dies führt zu neuen Lebensformen, jedoch nicht zu einer Auflösung von Normen über den Wert intimer Lebensgemeinschaften. Viele Lebensformen werden den Charakter von Durchgangsstadien erhalten, was manchmal eben auch zum Wechsel des Partners führt. Der Koran gestattet zwar etliche Varianten der Familienformen, aber sollte eine Muslima auf die Idee kommen, sich mehrere Männer gleichzeitig zu halten und auch noch mit einem davon verheiratet zu sein, spielt es dann keine Rolle, ob alle damit einverstanden sind. Würde sie im islamischen Staat Nigeria leben, würde sie zum Tode verurteilt werden.

Die wirtschaftliche Unabhängigkeit des Einzelnen und die enormen Kommunikationsmöglichkeiten eröffnen die Chance, den persönlichen Idealvorstellungen in Beruf und Partnerschaft näher zu kommen, als das jemals zuvor möglich war. Daher kann auch in Dubai der Adelige seine Tochter, die Ärztin oder Informatikerin ist, nicht mehr verkaufen, wenn sie es nicht will. Sie verlässt sonst einfach das Land und wird keine Schwierigkeit haben, sich an vielen Orten dieser Erde einen angemessenen Lebensstandard selbst aufzubauen und ein selbst bestimmtes Leben zu führen.

Ehevergehen

<Wenn eine eurer Frauen Unzucht begeht, dann lasst es von 4 Männern bezeugen und sperrt sie anschließend ins Haus, bis sie stirbt oder Gott ihr einen Ausweg zeigt. (4:15)>

<Wer seinen Frauen Ehebruch vorwirft und keine Zeugen dafür hat außer sich selbst, dessen Aussage ist gültig, wenn er viermal bei Gott schwört, dass er die Wahrheit spricht. (24:6) Sein fünfter Eid soll sein, dass der Fluch Gottes auf ihm laste, wenn er ein Lügner sei. (24:7) Von der beschuldigten Frau soll die Strafe abgewendet werden, wenn sie viermal den Schwur bei Gott leistet, dass er ein Lügner sei. (24:8) Ihr fünfter Eid soll sein, dass der Fluch Gottes auf ihr laste, wenn sie eine Lügnerin sei. (24:9)>

<Ihr sollt nicht unzüchtig sein. Das ist abscheulich. (17:32)>

<Diese Sure ist ein Gesetz: (24:1) Peitscht die Unzüchtigen, Männer wie Frauen, mit jeweils hundert Peitschenhieben und seid nicht mitleidig mit ihnen. Einige Gläubige sollen es bezeugen. (24:2) Ein Unzüchtiger darf nur eine Unzüchtige oder eine Ungläubige heiraten; den Gläubigen ist das nicht gestattet. (24:3)>

<Wenn eine Frau von ihrem Ehemann rohe Behandlung oder Gleichgültigkeit befürchtet, so soll es keine Sünde sein, wenn sie sich wieder versöhnen, denn das ist gut. Die Menschen sind der Gier zugeneigt. (4:128)>

<Jene, die sich von ihren Frauen scheiden, indem sie sagen: „Du bist mir verboten, wie meine Mutter", irren, denn ihre Mütter sind sie nicht. Solche Aussagen sind verwerflich und falsch, aber Gott ist nachsichtig gegenüber diesen Männern und vergibt ihnen. (58:2) Das ist genauso nur Gerede wie die Behauptung ‚adoptierte Söhne seien eure wirklichen Söhne.' (33:4) Vor einem neuen sexuellen Kontakt und zur Wiedergutmachung solch einer Aussage müssen sie als Buße dafür einen Sklaven frei lassen. (58:3) Wer aber keine Möglichkeit zur Freilassung eines Sklaven hat, soll zwei Monate hintereinander fasten. Wer das nicht kann, soll sechzig Arme speisen. (58:4)>

<Die Männer, die ihren Frauen und Sklavinnen im sexuellen Sinn treu sind, benehmen sich korrekt. (70:29, 70:30) Diejenigen aber, die darüber hinaus sexuelle Beziehungen haben, verstoßen gegen Verordnungen. (70:31)>

Der Koran hat sich selbst in die Sackgasse manövriert, indem er behauptet <Ihr müsst alle Verse des Korans akzeptieren. (2:85)> Jeder gläubige Muslim muss daher die Aufforderung zu Mord im Vers 4:15 akzeptieren. Da kann man nur hoffen, dass Gott noch viele Verse <aufhebt oder vergessen lässt und durch bessere oder gleichwertige ersetzt. (2:106)>

Auch der Ehebruch wird immer noch mit Hinrichtung, meist durch Steinigung, bestraft. Diese Strafe kann aber nur verhängt werden, wenn die Tat mit den vorgeschriebenen Beweismitteln bewiesen wurde: Vier Geständnisse in vier Gerichtssitzungen oder vier Zeugen, die nicht vorbestraft, muslimisch und männlich sein müssen. Wer also sexuellen Verkehr mit einer verheirateten Muslima hat, sollte darauf achten, dass nicht vier Gläubige ihnen dabei zusehen. Manche interpretieren diese Koranverse mit der Weitsicht Gottes, der von vornherein eine Anwendung dieser Strafe nicht gewollt habe. Dann allerdings muss man fragen, warum er sie überhaupt im Koran hat aufnehmen lassen.

Die Methode des Wegguckens bei der Strafverfolgung von Ehevergehen in den islamischen Staaten vermeidet die internationale Peinlichkeit einer Hinrichtung, denn <Gott gibt den Gläubigen Entscheidungskraft [für euch eine Entscheidung treffen] und verzeiht ihnen ihre

Sünden. (8:29)> Unter Hinweis auf dieses Gebot werden die Ermittlungen in derartigen Fällen eingestellt. Das aber führt zu einer gewaltigen Macht der Exekutive.

Zur Anpassung der unveränderbaren Aussagen des Korans an die aktuellen Lebensbedingungen müssen daher immer wieder Interpretationen oder Handlungsanweisungen gesucht werden, die im Einklang mit dem Koran stehen. Die Verquickung von Glaube zu Grundfragen des Seins mit dem eher profanen Regelungsbedarf einer Gesellschaft orientiert sich im Islam am Koran und an Mohammeds Lebensstil. Durch die Gleichstellung Mohammeds mit Gott <glaubt an Gott und Mohammed (57:7), gehorcht Gott und Mohammed (4:59)> wird die Biographie Mohammeds mit den Glaubenssätzen und den Gesetzen des Korans verknüpft und mit unterwürfigem Glauben können die Verordnungen der Ehe, Scheidung und des Strafrechts umgesetzt werden. Religion und Staat sind damit fest verbunden.

Verleumdung

<Wer die ehrbaren und gläubigen Frauen verleumdet, sei im Diesseits und im Jenseits verflucht. Der wird hart bestraft. (24:23) Wer solch eine Behauptung nicht mit vier Zeugen beweisen kann, soll mit achtzig Peitschenhieben bestraft werden. Diesem Übeltäter soll niemals mehr geglaubt werden (24:4), es sei denn, er bereut und bessert sich. Dem vergibt auch Gott. (24:5)>

Sonderregeln

<Während des Fastens ist es euch erlaubt, in der Nacht mit euren Frauen zu schlafen. So gebt ihr euch gegenseitig Geborgenheit. Enthaltet euch aber, wenn ihr bei den Kultstätten seid. [während der letzten 10 Tage des Fastenmonats] Während des Fastens dürft ihr auch essen und trinken, jedoch nur, wenn es Nacht ist. (2:187)>

<In der Zeit der Pilgerfahrt nach Mekka sollt ihr euch des Beischlafs enthalten. (2:197)>

<Wenn gläubige Frauen als Flüchtlinge [Auswanderer] zu euch kommen, dann prüft sie auf ihren Glauben, auch wenn es Gott besser weiß. Wenn ihr dann meint, sie seien gläubig, so schickt sie nicht zurück, denn diese Frauen dürfen keine Ehe mit Ungläubigen führen. Zahlt ihnen [den vormaligen, ungläubigen Ehemännern] aber das Brautgeld zurück. Wenn ihr sie danach heiratet, dann ist das keine Sünde. Haltet auch nicht an einer Ehe mit einer ungläubigen Frau fest. Wenn sie geht, könnt ihr das zurückfordern, was ihr für sie ausgegeben habt. (60:10) Wenn eure Frauen zu den Ungläubigen gehen, dann gebt den verlassenen Ehemännern von eurer Kriegsbeute einen Ausgleich in Höhe ihrer damals gezahlten Brautgelder dafür. (60:11) Wenn gläubige Frauen zu dir, Mohammed, kommen und dir unter Eid versichern, dass sie Gläubige sind, nicht stehlen, keine Unzucht mit ihren Händen oder zwischen ihren Beinen zulassen und ihre Kinder nicht töten, keine Verleumdungen vorbringen und dir gehorsam sein werden, dann nimm ihre Versprechen an und bitte Gott um Vergebung für sie. (60:12)>

Scheidung

<Wenn ihr euch von euren Frauen scheiden lasst, so tut es erst nach einer Wartezeit. Treibt sie nicht aus eurem Haus, es sei denn, sie hätten sich offensichtlich unanständig benommen. Dies ist eine Verordnung Gottes. Wer dagegen verstößt, der tut Unrecht gegen seine eigene Seele. Ihr könnt ja auch nicht wissen, ob Gott in der Wartezeit etwas Unvermutetes geschehen lässt, [das euch wieder versöhnt]. (65:1) Wenn ihr aber die Wartezeit eingehalten habt, dann nehmt entweder eure Entscheidung zurück oder trennt euch in Güte. Nehmt dazu als Zeugen zwei Männer aus eurem Kreis und ruft auch Gott als Zeugen. (65:2) Wer gottesfürchtig ist, dem gibt Gott einen Ausweg und versorgt ihn in einer Art, mit der er nicht rechnet. (65:3)>

<Wenn ihr euch von den Frauen trennen wollt, die eigentlich keine Kinder mehr empfangen können, dann wartet drei Monate und guckt, ob sie schwanger geworden sind. Bei den jungen Mädchen, die noch keine Menstruation hatten, werdet ihr nach drei Monaten erfahren, ob sie schwanger werden. Und wenn ihr euch von den Frauen trennen wollt, die schwanger sind, dann ist der Termin maßgebend, an dem sie gebären werden. Wer gottesfürchtig ist, der erfährt Erleichterung [durch sich selbst / in seinen Angelegenheiten]. (65:4) Das ist ein Gesetz Gottes. (65:5)

<Die Frau, von der ihr euch trennt, soll in der Wartezeit weiterhin in ihrer Umgebung wohnen. Tut ihr nichts zuleide in der Absicht, es ihr schwer zu machen. Und wenn sie schwanger ist, so bestreitet ihren Unterhalt bis zur Geburt. Und wenn sie das Kind für euch stillt, dann gebt ihr auch weiterhin Unterhalt und geht gütig miteinander um. Wenn ihr aber Schwierigkeiten miteinander habt, dann soll eine andere das Kind für den Vater stillen. (65:6) Jeder soll von seinem Reichtum geben, wenn er denn vermögend ist. Der, dessen Mittel beschränkt sind, soll gemäß dem geben, was ihm Gott gegeben hat. Gott fordert von keiner Seele mehr, als er ihm gegeben hat. Gott wird nach einer Bedrängnis Erleichterung schaffen. (65:7)>

<Wer ernsthaft beabsichtigt [gelobt], sich von einer seiner Frauen scheiden zu lassen, soll 4 Monate warten und keinen sexuellen Kontakt mit ihr pflegen. Wenn in dieser Zeit beschlossen wird, wieder zusammenzukommen, ist Gott barmherzig und bereit zu vergeben [das Gelöbnis zur Trennung]. (2:226) Danach ist die Trennung zulässig. (2:227) Die geschiedene Frau muss nach der Trennung noch 3 Perioden warten, ehe sie sich mit einem anderen einlassen darf, um eine mögliche Schwangerschaft anzuzeigen. Eine eventuelle Schwangerschaft darf sie nicht verheimlichen. Bis dahin hat der Ehemann nämlich das Recht, sie zurückzunehmen, sofern beide eine Versöhnung anstreben. Den Frauen stehen dabei die gleichen Rechte zu wie den Männern, doch die Männer stehen eine Stufe über ihnen. (2:228)>

<Der Widerruf einer Scheidung ist zweimal erlaubt. Danach muss der Mann die Frau endgültig behalten oder sich von ihr in Güte trennen. Es ist dem Mann nicht erlaubt, den Kaufpreis [Brautgabe] für die Ehefrau einzubehalten, es sei denn, beide befürchten dabei eine Vorschrift Gottes zu verletzen. In diesem Fall kann die Frau darauf verzichten. Dies ist eine Anordnung Gottes. Wer sie verletzt ist ein Sünder. (2:229)>

<Trennt sich der Mann endgültig von der Frau, so darf er sie nicht wieder als seine Frau aufnehmen, bevor sie nicht einen anderen Mann geheiratet und sich dann auch wieder von diesem getrennt hat. (2:230)>

<Nach Ablauf der Wartezeit und bei Absicht einer Scheidung wird entweder die Ehe fortgesetzt oder es erfolgt die Trennung. Dann aber darf die Frau nicht mit Gewalt zurückgehalten werden. Wer das tut, ist ein Sünder. (2:231)>

<Nach der Scheidung und nach Ablauf der Wartefrist darf die Frau nicht an einer Wiederverheiratung [mit ihrem Exmann durch ihren Vormund?] gehindert werden, falls sich die Eheleute wieder vertragen. Das ist segensreicher und ehrlicher. (2:232)>

<Wenn sich Gläubige scheiden lassen, ehe sie die Ehe vollzogen haben, dann besteht keine Wartefrist. Beschenkt die Frau und entlasst sie auf anständige Art. (33:49)>

<Für die geschiedenen Frauen in gütiger Weise zu sorgen, ist eine Verpflichtung für den Gläubigen. (2:241, 2:242)>

<Wenn ihr eine Gattin gegen eine andere eintauschen wollt und ihr habt der einen eine Brautgabe gegeben, so nehmt ihr nichts davon, (4:20) ihr hattet schließlich schon Sex mit ihr. (4:21)>

<Den Frauen stehen die gleichen Rechte zu wie den Männern, aber die Männer stehen eine Stufe über Ihnen. (2:228)> heißt, die Frauen haben nicht dieselben Rechte wie die Männer und sind auch noch abhängig von der, in dieser Situation, gegnerischen Partei.

Die Empfehlung durch sexuelle Kontakte zu prüfen, ob die Frau ihren Zweck als Kinderproduzentin noch oder schon erfüllt, reduziert die Hälfte der Menschheit auf die Möglichkeit, sie als Transportmittel der eigenen Gene zu missbrauchen.

Wer sich heute von seiner Frau trennt, weil sie, nach einer oder mehreren Geburten keine Kinder mehr bekommt, der ist gewissenlos und wer Sex mit einem Mädchen vor ihrer ersten Menstruation hat, ist kriminell.

Mohammed selbst wäre heute in Deutschland deshalb angeklagt worden. Mit dem Mädchen Aisha hat er sich verlobt, da war sie sechs und geheiratet haben sie, da war sie neun und er zweiundfünfzig.

Sexueller Missbrauch von Kindern unter vierzehn Jahren wird mit sechs Monaten bis zu zehn Jahren Gefängnis bestraft. [StGB § 176] Der Vater des Mädchens, Abu Bakr, ginge für bis zu drei Jahren gleich mit, denn durch seine Vermittlung konnte der sexuelle Missbrauch erst erfolgen. [StGB §180] Verständnis für die spezifische Situation unter der diese Verse entstanden sind, muss niemand haben, denn die Zulässigkeit solcher Handlungen soll immer noch gelten.

Wiederverheiratung

<4 Monate und 10 Tage nach dem Tod des Gatten können die Frauen über sich selbst verfügen. (2:234) In dieser Wartezeit sind Heiratsabsichten zulässig, aber erst danach sollen Eheversprechen geäußert werden. (2:235)>

<Es ist zulässig, wenn ihr euch von euren Ehefrauen wieder trennt, solange ihr noch keinen Sex mit ihnen hattet und sofern ihr noch kein Brautgeld bezahlt habt [keine Morgengabe ausgesetzt habt].

> Wenn ihr euch dann trennt, sollt ihr ihnen eine angemessene Versorgung geben. Dies ist eine Verpflichtung für die Rechtschaffenen. (2:236) Und wenn ihr euch von ihr trennt, bevor ihr Sex mit ihr hattet, jedoch nachdem ihr einen Preis für sie festgesetzt habt, dann zahlt die Hälfte davon an sie, es sei denn, sie selbst oder der neue Mann gewährt einen Nachlass. Ein Nachlass wäre gottgefällig, denn in geschäftlichen Angelegenheiten sollt ihr großzügig sein. (2:237)>

Heiraten kann bei uns jeder, der geschäftsfähig, über 18 Jahre alt [BGB § 1304] und unverheiratet ist. In Ausnahmefällen kann das Familiengericht aber auch eine Ehe zulassen, wenn einer der Eheleute mindestens 16 Jahre alt ist. [BGB § 1303] Ob die Partner einen gemeinsamen Glauben haben, spielt, anders als im Koran (2:221), keine Rolle. Ehen zwischen einem Elternteil und dessen Kind sowie zwischen Geschwistern und Halbgeschwistern sind verboten, wobei die Regel auch bei einem Adoptivverhältnis gilt. [BGB § 1307] Der Koran lässt die Ehe mit einer Stieftochter zu, wenn der Mann mit deren Mutter noch keinen sexuellen Kontakt hatte. Ansonsten sind die Regeln ähnlich, ergänzt um Bestimmungen, die sich aus der Polygamie ergeben. So ist es unzulässig, eine der Mütter zu heiraten, womit nicht nur die leibliche gemeint ist, sondern auch die übrigen Frauen des Vaters. Auch sollte ein Mann nicht zwei Schwestern oder die Mütter einer der Frauen heiraten, mit der er schon verheiratet ist. (4:22, 4:23, 2:221)>

Eine Ehe wird nach deutschem Recht dadurch geschlossen, dass die Eheleute vor einem Standesbeamten erklären, die Ehe miteinander eingehen zu wollen. [BGB § 1310] Im Koran erfolgt der formale Vorgang der Eheschließung durch Vereinbarung der Eltern der Brautleute, durch Erklärung des Mannes, durch die Übergabe des Brautgeldes und durch den Vollzug der Ehe.

Die Aufhebung einer Ehe ohne Scheidung kennt der Koran auch, nämlich dann, wenn die Ehe nicht vollzogen wurde. (33:49) Anders hierzulande. Da kann eine Ehe aufgehoben werden, wenn ein formaler Fehler vorliegt, einer der beiden geistig verwirrt war oder vom Partner getäuscht oder zur Ehe genötigt wurde. Schließlich gilt noch die Regel, dass eine Ehe aufgehoben wird, wenn einer der Eheleute für tot erklärt wurde, dann aber doch wieder auftaucht. [BGB § 1313, 1319,1320] Dieser heute eher unwahrscheinliche Fall ist zu Mohammeds Zeiten sicher öfter vorgekommen, doch diese Situation wird im Koran nicht geklärt.

Die Ehe wird auf Lebenszeit geschlossen und das gilt da wie dort. Die Ehegatten sind einander zur ehelichen Lebensgemeinschaft verpflichtet; sie tragen füreinander Verantwortung. [BGB § 1353] Männer und Frauen stehen somit auf einer Stufe, ganz im Gegensatz zum Koran. (2:228) Die Gleichberechtigung im deutschen Recht drückt sich außerdem durch die Regelungen der Haushaltsführung und der Erwerbstätigkeit aus. [BGB § 1356] Danach müssen die Ehegatten die Haushaltsführung im gegenseitigen Einvernehmen regeln, denn beide Ehegatten sind berechtigt, erwerbstätig zu sein. Bei der Wahl und Ausübung einer Erwerbstätigkeit haben sie auf die Belange des anderen Ehegatten und der Familie die gebotene Rücksicht zu nehmen. Ganz anders der Koran, da bestimmt der Mann, denn der steht über der Frau. (4:34)

Nach dem Familienrecht sind heute beide Eheleute gleichermaßen berechtigt, Geschäfte zur angemessenen Deckung des Lebensbedarfs der Familie und mit Wirkung auch für den anderen Ehegatten, zu besorgen. [BGB § 1357] Diese Gleichberechtigung ist auch Verpflichtung und Verantwortung [BGB § 1359] durch Arbeit und mit dem eigenen Vermögen, die Familie angemessen zu unterhalten. <Eure Frauen sind ein Saatfeld für euch, darum bestellt euer Feld, wie ihr wollt. (2:223)> So eine Äußerung würde die emanzipierte Frau in Köln oder Mailand nicht mal mehr erzürnen, sondern nur noch amüsieren.

Der Wunsch der Trennung und späteren Scheidung ist in beiden Rechtssystemen vorgesehen. Das gilt jedoch nur eingeschränkt für den Koran, denn der einseitige Trennungswunsch der Ehefrau wird nicht behandelt, kann aber aus der Aussage <den Frauen stehen dabei die gleichen Rechte zu wie den Männern, doch die Männer stehen eine Stufe über ihnen (2:228)>, abgeleitet werden. Trennen sich die Eheleute, so kann ein Ehegatte von dem anderen den nach den Lebensverhältnissen und den Erwerbs- und Vermögensverhältnissen der Ehegatten angemessenen Unterhalt verlangen. (65:1ff) [BGB § 1361] Für die Zeit von 4 Monaten gilt das auch für die muslimischen Frauen (2:226), doch für die Männer gilt das nicht. Der Arbeiter, der nach islamischem Recht eine Ärztin geheiratet hat und dann geschieden wird, geht im Koran leer aus.

Nach deutschem Recht bekommt vom Hausrat jeder das zurück, was er oder sie in die Ehe eingebracht hat. Nach koranischem Recht beschränkt sich die Vermögensteilung auf den Kaufpreis, die Brautgabe, der an die Braut gezahlt wurde und der ihr zur eigenen Verfügung steht. (2:229) Den soll sie bei der Scheidung komplett erhalten, nachdem zur Hochzeit meist nur die Hälfte gezahlt wurde. Was gemeinsam angeschafft wurde, wird hier und heute sinngemäß geteilt. Da in der muslimischen Gesellschaft zur Zeit Mohammeds ausschließlich dem Mann das Vermögen gehörte und die Familie mit den übrigen Frauen bei der Scheidung von einer der Frauen trotzdem noch fortbestand, blieb alles beim Mann.

Kein Ehemann kann seine nicht mehr geliebte Frau aus der gemeinsamen Wohnung entlassen, wie es im Koran angegeben ist (2:228), sondern allenfalls nur darum bitten. Wenn hierzulande ein Ehegatte den anderen vorsätzlich verletzt hat oder nur damit gedroht hat, bekommt in der Regel der andere die gesamte Wohnung zur alleinigen Benutzung zugesprochen. [BGB § 1361b]

Ehevergehen im Sinne der Untreue, wie sie der Koran beschreibt (4:15, 24:2ff), kennt das moderne Eherecht nicht. Da gibt es keine Schuld mehr. Wenn einer der Eheleute gehen will, dann kann er sich scheiden lassen und muss keine Begründung geben. (2:226) Auch wenn der Scheidungsgrund eine neue Beziehung ist, dann interessiert das, außer die Betroffenen im seelischen Sinn, niemanden mehr, nicht einmal dann, wenn die neue Beziehung noch zu Zeiten der alten Ehe aufgenommen wird. Todesstrafe und Auspeitschen für eheliche Untreue gibt es, Gott sei Dank, in unserem Kulturkreis nicht mehr. (4:15, 4:34)

Eine Scheidung ‚nach den Regeln des Koran' wird vor zwei Zeugen (65:2) durch den Ehemann ausgesprochen. Statt der Zeugen und der Entscheidung des Ehemanns stellt in Demokratien Mann oder Frau oder beide den Scheidungsantrag und ein Richter fällt das Urteil. [BGB § 1564] Die Scheidung ist immer dann möglich, wenn [BGB § 1565ff] die Lebensgemeinschaft der beiden nicht mehr besteht. In Ausnahmefällen, z.B. zum Wohl minderjähriger Kinder, kann der Richter, der hier auch eine Richterin sein kann, die Scheidung auch ablehnen. [BGB § 1568]

Wird eine Ehe geschieden, dann sind die geschiedenen Ehegatten zu gegenseitigem Unterhalt verpflichtet. [BGB § 1569, 1570] Im Koran gilt das natürlich nur für den Mann, der die geschiedene Ehefrau angemessen zu versorgen hat. (2:242) Das Maß des Unterhalts bestimmt sich nach den ehelichen Lebensverhältnissen. (65:7) [BGB § 1578]

Der Gedanke aber, dass die Frau die Kinder bei einer Scheidung mitnehmen kann, ist für den Autor des Korans so abwegig, dass es dafür kein besonderes Verbot gibt. Die Kinder bleiben selbstverständlich beim Mann und den übrigen Frauen, denn sogar den stillenden Müttern können die Kinder abgenommen werden, wenn der Mann es so will. (65:6) Auch verfügt der Mann über Kinder, die noch geboren werden.

Wer kann sich das Leid vorstellen, das durch solche Verordnungen ausgelöst wird? Mag ja sein, dass diese Gesetze zu Mohammeds Zeiten sensationell fortschrittlich waren, weil sie bestimmte Rechte der Frauen erstmalig berücksichtigten. Nach heutigen Maßstäben sind sie nicht nur unzureichend, sondern prinzipiell frauenfeindlich und menschenverachtend. Doch die Regeln des Korans gelten unverändert (38:67, 39:28, 41:41f, 42:17).

Eine Frau, die der Mann wegen ihres Alter verlässt (65:4), hätte hier Anspruch auf Versorgung und müsste nicht mal mehr ihren Unterhalt durch Arbeit erwirtschaften [BGB § 1571], ebenso jene Frau, die in Erwartung der Ehe keine Ausbildung absolvierte. [BGB § 1575] Ein Unterhaltsanspruch entfällt nur dann oder wird begrenzt, wenn die Ehe von kurzer Dauer war oder der Berechtigte sich eines Verbrechens gegen den Partner schuldig gemacht oder seine Bedürftigkeit mutwillig herbeigeführt hat. [BGB § 1579]

Eine komplexe Gesellschaftsstruktur erfordert eine differenzierte Gesetzgebung. Die Gesellschaft in Mekka und Medina vor mehr als 1300 Jahren hatte einen anderen Regelungsbedarf als es die Menschen in Zürich und New York heute haben.

Der Koran über die Mission

Gottes Auftrag

<Der Koran ist eine Offenbarung Gottes für Mohammed, damit er die Menschen aufklärt und damit er die Gläubigen ermahnt. Mohammed soll deshalb nicht bedrückt sein. (7:2) Folgt diesen Offenbarungen und nichts anderem. (7:3) Gott hat Mohammed mit der wahren Religion geschickt. Sie soll über alle Religionen siegen, auch wenn die Andersgläubigen dies zu verhindern suchen. (61:9) Gott hat Mohammed mit der Führung beauftragt und ihm den Islam offenbart, damit diese Religion über jede andere siegt. (48:28) Gott verordnete für die Menschen diese Religion, die er Noah befahl, die er Mohammed offenbarte und die er Abraham, Moses und Jesus aufgetragen hat. Das heißt, ihr sollt die Gesetze der Religion einhalten und euch nicht in verschiedene Glaubensrichtungen aufspalten. (3:103, 42:13) Gedenkt der Gnade Gottes, der euch zu Freunden machte, nachdem ihr zuvor Feinde wart. Aus euch soll eine Gemeinschaft werden, die zum Guten aufruft und anordnet, was recht ist, sowie verbietet, was böse ist. (3:104) Streitet nicht, nachdem nun klare Beweise Gottes vorliegen. (3:105)>

<Ruf zum Islam auf und glaub an das, was Gott im Koran sagt. (42:15) Befiehl deinen Angehörigen zu beten und tue es selbst. (20:132) Gib die frohe Botschaft der Offenbarung denen, die Gott fürchten und die geduldig ertragen, was sie zu erleiden haben und die beten und von dem spenden, was Gott ihnen gegeben hat. (22:35)>

<Die Gläubigen können einen Handel eingehen, der sie vor der Strafe der Hölle schützt. (61:10) Ihr müsst an Gott und Mohammed glauben und mit eurem Vermögen und eurem Leben Krieg führen. Wer nachdenkt, weiß, dass dies der bessere Weg ist. (61:11) Wer das tut, dem wird jede Schuld vergeben und der geht ins Paradies ein. (61:12)>

<Wer aber gegen Gott und seinen Gesandten Krieg führt und Verderben auf der Erde verbreitet, soll getötet oder gekreuzigt werden oder wechselweise Hand und Fuß abgeschlagen werden oder aus dem Lande vertrieben werden. (5:33) Ausgenommen davon sind nur diejenigen, die bereuen, noch ehe ihr sie in eurer Gewalt habt. (5:34)>

<Sollte Gott die Gläubigen wie die Schuldigen behandeln? (68:35, 68:36) Oder haben die Menschen ein Buch, in dem sie forschen könnten (68:37), um Antworten zu bekommen, die sie sich wünschen? (68:38) Oder haben sie ein Versprechen Gottes, das sie alles bekommen, war sie wollen? (68:39) Oder sind sie allwissend? (68:47) Frag' sie danach und frag sie nach ihren Quellen. (68:40, 68:41) Am Jüngsten Tag müssen sich alle Menschen vor Gott niederwerfen und schamvoll ihren Irrtum eingestehen [?]. (68:42, 68:43)>

<Rüstet gegen die Ungläubigen eine Streitmacht auf, so groß wie ihr nur könnt, damit ihr die Feinde Gottes und eure Feinde und unbekannte Feinde abschreckt. Gott kennt sie alle. Eure Aufwendungen werden euch wiedergegeben und ihr werdet keinen Schaden haben. (8:60) Wenn sie aber den Frieden wollen, dann verhaltet auch ihr euch friedlich und vertraut auf Gott, der allwissend ist. (8:61) Und wenn sie dich betrügen wollen, dann begnüge dich mit Gott, der dir und den Gläubigen hilft. (8:62) Gott hat Freundschaft gestiftet, was du, Mohammed, niemals hättest bewirken können. (8:63) Gott soll dir und den Gläubigen genügen. (8:64)>

<Tötet für eure Religion und kämpft gegen die Ungläubigen und vertreibt die Ungläubigen, von wo sie euch vertrieben haben. Die Verführung zum Unglauben ist schlimmer als das Töten. Kämpft nicht bei den Moscheen, sofern ihr dort nicht angegriffen werdet. Der Tod ist der Lohn für die Ungläubigen. (2:191) Wenn sie aber aufgeben, so verzeiht ihnen Gott. (2:192) Kämpft gegen sie, bis es nur noch den Islam gibt. Wenn sie aber aufgeben, soll es keine weitere Gewalt geben, ausgenommen

gegen jene, die Unrecht tun. (2:193) Schaut euch um, dann seht ihr, wie die Ungläubigen früherer Generationen endeten. Gott hatte sie vernichtet. Genauso wird es ihnen heute ergehen. (39:26, 47:10)>

<Die Entweihung eines heiligen Monats soll im heiligen Monat vergolten werden. Für die Verletzung der heiligen Dinge ist Vergeltung angeordnet. Wer gegen euch gewalttätig handelt, gegen den handelt in gleichem Maße gewalttätig. (2:194) Aus der Sicht Gottes sind die Ungläubigen schlimmer als das Vieh. (8:55) Das sind jene, die vertragsbrüchig sind und die Gott nicht fürchten. (8:56) Wenn du sie im Krieg zu fassen bekommst, dann verscheuch sie mit denen, die nachrücken. (8:57) Und wenn du Verrat fürchtest, so brich' selbst den Vertrag. (8:58)>

<Frieden, dies ist eine Botschaft Gottes. (36:58)>

<Prophet, führe Krieg [kämpfe] gegen die Ungläubigen und die Lügner und kämpfe hart gegen sie. Sie kommen in die Hölle. (9:73)>

<Wenn Gottes Hilfe kommt und der Sieg (110:1) und du die Menschen in Scharen zum Islam übertreten siehst (110:2), dann lobpreise Gott und bitte ihn um Vergebung. (110:3)>

<Gott hat Mohammed mit der wahren Religion geschickt. Sie soll über alle Religionen siegen, auch wenn die Andersgläubigen dies zu verhindern suchen. (61:9)> Doch genau das verhindert jede demokratische Grundordnung, denn da gilt Pluralismus: „Jeder hat das Recht auf die freie Entfaltung seiner Persönlichkeit, soweit er nicht die Rechte anderer verletzt und nicht gegen die verfassungsmäßige Ordnung oder das Sittengesetz verstößt." [Grundgesetz [Gg]. Artikel 2] Wie will da der gläubige Muslim ein verfassungstreuer Deutscher sein, wenn ihm Gott dann auch noch sagt: <Tötet für den Islam und kämpft gegen die Ungläubigen. Der Tod ist ihr Lohn. (2:191)>

Nun könnte man darauf verweisen, dass diese Zitate aus dem Zusammenhang gerissen sind oder nur für die Zeit und den Ort ihrer Entstehung Gültigkeit haben. Auch könnte man andere Stellen zitieren: <Frieden! Dies ist eine Botschaft Gottes. (36:58)> Doch was ändert es. Ein friedliches Wort löscht keinen kriegerischen Aufruf aus, wenn dieser auch heute noch dafür verwendet wird, den Kampf gegen Demokratie und die Amerikaner zu rechtfertigen. Da stehen dann der Sinn und die Botschaft der Geschichte gleichwertig neben der historischen Erzählung.

Auch heute wird der Koran zur Rechtfertigung von Kriegshandlungen von gläubigen Muslimen herangezogen. In seinem Aufruf zum Krieg gegen die Amerikaner und deren Verbündeten beruft sich O.B.Laden auf Quellen im Koran: <Kämpft gegen die Ungläubigen, bis es nur noch den Islam gibt. (2:193) Seid weiterhin bereit zu kämpfen, auch wenn ihr einmal eine Niederlage hinnehmen musstet. Am Ende werdet ihr siegen. (3:139) Warum kämpft ihr nicht für Gott und für die Schwachen, die Gott anflehen: „Herr, schick uns einen, der uns hilft." (4:75) Kämpft gegen die Ungläubigen, wie sie auch euch bekämpfen (9:36) und zögert nicht in den heiligen Krieg zu ziehen. (9:38) Wenn ihr nicht für Gott kämpft, wird Gott euch bestrafen. (9:39)>

Nimmt der Gläubige den Koran wörtlich, kann er in einer demokratischen Gesellschaft zum Verbrecher werden, selektiert er bestimmte Verse, wird er zum Ungläubigen, denn <ihr müsst alle Verse des Korans annehmen. (2:85)> Aus dieser Zwickmühle kommt der Muslim, der Mitbürger eines demokratischen Staates ist, nicht so leicht heraus. Hierzulande muss er nicht nur die Freiheit der Andersgläubigen akzeptieren, sondern auch noch verteidigen.

„Die Freiheit des Glaubens, des Gewissens und die Freiheit des religiösen und weltanschaulichen Bekenntnisses sind unverletzlich. Die ungestörte Religionsausübung wird gewährleistet. [Gg. Art. 4] Die Streitkräfte können schon im Spannungsfalle zur Abwehr einer drohenden Gefahr für die Demokratie bei der Bekämpfung organisierter und militärisch bewaffneter Aufständischer eingesetzt werden.“ [Gg. Art. 87a, 3, 4] Das gilt dann auch für Muslime mit deutscher Staatsangehörigkeit, die vielleicht auch gegen ihre Glaubensbrüder eingesetzt werden. Und im Verteidigungsfalle können sogar Frauen in militärischen Lazarettorganisationen verpflichtet werden. [Gg. Art. 12a 4] Die deutsche Muslima muss dann unverschleiert, aber uniformiert, nackte Männer anfassen.

Fundamentalismus ist die wörtliche Umsetzung von Regeln und Definitionen einer Schrift. Fundamentalismus wird meist im Zusammenhang mit religiösem Fanatismus gebraucht, doch die Ursache einer solchen Strömung liegt eher in der Vernunft als in der Religion. Es ist nämlich die Vernunft, die den wörtlich genauen Umgang mit der Sprache fordert.

Die Begründungspflicht und die Offenheit aller Geltungsansprüche einer liberalen Gesellschaft zwingen zur intellektuellen Auseinandersetzung mit einer differenzierten Bewertung aller Teilaspekte eines jeden Themas. Das ist anspruchsvoll, anstrengend und manchmal auch verwirrend. Die Halt suchenden Menschen orientieren sich dann lieber an eindeutigen und damit wörtlichen Anweisungen einer anerkannten Autorität. Da gibt es keine Fragen mehr und wer immer noch Fragen hat, der wird zum Feind erklärt. <Wenn im Koran vom Kampf die Rede ist, dann gibt es manche, die nur halbherzig glauben (47:20), doch die werden bestraft. (47:26f) Gott will prüfen, wer für ihn in den heiligen Krieg zieht. (47:31)>

Das aber lässt sich nicht mit Demokratie und Humanismus vereinbaren: „Handlungen, die geeignet sind und in der Absicht vorgenommen werden, das friedliche Zusammenleben der Völker zu stören, insbesondere die Führung eines Angriffskrieges vorzubereiten, sind verfassungswidrig. Sie sind unter Strafe zu stellen.“ [Gg. Art. 26]

Die Komplexität der Welt und die Unbestimmtheit aller Werte erzeugt die Sehnsucht nach einem Fundament mit absoluter Gültigkeit, einem einfachen System, für jeden leicht verständlich. Was richtig und falsch, was gut und böse ist, muss eindeutig sein: <Der Koran ist das Buch der Wahrheit und Gerechtigkeit. (42:17)> Die Grautöne einer breit gefächerten Gesellschaft verschwinden und die Pluralität wird auf Freund und Feind reduziert: <Krieg gegen die Ungläubigen. (9:73)>

Von der Türkei abgesehen, ist in den meisten Staaten mit mehrheitlich muslimischer Bevölkerung Humanismus, Aufklärung und Demokratie eine Gesellschaftsform, die kaum Tradition hat. Der Mensch als oberste Instanz ist für diese Bürger so wenig vorstellbar wie für uns das Auspeitschen eines Menschen, aus welchen Gründen auch immer.

280„Die Würde des Menschen ist unantastbar. Das Deutsche Volk bekennt sich darum zu unverletzlichen und unveräußerlichen Menschenrechten als Grundlage jeder menschlichen Gemeinschaft, des Friedens und der Gerechtigkeit in der Welt." [Gg. Art. 1] Wie kann der Gläubige seine ungläubigen Mitmenschen achten, wenn sein Gott die Würde der Ungläubigen so sieht: <die Ungläubigen sind schlimmer als das Vieh. (8:55)>

In den Staaten mit muslimischer Tradition brachten Kolonialismus, Tourismus und globale wirtschaftliche Verflechtung neue Lebensformen. Die wurden nicht immer freudig aufgenommen, sondern eher als aufgezwungen empfunden. Frauen mit den gleichen Rechten wie die Männer, Kritik ohne Schranken, Ungläubige mit den gleichen Rechten wie die Gläubigen sind neue Lebensformen, die nicht durch Verordnung in diesen Gesellschaften angenommen werden. Das Gleichheitsgebot des deutschen Grundgesetzes würde auch heute noch in vielen der islamischen Gottesstaaten nur Unverständnis erzeugen: „Alle Menschen sind vor dem Gesetz gleich. Männer und Frauen sind gleichberechtigt und niemand darf wegen seines Geschlechtes, seines Glaubens, seiner religiösen oder politischen Anschauungen benachteiligt oder bevorzugt werden." [Gg. Art. 3] In Saudi-Arabien würde vermutlich nicht einmal die Mehrheit der Frauen dem zustimmen.

Mit neuem Selbstbewusstsein sehen heute viele Muslime den Islam als eine Lehre an, die Demokratie und Kapitalismus als Wirtschafts- und Lebensform ersetzen soll. Die Versprechungen der demokratischen Wettbewerbsgesellschaft zu Gerechtigkeit, individueller Entfaltungsmöglichkeit und der persönlichen Freiheit bleiben oft unerfüllt und so ist es ein Leichtes die traditionellen Muster einer streng islamischen Gesellschaft aufleben zu lassen.

<Gott erklärt euch die Gebote, denn er ist allwissend. (24:18) Gott schickte seine Propheten mit klaren Beweisen und sandte mit ihnen den Koran und die Kriterien zur Beurteilung des Rechts, damit die Menschen gerecht sind. (57:25)> Doch wie kann sich der Muslim gegenüber Gott rechtfertigen, wenn er bewusst Gottes Verse ignoriert und stattdessen sich dem Gesetz der Menschen unterordnet? „Die Recht sprechende Gewalt ist den Richtern anvertraut und die sind unabhängig und nur dem Gesetz unterworfen." [Gg. Art. 92 und 97]

Im Monotheismus ist Gott die oberste und unzweifelhafte Instanz: „Ich bin der Herr." [3. Buch Moses 19:17-18] und „du sollst den Herrn, deinen Gott, lieben mit ganzem Herzen, mit ganzer Seele und mit all deinen Gedanken. Das ist das wichtigste und erste Gebot." [Matthäus 22:36-40] und <Ihr Menschen seid auf Gott angewiesen, Gott aber auf niemanden. (35:15) Eure Gemeinschaft ist eine Einheit und Gott ist euer Herr. (21:92)>

Es tun sich daher Juden, Christen und Muslime gleichermaßen schwer, die Staatsform der Demokratie anzunehmen, in der der Mensch in der Kompetenz über Gott steht: „Die Abgeordneten des Deutschen Bundestages werden in allgemeiner, unmittelbarer, freier, gleicher und geheimer Wahl gewählt. Sie sind Vertreter des ganzen Volkes, an Aufträge und Weisungen nicht gebunden und nur ihrem Gewissen unterworfen." [Gg. Art. 38]

Wer sich mit seinem Gewissen Gott unterwirft, bleibt dabei offen und ein Mehrheitsbeschluss muss nicht auf Übereinstimmung mit einer göttlichen Offenbarung überprüft werden, denn „zu einem Beschlusse des Bundestages ist die Mehrheit der abgegebenen Stimmen erforderlich" [Gg. Art. 42], mehr nicht.

Glaube ist nach dem Koran aber mehr als nur ein ritueller Gottesdienst. Es gibt keinen Unterschied zwischen einer weltlichen und einer gottesdienstlichen Handlung. Der Glaube muss das ganze Leben organisieren, denn sonst könnte man die Gebote Gottes nicht erfüllen. Wie sollten sonst die Verordnungen der Ehe, Scheidung und des Strafrechts umgesetzt werden. Damit auch kein Gläubiger abweicht, wird Gehorsam gefordert: <Die Gläubigen sind Leute, die dem Bündnis mit Gott die Treue halten. (33:23) Unter denen, die Gott erschuf, gibt es eine Gemeinschaft, die ihre Mitmenschen nach den Grundsätzen des Korans [der Wahrheit] führen und Gerechtigkeit üben. (7:181)> Wenn aber eine Gesellschaft diese Verordnungen zum Gesetz erheben will, dann ist das ein muslimischer Gottesstaat.

Trotzdem lassen sich die gegensätzlichen Ansprüche verbinden, wenn man die Rechenschaftspflicht des Menschen gegenüber Gott in die Ebene des Bewusstseins hebt. Die Präambel des deutschen Grundgesetzes baut eine Brücke, über die jeder Jude, Christ und Muslim gehen kann: „Im Bewusstsein seiner Verantwortung vor Gott und den Menschen hat sich das Deutsche Volk kraft seiner verfassungsgebenden Gewalt dieses Grundgesetz gegeben.“ Damit wird Gott jene metaphysische Position zugeordnet, die niemand anzweifelt oder beansprucht.

Das Vorgehen der Gläubigen

<Die Religion Gottes ist der Islam (3:19) Ihr Muslime seid die beste Gemeinde, die je unter Menschen entstand. Ihr wisst Recht und Unrecht zu unterscheiden und ihr glaubt an Gott. Wären Juden und Christen auch gläubige Muslime geworden, es stünde viel besser um sie. Es gibt zwar auch Gläubige unter ihnen, aber die Mehrheit sind Sünder. (3:110) Die Juden und Christen werden euch kaum schaden können. Und wenn sie gegen euch kämpfen, werden sie schnell vor euch die Flucht ergreifen und niemand wird ihnen helfen. (3:111) Verachtung erfahren die Juden und Christen, wenn sie sich nicht mit Gott und dem Islam einigen. Sie haben Gottes Zorn herausgefordert und müssen deshalb Leid ertragen. Sie haben Gottes Zeichen bestritten, die Propheten ermordet und sich wie Übeltäter benommen. (3:112) Einige von ihnen aber lesen den Koran und bekennen sich zum Islam. [?] (3:113) Die glauben an Gott und an den Jüngsten Tag. Sie kennen Recht und Unrecht und vollbringen gute Taten. (3:114)>

<Der Koran ist eine Aufklärungsschrift (36:69) und ein Hinweis auf das, was die Ungläubigen erwartet. (36:70)>

<Missioniere mit Augenmaß und überzeuge so gut du kannst. (16:125) Die Gottesfürchtigen tragen nicht die Verantwortung für die anderen. Sie müssen sie nur aufklären, damit auch die Ungläubigen gläubig werden können. (6:69) Ordne dich nicht den Ungläubigen unter, sondern engagiere dich im Sinne des Korans gegen sie. (25:52) Kläre deine Angehörigen über die Ereignisse am Jüngsten Tag auf. (26:214) Gib deinen Schutz den Gläubigen, die dir folgen. (26:215) Lassen sie sich aber nicht bekehren, bist du schuldlos an dem, was sie tun. (26:216)>

<Erwidere den Gegnern des Islam: „Ich habe mich ganz und gar Gott ergeben und ebenso, wer mit mir geht.“ Fordere die Juden, die Christen und die Ungläubigen auf, Muslime zu werden. Tun sie es, sind sie recht geleitet. Tun sie es nicht, fahre fort zu predigen. (3:20) Wenn dir die Ungläubigen vorwerfen, dass du lügst, dann weise darauf hin, dass jeder sein Tun selbst zu verantworten hat. (10:41) Manche hören zu, ohne zu verstehen, doch du kannst die Tauben nicht hörend machen. (10:42, 43:40) Manche nehmen dich wahr, ohne dich zu erkennen, doch du kannst die Blinden nicht sehend und die Tauben nicht hörend machen. (10:43, 30:52, 30:53)>

<Gott hat im Koran verordnet, dass die Gläubigen, wenn sie in einer Runde sitzen, in der Gott und seinen Zeichen widersprochen wird, diese verlassen, bis das Thema gewechselt wird; andernfalls wären sie nicht besser als diese Redner. (4:140) Wenn andere über Gottes Zeichen reden, dann wende dich ab, bis sie das Thema wechseln. Wenn du das versäumst, dann verlass' die Gesprächsrunde. (6:68) Die Gläubigen brauchen die Ungläubigen nicht zur Rechenschaft ziehen. Sie sollen sie nur aufklären. Vielleicht werden sie dann auch Gläubige. (6:69)>

<Distanziere dich von jenen, die Glaubensfragen als Zerstreuung betrachten und die ihren Focus auf das irdische Leben richten. Verweise auf den Koran, damit ihnen bewusst wird, dass jeder sein Tun selbst verantworten muss. Weder fremde Hilfe noch Geld hilft bei Gott. Ein Glas siedendes Wasser und weitere schmerzliche Strafen bekommt aber, wer ungläubig war. (6:70)>

<Diffamier' nicht die Götter der anderen, denn sonst besteht nur die Gefahr, dass sie Gott selbst diffamieren. Gott lässt es zu, dass jedes Volk glaubt, das Richtige zu glauben. Wenn sie schließlich zu Gott kommen, wird er ihnen zeigen, was sie getan haben. (6:108) Wenn die Gläubigen leeres Gerede hören, so wenden sie sich davon ab und sagen: „Für uns gelten unsere Taten und für euch die

euren. Friede sei mit euch. Wir suchen keinen Kontakt mit Unwissenden." (28:55)>

<Nimm Spenden von denen, die ihre Schuld bekennen, weil du sie damit reinigst und läuterst. Bete für sie, denn dein Gebet verschafft ihnen Beruhigung. (9:103)>

<Es gibt einige, die nach der Übermittlung der Verse des Korans fortgehen und dann sagen: „Das habe ich nicht verstanden." Denen hat Gott den Geist versiegelt. Die folgen nur ihren Interessen. (47:16) Jenen, die recht geleitet sind, verstärkt Gott den Glauben und verleiht ihnen Gottesfürchtigkeit. (47:17) Wollen die Ungläubigen etwas anderes erwarten als den Jüngsten Tag, wo doch die Voraussetzungen für sein Eintreffen bereits gegeben sind? Wenn es aber soweit ist, stellt sich die Frage, ob die Bereitschaft den Islam anzunehmen, ausreicht? [oder: ob ihnen ihre Erinnerung nutzt] (47:18)>

<Gott lädt ein zum Haus des Friedens und leitet, wen er will, auf den richtigen Weg. (10:25)>

Organisierte Missionsarbeit wie bei den Christen gibt es im Islam nicht. Der Islam bietet an und lädt ein. Seine leicht verständliche Botschaft ist Werbung für sich selbst. Ohnehin wird nur jener gläubig, den Gott dafür auserkoren hat. (47:16ff) Das Engagement bei der Mission der Ungläubigen soll jedoch nicht in Fatalismus umschlagen.

Zur Missionsarbeit der Muslime gehören heute umfangreiche Aufklärungen und Foren im Internet, Literatur und Einladungen in Moscheen und Islamische Zentren. Publikumswirksame Gerichtsprozesse, wie das Recht zur Erlaubnis des Kopftuchtragens für Lehrerinnen erzeugen Aufmerksamkeit und kritische Zustimmung. Die Menschen sollen sich mit dem Islam auseinandersetzen, denn die Gläubigkeit beim Einzelnen kommt gottgewollt.

Wer gläubig ist, ist dann Einwohner im „Haus des Friedens" bzw. „Haus des Islam", alle anderen leben im „Haus des Krieges". Es ist die Pflicht der Muslime, das Haus des Friedens zu erweitern, bis die ganze Welt darin vereint ist, denn <der Islam soll über alle Religionen siegen, auch wenn die Andersgläubigen dies zu verhindern suchen. (61:9)> Dagegen steht in Deutschland: „Es besteht keine Staatskirche. Die Freiheit der Vereinigung zu Religionsgesellschaften wird gewährleistet." [Gg. Art. 137]

Wenn die friedlichen Mittel zur Verbreitung des Islam nicht ausreichen, dann kann auch Gewalt angewendet werden. <Die Gläubigen haben keinen Zweifel, denn sie führen Krieg für die Sache Gottes und setzen ihr Vermögen und ihr Leben dafür ein. (49:15)> Das ist dann der Jihad des Schwertes.

Jihad bezeichnet den Einsatz des Gläubigen für den Islam. Das kann die Selbstvervollkommnung im Sinne des Islam sein, denn <die Gläubigen ordnen sich Gott und dem Propheten unter (24:51)> oder auch der militärische Kampf gegen die Ungläubigen sein (9:5). Da Muslime den Islam in ganzem Umfang eigentlich nur dort ausleben können, wo das islamische Gesetz gilt und der Islam nach deren Vorstellung sowieso die beste Ordnung für alle Menschen ist, leiten manche Muslime den Anspruch daraus ab, den Islam auch mit militärischen Mitteln verbreiten zu können.

Dieser Kampf bedeutet für den Muslim die Prüfung seiner Rechtgläubigkeit, denn wer sein Leben für Gott einsetzt, beweist seine völlige Hingabe und schließt zugleich einen Handel mit Gott ab. (9:111) Wer sich aber vor dem heiligen Krieg drückt, verliert die Aussicht auf das Paradies (9:39), und das ist die Hölle.

Mit dem Ziel, die Ordnung des Islam in der gesamten Welt einzurichten, werden übergangsweise auch Verträge mit Ungläubigen abgeschlossen, doch das ist immer nur eine leider notwendige Verzögerung. Gott und Mohammed pflegen solche Verträge nämlich auch zu kündigen: <Gott und sein Gesandter kündigen den Friedensvertrag mit den Ungläubigen (9:1)> Friede besteht daher nur solange, wie die Islamisierung aussichtslos ist.

Ein Muslim könnte aber auch die Demokratien als islamische Länder betrachten, denn auch dort kann er an den einen Gott glauben. Abweichungen zur Ordnung Gottes, wie sie der Koran beschreibt, sind zulässig, denn die Menschen leben nicht mehr unter Bedingungen, wie seinerzeit Mohammed. Dann kann auch der muslimische Mitbürger ein Demokrat sein.

Der Jihad des Herzens

<Arbeitet an euch und entwickelt euch im Sinne Gottes. Er hat euch erwählt und hat euch nichts auferlegt, was euch im Zusammenhang mit eurem Glauben, der Religion eures Vaters Abraham, bedrücken könnte. Gott nannte euch früher schon Muslime und nun auch im Koran. Betet, spendet und seid gläubig! (22:78) Ihr Gläubigen, hört auf Gott und seinen Gesandten. Ihr bekommt zu hören, was eurem Leben Sinn gibt. Irgendwann wird Gott jede Seele zur Verantwortung ziehen und alle um sich versammeln. (8:24)>

<Ihr Gläubigen, unter euren Frauen und Kindern gibt es auch einige, die euch feindlich gesonnen sind. Hütet euch vor ihnen, aber seid nachsichtig und vergebt ihnen. (64:14)>

<Wenn die Gläubigen wankelmütig im Glauben werden, wird Gott andere erwählen, die er liebt und die ihn lieben, die herzlich miteinander umgehen, die streng gegen die Ungläubigen sind, die für Gott kämpfen und sich nicht vor Kritikern fürchten. (5:54) Wie sollte Gott die Menschen führen, die ungläubig geworden sind, nachdem sie gläubig waren und bezeugt hatten, dass Mohammed und seine Botschaft wahr sind und nachdem sie sogar Beweise dafür erhalten haben? Gott leitet die Sünder nicht. (3:86)>

Der Gläubige, der seinen Weg über den „Jihad des Herzens“ [die Anstrengung, ein bestimmtes Ziel zu erreichen] geht und im Haus des Friedens wohnt, muss die folgenden Behauptungen glaubend annehmen und sich auch noch an diese Regeln halten:

Gott hat den Koran als Lehrbuch veröffentlicht (21:10), in dem es nichts Falsches gibt. (39:28, 41:42) Es ist das Buch der Wahrheit und Gerechtigkeit mit einer Anweisung zur korrekten Lebensführung. (41:44, 42:17, 45:11) Daran darf nicht gezweifelt werden, (2:2) denn man muss alle Verse akzeptieren (2:85, 3:7) und nicht etwa die Worte Gottes ändern. (6:34, 18:27)

Gott hat die Menschen zu Statthaltern auf Erden gemacht (35:39) und der Mensch hat sich Gott unterzuordnen. (13:15, 53:62) Er soll Gott dienen (2:2) und sich um Vergebung bei ihm bemühen, indem er sich dem Wettbewerb der guten Taten stellt. (57:21) Er soll beten und seine Sozialabgaben entrichten. (2:43, 2:110, 2:277)

Gott regelt das Leben der Gläubigen (16:44) und daher ziemt es sich nicht, anders zu handeln als es Gott und sein Gesandter Mohammed vorschreiben. (4:14, 4:115, 33:36) Gott ist der Versorger (20:132, 51:57f), der Beschützer und Helfer. Er kennt eure Feinde. (3:150, 4:45) Gehorcht ihm (39:2) und unterwerft euch ihm. (16:49) Die Gläubigen ordnen sich Gott und dem Propheten unter. (24:51) Sie folgen dem Weg Gottes und sind gottesfürchtig. (6:153)

Jede Handlung des Gläubigen ist in eines von fünf Kategorien eingeordnet: Die Pflicht, das Verbot, empfehlenswerte, verwerfliche und erlaubte Handlungen.

Das beginnt mit der Vorschrift, sanftmütig auf der Erde zu schreiten, friedlich zu den Unwissenden zu sprechen (25:63f) und freundlich miteinander umzugehen (17:53) über die Stillzeit der Mütter (2:233) und der Namensgebung der Adoptivsöhne (33:5) bis hin zur Pflicht in den Jihad des Schwertes zu ziehen. (2:216) Der Gläubige wird aufgefordert, gut zu den Eltern, den Verwandten, den Waisen, den Armen, dem Nachbarn, dem Freund, dem Reisenden und zu den Sklaven zu sein. (4:36, 6:151) Er soll weder verschwenderisch noch geizig spenden (25:67), niemanden zu Unrecht töten und keine Unzucht begehen. (4:92, 6:151, 17:33, 25:68)

Die Verordnungen des Korans regeln das Leben der Muslime: den Tagesablauf, die zulässige Ernährung und das gesamte Familienleben.

Man begrüßt sich höflich (4:86) mit einem gesegneten und lauten Gruß von Gott. (24:61) Wer etwas plant, sagt immer auch „sofern es Gott will." (18:23f) Blut und Schweinefleisch darf nicht gegessen werden. (2:173) Alkohol und Glücksspiel sind verboten. (2:219) Der Gläubige heiratet keine Ungläubige und verheiratet auch keine gläubige Frau mit einem Ungläubigen. (2:221) Eine Frau, die nicht vermögend genug ist zu heiraten, soll enthaltsam leben, bis Gott sie reich macht. (24:33) Die Waisen sollen durch Heirat geschützt werden und des Mannes Lust darf auch mit Sklavinnen ausgelebt werden. (4:3)

Die Männer stehen über den Frauen, die gehorsam sein sollen. Sind sie es nicht, können sie geschlagen werden. (4:34) Die Frauen tragen ein Kopftuch (24:31, 33:59) und sollen möglichst viele Jungen gebären. (65:4) Dafür sollen die Männer ihren Frauen und Sklavinnen treu sein. (70:29ff) Umgekehrt gilt natürlich das gleiche und wer sexuell betrügt, soll ausgepeitscht werden (24:1ff) Die Frauen können dafür aber auch hingerichtet werden. (4:15)

Gott hat vorgeschrieben: Leben um Leben, Auge um Auge, Nase um Nase, Ohr um Ohr und Zahn um Zahn. (5:45) Dem Dieb und der Diebin schneidet die Hände ab. (5:38f)

Scheidung (65:1ff), Testament (5:106) und Erbe (4:8, 4:11) regelt der Koran genauso wie die Verwaltung des Erbes von Waisen. (6:152)

Die Rahmenbedingungen für das Geschäftsleben sind auch festgelegt: Zins nehmen ist verboten (2:275) und Gläubiger sollen Schuldnern in Not Aufschub gewähren. (2:280) Handel soll stets einvernehmlich erfolgen (4:29) und man hüte sich vor Gier und Bestechung. (2:188) Sogar die Schriftform bestimmter Geschäfte wird vom Koran vorgeschrieben. (2:282) Aber zum Freitaggebet soll der Geschäftsbetrieb eingestellt werden. (62:9) Gott belohnt jene Männer, die sich trotz des Geschäftslebens nicht von den Pflichten des gläubigen Muslims abhalten lassen. (24:37f)

Kein Geschöpf bewegt sich auf Erden, ohne dass Gott es nicht in seine Richtung steuert, denn du kannst nur wollen, was Gott will. (11:56, 76:30) In Gottes Verständnis wird keine Tat vergessen. (3:171) Er hat zwar alles vorbestimmt (54:3), doch jeder muss sein Tun selbst verantworten, (39:7) denn die Menschen werden durch das Böse geprüft. (22:53)

Der Gläubige gibt sich Gott hin, denn das ist das Höchste. (29:45) Gebet, Opfer, Leben und Tod gehören Gott. (6:162) Der Glaube ist die Identität der Muslime, denn sie sind die beste Gemeinschaft. (3:110) Sie leben nach den Grundsätzen des Korans und üben Gerechtigkeit.

(7:181) Ihre Gemeinschaft ist eine Einheit und Gott ist ihr Herr. (21:92) Nur sie verhalten sich richtig (2:137), denn sie sind fromm. (2:177) Sie wenden sich bei jeder Gebetsstätte Gott zu (7:29) und beten fünfmal täglich. (11:114, 20:130) Für sie ist das ganze Leben ein Gottesdienst, das sie in der Pilgerfahrt nach Mekka dokumentieren. (2:196, 22:27) Deshalb schließen die Muslime auch keine Freundschaft mit Ungläubigen. (3:118)

Wer gläubig ist, ist es zum eigenen Wohl, denn alle anderen haben den Schaden. (30:44) Der Gläubige bringt sich nicht selbst um (16:28), ist nicht homosexuell (7:81) und beugt sich der Führung Gottes, denn ohne seine Führung (25:43) ist der Mensch ein Tier. (25:44)

Wer als Muslim den Bund mit Gott geschlossen hat, muss ihn bedingungslos einhalten. (16:91) Da gibt es keinen Zwischenweg, denn sonst ist man ein Ungläubiger. (4:137, 4:150, 22:11) Glaube als Zerstreuung (7:51) oder einfach nur mitzulaufen, ist zu wenig. (29:2) Die Gläubigen müssen Gott treu und aufrichtig dienen. (98:5) Wer einmal ein Muslim war, darf nie wieder abfallen (2:217) und jeder muss notfalls mit seinem Vermögen und seinem Leben für die Religion Gottes kämpfen. (9:81) Wer gesellschaftliche Nachteile als Muslim erfährt, soll auswandern. (4:97)>

Wem diese Anweisungen nicht ausreichen, kann dann die Ausführungsbestimmungen der Sunna [der Weg, der Brauch] lesen.

Der Jihad des Schwertes

<Und wenn du Verrat fürchtest, brich selbst den Vertrag. (8:58, 9:63) Gott und sein Gesandter kündigen den Friedensvertrag mit den Ungläubigen (9:1): Sie dürfen noch 4 Monate im Land bleiben, sollen aber nicht hoffen, dass sie sich dem Zugriff Gottes entziehen können. (9:2) Gott und Mohammed geben den Ungläubigen bekannt, dass sie ihnen für nichts mehr garantieren können. Die Annahme des islamischen Glaubens ist daher besser für sie. Doch wer ungläubig bleibt, wird bestraft. (9:3) Davon ausgenommen sind diejenigen, mit denen die Gläubigen einen Vertrag geschlossen haben, der die Rechte der Gläubigen angemessen berücksichtigt und die auch nicht andere unterstützen, die den Islam bekämpfen. Verträge mit solchen Parteien müssen die Gläubigen vollständig einhalten. Die Vertragsbindung gilt aber auch nur so lange, wie die Wartezeit festgelegt wurde. (9:4)>

<Doch wenn die heiligen Monate abgelaufen sind, dann tötet die Heiden, wo immer ihr sie findet. Werden sie aber Muslime, dann verschont sie. (9:5) Wie kann es einen Vertrag zwischen den Ungläubigen, Gott und seinem Gesandten geben, wenn man von der Vereinbarung absieht, die an der heiligen Kultstätte in Mekka geschlossen wurde? (9:7) Wenn die Ungläubigen die Macht über euch bekämen, würden sie doch auch keine Verträge einhalten. Solange reden sie euch nach dem Munde, aber denken und handeln anders. (9:8) Sie tauschen die Zeichen Gottes gegen einen geringen Preis und halten ihre Mitmenschen vom Glauben ab. (9:9) Sie halten sich gegenüber den Gläubigen an keine Verträge. (9:10) Bereuen sie aber, beten und zahlen Sozialabgaben, so sind sie Glaubensbrüder. (9:11) Wenn sie dann aber ihren Schwur brechen und die Religion in Frage stellen, dann bekämpft deren Anführer, bis sie wieder davon ablassen. (9:12) Kämpft gegen sie, denn sie haben mit dem Unrecht begonnen. (9:13) Gott bestraft und demütigt sie durch eure Hand. Gott wird euch gegen die Ungläubigen zum Sieg helfen und euch Genugtuung geben (9:14, 9:15)>

<Ihr werdet keinen Frieden haben, bevor Gott nicht in Erfahrung gebracht hat, wer für ihn in den Krieg zieht und wer treu zu Gott, zu Mohammed und zu den Gläubigen steht. (9:16) Trachtet danach, Gott nahe zu kommen und kämpft für den Islam. Das gibt euch die Möglichkeit eines guten Lebens. (5:35, 9:123) Kämpft für den Islam und bedenkt, Gott sieht und hört euch. (2:244)>

<Wer für Gott kämpft, tut es für das Heil der eigenen Seele. (29:6) Wer will Gott ein Darlehen geben? Gott gibt ihm ein Vielfaches zurück. Er bestimmt das Maß und zu ihm werdet ihr ohnehin zurückgebracht. (2:245) Mohammed, ruf die Gläubigen zum Krieg gegen die Ungläubigen auf, auch wenn die Gegner zehnmal so stark sind. (8:65) Kämpft für Gott gegen diejenigen, die gegen euch kämpfen, doch haltet euch an die Regeln. Gott liebt nicht die Unfolgsamen. (2:190) Kämpft gegen die Ungläubigen und gegen die, die nicht nach den Gesetzen Gottes leben. Kämpft gegen die Juden und Christen, bis sie sich unterwerfen. (9:29)>

<Die Gläubigen fragen: „Wann wird die Entscheidung [die Niederlage der Ungläubigen?] eintreffen, wenn ihr [die Gläubigen] die Wahrheit sagt?“ (32:28) Mohammed soll antworten: „Am Tag der Entscheidung soll den Ungläubigen ihr Glaube nichts nützen, noch sollen sie Aufschub erhalten.“ (32:29) Gott zu Mohammed: „Wende dich von ihnen ab und warte ab, genauso wie sie abzuwarten haben.“ (32:30)>

Nach offizieller orthodoxer Auffassung erklärt der Kalif, also der oberste Herrscher der sunnitischen Welt des Islams, in Form einer Fatwa [Rechtsurteil] den Jihad gegen die Ungläubigen. Für die Schiiten tut dies der Imam. Einer Fatwa gehen Gutachten der Rechtsschulen voraus und auch, wenn der Jihad als Schluss daraus abgeleitet werden kann, müssen die Ungläubigen zuerst aufgefordert werden zum Islam überzutreten, denn der Jihad wird als Strafe für den Unglauben verstanden. Da es aber viele Kalifen und Imame gibt, doch keine oberste Instanz des Islam, ist eine einheitliche Erklärung aller zum Jihad kaum möglich. Zumindest liefert die Geschichte dafür kein Beispiel. Der Aufruf zum Jihad bleibt daher immer auf eine bestimmte Gruppe von Muslimen beschränkt. Das aber ändert nichts am eindeutigen Missionsauftrag, denn <die Herrschaft der göttlichen Gesetze wird die beste menschliche Gemeinschaft hervorbringen. (3:110)>

Eine Fatwa kann als gültig und verbindlich bezeichnet werden, wenn sie vier Bedingungen erfüllt:

1. Sie steht in Einklang mit Gesetzen und Verordnungen, die aus dem Koran und der Sunna abgeleitet werden können.

2. Sie wurde von einer Person oder einer Institution ausgegeben, die angemessene Kenntnisse und aufrichtige Absichten hat.

3. Sie ist frei von persönlichen oder politischen Zielen.

4. Sie ist angepasst an die Rahmenbedingungen der heutigen Welt.

Dann kann der heilige Krieg beginnen. Er endet, wenn sich der Gegner der politischen Herrschaft der Muslime unterworfen hat oder die Fatwa durch eine neue ersetzt wird.

Fatwa gegen die Amerikaner und ihre Alliierten

London, Al-Quds al-'Arabi vom 23. Februar 1998:

Gelobt sei Gott, der den Koran offenbarte, der über die Welt herrscht, der die Uneinigkeit überwindet und im Koran sagt: <Wenn die heiligen Monate abgelaufen sind, dann tötet die Ungläubigen oder nehmt sie gefangen, wo immer ihr sie findet. (9:5)> Friede sei mit unserem Propheten Mohammed, der sagte: „Mit einem Schwert in der Hand wurde ich geschickt, um sicherzustellen, dass niemand anderer als Gott verehrt wird, der für mein Leben den militärischen Kampf bestimmt hat und der jene demütigt und verachtet, die mir nicht gehorchen."

Seit Gott die arabische Halbinsel geschaffen hat, wurde sie niemals von einer Streitmacht besetzt, wie es diese Kreuzritterarmee im Stil der Heuschrecken tut, die ihre Reichtümer ausbeutet und ihre Vegetation zerstört. Das alles geschieht zu einer Zeit, in der Staaten die Muslime in einer Art angreifen, als ginge es um das letzte Stück verfügbare Nahrung. Unter diesem Aspekt und unter dem Eindruck der schlechten Versorgung sind wir alle verpflichtet, die aktuellen Ereignisse zu diskutieren, um einer gemeinsamen Lösung zustimmen zu können.

Niemand widerspricht mehr drei Dingen, die allgemein bekannt sind. Zur Erinnerung hier noch einmal:

Erstens:
Seit über sieben Jahren halten die USA die heiligsten Stätten des Islam auf der arabischen Halbinsel besetzt. Sie beuten das Land aus, machen deren Führer zu Marionetten, verachten das Volk, terrorisieren die Nachbarstaaten und bauen die Halbinsel in einen Brückenkopf aus, um die muslimischen Nachbarstaaten zu bekämpfen. Auch wenn es manche gab, die früher dieser Argumentation nicht folgten, so stimmen uns heute alle zu. Der beste Beweis ist die permanente Aggression der Amerikaner gegen das irakische Volk. Sie missbrauchen die arabische Halbinsel als Ausgangsbasis, auch wenn ihre Führer dagegen sind, dass ihr Land für diesen Zweck genutzt wird; doch sie sind hilflos.

Zweitens:
Trotz der großen Verwüstung, die unter dem arabischen Volk von der zionistischen Kreuzritter-Allianz angerichtet wurde und trotz der gewaltigen Zahl an Toten, die eine Million übersteigt, trotz all dem, die Amerikaner sind drauf und dran das furchtbare Massaker zu wiederholen. Sie sind noch nicht zufrieden mit der lang anhaltenden Blockade nach diesem furchtbaren Krieg, der nur Zersplitterung und Verwüstung hinterlassen hat. Jetzt kommen sie, um den Rest des Volkes zu vernichten und um die muslimischen Nachbarstaaten zu demütigen.

Drittens:
Neben religiösen und ökonomischen Zielen, welche die Amerikaner in diesen Kriegen verfolgten, ging es aber auch um einen Dienst, den sie dem jüdischen Kleinstaat erwiesen, indem sie die Aufmerksamkeit von der Besetzung Jerusalems und den Mördern der Muslime ablenkten. Der beste Beweis dafür ist deren Eifer bei der Zerstörung des Irak, dem stärksten arabischen Nachbarstaat und deren Bemühen, alle Staaten der Region, wie Irak, Saudi Arabien, Ägypten und den Sudan zu bedeutungslosen Papierstaaten auseinander zu dividieren. Diese Zerstrittenheit und Schwäche garantiert das Überleben Israels und die Fortsetzung der brutalen Besetzung der arabischen Halbinsel im Stil der Kreuzritter.

All diese Verbrechen und Sünden, begangen von den Amerikanern, sind eine klare Kriegserklärung gegen Gott, seinen Propheten und die Muslime. Die religiöse Führung hat in der islamischen Geschichte einstimmig erklärt, dass der heilige Krieg die Pflicht jedes Einzelnen ist, wenn der Feind muslimische Länder zerstört. Das wurde veröffentlicht von Imam Bin Quadamah in Al-Mughni, Imam A.-Kisai in Al-Badai, Al-Qurtubi in seinen Erläuterungen und der Scheich von Al-Islam in seinem Buch, in dem er sagte: „Es ist genauso unser Ziel einen Feind zurückzuschlagen, wie die Heiligkeit und die Religion zu verteidigen und das ist eine Pflicht, wie es die religiöse Führung bestimmt hat. Nichts ist heiliger als der Glaube, ausgenommen einen Feind zurückzuschlagen, der die Religion und das Leben angreift."

Auf dieser Grundlage und in Einklang mit Gottes Anweisung, geben wir folgende Fatwa an alle Muslime aus:

Die Amerikaner und ihre Verbündeten sollen getötet werden, sowohl Zivilisten wie auch Militär. Es ist die persönliche Pflicht eines jeden Muslims so zu handeln, wo auch immer er es kann und in jedem Land in dem es möglich ist. Es gilt, die Al-Aksa-Moschee und das heilige Mekka aus deren Zugriff zu befreien. Als Besiegte sollen sie mit ihren Armeen aus den islamischen Ländern verschwinden, unfähig je wieder einen Muslim zu bedrohen. Diese Anweisung steht in Einklang mit den Worten Gottes: < Kämpft gegen die Ungläubigen, wie sie auch euch bekämpfen (9:36)>, und < kämpft gegen sie, bis niemand mehr versucht, zum Unglauben zu verführen. (2:193)>

<Warum kämpft ihr nicht für Gott und für die Schwachen, die Gott anflehen: „Herr, schick uns einen, der uns helfen wird." (4:75)>

Mit Gottes Hilfe rufen wir jeden gläubigen Muslim auf, der sich wünscht belohnt zu werden, den Anweisungen Gottes zu folgen, die Amerikaner zu töten und ihnen ihr Vermögen abzunehmen, wo und wann immer sie aufzugreifen sind. Wir rufen auch die religiösen und weltlichen Führer, die Jugend und die Soldaten auf, die satanischen US-Truppen und die Verbündeten des Teufels anzugreifen und jene zu vertreiben, die hinter ihnen stehen. Sie sollen ihre Lektion lernen.

Gott sagt: <Ihr Gläubigen, hört auf Gott und seinen Gesandten, wenn er euch zu etwas aufruft, was eurem Leben Sinn gibt. Irgendwann wird Gott jede Seele zur Verantwortung ziehen und alle um sich versammeln. (8:24)>

<Seid nicht niedergeschlagen, wenn ihr aufgefordert werdet, in den heiligen Krieg zu ziehen. Bevorzugt ihr etwa das irdische Leben im Vergleich zum Paradies? Die angenehmen Seiten des hiesigen Lebens sind doch nichts im Vergleich zum Jenseits. (9:38) Wenn ihr nicht für Gott kämpft, wird Gott euch bestrafen und an eurer Stelle ein anderes Volk erwählen. Gott könnt ihr keinen Schaden zufügen. Gott ist allmächtig. (9:39)>

<Seid weiterhin bereit zu kämpfen und lasst euch nicht den Mut nehmen, nur weil ihr letztens eine Niederlage hinnehmen musstet. Am Ende werden die Gläubigen die Oberhand gewinnen. (3:139)>

Shaykh Usamah Bin-Muhammad Bin-Ladin
Ayman al-Zawahiri, amir of the Jihad Group in Egypt
Abu-Yasir Rifa'i Ahmad Taha, Egyptian Islamic Group
Shaykh Mir Hamzah, secretary of the Jamiat-ul-Ulema-e-Pakistan
Fazlur Rahman, amir of the Jihad Movement in Bangladesh

Usama Bin Laden ist der Führer der Al Quaida, einer religiösen und zugleich auch militärischen Vereinigung ohne eigenes Land. Bin Laden ist von Geburt und Herkunft ein Saudi und ein Wahhabit. Die Wahhabiten gelten als religiöse Fundamentalisten und auch der König Saudi-Arabiens und seine Regierung sind Wahhabiten. Trotzdem ist für Bin Laden das saudische Regime genauso gottlos wie die westlichen Demokratien. Die saudische Führung hatte nämlich 1991 nach dem Golfkrieg ein Rechtsgutachten anfertigen lassen, dass die Stationierung der US-Truppen billigte. Das Gegengutachten der Opposition, der auch Bin Laden angehört, lieferte natürlich die gegenteilige Meinung dazu.

Solche Rechtsgutachten können gemäß der Wahhabiyya, der Satzung der Wahhabiten, nicht nur von der Regierung in Auftrag gegeben werden, sondern auch von anderen. Die islamischen Rechtsgelehrten dürfen eigenständige Rechtsauffassung vertreten, wie es auch jene Fatwa gegen die Amerikaner und ihre Alliierten vom 23. Februar 1998 ist.

Kampf für den islamischen Gottesstaat

<Wenn die heiligen Monate abgelaufen sind, dann tötet die Ungläubigen oder nehmt sie gefangen, wo immer ihr sie findet. Wenn sie aber konvertieren, dann schenkt ihnen die Freiheit. (9:5) Wenn einer der Heiden bei dir Schutz sucht, dann gib' ihm den Schutz, bis er die Worte Gottes vernehmen kann. Dann lass' ihn dorthin gehen, wo er in Sicherheit ist. Das sei ihm zugestanden, denn er ist unwissend. (9:6)>

<Zu kämpfen ist euch vorgeschrieben, auch wenn es euch nicht gefällt, aber Gott weiß, was für euch gut ist. (2:216)>

<Im heiligen Monat dürft ihr keinen Krieg führen. Das ist ein Vergehen. Doch wer einen anderen vom Glauben abhält oder Gläubige aus der Moschee vertreibt, begeht ein schlimmeres Vergehen. Schon der Versuch Gläubige vom Glauben abzubringen, ist schwerwiegender als Mord und Totschlag. Die Ungläubigen werden nicht aufhören gegen euch zu kämpfen und dabei versuchen, euch vom Glauben abzubringen. Ein Gläubiger, der ungläubig wird und stirbt, dessen Lebenswerk zerfällt und er kommt auf ewig in die Hölle. (2:217)>

<Die Gläubigen haben keinen Zweifel, denn sie führen Krieg für die Sache Gottes und setzen ihr Vermögen und ihr Leben dafür ein. (49:15) Nur die Zweifler wollen nicht mitmachen. (9:45)>

<Wenn ihr nicht für Gott kämpft, wird Gott euch bestrafen und an eurer Stelle ein anderes Volk erwählen. Gott könnt ihr keinen Schaden zufügen. (9:39) Und warum kämpft ihr nicht für Gott und für die Schwachen, die Gott anflehen: „Herr, schick uns einen, der uns hilft." (4:75) Die Gläubigen kämpfen für Gott, alle anderen für den Teufel [das Böse]. Kämpft nun gegen die Freunde des Satans. Die List des Satans ist doch schwach. (4:76)>

<Es gibt einige, denen zunächst gesagt wurde: „Haltet euch vom Kampf zurück, betet und leistet eure Sozialabgaben." Als sie aber später kämpfen sollten, fürchteten sie auf einmal die Menschen mehr als Gott. Sie sagten: „Oh Gott, warum hast du uns befohlen zu kämpfen? Gib uns bitte noch etwas Bedenkzeit." Antworte denen: „Die Zeit des Lebens ist kurz und für die Gläubigen ist das Jenseits ohnehin der bessere Ort. (4:77) Der Tod ereilt euch sowieso." (4:78)>

<Und nennt nicht diejenigen, die für die Religion Gottes gestorben sind, „Tote", denn sie leben. Ihr könnt sie nur nicht wahrnehmen. (2:154) Durch Angst, Hunger, Verlust von Besitz und sogar des Lebens wird Gott euch prüfen. (2:155) Wenn die [die gläubigen Soldaten] ein Unglück trifft, trösten sie sich nämlich mit dem Spruch: Wir gehören Gott und zu ihm kehren wir zurück. (2:156)>

<Die Ungläubigen wollen doch nur, dass auch ihr ungläubig werdet. Nehmt sie euch nicht zu euren Freunden, solange sie nicht den Weg Gottes gehen. Wenn sie sich nicht bekehren lassen, dann ergreift sie und tötet sie (4:89), ausgenommen jene, die euch im Kampf helfen oder die sich friedlich verhalten. (4:90) Es gibt Personen, die vor euch und vor ihren eigenen Leuten Sicherheit suchen. Doch sie erliegen immer wieder der Versuchung. [?] Wenn sie sich nicht von euch fernhalten und euch nicht erklären, sich künftig friedlich zu verhalten, dann ergreift sie und tötet sie, wo immer ihr sie findet. Gott gibt euch die Befugnis dazu. (4:91)>

<Im Kampf der Gläubigen gegen die Ungläubigen sollt ihr nicht zurückweichen. (8:15) Die Feiglinge schickt Gott in die Hölle. (8:16) Wenn ihr die Feinde tötet, so tötet nicht ihr, sondern Gott tötet.

(8:17)>

<Warum wollt ihr nichts spenden, wo doch Gott sowieso alles erbt. Wer vor dem Erfolg spendet und kämpft, soll nicht mit denen, die erst danach spenden und kämpfen, gleichgestellt werden. Die ersten werden höher eingestuft. Doch Gott hat allen das Paradies versprochen, denn er weiß, was ihr tut. (57:10)>

<Kämpfe für die Sache Gottes und feure die Gläubigen dazu an. Du musst dich nur für dich selbst verantworten. Vielleicht wird Gott die Kampfkraft der Ungläubigen zurückhalten, denn er hat mehr Macht und kann schrecklicher bestrafen. (4:84)>

<Seid weiterhin bereit zu kämpfen und lasst euch nicht den Mut nehmen, nur weil ihr einmal eine Niederlage hinnehmen musstet. Am Ende werden die Gläubigen die Oberhand gewinnen. (3:139) Auch euer Feind hat schon mal eine Schlacht verloren. So ist das eben mit dem Kriegsglück. Gott beschert mal dieser, mal jener Partei den Sieg. Auch will Gott auf diese Weise erkennen, wer wirklich gläubig ist. Und so könnt auch ihr erfahren, wer ein wahrer Muslim ist. (3:140) So will Gott jene läutern, die gläubig sind und die Ungläubigen untergehen lassen. (3:141) Oder meint ihr, ihr kommt ins Paradies, ohne dass Gott vorher erkundet hat, wer für ihn in den Krieg zieht und wer geduldig ist? (3:142) Ihr habt euch ja schon oft den Tod gewünscht, ohne ihn aber erfahren zu haben. Doch jetzt seid ihr ihm begegnet. (3:143)>

<Gott zu den Engeln: „Den Ungläubigen will ich Angst einflößen. Schlagt ihnen den Kopf und jeden einzelnen Finger ab.“ (8:12)>

<Zieht leichten oder schweren Herzens in den Kampf, aber führt mit eurem Vermögen und eurem Leben Krieg für Gott. (9:41) Ein Gläubiger, der Mohammed bittet, ihn von der Verpflichtung freizustellen, mit Leib und Leben und seinem Vermögen Krieg zu führen, (9:44), ist kein Gläubiger. (9:45) Wer sich weigert, mit seinem Vermögen und seinem Leben für die Religion Gottes Krieg zu führen, wird stattdessen die Hitze der Hölle erleben. (9:81)>

<Gott liebt diejenigen, die für die Sache Gottes geschlossen kämpfen. (61:4)>

<Erinnerst du dich, Mohammed, als Gott bestimmte, dass eine der beiden Heere des Feindes euch bekämpfen sollte. Da hattest du dir gewünscht, dass es jene ohne Kampfkraft sei. Gott will aber, dass durch seine Worte die Wahrheit siegt und die Ungläubigen ausgerottet werden (8:7), damit nur noch die Wahrheit existiert, mag es den Sündern auch zuwider sein. (8:8)>

<Kämpft gegen die Ungläubigen, wie sie auch euch bekämpfen (9:36) und seid nicht so niedergeschlagen, wenn ihr aufgefordert werdet, in den heiligen Krieg zu ziehen? Bevorzugt ihr etwa das irdische Leben im Vergleich zum Paradies? Die angenehmen Seiten des hiesigen Lebens sind doch nichts im Vergleich zum Jenseits. (9:38, 87:16, 87:17)>

<Die Schwachen, Kranken und die Armen müssen nicht in den heiligen Krieg ziehen. Wer sich dabei ehrlich einschätzt, den trifft kein Vorwurf, (9:91) ebenso wenig jene, denen kein Pferd gegeben werden kann (9:92), es sei denn, sie könnten es sich selber leisten. (9:93)>

<Sag den Ungläubigen, dass ihnen ihr gottloses Verhalten der Vergangenheit verziehen wird, wenn sie konvertieren. Wenn sie aber rückfällig werden, soll sie dasselbe Los ereilen, wie es schon andere vor ihnen erfahren mussten. (8:38) Dann kämpft gegen sie, bis niemand mehr versucht, Muslime vom Islam abzubringen und alle an den einen Gott glauben. (8:39) Wenn sie sich zurückziehen und trotzdem Widerstand leisten, so hilft euch Gott, der beste Beschützer schlechthin. (8:40)>

<Lasst nicht nach in eurer Bereitschaft, den Glaubenskrieg zu führen. Wenn ihr unter dem Krieg leidet, tröstet euch, dass eure Feinde genauso darunter leiden. Im Gegensatz zu euch, können eure Gegner aber nicht auf Gott hoffen. (4:104)>

<Wenn ihr im Krieg auf die Ungläubigen stoßt, so haut ihnen mit dem Schwert auf den Nacken. Habt ihr sie schließlich siegreich niedergekämpft, dann nehmt sie gefangen. Gewährt ihnen Gnade oder fordert Lösegeld. Kämpft bis der Krieg beendet ist. Das ist eine Anweisung Gottes. Wenn Gott es will, könnte er es selbst regeln, aber er will eure Gläubigkeit auf die Probe stellen. Und wer im Kampf für Gott stirbt, wird von ihm belohnt. (47:4) Er wird sie führen und alles für sie in Ordnung bringen. (47:5) Sie werden ins Paradies einziehen. (47:6)>

<Wenn die Gegner des Islams nicht von ihrem Tun ablassen, dann wird Gott dich sicher veranlassen, gegen sie vorzugehen. Dann werden sie nur noch kurze Zeit deine Nachbarn sein. (33:60) Verflucht seien sie. Wo immer sie zu fassen sind, sollen sie rücksichtslos umgebracht werden. (33:61)>

<Gott: Nehmt nicht meine Feinde zu euren Freunden, indem ihr ihnen eure Zuneigung zeigt. Sie glauben nicht an die Offenbarungen im Koran und sie sind es, die euch vertrieben haben. Während ihr zum Kampf für meine Sache und im Bemühen um meine Zuneigung in den Krieg gezogen seid, gebt ihr ihnen trotzdem insgeheim eure Zuneigung. (60:1) Wenn sie aber die Oberhand über euch gewinnen, dann werden sie sich gegen euch als Feinde betragen und euch dabei Schaden zufügen. Sie werden sich bemühen, dass ihr ungläubig werdet. (60:2) Nehmt daher auch keine Rücksicht auf eure verwandtschaftlichen Beziehungen zu ihnen. (60:3)>

In Büchern und im Internet findet man unzählige Hinweise auf die friedliche Grundhaltung des Islam, ebenso findet man auch viele Verse im Koran, die zum Frieden auffordern. Niemand kann aber die Agitation des Koran gegen die Nicht-Muslime wegdiskutieren. Und niemand kann die Ernsthaftigkeit und Aktualität dieser Aussagen in Frage stellen, wenn in tausenden der genannten Veröffentlichungen und in allen Sprachen den kriegerischen Aufforderungen des Korans aktuelle Bedeutung gegeben wird und darin Menschenrechte und Demokratie als Teufelswerk bezeichnet werden.

Als einer der Repräsentanten des Islamismus wird hier, neben dem bereits zitierten Bin Laden, Syed Abul Ala Maududi [1903-1979], ein Journalist und pakistanischer Islamwissenschaftler genannt. Da Maududi angeblich sogar ein leiblicher Nachkomme von Mohammed ist, mag er besondere Kompetenz haben.

„Was unterscheidet die islamische Demokratie von der westlichen Demokratie? Die westliche Demokratie fußt auf dem Prinzip der Selbstbestimmung, wohingegen die islamische Demokratie auf dem Kalifat aufbaut. Im Islam ist die Selbstbestimmung von Gott verliehen und die Menschen sind seine Vertreter. In der westlichen Demokratie machen die Menschen ihre eigenen Gesetze. In der islamischen Demokratie folgen und gehorchen die Menschen den Gesetzen Gottes, die er über seine Propheten bekannt gegeben hat. In der einen Regierungsform wird der Wille des Volkes, in der anderen der Wille Gottes erfüllt.“ [Maududi]

Einen wesentlichen Punkt verschweigt Maududi. Gottes Gesetze sind statisch und allgemeingültig, auch wenn es sich um Bestimmungen handelt, die nur einen Sinn im Zusammenhang mit dem Ort und der Zeit ihrer Verkündung ergeben. Die westliche Demokratie dagegen kennt nur die Beschränkung der Selbstauflösung und der Menschenrechte. Und schon der Versuch, dies in Frage zu stellen, stempelt den Redner zum Feind. Bibel, Koran oder sonst eine Entität als übergeordnet auch nur vorzuschlagen, wird im günstigsten Fall mit Realitätsferne bezeichnet.

„Wer die Freiheit der Meinungsäußerung zum Kampfe gegen die freiheitliche demokratische Grundordnung missbraucht, verwirkt diese Grundrechte." [Gg. Art.18] Eine Änderung dieses Artikels des Grundgesetzes ist unzulässig. [Gg. Art.79]

Im Koran ist klar festgelegt, wer die oberste Instanz ist (35:13) und welche Gesetze unabänderbar sind und somit zeitlos gelten (42:17): die Gesetze Gottes, die man in Bibel und Koran findet. Sollte es Widersprüche zwischen Bibel und Koran geben, so gilt der Koran. (17:81) Gibt es Widersprüche innerhalb des Korans, so muss interpretiert werden. (3:7) Wer Freund oder wer Feind ist, ist eindeutig: Der gläubige Muslim ist der Diener Gottes, alle anderen sind die Feinde und die Feinde müssen vernichtet werden. (47:3f)

Gottes Wille kann nicht neben der Selbstbestimmung einer demokratischen Gesellschaft stehen, da wird auf der einen Seite Jihad und auf der anderen „Kampf dem Terrorismus" gerufen, doch im Ergebnis ist es das gleiche: Krieg.

Da die Gesetze Gottes als sein Wille verstanden werden, ist ihre Befolgung ein Dienst, der Gott erwiesen wird. <Der Koran ist das Wort Gottes (26:192, 32:2) und der Gläubige folgt den Anweisungen Gottes. (2:5)> Die Befolgung dieser Gesetze sind nicht Teil des Islam, sondern das Leben nach den Gesetzen ist der Islam: <Der Koran regelt das Leben der Gläubigen. (2:4f)> Gottes Gesetz bestimmt das gesamte Rechtswesen der Gemeinschaft. Eine Trennung von Kirche und Staat ist danach nicht möglich. Religiöse und politische Gemeinschaft sind eins. Das religiöse Gesetz ist Staatsgesetz.

Wo Islam und Staat eine Einheit bilden, wird der Frieden verwirklicht: <Zu euch ist nun das Licht Gottes und ein Buch der Aufklärung gekommen. (5:15) Damit will Gott denjenigen, die seine Zuneigung suchen, den Weg des Friedens zeigen und sie aus der Finsternis ins Licht führen. (5:16)> Im Umkehrschluss heißt das: überall dort, wo das islamische Recht nicht herrscht, herrscht der Unfriede. <Wen Gott führen will, dem gibt er Verständnis für den Islam. Und wen Gott in die Irre gehen lassen will, der wird es nie begreifen. So verhängt Gott die Strafe über jene, die nicht glauben. (6:125)>

Das islamische Politikverständnis beruht auf Glaubensinhalten, das demokratische lehnt Glaubensinhalte ab. Der Islam beansprucht alle Lebensbereiche des Menschen durch Gott zu regeln, die Demokratie will so wenig wie möglich regeln und das was geregelt wird, regeln ihre Bürger nach dem Willen der Mehrheit. Gottes Handlungsmaxime ist die Führung der Menschen zur Glückseligkeit im Jenseits, die Handlungsmaxime der Bürger ist das Kosten-Nutzen-Kalkül im Diesseits unter Berücksichtigung der Menschenrechte.

Dieses Kosten-Nutzen-Denken im Verbund mit dem Egoismus sind die Wurzeln des Wettbewerbs der politischen Parteien und der Wirtschaft. Doch dieses Prinzip kennt keine Genügsamkeit. Die notwendigen Anpassungen aus Veränderungen durch den zeitbedingten Verschleiß sind längst nicht mehr der Antrieb. Die Wettbewerbsgesellschaft hat das „noch mehr" inzwischen zum Selbstzweck erhoben und jeder macht mit, denn sonst besteht die Gefahr, unter das Maß der notwendigen Anpassung zu sinken.

In einem demokratischen System wird alles über Verträge geregelt, denn absolute Grenzen einer göttlichen Anweisung gibt es nicht. Den Sockel der Vertragsgesellschaft bildet die Verfassung, der Vertrag über die Aufgaben der öffentlichen Institutionen wird im öffentlichen Recht behandelt, gut und böse wird im Strafrecht und der Umgang untereinander im Zivilrecht geregelt. Die Methode der Handhabung ist in der Prozessordnung festgelegt, denn nichts bleibt ungeregelt und alles ist anpassungsfähig.

Jede menschliche Interaktion ist vertraglich geregelt. Wer sich in dieser Gesellschaft nur weigert, seine Identität preiszugeben, ist bereits ein Feind. So einer wird aus dem Vertragsgebiet geschafft oder zwangsweise zum Freund durch Vergabe einer Identität erklärt. Damit ist der Vertrag hergestellt.

International werden die gleichen Methoden angewandt. Wer nicht vertraglich verknüpft ist, ist Feind. Jeder Nichtdemokrat, ob Individuum oder Staat, gefährdet die Demokratie und muss bekämpft werden. Die oberste Aufgabe des Staates ist die Sicherung des Friedens, also innere und äußere Feinde zu bekämpfen. Mitbürger oder Terrorist ist in der Demokratie die aktuelle Freund-Feind-Unterscheidung, die im Islam die Bezeichnung Gläubige und Ungläubige trägt.

<Tötet für eure Religion und kämpft gegen die Ungläubigen und vertreibt sie, von wo sie euch vertrieben haben. Die Verführung zum Unglauben ist schlimmer als das Töten. Der Tod ist der Lohn für die Ungläubigen. (2:191)>

oder

Jede Nation, auf der ganzen Welt, muss sich jetzt entscheiden. Entweder sie sind auf unserer Seite oder sie sind auf der Seite der Terroristen. Von heute an wird jeder Staat, der fortfährt den Terrorismus zu unterstützen oder ihnen Unterschlupf zu gewähren, als feindliches Regime der USA angesehen. Das ist ein Kampf der gesamten Welt, ein Kampf der Zivilisation. Das ist ein Kampf all derer, die an Pluralismus, Toleranz und Fortschritt glauben. [G.W.Bush, 20.9.2001]

Antwort der Amerikaner

20. September 2001

Am 11. September haben Feinde des Friedens einen kriegerischen Akt gegen unser Land unternommen. Die Beweise, die uns jetzt vorliegen, führen zu einer lose zusammen gewürfelten Terrororganisation namens Al-Qaida. Al Qaida steht für Terror, wie Mafia für Kriminalität steht. Deren Ziel ist aber nicht das Geld, sondern die Neuorganisation der Welt und darin wollen sie ihr radikales Glaubensbekenntnis allen Menschen aufzwingen.

Diese Terroristen praktizieren eine Splitterform islamischen Extremismus, die von den muslimischen Gelehrten und der überwiegenden Mehrheit der muslimischen Geistlichen verworfen wird. Im Aufruf der Terroristen geben sie sich den Befehl, Christen und Juden und alle Amerikaner zu töten und machen dabei keinen Unterschied zwischen Militär und Zivilbevölkerung, einschließlich Frauen und Kindern.

Ich wende mich heute Nacht auch direkt an alle Muslime in der Welt. Wir respektieren ihren Glauben. Dieser Glaube wird uneingeschränkt von Millionen Amerikanern praktiziert und von Millionen mehr in Ländern, die Amerika zu seinen Freunden zählt. Die Lehren dieses Glaubens sind gut und friedlich und wer das Böse im Namen Allahs begeht, verspottet den Namen Allah. Die Terroristen sind Verräter ihres eigenen Glaubens.

Die Amerikaner fragen sich: Warum hassen sie uns?

Sie hassen uns wegen unserer demokratisch gewählten Regierung. Deren Führer sind selbsternannt. Sie hassen uns wegen unserer Freiheit, unserer Religionsfreiheit, unserer Meinungsfreiheit, unserer Wahl- und Versammlungsfreiheit und unserer Freiheit, Widerspruch leisten zu können. Sie wollen die Regierung in vielen muslimischen Staaten, wie Ägypten, Saudi-Arabien und Jordanien stürzen. Sie wollen Israel aus dem Mittleren Osten vertreiben. Sie wollen Christen und Juden aus wesentlichen Bereichen Asiens und Afrikas vertreiben.

Diese Terroristen töten nicht nur, um Leben zu beenden, sondern um einen Lebensstil zu beenden.

25. September 2001 G.W.Bush

Die Menschen, die uns dies antaten und weitere solche Aktionen planen, sind böse Menschen. Sie repräsentieren keine Ideologie, sie repräsentieren keine legitime politische Gruppierung. Sie sind ganz einfach böse. Das einzige, woran sie den ganzen Tag denken können, ist die Bosheit. Und wir als eine Nation anständiger Leute, werden sie jagen, aufspüren und der Gerechtigkeit überführen.

Unsere Nation sucht keine Rache, wir suchen Gerechtigkeit. Und mir ist es egal, wie lange es dauern wird, den Terrorismus auszurotten, wir werden es tun. Wir sind im Krieg, einem Krieg, den wir gewinnen werden.

8. November 2001 G.W.Bush

Wir schätzen das Leben, die Terroristen vernichten es unbarmherzig. Wir schätzen Erziehung und Ausbildung, doch die Terroristen meinen, Frauen bräuchten weder Ausbildung noch Gesundheitsvorsorge noch sollten sie ihr Haus verlassen. Wir schätzen das Recht der freien Meinungsäußerung, bei den Terroristen riskiert man dafür sein Leben. Wir würdigen die Menschen unabhängig ihres Glaubens und ermöglichen die freie Ausübung der Religion. Unsere Feinde wollen diktieren, was gedacht wird und wie man zu glauben hat und sogar dann, wenn man selbst Muslim ist.

Wir riskieren einen Krieg zur Rettung der Zivilisation. Wir haben ihn nicht gewollt, aber wir müssen ihn führen und wir werden diesen Krieg beherrschen.

Zu viele haben eine falsche Vorstellung von den Amerikanern als oberflächliche, materialistische Konsumenten, die nur darauf aus sind, reich zu werden und die Nase vorne zu haben. Aber das ist nicht das Amerika, das ich kenne. Unser Amerika ist eine wundervolle Nation, voller freundlicher und herzlicher Menschen, gläubige und friedliche Menschen, die allen Menschen Chancen wünschen.

29. Januar 2002 G.W.Bush

Unsere Feinde betrachten die gesamte Welt als ein Schlachtfeld und wir müssen sie daher verfolgen, wo immer sie auch sind.

Einige Regierungen fürchten sich, dem Terror entgegenzutreten. Damit aber kein Irrtum aufkommt: Wenn die es nicht tun, wird Amerika die Sache selbst in die Hand nehmen. Das zweite Ziel, das wir verfolgen, ist zu verhindern, dass Regime Terroristen mit Massenvernichtungswaffen versorgen, mit denen sie Amerika und unsere Freunde und Verbündete bedrohen.

Nordkorea ist solch ein Regime, bewaffnet mit Raketen und Waffen zur Massenvernichtung, während es aber gleichzeitig zulässt, dass seine Bevölkerung verhungert. Der Iran strebt rücksichtslos nach dem Besitz solcher Waffen und er exportiert den Terror, während einige, die nicht durch Wahl bestimmt wurden, die Hoffnung auf Frieden im iranischen Volk unterdrücken. Der Irak fährt fort, seine Feindschaft gegen Amerika zur Schau zu stellen und er unterstützt den Terror. Das irakische Regime plant die Entwicklung von Anthrax, Nervengas und Atomwaffen im nächsten Jahrzehnt. Dieses Regime hat etwas vor der zivilisierten Welt zu verbergen.

Staaten wie diese und ihre terroristischen Verbündeten bilden eine Achse des Bösen. Sie rüsten auf, um den Weltfrieden zu bedrohen.

Die Verteidigung des Friedens und der Gerechtigkeit wird Amerika anführen, denn für alle Menschen überall sind diese Werte unveränderbar. Keiner Nation gehören diese Werte und keine Nation kann sich ihnen entziehen. Wir wollen niemandem unsere Kultur aufzwingen, aber Amerika wird sich immer für die nicht verhandelbaren Werte der Menschenwürde einsetzen: nämlich die Herrschaft des Gesetzes, der Respekt vor Frauen, dem Privateigentum, der freien Meinungsäußerung, der Gleichheit vor dem Gesetz und der religiösen Toleranz.

Das Böse existiert und dem muss man sich entgegenstellen. Wir wählen die Freiheit und die Würde des Lebens. Getreu dieser Maxime gehen wir voran. Wir haben den Preis der Freiheit kennen gelernt. Wir haben die Macht der Freiheit demonstriert. Und in dieser großen Auseinandersetzung, meine lieben Mitbürger, wird die Freiheit siegen.

[US-Präsident G.W.Bush]

Die Dogmen des Gottesstaates und der Demokratie

<Haben die Ungläubigen etwa Partner, die ihnen einen Glauben verordnen, der im Widerspruch zu den Verordnungen Gottes steht? Gäbe es nicht den festgesetzten Termin des Jüngsten Tags, wäre längst das Urteil über sie gefällt. Diese Sünder werden hart bestraft. (42:21)>

Islamischer Gottesstaat und Demokratie lassen beide nicht zu, dass ihre Dogmen in Frage gestellt werden und sie sind beide um die Ausweitung Ihres Geltungsbereichs bemüht, denn erst wenn alle im eigenen System vereint sind, ist die Gefahr gebannt. <Von der Kaaba in Mekka geht die Leitung der Welten aus. (3:96, 3:97)> „Das ist ein Kampf der gesamten Welt, ein Kampf der Zivilisation. Das ist ein Kampf all derer, die an Fortschritt, Pluralismus, Toleranz glauben." [G.W. Bush]

Freiheit und Gleichheit sind die obersten Werte der Demokratie. Sie sind nicht verhandlungsfähig und werden offensiv durchgesetzt. Aus Sicht der Demokraten gibt es neben der Demokratie keine zulässigen anderen Staatsformen. Daher werden nicht nur zum Zweck der Selbstverteidigung die äußeren Feinde bekämpft, sondern auch aus der Überzeugung heraus, das „Gute" in der Welt zu verbreiten. Die organisierten Nicht-Demokraten sind die Vertreter des Bösen und das Böse gilt es zu beseitigen.

Doch auch für die Demokraten gilt, dass sie nur dann gut sind, wenn es andere gibt, die böse sind. Das Thema löst sich erst dann auf, wenn nicht mehr die Frage nach der richtigen Staatsform gestellt wird.

Gott hat den Koran allen Menschen zu ihrem Wohl gegeben und den Gläubigen den Auftrag erteilt, für die Umsetzung seiner Gebote in der Welt zu sorgen. An der Erfüllung dieses Auftrags hindert die Islamisten die demokratischen Prinzipien und die kapitalistische Wirtschaftsordnung, repräsentiert durch die Amerikaner und die Juden. Deren ökonomisches Denken, zu dem sie im Zuge der Globalisierung die gesamte Welt verführen wollen, fördert bei den Menschen die Lust an Konsum und Wettbewerb. Doch Konsum ohne sachliche Notwendigkeit und Wettbewerb als Selbstzweck zerstört Zuneigung, denn das Kosten-Nutzen-Kalkül ist stets auf die Steigerung des eigenen Vorteils ausgerichtet. In Verbindung mit dem Anspruch der Selbstbestimmung zersetzt solch ein Denken den Glauben an Gott, denn eine Handlung soll um ihrer selbst willen ausgeführt werden und nicht das Mittel eines egoistischen Zwecks sein.

Der Islamismus wendet sich gegen die Idee, dass Menschen selbst bestimmt die Regeln ihrer Gemeinschaft begründen, denn die Regeln sind durch Koran und Sunna vorgegeben. Die damit verbundene Überzeugung, dass das Individuum sich selbst genügt, ist ein Ausdruck des Unglaubens.

Die Demokratie ist daher ein Bündnis der Ungläubigen gegen den wahren Glauben. Da erhebt sich der Mensch zu Gott, indem er sich als oberste Instanz definiert. Wer aber so denkt und handelt, muss bekämpft werden.

Der Islamismus bekommt seine Argumente gegen die Demokratien auch noch von ihr selbst geliefert. Bleibt der versprochene Wohlstand aus oder sind die Mühen dafür zu groß, sind es nur wenige, die davon profitieren oder ist gar der Wohlstand an sich nicht mehr das ausschließlich anzustrebende Ziel, dann zeigt sich, dass der Feind seine Versprechungen nicht erfüllen kann. Das System aus Verträgen, in dem ausschließlich der Mensch den Maßstab setzt, stiftet offensichtlich keinen inneren Frieden. Werden dann noch die Vertragsverhältnisse mit Lügen belastet, wie das Beispiel USA und Irak zum Thema „Massenvernichtungswaffen" gezeigt hat, dann gibt es auch kein Argument mehr, Verträge zu halten.

Lohn für den Einsatz im heiligen Krieg

<Was gibt es schöneres als Sieg oder Paradies? Für die Feinde des Islam gibt es eine Strafe, die durch uns oder durch Gott selbst vollzogen wird. Wir werden es alle erfahren. (9:52)>

<Das irdische Leben ist doch nur ein Spiel. Für die Frommen ist das Jenseits der bessere Ort. (6:32) Das Leben bei Gott ist nämlich schöner und dauerhafter. (40:39, 42:36)>

<Die Gläubigen können einen Handel eingehen, der sie vor der Strafe der Hölle schützt (61:10): Ihr müsst an Gott und Mohammed glauben und mit eurem Vermögen und eurem Leben Krieg führen. Wer nachdenkt weiß, dass dies der bessere Weg ist. (61:11) Denn wer das tut, dem wird jede Schuld vergeben und der geht ins Paradies ein. (61:12) Außerdem bekommt ihr Hilfe von Gott und werdet siegen. (61:13) Es sollen die für den Islam kämpfen, die das irdische Leben um den Preis des jenseitigen Lebens verkaufen. Und wer dabei getötet wird, den erwartet das Paradies. (4:74)>

<"Oh Herr, gib uns, was du uns durch Mohammed versprochen hast. Führe uns nicht in die Hölle. Du brichst nicht Deine Versprechen." (3:194) Ob Mann oder Frau, Gott wird jede Tat von euch bewerten. Ihr Gläubigen seid eine Gemeinschaft. Wer wegen seines Glaubens ausgewandert ist oder vertrieben wurde oder Schwierigkeiten erleiden musste und wer gekämpft hat und dabei getötet wurde, dem vergibt Gott seine Sünden und den wird er ins Paradies einziehen lassen. Und für die Zeit seines Lebens bekommt er eine schöne Wohnstatt. Gott belohnt großzügig. (3:195, 16:41, 16:42)>

<Wer die Pilger bewirtet und die heiligen Kultstätten instand hält, ist doch nicht mit dem gleichzusetzen, der für seinen Glauben in den Krieg zieht. Gott bewertet das unterschiedlich. (9:19) Wer für seinen Glauben in den Krieg gezogen ist, nimmt bei Gott einen höheren Rang ein. Der wird großes Glück erfahren. (9:20) Wer für seinen Glauben in den Krieg zieht, steht in der Gunst Gottes über jenen, die daheim bleiben, jedoch kämpfen könnten. (4:95) Wer im Glaubenskrieg getötet wird, kann sich damit trösten, dass Gottes Vergebung und Barmherzigkeit besser ist als weltliches Gut. (3:157) Wer im Glaubenskrieg stirbt, ist nicht tot. Der lebt bei Gott und wird von ihm versorgt. (3:169)>

<Mohammed und alle Gläubigen, die mit ihrem Vermögen und in eigener Person Krieg führen (9:88), werden mit dem Paradies belohnt. (9:89) Manche kommen mit faulen Ausreden, manche lügen und andere bleiben einfach zu Hause, um nicht in den Krieg zu ziehen. Diese Ungläubigen werden eines Tages eine schmerzhafte Strafe erfahren. (9:90)>

<Gott liebt diejenigen, die für ihren Glauben geschlossen kämpfen. (61:4)>

<Wer wegen seines Glaubens als Muslim auswandern muss, findet auf der Erde genug Länder, die ihn aufnehmen. Und wer seine Heimat verlässt, um sich Gott und seinem Propheten anzuschließen, den wird Gott belohnen, auch wenn er auf diesem Weg stirbt. (2:218, 4:100, 22:58, 22:59)>

<Gott hat das Leben und das Vermögen der Gläubigen im Tausch für das Paradies erkauft. Sie kämpfen für die Religion Gottes, sie töten und werden getötet. Ein Handel, bindend für Gott, dokumentiert in der Thora, im Evangelium und im Koran. Und wer hält seine Versprechen getreuer als Gott? Freut euch des Handels, denn das ist Glückseligkeit. (9:111)>

Der Koran verspricht denjenigen, die im Jihad ihr Leben lassen, unmittelbaren Eingang ins Paradies. Alle anderen leben und sterben im Ungewissen. Unzählige von Selbstmordattentäter nehmen diese Verse zum Anlass, ihr Leben zu opfern.

Koexistenz

<Vielleicht wird Gott bewirken, dass zwischen euch und euren bisherigen Feinden Freundschaft entsteht. (60:7) Gott gestattet euch nämlich jene nachsichtig zu behandeln, die euch weder wegen des Islams bekämpft haben, noch die euch vertrieben haben. (60:8) Wer aber mit denen Freundschaft schließt, die euch wegen eures Glaubens bekämpft haben und die euch vertrieben haben oder dabei geholfen haben, der ist ein Übeltäter. (60:9)>

<Im Koran [?] steht der Auftrag, die Botschaft an jene zu übermitteln, die bereit sind, Gott zu dienen. (21:106) Gott hat Mohammed gesandt, um den Menschen Barmherzigkeit zu erweisen. (21:107) Er verkündet nur, dass euer Gott ein einziger Gott ist, dem ihr ergeben sein sollt. (21:108) Wer sich aber abwendet, dem sollt ihr erklären, dass irgendwann der Tag der Abrechnung folgt. (21:109) Gott weiß, was gesagt und gedacht wurde. (21:110) Mohammed weiß aber nicht, ob die Ungewissheit des Termins des Jüngsten Tags euch verführt oder euch nutzt. (21:111) Der barmherzige Gott urteilt nach der Wahrheit und er wird um Hilfe bei der Wahrheitssuche gebeten. (21:112)>

Moses und Mohammed waren nicht nur Propheten, sondern auch Staatsgründer und als solche führten sie auch Kriege. Obwohl Jesus kein Staatsgründer war, haben dafür aber später seine Anhänger das Christentum zur Staatsreligion gemacht. Im Namen Jesus wurden daher genauso Kriege geführt und Andersgläubige getötet. Die Kreuzzüge und der dreißigjährige Krieg sind die bekanntesten Beispiele dafür.

Weder die Bibel noch der Koran kennen die Trennung von Kirche und Staat. Alle drei abrahamitischen Religionen tragen den Keim der Gewalt gegen die Ungläubigen in sich. Die Trennung von Kirche und Staat ist daher ein vorbeugendes Mittel dagegen.

Der ZMD [Zentralrat der Muslime Deutschlands] geht einen Schritt in diese Richtung, indem er in einer Grundsatzerklärung die friedliche Beziehung der Muslime zum Staat und zur Gesellschaft beschreibt:

Darin wird erklärt, dass der Islam die Religion des Friedens ist, in welcher der Mensch seinen Frieden mit sich und der Welt durch freiwillige Hingabe an Gott findet. Es wird der Koran als das unverfälschte Wort Gottes bezeichnet und darauf hingewiesen, dass Mohammeds Aussagen und Verhaltensweisen in der Sunna überliefert sind, welche zusammen mit dem Koran die Grundlage des islamischen Glaubens, des islamischen Rechts und der islamischen Lebensweise bilden.

„Alle Muslime haben die gleiche Lebensaufgabe: Gott zu erkennen, ihm zu dienen und seinen Geboten zu folgen“, heißt es da. Zugleich wird das Bekenntnis abgegeben, dass die Muslime die vom Grundgesetz garantierte gewaltenteilige, rechtsstaatliche und demokratische Grundordnung der Bundesrepublik Deutschland, einschließlich des Parteienpluralismus, des aktiven und passiven Wahlrechts der Frau sowie der Religionsfreiheit bejahen. Das steht zwar im

Widerspruch zur wörtlichen Auslegung des Korans, sollte aber nur dann thematisiert werden, wenn das Verhalten der Muslime im Gegensatz zu ihrer eigenen Grundsatzerklärung steht.

Mit dem Zugeständnis des ZMD, dass jeder die Religion wechseln könne oder auch gar keine Religion haben muss, wird die Interpretationskunst der Muslime dann besonders herausgefordert. <Die Gläubigen kämpfen für Gott, alle anderen für das Böse. (4:76) Es gibt keinen schlimmeren Sünder als den, der, nachdem er mit dem Koran aufgeklärt wurde, sich dann doch davon abwendet. (32:22) Glaubt ihr denn nur an einen Teil des Korans und verwerft den anderen? (2:85)> usw.

Die Behauptung „Der Koran untersagt jede Gewaltausübung und jeden Zwang sowie die Anpassung an die lokale Rechtsordnung in der Diaspora" findet man neben gegenteiligen Aussagen zwar auch im Koran, lässt aber die Frage offen, was denn passiert, wenn die Muslime nicht mehr eine nur kleine Minderheit sind. Dann wird wohl <Gott und sein Gesandter den Friedensvertrag mit den Ungläubigen kündigen. (9:1)>

„Wir zielen nicht auf Herstellung eines klerikalen Gottesstaates ab", lautet eine der vertrauensbildenden Erklärungen. Da diese Behauptung an vielen Stellen des Koran anders gelesen werden kann, muss die Frage gestellt werden, wie hoch der Anteil der Muslime ist, die durch diese Vereinigung repräsentiert wird. <Der Koran ist das Buch der Wahrheit und Gerechtigkeit (42:17)> In der Demokratie geht Wahrheit und Gerechtigkeit vom Volk aus.

„Der Islam ist Glaube, Ethik, soziale Ordnung und Lebensweise zugleich." Genau deren Ethik ist es, die so viele Fragen aufwirft: Sklaverei, der Umgang mit Ungläubigen, die Stellung der Frau, die Anpassung in der Minderheit und ein angestrebtes Gesellschaftssystem mit Gottes Offenbarungen, dem Koran, an der Spitze. Das passt in keine Demokratie. <Die Geschöpfe des Universums unterwerfen sich Gott (16:50) und <keine Macht steht neben Gott. (35:13)>

„Der Zentralrat fühlt sich der gesamten Gesellschaft verpflichtet und ist bemüht, in Zusammenarbeit mit allen anderen gesellschaftlichen Gruppierungen einen wesentlichen Beitrag zu Toleranz und Ethik sowie zum Umwelt- und Tierschutz zu leisten. Er verurteilt Menschenrechtsverletzungen überall in der Welt und bietet sich hier als Partner im Kampf gegen Diskriminierung, Fremdenfeindlichkeit, Rassismus, Sexismus und Gewalt an. Es besteht kein Widerspruch zwischen der islamischen Lehre und dem Kernbestand der Menschenrechte."

Man fragt sich, ob die Verfasser dieses Texts den Koran kennen, denn es genügt nicht eine Stelle zu finden, in der von der Unverletzlichkeit des Menschen die Rede ist, wenn an vielen anderen Stellen das Gegenteil behauptet wird. <Dem Dieb schneidet die Hände ab (5:38)> und <wenn eine eurer Ehefrauen Unzucht begeht, sperrt sie ein, bis sie sterben. (4:15)> usw. Auch stellt sich die Frage, inwieweit sich der „Kernbestand der Menschenrechte" vom Rest unterscheidet.

„Der beabsichtigte Schutz des Individuums vor dem Missbrauch staatlicher Gewalt wird auch von uns unterstützt. Das Islamische Recht gebietet, Gleiches gleich zu behandeln, und erlaubt, Ungleiches ungleich zu behandeln. Das Gebot des islamischen Rechts, die jeweilige lokale Rechtsordnung anzuerkennen, schließt die Anerkennung des deutschen Ehe-, Erb- und Prozessrechts ein."

Es wird behauptet, dass der Koran den Menschen immer wieder dazu auffordert, von seiner Vernunft und Beobachtungsgabe Gebrauch zu machen. In diesem Sinne sei die islamische Lehre aufklärerisch und blieb von ernsthaften Konflikten zwischen Religion und Naturwissenschaft verschont. Wer den Koran gelesen hat, weiß, dass Vernunft zum Verständnis des Korans sehr hinderlich ist, muss aber auch zugeben, dass die Naturwissenschaft durch den Koran nicht eingeschränkt wird.

„Wir begrüßen das System der Bundesrepublik Deutschland, in dem Staat und Religion harmonisch aufeinander bezogen sind und Deutschland ist Mittelpunkt unseres Interesses und unserer Aktivität. Im Einklang damit fördern wir ein zeitgenössisches Verständnis der islamischen Quellen, welches dem Hintergrund der neuzeitlichen Lebensproblematik und der Herausbildung einer eigenen muslimischen Identität in Europa Rechnung trägt."

Mehr kann man zurzeit nicht erwarten, <daher sei euch euer Glaube und mir meiner." (109:6)> Da Humanismus und Gottesstaat, Demokratie und Kalifat, ein offensichtlicher Widerspruch ist, kann das friedliche Zusammenleben gläubiger Muslime mit mehrheitlich aufgeklärten Demokraten nur durch das bewusste Ignorieren islamischer Grundaussagen funktionieren. Die quantitativen Verhältnisse lassen keine andere Lösung zu.

Der Humanismus wirbt für sich selbst und so werden sich im Laufe der Zeit Verhältnisse einstellen, wie sie auch die christlichen Kirchen mit dem Staat pflegen. Das zeitgenössische und demokratische Verständnis der islamischen Quellen durch die Muslime zeigt sich in deren Verhalten. Solange dieses Verhalten im Einklang mit den Werten der Demokratie steht, kann man gelassen bleiben.

Der Koran über Mohammed

Gott und Mohammed

<Abraham im Dialog mit Gott: „Gib unseren Nachkommen einen Propheten aus ihrem eigenen Volk, der deine Worte vorträgt, sie das Buch der Weisheit lehrt und sie aufklärt.“ (2:129) Gott hat dich, Mohammed, als Propheten bestimmt. (4:79)>

Gott im Dialog mit Mohammed: „Veröffentliche im Namen deines Schöpfergottes.“ (96:1) [Die erste Offenbarung, die Mohammed empfing?]>

<Ich unterwerfe mich Gott als Erster (6:14) und fürchte die Strafe, wenn ich ungehorsam bin. (6:15) Mein Gebet und meine Opfer und mein Leben und mein Tod gehören Gott. (6:162) Mohammed ist ein Vorbild für jeden, der auf Gott vertraut, häufig an ihn denkt und sich auf den Jüngsten Tag freut [hofft]. (33:21) Er ist auch nicht der Vater einer eurer Männer. Mohammed ist der Gesandte Gottes und der letzte aller Propheten. (33:40)>

<Gott wird seine Versprechungen, die er seinen Propheten gegeben hat, einhalten. (14:47, 14:48) Gott hat Mohammed zu euch [?] geschickt, damit er bezeugen kann, wie ihr euch verhaltet, genauso wie damals Gott den Moses zum Pharao geschickt hatte. (73:15) Gott hat schon vor Mohammed Propheten geschickt. Darunter sind manche, von denen Gott dem Mohammed bereits berichtet hat. Kein Gesandter hätte ohne die Erlaubnis Gottes ein Zeichen Gottes bringen können. Immer wenn eintrat, was Gott angeordnet hatte, wurde die Wahrheit vollzogen und die Ungläubigen hatten den Schaden. (40:78)>

<Abraham war ein Vorbild: Gehorsam gegen Gott, lauter im Glauben (16:120) und dankbar für Gottes Wohltaten. Gott hat ihn erwählt und geführt. (16:121) Er gewährte ihm Gutes in dieser Welt und im Jenseits kommt er ins Paradies. (16:122) Gott hat dem Mohammed gesagt: „Folge dem Weg Abrahams.“ (16:123) Mohammed: „Gott führt mich auf den richtigen Weg, zum richtigen Glauben, dem Glauben Abrahams. Der war kein Götzendiener. Der war ein Prophet. (6:161, 19:41)>

<Gott brachte Mohammed auf den Weg des Glaubens. Es soll ihn gehen und nicht den Neigungen derer nachgeben, die nicht Bescheid wissen. (45:18) Sie werden ihm nichts nützen. Unter den Sündern solidarisieren sich manche. Gott ist aber der Freund der Rechtschaffenen. (45:19)>

<Mohammed ruft zum richtigen Verhalten auf. (23:73) Gott zu Mohammed: „Bekehre deine Mitmenschen und sei kein Götzendiener. (28:87) Ertrage in Geduld [die Verleumdungen], die man über dich verbreitet und halte dich zurück. (50:39, 73:10) Überlasse Gott, was mit denen geschehen soll, die die Wahrheit leugnen und sich eines luxuriösen Lebens erfreuen. Gott gewährt ihnen nur eine kurze Frist. (73:11) Danach erwartet sie in der Hölle eine erstickende Speise (73:12) und schmerzliche Strafe. (73:13) Gott weiß, dass dich betrübt, was die Ungläubigen sagen. Doch sie bezichtigen nicht nur dich der Lüge, sondern sie leugnen sogar die Zeichen Gottes. Sei geduldig. Nur mit Gottes Hilfe wirst du geduldig sein.“ (6:33, 16:127)>

<Mohammed verlangt kein Geld für seine Predigten und ist daher auch frei von einer Verpflichtung. Er ist auch keiner, der sich etwas anmaßt. Der Lohn Gottes ist besser. (23:72, 38:86, 52:40, 68:46) Mohammed soll die gläubigen Führungskräfte der Juden und Christen zum Vorbild nehmen. [? Leute der Schrift mit Weisheit und Prophetie] Mohammed: „Ich verlange keinen Lohn für die Verkündung des Koran von euch, es sei denn die Liebe zu den Verwandten. Ich ermahne euch nur.“ (6:90, 10:72, 12:104, 25:57, 34:47, 42:23) Folgt denen, die keinen Lohn von euch fordern und die auf dem rechten Weg sind. (36:21)>

<Mohammed, sei geduldig, denn Gottes Prophezeiungen gehen in Erfüllung und du stehst unter dem Schutz Gottes. Suche Vergebung für deine Missetaten und lobpreise Gott am Abend und am Morgen. Am Tag der Auferstehung werden deine ungläubigen Mitbürger meinen, sie seien nur eine Stunde im Grab gewesen. Diese Botschaft sollst du ausrichten. Nur die Sünder werden vernichtet. (40:55, 46:35, 52:48, 52:49, 76:25)>

<Gott zu Mohammed: „Vielleicht bekommst du noch zu Lebzeiten einen Blick auf die Hölle." (10:46, 40:77) Auch wenn Gott Mohammed vor den Ungläubigen sterben lässt, so wird Gott sich an ihnen nachträglich rächen (43:41) oder Gott lässt Mohammed beobachten, was er den Ungläubigen angedroht hat. (13:40, 43:42) Mohammed soll sich an die Offenbarungen halten. (43:43)>

<Wer da meint, dass Gott dem Mohammed niemals im Diesseits und im Jenseits helfen werde, der soll doch mit Hilfe eines Seils zum Himmel emporsteigen und es dann abschneiden. Dann soll er sehen, ob seine List das hinweg nehmen wird, was ihn ärgert [?] (22:15) Gott hat Mohammed Beschützer gegeben. (13:11)>

<Gott hat dich, Mohammed, offensichtlich siegen lassen (48:1) und wird dir alle Schuld deines bisherigen und zukünftigen Lebens vergeben. Er wird seine Gnade an dir vollenden und dich auf einen geraden Weg leiten. (48:2) Gott wollte dir zu einem großartigen Sieg verhelfen. (48:3)>

<Gott zu Mohammed: „Wenn zwei Parteien der Gläubigen streiten, dann stifte Frieden zwischen ihnen. Wenn aber eine davon nicht einlenkt, so bekämpfe sie, bis sie sich Gottes Befehl fügt. Fügt sie sich, so stifte Frieden und lass Gerechtigkeit walten." (24:48, 49:9) Nur wenn sie das Recht auf ihrer Seite wähnen, kommen sie zu Mohammed, bereit sich seinem Urteil zu unterwerfen. Was denken sie? Zweifeln sie an der Gerechtigkeit Gottes und seines Gesandten? (24:49, 24:50)>

<Gott hat Mohammed die Wahrheit offenbart, damit er mit diesem Wissen über die Menschen urteilt. Er soll daher nicht zum Anwalt der Verräter werden. (4:105)>

<Vor vielen Generationen hat Gott dem Moses seine Offenbarungen gegeben. (28:45) Mohammed war nicht dabei, als Gott Moses zu sich bestellte. Aus Barmherzigkeit hat Gott Mohammed entsandt, damit er ein Volk warnt, zu dem bisher noch kein Prophet gekommen war. (28:46) So gibt es keine Ausreden mehr für sie, denn jetzt müssen sie sich verantworten. (28:47) Oft genug wurde ihnen die Aufklärung vorgetragen. (28:51) Die Juden und die Christen glauben an die Bibel. (28:52, 28:53) Die Leute aus Mekka fürchten, wenn sie zum Islam übertreten, dass sie vertrieben werden. Gott hat ihnen doch ein heiliges Gebiet zugesichert, in dem sie versorgt werden. Die meisten von ihnen wissen nicht Bescheid. (28:57)>

<Die Ungläubigen schmiedeten Pläne, Mohammed gefangen zu nehmen oder zu ermorden oder aus Mekka zu vertreiben. Aber auch Gott schmiedete Pläne und er kann es am besten. (8:30) Wenn denen der Koran vorgetragen wurde, sagten sie: „Das sind doch nur Geschichten unserer Großväter und (8:31) wenn das alles wahr ist, soll Gott doch Steine regnen lassen oder uns bestrafen." (8:32) Gott wollte Mohammed nicht gefährden und hat sie deshalb nicht bestraft. Auch wollte er abwarten, ob sie um Vergebung bitten. (8:33) Aber warum sollte Gott sie jetzt nicht bestrafen, wo sie doch die Gläubigen vom Besuch der Moschee abhalten? Sie sind ja auch nicht Mohammeds Freunde, denn das sind immer nur Gläubige. (8:34) Das Gebet der Ungläubigen in der Kaaba ist nichts anderes als Pfeifen und Händeklatschen. Sollen sie doch für ihren Unglauben die Strafe zu spüren bekommen. (8:35)>

<Gott zu Mohammed: „Hat nicht Gott dir Mut gemacht und dir deine Sorgen, die schwer auf dir lasteten, abgenommen? Hat Gott dir nicht deinen Ruf verbessert?" (94:1, 94:2, 94:3, 94:4)>

<Wäre Gott nicht barmherzig zu Mohammed, einige seiner Gegner hätten versucht, ihn ins Verderben zu stürzen. Doch dabei können sie nur sich selbst ins Verderben stürzen. Mohammed können sie keinen Schaden zufügen. Gott hat ihm den Koran und die Weisheit offenbart und ihn gelehrt, was er zuvor nicht wusste. (4:113)>

<Mohammed soll die Propheten, die vor ihm da waren, fragen, ob Gott noch Götzen neben sich zugelassen hat? (43:45)>

<Gott: „Mohammed, fürchte Gott und gehorche nicht den Ungläubigen und den Heuchlern. Lass den Ärger, den sie dir zufügen, auf sich beruhen und vertrau' auf Gott. (33:1, 33:48) Folge den Offenbarungen Gottes. Gott weiß, was du tust und er wird richten. (10:109, 33:2) Vertraue auf Gott, denn Gott genügt als Beschützer." (33:3)>

<Gepriesen sei Gott, der Mohammed von der heiligen Moschee [Jerusalem oder Mekka?] zu der fernen Moschee [Jerusalem oder der Himmel?], führte, damit Gott ihm einige seiner Zeichen zeigt. (17:1)>

<Mohammed: Mir wurde befohlen, Gott zu dienen und meinen Glauben ausschließlich auf ihn auszurichten, der einzig wahren Religion. Mir wurde verboten, Götzen anzubeten. Mir wurde außerdem befohlen, der erste der Gottergebenen zu sein. Darum fürchte ich die Strafe am Jüngsten Tag, wenn ich Gott gegenüber ungehorsam wäre. Gott diene ich und an ihn glaube ich. (10:104, 10:105, 39:11, 39:12, 39:13, 39:14, 40:66)>

<Mohammed soll sagen: Soll ich mir einen anderen Herrn wünschen als Gott, wo doch Gott Herr über alles ist. Wer Sünden begeht, tut es nur zum eigenen Nachteil, denn niemand kann die Verantwortung für einen anderen übernehmen. (6:164)>

Im 6. Jahrhundert war Arabien wechselseitig ein Anhängsel des christlich geprägten oströmischen Reichs, des syrischen Cassaniden-Reichs, in dem der Zoroastrismus Staatsreligion war, der Laimiden aus dem heutigen Irak und der Perser. Sowohl die Christen, als auch die Zoroastristen missionierten in Arabien.

Die dort lebenden Menschen hatten Familienreligionen, mit einem oder mehreren Göttern, denen übergeordnet die Götter des Stamms, dann des Volks und des Staats standen. Diese Hierarchie änderte sich mit den wechselnden politischen Verhältnissen. Ergänzt wurde die Religionsvielfalt noch um die Juden, die zwar nicht missionierten, doch dort leben.

Er wurden verschieden arabische Dialekte, griechisch, aramäisch, syrisch und Pahlavi, die Sprache Persiens, gesprochen. Mit der Ausbreitung der arabischen Stämme und aufkommender Poesie findet aber die arabische Sprache zunehmende Verbreitung.

Palästina und der Jemen waren über eine Karawanenstraße verbunden, die auf halber Strecke erst durch Jathrib, dem heutige Medina [„Stadt des Propheten"] und 300 km weiter dann durch Mekka führt. Beide waren große Oasensiedlungen, in denen Landwirtschaft betrieben wurde. Mekka, das in einem engen Tal von Bergen umschlossen ist, hat nur drei Ausgänge: Die Verbindungen nach dem Jemen, zum Roten Meer nach Dschidda und zur Straße nach Palästina. Dort lebten verschiedene arabische Sippen, unter anderen die Koreischiten, denen die Familie Mohammeds angehörte und die später seine Gegner wurden. In Jathrib lebten mehrheitlich jüdische Stämme.

Die Entwicklung dieser Gesellschaft war geprägt von den landschaftlichen und klimatischen Bedingungen: riesige Entfernungen, Hitze, wenig Regen und vielfach nur Wüste.

Es wird berichtet, dass Mohammed mittelgroß war, welliges, schwarzes Haar hatte und seine Haut hell war. Er hatte einen Vollbart und eine ruhige Stimme. Er lebte bescheiden und hatte eine stabile Gesundheit. Er achtete auf Hygiene und legte auch auf seinen Reisen großen Wert darauf. Seine Kleider waren weiß und von einfacher Machart. Sein Lebensstil war bescheiden.

570 wurde Mohammed [arabisch: „der Gepriesene“, voller Name: Abul Qasim Muhammad Ibn Abdallah] als Sohn des Kaufmanns Abdallah und dessen Frau Amina in Mekka geboren. Er gehörte zu einem verarmten Zweig der Familie der Koreischiten, die als Teil der Haschimiten bedeutenden Einfluss in Arabien hatten. Sein Vater starb schon zwei Jahre nach Mohammeds Geburt auf einer Handelsreise nach Medina. Seine Mutter, eine Banu Zuhrah, übergab dann, auf Drängen seines Großvaters väterlicherseits, Abdal-Muttallib, den Jungen in die Obhut der Amme Halima, die dem Nomadenstamm der Banu Saad angehörte. Bei ihr lebte Mohammed bis zu seinem vierten Lebensjahr. Seine Mutter starb, als er 6 Jahre alt war. Daraufhin übernahm sein Großvater die Erziehung. Doch auch er starb zwei Jahre später, so dass dann sein Onkel Abu Talib die Verantwortung für die weitere Erziehung übernahm.

Der Onkel war Kaufmann, was zu einer entsprechenden Ausbildung Mohammeds führte. Er nahm ihn oft auf Handelsreisen nach Syrien mit.

Im 4 Jahre dauernden Fidschar-Krieg, eine Art Krieg wie er öfter zwischen den Stämmen Arabiens ausbrach, erhielt Mohammed seine militärische Ausbildung. [615-620?] Der Fidschar-Krieg dauerte in jedem Jahr nur einige Tage, denn in der übrigen Zeit des Jahres mussten sich die Menschen um ihren Lebensunterhalt kümmern und wollten ihr gewohntes Leben führen. Dieser Krieg endete mit einem der üblichen Friedensschlüsse, in denen das Blutgeld ausgehandelt wurde: wer weniger Tote hatte, musste Blutgeld zum Ausgleich der anderen Seite bezahlen. Die Koreischiten zahlten das Blutgeld für zwanzig Mann, was der Legende nach von Mohammed als ein Beispiel unlauteren Verhandelns und Verhaltens ausgelegt wurde.

590 wird Mohammed von der reichen und zweifach verwitweten, Chadidscha als Kaufmann eingestellt. Innerhalb der nächsten Jahre und unter der Verantwortung von Mohammed wuchs ihr Geschäft.

595 heiraten Chadidscha und Mohammed. Er 25 und sie 40 Jahre alt. Es scheint eine glückliche Ehe gewesen zu sein. Sie bekommen zwei Jungen und vier Mädchen. Bis auf Fatima sterben die Kinder relativ jung. Um den Schmerz des Todes seiner Söhne zu überwinden, kaufte Mohammed den Sklaven Said Ibn Haritha, ließ ihn frei und adoptierte ihn. Später gehörte er zu seinen treuesten Anhängern.

619 sterben seine Frau Chadidscha und sein Onkel und Pate Abu Talib.

621 fuhr Mohammed zum Himmel. Angeblich startete er vom Tempelberg von der Al-Aksa-Moschee in Jerusalem aus. <Gepriesen sei Gott, der Mohammed von der heiligen Moschee [Jerusalem?] zu der fernen Moschee [im Himmel?], führte, damit Gott ihm einige seiner Zeichen zeigt. (17:1)> Anders als bei Jesus reist Mohammed als Lebender und kommt nach einem Besuch auch wieder auf die Erde zurück.

Am 16. Juli 622 verlässt Mohammed heimlich Mekka und flieht nach Medina [Hidschra]. Er entgeht somit knapp einem angeblichen Mordplan. Dieses Datum ist zugleich auch der Beginn der islamischen Zeitrechnung.

In Medina heiratet Mohammeds Tochter Fatima Ali, den Cousin und Gefährten Mohammeds. Sie ist die Stammmutter der leiblichen Nachfahren des Propheten. Ihre beiden Söhne Hassan, geb. 669, und Hussein, geb. 680, werden die Ahnen der Nachkommen Mohammeds. Damit haben sie für die Schiiten eine besondere Bedeutung, denn deren religiöses Oberhaupt soll stets ein leiblicher Nachfahre Mohammeds sein.

Im Jahr 630 wird der Koran die Grundlage der Gesellschaftsordnung in Medina, was zu Auseinandersetzungen mit den Juden führte. Mohammed grenzt sich auch noch mit geänderten Gebräuchen gegenüber den Juden ab: Die Änderung der Gebetsrichtung, obligates Fasten im Ramadan anstelle des freiwilligen Fastens und statt Jerusalem wird nun die Kaaba in Mekka das religiöse Zentrum.

632 unternimmt Mohammed seine letzte Reise nach Mekka und stirbt am 8. Juni kurz nach seiner Rückkehr in Medina, angeblich in den Armen seiner Frau Aischa. Die Todesursache waren vermutlich Langzeitfolgen einer Vergiftung. Er wird in seinem Wohnhaus in Medina bestattet und um sein Grab wird eine Moschee errichtet. Jeder Moslem sollte nicht nur einmal im Leben die Kaaba in Mekka besuchen, sondern auch das Grab Mohammeds in Medina.

Da Mohammed keine erwachsenen Söhne hat, die das politische Erbe antreten könnten, wird nach längerem Streit sein Schwiegervater und Cousin, Abu Bakr, als Nachfolger eingesetzt.

Mohammeds Offenbarung

<Der Koran ist eine Offenbarung Gottes. (3:138, 40:2, 40:3, 41:2, 45:2, 46:2) Gott bezeugt, dass es keinen Gott außer ihm gibt. Alle Engel und jeder mit dem Wissen der Offenbarung stimmen dem zu. (3:18) Gott selbst hat Mohammed den Koran als Offenbarung gegeben. (76:23) Er soll geduldig auf den Befehl Gottes warten und sich keinem der Sünder oder Ungläubigen unterordnen. (76:24)>

<Gott hat Mohammed den Koran offenbart. Unter den Juden und Christen gibt es einige, die daran glauben. Auch einige Bürger aus Mekka glauben daran. Nur die Ungläubigen leugnen Gottes Zeichen. (3:199, 29:47) Genügt es denn nicht, dass Gott dem Mohammed den Koran offenbart hat und Mohammed ihnen den Koran rezitiert? Das ist die Barmherzigkeit Gottes und Ermahnung für die Gläubigen. (29:51) Ein Prophet Gottes hat immer auch Offenbarungen Gottes veröffentlicht. Frag' doch die Juden und die Christen. (21:7) Die Propheten sind ganz normale Menschen. (21:8) Gott ließ sie als Propheten wirken. Gott errettet, wen er will und lässt die Maßlosen zugrunde gehen. (21:9)>

<Es gibt Propheten Gottes, über die hat Gott dem Mohammed berichtet und andere, über die er nicht berichtet hat. Gott hat mit Moses wirklich gesprochen. (4:164) Die Propheten sind Überbringer froher Botschaften und sie warnen. Nach deren Auftreten gibt es keinen Beweis mehr gegen Gott. (4:165, 25:56) Auch wenn die Menschen die Offenbarungen abstreiten, bezeugt Gott mit seinem Wissen, was er Mohammed offenbart hat. Die Engel bestätigen es, doch Gott genügt als Zeuge. (4:166)>

<Gabriel hat mit der Ermächtigung Gottes Mohammed den Koran übersandt. Wer Gabriel, Mohammed, Michael, den Engeln oder Gott gegenüber feindlich eingestellt ist, der hat Gott zum Feind. Der Koran ist eine Lebenshilfe und eine frohe Botschaft für die Gläubigen. Der Koran bestätigt, was in der Thora und im Evangelium steht. (2:97, 2:98) Im Koran stehen die Beweise, die nicht zu leugnen sind. (2:99)>

<Was sind das für Leute, die nicht glauben und sich nicht niederwerfen, wenn der Koran vorgelesen wird? (84:20, 84:21) Die sogar noch behaupten, der Koran sei gar keine Offenbarung Gottes. (84:22) Doch Gott weiß, was sie denken. (84:23) Sie werden bestraft. (84:24) Die Gläubigen kommen ins Paradies. (84:25) Die Ungläubigen wünschen sich Gottes schriftliche Bestätigung der Offenbarung. (74:52)>

Der Koran sieht sich als Fortsetzung und Richtigstellung der Bibel. (3:3, 3:4) Doch nur der Koran ist die immer währende und ewig gültige Offenbarung Gottes, die bei Gott aufbewahrt wird. (85:22f) Diesen Text gab Gott dem Engel Gabriel, der dann Mohammed wortgetreu offenbart wurde. (26:192ff) Mohammed wurde inspiriert und war also das Medium Gottes.

Solch göttliche Inspirationen gibt es in drei Qualitäten: als Personal-Inspiration, Real-Inspiration und als Verbal-Inspiration. Der Koran ist nach eigener Angabe eine Verbal-Inspiration. <Gott hat den Koran, das Buch der Wahrheit und Gerechtigkeit verfasst. (42:17) Die Botschaft des Korans stammt ohne Zweifel von Gott. (32:2, 36:5, 39:1, 40:2)>

Die Anregung eines Autors durch Gott, die Personal-Inspiration oder die Offenbarung einer Idee, die Real-Inspiration, sind Formen der Offenbarungen, die Gott wohl seltener verwendet, denn auch die Bibel, so behauptet sie von sich selbst, ist eine Verbal-Inspiration: „Alles was in den heiligen Schriften steht, ist von Gottes Geist eingegeben und verhilft dazu, den Willen Gottes zu erkennen, die eigene Schuld einzusehen, sich Gott wieder zuzuwenden und ein Leben zu führen, das ihm gefällt. So trägt es dazu bei, dass der Mensch, der sich Gott zur Verfügung gestellt hat, zu allem Guten fähig wird." [2. Timotheus 3, V16, 17]

Es zwingt sich die Frage auf: „wie unterscheidet sich die weltliche Inspiration von der göttlichen, die menschliche Idee von der Offenbarung und die Verbal-Inspiration von der im Geiste formulierten Aussage? Die Antwort ist ganz einfach: es gibt keinen Unterschied, der mit Vernunft begründbar ist. Wer auch immer etwas Allgemeingültiges dazu sagen will, es ist falsch. Eine Begründung dazu kann immer nur ein subjektiv erfahrenes Gefühl beschreiben.

Die Verbal-Inspiration Mohammeds durch den allwissenden Gott erklärt, warum der Koran fehlerfrei sein muss; immer vorausgesetzt, man zweifelt nicht die Allwissenheit Gottes an und schließt die Möglichkeit aus, dass Gott die Menschen auf den Arm nehmen will: <Im Koran gibt es nichts Falsches, denn es ist eine Offenbarung Gottes. (39:28, 41:42)> Offensichtliche Fehler und Widersprüche müssen daher mit Interpretation aufgelöst werden. Wegen der behaupteten Fehlerfreiheit kann es sich immer nur um Missverständnisse der Leser handeln. Der Koran muss demnach so interpretiert werden, dass er fehlerfrei wird, was dann wiederum den fehlerfreien göttlichen Ursprung beweist. Mit dieser Methode lässt sich auch die Trockenheit des Wassers beweisen.

Schon immer machten Menschen die Erfahrung unerklärlicher Eingebungen. Das beginnt mit der simplen Idee, geht weiter über den schöpferischen Einfall und gipfelt in dem Gefühl, Medium des heiligen Geistes oder Gottes zu sein.

Doch genau das ist der Punkt, wo nur noch der Glaube weiterhilft, denn die Vernunft widerspricht dem. Mohammed als Empfänger und Sprachrohr der Offenbarungen mag Dinge erlebt haben, die er als göttliche Offenbarungen erklärt, doch alle anderen nach ihm können diese Erfahrungen nur noch aus dem geschriebenen Buch empfangen. Keiner bekommt die Texte des Korans ohne Lektüre von Gott eingegeben. Für jeden nach Mohammed ist der Koran nichts weiter als ein Text. Offenbarung bleibt immer ein individuelles Erlebnis.

Lektüre wird mit Vernunft oder Glaube aufgenommen. Da Vernunft beim Koran nicht zur Anerkennung führt, muss es Glaube sein. Doch auch einfacher Glaube genügt nicht, denn es muss schon mehrfacher Glaube sein: Glaube an Mohammed, dass er die Wahrheit sagt, wenn er behauptet, er habe den Koran von Gott erfahren und Glaube an den Inhalt der Botschaft. Zu guter Letzt mit großem Vertrauen zu Abu Bakr und Aisha, sowie den vielen anderen, die nach Mohammeds Tod den Text zu der heute bekannten Sammlung zusammengestellt haben. Meist auch noch mit unkritischem Glauben, denn es werden Themen erklärt, die nach heutigem Kenntnisstand oft falsch sind oder nicht mehr in der Nähe zu etwas ähnlichem, bekannten stehen. <Gott schuf die Erde in zwei Tagen (41:9)> ist sicher falsch, denn mit der Entstehung des Universums ist erst die Zeit entstanden.

<Es gibt Süß- und Salzwasser. Eines kann man trinken und aus beiden bekommt man Fische zu essen und Schmucksachen. Auf beiden Gewässern siehst du Schiffe fahren. (35:12)> Das muss niemand glauben, denn das weiß jeder. Das muss auch nicht offenbart oder über Inspiration zur Aussprache gebracht werden.

Genauso verhält es sich mit Erzählungen Gottes über Erlebnisse, die Mohammed früher gemacht hat. (80:1ff u.a.) Glaube beschränkt sich auf das Unbekannte, das Unerklärliche. Göttliche Offenbarung kann nur etwas Neues sein, denn alles andere weiß ich auch ohne Offenbarung. Und auch wenn eine Offenbarung mir etwas Neues vermitteln sollte, so ist das Neue nach Kenntnisnahme schon nicht mehr neu. Mag zu Mohammeds Zeiten in Arabien die Erkenntnis eines abstrakten Gottes eine gewaltige Neuigkeit gewesen sein, so überrascht sie heute niemanden mehr.

Die Wahrheit muss ohnehin nicht offenbart werden, denn dazu genügt die simple Einsicht. Nur das Falsche braucht die Aura des Geheimnisvollen, denn so kann man auch gegen die Vernunft glauben. <Hätte Gott es gewollt, hätte er die Sünder erblinden lassen. Dann hätten sie versucht, möglichst schnell auf den rechten Weg zu kommen. Aber wie hätten sie dann etwas sehen können? (36:66)> Man muss nur den Autor der Aussage als glaubwürdig anerkennen, dann mag auch diese Aussage irgendeinen Sinn ergeben.

Jede wissenschaftliche Untersuchung wird falsifizierend durchgeführt. D.h. es wird die Annahme getroffen, dass die Behauptung falsch ist und alle Argumente müssen die Richtigkeit der Behauptung beweisen. <Gott hat den Koran offenbart (55:1f)> müsste demnach von den Theologen bewiesen werden. Stattdessen wird die Gültigkeit dieser Aussage angenommen und mit dem Zirkelschluss <im Koran gibt es nichts Falsches, denn er ist eine Offenbarung Gottes (39:28, 41:42)> begründet.

Die Allwissenheit Gottes wird als bewiesen vorausgesetzt, obwohl, wie das Eutyphron-Dilemma in Verbindung mit dem Anspruch der Allmacht zeigt, genau das nicht angenommen werden kann. Die zweite Annahme, Gott sei der Autor des Korans, wird ebenfalls als richtig vorausgesetzt, obwohl die Unterscheidung einer göttlichen Offenbarung zu einer menschlichen Idee nicht erklärbar und schon gar nicht beweisbar ist. Aus diesen fehlerhaften Annahmen wird dann der logisch richtige Schluss gezogen, dass es im Koran nichts Falsches geben kann. Eine Milliarde Menschen glauben daran.

Der für das tägliche Leben bedeutsame Teil des Koran ist aber gar nicht an den Glauben und auch nicht an Offenbarungen gebunden, denn das sind Gesetze und Gebote, die richtig und falsch oder gut und böse im moralischen Sinne abgrenzen. Solche Gesetze haben nichts mit göttlicher Offenbarung zu tun oder alles ist eine göttliche Offenbarung, also auch dieses Buch hier. Eine göttliche Offenbarung kann keine moralische Leitlinie sein, denn Gesetze sind nur haltbar, wenn sie in der Gesellschaft Zustimmung finden. Auch wenn Gott gesagt hätte, „du sollst töten“ oder auch nur „du darfst töten, wenn du willst“, wäre solch ein Gesetz nie durchsetzbar gewesen, denn dann löst sich die Gesellschaft auf und keiner hat einen Nutzen davon. Das hat man auch schon vor Moses in allen Kulturkreisen gewusst. Die Religion wurde immer nur im Nachhinein dafür verwendet, eine Begründung für ein bestimmtes Verhalten zu geben. Entweder ist es für die Gesellschaft nützlich oder zumindest angenehm für den einzelnen. <Während des Fastens ist es euch erlaubt in der Nacht mit euren Frauen zu schlafen. (2:187)>

Gebote ohne Begründung werden entweder in der Absicht der Überlistung anderer oder in Selbsttäuschung verordnet. <Überlass Gott was mit denjenigen geschehen soll, die den Koran für eine Lüge erklären. Gott wird sie, ohne dass sie es ahnen, immer tiefer ins Elend stürzen. (68:44) Gott gewährt ihnen Bedenkzeit. Seine List ist planvoll angelegt. (68:45) Darum habe Geduld, Mohammed. (68:48)>

Auch Mohammed hat sich dieser List bedient, wenn er den Gläubigen den Kriegsdienst verordnet und sich dabei auf ein Gebot Gottes berufen hatte. <Die Gläubigen können einen Handel eingehen, der sie vor der Strafe der Hölle schützt (61:10): Ihr müsst an Gott und Mohammed glauben und mit eurem Vermögen und eurem Leben Krieg führen. Wer nachdenkt, weiß, dass dies der bessere Weg ist. (61:11) Denn wer das tut, dem wird jede Schuld vergeben und der geht ins Paradies ein. (61:12)>

Gebote im Koran werden immer mit der Autorität Gottes begründet, nie aus dem Sachverhalt heraus. Doch in Fällen widersprüchlicher Gebote nutzt dann nicht mal mehr der Glaube, denn die sich widersprechenden Gebote müssen in der Auseinandersetzung mit plausiblen Argumenten begründet werden. Damit setzt man aber die Vernunft über Gott und Mohammed. So wird der Koran zu einem Text wie jeder andere auch.

Da die Ermordung einer untreuen Ehefrau ein göttliches Gebot des Korans ist (4:15), kann man solch ein Gebot nur als brutal und menschenverachtend bezeichnen. Lehnt ein Muslim dieses Gebot oder irgendein anderes Gebot aus dem Koran ab, setzt er seine persönlichen Maßstäbe der Moral über die Gottes, verwirft den Unfehlbarkeitsanspruch und stellt die Offenbarung in Frage. Das ist das Muslim-Dilemma.

Die persönlichen Offenbarungen des Mohammed reichen daher nur dazu, den Koran mit unseren Maßstäben zu prüfen. <Gott bezeugt durch das, was er Mohammed offenbart hat, dass er es mit seinem Wissen bekannt gegeben hat. (4:166) Im Koran stehen die Beweise, die nicht zu leugnen sind. (2:99)>

Genau diese Beweise ist der Koran schuldig geblieben.

Mohammeds Auftrag und Verantwortung

<Gott befiehlt Mohammed zu sagen: „Das ist mein Weg. Ich rufe euch auf, an Gott zu glauben. Wer mir folgt, erwirbt wie ich sichere Erkenntnis. Gelobt sei Gott. Ich bin kein Götzendiener." (12:108) Gott hatte schon vor Mohammed Propheten auftreten lassen. Die haben gesehen, was mit den früheren Generationen passierte. Das Jenseits ist der bessere Aufenthaltsort für die Gottesfürchtigen. Wollt ihr denn nicht begreifen? (12:109)>

<Gehorche nicht den Ungläubigen, sondern engagiere dich im Sinne des Korans gegen sie. (25:52) Wenn die Ungläubigen dich sehen, verspotten sie dich, denn sie glauben nicht an die Lehre Gottes. (21:36) Mohammed gib bekannt, was dir befohlen wurde und wende dich von den Götzendienern ab. (15:94) Warne die Menschen vor dem Jüngsten Tag. Sag' ihnen, dass ihr Flehen um Wiedergutmachung nicht gehört wird. (14:44) Gott genügt als Beschützer gegenüber den Spöttern (15:95), die andere Götter neben Gott setzen. Doch bald werden sie es wissen. (15:96) Gott weiß, dass die Aussagen der Ungläubigen Mohammed bedrücken. (15:97) Doch er soll Gott verehren und ihm (15:98) bis zu deinem Tod dienen. (15:99)>

<Gott hat dich weder verlassen noch verabscheut. (93:3) Das Jenseits ist besser für dich als das Diesseits. (93:4) Dort wird dir Gott alles geben, damit du vollauf zufrieden bist. (93:5) Gott hat dich als Waise gefunden und aufgenommen (93:6) und dich vom Irrweg auf den rechten Weg geführt (93:7), dich aus der Bedürftigkeit zum Reichtum geführt. (93:8) Darum unterdrücke nicht die Waisen (93:9) und fahre nicht den Bettler an (93:10) und sprich überall von der Gnade Gottes. (93:11)>

<Gott macht es Mohammed leicht, einen Zugang zum Heil zu finden. (87:8) So soll er nur dort aufklären, wo die Aufklärung nutzt. (87:9) Nur wer Ehrfurcht vor Gott hat, wird sich aufklären lassen. (87:10) Gott: „Mohammed, du hast keinen direkten Einfluss auf die Menschen. Du sollst nur die Botschaft des Korans predigen. (5:99, 50:45, 88:21, 88:22)>

<Du kannst weder die Toten erwecken noch kannst du die Tauben hörend machen. (27:80) Auch kannst du nicht die Verblendeten von ihrem Irrtum befreien. Du kannst nur diejenigen verständig machen, die an Gottes Zeichen glauben und die sich Gott ergeben. (27:81) Wenn einer ungläubig ist, soll dich das nicht traurig stimmen. Zu Gott werden die Menschen alle zurückkehren. Dann wird Gott sie über das aufklären, was sie getan haben. Gott weiß, was sie denken. (31:23) Wenn sie sich von der Botschaft abwenden, dann bist du, Mohammed, nicht verantwortlich dafür. Du hast nur für die klare Verkündigung zu sorgen. (16:82, 17:54, 42:48) Sie kennen Gottes Gnade, doch sie leugnen sie. (16:83)>

<Vielleicht grämst du dich noch zu Tode darüber, dass sie nicht glauben. (26:3) Wenn Gott will, kann er ihnen ein Zeichen vom Himmel geben, so dass sie sich demütig davor beugen. (26:4) Jede neue Ermahnung Gottes verwerfen sie. (26:5) Nun haben sie die Botschaft als Lüge erklärt. Eines Tages werden sie erfahren, was sie verspotteten. (26:6) Sehen sie nicht die Schönheit der Erde? (12:105, 26:7) Das sind Zeichen Gottes, doch die meisten von ihnen glauben nicht an den einzigen Gott. (12:106, 26:8)>

<Ein Prophet ist aus eurer Mitte gekommen. Die Gottesfürchtigen, die tun was recht ist, brauchen keine Angst [vor dem Jüngsten Gericht] zu haben und sie werden auch nicht enttäuscht. Es schmerzt Mohammed, wenn ihr unter etwas leidet und er sorgt sich um die Gläubigen. (7:35, 9:128) Die Ungläubigen behaupten, Mohammed sei ein verlogener Zauberer. (38:4)>

<Mohammed: „Ich bin zu euch gesandt worden, damit ihr von Gott Vergebung erfleht und euch reumütig zu ihm bekehrt. Eine bestimmte Zeit wird er euch versorgen. Wer Gott dient, dem gewährt er Gnade. Wer sich von ihm abwendet, den wird er bestrafen. (11:3)>

<In der Thora und im Evangelium findet man Ankündigungen über Mohammed. Er fordert von seinem Volk das Gute und verbietet das Böse, er erlaubt ihnen die guten Dinge und verwehrt ihnen die schlechten und er nimmt ihnen ihre Last und ihre Fesseln. Diejenigen, die ihm vertrauen, ihn stärken und ihm helfen und dem Licht folgen, das mit ihm herabgekommen ist, denen wird es gut gehen. (7:157)>

<Mohammed: „Ihr Menschen! Ich bin der Prophet Gottes. Darum glaubt an Gott und an mich, denn ich glaube an Gott und an seine Worte. Folgt mir auf dem rechten Weg. Vielleicht bekommt ihr die rechte Führung. (7:158) Mir wurde nur befohlen, dem Herrn Mekkas zu dienen, der Stadt, die Gott geheiligt hat. (27:91)>

<Mohammed: „Wenn Gott mich und die Gläubigen vernichten würde, wer würde dann die Ungläubigen vor qualvoller Strafe schützen? Und was passiert, wenn er barmherzig zu uns ist? (67:28) Wir glauben an Gott und vertrauen ihm. Bald werden die Ungläubigen erfahren, dass sie sich geirrt haben.“ (67:29)>

<[Gott zitiert Aussagen der Ungläubigen:] „Mohammed verbreitet Lügen über Gott.“ Wenn Gott will, bringt er Mohammed zum Schweigen. Doch Gott klärt auf und mit seinen Worten kommt nun die Wahrheit. Gott weiß, was die Menschen denken. (42:24)>

<Gott zu Mohammed: „Vertreibe nicht die Gläubigen, die morgens und abends beten. Jeder ist für sich selbst verantwortlich. Vertreib sie nicht [wg. ihrer früheren Taten], sonst bist du ein Sünder.“ (6:52)>

<Gott zu Mohammed: „Führe Krieg gegen die Ungläubigen und die Heuchler und sei hart gegen sie. Die Hölle wird sie aufnehmen. (66:9)>

<Die Gläubigen, die ausgewandert sind und die mit ihrem Vermögen und in eigener Person für Gott in den Krieg gezogen sind und jene, die euch dabei geholfen haben, sind untereinander Freunde. Die anderen aber sind solange nicht eure Freunde, solange sie nicht auch ausgewandert sind. Doch wenn sie sich zum Islam bekennen und euch um Hilfe bitten, seid ihr verpflichtet, Hilfe zu leisten, ausgenommen [sie wollen Unterstützung] gegen Gruppen, mit denen ihr Verträge abgeschlossen habt. (8:72, 8:74) Wer nachträglich gläubig geworden und mit Mohammed in den Krieg gezogen ist, gehört zu euch. Denen wird vergeben und die kommen ins Paradies. (8:75, 16:41, 16:42)>

Da der Koran auf viele Fragen der religiösen Praxis und des Alltagslebens keine eindeutige Anweisung erteilt, die Gläubigen aber in allen Einzelheiten gottgefällig leben wollen, suchen sie in der Lebensweise Mohammeds die Antworten darauf. Zu Lebzeiten Mohammeds konnten sie ihn selbst befragen, nach seinem Tod konnten noch diejenigen befragt werden, die ihn persönlich kannten, doch später war man auf Aufzeichnungen und Erzählungen angewiesen.

Daraus entstand die Sunna, übersetzt der Weg, der Brauch, die Sitte, die Gewohnheit. Sie ist eine Sammlung der Reden Mohammeds, eine Erzählung seiner Taten sowie ein Bericht über das, was in seiner Anwesenheit gesagt oder getan oder von ihm stillschweigend gebilligt wurde. Schon zu Lebzeiten Mohammeds wurden diese Informationen gesammelt und in mündlicher Form weitergegeben, aber erst nach seinem Tod zusammengetragen und schriftlich niedergelegt. Diese Sammlung stammt von verschiedenen Autoren und gliedert sich in Hadithe [Überlieferung, Rede, Gespräch, Erzählung, Bericht], die ähnlich der Verse im Koran nummeriert sind. Die wichtigsten sunnitischen Hadith-Sammlungen wurden von Al Buchari [812-870], Sahih Muslim [821-875], Abu Dawud [817-888] und Sunan Tirmidhi [815-892] zusammengestellt.

Früher wurden die Hadith-Sammlungen nach den Namen ihrer Herausgeber geordnet, doch später wurden sie nach Themen gegliedert. Die einzelnen Sammlungen umfassen zwischen 4.000 und 500.000 Hadithen. Abu Dawud soll aber von den 500.000 nur ca. 6.000 als zuverlässig anerkannt haben. Entsprechend der Vollständigkeit der Überlieferungskette und der Zuverlässigkeit der Gewährsleute werden die Hadithe in drei Kategorien eingeteilt: echt, tauglich, bedenklich.

Im Verlauf der Zeit nach Mohammed versuchten nämlich unterschiedliche politische und religiöse Richtungen ihre jeweiligen Ansichten durch die Hadithe zu legitimieren. So blieb es nicht aus, dass auch gefälschte Hadithe in Umlauf kamen. Jede Konfession hat ihre eigene Hadith-Literatur bestimmt. Die Schiiten erkennen nur solche Hadithe als gültig an, die auf den Kalifen Ali, den Neffen und Schwiegersohn Mohammeds oder seine Anhänger zurückgeführt werden können. Auf ihn gründet sich die Konfessionsbezeichnung, denn seine Anhänger nannten sich Schiat Ali, woraus die heute gebräuchliche Bezeichnung „Schiiten“ entstand.

Alle Strömungen des Islams aber behaupten, dass jene Hadithe ihrer Sunna eine von den Zeitgenossen Mohammeds beglaubigte Version darstellt.

<Wer Gott liebt, der folgt Mohammed (3:31) und wer Gott und Mohammed gehorcht, erfährt die Barmherzigkeit Gottes. (3:32, 3:132)> Wenn die Muslime über etwas uneinig sind, sollen sie den Koran und die Sunna zur Urteilsfindung heranziehen: <Gehorcht Gott, dem Propheten Mohammed und euren Führern. (4:59)>

Mohammeds Leben und seine Eigenschaften

<Mohammed: „Ich sage nicht, dass die Schätze Gottes bei mir sind, auch nicht, dass ich das Verborgene kenne. Ich bin kein Engel, ich folge nur dem, was mir Gott gesagt hat. (6:50) Mein Beschützer ist Gott, der den Koran offenbart hat. Er beschützt die Rechtschaffenen. (7:196) Mir wurde verboten, andere anzubeten, als Gott. Ich habe den eindeutigen Beweis der Existenz Gottes, den ihr aber nicht anerkennt. Das Strafgericht Gottes, das ihr aus Spott heraus sofort erleben wollt, kann ich nicht herbeiführen. Das ist die Sache Gottes. Er offenbart die Wahrheit und er ist der beste Richter. (6:57) Könnte ich das Strafgericht herbeiführen, dann wäre unsere Auseinandersetzung längst erledigt." (6:58)>

<Der Gesandte Gottes, Mohammed, ist unter euch. Würde er sich immer nach euren Wünschen richten, kämet ihr sicher in Bedrängnis. [?] Aber Gott hat euch aus Gnade den Glauben lieb gemacht und sehr begehrenswert für eure Herzen und hat euch Unglauben, Widersetzlichkeit und Ungehorsam verabscheuenswert gemacht. (49:7, 49:8)>

<Mohammed hat nicht die Macht sich selbst zu nützen oder zu schaden, es sei denn, Gott will es. Und könnte er die Zukunft bestimmen [hätte er Kenntnis von dem Verborgenen], würde er sich das Gute sichern und das Böse fernhalten. Aber er ist ja nur ein Prediger für die Gläubigen. (7:188) Mohammed hat nichts gemeinsam mit denen, die zur Spaltung der Religion beigetragen und Parteien gebildet haben. Deren Verhalten wird Gott beurteilen. (6:159)>

<Schon immer wurden die Propheten des Zaubers oder der Besessenheit beschimpft. (51:52) Mohammed soll sich daher von solch aufsässigen Leuten fern halten. (51:53, 51:54) Doch er soll fortfahren, sie zu ermahnen. Denn die Ermahnung nützt den Gläubigen. (51:55) Wer trotzdem Unrecht tut, den erwartet die gleiche Strafe wie die Übeltäter aus früheren Zeiten. Der braucht Mohammed nicht zu bitten, das Strafgericht sofort zu holen. (51:59)>

<Gott: „Mohammed ist weder verwirrt, noch irrt er (53:2) oder spricht, um einen persönlichen Vorteil zu erlangen. (53:3) Der Koran ist eine Offenbarung des allmächtigen Gottes, die ihm eingegeben wurde. (53:4) Mohammed näherte sich Gott (53:5, 53:6, 53:7, 53:8) auf zwei Bogenlängen oder noch näher (53:9) und da erfuhr er die Offenbarung. (53:10) Was er sah, war keine Einbildung. (53:11) Wollt ihr mit ihm streiten, was er da sah?" (53:12) Eine andere Begegnung zwischen Mohammed und Gott (53:13) gab es am Lotusbaum, im Garten der Geborgenheit. (53:14, 53:15, 53:16) Es ist nicht übertrieben zu behaupten (53:17), dass er dort große Zeichen Gottes gesehen hat. (53:18) [Mohammeds Himmelfahrt von Jerusalem aus]>

<Gott und seine Engel segnen Mohammed und fordern die Gläubigen auf, ihn ebenso zu segnen und ihn zu grüßen, wie es sich gehört. (33:56) Wer Gott und Mohammed schadet oder sich widersetzt, wird von Gott verflucht und den wird er bestrafen. (33:57, 58:5, 58:20)>

<Mohammed ist nicht besessen oder ein Wahrsager. Er ist nur einer, der vor einer strengen Strafe warnt. (34:46, 52:29, 68:2, 79:45) Er verfügt über großartige Tugenden und wird belohnt. (68:3) Man wird sehen, wer besessen ist. (68:4, 68:5, 68:6) Gott weiß am besten, wer irrt. (68:7) Mohammed soll sich nicht den Gegnern des Islams anschließen. (68:8)>

<Gott hat Mohammed Reichtum gegeben (108:1), darum soll er zu Gott beten und opfern. (108:2) Wer ihn hasst, soll keine Nachkommen haben. [schwanzlos sein] (108:3)>

Es war die Zeit des Niedergangs des römischen Reichs und der Verlagerung der Metropole der Weltkultur nach Byzanz. Die Christen waren untereinander zerstritten und spalteten sich immer mehr auf. Diskussionen über Marienkult und Gottessohnschaft Jesus bekamen mehr Bedeutung als der Glaube selbst.

Die komfortablen wirtschaftlichen Verhältnisse seiner Frau ermöglichen es Mohammed, sich seinen religiösen Studien und Erfahrungen zu widmen und eine politisch religiöse Bewegung aufzubauen.

Unter den wohlhabenden Arabern Mekkas war es Brauch, dass man sich einmal im Jahr zur Kontemplation zurückzog, so auch Mohammed. Dazu ging er in eine Höhle am Berg Hira in der Nähe Mekkas. Hier begegnete ihm am 1. Februar 610 der Engel Gabriel, der ihn bedrängte und aufforderte seine Offenbarungen auszusprechen. Es soll sich dabei um den Text der Sure 96 Vers 1-5 gehandelt haben. Dieses Erlebnis verunsicherte Mohammed so sehr, dass er glaubte, verrückt geworden zu sein, doch seine Frau Chadidscha klärte ihn auf und überzeugte ihn, die Haltung eines Propheten einzunehmen. Nachträglich wurde dann diese religiöse Erfahrung mit jener des Moses gleichgesetzt. Koran 53:13-18 zu AT, Exodus 3:2f.

Die ersten Gläubigen waren seine Frau Chadidscha, sein Freund Ibn Naufal, der von Mohammed adoptierte frühere Sklave Said Ibn Hareta, Mohammeds Vetter und Adoptivsohn Ali, der zugleich auch sein Schwiegersohn war. Auch der einflußreiche Tuchhändler Abu-Bakr, ebenfalls ein Cousin und Schwiegervater seiner Kindfrau Aisha gehörte dazu. Er war der erste Kalif nach dem Tode Mohammeds. Die ersten Gläubigen wurden von der mekkanischen Gesellschaft verspottet und später auch verfolgt. Auch zehn Jahre nach der ersten Offenbarung gab es angeblich nur etwa 100 Anhänger.

Als Störung ihrer Tradition empfanden die Mekkaner Mohammeds Predigten. Die kleine muslimische Gemeinde war der Verfolgungen durch die Kuraisch ausgesetzt und Mohammed ließ daher einen Teil seiner Anhänger ins christliche Äthiopien auswandern. In zwei Gruppen verließen etwa hundert Männer und deren Familien Mekka und blieben bis 622 dort. Die Kuraisch bedrohten Muhammad, seine Angehörigen und seinen Onkel. Sie machten sich über ihn und seine Religion lustig. Sie sandten Dichter, um ihn und seine Anhänger zu verunglimpfen und bedrohten sie mit Gewalt und Tod.

622 kehrten die Emigranten aus Äthiopien zurück. Doch sie gingen nicht nach Mekka, sondern nach Jathrib, dem späteren Medina. Die Lage in Mekka hatte sich inzwischen so zugespitzt, dass sich Mohammed und seine Anhänger zur Auswanderung [Hidschra] nach Jathrib entschlossen. In Jathrib wurde Mohammed als neuer Bürger von der überwiegend jüdischen Bevölkerung wohlwollend aufgenommen. Die Beziehungen zu den zunächst freundlich gesinnten Juden verschlechterten sich aber, als Mohammed ihre Bekehrung zum Islam forderte.

Der Islam wurde nun eine eigenständige Religion. Jathrib wird in Medina [Stadt des Propheten] umbenannt.

630 kehrt Mohammed im Triumph nach Mekka zurück. Er erklärt die Stadt zur heiligen Stadt, entfernt alle Zeichen des Götzenkults aus der Kaaba und etabliert den Gottesstaat. Damit endet die Religionsfreiheit, auch wenn zunächst versucht wurde, Juden und Christen freiwillig zum Übertritt zu bewegen. Später und an anderen Orten durften sie ihre Religion behalten, mussten aber eine Sondersteuer bezahlen und wurden gesellschaftlich ausgegrenzt.

Den Monotheismus hatte Mohammed von Juden und Christen kennen gelernt und die Logik des einen Gottes überzeugte ihn. Doch seine Erfahrungen als Kaufmann mit ihnen (3:74) verbitterten ihn, denn sie wollten Kredite nicht zurückzahlen, die er auf ihre Ehrlichkeit hin und im Zusammenhang mit ihrer Religionszugehörigkeit gewährt hatte.

Zuerst wollte Mohammed Juden und Christen reformieren, doch er musste bald einsehen, dass er als Autorität nicht anerkannt wurde und solch ein Vorhaben nicht durchsetzbar war. Die Juden konnte er wegen der Vererbungsregeln des Judentums nicht in eine Gemeinschaft mit den Muslimen bringen und die Christen konnte er nicht zu einer Änderung ihres verdeckten Polytheismus bewegen: die Gottessohnschaft Jesus, der Trinität und der Gotteskult der Maria. Auch wollten die Juden und Christen in Medina ihre Handelsbeziehungen zu den Heiden in Mekka nicht belasten, weshalb sie sich keinem der Kriege anschlossen.

Mohammed musste daher eigene Wege gehen. So wurde die Behauptung formuliert, dass die wahre Religion die unverfälschte Religion Abrahams sei, die noch von keiner Gesetzgebung und von keinen Zusätzen verändert war.

Verhaltensregeln gegenüber Mohammed

<Die Gläubigen sollen sich nicht vor Gott und Mohammed so wichtig machen. (49:1) Sie sollen nicht mit erhobener Stimme sprechen und aufpassen, dass ihre Werke durch vorlautes Verhalten nicht hinfällig werden. (49:2) Jene, die sich mit gedämpfter Stimme mit Mohammed unterhalten, sind gottesfürchtig. Ihnen wird vergeben und sie erhalten Gottes Lohn. (49:3) Die meisten von jenen, die Mohammed in seinem Privatleben stören, haben keinen Verstand. (49:4) Es wäre besser, sie wären geduldig, doch Gott verzeiht ihnen. (49:5)>

<Wenn ihr euch mit Mohammed vertraulich beraten wollt, so schickt eure Spenden voraus. Das ist besser für euch und ehrlicher. Wenn ihr dazu keine Möglichkeit habt, dann verzeiht euch Gott trotzdem. (58:12) Warum wollt ihr denn nicht im Voraus spenden? Wenn ihr es nicht tut und Gott euch trotzdem gnädig ist, dann betet zumindest, entrichtet eure Sozialabgaben und gehorcht Mohammed. (58:13)>

<Die Gläubigen sollen das Haus Mohammeds nur dann betreten, wenn sie zum Essen eingeladen sind. Wenn ihr gegessen habt, dann geht und lasst euch nicht aus Geselligkeit in Gespräche verwickeln. Das stört Mohammed. Er traut es sich aber nicht, es euch zu sagen. Gott aber schämt sich nicht und sagt es euch. (33:53)>

<Mohammed steht den Gläubigen näher als sie sich untereinander und seine Frauen sind ihre [symbolischen] Mütter. Aber die Blutsverwandten sind einander näher als die übrigen Gläubigen, ebenso die, die ausgewandert sind. So steht es im Buch Gottes. Ihr könnt aber euren Freunden Gutes tun. Das ist in dem Buch so niedergeschrieben. (33:6)>

<Sie haben bei Gott geschworen, sie würden auswandern, wenn du es befiehlst. Mohammed soll sagen: „Schwört nicht, Ihr sollt gehorchen." Gott weiß sehr wohl, was ihr tut. (24:53) Ihr sollt Gott und Mohammed gehorchen. Gott liebt nicht die Ungläubigen. Wer Mohammed gehorcht, der gehorcht somit auch Gott. Wer Gott und Mohammed gehorcht, erfährt die Barmherzigkeit Gottes und kommt ins Paradies. (3:32, 3:132, 4:69, 4:70, 4:80, 5:92, 24:54)>

<Nur die sind Gläubige, die an Gott und an Mohammed glauben. Wenn Gläubige mit Mohammed ein gemeinsames Ziel verfolgen, hören sie nicht eher auf, ehe er ihnen die Erlaubnis dazu gibt. Wenn sie es wegen einer persönlichen Angelegenheit schon vorher wünschen, sollen sie Mohammed fragen und er soll ihnen nach seinem Ermessen die Erlaubnis dazu erteilen und dann Gott für sie um Verzeihung darum bitten. (24:47, 24:62, 57:7, 57:19) Glaubt an Gott und Mohammed, helft ihm, verehrt ihn morgens und abends. Wer Mohammed huldigt, huldigt eigentlich Gott. Gottes Segen steht darüber. (48:9, 48:10) Ein Aufruf Mohammeds zu einer gemeinsamen Aktion hat einen anderen Wert als der Aufruf eines anderen. Gott kennt die Drückeberger. Wer sich dem Befehl Mohammeds widersetzt, dem droht Not oder eine schmerzliche Strafe. (24:63)>

<Wenn ihr Geheimnisse austauscht, so versündigt euch nicht gegen Mohammed, sondern redet in Rechtschaffenheit und Gottesfurcht. (58:9) Wenn ihr ihm nicht helft, so vergesst nicht, dass Gott ihm auch damals half, als die Ungläubigen ihn und seinen Begleiter aus Mekka vertrieben haben. Da hatten sie sich in einer Höhle versteckt und Mohammed sagte zu seinem Begleiter: „Sei nicht traurig, Gott ist mit uns." Darauf sandte Gott seinen Segen und stärkte sie mit himmlischen Truppen. Gott wertete die Aussagen der Ungläubigen ab, während er seine Aussagen aufwertete. (9:40)>

Mohammed und die Frauen

<Mohammed, Gott hat dir zur Ehe erlaubt: Deine Frauen, mit denen du jetzt schon verheiratet bist und die Sklavinnen, die du von Gott als Kriegsbeute bekommen hast, deine Nichten, die mit dir ausgewandert sind und jede gläubige Frau, die sich dir schenkt und du dies wünschst. Das gilt aber nur für dich, nicht für die übrigen Gläubigen. Gott weiß wohl, was er den Gläubigen in Bezug auf Frauen und Sklavinnen angeordnet hat. Diese Sonderregelung für dich, Mohammed, gilt, damit du dich nicht bedrückt fühlst. (33:50) Du kannst dich von jeder Frau wieder trennen und später auch wieder mit ihr zusammenkommen. Das erlaubt dir Gott, damit die Blicke dieser Frauen Zufriedenheit ausstrahlen und sie sich nicht grämen und sie alle zufrieden sind. (33:51) Künftig ist es dir aber nicht erlaubt weitere Frauen zu heiraten oder gegen andere Frauen einzutauschen, auch wenn dir ihre Schönheit gefällt. Davon ausgenommen sind nur deine Sklavinnen. (33:52)>

<Gott zu Mohammed: Warum verbietest du dir [die intime Beziehung zur Sklavin Maria], obwohl Gott sie dir erlaubt hat. Nur um nach der Zufriedenheit deiner Frauen zu trachten? (66:1) Gott hat dich doch von deinem Versprechen [der Enthaltsamkeit] entbunden. (66:2)>

<Nur wenige von euch haben das Gerücht [von der Affäre Aischas], der Frau Mohammeds, verbreitet. Das soll denen nicht zum Nachteil gereichen. Im Gegenteil. Jeder für sich muss die Sünde tragen, wobei die Rädelsführer hart bestraft werden. (24:11) Warum haben denn die Gläubigen nicht schon von sich aus gesagt: „Das ist eine Lüge." (24:12) Und warum haben sie nicht vier Zeugen besorgt, die den Fehltritt bezeugen konnten. Nun gelten sie bei Gott als Lügner. (24:13) Als ihr das Gerücht leichtfertig weiter verbreitet habt, dachtet ihr, das sei harmlos und unbedeutend für Gott. Das Gegenteil ist der Fall. (24:15) Warum habt ihr nicht gesagt: „Wir sind nicht befugt, darüber zu sprechen. Alles andere wäre eine Verleumdung." (24:16) Gott ermahnt euch, nie wieder etwas Derartiges zu tun. (24:17)>

<Als Mohammed einmal einer seiner Frauen ein Geheimnis anvertraut hatte, hatte sie es einer anderen weitererzählt. Mohammed stellte sie deshalb zur Rede: „Von deinem Vertrauensbruch hat mir Gott erzählt." (66:3) Wenn sich die beiden Frauen Mohammeds [‚Hafsa und Aischa,] reumütig Gott zuwenden, so zeigen sie Einsicht. Doch wenn sie sich gegen Mohammed verbünden, dann wird er von Gott, vom Engel Gabriel, den rechtschaffenen Gläubigen und den übrigen Engeln beschützt. (66:4) Vielleicht wird Gott dem Mohammed, wenn er sich von den Frauen scheiden lässt, bessere Frauen geben: muslimische, gläubige, gehorsame, reuige, fromme, fastende Frauen, geschiedene Frauen bzw. Witwen oder Jungfrauen. (66:5)>

<Mohammed sagte zu [Said,] dem Gott und er Gnade erwiesen hatte: „Behalte deine Frau für dich und fürchte Gott." Gott: „Mohammed, du sagst nicht die Wahrheit, weil du Ärger befürchtest. Du sollst aber nur Gott fürchten." Darauf beendete Said seine Ehe und Gott verband sie mit Mohammed, damit die Gläubigen nicht in Verlegenheit gebracht würden, weil Mohammed ein Verhältnis mit der Frau eines seiner Stiefsöhne plante. Gottes Befehl muss vollzogen werden. (33:37) Mohammed braucht wegen Gottes Anordnung nicht verlegen sein, denn es war Gottes Entscheidung. (33:38, 33:39)>

<Für die Frauen von Mohammed ist es kein Vergehen, wenn sie sich ihren Vätern, ihren Söhnen, Brüdern, Neffen und deren Frauen oder deren Sklavinnen offen zeigen. (33:55) Wenn ihr Mohammeds Frauen um etwas bittet, so sprecht mit ihnen durch einen Vorhang. Und es geziemt sich nicht, Mohammed zu belästigen oder gar seine Frauen nach einer Trennung oder nach seinem Tod zu heiraten. Das wäre eine Ungeheuerlichkeit vor Gott. (33:53)>

<Mohammed, sag deinen Frauen und deinen Töchtern und den Frauen der Gläubigen, sie sollen etwas von ihren Kleidern über den Kopf herunterziehen. So ist am ehesten gewährleistet, dass sie als ehrbare Frauen erkannt und nicht belästigt werden. (33:59)>

<Mohammed sag deinen Frauen: „Wenn ihr das irdische Leben und Schmuck begehrt, so bekommt ihr eine schöne Abfindung und dann lassen wir uns scheiden. (33:28) Wenn ihr aber Gott und mich und das Jenseits begehrt, dann hat Gott für die unter euch, die Gutes tun, einen herrlichen Lohn vorgesehen. (33:29) Wenn eine von euch eine offenkundige Schändlichkeit begeht, so wird ihre Strafe verdoppelt. (33:30) Doch wer Gott und mir gehorsam ist und Gutes tut, der wird zweimal Lohn und eine ehrenvolle Versorgung im Jenseits erhalten. (33:31) Ihr seid nicht wie andere Frauen! Wenn ihr gottesfürchtig sein wollt, dann seid nicht unterwürfig im Reden, damit nicht andere Männer, die unsere Ehe nicht respektieren, auf die Idee kommen, um euch zu werben. Sprecht also selbstbewusst. (33:32) Bleibt in euren Häusern und takelt euch nicht auf, so wie es die Heiden früher taten. Spendet und gehorcht Gott und mir. Gott will nur jegliches Übel von euch abwenden und euch stets in vollkommener Weise rein halten.“ (33:33)>

Im Jahr 595, mit etwa 25 Jahren, wurde Mohammed von Chadidscha, seiner wohlhabenden Arbeitgeberin geheiratet. Bis 620, also 25 Jahre lang, lebte Mohammed monogam mit der angeblich 15 Jahre älteren Frau zusammen. Sie gebar nach ihrem 40. Lebensjahr noch 4 Mädchen und zwei Jungen, von denen nur das Mädchen Fatima ihren Vater Mohammed überlebte.

Nach dem Jahr 620 war Schluss mit Monogamie, Friede und Ausgeglichenheit. Auch die Offenbarungen des Korans galten nicht mehr. Da mussten neue Offenbarungen her. Gott hatte nämlich ein großes Interesse am ausgeglichenen Sexualleben von Mohammed, denn es gibt viele Verse, die speziell sein diesbezügliches Verhalten sanktionieren. Die wichtigste „Lex Mohammed“ ist die Sure 33.

Trotzdem war Mohammeds Eheleben nicht korangetreu. Streng genommen war schon die wirtschaftliche Abhängigkeit von seiner ersten Frau verboten. <Die Männer stehen über den Frauen, weil Gott sie ausgezeichnet hat und weil sie die Kosten für die Frauen tragen. (4:34)> Im Haushalt Mohammeds und bis zu seinem fünfzigsten Geburtstag hat Chadidscha für Mohammed gesorgt.

Nach dem Tode Chadidschas [619] legte sich Mohammed einen Harem zu. Genau lässt sich nicht mehr ermitteln, mit wie vielen Frauen er nach ihrem Tod verheiratet war, denn die Angaben schwanken zwischen neun und dreizehn, die Sklavinnen nicht mitgezählt. Sicher aber ist, dass er neun Witwen hinterließ und dass er von der Sklavin Maria ein Kind hatte.

Los geht es mit den Frauen Sawda und Aischa im Jahr 622, als Mohammed 52 Jahre alt war.

Sawda, eine ältere Witwe, die zuvor mit As-Sakran verheiratet war, gehörte zu jener Gruppe von Muslimen, die Mohammed 622 nach Äthiopien geschickt hatte. Sawda kehrte wieder nach Mekka zurück, ihr Mann aber blieb dort und ist später als Christ in Äthiopien gestorben. Sawda hatte es nicht leicht, denn sie musste erkennen, dass Mohammed der jungen und sehr schönen Aischa mehr Zuneigung zeigte, als ihr. Leider gab Gott nicht ihr, sondern Mohammed Hilfestellung: <Wenn eine Frau von ihrem Ehemann rohe Behandlung oder Gleichgültigkeit befürchtet, so soll es keine Sünde sein, wenn sie sich wieder versöhnen, denn das ist gut. (4:128)> Legenden berichten, dass dieser Vers auf die Ehe Mohammeds mit Sawda Bezug nimmt.

Aischa war die Tochter des Abu Bakrs, der zugleich ein Cousin Mohammeds war. Mohammed heiratete Aischa im Jahr 622, fast zeitgleich mit Sawda. Sie war bei ihrer Verlobung, drei Jahre zuvor, erst sechs und zur Hochzeit neun Jahre alt. Aischa starb mit etwa 65 Jahren im Jahr 678. Sie wurde in Medina auf dem Friedhof Al Baqui beerdigt. Nach Maria, der Mutter Jesu, und Fatima, der Tochter Mohammeds, gehört Aischa zu den drei am meisten verehrten Frauen des Islam.

625 heiratete Mohammed Hafsa Bint Uma, die Tochter des späteren Kalifen Omar Al Faruk, deren Mann, der Koreischit Chunais Ibn Hudhafa, als Moslem im Kampf bei Badr umgekommen war. Es wird erzählt, dass Aischa und Hafsa anfangs aufeinander eifersüchtig waren, weshalb Gott sogleich eine Offenbarung verlauten ließ: <Wenn sich die beiden Frauen Mohammeds [Hafsa und Aischa] reumütig Gott zuwenden, so zeigen sie Einsicht. Doch wenn sie sich gegen Mohammed verbünden, dann wird er von Gott und den Engeln beschützt. (66:4)> Hafsa galt als sehr kritisch und Mohammed hatte sich wohl deshalb zwischenzeitlich auch von ihr getrennt. Mit ihr musste er auch eifersüchtige Auseinandersetzungen wegen der koptischen Christin Maria, einer weiteren Frau bzw. Sklavin Mohammeds führen. <(66:3, 66:4, 66:5)> Hafsa starb im Jahre 667.

626 heiratete Mohammed seine Kusine Sainab Bint Khusayma. Sie war Witwe und starb selbst wenige Monate nach der Hochzeit.

Ebenfalls Witwe war „Salmas Mutter", die unter keinem eigenen Namen bekannt ist.

Hind Umm Salama war die Tochter des Abu Umaiya, zuerst verheiratet mit Abdallah Ibn Abd Al Asad. Ihr Mann war in der Schlacht bei Ohud gefallen. Die Witwe Hind wurde dann eine Frau Mohammeds. Sie starb im Jahre 681 und wurde, genauso wie Aischa, auf dem Friedhof Al Baqi in Medina bestattet.

Aber auch die Frau seines Adoptivsohnes Said, Zainab Bint Jahsh, wurde Mitglied im Harem des Vaters. Angeblich hatte Mohammed sie leicht bekleidet gesehen und großes Begehren kam in ihm auf, doch damit hatte Mohammed ein Tabu gebrochen. Kein Problem. Gott half ihm mit einer speziellen Offenbarung, die Aischa mit den Worten prophezeite: „Gewiß wird Gott sich beeilen, ihm seine Wünsche zu erfüllen." Und so kam es auch prompt: <Eure adoptierten Söhne sind nicht eure wirklichen Söhne. (33:4)> Damit war das Gesetz, <es ist verboten, die Ehefrauen eurer Söhne zu heiraten (4:23)>, relativiert. (33:37, 33:38) . Zainab war sehr fromm und den Armen gegenüber besonders großzügig. Sie starb 642 mit etwa 50 Jahren.

628 heiratete Mohammed die Zwanzigjährige Juwayriya Bint Al Harith, eine Tochter von Al Harith, die den Beinamen „die Unglückliche" trug. Ihr erster Mann war der Führer der Banu Mustaliq, die von den Muslimen besiegt wurden. Da ihr Mann gefallen war, wurde sie durch das Los einem der Heerführer zugeordnet. Sie wollte sich freikaufen, doch sie konnte das

hohe Lösegeld nicht aufbringen. Als sie sich bei Mohammed darüber beschwerte, kaufte er sie frei und nahm sie selbst zur Frau. Dadurch wurde den Gefangenen ihres Stammes die Freiheit geschenkt, denn sie galten von da an als Verwandte. Gestorben ist sie im Jahre 672.

Rayhana Bint Zayd Ibn Amr, eine Jüdin und weitere Frau von Mohammed.

Safiya, ebenfalls eine Jüdin war die Frau eines Offiziers, der in einem der Kriege gegen die Muslime gefangen genommen wurde. Als Mohammed Safiya gesehen hatte, ließ er ihren Mann hinrichten und heiratete sie unmittelbar darauf. Sie starb 674.

Omm Habiba war die Tochter des Abu Sofyan. Sie war zuerst die Frau des Ubaid Allah Ibn Gash. Beide nahmen an der Auswanderung nach Äthiopien teil. Ihr Mann blieb dort und wurde Christ[?], während sie selbst dem Islam treu blieb und wieder nach Mekka zurückkehrte. Als sie etwa 30 Jahre alt war, im Jahre 629, wurde sie die Frau Mohammeds. Sie war bekannt für ihre Eifersucht. 666 starb sie.

629 heiratet Mohammed Maymuna bint Al Harith, die Tochter des al-Harit. Sie war seine letzte Frau. 683 starb sie und überlebte somit alle anderen Frauen Mohammeds.

Die Sklavin Maria wurde ihm von einem befreundeten Herrscher geschenkt. Sie war Ägypterin und hatte mit Mohammed den gemeinsamen Sohn Ibrahim, der aber als Kind starb. Er ist das einzige Kind aller Frauen nach Chadidscha. <Gott zu Mohammed: Warum verbietest du dir den Beischlaf mit der koptischen Sklavin Maria, obwohl es Gott dir erlaubt hat? Nur um die Zustimmung deiner Ehefrauen zu erhalten? (66:1) Gott hat deinen Treueschwur aufgehoben. (66:2)>

Das Konkubinat, die Geliebte oder die Sklavin wurde in einem der vielen Kriege zugelassen, um sich während der langen Abwesenheit von der Ehefrau nicht zu versündigen. So einfach geht das. Das nennt man Anpassung an die aktuellen Bedürfnisse. Wie schnell und situationsgerecht von Gott dem Mohammed und den gläubigen Kämpfern dafür die Erlaubnis erteilt wurde, steht im Gegensatz zur Unveränderbarkeit heute, denn der Koran ist, wie er ist. Die Schiiten lassen das Konkubinat deshalb bis heute zu, die Sunniten aber lehnen es ab.

Obwohl viele der Ehen aus sozialen und politischen Gründen geschlossen wurden, müssen doch immer auch erotische und sexuelle Aspekte dabei gewesen sein, denn liest man die Beschreibungen der Frauen und Mädchen, war eine schöner als die andere.

Nicht nur Mohammed, sondern auch seine Gefährten sollten die Töchter der Mächtigen aus der politischen Umgebung heiraten, um durch die Verwandtschaftsverhältnisse die Macht des Islams zu stabilisieren und auszubauen. Und auch Mohammeds Töchter und die Töchter seiner Gefährten wurden mit einflussreichen Persönlichkeiten der Gesellschaft verheiratet, so dass die muslimische Gemeinschaft, die Uma, auch verwandtschaftlich sehr stark ineinander verflochten war.

Mohammeds Dialoge mit den Zweiflern

<Die Ungläubigen fragen, warum Mohammed von Gott kein Beweis für seine Stellung als Prophet gegeben wurde. Gott hat die Macht solch ein Zeichen zu setzen, doch die meisten von ihnen haben keine Ahnung. (6:37) Und wenn Ihnen zum Beweis der Koran verlesen wird, fordern sie immer noch: „soll doch Gott unsere toten Väter zum Leben wiedererwecken." (45:25)>

<Warum wollt ihr nicht an Gott glauben, obwohl ihr es versprochen habt und obwohl euch Mohammed dazu aufgerufen hatte? (57:8) Gott gibt im Koran klare Hinweise, um euch aus der Finsternis ins Licht zu führen. (57:9)>

<Mohammed: „Verlangen die Ungläubigen von mir, dass ich einen anderen als Gott anbeten soll. Wie dumm von denen! (39:64) Wenn ich Götzen Gott zur Seite stelle, ist mein Lebenswerk umsonst und ich habe verloren. (39:65) Deren Fürsprache nützt mir dann auch nichts, denn sie irren. (36:23, 36:24) Nein, dient nur Gott und seid dankbar. (39:66) Die Ungläubigen beurteilen Gott falsch. Am Jüngsten Tag wird die ganze Welt in seiner Hand sein. (39:67)>

<Jetzt, nachdem die Ungläubigen die Botschaft erhalten haben, glauben sie immer noch nicht an den Koran. Aber sie werden die Konsequenzen zu tragen haben. (37:170) Gottes Wort ist ja schon an seine Diener gegangen. (37:171) Denen wird sicher geholfen. (37:172) Gottes Heerschar wird siegen. (37:173) Darum wende dich, Mohammed, von ihnen für eine Zeitlang ab (37:174, 37:178) und beobachte, wie es ihnen ergehen wird. (37:175, 37:179) Ist es etwa Gottes Strafe, die sie möglichst bald erfahren möchten? (37:176) Doch wenn sie über ihr Land hereinbricht, dann gibt es für jene, die gewarnt wurden, ein böses Erwachen. (37:177) Friede sei mit Mohammed. (37:181)>

<Mohammed, deine Gegner würden lieber Höflichkeiten mit dir austauschen, statt deine Reden ernst zu nehmen. (68:9) Glaube keinem, der immer gleich schwört (68:10) und Intrigen verbreitet (68:11), einem, der das Gute verhindert, einem Sünder (68:12), einem Bastard (68:13), nur weil er reich ist und Söhne hat. (68:14) Wenn so einem aus dem Koran vorgelesen wird, ist die Reaktion im Allgemeinen: „Dies sind Fabeln der Alten!" (68:15) Doch Gott wird ihn im Gesicht brandmarken. (68:16)>

<Aber dein [?] Volk erklärt es für Lüge, wo es doch die Wahrheit ist. Mohammed soll sagen: „Ich bin nicht euer Aufpasser." (6:66)>

<Wenn dich die ungläubigen Mekkaner der Lüge bezichtigen, dann waren auch schon die Leute Noahs, der Ad's, der Thamuds, des Abrahams, des Lots, der Madjan und Moses selbst Lügner. (22:42, 22:43, 22:44) Haben sie denn nicht gesehen, dass um Mekka ein heiliger Bezirk errichtet wurde, so dass sie in Sicherheit sind, während die Leute aus der Umgebung verschleppt werden? Wollen sie denn an das Falsche glauben und Gottes Gnade leugnen? (29:67) Sind die ungläubigen Mekkaner etwa besser als andere oder steht in der Bibel, dass sie eine Ausnahme sind? (54:43) Oder stellen sie eine Macht dar, die nicht besiegbar ist? (54:44) Sie alle werden besiegt. (54:45) Ihre Stunde ist das Jüngste Gericht. Das werden bittere Erfahrungen für sie. (54:46)>

<Die Ungläubigen, die sich zu dir nach vorne drängeln, glauben die etwa, sie kämen ins Paradies? Sie wissen doch, woraus Gott sie erschaffen hat. [?] (70:36, 70:37, 70:38, 70:39)>

<Unter den Zweiflern gibt es welche, die Mohammed kränken, indem sie sagen: „Er hört auf alles."

Mohammed soll antworten: „Er hört nur auf das Gute, denn er glaubt an Gott und vertraut den Gläubigen und er ist eine Barmherzigkeit für jene, die gläubig sind.“ Wer Mohammed Schwierigkeiten bereitet, wird streng bestraft. (9:61) Sie schwören bei Gott, um euch zu gefallen. Doch Gott und Mohammed gefällt es mehr, wenn sie gläubig würden. (9:62)>

<Die Ungläubigen spotten über Mohammed: „Ist das der, den Gott zum Propheten erweckt hat? (25:41) Er hätte uns beinahe von unseren Göttern abgebracht.“ Gott: „Sie werden zur Einsicht kommen, wenn sie sehen, wer für was bestraft wird.“ (25:42)>

<Die Ungläubigen zu Mohammed: „Du bist kein Prophet Gottes.“ Gott: „Antworte denen: ‚Gott genügt mir als Zeuge und auch jene, die Kenner der Bibel sind.‘“ (13:43)>

<Wenn die Ungläubigen Mohammed der Lüge bezichtigen, so soll er daran denken, dass schon vor ihm Propheten der Lüge bezichtigt worden, obwohl sie mit klaren Beweisen, den Schriften und der Offenbarung kamen. (3:184, 25:4, 35:4, 35:25) Daraufhin kam Gottes Strafgericht und die Verleumdung hatte ein Ende. (35:26) Sie sagen: „Das sind doch nur die Fabeln von früher. Er hat sie aufschreiben lassen und sie werden ihm morgens und abends vorgelesen.“ (15:6, 25:5) Mohammed soll sagen: „Gott, der die Geheimnisse von Himmel und Erde kennt, hat den Koran verfasst.“ (25:6) Was ist das für einer, der isst und auf den Märkten umhergeht? Warum ist kein Engel als Aufklärer gesandt worden? (15:7, 25:7)>

<Die Ungläubigen zu Mohammed; „Warum hat er keinen Beweis seiner Glaubwürdigkeit von Gott?“ Gott führt in die Irre, wen er will. Aber wer sich bekehren lässt, dem wendet er sich zu. (13:27) Gott: Vielleicht möchtest du einen Teil der Offenbarungen verschweigen. Du fühlst dich bedrückt, wenn die Ungläubigen sagen: „Warum ist nicht ein Schatz zu ihm gesandt worden oder ein Engel mit ihm gekommen?“ (11:12)>

<Die Ungläubigen zu Mohammed: „Wir werden dir nicht eher glauben, ehe du uns eine Quelle hervorzauberst oder einen Garten mit Palmen und Weinstöcken und vielen Bächen oder den Himmel der in Stücken auf uns herabfällt oder Gott und die Engel leibhaftig zeigst oder ein prunkvolles Haus hast oder du, Mohammed, in den Himmel aufsteigst. Und wir werden dir nicht glauben, ehe du ein Buch vorlegst, das wir lesen können.“ Gott zu Mohammed: „Sag denen: ‚Gelobt sei Gott, ich bin nur ein Mensch und ein Prophet. Glaubt an Gott und bittet ihn um Vergebung. Wehe dem, der ihm Götzen zur Seite stellt.‘“ (17:90, 17:91, 17:92, 17:93, 41:6)>

<Nichts hat die Menschen abgehalten zu glauben, als die Rechtleitung zu ihnen kam, doch sie sagten nur: „Hat Gott einen Menschen als Gesandten geschickt?“ (17:94) Gott zu Mohammed: „Sag denen: Gäbe es Engel auf Erden, hätte Gott gewiss einen Engel geschickt. Gott genügt als Zeuge für mich.“ (17:95, 17:96)>

Sie machen sich lustig darüber und sagen: „Ist Mohammed etwa ein anderer Mensch als wir? Sollen wir uns denn gegen bessere Einsicht auf Zauberei einlassen? Mohammed ist ein Lügner. Soll er doch Steine vom Himmel auf uns regnen lassen.“ (21:3, 26:185, 26:186, 26:187) Aber Mohammed belehrt: „Gott weiß, was in der Welt gesprochen und getan wird. Er ist allwissend.“ (21:4, 26:188) „Nein“, antworten sie, „das sind die wirren Träume Mohammeds. Soll er uns doch einen Beweis bringen, etwa in der Art wie ihn die Propheten vor ihm erhielten.“ (21:5) Diese Lügner werden hart bestraft. Das ist ein Zeichen Gottes. Die meisten werden auch nicht gläubig, magst du dir noch so sehr wünschen, dass dies nicht so sei. (12:103, 16:37, 26:189, 26:190) Sei ihretwegen nicht betrübt. (27:70)>

<Gott kennt jene, die sagen: „Gott ist arm und wir sind reich.“ Gott merkt sich solche Reden, genauso wie deren Mord an den Propheten. Sie kommen in die Hölle. (3:181) Das ist der Lohn für deren

irdische Taten. Gott ist nicht ungerecht zu seinen Dienern. (3:182) Dieselben sagten auch: „Gott hat uns verpflichtet, keinem Propheten zu glauben, solange er uns nicht ein Opfer bringt, das vom Feuer verzehrt wird.“ Mohammed soll antworten: „Schon vor mir kamen Propheten mit Beweisen. Warum habt ihr sie ermordet, wenn ihr wahrhaftig seid?“ (3:183)>

Zur Überzeugung von Zweiflern kann man Aufklärung und Einsicht oder Macht einsetzen. Von allen diesen Mitteln hat Mohammed Gebrauch gemacht. Aufklärung und Einsicht auf dem Weg zum Monotheismus ergab sich schon aus dem simplen und für viele einsichtigen Schluss: <Gott [der körperlose] hat keinen Sohn und keinen anderen Gott neben sich (17:111, 18:4, 21:26, 25:2), denn sonst hätte jeder Gott mit sich fortgenommen, was er erschaffen hat und die Götter hätten sich untereinander bekämpft. (23:91)> Wer trotzdem noch zweifelte, musste sich dann der Macht beugen.

Das begann mit der Macht der öffentlichen Meinung, die Mohammeds Aussagen über den Monotheismus unterstützten und führte über die Macht der Autorität Gottes, die kaum jemand bestritt. Von dieser Autorität profitierte er auch selbst, denn auf die Frage, <warum Gott einen Menschen als Gesandten geschickt hat (17:94),> antwortet er, „gäbe es Engel auf Erden, hätte Gott gewiss einen Engel geschickt. Gott genügt als Zeuge für mich. (17:95, 17:96) Gott sendet die Engel zum Jüngsten Tag.“ (15:8)> Wenige widersprachen dann noch, denn seine Autorität erfuhr außerdem Unterstützung durch die instrumentelle Macht der Drohungen und Versprechungen des Korans.

Wer aber immer noch Widerstand leistete, spürte die Aktionsmacht Mohammeds. In Kriegen <Tötet für eure Religion und kämpft gegen die Ungläubigen (2:191)> und als Diktator in Personalunion eines Gesetzgebers, Richters und Egoisten, als er den Mann der Safiya töten ließ, um sie heiraten zu können.

Mohammed, die Beduinen und die Heuchler

<Unter den Beduinen gibt es Heuchler, genauso wie bei den Leuten von Medina. Gott kennt sie und wird sie zweimal bestrafen. (9:101) Manche bekennen ihre Schuld. Sie vermischen gute Taten mit schlechten. Vielleicht wird Gott sich ihnen gnädig zuwenden. (9:102) Die Bewohner Medinas und die Beduinen aus der Umgebung sollen sich nicht vor dem Feldzug drücken und ihr eigenes Leben über das Leben Mohammeds stellen. Weder Durst noch Hunger oder Mühen werden sie auf dem Weg Gottes erleiden. Sie werden auch nicht den Zorn der Ungläubigen schüren. Jedes Leid, das sie dem Feind zufügen, wird ihnen als Verdienst angerechnet. (9:120) Sie brauchen nichts zu spenden und Gott wird ihnen ausschließlich ihre guten Taten anrechnen. (9:121)>

<Jene Beduinen, die zurückblieben, werden Mohammed sagen: „Hab und Gut und unsere Familien brauchten uns, weshalb wir nicht mit euch nach Mekka ziehen konnten. Verzeih uns." Doch, was sie sagen, ist nicht was sie denken. Antworte ihnen: „Niemand kann euch bei Gott helfen. Gott weiß, was ihr tut. (48:11) Nein, ihr hattet Angst, ihr kämet nie wieder zu euren Familien zurück." (48:12) Wer nicht Gott und Mohammed glaubt, für den ist das Höllenfeuer bestimmt. (48:13) „Wenn ihr nach Beute auszieht, dann folgen wir euch," werden sie antworten. Mohammed: „Wenn ihr Gottes Auftrag verändern wollt, sollt Ihr uns nicht folgen." Das hat Gott bestimmt. Sie werden erwidern: „Ihr gönnt es uns nur nicht." Nein, sie verstehen nur wenig. (48:15) „Das nächste Mal aber sollt ihr gegen ein Volk von starken Kriegern kämpfen, es sei denn, sie treten zum Islam über. Wenn ihr dann gehorcht, wird Gott euch einen schönen Lohn geben. Doch wenn ihr ihm den Rücken kehrt, wie ihr es schon einmal gemacht habt, dann wird Gott euch qualvoll bestrafen." (48:16) Wer blind, behindert oder krank ist, bleibt aber von der Strafe verschont. Wer Gott und Mohammed folgt, kommt ins Paradies, die anderen in die Hölle. (48:17)>

<Die Beduinen behaupten, den Islam angenommen zu haben, aber der Glaube ist noch nicht in ihre Herzen eingedrungen. Wenn ihr aber Gott und Mohammed gehorcht, so wird Gott euch nichts von eurem Besitz nehmen. (49:14)>

<Die Beduinen halten es dem Mohammed als Gnade vor, dass sie den Islam angenommen haben. Irrtum, Gott hat ihnen seine Gnade gegeben, indem er sie zum Glauben geleitet hat. (49:17)>

<Die Beduinen sind besonders hartnäckig in der Ablehnung des Glaubens. (9:97) Manche unter ihnen spenden nur aus Pflicht und warten nur auf ein Unglück, das Mohammed trifft. Sie sind es aber, die Unglück erleiden werden, denn Gott weiß alles. (9:98)>

<Gott kennt jene, die zum Unglauben verführen und ebenso jene, die sich im Krieg feige und egoistisch verhalten. (33:18) Naht nämlich Gefahr, bitten sie in Todesangst mit ihren Blicken um Hilfe. Doch wenn die Gefahr vorbei ist, dann fordern sie Kriegsbeute. Das sind Ungläubige. Darum wird Gott ihre Taten bedeutungslos machen. (33:19) Würden die Verbündeten der Leute von Mekka wiederkommen, wären sie lieber bei den nomadischen Arabern in der Wüste und würden sich dort über den Verlauf des Kriegs erkundigen. Wären sie aber in deiner Streitmacht geblieben, so würden sie doch nur wenig kämpfen. (33:20) Als die Verbündeten dann kamen, sagten sie: „Das ist es, was Gott und Mohammed uns verheißen haben." Sie haben die Wahrheit gesprochen. Und es stärkte ihren Glauben und ihre Ergebenheit. (33:22)>

<Manche der Juden und Christen sind Heuchler, die zu ihren ungläubigen Glaubensbrüdern sagen: „Wenn ihr vertrieben werdet, so gehen wir mit euch und wenn ihr angegriffen werdet, so helfen wir

euch. Gott weiß, dass sie lügen. (59:11, 59:12) Vor euch haben sie mehr Angst als vor Gott. Sie haben keinen Verstand. (59:13) Sie kämpfen nicht alle zusammen und auf einmal, außer in befestigten Siedlungen. Da haben sie eine große Kampfkraft. Man meint, sie seien eine Einheit, aber in Wirklichkeit sind sie sehr unterschiedlich. Sie haben keinen Verstand. (59:14) Sie werden dasselbe Schicksal erleiden wie jene zuvor. Sie erwartet eine schwere Strafe. [Juden, die zuvor schon aus Medina vertrieben wurden.] (59:15)>

<Wenn den Gläubigen ein Sieg von Gott beschieden wird, sagen die Heuchler: „Waren wir nicht eure Verbündete?“ Im umgekehrten Fall sagen sie zu den Ungläubigen: „Wir haben euch vor den Gläubigen beschützt.“ Doch am Jüngsten Tag wird Gott über alle richten. Gott wird den Ungläubigen keine Möglichkeit geben, gegen die Gläubigen vorzugehen. (4:141)>

<Die Heuchler sagen: „Die Gläubigen sind von ihrer Religion betört.“ Doch wer auf Gott vertraut, geht den rechten Weg. (8:49) Es wird ihnen ergehen wie den Leuten Pharaos und denen, die vor ihnen lebten: Sie glaubten nicht an die Zeichen Gottes und deshalb bestrafte sie Gott. (8:52, 8:54)>

<Wenn die Heuchler zu Mohammed kommen, sagen sie: „Wir bezeugen, dass du ein Gesandter Gottes bist.“ (63:1) Doch was sie schwören, glauben sie nicht. (63:2) Sie waren mal Gläubige und wurden dann ungläubig. Ihr Geist ist verschlossen, so dass sie nichts begreifen. (63:3) Wenn du sie siehst, so gefallen dir ihre Gestalten und wenn du sie sprechen hörst, so gefällt dir ihre Rede. Sie meinen, jede Frage sei ein Widerspruch. [?] Sie sind aber deine Feinde, darum nimm dich vor ihnen in Acht. Verflucht seien sie! (63:4) Wenn man ihnen sagt: „Kommt her, damit sich Mohammed bei Gott für euch einsetzt,“ lehnen sie die Hilfe ab. (63:5) Es ist ihnen gleich, ob Mohammed für sie bei Gott um Verzeihung bittet oder nicht. Gott wird ihnen sowieso nicht verzeihen. Gott führt kein frevelhaftes Volk. (63:6) Diese Heuchler fordern auf, den Anhängern Mohammeds kein Geld zu geben, damit sie ihm davonlaufen. Doch die Schätze des Universums gehören Gott. (63:7) Sie sagen: „Wenn wir nach dem Feldzug zurück nach Medina kommen, dann werden die Muslime von den Mächtigen der Stadt vertrieben sein.“ Doch die Macht wird nur Gott, Mohammed und den Gläubigen zugestanden. Doch das scheinen die Heuchler nicht zu wissen. (63:8)>

<Wenn eine Sure veröffentlicht wird, in der vom Kampf die Rede ist, dann siehst du manche, die nur mit halben Herzen glauben und Mohammed mit einem angstvollem Blick anschauen. (47:20) Gehorsam und Höflichkeit wären eher angebracht. (47:21) Wollt ihr denn, indem ihr euch vom Glauben abwendet, Verderben im Land anrichten und die Bande eurer Blutsverwandtschaft zerreißen? (47:22) Wer sich so verhält, den verflucht Gott. Den macht er taub und blind. (47:23) Wollt ihr nicht über den Koran nachdenken oder sind eure Herzen verschlossen? (47:24) Jene, die sich vom Islam abwenden, nachdem sie darüber aufgeklärt wurden, denen hat der Teufel den Kopf verdreht. Aber sie sollen noch Zeit zum Nachdenken haben. (47:25) Sie wollen nur teilweise an die Offenbarungen Gottes glauben. Aber Gott kennt ihre Abweichungen. (47:26) Aber wenn sie sterben, werden sie mit Prügel von den Engeln abgeholt (47:27), denn sie haben Gott verärgert. (47:28) Oder hoffen sie, dass Gott ihr Verhalten nicht merken würde? (47:29) Wenn Gott wollte, könnte er sie mit einem Merkmal versehen, damit man sie erkennt. Du, Mohammed, sollst sie an der Art ihrer Sprache erkennen. (47:30) Gott will prüfen, wer für ihn in den heiligen Krieg zieht. (47:31)>

Die Hadithe beschreiben den Heuchler als einen, der lügt, der seine Versprechen nicht hält und der Verträge bricht. Der Heuchelei bezichtigen sich aber inzwischen die Muslime auch gegenseitig. Die Sunniten gegen die Schiiten, die Schiiten gegen die Bahaii, die Sunniten gegen die Aleviten und Sunniten wie Schiiten gegen die Sufis usw.

Wesentliche Unterschiede der islamischen Konfessionen ergeben sich aus der Nachfolge Mohammeds und der Anerkennung der Hadithe mit deren Interpretation.

Alle Konfessionen sind sich aber darüber einig, dass Mohammeds Lebensstil beispielgebend für alle Muslime ist. Dazu hat Mohammed über sich selbst in zwei Hadithen der Sunna gesagt: „Zeichnet meine Reden auf und gebt sie den zukünftigen Generationen weiter. Es ist sehr wahrscheinlich, dass die den Sinn meiner Worte besser verstehen. Gott gewährte mir die Fähigkeit, kurze Aussagen mit tiefsinnigen Bedeutungen zu machen."

Aus der Vielzahl der Hadithe können viele verschiedene Gliederungen gefunden werden, doch in den meisten Konfessionen wird anerkannt, wenn nach der Interpretation des Korans, dem Glaubensbekenntnis, der Lebensführung, der Solidarität der Muslime untereinander, dem Studium des Glaubens, dem Jihad, der Ethik und dem Recht gegliedert wird.

Aus dieser Sunna, der Sammlung der Hadithe, holen sich dann die Konfessionen die Begründung für ihre Entstehungsgeschichte und ihre Haltung.

Die Sunniten verehren alle Gefährten Mohammeds, die Schiiten nur einige davon. Deren geistiges Oberhaupt, der Imam, muss auch das Oberhaupt des Staates sein. Er wird nicht gewählt, sondern ist von Gott bestimmt, denn er ist ein direkter Nachkomme Mohammeds. Nur er hat die Autorität zur Führung der muslimischen Gemeinschaft. Ausgehend von Ali, dem Schwiegersohn und Vetter Mohammeds, sind alle Nachfolger blutsverwandt mit ihm. Davon gab es nur zwölf, denn im Mittelalter endete diese Linie. Die Schiiten glauben aber, dass der zwölfte Imam nicht gestorben sei, sondern wiederkäme. Alle Imame danach sind daher nur Stellvertreter.

Für die Sunniten waren nur die Propheten ohne Sünde, für die Schiiten sind es auch die Imame. Die Sunniten glauben, dass der Koran unerschaffen ist, die Schiiten stellen diese Behauptung in Frage. Die Sunniten lehnen eine Ehe auf Zeit ab, die Schiiten gestatten sie. Und wie bereits weiter vorne erläutert, gibt es erhebliche Unterschiede im Rechtswesen.

Kein Wunder, dass sich Sunniten und Schiiten gegenseitig der Irrlehre bezichtigen und manchmal dafür auch den Vorwurf der Heuchelei erheben. Für beide Konfessionen gilt nämlich, dass Abweichungen in den Glaubenslehren schlimmer sind als schwere Sünden.

Die Bahai glauben sogar, dass nach Mohammed ein weiterer Prophet gekommen ist, nämlich Bahulla [1817 – 1892]. Nach deren Glauben sind Mann und Frau außerdem gleichberechtigt. Sie lehnen den Absolutheitsanspruch einer Religion ab, denn in deren Vorstellung gibt es eine transzendente, innere Einheit aller Religionen. Diese erheblichen Abweichungen zu den Lehren der Schiiten stehen sogar im Widerspruch zum Koran, denn <Mohammed ist der letzte aller Propheten. (33:40)> Das führte zur Verfolgung dieser Gemeinschaft im Iran, die bis heute anhält. Etliche von Ihnen wurden bereits als Heuchler und Apostaten hingerichtet.

Die Alleviten leben vorwiegend in der Türkei und sind dort mit knapp 20 Prozent der Bevölkerung die zweitstärkste Glaubensgemeinschaft nach den Sunniten. Anders als die meisten Muslime interpretieren die Alleviten den Koran, denn deren wörtliche Auslegung lehnen sie genauso ab, wie die fünf Säulen des Islams, also das Glaubensbekenntnis, die Verpflichtung fünfmal täglich zu beten, Sozialabgaben zu leisten, Fasten im Monat Ramadan und einmal im Leben die Pilgerreise nach Mekka anzutreten. Das macht sie aus der Sicht der anderen Konfessionen zu Heuchlern. Die Alleviten haben keine Moscheen, denn ihre religiösen Versammlungen finden in Privaträumen statt. Die Frauen stehen gleichberechtigt neben den Männern. Allevit ist man durch Abstammung oder durch Initiation, wodurch man eine „Wahlbruderschaft" eingeht, die ein Leben lang gilt. Für die Alleviten ist Gott nicht fern, denn er lebt im so genannten „vollkommenen Menschen" wie in Ali, Jesus, Mohammed und auch noch anderen. Da der Mensch selbst Gut und Böse erkennen kann, sind göttliche Gesetze und ebensolche Bücher weniger wichtig als bei Sunniten und Schiiten. Gott ist im Menschen und deshalb ist Beten ein Reflektieren über sich selbst. Wer die vorangegangenen Kapitel gelesen hat, weiß, dass solche Aussagen im deutlichen Widerspruch zu etlichen Versen des Korans stehen.

Sufismus ist die Sammelbezeichnung für die mystischen Strömungen im Islam. Im Iran werden deren Anhänger auch „Derwische" genannt. Im Sufismus richtet sich das religiöse Streben auf die persönliche Erfahrung der Gottesnähe, Gottesbegegnung oder sogar des Einswerdens mit Gott. Dies geschieht durch Askese, Meditation und Praktiken, die zu Trancezuständen führen sollen. Tanz, begleitet von der Rezitation bestimmter Gebete, ist eine dieser Praktiken.

Gottesbegegnung oder gar Einswerden mit Gott kann nur mit weitreichender Interpretation der Verse des Korans erklärt werden. Doch das macht die Sufis und die Aleviten zu Abtrünnigen oder Heuchlern. Aus der Sicht der meisten Muslime sind sie demnach gar keine Gläubigen mehr.

Aus der Sicht der Vernunft ist aber genau diese Haltung die einzige, die mit der Vernunft in Einklang gebracht werden kann, denn sie löst sich von der Vernunft. Der Anspruch der Allgemeingültigkeit, der doch nur über die Vernunft zur Allgemeingültigkeit werden kann, wird verworfen und stattdessen werden die individuelle Erfahrung, das Gefühl und die persönliche Interpretation als Erklärung für Gott und die Welt angeboten.

Nach der Interpretation der Mehrheit der Muslime aber lässt sich Gott und die Welt allgemeingültig mit dem Koran erklären. Danach steht Gott auch außerhalb seiner Schöpfung, denn alle Dinge kehren zu ihm zurück. (3:109) Danach ist Gott der ewig unabhängige, von dem alles abhängt (112:1, 112:2) und er ist sich selbst wissend, denn zur Verwirklichung einer Sache ist die Erkenntnis seiner selbst notwendig. (2:117, 36:82)

Der Kampf um Mekka und andere Schlachten

Der Kriegsdienst

<Der Krieg begann mit der Erlaubnis Gottes. Gott wollte auf diese Weise auch erkennen, wer ein Gläubiger ist. (3:166) Die Heuchler wurden nämlich aufgefordert, für den Islam zu kämpfen und sie sagten: „Wenn es wirklich zum Kampf kommen sollte, sind wir bereit." Doch da waren sie dem Unglauben näher als dem Glauben, denn sie sagten nicht, was sie dachten. (3:167) Die gleichen sagen nämlich über ihre gefallenen Brüder: „Wären auch sie zu Hause geblieben, könnten sie noch leben." Denen sei gesagt: „Wehrt doch euren eigenen Tod ab, wenn ihr es könnt." (3:168) Du brauchst nicht meinen, dass die Gefallenen Gottes wirklich tot sind. Nein, sie leben im Jenseits bei Gott. (3:169) Sie freuen sich über das, was Gott ihnen in seiner Großzügigkeit gibt. Sie freuen sich auch darüber, dass die Kämpfer, die nach ihnen fallen werden, vor dem Jüngsten Gericht keine Angst haben müssen. (3:170) Gott bringt die Gläubigen nicht um ihren Lohn. (3:171) Die Gläubigen, die eine Niederlage erlitten, werden großzügig belohnt. (3:172) Als man ihnen mitteilte, dass die Feinde eine neue Streitmacht zusammengestellt hatten, waren sie furchtlos und wurden in ihrem Glauben nur bestärkt. (3:173) Mit Gottes Hilfe und seiner Großzügigkeit kehrten sie zurück. Sie wollten Gott gefallen. (3:174)>

<Die den Kriegsdienst verweigerten, werden Entschuldigungen vorbringen, wenn ihr zu ihnen zurückkehrt. Mohammed: „Bringt keine Entschuldigungen vor, ich glaube euch doch nicht. Gott hat mich informiert. Gott und Mohammed werden euch beobachten. Zum Jüngsten Gericht wird Gott euch euren Lebenslauf zeigen. (9:94) Wenn eure Väter, eure Söhne, eure Brüder, eure Frauen, eure Verwandten und euer Vermögen euch wichtiger sind, als Gott und Mohammed und das Kriegführen [abmühen], so wartet die Entscheidung Gottes ab. Gott führt kein sündiges Volk. (9:24) Gott hat euch schon oft zum Sieg verholfen, auch damals in Hunain, als ihr siegessicher wart und trotzdem in die Flucht geschlagen wurdet. (9:25) Dann sandte Gott Frieden und unsichtbare Heere und strafte die Ungläubigen. (9:26)>

<Wenn es sich um einen kurzen Feldzug mit schnellem Gewinn handeln würde, würden sie mit dir ziehen. Doch das schwer erreichbare Ziel ist ihnen zu ungewiss. Wenn sie schwören, sie würden mit dir marschieren, sofern es ihnen möglich wäre, ist es eine Lüge. Damit fügen sie sich aber selbst Schaden zu. (9:42) Gott verzeiht dir, Mohammed. Warum hast du erlaubt, dass sie zurückbleiben, obwohl du den wahren Grund noch nicht erforscht hattest? (9:43) Ein Gläubiger, der Mohammed bittet, ihn von der Verpflichtung freizustellen, mit Leib und Leben und seinem Vermögen Krieg zu führen (9:44), ist kein Gläubiger. (9:45) Wären solche Leute entschlossen, mit euch zu kämpfen, hätten sie entsprechende Vorbreitungen getroffen. Gott aber wollte, dass sie zu Hause bleiben. (9:46) Wären sie mit den Gläubigen ausgezogen, hätten sie nur deren Sorgen vermehrt. Sie hätten für Verunsicherung gesorgt und Zwietracht gesät. Manche der Gläubigen wären ihnen gefolgt. (9:47) Schon immer wollten sie Verwirrung stiften und schmiedeten Pläne gegen dich, bis die Wahrheit ans Licht kam. (9:48) Unter Ihnen gibt es welche, die bitten dich, zu Hause bleiben zu dürfen, um nicht auf die Probe gestellt zu werden. Genau das ist schon geschehen. Die Hölle erwartet sie. (9:49)>

<Hat Mohammed Glück, so ärgern sich jene, die zu Hause geblieben sind. Hat er Pech, so freuen sie sich und sagen: „Wir hatten uns schon vorher abgesichert." (9:50) Mohammed soll sagen: „Nichts kann uns erschüttern, außer dem, was Gott uns bestimmt hat. Er ist unser Beschützer, ihm vertrauen

wir. (9:51) Könnten sie sich verstecken, würden sie sofort dorthin gehen. (9:57) Unter ihnen gibt es welche, die Mohammed wegen der Sozialabgaben kritisieren. Wenn sie aber etwas davon erhalten, dann freuen sie sich, andernfalls sind sie verdrossen. (9:58) Wären sie bescheiden, hätten sie nur gesagt: „Gott gibt uns aus seiner Fülle und ebenso Mohammed. Nach Gott steht unser Verlangen." (9:59)>

<Wenn ihr vom Kampf zurückkehrt, werden die Kriegsdienstverweigerer schwören, sie wären am liebsten mitgezogen, weshalb ihr ihnen nichts antun sollt. Überlasst sie sich selbst. Sie sind eine Plage und wegen ihres Verhaltens kommen sie in die Hölle. (9:95, 9:96) Jene, die sich weigern mit ihrem Vermögen und ihrem Leben für die Religion Gottes zu kämpfen, werden stattdessen die Hitze der Hölle erleben. (9:81) Sie werden nur wenig zu lachen haben, dafür umso mehr zu weinen. (9:82) Wenn Gott dich zu ihnen zurückkehren lässt und sie dich dann bitten, am nächsten Kriegszug teilnehmen zu dürfen, dann sag' ihnen: „Nie sollt ihr mit mir zusammen einen Feind bekämpfen. Ihr wolltet das erste Mal zu Hause bleiben, so bleibt auch dieses Mal zurück." (9:83) Bete nie für sie und wenn einer stirbt von denen, dann stell' dich nicht an dessen Grab, denn sie haben nicht an Gott und seinen Gesandten geglaubt. Sie sind Sünder. (9:84) Wundere dich nicht über ihr Vermögen und über ihre Kinder. Gott will sie damit in dieser Welt nur bestrafen, denn ihre Seelen sollen verscheiden, während sie noch ungläubig sind. (9:85)>

<Wenn eine Sure offenbart wird mit dem Inhalt: „Glaubt an Gott und kämpft an der Seite Mohammeds", dann bitten dich die Reichen unter ihnen um die Erlaubnis, zu Hause bleiben zu dürfen. (9:86) Ihre Herzen sind versiegelt, so dass sie nichts begreifen. (9:87) Mohammed soll sagen: „Entscheidet, wie ihr meint. Gott, sein Gesandter und die Gläubigen beobachten euch. Zu Gott werdet ihr ohnehin zurückgebracht und er wird sein Urteil über euch sprechen." (9:105)>

<Gott hat sich dem Propheten, den Flüchtlingen und deren Helfern gnädig zugewandt. In der Stunde der Not sind diese Helfer gefolgt, obwohl einige von denen Zweifel hatten. Gott wandte sich ihnen aber mit Erbarmen zu. (9:117) Und auch den Dreien, die zurückgeblieben waren, wandte Gott sich wieder gnädig zu. Sie bereuten und erkannten, dass es vor Gott keine Flucht gibt. (9:118)>

<Wenn ihr eine Verletzung erleidet, so tröstet euch damit, dass auch eure Feinde das schon erlitten haben. Alle Menschen erfahren Wohl und Wehe im Wechsel. Gott will auf diese Weise die Gläubigen erkennen. (3:140)>

Hadith 3273 [Sahih Muslim]: Mohammed sagte: Der Krieg ist ein kniffliger Kunstgriff.

Hadith 30 [Sahih Muslim]: Mir wurde befohlen, dass ich gegen die Menschen solange kämpfe, bis sie sagen: la ilaha illal-lah [kein Gott ist da außer Allah]. Wer dann das sagt, der rettet sein Vermögen und sein Leben vor mir, es sei denn, dass er gegen das Recht verstößt. Seine Rechenschaft muss jeder Allah geben.

Hadith 993 [Sahih Muslim]: Am Tag der Schlacht sagte Mohammed: Allah fülle ihre Gräber und ihre Häuser mit Feuer, wie sie uns eingesperrt und von der Verrichtung des Nachmittagsgebets abgelenkt haben, bis die Sonne unterging.

Hadith 3384 [Sahih Muslim]: Mohammed zog zum Kampf neunzehn Mal aus. Nur acht Mal kam es zum Kampf.

Hadith 3276 [Sahih Muslim]: Mohammed sagte: Wünscht euch keine Begegnung mit dem Feind und bittet Allah um Lebenskraft. Wenn ihr dem Feind begegnet seid, seid standhaft und wisset, dass das Paradies unter den Schatten der Schwerter liegt. Oh Allah, du hast die Schrift offenbart, die Wolken bewegt und die Verbündeten besiegt, so besiege unsere Feinde und helfe uns gegen sie.

Hadith 3467 [Sahih Muslim]: Mohammed sagte am Tag der Eroberung von Mekka: Von jetzt an gibt es keine Hidschra [Auswanderung] mehr, sondern Jihad und Niyya [guten Vorsatz]. Wenn ihr dann zum Aufbrechen aufgefordert werdet, dann brecht auf.

Hadith 3501 [Sahih Muslim]: Ein Mann kam zu Mohammed und sagte: „Wer ist unter allen Menschen der Beste?“ Mohammed: „Ein Mann, der unter dem Einsatz seines Vermögens und Lebens den Jihad unternimmt.“ Der Mann fragte wieder: „Wer denn noch?“ Mohammed: „Ein Gläubiger, der sich irgendwo in einer unbewohnten Gegend zwischen den Bergen aufhält, Allah dient und die Menschen von seinen Schlechtigkeiten verschont.“

Auswanderung und Vorbereitungen zum Kampf

<Damals als Mohammed in aller Frühe von seiner Familie wegging, um die Gläubigen in die Stellungen des Kampfes einzuweisen (3:121), da verloren zwei Gruppen beinahe den Mut, wo sie doch auf Gott hätten vertrauen können. (3:122) Im Kampf der Anhänger Mohammeds gegen die heidnischen Mekkaner [bei Badr im Jahr 624] verhalf Gott den Gläubigen zum Sieg (3:123), weil Gott euch 3000 (3:124) bzw. 5000 Engel als Helfer versprochen hat. (3:125) Alleine die Ankündigung sollte genügen, um euch zu stärken. Der Sieg kommt von Gott. (3:126) Gott hat euch geholfen, die Ungläubigen niederzukämpfen. (3:127) In diesem Fall hast du nicht die Macht, deinen Gegnern zu verzeihen oder sie zu bestrafen. (3:128) Gott vergibt und bestraft. (3:129) Bemüht euch um die Gnade Gottes (3:133) und um das Paradies, das für jene vorbereitet ist, die Freude spenden, Leid und Hass unterdrücken und den Menschen vergeben. (3:134)>

<Ihr habt um Hilfe gerufen und Gott versprach euch die Unterstützung durch tausend Engel (8:9), aber er versprach es nur, um euch ein Gefühl der Sicherheit zu geben. Der Sieg kommt von Gott allein. (8:10) Als er euch in den Schlaf versinken ließ, schickte er euch Regen, damit ihr von der Befleckung Satans gereinigt werdet [die Angst verliert] und eure Herzen gestärkt werden und ihr selbstbewusst den Weg der Gläubigen gehen könnt. (8:11) Gott zu den Engeln: „Den Ungläubigen will ich Angst einflößen. Schlagt ihnen den Kopf und jeden einzelnen Finger ab.“ (8:12)>

<Die Gläubigen dürfen nicht alle auf einmal aufbrechen. Teilt euch in Gruppen auf. Jene, die erst später ausrücken, können sich in Glaubensfragen ausbilden lassen, um dann später die anderen zu unterrichten. (9:122) Ihr Gläubigen passt auf! Kämpft nur in Gruppen! (4:71) Manche verlangsamen beim Vorrücken in der Schlacht bewusst das Tempo. Über die Gefallenen der ersten Reihe sagen sie dann: „Gott war gnädig zu mir, dass ich nicht bei denen war. (4:72) Wäre aber Gott zu denen gnädig gewesen, dann müssten sie sagen: „Wäre ich doch bei den Toten dabei, dann hätte ich Glück gehabt.“ (4:73)>

<Die Ungläubigen sind untereinander Verbündete. Daher, wenn ihr Gläubigen euch nicht zusammenschließt, wird es Verwirrung und Unheil im Land geben. Gott ist der Freund der Gläubigen. (8:73, 45:19) Die Ungläubigen planen eine List (86:15) und Gott plant eine List. (86:16) Gewähre nun du den Ungläubigen Aufschub, dann wird auch Gott ihnen ein klein wenig Aufschub geben. (86:17)>

<Meint ihr etwa, ihr würdet ins Paradies eingehen, ohne dass ihr Ähnliches durchmacht wie die Generationen vor euch? Not und Unheil kam über sie, und sie wurden in ihrer Zuversicht erschüttert. Der Gesandte Gottes und die Gläubigen fragten: „Wann kommt die Hilfe Gottes?" Gottes Hilfe ist nahe. (2:214)>

<Erinnert euch an die Tausenden, die in Todesfurcht aus ihrer Heimat auszogen. Gott sprach zu ihnen: „Sterbt!" Dann gab er ihnen das Leben wieder. Gott sorgt sich um die Menschen, doch die meisten sind undankbar. (2:243)>

<Die Byzantiner sind in einem nahe gelegenen Land [heutiges Israel, Palästina, Syrien, Jordanien] besiegt worden. (30:2, 30:3) Aber in wenigen Jahren werden sie siegen. Gott hat die Herrschaft, vorher und nachher. Wenn die Byzantiner siegen werden, freuen sich die Gläubigen. (30:4) Gott hilft, wem er will. (30:5) Das ist ein Verheißung Gottes und seine Prophezeiungen treffen ein. Nur viele Menschen wissen es nicht. (30:6)>

<Mohammed ist nur ein Gesandter Gottes wie andere vor ihm auch schon. Würdet ihr denn wieder ungläubig werden [eine Kehrtwendung machen], wenn er stirbt? Wer das tut, schadet nicht Gott, doch Gott wird es denen vergelten, die ihm dankbar sind. (3:144) Schon viele Propheten haben gegen Feinde gekämpft und wurden von vielen Tausenden unterstützt. Trotz eines Unglücks blieben sie tapfer auf dem Weg Gottes. Sie wurden weder schwach noch nachgiebig. Gott liebt die Menschen mit Ausdauer. (3:146) „Herr vergib uns unsere Schuld und unterstütze uns im Kampf gegen das ungläubige Volk." (3:147)>

<Gott wird den Auswanderern, die verfolgt wurden, die kämpften und geduldig waren, alles verzeihen und ihnen Barmherzigkeit zukommen lassen. (16:110)>

Hadith 3518 [Sahih Muslim]: Während einer Schlacht sagte ein Mann: „Mohammed, wenn ich heute sterbe, wo werde ich dann sein?" Mohammed: „Im Paradies." Da warf der Mann einige Datteln weg, die er in seiner Hand hielt, und kämpfte, bis er umkam.

Hadith 4264 [Sahih Muslim]: Am Tag der Schlacht von Uhud sah ich rechts und links von Mohammed zwei Männer mit weißer Kleidung. Ich habe sie nie vorher oder nachher gesehen. Gemeint sind die Engel Gabriel und Michael, Allahs Heil auf beiden.

Hadith 3345 [Sahih Muslim]: In der Schlacht von Uhud erlitt das Gesicht Mohammeds eine Wunde. Ein Zahn zwischen seinen vorderen Zähnen und seinem Eckzahn wurde gebrochen und sein Helm wurde auf seinem Haupt zertrümmert. Da wusch Fatima, seine Tochter, das Blut ab, während Ali, sein Schwiegersohn, Wasser aus einem Schild über die Wunde goss. Als sie aber sah, dass das Blut nicht weniger wurde und es sogar noch mehr wegen des Wassers floss, riss sie etwas von einer Strohmatte ab und verbrannte es. Sie nahm die Asche, presste sie gegen die Wunde und diese hörte auf zu bluten.

Der Kampf

<Die beiden Heere, die aufeinander trafen, waren leicht zu unterscheiden: Das eine kämpfte für den Islam, das andere für den Unglauben. Die Ungläubigen sahen ihre Gegner nur doppelt. [Die Schlacht bei Badr. Angeblich 300 Muslime gegen 1000 Mekkaner.] Das war der Beistand Gottes. Er hilft, wem er will. Das sollte eine Lehre sein für die, die einsichtig sind. (3:13) Die Gläubigen waren auf der einen Seite des Tals, die Feinde auf der anderen und die Karawane unterhalb von euch. Ein Treffen mit dem Gegner auf eure Initiative hin, kam nicht zustande, aber durch Gottes Fügung sehr wohl. Auf Grund klarer Verhältnisse [?] kamen einige um und andere überlebten. (8:42) Gott hat in Mohammeds Traum ihn die Feinde nur als kleine Truppe sehen lassen. Hätte er die Feinde in effektiver Größe erscheinen lassen, hätte Mohammed aufgegeben und ihr wäret untereinander zerstritten gewesen. Gott bewahrte euch davor. (8:43) Wie die Truppen aufeinander gestoßen sind, dachtet ihr, es seien nur wenige, damit sich die Sache so entwickelt, wie sie bestimmt war. Gott trifft die letzte Entscheidung. (8:44) Wenn ihr im Kampf auf die Ungläubigen stoßt, bleibt tapfer und denkt an Gott, auf dass ihr siegen werdet. (8:45) Gehorcht Gott und Mohammed und streitet nicht untereinander, damit ihr euch nicht den Mut nehmt. Seid standhaft. (8:46) Seid aber nicht wie jene, die damit angeben und letztlich vom Weg Gottes abhalten. (8:47) Satan behauptete, dass euch nichts passieren kann. Als aber die beiden Heere aufeinander trafen, da lief er davon und sagte: „Ich will dann nichts mit euch zu tun haben. Ich sehe große Probleme auf euch zukommen. Ich fürchte Gott und Gott bestraft streng.“ (8:48)>

<Gott hat euch doch sein Versprechen wahr gemacht, als ihr die Feinde vernichtet habt. Als ihr aber aufgabt weiterzukämpfen, wart ihr uneinig und unfolgsam, obwohl ihr sehen konntet, was ihr euch gewünscht hattet. Einige von euch lieben das Leben, anderen steht der Sinn nach dem Jenseits. Gott ließ die Feinde fliehen, um euch zu prüfen. Jetzt hat er euch vergeben, denn Gott ist voller Gnade zu den Gläubigen. (3:152) Als ihr geflohen seid, obwohl euch Mohammed rief, hatte euch Gott mit Sorgen bestraft. [?] Ihr musstet nicht mit ansehen, was euch an Kriegsbeute entgangen war und welche Verluste ihr erlitten hattet. [?] Gott weiß genau, was ihr tut. (3:153) Schließlich ließ Gott Frieden aufkommen. Daraufhin wurden einige müde, andere regten sich aber auf. Sie unterstellten nämlich Gott ein heidnisches Denken: „Haben wir nun einen Vorteil von der Angelegenheit?“ Mohammed soll sagen: „Alles liegt in der Hand Gottes.“ Insgeheim dachten sie: „Wären nicht einige von uns getötet worden, hätten wir einen Vorteil.“ [?] Mohammed soll antworten: „Wäret ihr in euren Häusern geblieben, wären jene, deren Tod vorbestimmt war, trotzdem in die Schlacht zum Ort ihres Todes gezogen.“ Gott prüft, was in euch vorgeht und kennt eure Absichten. (3:154) Wer von euch im Kampf geflohen ist, der wurde vom Teufel verleitet. Doch Gott vergibt euch. (3:155) So soll auch Mohammed gnädig zu ihnen sein. Wäre er unbarmherzig, wären sie davongelaufen. Er soll ihnen vergeben, für sie bei Gott um Verzeihung bitten und sie zu Rate ziehen. (3:159) Wenn Gott euch zum Sieg verhilft, so gibt es keinen, der euch besiegen kann. Wenn er euch aber im Stich lässt, kann euch außer Gott keiner helfen. (3:160) Ihr beklagt euch über Rückschläge im Krieg, obwohl ihr mit ansehen konntet, wie schlimm die Niederlage eurer Feinde war. Dafür tragt ihr selbst die Verantwortung. (3:165)>

<Hätten die Ungläubigen gegen euch gekämpft, wären sie sicher bald geflohen. (48:22) Das ist der Stil Gottes. (48:23) Gott hat den Kampf im Tal von Mekka verhindert, nachdem er euch zuvor hat siegen lassen. (48:24) So hat Gott auch verhindert, dass ihr versehentlich Gläubige getötet hättet. Hätten die sich abgesondert, hätte Gott die Ungläubigen bestraft. Diese Ungläubigen haben euch von der heiligen Moschee abgehalten und daran gehindert, dass die Opfertiere ihren Bestimmungsort erreichen. (48:25) Als sich die Ungläubigen auf den Unglauben festgelegt hatten, festigte Gott die Gläubigen in ihrem Glauben. (48:26) Gott hat Mohammed einen Traum wahr gemacht. Ihr werdet, so Gott will, die Kaaba in Sicherheit betreten, sei es mit geschorenem oder kurz geschnittenem Haar. Gott wusste von diesem Sieg und hat außerdem einen weiteren Sieg vorgesehen. (48:27) Mohammed ist der Prophet Gottes. Seine Verbündeten sind hart gegen die Ungläubigen, doch barmher-

zig zueinander. Du siehst sie sich niederknien und beten, um Gottes Zuneigung zu erlangen. Die Spuren der Niederwerfungen kannst du an ihren Gesichtern erkennen. So werden sie schon in der Thora beschrieben. Im Evangelium werden sie mit dem ausgesäten Samenkorn verglichen, das austreibt und wächst, zur Freude derer, die die Saat ausgestreut haben. Dieser Anblick erzeugt Wut bei den Ungläubigen und das hat Gott damit beabsichtigt. (48:29)>

<Gedenkt der Gnade Gottes und erinnert euch, als die Gegner heranrückten und Gott euch mit Wind und mit einer unsichtbaren Armee geholfen hat. (33:9) Als sie aber danach von allen Seiten über euch herfielen und ihr Todesangst hattet, wurden kritische Gedanken über Gott geäußert. (33:10) Damals wurdet ihr geprüft. (33:11) Jene, deren Glauben nicht gefestigt war, sagten: „Gott und sein Prophet haben uns betrogen." (33:12) Einige von ihnen riefen zum Rückzug auf und baten den Propheten dazu um Erlaubnis. Sie sagten: „Medina und unsere Wohnungen sind schutzlos." Doch sie waren nicht schutzlos, sie wollten nur fliehen. (33:13) Wären sie gefangen genommen worden und hätte man sie aufgefordert vom Islam abzufallen, wären sie ohne Zögern darauf eingegangen. (33:14) Obwohl sie doch zuvor mit Gott eine Vereinbarung getroffen hatten, dass sie nicht fliehen würden. Aber sie müssen Gott Rechenschaft ablegen. (33:15) Ihre Flucht wird ihnen nichts nützen. Wenn sie dem Tod entfliehen, werden sie an dem kurzen Überleben nur wenig Freude haben. (33:16) Es gibt niemanden, der euch vor Gott schützen kann, wenn er vorhat, euch zu bestrafen. Es gibt aber auch niemanden, der die Barmherzigkeit Gottes, die er verteilen will, verhindern kann. (33:17)>

<Lasst nicht nach zu kämpfen und ruft nicht nach Frieden, wo ihr doch die Oberhand habt. Gott ist mit euch und er wird euch nicht um euren Lohn bringen. (47:35)>

<Wenn ihr eine Entscheidung Gottes wollt, so sei euch gesagt, es ist besser für euch, wenn ihr Waffenstillstand vereinbart. Wenn ihr weiterkämpft, soll eure Übermacht euch nichts nützen, denn Gott ist mit den Gläubigen. (8:19)>

622 kommen die Muslime in Medina an und verbünden sich mit den Stämmen der Aus und der Chazradschs, die die Auswanderer willkommen hießen.

Ihren Lebensunterhalt bestritten die ersten Muslime in Medina durch Handel und durch Überfälle auf vorbeiziehende Karawanen der Koraisch. Von März 623 bis Januar 624 wurden angeblich sieben mekkanische Karawanen überfallen. Die Muslime hatten damit aber nur wenig Erfolg. In der berühmten Schlacht von Badr jedoch siegte Mohammed mit nur dreihundert Kämpfern gegen eine Übermacht von tausend und machte erhebliche Beute.

Mohammed leitete mehrere militärische Aktionen gegen die Mekkaner, die Medina angriffen. 625 führte er auch die Schlacht am Berg Ohud. Seine Entschlossenheit, die militärischen Erfolge und seine Genehmigung zum Recht der Militärs auf Beute verschafften ihm Anerkennung und Autorität. Die Zahl seiner Anhänger wuchs und somit auch seine Macht.

Mit Unterstützung der umliegenden Beduinen führte Mohammed auch einen Belagerungskrieg um und aus Medina heraus gegen die Mekkaner. Die gaben schließlich auf und zogen wieder ab. Da sich aber der jüdische Stamm der Banu-Kuraisa nicht an der Verteidigung Medinas beteiligte und Mohammed außerdem öffentlich ablehnte, wurde an ihnen ein Massaker verübt. Alle Männer wurden hingerichtet und etwa 1000 Frauen und Kinder als Sklaven verkauft. Mohammed zwang dann auch noch die jüdischen Stämme der Kainuka und Banu-Nadir zur Auswanderung nach Chaibar. Aus Angst konvertierten anschließend mehrere arabische Beduinenstämme zum Islam und Mohammed zwang die verbliebenen Nicht-Mulime von Medina zum Abschluss der „Aqd", eine Art Friedensvertrag, der zur Anerkennung seiner Macht führte.

628 wurde das Abkommen von Al Hudaybiya mit Mekka geschlossen, das zur Gleichstellung der Gemeinschaft Mohammeds mit der Mekkas führte. Das militärische Kräfteverhältnis hatte sich da bereits zu Mohammeds Gunsten verschoben.

630 marschierten Mohammed mit 10.000 Mann gegen Mekka. Diese Übermacht ließ die Mekkaner widerstandslos kapitulieren. Seine Widersacher schonte er dann so sehr, dass es einer göttlichen Offenbarung bedurfte, um seine Verbündeten zu beruhigen. Mit dem Einmarsch in Mekka wurde die Kaaba, die sich bereits zum geistigen Mittelpunkt des Islam entwickelt hatte, den Muslimen zugänglich und die Stadt zur „Heiligen Stadt des Islam" erklärt. Kurz danach war die gesamte Arabische Halbinsel und Teile Syriens unter der theokratischen Herrschaft Mohammeds.

Mögen Mord und Vertragsbruch gängige Methoden des Umgangs verfeindeter Parteien in Kriegszeiten sein, so zeigt die Biographie Mohammeds, dass auch er keine Ausnahme bildet. Da aber die Offenbarungen des Korans in Verbindung mit den Lebensgewohnheiten des Propheten, niedergelegt in der Sunna, das muslimische Lebensideal bilden, kann sich auch heute noch jeder an den Methoden und Prinzipien des Soldaten und Feldherrn Mohammed orientieren.

Die Gefangenen

<Mohammed, ruf die Gläubigen zum Krieg gegen die Ungläubigen auf, auch wenn die Gegner zehnmal so stark sind. (8:65) Gott gibt euch Entlastung, denn er weiß, wie schwach ihr seid. Wenn unter euch hundert ausdauernde Kämpfer sind, so sollen sie zweihundert überwältigen. Sind es tausend, sollen sie zweitausend niederkämpfen. (8:66) Ein Prophet soll keine Kriegsgefangenen machen, sofern er nicht schon gesiegt hat. Die Feinde wollen das Glück des Lebens, doch Gott will, dass sie getötet werden. (8:67) Gäbe es nicht schon eine Bestimmung Gottes, so würde Mohammed für das Lösegeld der Gefangenen [?] schwer bestraft werden. (8:68)>

<Mohammed sprich zu den Kriegsgefangenen: „Wenn Gott in eurer Seele Gutes findet, wird er euch besseres geben als das, was ihr verloren habt und wird euch vergeben." (8:70) Wenn sie dich aber verraten wollen, so verwundert das nicht, denn sie waren Gott gegenüber treulos. (8:71)>

<Wenn ihr euch rächen wollt, dann rächt euch in dem Maße, wie euch Unrecht zugefügt wurde. Wenn ihr aber verzeiht, dann ist das besser für euch. (16:126) Mohammed, sei geduldig! Mit Gottes Hilfe gelingt dir das. Sorge dich nicht, auch nicht wegen ihrer Anschläge [? Intrigen]. (16:127) Gott gestattet euch gütig und gerecht gegenüber euren Feinden zu sein, ausgenommen aber gegen jene, die euch wegen eures Glaubens bekämpft haben oder die euch aus eurer Heimat vertrieben haben. (60:8)>

Hadith 2599 [Sahih Muslim]: Wir unternahmen mit Mohammed den Feldzug von Banu Al-Mustaliq und nahmen einige edle arabische Frauen gefangen. Da der Zustand der Ehelosigkeit lang dauerte, wollten wir mit ihnen geschlechtlich verkehren und Coitus interruptus üben. So fragten wir Mohammed. Er erwiderte: Es ist nicht notwendig, dass ihr das tut. Es gibt kein Lebewesen bis zum Jüngsten Tag, das nicht ins Leben gerufen wird.

Die Kriegsbeute

<Zehrt von dem, was ihr erbeutet habt, das ist erlaubt und gut. (8:69)>

<Gott schlug die verärgerten Ungläubigen zurück. Sie hatten keinen Vorteil. Gott hat den Gläubigen den Kampf erspart. (33:25) Wer von den Juden/Christen die Ungläubigen unterstützt hatte, den ließ Gott aus deren Burgen herunterkommen und jagte ihnen einen Schrecken ein. Einen Teil von ihnen habt ihr getötet und die anderen habt ihr gefangen genommen. (33:26) Gott ließ euch ihr Land und ihre Häuser erben, in einer Gegend, in der ihr zuvor noch nie gewesen seid. (33:27)>

<Wenn Mohammed nach der Verteilung der Kriegsbeute befragt wird, soll er antworten: (8:1) Ein Fünftel davon gehören Gott und Mohammed und seinen Verwandten, den Waisen, den Bedürftigen und den Reisenden. Wenn ihr an Gott glaubt, haltet ihr euch daran. (8:41)

<Gott erfreute sich der Gläubigen, als sie ihm in Hudaidiya Treue gelobten. Er wusste, was sie dachten. Dann ließ er sie sich ausruhen und versprach den Sieg (48:18) und reichlich Beute. (48:19) Gott hat euch versprochen, dass ihr viel Beute macht und er hat dir einen Teil davon schon gegeben [die Eroberung von Chaibar] und er hat euch beschützt. Das tat er, damit die Gläubigen Gott erkennen und auf den richtigen Weg gebracht werden. (48:20) Und der andere Teil der Beute, den ihr noch nicht erhalten habt, ist bereits in Gottes Hand. (48:21)>

<Die Palmen, die ihr auf dem Grund der Banu Nadirs gefällt haben, habt ihr mit Gottes Erlaubnis gefällt, damit die Sünder beschämt werden. (59:5) Für das, was Gott dem Mohammed an Kriegsbeute gegeben hat, braucht ihr weder Pferde noch Kamele. Gott gibt Mohammed die Macht. Er soll über alle Personen und Sachen verfügen, wie er will. (59:6) Was Gott Mohammed von der Beute gegeben hat, das gehört Gott und Mohammed. Es ist für ihn und für seine Verwandten und die Waisen und die Armen und die Reisenden, damit nicht nur die Reichen unter euch davon profitieren. Was euch Mohammed davon gibt, das sollt ihr annehmen. Was er euch untersagt, dessen enthaltet euch. (59:7) Es ist für die Vertriebenen, die ihren Besitz verloren haben, während sie für Sache Gottes kämpften und Mohammed unterstützten. (59:8) Die Gläubigen aus Medina werden den Zuwanderern aus Mekka wohl gesonnen sein. Sie werden ihre Ansprüche hinter die der Neuankömmlinge setzen, auch wenn sie selbst bedürftig sind. Wer vor seiner natürlichen Habsucht bewahrt wird, dem wird es gut gehen. (59:9) Die Neuankömmlinge sagen: „Herr, vergib uns und unseren Glaubensbrüdern und lass uns gut miteinander auskommen. (59:10)>

<Im heiligen Krieg sollt ihr jenen vertrauen, die sich als Muslime ausweisen und nicht das Gegenteil annehmen, um an deren Besitz zu kommen. Gott gibt euch doch genug Möglichkeiten, Beute zu machen. Vor eurer Missionierung war so ein Verhalten üblich. Jetzt seid ihr Gläubige. Passt also auf, denn Gott weiß, was ihr tut. (4:94)>

<Ihr habt doch in den Wohnungen der Sünder gelebt und dabei erkannt, wie Gott mit ihnen verfahren ist. Gott hat euch eindeutige Beweise gegeben. (14:45) Ihre Untaten sind bereits bei Gott. [?] (14:46)>

Hadith 3298 [Sahih Muslim]: Als wir im Kampf gegen die Hawazen das Mittagessen mit Mohammed einnahmen, kam plötzlich ein Mann auf einem roten Kamel. Er ließ sein Kamel niederknien, fesselte es und aß mit uns. Wir waren erschöpft, unsere Reittiere waren müde und manche von uns hatten gar keine Reittiere. Plötzlich ging er eilig zu seinem Kamel, band es los und ritt ganz schnell davon. Einer von uns verfolgte ihn. Ich lief zu Fuß hinterher. Als wir ihn fassten, ließ ich das Kamel niederknien, zog mein Schwert aus der Scheide und schlug den Kopf des Mannes ab. Danach führte ich das Kamel, auf dem der Sattel und die Waffe des Mannes waren, zurück. Da empfing mich Mohammed und fragte: „Wer tötete den Mann?“ Die Leute sagten: „Ibnal Akwa.“ Darauf Mohammed: „Er darf die ganzen Sachen des Mannes zu sich nehmen.“

Gott erzählt Mohammed Geschichten über Mohammed

<Gott: „Weißt du noch, wie Gott dich aus deiner Heimat auswandern ließ, obwohl ein Teil der Gläubigen dagegen war? (8:5) Sie stritten mit dir über die Wahrheit, als ob sie vom Tod getrieben würden.“ (8:6)>

<Gott: „Weißt du noch, wie wenige ihr wart, überall im Land unterdrückt wurdet und in Furcht leben musstet, vertrieben [?] zu werden. Gott aber beschützte euch und stärkte euch durch seine Hilfe und versorgte euch mit guten Dingen. Seid dankbar dafür. (8:26)>

<Als ein blinder Mann zu Mohammed kam, runzelte Mohammed die Stirn und wandte sich ab. (80:1, 80:2) Gott: „Woher willst Du wissen, dass der Blinde sich nicht von seinen Sünden reinigen will oder dass er sogar konvertieren will? (80:3, 80:4) Wer bei dir selbstbewusst auftritt, vermögend ist und einen guten Ruf hat (80:5), dem kommst du bereitwillig entgegen (80:6), auch wenn er sich nicht von seinen Sünden reinigen will. (80:7) Wer aber interessiert und gottesfürchtig ist (80:8, 80:9), um den kümmerst du dich nicht. (80:10)>

<Gott kennt die Geschichte der Frau, die sich bei Mohammed über ihren Mann beklagt. (58:1)>

Antworten des Koran
(Zusammenfassung)

Welche Bedeutung hat der Koran im Islam?

<Die Botschaft des Korans stammt ohne Zweifel von Gott. (32:2…) Sie wird vom Engel Gabriel [bzw. vom Geist Gottes] übermittelt (26:193) und von Mohammed in Arabisch veröffentlicht. (26:194, 26:195)>

Der Koran ist die heilige Schrift des Islam, die nach dem Verständnis der Muslime nie entstanden, sondern eine seit Ewigkeit bestehende, göttliche Offenbarung ist. (85:22) Die heute verfügbare Version ist eine identische Kopie des himmlischen Originals. Die Rezitation des Korans entspricht einem Gebet. Nur Muslime und nur in Arabisch und im Zustand ritueller Reinheit dürfen den Koran rezitieren. Die erste Sure, die „Fatiha", ist ein Kurzgebet und die meist zitierte Sure des Korans:

<Im Namen Gottes. (1:1) Alles Lob gebührt ihm (1:2), dem Barmherzigen (1:3), dem Richter am Jüngsten Tag. (1:4) Dir dienen wir und dich bitten wir um Hilfe. (1:5) Führe uns den rechten Weg (1:6), den Weg derer, denen du gnädig bist, nicht den Weg derer, die Deinen Zorn erregen. (1:7)>

<Der Koran ist der sichtbare Beweis der Offenbarung Gottes. Er dient der Führung der Gläubigen und entstand aus der Barmherzigkeit Gottes. (6:126, 45:20) Der Koran ist keine Dichtung, sondern eine segensreiche Ermahnung Gottes für die Menschen, die nachdenken. (12:111…) Im Koran gibt es nichts Falsches. (39:28, 41:42) Er ist eine Anweisung zur korrekten Lebensführung. (31:3, 31:4, 45:11) Wem Gott den Koran gibt, der nimmt ihn auf, wie man ihn aufnehmen soll: Man glaubt daran. Wer aber nicht daran glaubt, der stürzt sich ins Elend. (2:121)>

Sprache allein genügt nicht, um eine unbeschränkt gültige Behauptung abzugeben, denn die letzte Bedeutung der Worte wird immer individuell verstanden. Daher kann der Anspruch der interpretationsfreien Begründung nur von der Mathematik erhoben werden. Die Mathematik ist aber nicht geeignet, um die Aussage „Der Koran ist das Buch der Wahrheit und Gerechtigkeit" (38:67, 42:17) zu beweisen. Um dafür, wenn schon keinen Beweis, dann wenigstens eine Begründung zu finden, muss man auf die Regeln der Argumentation zurückgreifen. Doch diesem Anspruch kommt der Koran auch nicht nach, denn alle Begründungen werden auf Gott zurückgeführt, aber begründen lässt sich nur das, was in unserer Macht steht.

<Nie zuvor hatte Mohammed in einem Buch gelesen, noch kann er eins schreiben. Wäre er dazu fähig, hätten seine Gegner zu Recht gezweifelt, dass Gott der Autor des Korans ist und Mohammed nur sein Herausgeber. (29:48) Gott hat Mohammed nicht gelehrt zu dichten. (36:69)>

<Mit dem Koran ist die Wahrheit gekommen und niemand kann sie verhindern. (4:174, 17:81) Das Wort Gottes ist zur Wirklichkeit geworden und die ist unabänderlich. (6:115)>

Als relativ wahr kann angenommen werden, wenn eine Behauptung mit etwas übereinstimmt, das anerkannt ist. Eine Aussage empfindet man subjektiv als wahr, wenn sie einem spontan einleuchtet. Sie kann aber erst dann als objektiv wahr bezeichnet werden, wenn die Mehrheit allgemein zustimmen würde. Wenn diese Ansicht dann noch mit Vernunft, also sachlich und sprachlich logisch nachvollzogen werden kann, dann kann man schon von Gültigkeit sprechen. Schließlich kann aber auch als wahr angenommen werden, wenn die Praxis gezeigt hat, dass es nützlich ist. Etwas, das man nur denken kann, kann aber noch nicht als wahr bezeichnet werden.

Es ist nicht gestattet, die Aussagen des Korans zu verändern. (18:27) Der Koran ist das Buch Gottes, das über jede Kritik erhaben ist. (2:2) Manche loben die Poesie des Korans, statt seine Inhalte ernst zu nehmen. (56:81) Einige wenden sich sogar ab (38:68) und manche widersprechen fortgesetzt. (56:82) Wer so argumentiert, soll doch versuchen, sich selbst vor dem Tod zu bewahren. (56:83, 56:84, 56:85, 56:86, 56:87)> Das ist keine Argument, sondern ein Glaubenssatz, auch wenn es wie ein Argument aufgebaut ist. Da fehlt die Relevanz zwischen Behauptung und Argument.

<Ihr müsst alle Verse des Korans akzeptieren, denn sonst kommt Schande über euch und am Jüngsten Tag werdet ihr noch einmal bestraft. (2:85) Einige der Verse sind eindeutig, andere sind interpretierbar. Diejenigen, die zur Ablehnung neigen, versuchen abwertend zu deuten, aber nur Gott kennt die wahre Bedeutung. Jene aber, die einsichtig sind, glauben daran, denn der gesamte Text stammt von Gott. (3:7)>

Die Auslegung des Korans darf nur von muslimischen Gelehrten erfolgen. Nach deren Auffassung darf er auch nur zusammen mit den Hadithen [oder der Sunna], den Aussprüchen, Reden und Berichten von und über Mohammed interpretiert werden. Mohammeds Leben gilt als Auslegung des Korans.

Ein Buch, und das gilt auch für den Koran, ist das Informationsangebot eines Autors an seine Leser oder Zuhörer und der Autor ist verantwortlich für die korrekte Darstellung seiner Aussagen. Da macht es keinen Unterschied, ob der Text von Gott oder von sonst jemandem kommt. Er muss inhaltlich von der angesprochenen Zielgruppe verstanden werden, denn sonst bleibt die Botschaft ohne Sinn. <Die Ungläubigen behaupten sogar, der Koran sei Unsinn. (30:58)>

Es darf gehofft werden, dass die körperlose Urschrift des Korans, die Gott aufbewahrt (13:39), doch noch Veränderungen in der körperlichen Version zulässt (2:106), denn auch der zeitlose Gott kann kein Dokument erzeugen, das in der Zeit zeitlosen Bestand hat. Das widerspricht auch seiner Absicht, durch Veränderung in der Zeit die Menschen zu prüfen.

Wer ist Allah?

<Es gibt nur den einen Gott. (2:163) Gott steht über allem (16:60), ist einzig, lebendig, ewig, absolut, stark, erhaben, stets nahe und immer präsent. (2:255…) Gott ist allgütig (96:3), allhörend, allsehend, allweise, allwissend und allmächtig. (3:189…) Gott ist der ewig unabhängige, von dem alles abhängt (112:1, 112:2) Gott vergibt, beschützt, ist barmherzig, gnädig und liebevoll. (4:70…)>

Gott sei allmächtig (10:65), obwohl er seine Allmacht nicht aufheben kann. Gott sei allgütig (96:3) und trotzdem belässt er das Leid in der Welt. Gott sei die Liebe, obwohl auch „Ungläubige" die Liebe erfahren. (19:96) Gott sei von der Welt getrennt (112:1f), obwohl er in der Welt handelt. (7:4) Gott lasse die Ewigkeit beginnen (50:15), obwohl die Ewigkeit stets ist. Gott lasse Raum und Zeit in der Ewigkeit zu (55:56), obwohl sie unbegrenzt ist. Gott sei einzig (112:1), obwohl die Ewigkeit die Einheit ist. Gott erschuf den Teufel (38:76) und das Böse (38:82ff), um zu bestrafen. (8:14f) Gott habe alles vorbestimmt (54:3), doch jeder ist für sein Tun verantwortlich. (34:25)

<Gott tut, was er will. (85:16) Gott gehört alles. (2:255…)> Gott ist sich selbst wissend, denn zur Verwirklichung einer Sache ist die Erkenntnis seiner selbst notwendig. (2:117, 36:82) Seine Schöpfung ist auch keine Teilmenge Gottes, denn Satan ist eine von Gott getrennte Einheit. Wie sollte man sonst Zuflucht bei Gott vor dem Satan suchen. (16:100) Schöpfer und Schöpfung sind im Koran zwei Entitäten. (25:2)

Zu Zeiten Mohammeds verehrten die Mekkaner auch die Töchter des Sonnengottes Hubal. Zunächst versuchte Mohammed die drei Göttinnen als himmlische Wesen oder Engel zu definieren, doch schließlich erhielt er die Offenbarung der Sure 53 Vers 19-25, in der sie als Erfindungen der Vorfahren abgetan wurden. Jene Verse (53:19ff), die ausgetauscht und in denen die Fürsprache der himmlischen Wesen erbeten wurde, bekamen dann das Attribut „satanisch".

Auch Glaube muss wahrheitsfähig sein, andernfalls ist es blinder Gehorsam. Diesen Gehorsam fordert der Koran, denn <wer die Verse Gottes versucht zu entkräften, wird bestraft. (34:5)> Was nämlich Gott verkündet, ist fehlerlos und Mohammed ist sein letzter Prophet. Diese Kausalkette verhindert eine Fortschreibung des Korans, sie verhindert sogar schon den kontroversen Dialog über die Inhalte des Korans. Eine kleine Hoffnung bleibt aber trotzdem. Wenn Gott nämlich den Vers, Mohammed ist der letzte aller Propheten (33:40), aufhebt oder vergessen lässt. (2:106), könnte es eine neue Verkündung geben.

<Gott vergibt nicht, wenn man neben ihm andere Götter anbetet. Weniger schwere Sünden vergibt er, sofern er es will. Doch wer Gott andere Götter zur Seite stellt, der ist zu weit gegangen. (4:116)>

Die Gottesbeweise: <Als Beweis Gottes dient der Koran und die Tatsache, dass Gott die Generationen vor euch hat sterben lassen. (24:34)> Das Endliche ist mit unseren Sinnen erfahrbar und wir können daher auch Aussagen zum Wesen der Endlichkeit machen. Wegen ihrer Grenzenlosigkeit bleibt uns aber das Wesen der Unendlichkeit verborgen. Grenzen sind aber eine Voraussetzung für Erfahrungen. Bei Gott kennen wir weder seine Existenz noch sein Wesen. Es ist uns unzugänglich, weil weder Ausdehnung noch Grenzen erkennbar sind.

Der ontologische Gottesbeweis: <Gottes Zeichen sind die Schöpfung des Universums und die Verschiedenheit eurer Sprachen und Farben. Das sind Belege für die Wissenden. (30:22)> Weil die Sprache selbst sowohl Voraussetzung wie auch Bedingung des Denkens ist, erscheinen einem die sprachlich formulierten Gedanken bereits als eine mögliche Realität. Dennoch ist wirklich Gedachtes nicht zwingend die Wirklichkeit.

Der kosmologische Gottesbeweis: <Gott erschuf das Universum. (16:3)> Die Erfahrung zeigt, dass es Bewegung gibt und alles Bewegte einen Beweger hat. Deshalb muss es einen ersten Beweger geben, der nicht durch etwas anderes, sondern durch sich selbst bewegt wird. Dieser erste Beweger heißt im Koran „Gott". Die erste Bewegung und der erste Beweger muss außerhalb der Welt angenommen werden. Außerhalb der Sinneswelt kann aber nichts nachgewiesen werden, da man zum Nachweis die Sinne braucht. Das heißt, die Behauptung, „der erste Beweger ist Gott", kann stimmen, ist aber nicht beweisbar. Und auch wenn Gott der Urheber wäre, wäre damit noch nicht ausgesagt, dass er eine eigenständige Persönlichkeit ist.

Der teleologische Beweis: <Im Wechsel von Tag und Nacht, der Gestalt von Himmel und Erde liegen die Beweise für die Existenz Gottes und die Schöpfung durch ihn. Die Gläubigen erkennen das. (10:6, 10:101)> In der Natur herrschen Ordnung und Zweckmäßigkeit. Die Naturgesetze und das Verhalten der Lebewesen belegen dies. Daraus auf einen Urheber zu schließen, ist aber unzulässig. Zulässig wäre die Annahme, auf ein oberstes Glied in der Zweckkette der Natur zu schließen. Dieses oberstes Glied kann man natürlich auch mit dem Begriff „Gott" besetzen. Danach wäre er ein Baumeister oder ein Prinzip, aber kein Schöpfer. Der Schöpfer ist derjenige, der die Idee zu diesem Prinzip hat. Nun kann man zwar behaupten, dass das oberste Glied der Zweckkette zugleich auch die Idee der Zweckmäßigkeit ist, aber bewiesen ist es damit nicht.

Der moralische Gottesbeweis: <Was die Menschen an Gutem [Gnade] erleben, kommt von Gott. Gott ist allgütig. (96:3).> Die Idee des Guten kann nur dann die Triebfeder des Vorsatzes und des Anstrebens sein, wenn sie erreichbar ist. Das Paradies ist zu Lebzeiten aber unerreichbar und noch nicht einmal richtiges Verhalten ist eine Garantie für die Glückseligkeit, denn <Gott tut, was er will. (22:14)>

Hätte Gott die Liebe zur Sünde erklärt, würde der Gläubige behaupten, das sei unmöglich, denn Gott selbst sei doch gut. Das aber ist eine Tautologie, also mit anderen Worten dasselbe nochmal gesagt. Wer dann behauptet, Gott habe mit seiner Macht die Liebe zu einer befolgenswerten Sache gemacht, müsste beweisen, dass Macht stets das Gute erzeugt. Das weiß jeder, das stimmt nicht. Wer nun meint, dass Gott die Liebe gutheißt, weil sie gut ist, der macht das Gute unabhängig von Gott.

Das Gute ist ganz einfach aus sich heraus gut. Gut und Böse sind völlig losgelöst von Gott, denn das Gute ist schlicht deshalb gut, weil es für die Menschen gut ist. Damit ist aber der Mensch die oberste Instanz für die Definition des Guten. Euthyphron-Dilemma [Platon].

Würde man trotzdem die Annahme treffen, dass Gott immer gut sei, so beraubt man ihn außerdem seiner Allmacht.

Wenn Gott allmächtig (22:75), stets gütig (96:3) und allwissend (57:3) sein soll, so ist das ein Widerspruch, denn im Leben gibt es Leid und Ungerechtigkeit. Somit ist Gott entweder nicht allmächtig, weil er das Leid nicht beseitigen kann oder er ist nicht gütig, weil er es nicht beseitigen will oder er ist nicht allwissend, weil er nicht weiß, wie er das Übel beseitigen soll. Theodizee-Problem [Epikur].

Ist Gott schon in der Endlichkeit mit Vernunft nicht begründbar, so wird er unter dem Aspekt der Unendlichkeit zur Unsinnigkeit, denn der personale Gott ist vom Rest getrennt und bildet keine Einheit, da es doch in der Ewigkeit nur Einheit geben kann. Stattdessen lässt dieser Gott die Ewigkeit sogar noch beginnen, um Paradies und Hölle zu ermöglichen. So etwas kann sich nur ein Geist der Endlichkeit ausdenken.

Gott erklärt die Unerklärlichkeit des Schicksals mit seiner Laune. (9:53ff) Er zeigt, dass niemand der Vorbestimmung ausweichen kann. (14:19) Aber auch wenn man annimmt, dass <alles endgültig feststeht (54:3)>, gilt trotzdem: Jede Vorbestimmung ist bedeutungslos, denn wie auch immer ich entscheide und handle, es wäre vorbestimmt. Eine fatalistische Haltung wäre genauso vorbestimmt wie Initiative und Tatkraft. Für die Allwissenheit, die jene Kenntnis der Vorbestimmung voraussetzt, gilt daher auch: sie ist ohne Aussagekraft.

<Gott tut, was er will. (22:14) Niemand darf ohne Gottes Erlaubnis gläubig werden. Gott nimmt es aber denen übel, die dafür ihre Vernunft nicht gebrauchen wollen. (10:100)> Wenn aber Gott den Gläubigen ihre Gläubigkeit nur im Zusammenhang mit Vernunft gestattet, so muss der Verdacht ausgesprochen werden, dass Gott den Begriff anders verwendet, als es die allgemein anerkannte Definition vorgibt. (10:100) Denn wenn einer zum Verständnis des Korans die Vernunft einsetzt, muss er logische Fehler und Widersprüche zum Wissen unserer Zeit erkennen.

<Gott: „Hätte ich gewollt, hätte ich jedem den rechten Weg gezeigt. Ich will aber die Hölle mit den Teufeln und den Menschen füllen.“ (32:13)> Wenn Gott mehr Gefallen daran findet, die Hölle mit den Menschen zu füllen, als ihnen den rechten Weg zu zeigen oder Wohltaten zu verteilen, um dann die Strafe umso schlimmer empfinden zu lassen (6:44), dann nennt man das „Sadismus“. (32:13) Aber dass bei Gott die Tauben und die Stummen weniger angesehen sind, erstaunt, denn Gott selbst hätte es ändern können. (8:22, 8:23) Dass aber jene, die keinen Verstand haben, im Ansehen Gottes auch gering eingestuft werden, ist widersprüchlich, denn nur die mit Verstand können Kritik am Koran üben.

Woher kommt die Welt und das Leben?

<Gott erschuf das Universum (16:3...) und den Menschen. (55:3) Er verwirklicht eine Sache, indem er sie ausspricht. (2:117...) Gott erschuf Himmel und Erde in sechs Tagen (7:54...), die Erde in zwei Tagen (41:9) und sieben Himmel in zwei Tagen. (41:12) Ein Tag bei Gott ist gleich tausend Jahre nach eurer Zeitrechnung. (22:47) Die Engel und Gabriel steigen zu Gott an einem Tage auf, dessen Ausmaß fünfzigtausend Jahre beträgt. (70:4)> Wieso Gott zur Erschaffung der Erde zwei Tage oder zweitausend Jahre benötigt hat, obwohl er seine Wünsche doch nur aussprechen muss und außerdem doch im Moment des Erschaffens noch Einheit herrschte, wird uns Gott am Jüngsten Tag erklären. Ob überhaupt eine Schöpfung stattgefunden hat oder ob die Gegenwart ein Spiegel der Einheit, der Unendlichkeit ist, wird uns vielleicht einmal unsere Vernunft offenbaren.

<Wissen die Ungläubigen denn nicht, dass Himmel und Erde eins waren, bis Gott sie trennte und aus dem Wasser alles Lebendige schuf. (21:30) Gott hat das Feuer erschaffen. Es soll euch an die Hölle [?] erinnern und den Reisenden in der Wüste nutzen. (56:70ff) Gott bestimmt Tag und Nacht und lässt das Lebende aus dem Toten entstehen und umgekehrt. (3:27) Wo immer ihr euch hinwendet, dort ist Gott. (2:115)>

Niemand kann zurzeit die Welt und das Leben vollständig erklären. Wo unser Wissen Lücken hat, müssen wir vermuten oder glauben. Ob das Universum und das Leben von Gott erschaffen wurde, ist nicht beweisbar, ebenso wenig wie Gott selbst, der noch nicht einmal definierbar ist.

<Gott bringt das Lebendige aus dem Toten hervor und er löscht das Leben wieder aus. (6:95)> Es gibt viele logische Erklärungen und Einzelbeweise für die Evolutionstheorie, aber keinen dagegen. Dagegen steht nur Unkenntnis und Glauben. Ob Gott das Leben erschaffen hat oder ob das Ereignis durch Ursache und Wirkung naturwissenschaftlich erklärbar ist, ist ohnehin nicht die Frage, denn jede naturwissenschaftliche Erklärung verschiebt immer nur die Frage auf die erste Ursache und auf das „Warum“. Und weder das eine noch das andere wird die Naturwissenschaft je beantworten.

Für die Entstehung des Lebens gibt es zwar endlich viele, aber kaum vorstellbar viele Kombinationsmöglichkeiten. Deren Anzahl übersteigt die Anzahl der Atome unserer sichtbaren Welt. Statistisch reichen dann auch 5 Milliarden Jahre und die Größe der Erde nicht mehr, um durch Versuch und Irrtum zum Ergebnis „heute“ zu kommen. Hier muss es mindestens eine weitere Ursache geben, die noch unbekannt ist.

<Ich erschuf das Universum mit Weisheit (29:44) und habe alles gut gemacht. (32:7) Keinen Fehler kannst du in meiner Schöpfung sehen. (67:3) Ich habe alles im richtigen Verhältnis geschaffen (54:49)>, sagt Gott von sich.

<Die Auferstehung kommt bestimmt, daran ist nicht zu zweifeln. (40:59)> Der Jüngste Tag soll der Beginn der Ewigkeit sein, doch sie ist längst da, denn die Unendlichkeit kann nicht

beginnen. Die Mathematik definiert die Unendlichkeit als das Grenzenlose, beziehungsweise dasjenige, das die Annahme einer Begrenztheit zu einem logischen Widerspruch führt.

Das Universum umfasst alles, nur nicht Gott, denn am Jüngsten Tag wird er das Universum auflösen (21:104), bedeutet, dass es auch dann keine Einheit mit Gott und demnach auch keine Ewigkeit geben kann. Eine Menge aller Mengen, die sich nicht selbst enthält, führt zu einem Widerspruch: Besagte Menge gibt es dann nämlich nicht. Eine Menge ist nur dann unendlich, wenn sie umkehrbar eindeutig einer Teilmenge ihrer selbst zugeordnet werden kann. Danach müsste Gott im Universum enthalten sein oder Gott gibt es nicht.

<Wenn Gott will, erweckt er die Menschen wieder. (80:22) Meint der Mensch etwa, dass er seine Gebeine nicht zusammensetzen kann. Aber ja, er ist imstande des Menschen Finger gleichmäßig zu formen (75:3f) Die Rechtschaffenen kommen ins Paradies (82:13) und die Sünder in die Hölle. (82:14, 82:15)>

Wenn Gott am Jüngsten Tag die Menschen auferstehen lässt, dann ist das ein Vorgang voller Widersprüche. Der von der Einheit getrennte unendliche Gott lässt eine zweite Unendlichkeit entstehen, die auch keine Einheit ist. In dieser zweiten Grenzenlosigkeit erwachen die körperlich begrenzten Menschen mit den körperlichen Bedürfnissen und Bewusstheiten der Endlichkeit; jedes Individuum im Zustand seines Ablebens. Zwei Ewigkeiten nebeneinander, wovon die eine begrenzt und der ersten untergeordnet ist. Vernunft und guter Wille reichen nicht mehr aus, um so etwas zu verstehen. Wer dem zustimmt, muss bedingungslos glauben und die Vernunft ausschalten.

Aber auch der Glaube liefert nur Schreckensvorstellungen: Wer nach einem glücklichen Leben als Gläubiger stirbt, soll in diesem Zustand unendlich lang mit Jungfrauen und Früchten sein Dasein fortsetzen. Er verpasst dabei das Glück durch Verzicht und Wunsch, Wille und Befriedigung, unbekannter Zukunft und Hoffnung, jemals eine Entwicklung erfahren zu können.

<„Oh je, das ist der Tag des Gerichts." (37:20) „Wer hat uns erweckt? Es ist wohl wahr, was Gott und die Propheten gesagt haben." (36:52)> Am Jüngsten Tag wird der Mensch in seinem Körper wiedererweckt und kann dann all das, was er auch zu Lebzeiten konnte. Dem Wiedererweckten stehen genauso wie dem Lebenden das Gedächtnis, die Fähigkeit der Wahrnehmung, die Verarbeitung der Wahrnehmungen und die Gefühle zur Verfügung. Das sind die Elemente, die das individuelle Bewusstsein ausmachen. Dieses Bewusstsein hat keinen Raum, obwohl es zweifelsfrei mit uns verbunden ist. Was aber keinen Raum einnimmt, ist grenzenlos, ist unendlich. Das muss nicht erst in die Unendlichkeit gebracht werden (29:20), was ohnehin ein Widerspruch ist.

<Das irdische Leben ist nichts als Einbildung. (3:185)> Das bestätigt auch die Vernunft.

Die selektive Wahrnehmung des Einzelnen, die Unmöglichkeit mit den Sinnen alle Informationen einer Situation aufnehmen zu können, die Bindung der Situation an die wahrnehmende Person, den konkreten Ort, die bestimmte Zeit und die Veränderung der Welt durch die Wahrnehmung macht die Wahrnehmung einer objektiven Realität unmöglich. Das wahrnehmende Individuum und das Objekt bedingen sich daher gegenseitig. Realität ist subjektiv.

<Gott wird die objektive Wahrheit berichten, denn er war immer anwesend. (7:7) Gott wird jedem seine irdischen Taten vergelten. (11:111)>

Raum und Zeit sind nicht wahrnehmbar, doch ohne den Bezug zu Raum und Zeit gibt es keine Wahrnehmung. Alle Erscheinungsformen müssen uns daher dem Prinzip nach bekannt sein, sie müssen in unserem Bewusstsein verfügbar sein, denn sonst könnten wir nichts wahrnehmen. Unvermitteltes Wissen kann es somit nicht geben. Im Jenseits, ohne Raum ohne Zeit, sind Wahrnehmungen nicht möglich. Nimmt man trotzdem an, es gäbe dort eine Raumzeit, dann wäre sie endlich. Wollte Gott dies ändern, müsste er die Einheit zulassen. Dann aber gäbe es keine Individuen mehr und ihn selbst auch nicht.

<Dieses irdische Leben ist nichts als ein Zeitvertreib und ein Spiel. Die Wohnstatt des Jenseits aber, das ist das eigentliche Leben. (29:64)> Da Raum und Zeit nicht unabhängig vom Bewusstsein existieren, können die Erscheinungsformen nie als objektive Realität erfahren werden. Raum, Zeit und Leben sind die Voraussetzungen für alle Erfahrungen. Da Raum und Zeit unbegrenzt und ewig sind und das endliche Leben dem Individuum eine lebensbedingte Interpretation aus der Unendlichkeit, der Einheit aus Raum und Zeit offenbart, wird die Beziehung zwischen der Unendlichkeit und der Endlichkeit über das Leben hergestellt.

<Hätte Gott es gewollt, so hätte er die Menschen zu einer Einheit gemacht, doch die Menschen wollten uneins sein. (11:118) Es gibt das Unheil, damit die Menschen das Ergebnis ihrer Handlungen erfahren und sich besinnen. (30:41)> Das Prinzip der Dualität entsteht aus der Wandlung der Einheit hin zur differenzierten Begrenztheit in Form der Raumzeit. (21:30) Im Koran wird die Symbolik der Dualität durch Gott und Teufel dargestellt. (7:12ff) Gott nimmt in dieser Struktur eine widersprüchliche Doppelbedeutung ein, denn er repräsentiert das Gute und zugleich die Einheit. Mit dem Bösen, dem Teufel, will er nichts mehr zu tun haben, obwohl er ihn erschaffen hat.

Hat Allah Entscheidungsfreiheit gegeben?

<Die Gläubigen folgen der Wahrheit Gottes, die Ungläubigen der Lüge. So beschreibt Gott die Lage der Menschen. (47:3) Die einen werden von Gott geführt, die anderen haben sich den Teufel zum Beschützer genommen. (7:30)>

<Jede Gnade kommt von Gott und wenn die Menschen einen Schaden erleiden, dann flehen sie Gott um Hilfe an. Wenn Gott den Schaden von ihnen nimmt, gibt es einige, die ihm andere Götter zur Seite stellen oder sie meinen, sich selbst geholfen zu haben oder sie vergessen die Hilfe und leugnen somit, dass Gott die Hilfe geleistet hat. (10:12… 39:49) Hätten die Menschen die Barmherzigkeit Gottes, sie würden aus Geiz ihre Gaben nicht verteilen. (17:100)>

Religion ist eine menschliche Konstruktion, in der vom Menschen nicht Wahrnehmbares behauptet und Unmögliches von ihm zu leisten gefordert wird. Dafür wird die Erfüllung ganz menschlicher Wünsche versprochen, doch die Einhaltung dieser Versprechen ist nicht überprüfbar.

Es ist ohnehin sinnlos über diesen personalen „Gott" zu reflektieren, denn keine Aussage von Gott ist überprüfbar. Man kann beliebig alles über ihn behaupten. Und wenn <an jenem Tag, an dem die Prophezeiungen Wirklichkeit werden, alle erkennen werden, dass die Gesandten Gottes die Wahrheit gesprochen haben (67:27)>, so ist diese Behauptung noch nicht einmal wahrheitsfähig, denn jenseits der Wahrnehmung, in der Raumzeitlosigkeit, verschmelzen wahr und unwahr.

Das Ideal des Selbst wird zum Bild Gottes modelliert. Die Bilder, die der Koran vermittelt, sind daher Entsprechungen der religiösen Erfahrungen Mohammeds.

<Gott setzt die Menschen dem Guten und Bösen in Form von Prüfungen aus. (21:35) Gott begeht kein Unrecht an den Menschen, doch die Menschen begehen Unrecht an sich selbst. (10:44)>

Ständig erlebt der Mensch seine Getrenntheit vom Rest der Welt und das erzeugt Unwohlsein. Er ist also bemüht, sich in Ereignisse zu begeben und seine Haltung so auszurichten, dass er Momente der Vereinigung erlebt. In der Beziehung zu einem anderen Menschen und im Erleben eines gewünschten Ereignisses kommen dann diese Gefühle der Vereinigung auf und manche erleben dies sogar in einer metaphysischen Vereinigung mit Gott. Der Wunsch nach Vereinigung mit Gott ist der Wunsch nach Vereinigung mit der Welt, nach Auflösung in der Einheit.

Der Koran fordert zwar die Eigenverantwortung, nicht jedoch die Methodik zur Eigenverantwortung. Abgesehen von dem Widerspruch der Vorbestimmung vs. Eigenverantwortung, handelt der Mensch nach der Definition des Korans eigenverantwortlich, doch nicht am Maßstab eigener Regeln, sondern am Maßstab der Regeln Gottes oder Mohammeds. Den Mut eigene Regeln aufzustellen und somit die ursächliche Verantwortung zu übernehmen, hat der Gläubige nicht und soll ihn auch nicht haben.

<Glaubt an Gott, an Mohammed und an das Licht [oder: den Koran?], das Gott den Menschen gesandt hat. (64:8) Gehorcht Gott und Mohammed. (64:12) Wer Macht anstrebt, dem sei gesagt: Alle Macht hat Gott. Gute Worte und gute Taten belohnt er. Wer aber Böses plant, dessen Pläne scheitern und der wird streng bestraft. (35:10)> Der Koran kennt die Trennung zwischen Religion und Weltlichem nicht. Doch das macht das Leben der Muslime komplizierter, weil es keine Abgrenzung zu simplen Tätigkeiten des täglichen Lebens gibt. Jede Handlung ist eine sakrale Handlung, denn alles ist immer auf Gott ausgerichtet. Alle Handlungen sollen das Wohlgefallen Gottes hervorrufen.

<Die Seele [kann auch der Geist Gottes sein] entsteht auf Anweisung Gottes. Ihr wisst nur wenig darüber. (17:85) Gott fordert von keiner Seele mehr als das, was sie zu leisten vermag. (2:286, 7:42, 23:62) Wer für Gott kämpft, tut es für das Heil der eigenen Seele. (29:6)> Ego, Wesen, Geist, Seele und Bewusstsein sind nicht voneinander zu unterscheiden, da keines davon physikalisch nachweisbar ist und niemand eine allgemein anerkannte Differenzierung vorlegen kann. Diese Begriffe sind eine Sammelbezeichnung für den Willen, die Gefühle, das Potential der Erscheinungsformen, Erinnerungen, Erwartungen und das Denken.

<Die Lebensfrist eines jeden hat Gott vortrefflich bestimmt. (77:23) Im Todeskampf erkennt der Mensch die Wahrheit und sieht, dass er ihr zeitlebens ausgewichen ist. (50:19)> Der Tod ist unerwünscht und muss es auch sein, denn sonst gäbe es weniger Gründe zu leben als zu sterben. Trotzdem kann der Tod für den, der ihn erleidet, kein Übel sein, denn wer tot ist, erlebt diesen Zustand nicht und kann ihn demnach auch nicht beklagen. Die Lebenden lieben ihr Leben und lieben das Tun und das Erleben. Und das ist es, was sie zu vermissen vermuten, doch der Koran bietet die Fortsetzung des Seins an, so wie wir es kennen: Die unbeschränkte Fortsetzung des Erlebens, entweder im Paradies (50:34) oder in der Hölle. (41:24)

<Jeder hat sich selbst zu verantworten. (34:25) Das Gute kommt von Gott, doch jedes Unglück, das du erleidest, hast du selbst zu verantworten. (4:79, 42:30) Ein jeder geht seinen individuellen Weg und Gott weiß, wer den rechten Weg geht. (17:84)>

Freiheit wird als Grenzenlosigkeit gewünscht und damit ist bereits die Unmöglichkeit des Erlebens solcher Freiheit ausgesagt. Freiheit bedeutet immer, aus einer begrenzten Menge an Möglichkeiten eine Wahl treffen zu können, doch jede Form der Freiheit widerspricht dem Glaubensgrundsatz des Korans, dass Gott allmächtig ist und alles vorbestimmt hat. (34:25, 54:3, 11:4) Damit ist aber festgelegt, wer alles zu verantworten hat: Gott. (17:84) Da bleibt die Überlegung zu Willensfreiheit, Wahlfreiheit und Handlungsfreiheit Theorie, denn Gott prüft in euch, was er selbst festgelegt hat, zumal er auch eure Absichten kennt. (14:38) Daher ist nicht nur das Leben ein Spiel (6:32), sondern die Lebenden sind die Spieler im Spiel Gottes.

<Alles steht endgültig fest (6:67, 54:3) und nicht das Kleinste geschieht, das nicht vorbestimmt ist. (6:59) Sie [die Ungläubigen oder die Christen] sagen: „Wenn Gott gewollt hätte, hätten wir die Götzen nicht verehrt." Doch sie kennen die Zusammenhänge nicht und raten nur. (43:20)> Wenn man die Zukunft nicht kennt, ist jede Entscheidung subjektiv eine freie

Entscheidung. Und würde man die Zukunft kennen, würde sich auch nichts ändern, denn man kann gar nicht anders entscheiden, denn sonst wäre die Vorhersage falsch. Ob vorbestimmt oder nicht, für Entscheidungen und Handlungen ist es bedeutungslos, so mag der Koran auch behaupten: <Du kannst nur wollen, was Gott will. (76:30)>

Einzig die Absicht, die eigene Tat für richtig und gut einzustufen, bleibt als Größe der Verantwortung, auch wenn die Gesinnung wieder nur das determinierte Ergebnis des Zusammenspiels aus Erbmolekülen und Sozialisation ist. Das Verfügen über moralische Begriffe bedeutet aber, die Möglichkeit seine Handlungen zu beurteilen und dieses Urteil könnte zur Bewertung durch Gott herangezogen werden. Aber selbst diese Möglichkeit schließt der Koran aus, denn dann wären solche Gedanken von Gott nicht beeinflussbar und das würde seine Allmacht einschränken.

Doch auch diese Bewertungen sind einer ständigen Entwicklung während des Lebens unterworfen. Was ich einst für gut hielt, muss heute nicht mehr so sein. Eine Bewertung über das Gesamtleben eines Menschen müsste daher die Haltung zu allen Ereignissen in jedem Moment beinhalten. Das aber ist nicht möglich zu ermitteln, denn niemand reflektiert ständig über alles. Erneut ist der allmächtige Gott eingeschränkt, denn er kann nur bewerten, was war. Es darf aber vermutet werden, dass der Hass des Kindes in einer bestimmten Situation Jahre später von dem dann Erwachsenen ganz anders beurteilt wird. Wie dumm, wenn nicht erneut darüber nachgedacht wurde. Sonst nämlich wäre die Bewertung Gottes falsch.

<Gott hat die Engel und die Menschen nur darum erschaffen, damit sie ihm dienen. (51:56) Gott zu gedenken, ist das Höchste. (29:45) Jeder verfolgt sein individuelles Ziel. Stellt euch dem Wettbewerb der guten Taten. (2:148) Dient Gott, der euch erschaffen hat (2:21) und wetteifert um die Vergebung Gottes und um das Paradies. (57:21)> Ein Zustand der Vollendung kann keine sinnstiftende Funktion haben, denn das Wesen des Lebens ist die Zeit, die durch die Veränderung erfahren wird. Für die Sinngebung des Lebens muss eine Methode in Verbindung mit einem wünschenswerten, jedoch unerreichbarem Ideal definiert werden.

In der perfekten Welt steht die Zeit still, da gibt es kein Streben mehr. Würde da die Zeit eintreten, müsste jede Handlung zur Verschlechterung führen. Freuen wir uns, dass wir verbessern können.

Sind Juden und Christen Brüder im Glauben?

Das Judentum ist der Ursprung des Christentums und des Islam und Abraham ist einer der frühen historischen Gestalten dieser Religionen. Er hat wahrscheinlich um 1900 v.Chr. gelebt. Noch heute beziehen sich die Juden auf ihre leibliche Abstammung von Abraham. Auch die Christen betonen im Matthäus-Evangelium, dass Jesus von David und Abraham abstammt und manche der Muslime behaupten, dass sich auch der Stammbaum Mohammeds über Ismael bis auf Abraham zurückführen lässt. Alle Muslime sehen in Abraham den Urvater ihrer Religion.

<Gott hat Abraham eine besondere Stellung gegeben, indem er ihn zum Vorbild für die Menschen machte. (2:124) Juden und Christen sind auf dem falschen Weg, denn nur die Religion Abrahams, der Islam, verehrt den einen Gott. (2:135) Behauptet nicht, dass Abraham und seine Nachkommen Juden oder Christen waren. (2:140) Juden und Christen, warum streitet ihr über Abraham? Altes und Neues Testament wurden doch erst nach seinem Tod veröffentlicht. (3:65) Abraham war weder Jude noch Christ. Er war fromm und reinen Glaubens, ein Muslim, kein Anhänger der Vielgötterei. (3:67) Folgt der Religion Abrahams. (3:95)>

Der Koran über die Juden:

<Gott verkündete die Thora, die Rechtleitung und Licht enthält. (5:44)>

<Jene, denen die Thora gegeben wurde und die nicht danach leben, sind wie Esel, die Bücher tragen. (62:5) Einige der Juden bevorzugen den Irrtum und wollen, dass auch die Gläubigen vom rechten Weg abweichen. (4:44) Die Juden sind eine Gemeinde der Vergangenheit. (2:134) Sie sagen: „Gott sei geizig." Sie selbst sind es und sie sollen verflucht sein für solche Reden. Gottes Offenbarungen im Koran werden bei den Juden Widerspruch erzeugen und sie in ihrem Unglauben noch bestärken. (5:64) Ihr Juden, wenn ihr meint, ihr seid die Freunde Gottes unter Ausschluss der anderen Menschen, dann wünscht euch den Tod. (62:6) Doch sie werden sich niemals den Tod wünschen, denn sie können sich nicht von ihrem Besitz trennen. (62:7) Der Koran klärt die Juden über die meisten ihrer Streitpunkte auf. (27:76)>

<Als Gott mit den Juden den Vertrag schloss: Ihr sollt nur Gott anbeten, euch den Eltern, Verwandten, Waisen und Armen gegenüber wohltätig erweisen, freundlich zu den Menschen sein, beten und Sozialabgaben leisten, da haben sie sich, bis auf wenige, von Gott abgewendet. (2:83) Auch der Vertrag, ‚kein Blut zu vergießen und das Eigentum zu respektieren' (2:84), wurde gebrochen, denn sie haben sich gegenseitig umgebracht und einer dem anderen das Vermögen abgejagt. (2:85) Als Gott den Bund mit den Juden schloss, forderte er sie auf, die Bibel zu verbreiten, doch sie taten es nur halbherzig. (3:187) Manche Juden lügen, verdrehen die Worte, widersprechen und sprechen verächtlich über den Islam. Deshalb hat Gott sie verflucht und darum glauben sie so wenig. [oder sind so wenige gläubig] (4:46) Immer, wenn die Juden eine Verpflichtung eingingen, hat ein Teil von ihnen es verleugnet. Die meisten von ihnen sind eben ungläubig. (2:100)>

Wer Jude ist, ist ein Zugehöriger zum Stammesvolk der Israeliten oder ein gläubiger Jude oder beides. In die erste Position wird man hineingeboren, in die zweite geht man freiwillig. Über die Linie der Mütter müsste der gebürtige Jude seinen Stammbaum bis zu Abraham zurückverfolgen können. Anders als im Koran glauben die Juden, dass Auferstehung, Paradies und Hölle bereits Bestandteile der Schöpfung sind und der Übergang in die Zeitlosigkeit nur die Vollendung der Zeitlinie ist.

Der Koran über die Christen

<Dies ist eure Gemeinschaft [Muslime und Christen?]. Sie ist eine Einheit. Gott ist euer Herr. Dient ihm. (21:92) Sie [die Christen?] machen aus einem Teil seiner Diener Nachkommen Gottes [weibliche Engel]. Wie undankbar sie sind. (43:15) Sollte Gott von dem, was er erschuf, für sich nur Töchter und für euch Söhne zulassen? (43:16) Wenn ihr von der Geburt einer Tochter erfahrt, dann ärgert ihr euch schwarz. Gott aber mutet ihr solches zu. (43:17) >

<Gottes Geist zu Maria: „Gott ist es ein leichtes [dich zu schwängern]. Gott wird deinen Sohn zu einem Zeichen für Gottes Barmherzigkeit machen." (19:21) Und so empfing sie ihn und zog sich mit ihm an einen entlegenen Ort zurück. (19:22)>

Im Jahr 325 fand ein Konzil der Christen in Nicäa, dem heutigen Iznik in der Türkei, statt. Dort wurde festgelegt, dass Jesus nicht durch einen Menschen gezeugt wurde, sehr wohl aber ein Mensch war. Im Konzil von Ephesus im Jahr 431 wird dann Maria zur Mutter Gottes gemacht.

<Die Christen sagen: „Gott hat einen Sohn bekommen." Gott gehört sowieso das gesamte Universum und alles ist ihm untertan. (2:116, 19:88) Es ist eine Lüge zu behaupten (19:89, 37:151), Gott habe ein Kind gezeugt. (37:152)>

Außerhalb des neuen Testaments gibt es nur Tacitus, Sueton, Plinius und Flavius Josephus, die von Jesus berichten und mehr oder weniger Zeitgenossen von ihm waren. Die Werke dieser Publizisten entstanden zwischen 110 und 120 n.Chr..

Muslime zu Juden und zu Christen

<Die einzig wahre Religion bei Gott ist der Islam. (3:19) Juden und Christen, glaubt an das, was in Koran und Bibel steht, sonst werdet ihr vernichtet und von Gott verflucht. (4:47) Die Juden und die Christen werden nicht eher zufrieden sein, bis du dich zu ihnen bekennst. Wenn du ihnen aber folgst, obwohl du den Koran kennst, so wirst du vor Gott weder Freund noch Helfer haben. (2:120) Auch die Christen haben einen Teil ihrer Versprechungen an Gott vergessen. Darum sät Gott Feindschaft und Hass unter ihnen, der bis zum Tag der Auferstehung anhalten wird. Dann wird er sie über ihre Fehler aufklären. (5:14) Juden und Christen sind untereinander Verbündete, deshalb sollen die Muslime sie nicht als Freunde nehmen. Wer es trotzdem tut, der gehört zu ihnen. (5:51) Einige der Juden und Christen verdrehen den Wortlaut der Bibel, damit die Muslime meinen, was sie sagen, steht in der Bibel, während es tatsächlich gar nicht darin steht. Damit sprechen sie wissentlich gegen Gott eine Lüge aus. (3:78)>

<Unter allen Menschen sind die Juden und die Heiden die schlimmsten Gegner der Gläubigen. Die Christen stehen den Gläubigen am nächsten, weil es unter ihnen Priester und Mönche gibt und weil sie nicht hochmütig sind. (5:82)>

Wer ist Muslim, wer ist Christ und wer ist Jude?

Ein Muslim ist ein Mensch, der das Glaubensbekenntnis „Es gibt keinen Gott außer Gott und Mohammed ist sein Prophet" vor mindestens zwei Zeugen ausspricht. Ein Katholik, als Beispiel für einen Christen, muss von einem katholischen Priester getauft sein und wird dann in der Gemeinschaft der Kirche aufgenommen. Er muss im Besitz des Geistes Christi sein [?] und die ganze Ordnung der Kirche mit allen in ihr eingerichteten Mittel zum Heil annehmen. Glauben ist nach dem Verständnis der Katholiken ein kirchlicher Akt. „Niemand kann Gott zum Vater haben, der die Kirche nicht zur Mutter hat." Ein Jude ist Jude, wenn die Mutter Jüdin ist, und er ist es sogar dann, wenn er sich selbst als ungläubig bezeichnet. Aber einer, der konvertiert ist und nach den Regeln des Judentums, der Halacha, lebt, doch keine jüdische Mutter hat, wird von orthodoxen Juden nicht als Jude anerkannt.

<Glaubt nur denen, die auch Muslime sind. (3:73) Die Juden sagen, Esra ist Gottes Sohn und die Christen sagen, Jesus ist Gottes Sohn. Das sind unüberlegte Äußerungen. Gott wird sie für diese Lügen bestrafen. (9:30) Sie akzeptieren neben Gott die Autorität ihrer Rabbiner, der Mönche sowie Christus, den sie mit Gott gleich stellen. Dabei sollen sie nur dem einen Gott dienen. (9:31)>

Was ist das Gemeinsame des Glaubens?

Bei Juden, Christen und Muslimen gleichermaßen ist jener sich selbst wissende, von der Einheit getrennte Gott, der transzendentale Bezugspunkt. Gott ist der Schöpfer der Raumzeit und des Lebens. Er steht eigenständig neben seiner Schöpfung. Gott hat alles vorbestimmt und eines Tages wird er die Toten auferwecken und über sie am Maßstab der göttlichen Gesetze seiner Offenbarungen richten. Die Propheten haben die Offenbarungen Gottes an die Menschen weitergegeben und die fünf Bücher des Moses sind das Wort Gottes.

Die Gemeinsamkeiten der Muslime und der Christen geht noch einen Schritt weiter, nämlich bis zur Anerkennung des Evangeliums als göttliche Offenbarung.

Was trennt die Gemeinschaften?

Ein wesentliches Detail der vielen Unterschiede aus Bibel und biblischen Nacherzählungen im Koran ist die Geschichte Abrahams und die versuchte Opferung seines Sohnes. In der Bibel wird Isaak [Gen.22ff], der Sohn mit seiner Frau Sara genannt, im Koran ist es Ismael, der Sohn Abrahams mit seiner Sklavin Hagar. Für die Juden ist Isaak ihr leiblicher Stammvater, für die Muslime ist es Ismael, der ein Urvater Mohammeds sein soll.

Die Christen beschreiben Gott mit „Dreieinigkeit", „Dreifaltigkeit" oder „Trinität". Das ist für Juden und Muslime gleichermaßen unverständlich. Die Bezeichnung „göttliche Offenbarung" für Thora, Evangelium und Koran wird auch unterschiedlich gehandhabt. Für Juden ist die Offenbarung Gottes das Sprechen und Handeln Gottes in der Geschichte Israels. Die Christen erfahren die Offenbarung Gottes durch das Wirken seines Sohnes. Für den Islam ist der Koran das zeitlos gültige Wort Gottes: <Die Botschaft des Korans stammt ohne Zweifel von Gott. (32:2, 36:5, 39:1, 40:2)>

Wann ist der Gläubige gläubig?

<Es gibt keinen Zwang im Glauben. (2:256) Frömmigkeit heißt nach dem Gelübde leben (76:7), an Gott glauben, an den Jüngsten Tag, an die Engel, an den Koran und an die Propheten. Frömmigkeit bedeutet sich von Sünden freihalten und den Verwandten, den Waisen, den Armen, dem Pilger und den Bettlern vom Besitz geben, obwohl man ihn liebt. Frömmigkeit heißt Sklaven freikaufen, beten und Sozialabgaben [Zakah] entrichten, Versprechen einhalten und in Zeiten von Elend, Not und Krieg geduldig sein. Wer sich so verhält, ist wirklich fromm und gottesfürchtig. (2:177, 24:56, 91:9)>

Die Attribute dogmatisch, einfach, tröstend, führend, verbindend und besinnlich bilden die Anforderungen, die an die Befriedigung der Gefühle Sicherheit und Zuneigung gestellt werden. Das sind elementare Bedürfnisse des Menschen. Wenn eine Lehre dies leistet und auch noch das Jenseits des Lebens erklärt, dann nennt man das Religion.

Das Glaubensbekenntnis und die „5 Säulen des Islam“ sind das Fundament dieser Religion. Der Glaube an den einen Gott, seine Engel, seine Bücher, seine Propheten, das Jüngste Gericht und die Vorbestimmung sind das Credo. Das Glaubensbekenntnis ist kurz, prägnant und ist auch vielen Nicht-Muslimen bekannt: „Es gibt keinen Gott außer Gott und Mohammed ist sein Prophet.“ Die fünf Säulen des Islam sind erstens jenes Glaubensbekenntnis, zweitens die Verpflichtung fünfmal täglich zu beten, drittens Sozialabgaben zu leisten, viertens das Fasten im Monat Ramadan und fünftens einmal im Leben die Pilgerreise nach Mekka anzutreten.

<Die Spenden erhalten nur die Armen, Bedürftigen, die Spendenverwaltung, die Mission und die Reisenden. Spenden dürfen zur Befreiung von Sklaven und für jene verwendet werden, die sich verschuldet haben und die in den heiligen Krieg ziehen. Das ist eine Vorschrift Gottes. (9:60)>

<Verboten ist euch der Genuss von natürlich Verendetem, Blut, Schweinefleisch. (2:173, 16:115) Esst kein Fleisch von Tieren, die erstickt sind, die zu Tode geschlagen wurden oder die durch einen Unfall zu Tode kamen. Auch sollt ihr keine Tiere essen, die von anderen Tieren getötet wurden, es sei denn, ihr lasst sie nachträglich ausbluten. In einer Notlage dürft ihr die Regeln verletzen. (5:3, 6:145) Gott hat den Körper des Menschen nicht so gestaltet, dass er keiner Speise bedarf noch dass er ewig lebt. (21:8)>

<Im Berauschenden und Glücksspiel liegen Übel und Nutzen, jedoch das Übel überwiegt. (2:219) Meidet es, damit es euch gut geht. (5:90)>

<Das Fasten ist euch vorgeschrieben, genauso wie es schon euren Vorfahren vorgeschrieben war. (2:183) Im Monat Ramadan, dem Monat, in dem der Koran offenbart wurde, sollt ihr fasten. (2:185) Während des Fastens dürft ihr auch essen und trinken, jedoch nur, wenn es Nacht ist. (2:187)> Doch das Fasten dient auch als irdische Strafe. Warum aber die Art der Strafe, das Fasten, für Meineid [drei Tage] und für Totschlag [zwei Monate] so wenig ab-

weicht (4:92, 5:89), erklärt die Wertigkeit von Leben, Wahrheit und Sklaverei in der Zeit und der Gesellschaft Mohammeds.

<Zu Ehren Gottes sollt ihr die große Pilgerfahrt nach Mekka und auch gelegentliche Besuche dorthin machen. (2:196) Die Wallfahrt findet in den bekannten Monaten statt. Und wer daran teilnimmt, darf in dieser Zeit keinen sexuellen Kontakt mit Frauen haben, keine Sünden begehen und sich nicht streiten. (2:197)>

Die Kaaba [Arab.: Würfel] ist ein würfelförmiges Gebäude im Hof der Moschee von Mekka, das vom Propheten Abraham und seinem Sohn Ismael auf dem Fundament des ersten Hauses der Menschheit erbaut wurde. Die Kaaba steht nämlich auf dem Platz, auf dem schon Adam, der nach dem Glauben der Muslime auch ein Prophet war, ein Haus auf eine Anweisung Gottes hin gebaut hatte. (3:96f) In der Kaaba ist ein schwarzer Stein, vermutlich ein Meteorit, eingelassen.

Wer sich im Sinne des Korans als Gläubiger verhält, wird reich belohnt:

<Gott ist der Freund und Beschützer der Gläubigen. (45:19, 47:11) Die Gläubigen, die gute Werke tun und andere dazu anleiten, auch Gutes zu tun, die beten, sich in Reue Gott zuwenden, die Gott verehren, das Böse verbieten, die Gesetze Gottes achten und missionieren sind die besten Geschöpfe. Sie sind recht geleitet. Denen macht Gott den Weg zum Heil leicht. Die kommen ins Paradies und werden ewig darin bleiben. Das höchste Glück für die Gottesfürchtigen ist das ewige Leben im Paradies, die Gnade Gottes und sein Schutz vor der Hölle. (2:82, 3:115…)>

Alles Glück ist nur aus der Polarität erfahrbar. Das setzt voraus, dass ein Bedarf existiert, der dann durch den Ausgleich Glück erfahren lässt. In der Konsequenz heißt das: Freuen wir uns über das Defizit, damit wir das Glück erfahren können. Das non polare Glück, die Glückseligkeit, kann nur im religiösen Rausch oder im Zustand der Erleuchtung oder in einer Nah-Tod-Erfahrung erahnt werden. Dieses ewige Glück versucht uns Gott, Mohammed, mit der Beschreibung des Paradies' zu erklären. Doch die Mühe ist vergebens, denn auch Gott kann mit Sprache und Vernunft nicht erklären, wie ewiges Glück beginnen oder enden soll und wie in der Ewigkeit, der Zeitlosigkeit, der Einheit, die im Widerspruch dazu stehende Vielseitigkeit des Paradies' herrschen soll. (37:40ff, 56:15ff…)

<Im Paradies gibt es keusche Mädchen mit züchtigem Blick, die weder ein Mann noch ein Engel entjungfert hat. (37:48ff, 55:56) Das sind Geschenke Gottes an euch. (55:57) Im Paradies gibt es wunderschöne Gärten mit sprudelnden Quellen. (52:17, 55:62ff…)>

Im Paradies mit seinen Frauen im Bett zu liegen (36:56) und zudem von Gott mit schönen Jungfrauen vermählt zu werden (44:54), deren Erotik durch schwellende Brüste (78:33f) betont wird, muss Konflikte erzeugen. Die Kinderlosigkeit und die Jungfräulichkeit (56:35ff) der Geliebten wird sicher nicht von allen Männern gewünscht. Wohlschmeckende und nicht berauschende Getränke (37:45ff) sowie gutes Essen a la carte kennen wir auch vom Diesseits. (52:22ff, 56:20ff) Aber was wir dabei gelernt haben, ist das Genießen aus dem Defizit heraus.

<Die gläubigen Männer und Frauen gehorchen Gott und Mohammed. (9:71) Es ziemt sich nicht für die Gläubigen, anders zu handeln als es Gott und sein Gesandter Mohammed vorschreiben. (33:36) Wer an Gott und Mohammed glaubt und keinen Unterschied zwischen Ihnen macht, wird belohnt. (4:152, 47:2) Wer Gott und Mohammed gehorcht, geht den richtigen Weg. (24:52)>

<Die Gläubigen sollen keine Ungläubigen und keine Juden oder Christen zu Freunden nehmen. (5:57) Wendet euch von denen ab, die den Koran nicht annehmen. (53:29) Gläubigkeit und Liebe zu Ungläubigen schließen sich gegenseitig aus, auch dann, wenn die geliebten Personen Väter, Söhne, Brüder oder sonstige Verwandte sind. (58:22) Die Gläubigen sollen keine Ungläubigen als Freunde [Beschützer] nehmen. Wer das tut, löst die Gemeinschaft mit Gott auf [wird nicht mehr von Gott unterstützt]. Nur wenn ihr Angst vor ihnen habt, ist solch ein Verhalten gestattet. (3:28) Wer von den Gläubigen sich Ungläubige zu Freunden nimmt, ist ein Heuchler und wird hart bestraft. (4:138f, 4:144)>

<Gehorche nicht den Ungläubigen. (18:28) Die Gläubigen müssen Gott wahrhaftig fürchten und dem Islam bis zum Tod treu ergeben sein. (3:102) Kämpft gegen die Ungläubigen, wie sie auch euch bekämpfen. (9:36) Gott hat das Leben und das Vermögen der Gläubigen im Tausch für das Paradies erkauft, wenn sie für die Sache Gottes kämpfen. (9:111) Ihr sollt an Gott und an Mohammed glauben und euch für Gottes Sache mit eurem Vermögen und eurem Leben einsetzen. (61:11) Wer so handelt, dem vergibt er die Sünden und belohnt ihn mit dem Paradies. (61:12) Es sollen die für den Islam kämpfen, die das irdische Leben um den Preis des jenseitigen Lebens verkaufen. Und wer dabei getötet wird, den erwartet das Paradies [gewaltigen Lohn]. (4:74)>

Wenn einer von sich sagt, „ich bin ein gläubiger Muslim", muss das den friedlichen Demokraten ängstigen. Ein Grund für das trotzdem harmonische Zusammenleben von Muslimen und Ungläubigen in vielen Gegenden der Welt liegt wohl darin, dass die meisten von ihnen diese Texte gar nicht kennen oder sie ignorieren. Wenn ein Gläubiger behauptet, im Koran stehe ja auch, <euch sei euer Glaube und mir mein Glaube (43:88, 43:89, 109:6)>, der möge dann erklären, wieso das eine gültig und das andere ungültig sei.

Was passiert mit den Ungläubigen?

<Nachdem Gott den Menschen aus Lehm erschaffen hatte, sagte er zu den Engeln: „Werft euch vor Adam nieder" und alle bis auf Iblis [der Teufel] taten dies. Er sündigte, denn er kam Gottes Anordnung nicht nach. (2:34…20:116) Satan: „Weil du mich verführt hast, will ich jetzt die Menschen verführen und sie von Gottes Weg abbringen." (7:16)>

<Der Teufel ist (26:221) der Verbündete eines jeden Lügners (26:222) und Sünders. (26:223) Satan ist euer Feind. Er ruft seine Anhänger nur herbei, damit sie in die Hölle kommen. (35:6) Der Teufel gebietet euch nur Böses und Abscheuliches. (2:169) Wer sich von Gott abwendet, wird Satan als Begleiter bekommen. (43:36) Satan bringt die Ungläubigen vom Weg ab, jedoch meinen sie, sie seien recht geleitet. (43:37) Der Satan hat keine Macht über die, die glauben und auf Gott vertrauen. (16:99)>

Im Koran wird das duale Prinzip durch Gott und Teufel dargestellt. Da aber der Teufel als Repräsentant des Bösen durch den Willen Gottes entstanden ist, bleibt er ein Untertan und auch ein Teil Gottes. (7:12) Gott selbst nimmt zwei Positionen in dieser Konstruktion ein: jene der Einheit (15:23, 16:3) und die des Guten (9:21…85:14).

Die Ungläubigen und Satan werden im Koran gleichgesetzt (19:83f), womit die übelste aller Haltungen und Taten benannt ist: Ungläubigkeit. Aus Angst vor Armut wird man zum Bösen verführt (2:268), doch Angst soll man nur vor Gott haben, der das Böse bestraft. (3:175) Und Gott, der nach Eigendarstellung (28:68, 42:49) von der Welt getrennt ist, beobachtet die Welt. Er ist Drehbuchautor, Regisseur, Zuschauer und Kritiker in diesem spannenden Film.

<Die Vorbestimmung Gottes hat sich an den Ungläubigen dadurch bewahrheitet, dass sie ungläubig sind. (10:33, 10:96, 10:97, 36:7) Gott liebt nicht die Ungläubigen. (30:45) Gott befiehlt Mohammed zu sagen: „Ihr Ungläubigen (109:1), ich glaube an etwas anderes als ihr. (109:2, 109:3) Keiner von uns will das ändern. (109:4, 109:5) Daher sei euch euer Glaube und mir meiner." (43:88, 43:89, 109:6)>

<Die Ungläubigen haben keinen Beschützer. (22:71, 47:11) Wer seine persönlichen Neigungen zu seinem Gott macht (25:43), ist vom richtigen Weg abgekommen. Solche Menschen sind wie die Tiere (25:44), die nur hören, wenn man sie anschreit. Sie begreifen nichts. (2:171) Die Ungläubigen sind ängstliche Leute (9:56) und blind im Herzen. (22:46) Sie halten keine Verträge und reden euch nach dem Munde, aber denken und handeln anders. (9:8)>

<Auch wenn Gott ein von ihm beschriebenes Blatt Papier geschickt hätte, würden die Ungläubigen trotzdem behaupten, das sei Zauberei. (6:7) Jene, die ungläubig sind unter den Juden und Christen, und die Heiden kommen in die Hölle und werden dort ewig bleiben. Sie sind die schlechtesten aller Geschöpfe. (98:6)>

<Die Ungläubigen sollen nicht glauben, dass sie ein langes Leben haben, um sich zu bewähren. Nein, sie leben lange, damit ihre Schuld anwächst. (3:178) Sie geben ihr Vermögen dafür aus, die Verbreitung des Islams zu verhindern. Sollen sie es doch verschwenden, aber am Ende werden sie es bedauern und sich in der Hölle versammeln (8:36), weil Gott die Bösen von den Guten trennt. (8:37)>

Wer trotz des Motivs Gutes zu tun, verurteilt wird, verurteilt nicht die Person, sondern das Wertesystem des Betroffenen. Der allmächtige Gott verhindert die Konversion der Ungläubigen (2:6) und bestraft sie stattdessen für ihren Unglauben. (2:7) Er lässt sie im Glauben, das Richtige zu tun, wohl wissend, dass es das Falsche ist und dass dadurch das Leid noch anwächst. (3:178) Und immer wieder erfreut er sich an den grausamen Konsequenzen, die den Ungläubigen erwarten. (8:36, 45:35…)

Liberale Bekenntnisse wie, <euch sei euer Glaube und mir meiner (109:6)>, sind nur dann glaubwürdig, wenn nicht im selben Dokument behauptet wird, <Doch wenn die heiligen Monate abgelaufen sind, dann tötet die Heiden, wo immer ihr sie findet. Werden sie aber Muslime, dann verschont sie. (9:5)>

Oft beklagt der Koran das Wohlergehen der Ungläubigen, <lass dich nicht blenden durch den Lebensstil der Ungläubigen (3:196)>, verbunden mit der Sorge, durch Toleranz den eigenen Glauben zu verlieren. <Schließt keine Freundschaft mit den Ungläubigen, denn sie wünschen euch den Untergang. (3:118) Auch wenn ihr sie liebt, so gilt das nicht umgekehrt. (3:119)> Doch solch ein Denken verschärft die Polarität und mit dem Anspruch der Unfehlbarkeit, <im Koran gibt es nichts Falsches (39:28)>, wird ein gleichberechtigtes Miteinander mit den Ungläubigen ausgeschlossen.

Hinzu kommt, dass <aus der Sicht Gottes die Ungläubigen schlimmer als das Vieh (8:55)> sind. Und mit einem Zitat Noahs wird Gott sogar noch aufgefordert, sie alle zu vernichten: <lass keinen der Ungläubigen am Leben. (71:26)>

<Die Ungläubigen kommen in die Hölle und werden dort ewig bleiben. (4:121… 65:10) Gott zu den Engeln: „Ich bin mit euch. Festigt die Gläubigen. Den Ungläubigen will ich Angst einflößen. Schlagt ihnen den Kopf und jeden einzelnen Finger ab." (8:12)>

<Eher geht ein Kamel durch ein Nadelöhr, als ein Ungläubiger ins Paradies kommt. (7:40)>

Paradies und Hölle sind mit Vernunft nicht erfassbar. Das kann man nur bedingungslos glauben. Da aber Glauben nicht überprüfbar ist, muss sichergestellt werden, dass ein Gläubiger ein wahrer Gläubiger ist. Es muss also eine Instanz geben, die das Denken kontrolliert: Gott. Der, der alles Denken vorbestimmt hat, prüft das Ergebnis seiner Handlung, um es dann gegebenenfalls zu bestrafen.

Weil der Koran auch ein Gesetzbuch ist (6:152f ...), dient die Androhung der Hölle auch zur Durchsetzung der irdischen Gesetze, denn, obwohl irdische Strafen festgelegt sind (16:126...), muss dem unentdeckten Täter klar sein, dass er nie ungeschoren davonkommt.

Strafe soll nicht nur auf die Anpassung an herrschende Normen ausgerichtet sein, sondern vielmehr darauf, durch Teilnahme in gesellschaftlichen Lebensbezügen Alternativen zu Straftaten zu erarbeiten. Der Ungläubige müsste zum Beispiel die Wohltaten des Betens durch Einbeziehung in die Gruppe der Gläubigen erfahren. In der Isolation der Hölle ist diese Läuterung nicht möglich, da es keine Veränderung und keine Kontakte zum übrigen Sein gibt.

<Denjenigen, die im Glauben schwanken, wird Gott nicht vergeben und er wird sie auch nicht führen. (4:137) Machen die sich denn keine Gedanken über den Koran? Wäre er nicht von Gott selbst, so ließen sich viele Widersprüche finden. (4:82)> Zweifel heißt Unschlüssigkeit und Ambivalenz. Zwei Meinungen konkurrieren im Bewusstsein einer Person. Das ist die Haltung jedes Menschen bei jeder Neuigkeit, die überprüft werden soll. Zweifel ist der Vorgang der Bewertung im dualen Gebilde des Bewusstseins. Zweifel ist der Weisheit Anfang und es ist die Methode der Wissenschaft, um falsifizierend eine Idee auf Tauglichkeit zu prüfen.

Der zweifelsfreie Glaube bedeutet subjektive Gewissheit (41:33) und die Bereitschaft, Krieg gegen die Ungläubigen zu führen. (49:15) Wer das nicht tut (9:45), ist ein Heuchler. Der Glaube muss Bestandteil des Denkens und der Unterordnung werden. (24:51) Diese Unterordnung soll in Hingabe übergehen. (39:54)

Die Möglichkeit einer begrenzten Dauer von Höllenstrafen, verbunden mit einer Reinigung der Seele, ist nirgendwo im Koran explizit erwähnt. Auch ist das Höllenfeuer im Koran ganz real (4:55, 39:16) und keine symbolische Station zur Läuterung der Seele. „Ewig“ heißt ewig und meint endlos. Verrenkungen der sprachlichen Umdeutung in „sehr lange“ können auch nicht helfen, denn ein symbolisches Verständnis des Korans ist gar nicht erwünscht. (6:34) In welchem Körper man dann in diese Institutionen geht, ist nicht klar. Ist es der Körper, den man zum Todeszeitpunkt hatte oder ein anderer? Die schönen Jungfrauen im Paradies sind im Körper eines 90-jährigen wenig interessant (56:35ff) und das dreijährige Mädchen kann sich auch nicht an den schönen Jünglingen erfreuen. (52:24)

<Das hier ist die Hölle, die euch angedroht wurde. (36:63) Brennt heute in ihr dafür (36:64), dass ihr ungläubig wart. Heute versiegelt Gott ihre Münder, so dass sie sich nicht verteidigen können, jedoch ihre Hände werden zu ihm sprechen. (36:65) Die Hölle ist der angemessene Lohn für Unglauben. (78:26ff) Alles hat Gott im Koran angekündigt. (78:29) Die Gegner des Islam und diejenigen, die sie verführt haben, werden genauso in die Hölle gestürzt.>

<Die Hölle ist ein furchtbarer Aufenthaltsort, (25:66) dort ist ein Flammenmeer. (4:55) Es gibt Schichten von Feuer über und unter den Delinquenten. (39:16) Sobald die Haut der Gefangenen verbrannt ist, gibt Gott ihnen eine neue, damit die Strafe nicht aufhört. (4:56) Du wirst die Sünder in Ketten gefesselt sehen. (14:49) Ihre Hemden werden aus Teer sein, und das Feuer wird ihre Gesichter bedecken. (14:50) Um ihren Hals hat Gott Fesseln gelegt, die bis an das Kinn reichen, so dass ihr Kopf hoch gezwängt ist. (36:8) Gott hat ihnen ein Feuer bereitet, das sie wie eine Zeltdecke umschließen wird. Und wenn sie um Hilfe schreien, so werden ihnen mit geschmolzenem Metall die Gesichter verbrannt. (18:29) Die Übeltäter sollen siedendes Wasser (6:70, 37:67) gemischt mit Blut und Eiter trinken. (14:16, 38:57, 38:58, 78:25) Danach geht's zurück zum Feuer. (37:68) Zum Essen gibt es Dornensträucher (88:6), die weder nähren noch den Hunger stillen. (88:7) Die Ungläubigen bekommen eine Kleidung aus Feuer zurechtgeschnitten. Siedendes Wasser wird über ihre Köpfe gegossen (22:19, 40:71, 44:48), wodurch das, was in ihren Bäuchen ist, aufplatzt, genauso wie ihre Haut. (22:20) Mit eisernen Keulen werden sie geschlagen. (22:21)>

<Wen Gott in die Hölle schickt, den macht er endgültig fertig, denn die Sünder haben keine Helfer. (3:192)>

Einmal in der Hölle muss man sich damit abfinden, denn die Möglichkeit der Wiedergutmachung wird nicht gewährt. (41:24) Die Ereignisse der Hölle, wie sie der Koran beschreibt, sind Verherrlichung von Gewalt: Wie kann Gott über sich selbst im Koran an über 400 Stellen behaupten, er sei barmherzig? Die Wiederholung einer Aussage macht sie nicht wahr, noch nicht einmal glaubwürdig. Die unkritische Lektüre des Korans und die Identifikation mit seinen Inhalten fördert die Gewaltbereitschaft und bewirkt eine emotionale Desensibilisierung. Sie reduziert die Mitleidensfähigkeit, verbunden mit einer größeren Wertschätzung von Gewalt. Die Tötungshemmung wird abgebaut, dafür aber destruktive Emotionen wie Hass und Rache aufgebaut. Es werden Handlungsmuster für Gewalttätigkeiten erlernt und die Lust an der Gewalt geweckt. Mag der Koran an anderer Stelle auch anderes bewirken. Das eine hebt das andere nicht auf. Auch mag es andere Religionen geben, auf die das gleichermaßen zutrifft. Das aber ändert nichts daran, dass es auf den Koran zutrifft.

Der Koran beschreibt diese Art des Umgangs mit den Ungläubigen an über 200 Stellen. Die ständige Wiederholung ihrer Vernichtung und ihrer Qualen in der Hölle bewirken bei bestimmten Personen dann Gewöhnung, die durch die Treue zur Idee, zur eigenständigen Handlung verleiten kann. Die humanistischen Prinzipien eines friedlichen Miteinanders, die Anerkennung der anderen Meinung, die kritisch liberale Auseinandersetzung in der Debatte stehen im Gegensatz zu Hass und Vernichtungslust gegen Andersdenkende, wie es der Koran beschreibt.

<Euch sei euer Glaube und mir meiner (18:29, 109:6)>, verblasst damit zur Worthülse.

Wie muss eine Gesellschaft aufgebaut sein?

<Gott erklärt euch die Gebote, denn er ist allwissend. (24:18) Gott schickte seine Propheten mit klaren Beweisen und sandte mit ihnen den Koran und die Kriterien zur Beurteilung des Rechts, damit die Menschen gerecht sind. (57:25)>

<Die Gläubigen sind Brüder, darum stiftet Frieden zwischen euren Brüdern. (49:10) Seid gut zu den Eltern, zu den Verwandten, den Waisen, den Armen, dem Nachbar, dem Freund, dem Reisenden und zu euren Sklaven. (4:36, 6:151) Der Vater hat für den Unterhalt [der Familie] zu sorgen. Mutter und Vater sollen wegen ihrer Kinder nicht benachteiligt werden. (2:233) Die Blutsverwandten stehen einander am nächsten. (8:75)>

Dem respektvollen Umgang der Menschen einer islamischen Gesellschaft (4:36) steht das kalte, höfliche und egoistische Benehmen der von zu knapper Zeit getriebenen Mitglieder der Informationsgesellschaft gegenüber. Der Altruismus der Muslime untereinander spiegelt sich auch im Rechtsverständnis, denn zuerst wird immer davon ausgegangen, dass sich die Gläubigen einigen. (49:10ff)

Ganz anders ist da die heutige Rechtskultur in den Demokratien. Da wird alles bis ins Kleinste geregelt, was neben dem Wettbewerbsdruck mehr und mehr zum Verlust der Identifikation mit der Gesellschaft führt. Obwohl die europäische Rechtskultur auf den freiheitlichen Ideen der Aufklärung fußt, geht aber genau diese Freiheit damit immer mehr verloren.

<Frömmigkeit bedeutet vom Besitz geben, obwohl man ihn liebt, den Verwandten, den Waisen, den Armen, dem Pilger und den Bettlern geben. Frömmigkeit heißt Sklaven freikaufen, beten und Sozialabgaben entrichten, Versprechen einhalten und in Zeiten von Elend, Not und Krieg geduldig sein. Wer sich so verhält, ist wirklich fromm und gottesfürchtig. (2:177)>

Jeder Versuch, solch fundamentale Ansprüche des Islam in einer demokratischen Gesellschaft durchzusetzen, wird scheitern. Die Trennung von Kirche und Staat (6:116f, 57:25…), das Prinzip der Gleichstellung der Geschlechter (4:34) und der unterschiedslose Wert jedes Menschen (2:178), die Rechtsprechung durch die Gerichte (42:41), die Ablehnung von Todes- und Verstümmelungsstrafen (5:38f…) sind in keinem dieser Staaten diskutierbar.

Die Frage, ob das Tragen des Kopftuchs für Frauen zwingend ist, bleibt im Koran offen, denn es ist eine „Sollbestimmung." (24:31, 24:60, 33:59) Die Frau, die kein Kopftuch trägt, verletzt zwar eine Regel, aber ob das Tragen auffälliger religiöser Symbole im öffentlichen Leben in Europa geduldet wird, bestimmt nicht der Koran, sondern die Mehrheit in den Parlamenten.

Das Verbot jeder Zinsnahme (2:275) regelt die freie Marktwirtschaft selbst. Angebote islamisch geprägter Banken, die ihre Leistungen nicht über Zinsen verrechnen, gibt es inzwischen auch hier.

Recht im Islam wird von verschiedenen Quellen gespeist: dem Koran, der Sunna, der Scharia, dem „Konsens", dem „Analogieschluss" und der Vernunft des Richters. Der Koran ist zwar die erste Quelle, doch regelt er nur einen kleinen Teil des Rechts. Der größte Teil des islamischen Rechts ergibt sich aus den Hadithen, welche die Sunna bilden, jener Text, der die Lebensweise des Propheten Mohammed beschreibt. Der Gläubige soll den Islam auf die Art und Weise praktizieren, wie sie der Prophet vorgelebt hat.

Nach dem Koran ist eine gleichberechtigte demokratische und multikulturelle Gesellschaftsordnung nicht zulässig, <denn der Mann steht über der Frau (4:34), Freie und Sklaven sind ein Faktum (4:24) und ein gleichwertiges Nebeneinander verschiedener Religionen ist auch nicht gestattet, denn die Gläubigen sollen keine Freundschaften mit Ungläubigen schließen. (3:118) Auch sind die Gläubigen die beste Gemeinde, die für die Menschheit entstand (3:110) und die Heiden sind die schlechtesten aller Geschöpfe. (98:6)>

<Wer gegen euch gewalttätig handelt, gegen den handelt in gleichem Maße gewalttätig. (2:194) Wer selber Rache nimmt, nachdem ihm Unrecht zugefügt wurde, den trifft keine Schuld. (42:41)>

Wer in einer Demokratie Selbstjustiz verübt (2:178f, 5:45), wird immer angeklagt, denn die Durchsetzung von Recht und Ordnung und das Gewaltmonopol liegt beim Staat.

Politischer Liberalismus ist die Abbildung unterschiedlicher Modelle des guten Lebens, denn <nicht alle wollen sich Gott und dem Propheten unterordnen. (24:51)> Die Trennung von Kirche und Staat und die aktive Anerkennung der demokratischen Grundprinzipien sind Voraussetzung einer friedlichen Koexistenz in einer multikulturellen Gesellschaft.

<Der Koran ist über jede Kritik erhaben (2:2) und regelt das Leben der Muslime (2:2), die alle Verse des Koran akzeptieren müssen. (2:85)> Solche Verse verhindern den Frieden, denn dann muss der Gläubige die Sunna, die Scharia und die vielen menschenverachtenden Anweisungen des Korans annehmen und umsetzen. Die Verse <Haltet an den Inhalten des Koran fest (43:43), die niemand verändern darf, (6:34) gehorcht Gott und Mohammed (4:80, 8:1) und die Gläubigen bestimmen Recht und Unrecht (3:110)> verhindern auch noch jede Entwicklung.

Wenn sich also einer als Demokrat und gläubiger Muslim bezeichnet, so muss das ein Widerspruch sein. Für den Muslim gibt es auch keine Kompromisse, denn <es ziemt sich nicht, anders zu handeln als es Gott und sein Gesandter Mohammed vorschreiben. (33:36)>

Die Macht wechselnder Mehrheiten und der Dialog, der zur Veränderung und somit zur Anpassung an die neuen Lebensverhältnisse führt, ist aber die einzige Möglichkeit der friedlichen Entwicklung einer Gesellschaft und diese Gesellschaftsordnung nennt sich Demokratie. Dazu gehört aber auch die Vereinbarung, dass die Selbstauflösung der demokratischen Gesellschaftsordnung unmöglich ist.

<Tötet keinen Menschen, den Gott verboten hat zu töten, es sei denn, ihr seid dazu berechtigt. Wenn einer zu Unrecht getötet wird, gibt Gott seinen nächsten Verwandten das Recht zur Rache. (6:151, 17:33) >

Bei Straftaten gegen das Leben und gegen die körperliche Unversehrtheit macht es in Demokratien keinen Unterschied, ob das Opfer ein Mann oder eine Frau, ein Kind oder ein Greis ist, sehr wohl aber, ob der Täter Schuld trägt und welche Motive und Hintergründe zur Tat führten.

Im islamischen Strafrecht gilt bei Tötungsdelikten als Strafe die Vergeltung. (5:45) Dies gilt jedoch nur dann, wenn Täter und Opfer einander gleichwertig sind. Ein gläubiger Muslim, der eine ungläubige Frau tötet, kommt billiger weg als umgekehrt. (2:178f)

<Dem Dieb und der Diebin schneidet die Hände ab, als Vergeltung für das, was sie begangen haben und zur Abschreckung. Wer aber, nachdem er gesündigt hat, bereut und sich bessert, von dem wird Gott die Reue annehmen. (5:38, 5:39)>

Die Klassifizierung von Menschen, die Behandlung Tatverdächtiger, die Todesstrafe und Verstümmelungen verletzen fundamentales Menschenrecht und stehen im Widerspruch zur „Allgemeinen Erklärung der Menschenrechte".

<Die Gläubigen sollen ihre Verträge erfüllen. Sie sollen sich nicht in betrügerischer Art untereinander um ihr Vermögen bringen. (2:188…) Was euch an irdischen Gütern gegeben wurde, ist nur eine Leihgabe des Lebens und soll euch erfreuen. Was aber bei Gott ist, ist besser und von Ewigkeit. (28:60) Wer Reichtum anhäuft und speichert, den ruft die Hölle. (70:18) Die Menschen neigen zur Habsucht (4:128) und sie üben Gewalt aus, weil er reich sein wollen. (96:6, 96:7)>

Die Regeln zur Ordnung von Besitz und Eigentum des Korans stehen weitgehend in Einklang mit denen der europäischen Staaten. Der freundliche Umgang der Gläubigen im Geschäftsleben aber unterscheidet sich von der der Wettbewerbsgesellschaft. (2:280) Aufschub bei Kreditrückzahlungen wird zwar auch jede Bank der freien Marktwirtschaft einem Schuldner gewähren, aber das Motiv ist niemals Mitleid, sondern immer nur Sachzwang.

<Wer sich Mohammed widersetzt, nachdem er den Islam angenommen hat und einen anderen Weg geht als die Gläubigen, den wird Gott verfolgen lassen [?] und der kommt in die Hölle. (4:115) Gott wird sich an diesen Sündern rächen. (32:22)> Der Abfall vom Islam, die Apostasie, wird auch heute noch mit dem Tod bestraft. Wer die verpflichtende Wirkung der wichtigsten Glaubensprinzipien leugnet und in einem Land lebt, in dem der Islam Staatsreligion ist, begeht Hochverrat.

<Das Erbrecht steht fest. Gebt also auch jedem seinen Anteil. (4:33) Gottes Vorschrift zur Aufteilung des Erbes: 2 Teile den Söhnen, 1 Teil den Töchtern. (4:11)> Es mag vielleicht noch soweit kommen, dass aus einem Gen-Mix verschiedener Eigenschaften ein neuer Mensch gebildet wird. Dann wird die Erbfolge sehr schwierig. Jedes weltliche Recht kann darauf reagieren, Gottes Vorschrift ist nicht anpassungsfähig. Es ist daher nur klug, wenn Gesetze und Verordnungen der Zeit angepasst werden.

<Wenn zwei von euch Männern homosexuellen Verkehr haben, dann züchtigt sie. Wenn sie aber bereuen und sich bessern, dann vergebt ihnen. (4:16)>

<Gott erschuf die Gattinnen für euch aus euch heraus, damit ihr Frieden bei ihnen findet und er hat Zuneigung und Barmherzigkeit zwischen den Geschlechtern gesetzt. (30:21) Eure Frauen sind ein Saatfeld für euch; darum bestellt euer Feld wie ihr wollt, aber lasst gute Taten vorausgehen. (2:223) Die Männer stehen über den Frauen, weil Gott sie ausgezeichnet hat und weil sie die Kosten für die Frauen tragen. [weil die von ihrem Vermögen gegeben haben]. Darum sind die tugendhaften Frauen die Demütigen und sie geben Acht auf das, was der Öffentlichkeit verborgen ist. Und jene, deren Widerspenstigkeit ihr befürchtet, ermahnt sie, meidet sie im Ehebett und schlagt sie. Wenn sie euch dann aber gehorchen, sollt ihr nicht nachtragend sein. (4:34)>

Frauen, die nicht in einer muslimischen Gesellschaft aufgewachsen sind und beabsichtigen einen Muslim zu heiraten, sollten doch dringend den Koran lesen.

<Heiratet keine Ungläubige, bevor sie nicht Muslima geworden ist. Eine gläubige Sklavin ist besser als eine freie Ungläubige, auch wenn sie euch noch so sehr gefällt. (2:221) Ihr dürft euch keine Frauen, die mit anderen Männern verheiratet sind, nehmen. Die Sklavinnen bilden aber eine Ausnahme. (4:24) Wenn ihr fürchtet, nicht gerecht zu den Waisen zu sein, dann heiratet zwei, drei oder vier Frauen. (4:3)>

Ein wesentliches Merkmal der unterschiedlichen Familienformen ist die Sicherheit der Bestimmung, „wer ist der Vater des Kindes?" In Kulturen wie dem Islam, in denen sogar noch die Vielzahl männlicher Nachkommen als besonders wertvoll angesehen wird, ist genau diese Frage von großer Bedeutung. Daher musste die Treue der Frauen, also die Vaterschaft der Kinder gesichert werden, weshalb der Mann die Frauen in seine Gewalt und sein Eigentum überführte. (4:34)

Der Koran gestattet zwar etliche Varianten der Familienformen, aber sollte eine Muslima auf die Idee kommen, sich mehrere Männer gleichzeitig zu halten und auch noch mit einem davon verheiratet zu sein, spielt es dann keine Rolle, ob alle damit einverstanden sind. Würde sie im islamischen Staat Nigeria leben, würde sie zum Tode verurteilt werden. <Wenn eine eurer Frauen Unzucht begeht, dann lasst es von 4 Männern bezeugen und sperrt sie anschließend ins Haus, bis sie stirbt oder Gott ihr einen Ausweg zeigt. (4:15) Peitscht die Unzüchtigen, Männer wie Frauen, mit jeweils hundert Peitschenhieben. (24:2)>

Die Verquickung von Glaube zu Grundfragen des Seins mit dem eher profanen Regelungsbedarf einer Gesellschaft orientiert sich im Islam am Koran und an Mohammeds Lebensstil. Durch die Gleichstellung Mohammeds mit Gott <glaubt an Gott und Mohammed (57:7), gehorcht Gott und Mohammed (4:59)> wird die Biographie Mohammeds mit den Glaubenssätzen und den Gesetzen des Korans verknüpft und mit unterwürfigem Glauben können die Verordnungen der Ehe, Scheidung und des Strafrechts umgesetzt werden. Religion und Staat sind damit fest verbunden.

<Wenn ihr euch von euren Frauen scheiden lasst, so tut es erst nach einer Wartezeit. (65:2) Wenn ihr euch von den Frauen trennen wollt, die eigentlich keine Kinder mehr empfangen können, dann wartet drei Monate und guckt, ob sie schwanger geworden sind. Bei den jungen Mädchen, die noch keine Menstruation hatten, werdet ihr nach drei Monaten erfahren, ob sie schwanger werden. (65:4)>

Wer Sex mit einem Mädchen vor ihrer ersten Menstruation hat, ist kriminell. Mohammed selbst wäre heute in Deutschland deshalb angeklagt worden. Mit Aisha hat er sich verlobt, da war sie sechs. Ersten Sex hatte er mit ihr, da war sie neun und er zweiundfünfzig.

Wer ernsthaft beabsichtigt [gelobt], sich von einer seiner Frauen scheiden zu lassen, soll 4 Monate warten und keinen sexuellen Kontakt mit ihr pflegen. (2:226) Für die geschiedenen Frauen in gütiger Weise zu sorgen, ist eine Verpflichtung für den Gläubigen. (2:241, 2:242)>

Der Koran lässt die Scheidung ähnlich einfach zu (65:1ff), wie es in den demokratischen Gesellschaften möglich ist, auch <stehen den Frauen die gleichen Rechte zu wie den Männern, aber die Männer stehen eine Stufe über Ihnen. (2:228)> Das heißt, die Frauen haben nicht dieselben Rechte wie die Männer und sind auch noch abhängig von der, in dieser Situation, gegnerischen Partei.

Ehevergehen im Sinne der Untreue wie sie der Koran beschreibt (4:15, 24:2ff), kennt das moderne Eherecht nicht. Da gibt es keine Schuld mehr. Wenn einer der Eheleute gehen will, dann kann er sich scheiden lassen und muss keine Begründung geben. (2:226) Todesstrafe und Auspeitschen für eheliche Untreue gibt es, Gott sei Dank, in unserem Kulturkreis nicht mehr. (4:15, 4:34) Nach den Verordnungen des Korans können den stillenden Müttern sogar die Babys abgenommen werden, wenn der Mann es so will. (65:6)

Eine komplexe Gesellschaftsstruktur erfordert eine differenzierte Gesetzgebung, die sich stets an die sich verändernde Lage anpasst. Die Gesellschaft in Mekka und Medina vor mehr als 1300 Jahren hatte einen anderen Regelungsbedarf als es die Menschen in Zürich und New York heute haben.

Erteilt der Koran einen Missionsauftrag?

<Missioniere mit Augenmaß und überzeuge so gut du kannst. (16:125) Ruf' zum Islam auf und glaub' an das, was Gott im Koran sagt. (42:15) Folge den Offenbarungen des Korans und nichts anderem. (7:3)>

Wer gläubig ist, ist ein Einwohner im „Haus des Friedens" bzw. „Haus des Islam", alle anderen leben im „Haus des Krieges". Es ist die Pflicht der Muslime, das Haus des Friedens zu erweitern, bis die ganze Welt darin vereint ist, denn: <Der Islam soll über alle Religionen siegen. (61:9, 48:28)> Doch dagegen steht in Deutschland: „Es besteht keine Staatskirche. Die Freiheit der Vereinigung zu Religionsgesellschaften wird gewährleistet." [Gg. Art. 137]

<Die Religion Gottes ist der Islam. (3:19) Ihr Muslime seid die beste Gemeinde, die je unter Menschen entstand. Ihr wisst Recht und Unrecht zu unterscheiden und ihr glaubt an Gott. Wären Juden und Christen auch gläubige Muslime geworden, es stünde viel besser um sie. (3:110) Verachtung erfahren die Juden und Christen, wenn sie sich nicht mit Gott und dem Islam einigen. (3:112) Ordne dich nicht den Ungläubigen unter, sondern engagiere dich im Sinne des Korans gegen sie. (25:52) Fordere die Juden, die Christen und die Ungläubigen auf, Muslime zu werden. (3:20)>

Jede Missionsarbeit der Muslime zielt darauf ab, nachfolgende Regeln zur Verordnung zu machen. Wer aber so etwas propagiert, ist kein Mitglied, sondern ein Gegner unserer Gesellschaft.

Gott hat den Koran als Lehrbuch veröffentlicht (21:10), in dem es nichts Falsches gibt. (39:28, 41:42) Es ist das Buch der Wahrheit und Gerechtigkeit mit einer Anweisung zur korrekten Lebensführung. (41:44, 42:17, 45:11) Daran darf nicht gezweifelt werden (2:2), denn man muss alle Verse akzeptieren (2:85, 3:7) und nicht etwa die Worte Gottes ändern. (6:34, 18:27)

Der Gläubige heiratet keine Ungläubige (2:221) und des Mannes Lust darf auch mit Sklavinnen ausgelebt werden. (4:3) Die Männer stehen über den Frauen, Frauen können bei Ungehorsam geschlagen werden. (4:34) Sie tragen ein Kopftuch (24:31, 33:59) und sollen möglichst viele Jungen gebären. (65:4) Dafür sollen die Männer ihren Frauen und Sklavinnen treu sein. (70:29ff) Umgekehrt gilt natürlich das gleiche und wer sexuell betrügt, soll ausgepeitscht werden (24:1ff), Frauen können dafür aber auch hingerichtet werden. (4:15)

Gott hat vorgeschrieben: Leben um Leben, Auge um Auge, Nase um Nase, Ohr um Ohr und Zahn um Zahn. (5:45) Dem Dieb und der Diebin schneidet die Hände ab. (5:38f)

Scheidung (65:1ff), Testament (5:106) und Erbe (4:8, 4:11) regelt der Koran genauso wie die Verwaltung des Erbes von Waisen. (6:152)

Die Rahmenbedingungen für das Geschäftsleben sind auch festgelegt: Zins (2:275), Schulden (2:280) und Handel (4:29), Gier und Bestechung (2:188) regelt oder verbietet der Koran.

Der Glaube ist die Identität der Muslime. (3:110) Sie leben nach den Grundsätzen des Korans und üben Gerechtigkeit. (7:181) Ihre Gemeinschaft ist eine Einheit und Gott ist ihr Herr. (21:92) Nur sie verhalten sich richtig. (2:137) Für sie ist das ganze Leben ein Gottesdienst. (2:196, 22:27)

Der Gläubige bringt sich nicht selbst um (16:28), ist nicht homosexuell (7:81) und beugt sich der Führung Gottes, denn ohne seine Führung (25:43) ist der Mensch ein Tier. (25:44)

Wer als Muslim den Bund mit Gott geschlossen hat, muss ihn bedingungslos einhalten. (16:91) Da gibt es keinen Zwischenweg, denn sonst ist man ein Ungläubiger. (4:137, 4:150, 22:11) Glaube als Zerstreuung (7:51) oder einfach nur mitlaufen, ist zu wenig (29:2) und jeder muss notfalls mit seinem Vermögen und seinem Leben für die Religion Gottes kämpfen. (9:81)

Das lässt sich nicht schönreden. Wer danach lebt, ist kein Humanist, sondern ein Gegner unserer Grundordnung.

<Wie kann es einen Vertrag zwischen den Ungläubigen, Gott und seinem Gesandten geben? (9:7) Wenn du Verrat fürchtest, brich' selbst den Vertrag. (8:58, 9:63) Gott und sein Gesandter kündigen den Friedensvertrag mit den Ungläubigen. (9:1) Gott und Mohammed geben den Ungläubigen bekannt, dass sie ihnen für nichts mehr garantieren können. Die Annahme des islamischen Glaubens ist daher besser für sie. Doch wer ungläubig bleibt, wird bestraft. (9:3) Tötet die Heiden, wo immer ihr sie findet. Werden sie aber Muslime, dann verschont sie. (9:5) Kämpft für den Islam. (2:244) Mohammed, ruf' die Gläubigen zum Krieg gegen die Ungläubigen auf, auch wenn die Gegner zehnmal so stark sind. (8:65) Kämpft für Gott gegen diejenigen, die gegen euch kämpfen. (2:190) Kämpft gegen die Ungläubigen und gegen die, die nicht nach den Gesetzen Gottes leben. Kämpft gegen die Juden und Christen, bis sie sich unterwerfen. (9:29)>

Jihad bezeichnet den Einsatz des Gläubigen für den Islam. Das kann die Selbstvervollkommnung im Sinne des Islam sein, der Jihad des Herzens oder der militärische Kampf gegen die Ungläubigen: <Die Gläubigen haben keinen Zweifel, denn sie führen Krieg für die Sache Gottes und setzen ihr Vermögen und ihr Leben dafür ein. (49:15)> Das ist dann der Jihad des Schwertes.

<Die Gläubigen können einen Handel eingehen, der sie vor der Strafe der Hölle schützt (61:10): Ihr müsst an Gott und Mohammed glauben und mit eurem Vermögen und eurem Leben Krieg führen. (61:11) Wer das tut, dem wird jede Schuld vergeben und der geht ins Paradies ein. (61:12)> Wer das in einer Demokratie tut, ist ein Terrorist, denn jeder hat das Recht auf die freie Entfaltung seiner Persönlichkeit, soweit er nicht die Rechte anderer verletzt und nicht gegen die verfassungsmäßige Ordnung oder das Sittengesetz verstößt.“ [Grundgesetz Artikel 2]

Wie will der gläubige Muslim ein verfassungstreuer Deutscher sein, wenn ihm Gott sagt: <Tötet für eure Religion und kämpft gegen die Ungläubigen. Die Verführung zum Unglauben ist schlimmer als das Töten. Der Tod ist der Lohn für die Ungläubigen. (2:191)>

<Frieden, das ist eine Botschaft Gottes. (36:58)> Wie wenig glaubhaft ist solch eine Aussage, wenn man das Ganze kennt. Die immer noch gültige Fatwa gegen die Amerikaner und ihre Alliierten:

„... Mit Gottes Hilfe rufen wir jeden gläubigen Muslim auf, der sich wünscht belohnt zu werden, den Anweisungen Gottes zu folgen, die Amerikaner zu töten und ihnen ihr Vermögen abzunehmen, wo und wann immer sie aufzugreifen sind.“ Shaykh Usamah Bin-Muhammad Bin-Ladin

Das islamische Politikverständnis beruht auf Glaubensinhalten, das demokratische lehnt Glaubensinhalte ab. Der Islam beansprucht alle Lebensbereiche des Menschen durch Gott zu regeln, die Demokratie will so wenig wie möglich regeln und das, was geregelt wird, regeln ihre Bürger nach dem Willen der Mehrheit. Gottes Handlungsmaxime ist die Führung der Menschen zur Glückseligkeit im Jenseits, die Handlungsmaxime der Bürger ist das Kosten-Nutzen-Kalkül im Diesseits unter Berücksichtigung der Menschenrechte.

Aus der Sicht der Demokraten gefährdet jeder Nichtdemokrat, ob Individuum oder Staat, die Demokratie und muss bekämpft werden. Die oberste Aufgabe des Staates ist die Sicherung des Friedens, also innere und äußere Feinde zu bekämpfen. Mitbürger oder Terrorist ist in der Demokratie die aktuelle Freund-Feind-Unterscheidung, die im Islam die Bezeichnung Gläubige und Ungläubige trägt.

<Die Ungläubigen wollen doch nur, dass auch ihr ungläubig werdet. Wenn sie sich nicht bekehren lassen, dann ergreift sie und tötet sie. (4:89) Sag den Ungläubigen, dass ihnen ihr gottloses Verhalten der Vergangenheit verziehen wird, wenn sie konvertieren. (8:38) Ansonsten kämpft gegen sie, bis niemand mehr versucht, Muslime vom Islam abzubringen und alle an den einen Gott glauben. (8:39) Wenn die heiligen Monate abgelaufen sind, dann tötet die Ungläubigen oder nehmt sie gefangen, wo immer ihr sie findet. Wenn sie aber konvertieren, dann schenkt ihnen die Freiheit. (9:5)>

Niemand kann die Agitation des Koran gegen die Nicht-Muslime wegdiskutieren und niemand kann die Ernsthaftigkeit und Aktualität dieser Aussagen in Frage stellen, wenn in Tausenden von Veröffentlichungen und in allen Sprachen den kriegerischen Aufforderungen des Korans aktuelle Bedeutung gegeben wird.

Doch auch der oberste Demokrat dieser Welt versucht sich ohne Not, Demokratie und Humanismus mit Gewalt in traditionell islamischen Gegenden durchzusetzen:

„Jede Nation, auf der ganzen Welt, muss sich jetzt entscheiden. Entweder sie sind auf unserer Seite oder sie sind auf der Seite der Terroristen. Das ist ein Kampf der gesamten Welt, ein Kampf der Zivilisation. Das ist ein Kampf all derer, die an Pluralismus, Toleranz und Fortschritt glauben. Die Menschen, die uns dies [11.9.01] antaten und weitere solche Aktionen planen, sind böse Menschen. Das einzige, woran sie den ganzen Tag denken können, ist die

Bosheit. Wir riskieren einen Krieg zur Rettung der Zivilisation. Die Verteidigung des Friedens und der Gerechtigkeit wird Amerika anführen, denn für alle Menschen überall sind diese Werte unveränderbar. Amerika wird sich immer für die nicht verhandelbaren Werte der Menschenwürde einsetzen: nämlich die Herrschaft des Gesetzes, der Respekt vor Frauen, dem Privateigentum, der freien Meinungsäußerung, der Gleichheit vor dem Gesetz und der religiösen Toleranz. Das Böse existiert und dem muss man sich entgegenstellen. Wir wählen die Freiheit und die Würde des Lebens.“ [US-Prasident G.W.Bush, Auszüge]

Islamischer Gottesstaat und Demokratie lassen beide nicht zu, dass ihre Dogmen in Frage gestellt werden und sie sind beide um die Ausweitung Ihres Geltungsbereichs bemüht. Erst wenn alle im eigenen System vereint sind, ist die Gefahr gebannt. <Von der Kaaba in Mekka geht die Leitung der Welten aus. (3:96, 3:97)> „Das ist ein Kampf der gesamten Welt, ein Kampf der Zivilisation. Das ist ein Kampf all derer, die an Fortschritt, Pluralismus, Toleranz glauben.“ [G.W. Bush]

Weder die Bibel noch der Koran kennen die Trennung von Kirche und Staat. Alle drei abrahamitischen Religionen tragen den Keim der Gewalt gegen die Ungläubigen in sich. Die Trennung von Kirche und Staat ist daher ein vorbeugendes Mittel dagegen.

Der ZMD [Zentralrat der Muslime Deutschlands] geht einen Schritt in diese Richtung, indem er in einer Grundsatzerklärung die friedliche Beziehung der Muslime zum Staat und zur Gesellschaft beschreibt: „Wir begrüßen das System der Bundesrepublik Deutschland, in dem Staat und Religion harmonisch aufeinander bezogen sind und Deutschland ist Mittelpunkt unseres Interesses und unserer Aktivität. Im Einklang damit fördern wir ein zeitgenössisches Verständnis der islamischen Quellen.“

Mehr kann man zurzeit nicht erwarten, <daher sei euch euer Glaube und mir meiner.“ (109:6)> Da Humanismus und Gottesstaat, Demokratie und Kalifat, ein offensichtlicher Widerspruch ist, kann das friedliche Zusammenleben gläubiger Muslime mit mehrheitlich aufgeklärten Demokraten nur durch das bewusste Ignorieren islamischer Grundaussagen funktionieren. Die quantitativen Verhältnisse lassen keine andere Lösung zu.

Der Humanismus wirbt für sich selbst und so werden sich im Laufe der Zeit Verhältnisse einstellen, wie sie auch die christlichen Kirchen mit dem Staat pflegen. Das zeitgenössische und demokratische Verständnis der islamischen Quellen durch die Muslime zeigt sich in deren Verhalten. Solange dieses Verhalten im Einklang mit den Werten der Demokratie steht, kann auch der Demokrat gelassen bleiben.

Welche Stellung hat Mohammed im Koran?

<Gott im Dialog mit Mohammed: „Veröffentliche im Namen deines Schöpfergottes.“ (96:1) [Die erste Offenbarung, die Mohammed empfing?] Gott zu Mohammed: „Bekehre deine Mitmenschen und sei kein Götzendiener.“ (28:87) Gott hat Mohammed die Wahrheit offenbart, damit er mit diesem Wissen über die Menschen urteilt. (4:105)>

570 wird Mohammed geboren.

590 wird Mohammed von der reichen und zweifach verwitweten Chadidscha als Kaufmann eingestellt, die er 595 heiratet. Er 25 und sie 40 Jahre alt. Sie bekommen zwei Jungen und vier Mädchen. Bis auf Fatima sterben die Kinder relativ jung.

619 stirbt seine Frau Chadidscha.

621 Himmelfahrt Mohammeds, angeblich vom Tempelberg von der Al-Aksa-Moschee in Jerusalem aus. (17:1) Anders als bei Jesus reist Mohammed als Lebender und kommt nach seinem Besuch auch wieder auf die Erde zurück.

Am 16. Juli 622 verlässt Mohammed heimlich Mekka und flieht nach Medina [Hidschra]. In Medina heiratet Mohammeds Tochter Fatima Ali, einen Cousin und Gefährten Mohammeds. Sie ist die Stammmutter der leiblichen Nachfahren des Propheten.

630 wird der Koran Grundlage der Gesellschaftsordnung, was zu Auseinandersetzungen mit den Juden in Medina führt.

632 unternimmt Mohammed seine letzte Reise nach Mekka und stirbt am 8. Juni kurz nach seiner Rückkehr in Medina, angeblich in den Armen seiner Frau Aischa.

<Der Koran ist eine Offenbarung Gottes. (3:138…) Gott hat Mohammed den Koran offenbart. (3:199…) Der Koran ist die immer währende und ewig gültige Offenbarung Gottes, die bei Gott aufbewahrt wird. (85:22f) Diesen Text gab Gott dem Engel Gabriel, der dann Mohammed wortgetreu offenbart wurde. (26:192ff)>

Mohammed wurde inspiriert und war also das Medium Gottes. Solch göttliche Inspirationen gibt es in drei Qualitäten: als Personal-Inspiration, Real-Inspiration und als Verbal-Inspiration. Der Koran ist nach eigener Angabe eine Verbal-Inspiration.

Es zwingt sich die Frage auf, wie unterscheidet sich die weltliche Inspiration von der göttlichen, die menschliche Idee von der Offenbarung und die Verbal-Inspiration von der im Geiste formulierten Aussage? Die Antwort ist ganz einfach: es gibt keinen Unterschied, der mit Vernunft begründbar ist.

Die Verbal-Inspiration Mohammeds durch den allwissenden Gott erklärt, warum der Koran fehlerfrei sein muss; immer vorausgesetzt, man zweifelt nicht die Allwissenheit Gottes an und schließt die Möglichkeit aus, dass Gott die Menschen auf den Arm nehmen will: <Im Koran gibt es nichts Falsches, denn er ist eine Offenbarung Gottes. (39:28, 41:42)> Offensichtliche Fehler und Widersprüche müssen daher mit Interpretation aufgelöst werden. Wegen der behaupteten Fehlerfreiheit kann es sich immer nur um Missverständnisse der Leser handeln. Der Koran muss demnach so interpretiert werden, dass er fehlerfrei wird, was dann wiederum den fehlerfreien göttlichen Ursprung beweist. Mit dieser Methode lässt sich auch die Trockenheit des Wassers beweisen.

Keiner bekommt die Texte des Korans ohne Lektüre von Gott eingegeben. Für jeden nach Mohammed ist der Koran nichts weiter als ein Text. Offenbarung bleibt immer ein individuelles Erlebnis.

Gebote im Koran werden immer mit der Autorität Gottes begründet, nie aus dem Sachverhalt heraus. Doch in Fällen widersprüchlicher Gebote nutzt dann nicht mal mehr der Glaube, denn die sich widersprechenden Gebote müssen in der Auseinandersetzung mit plausiblen Argumenten begründet werden. Damit setzt man aber die Vernunft über Gott und Mohammed. So wird der Koran zu einem Text wie jeder andere auch.

<In der Thora und im Evangelium findet man Ankündigungen über Mohammed. (7:157) Mohammed: „Ihr Menschen! Ich bin der Prophet Gottes. Darum glaubt an Gott und an mich. (7:158) Mir wurde nur befohlen, dem Herrn Mekkas zu dienen, der Stadt, die Gott geheiligt hat. (27:91)>

Da der Koran auf viele Fragen der religiösen Praxis und des Alltagslebens keine eindeutige Anweisung erteilt, die Gläubigen aber in allen Einzelheiten gottgefällig leben wollen, suchen sie in der Lebensweise Mohammeds die Antworten darauf. Daraus entstand die Sunna, übersetzt der Weg, der Brauch, die Sitte, die Gewohnheit. Sie ist eine Sammlung der Reden Mohammeds, eine Erzählung seiner Taten sowie ein Bericht über das, was in seiner Anwesenheit gesagt oder getan oder von ihm stillschweigend gebilligt wurde.

<Nur die sind Gläubige, die an Gott und an Mohammed glauben. (24:47…)>

<Mohammed, Gott hat dir zur Ehe erlaubt: Deine Frauen, mit denen du jetzt schon verheiratet bist und die Sklavinnen, die du von Gott als Kriegsbeute bekommen hast, deine Nichten, die mit dir ausgewandert sind und jede gläubige Frau, die sich dir schenkt und du dies wünschst. Die Sonderregelung für dich, Mohammed, gilt, damit du dich nicht bedrückt fühlst. (33:50) Du kannst dich von jeder Frau wieder trennen und später auch wieder mit ihr zusammen-

kommen. Das erlaubt dir Gott, damit die Blicke dieser Frauen Zufriedenheit ausstrahlen und sie sich nicht grämen. (33:51)>

<Gott zu Mohammed: „Warum verbietest du dir [die intime Beziehung zur Sklavin Maria], obwohl Gott sie dir erlaubt hat. Nur um nach der Zufriedenheit deiner Frauen zu trachten? (66:1) Gott hat dich doch von deinem Versprechern [der Enthaltsamkeit] entbunden.“ (66:2)>

Nach dem Jahr 620, im Alter von 50 Jahren, war Schluss mit Monogamie, Friede und Ausgeglichenheit. Auch die Offenbarungen des Korans galten nicht mehr. Da mussten neue Offenbarungen her. Gott hatte nämlich ein großes Interesse am ausgeglichenen Sexualleben von Mohammed, denn es gibt viele Verse, die speziell sein diesbezügliches Verhalten sanktionieren. Die wichtigste „Lex Mohammed“ ist die Sure 33.

Nach dem Tode Chadidschas [619] legte sich Mohammed einen Harem zu. Genau lässt sich nicht mehr ermitteln, mit wie vielen Frauen er nach ihrem Tod verheiratet war, denn die Angaben schwanken zwischen neun und dreizehn, die Sklavinnen nicht mitgezählt. Sicher aber ist, dass er neun Witwen hinterließ und dass er von der Sklavin Maria ein Kind hatte.

<Mohammed, deine Gegner würden lieber Höflichkeiten mit dir austauschen, statt deine Reden ernst zu nehmen. (68:9) Die Ungläubigen spotten über Mohammed: „Ist das der, den Gott zum Propheten erweckt hat? (25:41)>

Zur Überzeugung von Zweiflern kann man Aufklärung und Einsicht oder Macht einsetzen. Von allen diesen Mitteln hat Mohammed Gebrauch gemacht. Aufklärung und Einsicht auf dem Weg zum Monotheismus ergab sich schon aus dem simplen und für viele einsichtigen Schluss: <Gott [der körperlose] hat keinen Sohn. (17:111...)> Wer trotzdem noch zweifelte, musste sich dann der Macht beugen.

Das begann mit der Macht der öffentlichen Meinung und führte über die Macht der Autorität Gottes, die kaum jemand bestritt. Von dieser Autorität profitierte Mohammed auch selbst. Wenige widersprachen ihm, denn seine Autorität erfuhr außerdem Unterstützung durch die instrumentelle Macht der Drohungen und Versprechungen des Korans.

Wer aber immer noch Widerstand leistete, spürte die Aktionsmacht Mohammeds. In Kriegen <Tötet für eure Religion und kämpft gegen die Ungläubigen (2:191)> und als Diktator in Personalunion eines Gesetzgebers, Richters und Egoisten, als er den Mann der Safiya töten ließ, um sie heiraten zu können.

Die Heuchler: <Jene die sich vom Islam abwenden, nachdem sie darüber aufgeklärt wurden, denen hat der Teufel den Kopf verdreht. (47:25) Sie wollen nur teilweise an die Offenbarungen Gottes glauben. (47:26) Sie haben Gott verärgert. (47:28) >

Die Hadithe beschreiben den Heuchler als einen, der lügt, der seine Versprechen nicht hält und der Verträge bricht. Der Heuchelei bezichtigen sich die Muslime auch gegenseitig. Die Sunniten gegen die Schiiten, die Schiiten gegen die Bahaii, die Sunniten gegen die Aleviten und Sunniten wie Schiiten gegen die Sufis usw.

Wesentliche Unterschiede der islamischen Konfessionen ergeben sich aus der Nachfolge Mohammeds und der Anerkennung der Hadithe mit deren Interpretation.

Die Sunniten verehren alle Gefährten Mohammeds, die Schiiten nur einige davon. Deren geistiges Oberhaupt, der Imam, muss auch das Oberhaupt des Staates sein. Er wird nicht gewählt, sondern ist von Gott bestimmt, indem er ein direkter Nachkomme Mohammeds ist.

Für die Sunniten waren nur die Propheten ohne Sünde, für die Schiiten sind es auch die Imame. Die Sunniten glauben, dass der Koran unerschaffen ist, die Schiiten stellen diese Behauptung in Frage. Die Bahai glauben sogar, dass nach Mohammed ein weiterer Prophet gekommen ist, nämlich Bahulla [1817 – 1892]. Nach deren Glauben sind Mann und Frau außerdem gleichberechtigt. Sie lehnen den Absolutheitsanspruch einer Religion ab, denn in deren Vorstellung gibt es eine transzendente, innere Einheit aller Religionen. Diese erheblichen Abweichungen führten zur Verfolgung dieser Gemeinschaft im Iran, die bis heute anhält. Etliche von ihnen wurden bereits als Heuchler und Apostaten hingerichtet.

Die Alleviten leben vorwiegend in der Türkei und sind dort mit knapp 20 Prozent der Bevölkerung die zweitstärkste Glaubensgemeinschaft nach den Sunniten. Anders als die meisten Muslime interpretieren die Alleviten den Koran, denn deren wörtliche Auslegung lehnen sie genauso ab wie die fünf Säulen des Islams. Die Alleviten haben keine Moscheen, denn ihre religiösen Versammlungen finden in Privaträumen statt. Die Frauen stehen gleichberechtigt neben den Männern. Allevit ist man durch Abstammung oder durch Initiation. Für die Alleviten ist Gott nicht fern, denn er lebt im so genannten „vollkommenen Menschen" wie in Ali, Jesus, Mohammed und auch noch anderen. Gott ist im Menschen und deshalb ist Beten ein Reflektieren über sich selbst.

Sufismus ist die Sammelbezeichnung für die mystischen Strömungen im Islam. Im Iran werden deren Anhänger auch „Derwische" genannt. Im Sufismus richtet sich das religiöse Streben auf die persönliche Erfahrung der Gottesnähe, Gottesbegegnung oder sogar des Einswerdens mit Gott. Dies geschieht durch Askese, Meditation und Praktiken, die zu Trancezuständen führen sollen.

Gottesbegegnung oder gar Einswerden mit Gott kann nur mit weit reichender Interpretation der Verse des Korans erklärt werden. Doch das macht die Sufis und die Aleviten zu Abtrünnigen oder Heuchlern. Aus der Sicht der meisten Muslime sind sie demnach gar keine Gläubigen mehr.

Aus der Sicht der Vernunft ist aber genau diese Haltung die einzige, die mit der Vernunft in Einklang gebracht werden kann, denn sie löst sich von der Vernunft. Der Anspruch der Allgemeingültigkeit, der doch nur über die Vernunft zur Allgemeingültigkeit werden kann, wird verworfen und stattdessen werden die individuelle Erfahrung, das Gefühl und die persönliche Interpretation als Erklärung für Gott und die Welt angeboten.

<Der Krieg begann mit der Erlaubnis Gottes. Gott wollte auf diese Weise auch erkennen, wer ein Gläubiger ist. (3:166) Ein Gläubiger, der Mohammed bittet, ihn von der Verpflichtung freizustellen, mit Leib und Leben und seinem Vermögen Krieg zu führen, (9:44), ist kein Gläubiger. (9:45)>

<Die beiden Heere, die aufeinander trafen, waren leicht zu unterscheiden: Das eine kämpfte für den Islam, das andere für den Unglauben. Die Ungläubigen sahen ihre Gegner nur doppelt. [Die Schlacht bei Badr. Angeblich 300 Muslime gegen 1000 Mekkaner.] (3:13)>

Ihren Lebensunterhalt bestritten die ersten Muslime in Medina durch Handel und durch Überfälle auf vorbeiziehende Karawanen. Sie hatten damit aber nur wenig Erfolg. In der berühmten Schlacht von Badr jedoch siegte Mohammed mit nur dreihundert Kämpfern gegen eine Übermacht von tausend und machte erhebliche Beute.

Bei der Verteidigung Medinas gegen Mekka hatte sich der jüdische Stamm der Banu-Kuraisa nicht beteiligt. Außerdem wollten sie Mohammeds Führungsanspruch nicht anerkennen. Nach erfolgreicher Verteidigung Medinas wurde deshalb ein Massaker an ihnen verübt. Die Männer wurden ermordet und etwa 1000 Frauen und Kinder als Sklaven verkauft. Mohammed zwingt dann auch noch die jüdischen Stämme der Kainuka und Banu-Nadir zur Auswanderung nach Chaibar.

630 marschierten Mohammed mit 10.000 Mann gegen Mekka. Diese Übermacht ließ die Mekkaner widerstandslos kapitulieren.

<Ein Prophet soll keine Kriegsgefangenen machen, sofern er nicht schon gesiegt hat. Die Feinde wollen das Glück des Lebens, doch Gott will, dass sie getötet werden. (8:67)>

Hadith 2599 [Sahih Muslim]: Wir unternahmen mit Mohammed den Feldzug von Banu Al-Mustaliq und nahmen einige edle arabische Frauen gefangen. Da der Zustand der Ehelosigkeit lang dauerte, wollten wir mit ihnen geschlechtlich verkehren und Coitus interruptus üben. So fragten wir Mohammed. Er erwiderte: Es ist nicht notwendig, dass ihr das tut. Es gibt kein Lebewesen bis zum Jüngsten Tag, das nicht ins Leben gerufen wird.

<Zehrt von dem, was ihr erbeutet habt, das ist erlaubt und gut. (8:69)>

Der Koran, Gott und ich

Dem Vorwurf mangelnden Respekts gegenüber dem heiligen Buch der religiösen Gemeinschaft der Muslime sei entgegnet, was Respekt ist: Die Achtung vor allen Mitmenschen, unabhängig davon, ob gläubig oder nicht, ob Mann oder Frau. Die fortgesetzte Aufforderung zur Verletzung der Menschenrechte und zu Straftaten in der Familie ist respektlos.

Wie schwierig solch ein Text zu übersetzen ist, zeigt die Zahl der Fragezeichen, Fußnoten oder in Klammern angefügten Erklärungen in allen Übersetzungen. Ob Huris Mädchen sind oder Weintrauben, wie in neuesten Übersetzungen vermutet oder „Krieg führen" mit „abmühen" übersetzt werden soll, mag in einer kontroversen Auseinandersetzung der einen oder anderen Partei dienen, den Zuhörern die Qualität der eigenen und der gegnerischen Argumentation vorzuführen. Es ist aber ohne Belang, denn wenn die Interpretation so weit auseinander liegt, was soll der Gläubige dann glauben? Dann wird der Text beliebig.

Hier wurde nur die Sicht der Vernunft auf ein Buch göttlicher Offenbarung, dem Koran, gegeben. So wenig die Wirklichkeit sich durch eine neue Sicht auf die Natur verändert, so wenig schadet es der Wahrheit, wenn sich die Sicht des Menschen auf die Religion verändert. Der Schaden entsteht erst dort, wo der Mensch seine Wahrnehmungen der Religion für die Religion an sich hält.

Wer es als unzulässig ansieht, einen bestehenden Text neu zu gliedern, um daraus dann Ableitungen zu treffen, dem sei gesagt, dass eine Ordnung nach Länge einer Aussage allenfalls die Qualität einer Ablage hat. Wer dann auch noch behauptet, man müsse den Koran im Original lesen, denn nur so kann er verstanden werden, schließt eine interkulturelle Annäherung aus.

Auf den Punkt gebracht, gipfelt die Auseinandersetzung des gläubigen Muslims mit dem Heiden im Verständnis von Gott und Verantwortung. Im Koran ist Gott die sich selbst wissende, von der Einheit getrennte und ewige Entität, wohingegen der Ungläubige im unendlichen Bewusstsein und der Vereinigung von Wahrnehmung, Gefühl und Energie das Absolute sucht. Der Glaube trennt die beiden, denn allgemeines Wissen hat keiner. Der Gläubige trägt die Scheinverantwortung in der göttlichen Vorbestimmung und der Ungläubige glaubt an seine freie Entscheidung. Gott gibt dem Muslim das Regelwerk des Zusammenlebens einmalig und für alle Zeiten vor, wohingegen der ungläubige Demokrat seine Ordnung stets den aktuellen Anforderungen anpasst.

Der Weg der Vernunft ist gewiss nicht immer geeignet, um eine angemessene Antwort auf Fragen des Seins zu erhalten. Und wo Gefühle regieren, sollte die Vernunft auch nur dann eingesetzt werden, wenn festgefahrene Konflikte ohne Machtmittel aufgelöst werden sollen. Unter Verzicht auf die Vernunft kann in Fragen des Glaubens und der Religion jeder Einzelne eine direkte Beziehung zu Gott aufbauen. Der Weg dorthin ist ein Dialog mit dem Mittelpunkt des Seins. Die Muslime, die den Aleviten, den Sufis und den Bahais angehören, handeln danach.

Der Weg zu „Gott" geht nicht über das Verstehen, sondern über die mystische Vereinigung. Da hilft der Glaube, um mit Erfahrung, die aus der Arbeit an sich selbst entsteht, an den Mittelpunkt des Seins zu gelangen. Dieser Weg ist ein individueller Weg, kein kollektiver. Jeder muss ihn selbst gehen und wer dort ankommt, kann die Einsicht, die er durch die Gegenwart Gottes erfahren hat, leider nicht in Begriffen und mit Hilfe des erworbenen Wissens an andere weitergeben.

Ich wünsche jedem Leser diese individuelle Erfahrung.

Anhang

Biblische und arabische Geschichten

Adam

<Gott sprach zu Adam: „Bleibe du und deine Gattin im Garten und esst von den Früchten bis auf die Frucht dieses einen Baumes, denn das wäre eine Sünde." (2:35) Doch Satan ließ sie straucheln. Darauf sagte Gott: „Geht weg und seid einander Feinde. Ihr sollt für eine bestimmte Zeit auf der Erde leben." (2:36) Gott verzieh dem Adam und erklärte (2:37): „Wenn ihr meinen Anweisungen folgt, braucht ihr keine Angst zu haben und müsst auch nicht traurig sein. (2:38) Wer aber ungläubig ist, der kommt auf ewig in die Hölle." (2:39)>

Kain und Abel

<Mohammed, erzähl die wahre Geschichte der beiden Söhne des Adam. Sie brachten beide je ein Opfer dar, doch nur eines davon hat Gott angenommen. Der Enttäuschte der beiden drohte seinen Bruder zu erschlagen, worauf dieser antwortete: „Gott nimmt ein Opfer nur von einem Gottesfürchtigen an. (5:27) Wenn du mich töten willst, so werde ich mich nicht wehren. Ich fürchte Gott. (5:28) Ich will, dass du meine und deine Sünde trägst und deshalb in die Hölle kommst. (5:29) Seine Seele befahl ihm, seinen Bruder zu töten und so tat er es. (5:30) Gott schickte einen Raben, der auf der Erde scharrte, um zu zeigen, wie er die Leiche seines Bruders verbergen könne. Er sagte: „Oh je, war ich denn nicht selbst so klug, zu wissen, was zu tun wäre?" Er bedauerte seine Tat. (5:31)>

Abraham

<Wer hat die schönere Religion als der, der sich Gott ergibt, rechtschaffen ist und dem Glauben Abrahams folgt? Gott hatte sich Abraham zum Freund genommen. (4:125)>

<Abraham zu seinem Vater: „Warum habt ihr Götzen als Gott. Das ist offensichtlich falsch. (6:74, 19:42, 19:43, 19:44, 19:45, 21:52, 21:53, 21:54, 21:55, 21:56, 26:69, 26:70, 26:71, 26:72, 26:73, 26:74, 26:75, 26:76, 26:77, 29:17, 29:18, 29:25, 37:83, 37:84, 37:85, 37:86, 37:87, 37:88, 37:89, 43:26) Dient Gott. (29:16) Gott hat uns erschaffen und auf den rechten Weg geführt. (26:78, 43:27, 43:28) Er gibt mir zu essen und zu trinken (26:79, 37:96), er heilt mich, lässt mich sterben und wieder auferstehen und zu ihm werde ich zurückgebracht. (26:80, 26:81, 29:26, 37:99) Ich hoffe, dass er mir meine Sünden vergibt." (26:82)>

<„Herr, gib mir die Kraft, richtig und falsch zu unterscheiden und stell mich zu den Rechtschaffenen. Gib mir und den mir nachfolgenden Generationen einen guten Ruf und lass mich ins Paradies einziehen. Vergib' meinem Vater." (19:47, 19:48, 26:83, 26:84, 26:85, 26:86, 26:87, 26:88, 26:89, 60:4)>

<Bis auf eine besonders große Statue zerstörte Abraham die Götzenbilder. (21:57, 21:58, 37:90, 37:93) Als er gefragt wurde, ob er der Täter sei, antwortete er: „Nein, es war jener Götze, der noch dasteht." (21:59, 21:60, 21:61, 21:62, 21:63) „Du weißt, dass das nicht möglich ist." (21:64, 21:65) Abraham: „Wollt ihr etwas verehren, was euch weder nutzt noch schadet?" (21:66, 21:67, 37:91, 37:92, 37:94, 37:95) Des Vaters Antwort: „Verschwinde, sonst lasse ich dich steinigen, erschlagen

und verbrennen. Feuer sei ja kühl und unschädlich für Abraham." (19:46, 21:68, 21:69, 21:70, 29:24, 37:97, 37:98) Dass Abraham für seinen Vater um Vergebung gebeten hat, tat er nur, weil er ihm zuvor ein Versprechen gegeben hatte. Als ihm aber klar wurde, dass er ein Feind Gottes war, sagte er sich von ihm los. Abraham war doch so sensibel und sanftmütig. (9:114)>

<Gott rettete Abraham und Lot durch Auswanderung in ein Land, das Gott gesegnet hat. (21:71) Gott erleuchtete Abraham, damit er ein Standhafter im Glauben wird. (6:75, 21:51) Zuerst behauptete er gegenüber seinem Volk, Gott sei ein bestimmter Stern (6:76), dann der Mond (6:77) und schließlich die Sonne (6:78). Da aber alle diese Erscheinungen mit dem Tag- Nachtwechsel verschwinden, betonte er seine Aufrichtigkeit gegenüber Gott. (6:79) Schließlich sagte er: „Wollt ihr mit mir über Gott streiten, der mich schon erleuchtet hat? Ich fürchte nicht, was ihr denkt und tut. Ich fürchte nur Gott. Er umfasst alle Dinge mit Wissen. (6:80) Warum sollte ich mich auch vor euren Götzen fürchten? (6:81) Wer glaubt und nicht sündigt, hat Sicherheit und geht den rechten Weg." (6:82) Das sind die Argumente, die Gott dem Abraham für die Auseinandersetzung mit seinen Leuten gegeben hat. (6:83)>

<Gott schenkte ihm Isaak und Jakob. Beide wurden auf den rechten Weg geführt, genauso wie Noah, David, Salomo, Hiob, Joseph, Moses und Aaron vor ihm (6:84) und Zacharias, Johannes, Jesus und Elias nach ihm (6:85), sowie Ismael, Elisa, Jonas und Lot (6:86) und einige ihrer Väter, Nachkommen und Brüder. (6:87, 6:88) Denen hat Gott die Bibel, die Weisheit und Prophetie gegeben. (6:89, 6:90)>

<Abraham fragte Gott: „Lass mich sehen, wie du die Toten wieder zum Leben bringst." „Glaubst du denn nicht?" fragte Gott Abraham: „Doch, aber ich will sicher sein." Gott: „Nimm dir vier Vögel und töte sie. Dann setze auf jeden Berg einen und anschließend rufst du sie. Sie werden eilends zu dir geflogen kommen. (2:260)>

Als Gottes Gesandte zu Abraham kamen (11:69), kündigten sie ihm (11:70, 15:51, 15:52) und seiner Frau die Geburt der Söhne Isaak und Jakob an, die beide Propheten werden sollten. (11:71, 15:53, 19:49, 21:72, 21:73, 29:27, 37:100, 37:101, 51:24, 51:25, 51:26, 51:27, 51:28) Die Frau des Abraham: „Ich bin eine alte Frau und mein Mann ein Greis. Wie soll das geschehen?" (11:72, 15:54, 51:29) Die Gesandten: „Gott ist gnädig." (11:73, 15:55, 15:56, 51:30)>

<Als Abraham mit seinem Sohn zur Arbeit gehen konnte, sagte er ihm: „Ich hatte geträumt, dass ich dich schlachte. Was meinst Du dazu?" Der Sohn: „Tu, was dir befohlen wird." (37:102) Als es soweit war (37:103), rief Gott: „Abraham, du hast Deinen Traum bereits erfüllt. (37:104, 37:105) Das war eine Prüfung. Nimm statt deines Sohnes ein Schlachttier. (37:106, 37:107) Friede sei mit Abraham." (37:108, 37:109, 37:110, 37:111) Gott verkündete Isaak, dass auch er ein Prophet werden sollte. (37:112) Gott segnete Abraham und Isaak. Unter deren Nachkommen sind manche, die Gutes tun und andere, die gegen sich selbst sündigen. (37:113)>

<Abraham fragte die Boten nach ihrem Auftrag. (51:31) „Wir kommen zu einem schuldigen und maßlosem Volk (51:32, 51:34), auf das wir Steine regnen lassen. (51:33, 51:37) Doch die Gläubigen haben wir zuvor gehen lassen." (51:35, 51:36) Abraham verteidigte die Position des Volk Lots (11:74), war mild, sensibel und reumütig. (11:75) Die Gesandten: „Abraham, hör auf zu streiten. Die Strafe Gottes ist unabwendbar." (11:76)>

Moses

Die Jugend des Moses

<(28:3) Pharao war hochmütig und er teilte die Gesellschaft in Parteien. Einige unterdrückte er und tötete deren Söhne, doch die Frauen ließ er am Leben. (28:4) Gott aber wollte die Schwachen zu Führern und Erben des Landes machen. (28:5, 28:6) Gott rettete den Moses (20:37, 20:38) und gab der Mutter von Moses ein: „Säuge ihn und wenn du Angst um ihn hast, so leg ihn in einen Kasten, den du in den Fluss gibst. (20:39) Hab' keine Angst, du wirst ihn wiederbekommen und er wird mein Gesandter. (28:7) Die Leute des Pharao retteten ihn, doch er wurde ihr Gegner, denn Pharao, Haman und deren Militär waren Übeltäter. (28:8) Die Frau des Pharao sagte: „Wir werden Freude an Moses haben. Bring' ihn nicht um. (28:9) Doch die Mutter von Moses war sehr traurig. Fast hätte sie sich verraten, doch Gott hat sie gestärkt. (28:10) Sie bat die Schwester des Moses: „Beobachte Moses unauffällig." (28:11) So empfahl sie dem Pharao eine Amme, wo er gestillt werden konnte. (20:40, 28:12) Damit gab Gott den Moses seiner Mutter wieder zurück. (28:13)>

<Als Moses erwachsen wurde, belohnte ihn Gott mit Weisheit und Bildung. (28:14) Zur Verteidigung eines Freundes hatte Moses einmal einen Mann erschlagen (28:15), doch Gott hat ihm verziehen. (28:16, 28:17) Als ihn der Freund ein zweites Mal um Hilfe bat, lehnte er zuerst ab (28:18), doch schließlich half er ihm. Als er den Gegner seines Freundes packte, sagte dieser: „Moses, willst du mich töten, wie du es gestern getan hast? So wirst du ein Tyrann, kein Friedensstifter." (28:19)>

Moses und der weise Mann

<Moses lernte einen barmherzigen und gebildeten Diener Gottes kennen. Ihn bat er: „Darf ich dir folgen, damit du mich lehrst, zu tun, was recht ist?" (18:65, 18:66) Er antwortete: „Dazu hast du nicht die erforderliche Geduld." (18:67, 18:68) „So Gott will, wirst du mich als einen geduldigen Mann kennen lernen, der die Gebot Gottes achtet." (18:69) „Du kannst mir folgen, aber frage nach nichts, bevor ich es dir nicht von selbst erkläre." (18:70)>

<Beide machten sich auf den Weg und stiegen in ein Schiff ein, in das der Mann ein Loch schlug. Moses sagte: „Tatest du dies um die Mannschaft zu ertränken? Du hast etwas Schreckliches getan." (18:71) Der weise Mann antwortete: „Hatte ich dir nicht gesagt, du hättest nicht die Geduld bei mir auszuharren." (18:72) Moses: „Verzeih meine Vergesslichkeit und sei nicht so streng." (18:73) So zogen sie weiter, bis sie einen jungen Mann trafen, den der Diener Gottes erschlug. Moses: „Du hast einen unschuldigen Menschen erschlagen. Das ist abscheulich." (18:74) „Hatte ich dir nicht gesagt, du hättest nicht die Geduld bei mir auszuharren." (18:75) Moses: „Wenn ich noch einmal frage, nimm mich nicht weiter als deinen Begleiter. Von mir bist du dann entschuldigt. (18:76) Sie zogen zu einer Stadt, in der sie um Gastfreundschaft baten, doch die wurde ihnen verweigert. Dort fanden sie eine Mauer, die drohte einzustürzen und der Mann, den Moses begleitete, baute sie wieder auf. Darauf Moses: „Wenn du es gewollte hättest, hättest du Lohn dafür erhalten." (18:77)>

<„Das führt nun zu unserer Trennung, doch ich will dir erklären, warum ich mich so verhalten habe. (18:78) Was das Schiff anbelangt, so gehörte es armen Leuten, die auf dem Meer oder dem Fluss arbeiteten. Ich wollte verhindern, dass der König das Schiff beschlagnahmen konnte, denn er war hinter ihnen her. (18:79) Was den jungen Mann betrifft, so waren dessen Eltern Gläubige und ich

fürchtete, dass sie unter seiner Opposition und seinem Unglauben leiden müssen. (18:80) Da wollte ich, dass Gott ihnen einen Sohn im Tausch gibt, der anständiger und anhänglicher sei als dieser. (18:81) Was die Mauer anbelangt, so gehörte sie zwei Waisenjungen in der Stadt und darunter lag ein Schatz verborgen, der ihnen gehörte. Der Vater der Jungen war ein rechtschaffener Mann und deshalb wünschte Gott, der barmherzige, dass sie zu ihrer Volljährigkeit darüber verfügen und den Schatz heben können. Ich tat dies alles nicht von mir aus. Das ist die Erklärung für das, was du nicht in Geduld ertragen konntest.“ (18:82)>

Moses in Madyan

<Von weit her kam ein Mann, der Moses warnte, weil die Regierenden des Landes ihn töten wollten. Daraufhin floh Moses (28:20) und er bat Gott um Beistand. (28:21, 28:22)>

<An der Wasserstelle von Madyan (20:40) half er zwei Frauen sich gegen andere Hirten durchzusetzen, damit auch sie ihr Vieh tränken konnten. Darauf Moses zu Gott: „Herr, entwickle das Gute in mir.“ (28:23, 28:24, 28:24)>

<Er wurde von deren Vater eingeladen, der ihn für 8 bis 10 Jahre in seinen Dienst stellte. Eine seiner Töchter wurde Moses zur Frau gegeben. (28:25, 28:26, 28:27, 28:28)>

Moses wird Prophet

<Und als die Zeit abgelaufen war, reiste er mit seinen Angehörigen zu einem Berg, an dem man ein Feuer sehen konnte. (20:9, 20:10) Moses: „Ich gehe Feuer holen, damit ihr euch wärmen könnt. Vielleicht kann ich von dort auch Neuigkeiten erfahren.“ (27:7, 27:8, 28:29) Dort wurde er von Gott angesprochen (20:11, 28:30): „Zieh deine Schuhe aus, denn du bist im heiligen Wadi Tuwa. Gott hat dich als Prophet erwählt. Einst kommt der Jüngste Tag und deshalb sei gläubig (19:51, 20:12, 20:13, 20:15, 20:16, 79:15, 79:16) und nun wirf deinen Stock hin.“ (20:17, 20:18, 20:19) Darauf verwandelte sich der Stock in eine Riesenschlange. (20:20) Moses wollte fliehen, doch Gott sagte: „Fürchte dich nicht und ergreif sie, denn du bist in Sicherheit. (20:21, 27:10, 28:31) Steck deine Hand in dein Hemd und sie wird weiß. (20:22) Das werden Beweise der Existenz Gottes sein, die du dem Pharao und seinen Leuten vorführen wirst.“ (20:23, 28:32) Moses: „ Ich habe einen von ihnen erschlagen und ich fürchte, sie werden mich töten. (26:14, 26:15, 28:33) Herr gib mir Unterstützung durch meinen Bruder Aaron. Er ist beredter als ich.“ (20:25, 20:26, 20:27, 20:28, 20:29, 20:30, 20:31, 20:32, 20:33, 20:34, 20:35, 26:12, 26:13, 28:34) Gott: „Ich werde dir durch deinen Bruder Kraft verleihen und die Macht geben, dass euch nichts passiert. Ihr werdet siegen. (20:36, 28:35, 37:114) Aus Barmherzigkeit mache ich ihn auch zum Propheten.“ (19:53) Gott rettete die beiden. (37:115, 37:116)>

Moses und sein Volk

<Dem Moses folgten nur wenige seines Stammes, aus Furcht, Pharao und seine Regierung könnte ihnen Gewalt antun. (10:83) Moses: „Leute, wenn ihr an Gott glaubt, müsst ihr ihm vertrauen und ihm ergeben sein. (10:84) Sie antworteten: „Auf Gott vertrauen wir. Möge Gott uns nicht zu einer Versuchung für das Volk der Sünder machen. (10:85) Möge er uns durch seine Barmherzigkeit erretten. (10:86) Gott gab Moses und seinem Bruder die Anweisung: Baut in Ägypten eure Häuser so, dass sie einander gegenüber stehen. Betet und verkündet die frohe Botschaft den Gläubigen. (10:87)

Moses: „Herr, du hast Pharao und seinen Adeligen Wohlstand gegeben und trotzdem wenden sie sich von deinem Weg ab. Zerstöre ihr Vermögen und lasse nicht zu, dass sie noch vor dem Jüngsten Tag gläubig werden. (10:88) Gott: „Euer Gebet ist erhört. Seid ihr, Moses und Aaron, nun standhaft und folgt nicht den Ungläubigen. (10:89) Moses soll sein Volk aus der Finsternis zum Licht führen und sie an die Tage mit Gott ermahnen." (14:5)>

Moses und Pharao

<Gott sandte Moses und Aaron mit Nachweisen der Existenz Gottes zu Pharao, Haman und Korah und seinen Adeligen, doch sie zweifelten an den Beweisen und lachten. An dieser Geschichte sieht man, was passiert, wenn man Unheil stiftet. (7:103, 10:75, 11:96, 11:97, 20:24, 20:42, 20:43, 20:44, 20:45, 20:46, 23:45, 23:46, 25:35, 25:36, 26:10, 26:11, 40:23, 40:24, 43:46, 43:47, 43:48, 44:17, 51:38, 54:41, 54:42, 79:17) Moses sagte: „Gott ist der Herr der Welt. Ich bin sein Prophet (7:104, 20:47, 26:28) und deshalb spreche ich die Wahrheit. Ich bin mit klaren Beweisen Gottes gekommen. Es wäre eine Gnade, wenn du die Kinder Israels mit mir ziehen ließest. Wer aber Gottes Wort widerspricht, der wird bestraft. (7:105, 20:48, 20:49, 26:16, 26:17, 26:22, 44:18) Willst du dich reinigen und ein Gläubiger werden?" (44:19, 79:18, 79:19)>

<Pharao: „Wir haben dich bei uns aufgezogen und du hast viele Jahre hier verbracht. Dann hast du einen Mann erschlagen. Damit hast du ein Unrecht begangen." [Du warst undankbar.] (26:18, 26:19) Moses: „Damals war ich auf dem Irrweg. (26:20) Dann floh ich, weil mich Gott, der Herr des Universums (26:24, 26:26), aufgeklärt und zu seinem Gesandten gemacht hatte." (20:41, 21:48, 21:49, 26:21)>

<Pharao: „Wenn du einen anderen als mich als deinen Gott annimmst, so kommst du ins Gefängnis und wirst getötet. Sollen wir an zwei Menschen glauben, dessen Volk unsere Sklaven sind. Und wer ist der Herr der Welt?" (23:47, 23:48, 26:23, 26:29, 40:26) Moses: „Ich nehme Zuflucht bei Gott vor den Ungläubigen. (40:27, 44:20) Wenn ihr nicht gläubig werdet, so haltet euch fern von mir." (44:21) Herr, das ist ein sündiges Volk." (44:22)>

<Moses: „Wenn ich dir aber Beweise vorlege?" (26:30) Pharao: „Dann zeig' sie. (7:106, 26:31) Kannten denn die früheren Generationen auch schon diese Beweise?" (20:51) Gott ließ Pharao seine Zeichen sehen. (20:56, 79:20)>

<Da warf Moses seinen Stock auf den Boden und er verwandelte sich in eine Schlange. (7:107, 26:32) Dann streckte er seine Hand aus und sie wurde weiß. (7:108, 26:33, 27:12) Pharao und die Adeligen sagten: „Der ist ein Zauberer. (7:109, 10:76, 17:101, 17:102, 26:25, 26:27, 26:34, 27:13, 28:36, 51:39) Er will uns aus dem Land vertreiben. Was sollen wir tun?" (7:110, 20:57, 20:63, 26:35)>

<Moses: „Gott weiß, von wem die Wahrheit kommt und wer ins Paradies einzieht. Den Sündern wird es nicht gut ergehen." (28:37)>

<Pharao: „Ich kenne keinen anderen Gott außer mich. Haman soll einen Turm bauen, damit ich den Gott des Moses sehen kann, obwohl ich ihm nicht glaube. (28:38, 40:36, 40:37, 79:21) Moses und sein Bruder sollen warten, denn alle Zauberer im Land sollen kommen und es soll ein Wettstreit stattfinden." (7:111, 7:112, 10:79, 20:58, 20:64, 26:36, 26:37) Dann drehte sich Pharao um und ging. (79:22) Anschließend ließ er seine Untertanen ausrufen: „Pharao ist euer oberster Herr." (79:23, 79:24)>

<Moses schlug vor, dass die Leute am Vormittag des Festtages kommen. (20:59, 26:38) Der Pharao aber plante eine Falle. (20:60) Moses: „Wenn ihr uns reinlegt, wird Gott euch vernichten." (20:61) Die Ägypter stritten darüber und zogen sich zur Beratung zurück. (20:62)>

<Als die Zauberer dann kamen, fragten sie den Pharao: „Bekommen wir eine Belohnung, wenn wir siegen?" (7:113, 26:39, 26:40, 26:41) Er antwortete: „Ja und ihr und ihr werdet geadelt." (7:114, 26:42)>

<Die Zauberer fragten: „Wer wirft zuerst?" (7:115, 20:65) Moses antwortete: „Ihr." (7:116, 10:80, 20:66, 26:43) Daraufhin versetzten sie die Zuschauer mit ihrer Zauberei in große Furcht. (20:67, 26:44) Dann gab Gott dem Moses Kraft (20:68) und wies ihn an: „Wirf deinen Stock!" (20:69, 26:45) Und alles, was die Zauberer an Trug vorgebracht hatten, verschlang der Stock. (7:117, 10:81) So siegte die Wahrheit (7:118, 7:119) und die Zauberer fielen vor Ehrfurcht nieder. (7:120, 20:70, 26:46)>

<Sie riefen: „Wir glauben an Gott (7:121, 26:47), den Herrn von Moses und Aaron." (7:122, 26:48) Darauf der Pharao: „Ihr habt an ihn geglaubt, bevor ich es erlaubte. Das ist eine Verschwörung, um uns zu vertreiben, aber das werde ich nicht zulassen. (7:123, 20:71, 26:49) Ich werde euch wechselweise eure Hände und Füße abhauen. Dann werde ich euch alle kreuzigen." (7:124) Sie antworteten: „Dann kommen wir zu Gott. (7:125, 26:50) Sollen wir nur deshalb bestraft werden, weil wir Gläubige geworden sind. Herr, gib uns reichlich Geduld und lass uns als Muslime sterben. (7:126, 26:51) Pharao kann nur über das irdische Leben gebieten, Gott über alles. Wir glauben an Gott, der uns unsere Sünden vergibt. Denn wer im Zustand der Sünde zu Gott kommt, muss in die Hölle (20:72, 20:73, 20:74), doch die Gläubigen kommen ins Paradies." (20:75, 20:76)>

<Die Adeligen des Pharao sagten: „Willst du zulassen, dass Moses und sein Volk Unheil im Land stiften und dich und deine Götter verlassen?" Pharao antwortete: „Wir werden Moses und die Söhne seines Stammes umbringen und ihre Frauen am Leben lassen, denn sie sind in unserer Gewalt." (7:127, 40:25)>

<Schon früher war Josef mit Gottesbeweisen gekommen, doch ihr [?] habt immer noch gezweifelt. Als er starb, habt ihr gesagt: „Gott wird keinen weiteren Propheten kommen lassen." So führt Gott jene in die Irre, die stolz sind und [immer nur] zweifeln. (40:34) Wer über die Zeichen Gottes streitet, ohne dazu eine Vollmacht zu haben, erregt bei Gott und den Gläubigen Abscheu. Den Überheblichen und Gewalttätigen versiegelt Gott das Herz. (40:35)>

<Einer der Gläubigen von Pharaos Leuten sagte: „Lasst euch sagen (40:38), das irdische Leben ist nur ein vergänglicher Genuss. Das Jenseits allein ist die dauernde Heimstatt. (40:39) Doch warum versuche ich euch zu bekehren, wo ihr mich verführt, den Weg in die Hölle zu gehen? (40:41) Ihr sollt an Gott glauben. (40:42) Es besteht kein Zweifel, dass euer Glaube weder in dieser Welt noch im Jenseits wahr ist. Wir werden zu Gott heimkehren und die Sünder wird er in die Hölle schicken. (40:43) Ihr werdet euch an meine Worte noch erinnern. Ich überlasse es Gott. (40:44) Gott schützt mich vor euch und die Leute des Pharaos werden mit der Hölle bestraft." (40:45, 40:46, 40:47, 40:48, 40:49)>

<Einer von den Leuten Pharaos, der im Geheimen ein Gläubiger war, sagte zu Pharao: „Wollt ihr einen Mann töten, weil er Gott zum Herrn hat, obwohl er die Existenz Gottes bewiesen hat? Wenn er lügt, so lastet seine Lüge auf ihm, wenn nicht, dann wird euch die Drohung des Moses treffen. Gott weist nicht dem den Weg, der maßlos ist und auch noch ein Lügner." (40:28) Pharao: „Ich erkenne nur auf das, was ich sehe und ich führe euch auf den rechten Weg." (40:29)>

<Der gläubige Ägypter: „Pharao und seine Fürsten haben die Herrschaft im Land, aber wie sollen

sie uns vor der Strafe Gottes schützen? Ich fürchte, die Ägypter werden dasselbe Schicksal erleiden wie das Volk Noahs, der Ad und der Thamud. Gott will keine Ungerechtigkeit. Ich fürchte den Jüngsten Tag." (40:30, 40:31, 40:32, 40:33)>

<Moses zu Pharao und seinen Leuten: „Sprecht ihr so über die Wahrheit, nachdem ihr sie gehört habt? Das soll Zauberei sein? Den Zauberern wird es nicht gut gehen." (10:77) Sie antworteten: „Bist du zu uns gekommen, um uns zu verwirren, damit ihr die Macht im Land übernehmen könnt? Wir wollen euren Glauben nicht annehmen." (10:78)>

<Die ägyptischen Zauberer zu Moses: „Bete für uns zu deinem Gott, dann werden wir uns führen lassen." (43:49) Doch als Gott ihnen die Strafe erließ, da brachen sie ihr Wort. (43:50) Pharao zu seinem Volk: „Gehört mir nicht Ägypten und die Flüsse, die mir zu Füßen fließen? (43:51) Bin ich nicht besser als Moses, der verächtlich ist und sich auch nicht verständlich ausdrücken kann? (43:52) Warum trägt er keinen Schmuck und warum hat er keine Engel als Begleiter mitgenommen?" (43:53) So führte Pharao sein Volk in die Irre und sie folgten ihm. (43:54)>

<Moses zu seinem Volk: „Bittet Gott um Hilfe und seid geduldig. Die Erde gehört Gott allein. Er gibt sie seinen gottesfürchtigen Dienern und am Ende haben die Gottesfürchtigen den Vorteil." (7:128) Sie sagten: „Wir litten, ehe du zu uns kamst und nachdem du zu uns gekommen bist." Er sagte: „Vielleicht wird Gott eure Feinde vernichten, damit ihr die Nachfolge in diesem Land antreten könnt. Vielleicht will Gott sehen, was ihr dann tut." (7:129)>

Gottes Strafe für die Ägypter

<Gott bestrafte das Volk des Pharaos mit Dürre und Mangel an Früchten, damit sie vielleicht auch Gläubige würden. (7:130, 79:25, 79:26) Doch wenn es ihnen gut ging, sagten sie: „Das ist unser Verdienst." Und wenn es ihnen schlecht ging, dann machten sie Moses und seine Leute verantwortlich. Doch ihr Schicksal liegt bei Gott, nur wissen sie es nicht. (7:131) Schließlich sagten sie: „Welche Beweise Gottes du auch immer bringen magst, wir werden dir doch nicht glauben." (7:132) Da bestrafte Gott sie mit einer Flut, dann mit Heuschrecken, Läusen, Fröschen und Blut, doch sie betrugen sich immer noch hochmütig. Das Volk Pharaos war ein sündiges Volk. (7:133) Wann immer das Strafgericht über sie kam, sagten sie: „Moses, bete für uns zu deinem Gott und berufe dich auf das, was er dir versprochen hat. Wenn du die Strafe von uns fern hältst, so werden wir dir glauben und die Kinder Israels mit dir ziehen lassen." (7:134) Doch als Gott ihnen die Strafe erließ, da brachen sie ihr Wort. (7:135) Daraufhin ließ Gott sie im Meer ertrinken, weil sie die Zeichen Gottes für eine Lüge erklärten, statt darauf zu achten. (7:136) Und Gott gab dem Volk des Moses das ganze Land. Das Wort Gottes wurde damit an den Kindern Israels erfüllt, weil sie geduldig waren. Gott zerstörte alles, was Pharao und sein Volk geschaffen hatte. (7:137)>

<In arroganter Art stritten Pharao und seine Leute die Zeichen Gottes ab, obwohl sie doch ihrem Gefühl nach überzeugt waren. Sieh nun, wie das Ende derer war, die Unheil anrichten. (27:14) Pharao widersetzte sich Moses. Daher vollzog Gott an ihm eine schreckliche Strafe. (73:16)>

<Am Tag der Auferstehung soll Pharao an der Spitze seines Volkes in die Hölle einziehen. (11:98, 28:41, 28:42) Verflucht seien sie. (11:99) Manche ihrer Städte wurden zerstört, andere blieben erhalten. (11:100, 11:102) Nicht Gott tat ihnen Unrecht, sie selbst waren es. Ihre Götzen konnten ihnen nicht helfen. (11:101, 11:103, 11:109)>

<Gott gibt den Gläubigen ein Beispiel der Frau Pharaos, als sie sagte: „Herr, baue mir ein Haus bei Dir im Paradies und befreie mich von Pharao und seinen Taten und befreie mich von dem Volk der

Ungerechten." (66:11)>

Die Flucht aus Ägypten

<Gott zu Moses: „Führe deine Leute nachts von hier weg, denn ihr werdet bei Sonnenaufgang verfolgt werden." (26:52, 26:60, 44:23) Pharao sandte Boten, um zu einer Versammlung einzuberufen. Er sagte: „Diese Leute sind nur eine kleine Gruppe, doch sie machen Ärger. Wir stellen ein Heer auf und passen auf sie auf." (26:53, 26:54, 26:55, 26:56)>

<Doch Gott vertrieb sie aus ihrer luxuriösen Umgebung (26:57, 26:58) und gab sie stattdessen den Kindern Israels. [?] (26:59)>

<Pharao ließ sie mit seinem Heer verfolgen. (20:78) Als die Ägypter in Sichtweite der Juden kamen, fürchteten manche, eingeholt zu werden (26:61), doch Moses sagte: „Gott ist mit uns, er wird uns führen." (26:62) Gott zu Moses: „Schlag' das Meer mit deinem Stock." Darauf teilte es sich (26:63) und Gott errettete Moses und die Juden. (26:65) Gott brachte die Juden durch das Meer. (20:77, 44:24, 44:30, 44:31) Als die Ägypter nahe herangekommen waren, ließ er sie durch das Meer verschlingen. (17:103, 20:79, 26:64, 26:66, 28:39, 28:40, 43:55, 51:40) Diese Geschichte ist ein Hinweis für die Gläubigen. (26:67) Die Ägypter wurden so zur Vergangenheit und zum Beispiel für die Zukunft. (43:56)>

<Noch vor dem Ertrinken sagte Pharao: „Ich glaube, dass es keinen Gott gibt als den, an den die Kinder Israels glauben und ich gehöre nun auch zu den Gott Ergebenen." (10:90) Gott: „Jetzt endlich wirst du gläubig. Doch du warst widerspenstig und hast Unheil angerichtet. (10:91) Heute werde ich dich retten, damit du ein warnendes Zeichen für deine Nachkommen bist. Doch viele lassen sich nicht warnen." (10:92)>

<Gott rettete die Kinder Israels und verabredete sich mit ihnen auf der rechten Seite des Berges und gab ihnen Manna und Salwa [Wachteln] (20:80)>

<Gott zu den Juden: „Lebt nun in dem Land und am Jüngsten Tag werde ich alle zusammenbringen. (17:104)>

<Wie zahlreich waren die Gärten und die Quellen, die Kornfelder und die ehrenvollen Stätten die von den Ägypter zurückgelassen wurden. Wie gut ging es ihnen. (44:25, 44:26, 44:27) Nun lebt dort ein anderes Volk. (44:28) Keiner weint ihnen nach. (44:29)>

Moses und das goldene Kalb

<Gott brachte die Kinder Israels über das Meer. Dort kamen sie zu einem Volk der Götzendiener. Sie sagten zu Moses: „Moses, mache uns auch so einen Gott." Er antwortete: „Ihr seid unbelehrbar. (7:138) Das, was die betreiben, ist dem Untergang geweiht. (7:139) Soll ich für euch einen anderen Gott wünschen als den einen Gott, wo er euch auch noch vor allen Völkern ausgezeichnet hat? (7:140) Erinnert euch, wie Gott euch vor den Leuten Pharaos errettet hat. Die haben euch gequält, eure Söhne ermordet und nur eure Frauen am Leben gelassen. Das war eine schwere Prüfung Gottes." (7:141, 14:6) Damals kündigte euch Gott an: „Wenn ihr dankbar seid, werde ich euch noch mehr geben. Wer aber undankbar ist, wird hart bestraft. (14:7)>

<Damals als Gott am Berg Sinai den Bund mit den Juden schloss, sagte er: „Haltet an dem fest, was ich euch gegeben habe und denkt daran, damit ihr errettet werdet. (2:63) Aber kurz danach wandten sie sich ab. (2:64)>

<Gott verabredete sich mit Moses zu einem Termin in 40 Tagen. Moses sagte zu seinem Bruder Aaron: „Vertritt mich in dieser Zeit und sorge für Frieden und Ordnung. (7:142) Als Moses kam, bat er Gott um ein Erkennungszeichen. Gott teilte ihm mit, dass er ihn nicht sehen werde, aber als Zeichen ließ er einen ganzen Berg vor seinen Augen zu Staub zerfallen. (7:143, 19:52)>

<Gott: „Was hat dich von deinen Leuten so eilig weggetrieben?“ (20:83) Moses: „Sie folgen meiner Spur und ich bin gekommen, damit du zufrieden bist.“ (20:84) Gott forderte Moses auf, ihm dankbar zu sein (7:144) und schrieb ihm auf Tafeln Ermahnungen und Erklärungen [Buch, Thora, AT] auf. Er forderte ihn und sein Volk auf, sich an die großartigen Anweisungen zu halten und dann zeigte er ihm die Behausung der Übeltäter. (6:154, 7:145, 11:110, 25:35, 32:23, 37:117, 37:118, 37:119, 40:53, 40:54)

<Gott sagte zu Moses: „In deiner Abwesenheit habe ich dein Volk geprüft und der Samiry hat sie in die Irre geführt.“ (20:85)>

<Die Leute des Moses hatten nämlich, nachdem er weggegangen war, aus ihren Schmucksachen das Abbild eines Kalbs modelliert, das aussah, als lebte es. Sahen sie denn nicht, dass es nicht zu ihnen sprechen und sie nicht auf den rechten Weg führen konnte? Doch sie wurden Sünder. (2:92, 7:148, 20:89) Sie sagten: „Nicht freiwillig haben wir das Versprechen gebrochen. Wir hatten große Last mit dem vielen Schmuck und haben ihn eingeschmolzen, so wie es Samiry vormachte. (20:87) Samiry modellierte daraus ein Kalb, das lebensecht aussah. Dann sagten sie: „Das ist jetzt Gott und der Gott des Moses war vergessen.“ (2:93, 20:88) Hatte doch Aaron vorher noch gesagt: „Das sollte doch nur ein Prüfung sein. Gott ist der eine, darum gehorcht meinem Befehl.“ (20:90) „Wir werden nicht aufhören, es anzubeten bis Moses zurückkehrt,“ war die Antwort. (20:91) Doch wenn sie glauben, dass das Jenseits nur ihnen gehört, dann sollen sie sich den Tod wünschen. (2:94) Das aber werden sie nicht tun, denn sie hängen an dem, was sie geschaffen haben, aber Gott kennt die Ungerechten. (2:95) Sie hängen noch mehr am Leben als die Ungläubigen. Manche von denen würden am liebsten tausend Jahre alt werden, doch auch dann würden sie nicht von der Strafe verschont bleiben. Gott sieht, was sie tun. (2:96)>

<Als Moses zu seinen Leuten zurückkehrte, zornig und enttäuscht, da sagte er: „Hat Gott euch nicht etwas Wunderschönes versprochen? Wolltet ihr nicht mehr warten oder wolltet ihr Gottes Zorn hervorrufen, weil ihr eure Abmachung mit mir gebrochen habt. (20:86) Warum macht ihr mir Schwierigkeiten, wo ihr doch wisst, dass ich Gottes Gesandter bin?“ Gott ließ ihre Herzen abschweifen. Gott leitet kein frevelhaftes Volk. (61:5)>

<Moses: „Wie schlecht habt ihr euch benommen, nachdem ich weggegangen war.“ Moses warf die Tafeln hin und packte seinen Bruder beim Kopf und zerrte ihn zu sich. Aaron, sein Bruder, entschuldigte sich: „Das Volk hielt mich für schwach, und fast hätten sie mich getötet. Darum lass meine Feinde nicht schadenfroh über mich werden und behandle mich nicht wie einen Gegner. (7:150, 20:92, 20:93, 20:94) Moses sagte: „Gott vergib mir und meinem Bruder und gewähre uns Zutritt zu Deiner Barmherzigkeit, denn du bist der Barmherzigste aller Barmherzigen.“ (7:151)>

<Moses zu Samiry: „Was hast du zu sagen?“ Samiry: „Mir wurde klar, dass ich weniges von der Lehre des Moses angenommen hatte, aber auch das gab ich auf. Das war's, was mir mein Sinn vortäuschte.“ (20:95, 20:96) Moses: „Geh fort von hier. Du sollst den Rest deines Lebens sagen ‚Berührt mich nicht.‘ Deinen Götzen verbrennen wir jetzt und streuen ihn ins Meer.“ (20:97) Das ist eine Geschichte von früher, eine Ermahnung für euch. (20:99)>

<Friede sei mit Moses und Aaron. (37:120) So belohnt Gott die, die Gutes tun. (37:121) Sie beide sind gläubige Diener Gottes. (37:122)>

<Als die Leute des Moses schließlich bereuten und einsahen, dass sie geirrt hatten, da sagten sie: „Wenn sich Gott nicht unser erbarmt und uns verzeiht, so werden wir untergehen." (7:149) Diejenigen, die sich nun das Kalb zum Götzen nahmen, wird der Zorn Gottes treffen und sie werden Leid erfahren. So belohnt Gott die Lügner. (7:152) Wer aber Böses tat und es dann bereut und gläubig wird, dem verzeiht Gott, der Barmherzige. (7:153) Als sich Moses wieder beruhigt hatte, nahm er die Tafeln mit den Gesetzen, die er von Gott empfangen hatte. (7:154)>

Die Kinder Gottes und die Kuh

<Als Moses zu seinem Volk sagte: „Gott befiehlt euch, eine Kuh zu schlachten", sagten sie, „Willst du dich über uns lustig machen?" Er antwortete: „Gott bewahre." (2:67) Sie sagten: „Bitte für uns bei Gott, dass er uns erklärt, wie sie sein soll." Er sagte: „Eine Kuh, nicht zu alt und nicht zu jung, sondern so dazwischen. Tut das, was euch befohlen wird." (2:68) Sie sagten: „Frage Gott, welche Farbe sie haben soll." Er antwortete: „Eine gelbe Kuh, deren Anblick erfreut." (2:69) Sie sagten: „Frage Gott, wie sie sein soll. Für uns ist eine wie die andere und wenn Gott will, wird er uns helfen." (2:70) Moses: „Eine Kuh, die nicht abgerichtet ist, die nicht arbeitet, makellos, ohne jeglichen Flecken." Da sagten sie: „Jetzt wissen wir Bescheid." So schlachteten sie sie, doch beinahe hätten sie es nicht getan. (2:71)>

Moses und die siebzig Männer

Moses wählte aus seinem Volk siebzig Männer für eine Verabredung mit Gott. Doch als das Beben losging, sagte er: „O Herr, wenn du gewollt hättest, warum hast du sie nicht schon früher vernichtet und mich dazu. Willst du uns vernichten als Strafe für das Fehlverhalten der anderen? Dies ist wohl nur eine Prüfung von dir. Damit scheidest du die Gläubigen von den Ungläubigen. Du bist unser Beschützer; so vergib uns und erbarme Dich unser, denn du bist der Beste, der Vergebenden. (7:155) Lass uns Gutes zukommen, auf Erden und im Himmel, denn zu dir sind wir reuevoll zurückgekehrt." Gott: „Ich bestrafe, wen ich will, doch meine Barmherzigkeit kennt keine Grenzen. Ich lasse sie denen zukommen, die mich fürchten und die Sozialabgaben entrichten und an mich glauben." (7:156) Unter den Stämmen des Moses gab es einige, die der Wahrheit folgten und Gerechtigkeit übten. (7:159)>

Moses und die 12 Stämme

<Und als einige Moses erklärten, Gott selbst sehen zu wollen, traf sie der Blitz. (2:55) Gott hat sie aber wieder erweckt. (2:56) Er gab ihnen Schatten und Manna und Wachteln zu essen, doch sie waren undankbar. (2:57) Und als Gott sie aufforderte die Stadt zu betreten, sie zu nutzen uns sich mit dem Ausspruch „Vergebung" niederzuwerfen, kündigte Gott ihnen die Vergebung ihrer Sünden an. Den Rechtschaffenen wollte Gott noch mehr Gnade erweisen. (2:58) Die Sünder unter ihnen haben jedoch den Ausspruch gegen einen anderen vertauscht. Daraufhin bestrafte sie Gott, denn sie hatten sich versündigt. (2:59)>

<Gott teilte die Juden in zwölf Stämme auf. Als die Leute von Moses etwas trinken wollten, sagte Gott zu ihm: „Schlage mit deinem Stock an den Felsen." Da entsprangen ihm zwölf Quellen: so hat-

te jeder Stamm seine eigene Quelle. Gott ließ Wolken aufkommen und sandten ihnen Manna und Wachteln: „Esst von den guten Dingen, die ich euch erschaffen habe.“ Doch sie schädigten nicht Gott, sondern sich selbst. (2:60, 7:160) Damals wurde zu den Leuten gesagt: „Lasst euch hier nieder, ernährt euch von dem Land, sprecht „Vergebung.“ Geht durch das Tor und werft euch nieder, dann wird Gott euch eure Sünden vergeben. Gott wird jenen, die Gutes tun, sogar noch mehr Gnade erweisen. (7:161) Da vertauschten die Sünder unter ihnen den Ausspruch mit einem anderen. Darum schickte Gott ein Strafgericht. (7:162)>

Moses und die Gourmets

<Als dann das Volk fragte: Moses, wir sind mit unserem Essen nicht zufrieden. Bitte Gott für uns, dass er uns Kräuter, Gurken, Knoblauch, Linsen und Zwiebeln gibt. Da antwortete Moses: „Wollt ihr etwa besseres Essen für das wahre Glück eintauschen? Geht doch zurück in die [irgendeine?] Stadt [nach Ägypten?]. Dort bekommt ihr, was ihr verlangt.“ Schande und Elend kam über sie und sie zogen den Zorn Gottes auf sich. Nicht zuletzt auch deshalb, weil sie immer wieder Gottes Hinweise ignorierten und die Propheten zu Unrecht töteten, weil sie rebellierten und immer wieder sündigten. (2:61)>

Moses und das heilige Land

<Moses sagte zu den Juden: „Tretet ein in das heilige Land, das Gott für euch bestimmt hat und kehrt nicht gleich wieder um, denn sonst schadet ihr euch.“ (5:21) Sie aber sagten: „Dort lebt ein tyrannisches Volk und wir werden es nicht betreten, ehe jene es nicht verlassen haben.“ (5:22) Zwei gottesfürchtige Männer unter ihnen forderte sie auf: „Kämpft gegen sie und ihr werdet siegreich sein. Auf Gott müsst ihr vertrauen, wenn ihr gläubig seid.“ (5:23) Aber sie lehnten ab und sagten: „Geh du mit Gott dorthin und kämpft ihr beide. Wir werden solange warten.“ (5:24) Moses zu Gott: „Ich habe nur Macht über mich und meinen Bruder. Du musst zwischen uns und dem Volk der Sünder unterscheiden.“ (5:25) Gott: „So sollen sie 40 Jahre lang warten und auf der Erde umherirren. Sorge dich nicht um das Volk der Sünder.“ (5:26)>

Moses und der Fisch

<Moses sagte zu seinem jungen Diener: „Ich will nicht eher ruhen, bis ich den Zusammenfluss der beiden Meere erreicht habe, auch wenn ich Jahrhunderte wandern muss. (18:60) Als sie es erreicht hatten, vergaßen sie ihren Fisch. [?] Dieser schwamm ins Meer hinaus. (18:61) Moses sagte zu seinem Diener: „Bring uns unser Essen. Wir haben uns auf unserer Reise sehr angestrengt.“ (18:62) Darauf der Diener: „Hast du nicht gesehen, dass sich der Fisch auf wundersame Weise ins Meer begab, als wir rasteten und ich ihn vergaß. Der Satan ließ mich ihn vergessen.“ (18:63) „Das ist es, was wir wollten,“ antwortete Moses. [?] Sie kehrten um und gingen zurück. (18:64)>

Hiob

<Gedenke Gottes Diener Hiob, als er Gott anrief: „Satan hat mich berührt und mir Mühe und Qual auferlegt.“ (21:83, 38:41) Gott: „Stampfe mit deinem Fuß auf. Das ist wie ein kühles Bad und Durst löschen.“ (38:42) [?] Gott schenkte ihm seine Angehörigen wieder und noch einmal so viele dazu als

Barmherzigkeit und als Ermahnung für diejenigen, die verständig sind. (21:84, 38:43)>

Saul

<Als die Juden in der Zeit nach Moses einen Propheten um die Einsetzung eines Königs baten, damit sie für ihren Glauben und gegen ihre Vertreibung kämpfen können, sagte er ihnen: „Wenn ihr zu kämpfen aufgefordert werdet, werdet ihr euch vielleicht weigern zu kämpfen.“ Sie antworteten: „Warum sollten wir denn nicht für Gott kämpfen, wo wir doch aus unseren Häusern und von unseren Söhnen vertrieben wurden.“ Als ihnen dann angeordnet wurde zu kämpfen, haben die meisten nicht mitgemacht. (2:246)>

<Der Prophet: „Gott hat Saul zum König bestimmt.“ Doch die Juden klagten: Wieso er? Wir sind eher geeignet, auch hat er kein Vermögen.“ Der Prophet: „Gott hat ihn ausgewählt und ihm Geist und Kraft [Körpergröße] gegeben. Gott bestimmt, wen er will. (2:247) Als Zeichen seiner Herrschaft soll die Bundeslade zu euch kommen. Darin ist Friede und ein Vermächtnis von Moses und Aaron. Sie wird von Engeln getragen. Ein Zeichen Gottes für die Gläubigen.“ (2:248) >

<Als Saul mit einem Heer auszog, um gegen Goliath zu kämpfen, mussten sie einen Fluss überqueren und er sagte zu seinen Leuten: „Wer mehr als eine Handvoll Wasser daraus trinkt, gehört nicht zu mir.“ Die meisten tranken mehr und blieben zurück. Die Wenigen mussten gegen die Übermacht Goliaths kämpfen. (2:249, 2:250) Mit Gottes Erlaubnis siegten sie und David erschlug Goliath. (2:251) Das sind die Verse Gottes von sich. Gott erzählt dir, Mohammed, die Wahrheit, denn du bist ein Gesandter. (2:252)>

David und Salomon

<Vor ihnen haben schon geleugnet: das Volk Noahs, das Volk des Brunnens, die 'Ad und Pharao (38:12), die Thamud, das Volk Lots, die Madyan und die Tubba. (38:13, 50:12, 50:13, 50:14) Sie alle hatten die Gesandten der Lüge bezichtigt, darum war Gottes Strafe fällig. (38:14, 38:15) Sie spotten: „Herr, bestraf' uns doch.“ (38:16) Ertrage in Geduld, was sie reden, und denke an David, den kraftvollen Diener Gottes. Er war gehorsam. (38:17)>

<Gott machte mit dem David die [Bewohner der] Berge untertan, um mit ihm zusammen und mit Unterstützung der Vögel und aller die gehorsam sind, am Abend und beim Sonnenaufgang, Gott zu ehren. (21:79, 34:10, 38:18, 38:19) Gott festigte seine Herrschaft als König und gab ihm Weisheit und Urteilsvermögen. (38:20) Die Engel machten für David, was er begehrte: Paläste und Kunstwerke, Schüsseln und Kessel. Dankt dafür. (34:13)>

<Kennst du die Geschichte der Streitenden, als sie in den Palast Davids (38:21) einstiegen und er sich vor ihnen fürchtete? Sie sagten: „Fürchte dich nicht. Wir sind zwei Streitende, von denen einer sich gegen den anderen vergangen hat. Bitte richte zwischen uns. (38:22) Dieser ist mein Bruder. Er hat neunundneunzig Mutterschafe, und ich habe ein einziges Mutterschaf. Dennoch sagte er: ‚Gib es mir', doch er hat mich nicht überzeugt.“ (38:23) David: „Dein Bruder hat dir Unrecht getan. Viele, die gemeinsames Eigentum halten, tun dem Partner Unrecht. Nur die sind davon ausgenommen, die glauben und gute Werke tun, doch das sind nur wenige.“ Und David meinte, dass Gott ihn auf die Probe gestellt hatte. Daher bat er Gott um Verzeihung. (38:24) Gott vergab ihm und er bekommt

Nähe zu Gott im Jenseits. (38:25) David, Gott hat dich als Nachfolger auf Erden gemacht. Darum richte unabhängig zwischen den Menschen, so wirst du nicht vom Weg Gottes abweichen Wer den Weg Gottes verlässt, wird bestraft. (38:26)>

<Gott schenkte David den Salomo. Er war ein vortrefflicher Diener Gottes. (38:30) Gott gab David und Salomo Bildung und beide sagten: „Gelobt sei Gott, der uns ausgezeichnet hat.“ (27:15)>

<Als dem David einmal Rennpferde vorgeführt wurden (38:31), sagte er: „Ich habe mich den guten Dinge dieser Welt so sehr zugewandt, dass ich versäumt habe, Gott zu gedenken“ - bis die Sonne hinter dem Horizont verschwand. [?] (38:32) „Bringt mir die Pferde.“ Dann begann er über ihre Beine und Hälse zu streichen. (38:33) Gott hat Salomo auf die Probe gestellt, indem er ein Ebenbild auf seinen Thron setzte. Daraufhin war David bekehrt. (38:34) Er sagte: „Gott, vergib mir und gewähre mir ein Königreich, wie es keinem nach mir geziemt. Du bist der Freigiebige.“ (38:35) Darauf macht Gott ihm den Wind dienstbar, auf dass er auf seine Anweisung hin sanft wehte, wohin er wollte. (38:36) Und Gott machte ihm die Satane, all die Baumeister, die Taucher und die Sklaven dienstbar. (38:37, 38:38) Gott: „Dies ist Gottes Gabe. Erweise dich als Wohltäter oder sei zurückhaltend im Geben. Du musst nicht abrechnen.“ (38:39) David steht in einem nahen Verhältnis zu Gott. (38:40)>

<Gott lehrte Salomon das Herstellen von Panzerhemden, damit er und seine Leute im Kampf geschützt sind. (21:80, 34:11) Gott ließ auf Veranlassung Salomos den Wind in das Land blasen, das Gott gesegnet hatten. Somit konnte er an einem Morgen eine Strecke zurücklegen, wozu man sonst einen Monat brauchte. (21:81) Für David ließ Gott eine Metallquelle fließen. Auch die Engel arbeiteten für David. (34:12) Und die Teufel machte Gott dem Salomon dienstbar, damit sie für ihn ins Meer tauchen und bestimmte Arbeiten ausführen. Währenddessen passte Gott auf sie auf. (21:82)>

<Gott weiß über die Bescheid, die im Himmel und auf Erden sind. Gott hat einige der Propheten über die anderen gestellt und David hat Gott ein Buch, den Psalter, gegeben. (17:55)>

<Erinnere dich an David und Salomon, als sie über ein Saatfeld urteilten, worin sich die Schafe eines fremden Stamms in der Nacht verliefen und dort weideten. Gott war Zeuge ihres Urteils. (21:78) Gott gab Salomo Einsicht in die Angelegenheit und jedem von ihnen gab er Urteilsvermögen. (21:79)>

<Als Gott den Salomon sterben ließ, hat ein Wurm seinen Gehstock zerfressen, so dass er zusammenbrach. Erst dann wurde allen bewusst, dass er gestorben war. Hätten die Engel in die Zukunft sehen können, so hätten sie nicht so lange in seinem Dienst bleiben müssen. (34:14)>

Zacharias und Johannes

<Zacharias bat Gott um einen Sohn (3:38, 21:89) und die Engel prophezeiten ihm Johannes, einen Führer, Asketen, Propheten und Rechtschaffenen. (3:39) Zacharias fragte Gott: „Ich bin alt, meine Frau unfruchtbar, wie soll das geschehen.“ Gott: „Wenn Gott will, so geschieht es. (3:40, 19:3, 19:4, 19:5, 19:6, 19:7, 19:8, 19:9) Zacharias: „Gib mir einen Beweis.“ Gott: „Du sollst drei Tage stumm sein.“ (3:41, 19:10) Zacharias trat vor den Tempel und gab seinen Leuten zu verstehen, sie sollten morgens und abends beten. (19:11) Schließlich schenkte Gott ihm einen Sohn, der Johannes heißen sollte. (21:90) >

Noah

<Gott hat Noah und Abraham als Gesandte geschickt und unter deren Nachkommen traten viele Propheten auf, die die Bibel verbreiteten. Einige ihrer Mitbürger waren auf dem rechten Weg, doch viele von ihnen waren Sünder und das schon seit Generationen. (11:25, 11:26, 37:69, 37:70, 37:71, 57:26, 71:1) Kennst du die Geschichte Noahs? (37:73, 37:74)

<Noahs Appell: „Leute, ich will euch warnen und verlange kein Geld dafür. Ich bin nur ein Gesandter Gottes, ein normaler Mensch wie ihr. Ihr sollt Gott dienen, ihn fürchten und mir folgen. (7:59, 7:61, 7:62, 7:63, 7:79, 23:23, 26:106, 26:107, 26:109, 71:2, 71:3) Dann wird Gott euch eure Sünden vergeben und euch eine bestimmte Frist geben. Der Termin kann nicht verschoben werden." (71:4) Zu Gott sagte er: „Ich habe meine Leute zum Glauben aufgerufen (71:5), doch mein Ruf hat nur bewirkt, dass immer mehr davonliefen. Sie haben sich ihre Finger in die Ohren gesteckt und sich in ihre Gewänder gehüllt. Arrogant sind sie. (71:6, 71:7) Ich predigte öffentlich und unter vier Augen (71:8, 71:9) und sagte: „Sucht Vergebung bei Gott! (71:10) Er wird euch Regen bescheren (71:11) und er wird euch mit Vermögen und Söhnen beglücken und euch Gärten geben, in denen Bäche fließen. (71:12) Warum wollt ihr nicht Gott verehren, der euch erschaffen hat? (71:13, 71:14) Habt ihr nicht gesehen, wie Gott sieben Himmel geschaffen hat (71:15) und Mond und Sonne als Licht gesetzt hat? (71:16) Gott lässt die Pflanzen wachsen (71:17) und er wird euch der Erde zurückgeben und aus ihr wieder herausholen. (71:18) Gott hat euch die Erde zu einer Fläche gemacht, damit ihr dort umherziehen könnt." (71:19, 71:20)>

<Die Diskussion mit seinen Gegnern: „Noah, du bist auch nur ein Mensch wie wir. Auch folgen dir nur die Menschen der sozialen Unterschicht. Wir erkennen keinen Vorteil in deinen Lehren und meinen eher, du seiest ein Lügner, vielleicht auch ein Verrückter." (7:60, 7:64, 11:27, 23:24, 23:25, 26:105, 26:111, 54:9)>

<Noah: „Ich weiß nicht, was ihr früher getan habt. (26:112) Gott wird mit euch abrechnen (26:113), doch die Gläubigen wird er nicht verstoßen. (26:114) Ich habe den sicheren Beweis von der Existenz Gottes, der euch aber verborgen bleibt. Ich kann euch auch nichts aufzwingen. (11:28) Ich will von euch kein Geld, doch jeder Gläubige darf zu mir kommen. Ihr werdet Gott begegnen. Aber wie ich sehe, seid ihr dumm. (11:29) Würde ich einen von euch verstoßen, wer könnte mir vor Gott helfen? (11:30) Ich behaupte auch nicht, dass ich allwissend bin oder ein Engel. Auch denen, von denen ihr glaubt, sie müssten kritisiert werden, wird Gott Gutes gewähren."(11:31)>

<Die Gegner: „Zeig uns, was du uns angedroht hast (11:32) und wenn du nicht aufhörst mit deinem Gerede, wirst du noch gesteinigt." (26:116) Noah: „Nur Gott kann es euch zeigen. (11:33) Mein Rat nützt euch nichts, denn Gott bestimmt, wen er in die Irre gehen lassen will. (11:34) Sollte ich aber alles erfunden haben, so bin ich ein Sünder und ihr tragt keine Verantwortung. (11:35) Wenn euch meine Ermahnungen so unerträglich sind, so tut doch, was ihr wollt und bleibt bei euren Götzen. Ich vertraue auf Gott. Dann trefft eben ein Urteil gegen mich und lasst mich nicht warten." (10:71)>

Noahs Klage: „Mein Herr, hilf mir, sie haben mich der Lüge bezichtigt und sind mir nicht gefolgt, sondern einem, dessen Reichtum und Söhne nur ihr Verderben verstärken wird. (23:26, 26:117, 37:75, 71:21) Sie haben ihre Opposition organisiert (71:22), indem sie aufriefen: „Lasst eure Götter nicht im Stich. Gebt weder Wadd noch Suwa, noch Yaghuth, noch Yaug oder Nasr auf." (71:23) Sie haben viele verführt, so dass sie selber umso mehr irrten. (71:24) Mein Herr, richte zwischen Ihnen und mir und rette mich und die Gläubigen, die mit mir sind. (26:118) Ich bin denen unterlegen. (54:10) Lass auf Erden keinen einzigen von den Ungläubigen übrig (71:26), denn sonst werden sie nur die Gläubigen verführen und werden nur ungläubige Kinder zeugen." (71:27) Herr, vergib mir und meinen Eltern, allen Gläubigen und all denen, die mein Haus betreten. Die Sünder aber stürze um so schlimmer ins Verderben." (71:28)

<950 Jahre lebte Noah mit seinen Leuten. [!] Da ereilte sie die Sintflut, weil sie sündigten. (29:14)>

<Gott zu Noah: „Keiner von deinen Leuten wird gläubig, außer jenen, die bereits Gläubige sind. Sei nicht traurig darüber. (11:36) Bau ein Schiff und setzte dich nicht weiter für die Sünder ein, denn ich werde sie ertränken. (11:37, 23:27) Wenn ihn die Vornehmen der Stadt dabei sahen, wurde er verspottet, doch er warnte sie vor der Strafe. (11:38, 11:39) Die Sintflut kam und Noah wurde aufgefordert: „Bring ein Pärchen jeder Art ins Schiff und deine Familie mit Ausnahme derer, die nicht dazu bestimmt sind.“ Bis auf wenige, glaubte ihm keiner. Auch sein Sohn meinte, es genügt, auf einen Berg zu steigen, doch er ertrank. (11:40, 11:41, 11:42, 11:43, 54:11, 54:12) Noah zu Gott: „Herr hilf, er gehört doch zu meiner Familie.“ (11:45) Gott: „Er gehört nicht zu deiner Familie, denn er gehorcht nicht. Ich ermahne dich Noah, damit du nicht auch so wirst.“ (11:46) „Herr, mögest du mich davor schützen, dass ich dich um etwas bitte, wovon ich keine Ahnung habe. Verzeih mir, ich will nicht zu denen gehören, die am Ende den Schaden haben. (11:47) Alles Lob gebührt Gott, der uns vor den Sündern gerettet hat. (23:28)>

<Die Menschen wurden immer widerspenstiger gegen die Propheten Gottes. Da bestrafter sie Gott und ließ das Wasser ansteigen, doch auf einem Schiff rettete er euch, um euch dies zur Erinnerung zu machen. (25:37, 69:10, 69:11, 69:12) Gott trug sie in einem Schiff aus Planken und Nägeln (26:119, 36:41, 54:13), das unter der Aufsicht Gottes fuhr und rettete sie. Und das alles von einem, der von seinen Mitbürgern nur Undank geerntet hat. (10:73, 54:14) Ihrer Sünden wegen wurden sie ertränkt und in die Hölle kommen sie auch. (26:120, 37:82, 51:46, 71:25) Das ist eine Zeichen Gottes und eine Lehre. (26:121, 54:15, 54:16)>

<Gott: „Noah, geh nun an Land. Gesegnet seiest du und deine dir nachfolgenden Generationen.“ (11:48, 11:49, 37:76, 37:77, 37:78, 37:79) So belohnt Gott jene, die gläubig sind. (37:80) Noah gehörte zu den Gläubigen. (37:81) „Herr, gib mir eine gesegnete Unterkunft. Du kannst am besten für eine Unterkunft sorgen.“ (23:29) Die Geschichte Noahs ist ein Zeichen Gottes, eine Prüfung. (23:30)

<Eine Sintflut ging nieder und das war das Ende der Sünder. Noahs Arche setzte auf dem Berg Al-Dchuki auf. (11:44) Aber Gott errettete ihn und die Schiffsinsassen und er machte dies zu einem Beweis seiner Herrschaft. Gott schützte sie vor den Leuten, die Gottes Zeichen als Lüge bezeichneten. (21:76, 21:77, 29:15)>

<Mit der Frau Noahs und der Frau Lots gibt Gott ein Beispiel für die Ungläubigen: Beide unterstanden als Gattinnen zwei rechtschaffenen Dienern Gottes, denn sie handelten untreu. Am Jüngsten Tag hilft es ihnen nichts, dass sie Frauen der Propheten waren, denn es wird gesprochen: „Ab in die Hölle.“ (66:10)>

Elias

<Auch Elias war ein Prophet. Er sagte zu seinem Volk: "Wollt ihr nicht gottesfürchtig sein? (37:123, 37:124) Wollt ihr zu dem Götzen Ba'l beten und nicht zu Gott? (37:125, 37:126) Doch sie hielten ihn für einen Lügner und dafür müssen sie sich verantworten. (37:127, 37:128) Gott segnet Elias. (37:129, 37:130) So belohnt Gott die, die Gutes tun. (37:131) Er gehörte zu Gottes gläubigen Dienern. (37:132)>

Yussuf

<Gott erzählt dir die schönsten Geschichten mit diesem Koran, Geschichten die du zuvor nicht kanntest. (12:3)>

<Yusuf sagte zu seinem Vater: „Ich träumte von elf Sternen, der Sonne und dem Mond und ich sah sie vor mir niederfallen.“ (12:4) Darauf der Vater: „Erzähle deine Träume nicht deinen Brüdern. Sie werden sonst eine List gegen dich ersinnen, denn der Satan ist dem Menschen ein offenkundiger Feind. Gott wird dich erwählen, um Träume zu deuten. (12:5, 12:6) In dieser Geschichte liegen Zeichen für Ratsuchende. (12:7)

Die Geschwister von Yusuf vermuteten, dass der Vater ihn mehr liebt als sie und daher überlegten sie (12:8), ob sie Yusuf vertreiben und in einen Brunnen werfen oder gar töten sollten (12:9), um dann die Gunst des Vaters zu bekommen. (12:10) Der Vater ahnte solch ein Attentat und verhinderte gemeinsame Ausflüge seiner Kinder mit Yusuf (12:11, 12:12, 12:13, 12:14). Als sie aber doch mit ihm loszogen, warfen sie Yusuf in einen Brunnen. Gott sprach zu Yusuf: „Eines Tages wirst du ihnen ihre Tat vorhalten, ohne dass sie es merken.“ (12:15) Als die Geschwister wieder zum Vater kamen, erklärten sie, dass ein Wolf Yusuf gefressen habe. (12:16, 12:17) Der Vater verdächtigte sie aber eines Verbrechens und bat Gott um Hilfe. (12:18)>

<Reisende einer Karawane entdeckten ihn und verkauften ihn als Sklave. (12:19, 12:20) Der Ägypter, der ihn gekauft hatte, bat seine Frau, den Jungen freundlich zu behandeln, da er ihn als Sohn aufnehmen wollte. So erhielt Yusuf von Gott Macht im Land und Gott lehrte ihn auch Träume zu deuten. (12:21) Als er erwachsen war, verlieh ihm Gott Weisheit und Wissen. (12:22) Die Frau des Ägypters verliebte sich später in Yusuf und versuchte ihn zu verführen. Er aber wehrte sich, wobei sie ihm das Hemd am Rücken zerriss. (12:23, 12:24) Ihr Mann gab der Frau die Schuld für den Zwischenfall, da das Hemd von Yusuf am Rücken und nicht vorne zerrissen war. (12:25, 12:26, 12:27, 12:28, 12:29)>

<Die Nachbarinnen tratschten über die Frau. (12:30) Um aufzuklären, lud sie alle zu einem Essen ein. Und als sie Yusuf vorstellte, schnitten die Frauen sich vor Erstaunen in die Finger und meinten: „Das ist kein Mensch, das ist ein Engel.“ (12:31) „Ich wollte tatsächlich, dass er mit mir schläft, aber er lehnte ab. Wenn er sich aber weiterhin weigert, werde ich ihn verhaften lassen.“ (12:32) Währenddessen bat Yusuf Gott um Hilfe: „Lieber gefangen, als der List der Frauen erliegen.“ (12:33) Gott erhörte ihn (12:34) und er wurde ins Gefängnis geworfen (12:35), wo er gegenüber seinen Mitgefangenen von dem einen Gott schwärmte. (12:37, 12:38, 12:39, 12:40)>

<Er traf zwei Gefangene, die ihm ihre Träume erzählten: „Ich sah mich Wein auspressen.“ Der andere: „Ich sah mich Brot auf meinem Kopf tragen, von dem die Vögel fraßen.“ (12:36). Yusuf interpretierte: „Jener, auf dessen Kopf die Vögel fressen, wird gekreuzigt, so dass die Vögel wirklich von seinem Kopf fressen können. Der andere wird seinem Herrn Wein ausschenken.“ (12:41) Letzteren bat er um einen Gefallen. „Bitte diesen Herrn um Gnade für mich, damit auch ich aus dem Gefängnis komme.“ Doch Satan ließ ihn das vergessen und so blieb er noch einige Jahre im Gefängnis. (12:42)>

<Als jener Herr, der ein König war, einen Traum erlebte, erzählte er ihn: „Ich sehe sieben fette Kühe, die von sieben mageren gefressen werden.“ Daraufhin erinnerte sich der ehemalige Gefangene an Yusuf und holte ihn aus dem Gefängnis. Yusuf interpretierte: „Ihr werdet sieben Jahre lang säen und hart arbeiten und was ihr erntet, lasst es stehen, bis auf das wenige, was ihr esst. Danach kommen nämlich sieben schwere Jahre, die alles aufzehren, was ihr an Vorrat habt. Danach kommt ein Jahr, in dem die Menschen Erleichterung finden.“ (12:43, 12:44, 12:45, 12:46, 12:47, 12:48, 12:49)>

<Noch vor seiner Entlassung aus dem Gefängnis wollte Yusuf wissen, wie es den Frauen geht, die ihn gegen seinen Willen verführen wollten. Sie sagten: „Nun kommt die Wahrheit ans Licht. Es gibt nichts Böses über ihn zu berichten. Wir haben versucht, ihn gegen seinen Willen zu verführen. (12:50, 12:51) Yusuf: „Ich behaupte nicht, unschuldig zu sein, denn der Mensch hat oft das Verlangen, Böses zu tun. Davon sind nur jene ausgenommen, derer sich Gott erbarmt. (12:52, 12:53)>

<Der König wollte ihn einstellen und Yusuf bat um eine Tätigkeit in der Schatzkammer, die er auch erhielt. (12:54, 12:55) Und so verlieh Gott dem Yusuf Macht. (12:56)>

<Eines Tages kamen Yusufs Brüder zu ihm. Er erkannte sie, sie aber nicht ihn. (12:58) Er gab ihnen, was sie brauchten und sagte: „Bringt mir das nächste Mal euren Bruder mit, der immer an der Seite eures Vaters ist. Wenn er das nächste Mal nicht dabei ist, braucht ihr gar nicht mehr kommen, weil ich euch nichts mehr gebe. (12:59, 12:60, 12:61) Yusuf veranlasste, dass ihnen ihr Tauschgut wieder heimlich mit eingepackt wird. Als sie nach Hause kamen, baten sie den Vater, beim nächsten Mal seinen neuen Lieblingssohn ihnen mitzugeben, aber der Vater lehnte mit dem Hinweis auf die Ereignisse mit Yusuf ab. (12:62, 12:63, 12:64) Als sie dann ihr Gepäck auspackten, entdeckten sie, dass sie nicht nur die neue Ware, sondern auch ihr Tauschgut dabei hatten. Das bewegte den Vater und er sagte: „Wenn ihr im Namen Gottes versprecht, dass ihr nicht ohne ihn wiederkommt, so könnt ihr ihn mitnehmen." Sie gaben ihr Versprechen und der Vater ergänzte: „Gott wacht über das, was wir sagen. Auf Gott vertraue ich." (12:65, 12:66) Er empfahl durch verschiedene Tore in die Stadt zu gehen. „Ich kann euch nicht helfen, Gott hat alles in der Hand." (12:67) Obwohl sie des Vaters Rat befolgten, half es nichts. (12:68)>

<Als sie Yusuf trafen, sagte er zu dem neuen Lieblingssohn seines Vaters: „Ich bin dein Bruder, sorge dich nicht über das, was sie seinerzeit mit angetan haben." (12:69) Als er den Brüdern die Ausrüstung für die Reise gegeben hatte, steckte er einen Trinkbecher des Königs in die Satteltaschen seines jungen Bruders, um ihn als Dieb zu entlarven. Die Strafe für Diebe war Sklaverei. (12:70, 12:71, 12:72, 12:73, 12:74, 12:75) Bei der Tataufklärung warfen die übrigen Brüder dem Yusuf vor: „Wenn er gestohlen hat, so hast du schon zuvor gestohlen. Nimm statt seiner einen von uns, denn sein Vater ist schon ein Greis." Yusuf: „Gott behüte, dass ein anderer bestraft würde, denn das wäre ungerecht." (12:76, 12:77, 12:78, 12:79) Als sie nach Hause zurückkamen, schickte sie der Vater, der vor Kummer erblindete, sofort wieder fort. Er erteilte den Auftrag, Yusuf und den zweiten verlorenen Sohn heimzuholen. (12:80, 12:81, 12:82, 12:83, 12:84, 12:85, 12:86, 12:87) Als sie zu Yusuf kamen, sagte er ihnen: „Was ihr Yusuf und seinem Bruder antatet, war töricht. Kein Tadel trifft euch heute. Möge Gott euch vergeben. Nehmt ein Hemd von mir und kehrt zu meinem Vater zurück, dann kann er wieder sehen. Und kommt zurück mit euren Familien. (12:88, 12:89, 12:90, 12:91, 12:92, 12:93) Der Vater legte das Hemd auf sein Gesicht und konnte wieder sehen. Alle zogen zu Yusuf und der Vater wie auch Yusuf verziehen den Brüdern ihre Tat gegen Yusuf. (12:94, 12:95, 12:96, 12:97, 12:98, 12:99)>

<Yusuf: „Vater, dies ist die Deutung meines Traumes von damals. Gott hat ihn wahr gemacht. Gott hat mich gütig behandelt, als er mich aus dem Gefängnis führte und euch aus der Wüste herbrachte, nachdem Satan zwischen mir und meinen Brüdern Zwietracht gestiftet hatte. Gott, du hast mir die Fähigkeit der Traumdeutung gelehrt. Lass mich als dir ergeben sterben und vereine mich mit den Rechtschaffenen." (12:100, 12:101) Der Sinn dieser Geschichte bleibt den meisten verborgen. (12:102)>

Die Königin von Saba

<Gott gab David und Salomon Wissen (27:15), Salomo wurde Davids Erbe. Er sagte: „Die Sprache der Vögel ist uns gelehrt worden und alles wurde uns beschert." (27:16) Als vor Salomo dessen Heer, Geister, Menschen und Vögel versammelt waren (27:17), marschierten sie in Reih und Glied bis zum Tal der Ameisen. Eine Ameise sagte: „Ihr Ameisen geht in eure Wohnungen, damit euch Salomo und seine Heer nicht zertritt." (27:18) Da lächelte Salomo und sagte: „Gott, lass mich dankbar für die Gnade sein, die du mir und meinen Eltern gegeben hast und hilf mir Gutes zu tun, was dir ja gefällt." (27:19) Salomo: „Wie kommt es, dass ich den Wiedehopf nicht sehe?" Ist er abwesend? (27:20) Ich werde ihn bestrafen oder gar töten, wenn er keine triftige Entschuldigung vorträgt.

(27:21)>

<Der Wiedehopf blieb nicht lange weg und erklärte dann: „Ich habe etwas Einmaliges erlebt. Ich komme aus Saba und fand eine Königin, die dort herrscht und die alles hat. Sie und ihr Volk beten statt Gott die Sonne an und der Satan hat ihnen ihre Werke ausgeschmückt und er ist es, der sie vom Weg Gottes abhält. (27:22, 27:23, 27:24) Er hat sie verführt nicht Gott, den allwissenden Schöpfer des Universums, anzubeten. (27:25) Es gibt doch nur den einen Gott." (27:26) Salomo: „Wir werden sehen, ob du die Wahrheit sprichst. (27:27) Überbringe diesen Brief von mir." (27:28)>

<Die Königin sagte: „Ein ehrenvoller Brief von Salomo ist mir überbracht worden und er lautet –im Namen Gottes- seid nicht überheblich, sondern kommt in Ergebenheit zu mir. Was sagen mir meine Berater in dieser Angelegenheit?" Die Berater: „Wir besitzen eine starke Kriegsmacht, aber nur du kannst den Befehl zu deren Einsatz geben." Sie antwortete: „Wenn Könige in ein Land eindringen, verwüsten sie es und am meisten leiden ihre Bewohner darunter. Ich aber will ihnen ein Geschenk machen und dann sehen, welche Antwort sie geben." (27:29, 27:30, 27:31, 27:32, 27:33, 27:34, 27:35)>

<Als der Bote zu Salomo zurückkam, sagte dieser: „Schüttet ihr Reichtümer über mich aus? Was mir Gott gegeben hat, ist besser als das, was Gott euch gegeben hat. Nein, ihr seid es, der sich an dieser Gabe erfreut. Wir werden mit unserer Kriegsmacht kommen, denn gegen die haben sie keine Chance. Wir werden sie vertreiben und demütigen. Wer von meinen Vornehmen wird mir ihren Thron bringen?" Da sprach ein Mächtiger von ihnen [Dschinn, Engel]: „Ich will ihn dir bringen, ehe du dich von deinem Feldlager erhebst." Ein anderer, der Kenntnis der Thora hatte, sagte: „Ich bring ihn dir innerhalb eines Augenzwinkerns." Und da stand er schon. „Dies geschieht durch die Gnade Gottes, um mich zu prüfen, ob ich dankbar bin. Wer dankbar ist, ist dankbar zum Heil seiner eigenen Seele." Salomo sagte: „Macht ihr ihren Thron unkenntlich. Wir wollen sehen, ob sie dem rechten Weg folgt." (27:36, 27:37, 27:38, 27:39, 27:40, 27:41)>

<Als sie kam, fragte Salomo: „Ist dein Thron wie dieser?" Sie antwortete: „Es scheint so." „Ich war schon Muslim bevor sie Königin war." (27:42) Dieses Ereignis hielt sie davon ab, weiter die Sonne anzubeten. Salomo zur Königin von Saba: „Tritt ein in den Palast" Und als sie ihn sah, hielt sie ihn für einen Wasserspiegel und entblößte ihre Beine. Salomo: „Es ist ein Palast, getäfelt und gepflastert mit geglättetem Glas." Sie antwortete: „Mein Gott, ich habe gegen meine eigene Seele gesündigt und ich ergebe mich mit Salomo Gott, dem Herr der Welten." (27:43, 27:44)>

Die Sabäer

<Die Sabäer hatten in ihrer Heimat zwei Gärten. Gott: „Esst von den Gaben Gottes und seid dankbar. Ihr lebt in einem guten Land." (34:15) Sie waren undankbar und deshalb schickte Gott eine Flut. (34:16, 34:17) Zwischen den Sabäern und Palästina [?] legte Gott weitere Städte an und er ließ Handel in Frieden treiben. (34:18) Doch sie sagten: „Herr, vergrößere den Abstand zu unseren Zielen." Damit sündigten sie gegen sich selber und Gott vernichtete sie. Das sind Zeichen für jene, die geduldig und dankbar sind. (34:19) Bis auf wenige schlossen sich die Menschen dem Teufel an. (34:20) Gott wollte durch ihn nur in Erfahrung bringen, wer gläubig ist. (34:21)>

Jonas

<Jonas war ein Prophet Gottes. (37:139) Er floh auf ein überladenes Schiff. (37:140) Er loste und

verlor. (37:141) Ein großer Fisch verschlang ihn. Jonas hatte große Selbstzweifel. (21:87, 37:142) Wäre er kein Gläubiger, wäre er sicher bis zur Auferstehung im Bauch des Fischs geblieben. (37:143, 37:144) Gott befreite ihn und er war krank. (21:88, 37:145) Gott ließ eine Kürbispflanze über ihm wachsen [?] (37:146) und schickte ihn zu hunderttausend und mehr Menschen. (37:147) Die wurden gläubig und Gott versorgte sie eine Weile. (37:148) Hatten denn nur die Leute um Jonas einen Nutzen von ihrem Glauben? Als sie gläubig wurden, da hob Gott die Strafe der Schande gegen sie auf und ließ sie ihr Leben eine bestimmte Zeit leben. (10:98)>

Zwei Propheten

<Das Gleichnis von der Stadt [Antiochia] und den zwei Propheten [Jesus] (36:13): Als Gott zwei Abgesandte in eine Stadt schickte, wurden sie für Lügner gehalten. Daraufhin verstärkte Gott sie durch einen dritten, aber das veränderte nichts. „Ihr seid nur Menschen wie wir. Ihr lügt," sagten sie den Abgesandten. (36:14, 36:15) „Gott hat uns geschickt, euch aufzuklären," antworteten sie. (36:16, 36:17) „Wir erwarten nichts Gutes von euch," entgegneten sie. „Wenn ihr nicht aufhört, werden wir euch steinigen." (36:18) Die Gesandten: „Euer Schicksal liegt in eurer Hand. Wir warnen euch. Ach, ihr seid Leute, die alles übertreiben." (36:19)>

<Vom Stadtrand kam ein Mann [Habib], der sagte: „Folgt den Gesandten! (36:20) Folgt denen, die keinen Lohn von euch fordern und die es ehrlich meinen. (36:21) Warum sollte ich nicht dem dienen, der mich erschaffen hat und zu dem ich zurückgebracht werde? (36:22) Ich glaube an euren Gott." (36:25) Er wurde gesteinigt und er kam ins Paradies. (36:26) Er sagte: „Wenn doch meine Leute nur wüssten, wie Gott mir vergeben hat und mich zu einem der Geehrten gemacht hat!" (36:27) Danach schickte Gott kein Heer vom Himmel gegen seine Leute, noch hatte er die Absicht eines zu schicken. (36:28) Es gab nur einen einzigen Schrei und dann waren sie alle vernichtet. (36:29)>

Die Höhle von Ar-Raquim

<Die Geschichte der Höhle von Ar-Raqim ist nicht das einzige Wunder Gottes. (18:9) Damals hatten Männer in einer Höhle Zuflucht genommen und baten Gott um Hilfe. (18:10) Darauf hatte Gott ihnen für einige Jahre die Wahrnehmung genommen, um anschließend zu erfahren, wer von ihnen genauer die Zeit der Betäubung abschätzen könnte. (18:11, 18:12) Gott erzählt die Geschichte wahrheitsgetreu! Sie waren junge Männer, die an Gott glaubten und Gott führte sie. (18:13) Als sie aufstanden, bestärkte sie Gott in ihrem Bewusstsein und sie sagten: „Gott ist einzig. Das ist die Wahrheit." (18:14) Sie beklagten sich über ihr Volk, das Götzen verehrte. (18:15) Doch denen, die an Gott glaubten, boten sie an, zu ihnen in die Höhle zu kommen. (18:16) So wie die Sonne vor ihrer Höhle ihre Bahn nahm, ist das ein Zeichen Gottes. (18:17)>

Man hätte sie für wach halten können, doch sie schliefen und Gott ließ sie sich von einer auf die andere Seite drehen, während ihr Hund seine Vorderpfoten auf der Schwelle ausstreckte. Wer sie sah, hätte gewiss die Flucht vor ihnen ergriffen und man hätte sich vor ihnen gegraut. (18:18) Gott weckte sie, damit sie einander befragen konnten. Ihr Sprecher sagte: „Wie lange habt ihr dagelegen?" „Vielleicht einen Tag oder weniger, Gott weiß wie lange." „Schickt einen von euch mit einer Silbermünze zur Stadt. Er soll sehen, wer von den Bewohnern die reinste Speise hat und soll euch davon etwas bringen. Er muss aber freundlich sein und soll nichts über euch verlauten lassen, denn wenn sie von euch erfahren, würden sie euch steinigen oder zum Götzendienst zurückbringen." (18:19, 18:20)>

<Gott ließ aber die Leute in der Höhle finden, damit sie erkennen, dass Gottes Verheißung wahr ist und dass am Jüngsten Tag nicht zu zweifeln ist. [?] Die Leute stritten sich und ihr Wortführer sagte: „Errichtet eine Moschee über ihnen." (18:21) Man wird sagen: „Es waren drei oder vier und ihr Hund", andere werden entgegnen „es waren fünf und ihr Hund" und wiederum andere „es waren sieben und ihr Hund." Gott weiß am besten, wie viele es waren, einige wenige auch. Streite nicht darüber, es sei denn, du hättest einen klaren Beweis. Versuche nicht Informationen über sie bei irgendeinem von ihnen zu erlangen. (18:22)>

<Sage nie, „ich werde es morgen tun", es sei denn, du fügst hinzu, „sofern es Gott will." Vielleicht wird Gott mich zu etwas leiten, was eher richtig ist. (18:23, 18:24) Sie blieben dreihundertneun Jahre lang in ihrer Höhle. (18:25) Sprich: „Gott weiß am besten, wie lange sie dort waren." Gott ist allwissend. Die Menschen haben keinen anderen Freund als Gott. Gott teilt seine Befehlsgewalt mit keinem. (18:26)

Der lange Schlaf des Reisenden

<Ein Beispiel: Ein Reisender kam an einer völlig zerstörten Stadt vorbei und sagt: „Wie will Gott hier wieder Leben entstehen lassen?" Darauf ließ Gott ihn 100 Jahre tot sein und fragte ihn nach seiner Wiedererweckung: „Wie lange dauerte dein Todesschlaf?" „Einen Tag oder weniger." „Nein, hundert Jahre. Sieh dir dein Essen und dein Getränk an, verdorben. Sieh dir deinen Esel an. Gott macht dich zu einem Symbol für die Menschen. Sieh, wie Gott die Knochen zusammensetzt und mit Fleisch bekleidet." Nachdem er die Situation verstanden hatte, sagte er: „Gott ist allmächtig." (2:259)>

Luqman

<Gott verlieh Luqman Weisheit, damit er Gott dankbar ist. Denn wer Gott dankbar ist, der ist dankbar zum Besten seiner eigenen Seele. Ist aber einer undankbar, ist es für Gott ohne Bedeutung, denn er ist auf keinen angewiesen. (31:12) Luqman sagte zu seinem Sohn: „Stell keine anderen Götter neben Gott." (31:13) Gott hat den Menschen befohlen, ihm und den Eltern dankbar zu sein. (31:14) Doch wenn die Eltern die Kinder auffordern, Gott andere Götter zur Seite zu stellen, dann gehorche ihnen nicht. In weltlichen Dingen aber verkehre mit ihnen auf gütige Weise. (31:15) Jede, auch noch so harmlose Handlung wird Gott am Jüngsten Tag aufdecken. (31:16) Bete, tue Gutes und vermeide Böses. Ertrage geduldig, was auf dich zukommt. (31:17) Wende dich nicht verächtlich ab und sei nicht übermütig, denn Gott liebt keine eingebildeten Angeber. (31:18) Schreite gemessenen Schrittes und dämpfe deine Stimme. Die widerwärtigste Stimme hat doch der Esel." (31:19)>

Die Geschichte der Ads, der Al-Hidschrs, der Huds, der Korahs, der Hamans, der Quraisch, der Thamuds, der Irams, der Madyan, des Thu-l-Qarnain

<Zu den Madyan hat Gott Schu'aib gesandt und zu den Ads den Hud. Sie sagten: „Leute, dient Gott.

Ihr habt keinen anderen außer Ihm. Seid ehrlich. Ich sehe euch geht es gut, aber ich fürchte, ihr werdet vernichtet, wenn ihr weiterhin ungläubig seid. Wenn ihr gläubig seid, erfahrt ihr Gottes Güte und das ist besser für euch.“ Sie antworteten: „Sollen wir unsere Tradition aufgeben und auch die Selbstbestimmung über unser Vermögen? Du bist ein Lügner. Wir treiben dich aus der Stadt. Wir würden Gott belügen, wenn wir zum Islam zurückkehren, nachdem Gott uns daraus errettet hat. Wenn wir dir folgen, sind wir verloren.“ Er sagte: „Ich habe einen Gottesbeweis und er hat mir seine Fürsorge versprochen. Im Rahmen meiner Möglichkeiten will ich für Ordnung sorgen. Gott bestimmt meinen Erfolg. Wollt ihr nicht gläubig werden? Ich verlange keinen Lohn von euch.“ Bedroht nicht an jeder Ecke die Gläubigen und haltet sie nicht vom Weg Gottes ab. Wünscht ihnen nicht die Abkehr vom Glauben. Die Gläubigen sollen sich daran erinnern, als sie noch eine kleine Gruppe waren. Gott hat sie inzwischen stark anwachsen lassen. Seht, was das Ende derer war, die Unheil anrichteten. Gott richtet zwischen den Gläubigen und den Ungläubigen. Die Ungläubigen erfasste ein Beben und am Morgen lagen sie tot am Boden. (7:65, 7:66, 7:67, 7:68, 7:69, 7:70, 7:71, 7:72, 7:85, 7:86, 7:87, 7:88, 7:89, 7:90, 7:91, 7:92, 7:93, 11:84, 11:85, 11:86, 11:87, 11:88, 26:176, 26:177, 26:178, 26:180, 29:35, 29:36, 29:37)>

<“Leute, euer Widerstand gegen mich wird hoffentlich nicht dazu führen, dass ihr dasselbe Schicksal erleidet wie das Volk Noahs, Huds, Salihs oder Lots. (11:89) Bittet Gott um Vergebung und werdet Gläubige.“ (11:90) Sie sagten: „Schu'aib, wir verstehen nicht, was du meinst. Wir sehen nur, dass du keine Macht hast. Wäre nicht dein Stamm, würden wir dich steinigen.“ (11:91) Schu'aib: „Ist mein Stamm mächtiger als Gott? Ist Gott die zweite Instanz für euch? Gott ist allwissend. (11:92) Macht, was ihr wollt. Auch ich gehe meinen Weg. Ihr werdet sehen, wer bestraft wird und wer irrt.“ (11:93) Als Gott sie vernichtete, rettete er Schu'aib und die Gläubigen. (11:94) Verflucht seien die Madyan und die Thamud. (11:95) >

<Auch die Leute von Al-Hidschr hielten den Gesandten Gottes für einen Lügner. (15:80) Gott zeigte ihnen seine Zeichen, aber sie wurden nicht gläubig. (15:81) Sie hatten ihre Häuser als Höhlen in die Berge eingehauen (15:82), doch eines Morgens wurden sie bestraft. (15:83) Ihr ganzes Hab und Gut nutzte ihnen nichts. (15:84)>

<Am Jüngsten Tag wird Gott fragen: „Wo sind nun meine Partner, von denen ihr immer gesprochen habt? (28:74) Aus jeder Gesellschaft wird Gott einen Zeugen holen und fordern: „Bringt mir euren Beweis.“ Dann werden sie erkennen, dass die Wahrheit Gott ist. Und alle ihre Theorien werden überholt sein. (28:75)>

<Korah gehörte zum Stamm des Moses. Er war gewalttätig und vermögend. Um seine Schätze zu tragen, brauchte es eine ganze Schar von Männern. Gott liebt nicht die, die frohlocken. (28:76) Stattdessen soll man mit dem, was einem Gott gegeben hat, nach einer Unterkunft im Jenseits suchen. Man soll aber auch nicht seine Aufgabe in dieser Welt vernachlässigen. Begehe kein Unheil, denn Gott liebt solche Menschen nicht. (28:77)>

<Korah: „Ich habe mein Vermögen auf Grund meines Wissens.“ Weiß er denn nicht, dass es andere vor ihm gab, die vermögender und gebildeter waren und von Gott vernichtet wurden. Beim Jüngsten Gericht werden die Sünder nicht lange nach den Details ihrer Sünden gefragt. (28:78) Als Korah mit seinem gesamten Schmuck zu den Menschen herauskam, sagten sie: „Wenn wir doch auch soviel Glück hätten wie er.“ (28:79) Wer aber aufgeklärt war, sagte: „Wer glaubt und gute Werke tut, bekommt Gottes Lohn. Das ist viel besser. Doch wer ungeduldig ist, bekommt ihn nicht. (28:80) Darauf ließ Gott den Korah in der Erde versinken und mit ihm sein Haus. Keiner konnte ihn vor Gott retten, auch nicht er selbst. (28:81) Diejenigen, die tags zuvor noch gerne an seiner Stelle gewesen wären, sagten: „Ja, es ist Gott, der nach seinem Willen den Wohlstand verteilt. Wäre Gott uns nicht gnädig gewesen, hätte er uns auch untergehen lassen, so wie es vermutlich den Ungläubigen ergeht. (28:82)>

<Die Quraisch sollen dem Herrn der Kaaba dienen (106:3), der ihnen zu essen gibt und ihnen Sicherheit gewährt. (106:4)>

<Den ungläubigen Thamud schickte Gott zur Prüfung ein Kamel. Salih, ein Bruder der Thamud sagte zu ihnen: „Dient dem einzigen Gott. Nun ist ein klarer Beweis von ihm zu euch gekommen: Dieses Kamel Gottes, das euch ein Zeichen geben soll. Lasst es auf Erden leben und tut ihm nicht Böses an.“ Sie selbst und das Kamel sollten wechselweise Wasser trinken. Doch sie waren ungläubig und sagten zu Salih; „Wenn du ein Gesandter Gottes bist, dann wird er jetzt seine Prophezeiungen wahr machen.“ Sie riefen ihren Anführer und der schnitt der Kamelstute die Sehnen durch. Was glaubt ihr, war Gottes Strafe war? Nur ein einziger Schrei blieb ihnen, dann waren sie vernichtet und nur noch Skelette. (7:73, 7:74, 7:75, 7:76, 7:77, 7:78, 11:64, 11:65, 11:66, 11:67, 11:68, 17:59, 26:155, 26:156, 26:157, 26:158, 54:27, 54:28, 54:29, 54:30, 54:31, 91:11, 91:12, 91:13, 91:14, 91:15)>

<Zu den Thamud kam der Prophet Salih, der sagte: „Ich verlange kein Geld. Dient nur Gott, der euch erschaffen hat, oder glaubt ihr unsterblich zu sein? Geschickt baut ihr eure Häuser an den Bergen. Folgt nicht denen, die nicht Maß halten, Unheil anrichten und keine guten Werke verrichten. Bittet Gott um Vergebung, glaubt an ihn und betet.“ „Salih, du warst unsere Hoffnung, doch jetzt willst du uns verwehren, das anzubeten, was bei uns Tradition ist. Du bist einem Zauber zum Opfer gefallen. Du bist nur ein Mensch wie wir auch. Wir sind verunsichert.“ „Wenn ich einen Beweis Gottes hätte –und dem ist so, was würde geschehen, wenn ich ihn leugne? Ihr würdet nur meinen Untergang fördern.“ (11:61, 11:62, 11:63, 26:141, 26:142, 26:143, 26:145, 26:146, 26:147, 26:148, 26:149, 26:151, 26:152, 26:153, 26:154)>

<Gott schickte Salih zu den Thamud, damit er sie auffordert, an Gott zu glauben. Doch sie spalteten sich in zwei Parteien. (27:45) Salih: „Warum wollt ihr das Schlechte lieber als das Gute haben? Bittet Gott um Vergebung.“ (27:46) Sie sagten: „Wir fürchten Böses von dir.“ Salih: „Ihr werdet von Gott geprüft.“ (27:47) Zu der Zeit waren neun Männer im Land, die Unheil im Land anrichteten und sich nicht bessern wollten. (27:48) Sie sagten: „Schwört bei Gott, dass wir Salih und seine Angehörigen überfallen und töten und dann den Hinterbliebenen sagen: ‚Wir wissen von nichts.’ So umgehen wir die Blutrache. Doch Gott hatte den besseren Plan. (27:49, 27:50) Gott vernichtete das ganze Volk (27:51, 27:52), errettete aber die Gläubigen. (27:53)>

<Weißt du nicht, was mit den Ad, dem Brudervolk der Ad's –den Huds, den Korahs, den Hamans, dem Volk des Noah, der Stadt Iram, den Heerscharen, den Thamud, den Gefährten von Madyan, die Leute des Brunnens, den Städten Sodom und Gomorrha und dem Volk des Pharao geschehen ist? Sie wurden aufgefordert, an Gott und nur an Gott zu glauben. Ihre Propheten verlangten kein Geld für die Predigten. Doch sie und die Offenbarungen Gottes wurden der Lüge bezichtigt. Gott kennt sie alle. Ihre Gesandten kamen mit Gottesbeweisen, doch sie blieben ungläubig und wollten ihre traditionellen Götter beibehalten. Sie fragten: „Sollen wir einem gewöhnlichen Menschen aus unseren Reihen folgen? Das wäre falsch und verrückt. Sollte einer von uns göttliche Offenbarungen bekommen haben? Nein, so einer ist ein unverschämter Lügner.“ Bald werden sie erfahren, wer der unverschämte Lügner ist. Sie drohten an, die Propheten zu vertreiben, wenn nicht auch sie zur alten Tradition zurückkehren. Sie wollten wahrnehmbare Beweise. Die Gläubigen [?] sollen nun in deren Städten leben, denn Gott bestrafte die Ungläubigen. Er tötete sie und zerstörte ihre Häuser, doch sie waren durch die Vernichtung anderer Städte in ihrer Umgebung gewarnt. Sie kamen doch immer wieder an solchen Städten vorbei. Deren Götzen konnten ihnen nicht helfen. Manche behaupteten sogar, ihre Götzen hätten die Propheten verwirrt. Gott ist aufmerksam, nichts fällt ihm schwer. (9:70, 11:50, 11:51, 11:52, 11:53, 11:54, 11:55, 11:56, 11:57, 11:58, 11:59, 11:60, 14:9, 14:10, 14:12, 14:13, 14:14, 14:15, 14:20, 25:38, 25:39, 25:40, 26:123, 26:124, 26:125, 26:126, 26:127, 26:128, 26:129, 26:130, 26:133, 26:134, 26:135, 26:136, 26:137, 26:138, 26:139, 29:38, 29:39, 41:13, 41:14, 41:15, 41:16, 41:17, 41:18, 46:21, 46:22, 46:23, 46:24, 46:25, 46:26, 46:27, 46:28, 51:41, 51:42, 51:43, 51:44, 51:45, 53:50, 53:51, 53:52, 53:53, 53:54, 54:18, 54:19, 54:20, 54:21, 54:23, 54:24, 54:25, 54:26, 69:4, 69:5, 69:6, 69:7, 69:8, 85:17, 85:18, 89:6, 89:7, 89:8, 89:9, 89:10, 89:11, 89:12,

89:13, 89:14)>

<Die Geschichte von Thu-l-Qarnain [zwei Hörner]. (18:83) Gott hatte ihm Macht und Möglichkeiten gegeben und er schlug seinen Weg ein (18:84, 18:85), bis zu dem Punkt, wo die Sonne untergeht. Dort sah er sie in schlammigem Wasser untergehen und fand auch Menschen, die dort lebten. Gott sagte zu Thu-l-Qarnain: „Bestrafe sie oder behandle sie mit Güte." (18:86) Er antwortete: „Wer sündigt, wird bestraft. Dann kommt er zu Gott zurück und wird von ihm noch einmal ganz grässlich bestraft. (18:87) Wer aber gläubig ist und Gutes tut, kommt ins Paradies und zu ihm wird freundlich gesprochen. (18:88) Thu-l-Qarnain ging seinen Weg weiter (18:89), bis er an den Ort kam, wo die Sonne aufgeht. Dort fand er Menschen, die keinen Schutz vor ihr hatten. (18:90) Gott weiß, wie es Thu-l-Qarnain ging. (18:91) Dieser ging weiter, bis er zwischen zwei Wällen ankam. Dort fand er Leute, die er kaum verstand. (18:92, 18:93) Sie sagten: „Gog und Magog richten Unheil an. Wir überlegen uns, dir Geld zu geben, damit du einen Wall zwischen uns und Gog und Magog errichtest." (18:94) Thu-l-Qarnain antwortete: „Die Macht, die mir Gott gegeben hat, ist besser. Helft mir mit eurer Kraft diesen Damm zu errichten. (18:95) Bringt mir Eisenstücke." Als der Wall errichtet war, sagte er: „Zündet das Feuer an. Und bringt mir geschmolzenes Kupfer, das ich darüber gieße." (18:96) So konnten sie nicht die Dämme hochgehen oder sie durchbrechen. (18:97) Das war eine Barmherzigkeit Gottes. Doch wenn seine Prophezeiung in Erfüllung geht, werden die Dämme zu Staub zerfallen. (18:98) Dann wird Gott die Parteien gegeneinander anstürmen lassen. Dann werden alle bei Gott versammelt. (18:99)>

Das Sabbatgebot

<Das ist die Geschichte von der Übertretung des Sabbatgebots. Frag' die Juden nach der Stadt, die am Meer lag und frag' sie nach dem Ereignis am Sabbat. Gewöhnlich kamen an diesem Tag die Fische von alleine zu ihnen. Als sie aber den Sabbat entweihten, kamen sie nicht. So prüft Gott, wer sündigt. Gott zu den Sündern: „Seid nun verachtete Affen." (2:65, 2:66, 7:163)

Die sinnlose Predigt

Und als einige unter ihnen [?] sagten: „Warum klärt ihr Leute auf, die Gott vernichten oder bestrafen will", da sagten die Prediger: „Wir tun das zur Entschuldigung vor Gott und damit sie gläubig werden." (7:164) Als die Ermahnten vergaßen, womit sie ermahnt wurden, da rettete Gott jene, die das Böse verhindert hatten und bestrafte die anderen, weil sie gesündigt hatten. (7:165) Und als sie immer noch taten, was verboten war, da sagte Gott: „Werdet nun nichtsnutzige Affen!" (7:166)>

Eröffnungen

<Alif Lam Mim Sad (2:1, 3:1, 7:1, 29:1, 30:1, 31:1, 32:1)>

<Ha Mim. (40:1, 41:1, 42:1, 43:1, 44:1, 45:1, 46:1)>

<Kaf Ha Ya Ain Sad. (19:1)>

<Ta Ha. (20:1)>

<Ya Sin. (36:1)>

Tsm. [Ta sin Mim – Der Erhabene] (28:1)

<Gelobt sei Gott, der Himmel und Erde erschaffen und die Finsternisse und das Licht gemacht hat. Trotzdem gibt es Ungläubige, die Gott Götzen zur Seite stellen. (6:1)>

<Alif Lam Ra. Dies sind die Verse des Koran, von Gott verkündet. Es ist die Wahrheit, doch die meisten Menschen glauben es nicht. (10:1, 11:1, 12:1, 13:1, 15:1, 26:1, 27:1)

<Bei denen, die in Reih und Glied stehen [Bei den Engeln?] (37:1) und denen, die grob zurechtweisen (37:2) und denen, die eine Ermahnung verlesen. (37:3)>

<Sad. Beim Koran mit seinen Ermahnungen. (38:1)>

<Hm. (42:1) Ain Sin Sqaaf. (42:2) So offenbart Gott, der erhabene, der allweise, dir und denen, die vor dir lebten. (42:3)>

<Bei dem deutlichen Buch. (43:2, 44:2)>

<Qaf. Beim ruhmvollen Koran (50:1)>

<Beim Stern, wenn er stirbt. (53:1)>

<Bei den wirbelnden Winden (51:1), den Last tragenden Wolken (51:2), den leicht schwebenden (51:3) und denen, die eine Verteilung vornehmen. [?] (51:4)>

<Bei dem Berge (52:1) und bei dem Buche, das geschrieben ist (52:2) auf feinem, ausgebreitetem Pergament (52:3) und bei dem viel besuchten Haus [Kaaba] (52:4) und bei der hochgehobenen Decke (52:5) und beim Meer mit seinen Wassermassen. [?] (52:6)>

<Beim Schreibrohr und bei dem, was es niederschreibt. (68:1)>

<Die Stunde der Wahrheit. (69:1) Was bedeutet das? (69:2) Wie kannst du wissen, was das bedeutet? (69:3)>

<Oh du Verhüllter. (73:1) Oh du Bedeckter. (74:1)>

<Bei den Windstößen, die einander folgen (77:1) und bei den Stürmen (77:2) und bei den [Engeln?], die stets die Wolken verbreiten (77:3) und (77:4) den Menschen eine Mahnung zustellen (77:5), um zu entschuldigen oder zu warnen. (77:6) >

<Beim Himmel mit seinen Türmen [die Tierkreiszeichen?] (85:1) und beim verheißenen Tag (85:2) und beim Zeugen und beim Bezeugten. (85:3)>

<Bei dem Himmel und dem Morgenstern. (86:1) Woher kennst du den Morgenstern, den Stern mit dem gleißenden Licht? (86:2)>

<Beim Himmel mit seiner Wiederkehr [oder, bei der Wolke die Regen sendet] (86:11) und bei der Erde, die sich spaltet. (86:12)>

<Kennst du die Geschichte des Jüngsten Gerichts? (88:1)>

<Bei der Morgenröte (89:1) und bei den zehn Nächten (89:2) und bei den geraden und ungeraden Zahlen (89:3) und bei der Nacht, wenn sie vergeht. (89:4) Ist dies nicht [eine Anregung] für einen, der Verstand hat, ein Schwur? (89:5)>

<Nein doch. Ich schwöre bei Mekka (90:1) und du wohnst ja in Mekka (90:2) und ich schwöre bei jedem Vater und bei dem, was er gezeugt hat. (90:3)>

<Bei der Sonne und bei ihrem Morgenlicht (91:1) und beim Mond, wenn er ihr folgt (91:2) und beim Tag, wenn er sie erstrahlen lässt (91:3) und bei der Nacht, wenn sie sie bedeckt (91:4) und beim Himmel und bei dem, der ihn errichtet hat (91:5) und bei der Erde und bei dem, der sie ausgebreitet hat (91:6) und bei jeder menschlichen Seele und bei dem, der sie gebildet hat (91:7) und ihr den Sinn für ihre Sündhaftigkeit und für ihre Gottesfurcht eingegeben hat. (91:8)>

<Bei der Nacht, wenn sie zudeckt (92:1) und beim Tag, wenn er erstrahlt (92:2) und bei dem, der das Männliche und das Weibliche erschaffen hat. (92:3)>

<Beim Morgen (93:1), beim Nachmittag (103:1) und bei der Nacht, wenn alles still ist. (93:2)>

<Beim Feigenbaum und beim Ölbaum (95:1) und beim Berge Sinai (95:2) und bei dieser sicheren Ortschaft. [Mekka?] (95:3)>

<Bei denen, die keuchend laufen (100:1), die Feuerfunken schlagen (100:2), frühmorgens anstürmen (100:3) und damit Staub aufwirbeln (100:4) und so in die Mitte des Feindes eindringen. (100:5)>

<Die Quraisch (106:1) und ihrer Vorliebe zur Reise in der Karawane des Winters und des Sommers. (106:2)>

Poesie

<Will einer von euch einen Garten mit Palmen und Weinstöcken haben, in dem Bäche fließen und Früchte wachsen? Im Alter hat er aber noch kleine Kinder und eines Tages kommt ein heißer Sturm und verbrennt alles. So macht Gott euch seine Zeichen [Verse] deutlich. Denkt darüber nach. (2:266)>

<Es gibt kein Getier auf Erden und keinen Vogel, der auf seinen zwei Flügeln fliegt, die nicht Gemeinschaften wären, so wie ihr [Menschen]. Nichts hat Gott im Koran ausgelassen. (6:38)>

<Wenn die Sonne verdunkelt ist (81:1, 82:1, 84:1, 84:2, 84:5) und wenn die Sterne trüb sind (81:2, 82:2), wenn sich die Berge bewegen (81:3, 84:3), wenn die trächtigen Kamelstuten vernachlässigt werden (81:4), wenn sich die wilden Tiere versammeln (81:5), wenn die Meere zu einem Flammenmeer werden (81:6, 82:3), wenn die Seelen mit den Körpern vereinigt werden (81:7, 82:4, 84:4, 84:5), wenn die getöteten Mädchen (81:8) gefragt werden, warum sie verschafft wurden (81:9), wenn das Buch der menschlichen Handlungen verlesen wird (81:10, 82:5), wenn der Himmel weggezogen wird (81:11), wenn das Höllenfeuer entzündet wird (81:12), wenn das Paradies geöffnet wird (81:13), wird jeder wissen, wie seine Taten abgerechnet werden. (81:14, 84:6, 84:7, 84:8)>

<Die Werke der Ungläubigen sind wie eine Fata Morgana. Der Dürstende hält sie für Wasser, doch kommt er seinem vermeintlichem Ziel nahe, so verschwindet es. Doch auf dem Weg dahin begegnet er Gott, der mit ihm abrechnet. (24:39) Die Werke der Ungläubigen sind wie die Finsternis im tiefen Meer. Eine Woge über der anderen, eine Finsternis über der anderen. Wenn man seine Hand ausstreckt, kann man sie nicht sehen. Wem Gott kein Licht gibt, der hat keines. (24:40)>

<Gott ist der Herr des Sirius. (53:49)>

<Oh du ruhige Seele (89:27), kehre zurück zu Gott. (89:28) Schließ dich dem Kreis der Diener Gottes an (89:29) und komm ins Paradies. (89:30)>

<Weißt du nicht wie Gott mit den Leuten des Elefanten verfahren ist? (105:1) Hat er nicht ihre List misslingen lassen (105:2) und Vögel in Scharen gesandt (105:3), die sie mit brennenden Steinen bewarfen (105:4) und sie dadurch wie abgefressene Saat gemacht? (105:5)>

<Wenn die Erde erbebt (99:1) und wenn sie ihre Toten herausgibt (99:2) und der Mensch sagt: „Was ist geschehen?“ (99:3) An jenem Tage wird die Erde ihre Geschichten erzählen (99:4), so wie Gott es ihr eingegeben hat. (99:5) An jenem Tage kommen die Menschen hervor, damit ihnen ihre Werke gezeigt werden. (99:6) Wer auch nur eines Stäubchens Gewicht Gutes tat, der wird es dann sehen. (99:7) Und wer auch nur eines Stäubchens Gewicht Böses tat, der wird es dann sehen. (99:8)>

<Der Mensch ist Gott nicht dankbar (100:6), denn (100:7) er ist von großer Liebe zu irdischen Gütern erfüllt. (100:8) Weiß er denn nicht, wenn der Inhalt der Gräber herausgeworfen wird (100:9), dass Gedanken und Gesinnungen zum Vorschein kommen (100:10) und dass Gott sie kennt? (100:11)>

<Und was lässt dich wissen, was Al-Qari'a [die Polternde] ist? (101:1, 101:2, 101:3) Am Tag, da die Menschen gleich verstreuten Motten sein werden (101:4) und die Berge gleich zerzauster Wolle

(101:5), da wird der, dessen gute Taten schwer wiegen (101:6), ein Wohlleben genießen. (101:7) Um die anderen aber (101:8) ist es geschehen, (101:9) loderndes Feuer. (101:10, 101:11)>

<Aber nein! Ihr werdet es bald erfahren. (102:3, 102:4) Aber nein! Wenn ihr doch schon jetzt Gewissheit hättet. (102:5) Ihr werdet die Hölle sehen. (102:6) Doch, ihr sollt sie noch mit dem Auge der Gewissheit sehen. (102:7) Dann werdet ihr nach dem Genuss eures Erdenlebens befragt. (102:8)>

<Wehe jedem Nörgler und Verleumder (104:1), der ein Vermögen zusammenträgt und es immer wieder zählt. (104:2) Er meint, dass sein Vermögen ihn unsterblich mache. (104:3) Aber nein! Er wird wahrlich ins Höllenfeuer geschleudert werden. (104:4) Wie kannst du wissen, was das Höllenfeuer ist? (104:5) Es ist das Feuer Gottes (104:6), das bis zum Herz vordringt. (104:7) Flammen (104:8) so groß wie Säulen. (104:9)>

<Gott ist der Herr der beiden Osten und der Herr der beiden Westen. (55:17) Ihm gehören die hochragenden Schiffe auf dem Meer, gleich Berge. (55:24) Alles wird vergehen (55:26), nur das Angesicht Gottes bleibt bestehen. (55:27) Ihn bitten alle, die im Himmeln und auf Erden sind. Er ist tagtäglich in jeglichem Einsatz. (55:29) Bald wird Gott sich um euch kümmern, ihr beiden Mächte. [?] (55:31) Engel und Menschen, wenn ihr imstande seid, die Grenzen des Himmels und der Erde zu durchdringen, dann tut das. Doch ihr werdet nicht imstande sein, es sei denn mit der Macht Gottes. (55:33) Entsandt werden soll gegen euch eine lodernde Flamme aus Feuer und Kupfer; dann werdet ihr beide euch nicht zu helfen wissen. (55:35) Der Moment, in dem sich der Himmel spaltet und rot wird, wie rotes Fell. (55:37) An jenem Tag werden Engel und Menschen nach ihrer Schuld gefragt. (55:39) Die Sünder erkennt man an ihren Zeichen und packt sie am Schopf und an den Füßen. (55:41) Das ist die Hölle, an die die Sünder nicht glaubten. (55:43) Zwischen ihr und siedend heißem Wasser werden sie die Runde machen. (55:44) Den Gottesfürchtigen aber werden zwei Gärten zuteil. (55:46) In beiden Gärten wachsen verschiedene Arten. (55:48) In beiden Gärten fließen zwei Quellen. (55:50) Darin wird es von jeder Frucht zwei Arten geben. (55:52) Sie ruhen auf Kissen aus Brokat und genießen die Früchte der beiden Gärten, die nahe zur Hand sind. (55:54)>

<Welche der Wohltaten eures Herrn wollt ihr leugnen? (40:81, 53:55, 55:13, 55:16, 55:18, 55:23, 55:25, 55:28, 55:30, 55:32, 55:34, 55:36, 55:38, 55:40, 55:42, 55:45, 55:47, 55:49, 55:51, 55:53, 55:55)>

<Die wahre Verheißung naht. Dann werden die Augen der Ungläubigen starr: „Oh je, das haben wir nicht geahnt. Wahrhaftig, wir haben gesündigt." (21:97) Gott: „Ihr und das, was ihr statt meiner anbetet, seid Brennstoff für die Hölle. (21:98) Wären eure Götter wahre Götter, wäret ihr nicht hier, doch nun müsst ihr alle in der Hölle bleiben. (21:99) Darin werdet ihr stöhnen, doch niemand wird euch hören. (21:100) Wer aber von Gott für das Paradies vorgesehen ist, wird von der Hölle ferngehalten (21:101), der wird nicht den leisesten Ton von dort hören, während sie dort verweilen, was ihre Seelen begehren. (21:102) Das Jüngste Gericht wird sie nicht einschüchtern und die Engel werden ihnen begegnen und sagen: „Das ist der Tag, der euch verheißen wurde." (21:103)>

<Bei den mit aller Macht Ziehenden (79:1) und den leicht Emporschwebenden (79:2) und den sich in Eile Entfernenden (79:3) und denen, die zuvorkommen (79:4) und jenen, die befehlen. (79:5) [oder Die Engel, die den Sündern bei ihrem Tod ihre Seele mit Gewalt entreißen. Die Engel, die den Gläubigen bei ihrem Tod ihre Seele leicht davon tragen oder Beschreibung der Freunde Mohammeds bei der Verbreitung des Islam?]

Die Engel

<Gott erwählt aus Engeln und Menschen Gesandte. (22:75) Die Engel stehen nahe bei Gott. Sie sind nicht hochmütig. Sie dienen ihm. Sie preisen ihn unermüdlich, Tag und Nacht, und werfen sich vor ihm nieder. (7:206, 41:38)>

<Gott sendet die Engel mit den Offenbarungen zu wem er will. „Warnt die Menschen, dass es nur einen Gott gibt und den sollen sie zum Beschützer nehmen." (16:2) Gott sendet Engel nur, wenn die Stunde gekommen ist [aus triftigem Grund] und dann gibt es keinen Aufschub. (15:8) Die Engel kommen nur auf den Befehl Gottes. Gott gehört alles. Gott vergisst nichts. (19:64)>

<Gott segnet euch und seine Engel beten für euch, damit ihr Menschen aus der Dunkelheit zum Licht geführt werdet. (33:43)>

<Die Engel tragen den Thron Gottes. Sie verehren Gott, sind gläubig und bitten um Vergebung für jene, die gläubig sind: „Gott, du umfasst alle Dinge mit Barmherzigkeit und Wissen. Vergib denen, die bereuen und deinem Weg folgen. Bewahre sie vor der Strafe der Hölle." (40:7)>

<Sprich: „Mir wurde offenbart, dass eine Schar der Engel beim Vortrag des Korans zuhörte und dann sagte: „Wahrlich, wir haben einen wunderbaren Koran gehört. (72:1) Er führt auf den rechten Weg. Wir Engel glauben daran und wir werden unserem Herrn nie jemanden zur Seite stellen. (72:2) Wir haben gehört, dass unser Herr - erhaben ist er - sich weder Gattin noch Sohn genommen hat (72:3) und dass die Dummen unter uns abscheuliche Lügen über Gott zu äußern pflegten. (72:4) Wir nahmen an, dass weder Menschen noch Engel je eine Lüge über Gott sprechen würden. (72:5) Einige der Menschen suchten Schutz bei bestimmten Engeln, die sie in ihrer Schlechtigkeit bestärkten. (72:6) Sie dachten, ebenso wie ihr denkt, Gott würde nie die Toten auferwecken. (72:7)>

<Wir Engel [?] haben den Himmel abgesucht und fanden strenge Wächter [Sterne] mit Feuerschweif. (72:8) Früher haben wir an der Himmelspforte gelauscht. Heute aber lauert ein Feuer. (72:9) Wir wissen nicht, ob den Menschen auf Erden etwas Böses droht oder ob Gott ihnen Gutes zukommen lassen will. (72:10) Manche unter uns sind rechtschaffen, doch andere weit davon entfernt. Wir sind Gruppen, die verschiedene Wege gehen. (72:11) Wir können uns dem Zugriff Gottes nicht entziehen. (72:12) Als wir den Koran vernahmen, da glaubten wir daran. Und der, der an Gott glaubt, muss weder Verluste noch Unrecht befürchten. (72:13) Manche unter uns sind Gott ergeben, andere sind vom rechten Weg abgekommen. Die sich Gott ergeben haben, haben den rechten Weg gefunden. (72:14) Die anderen kommen in die Hölle. (72:15) Wer den rechten Weg einhält, den wird Gott mit reichlich Wasser versorgen (72:16), um damit zu prüfen [?], wer sich an die Gesetze Gottes hält. Die Sünder werden schwer bestraft. (72:17) Die Kultstätten sind nur für Gott da. Betet daher keine anderen Götter an. (72:18)>

<Und als Mohammed aufstand, um zu Gott zu beten, umdrängten ihn die Engel und hätten ihn fast erdrückt. (72:19) Sprich: „Ich rufe einzig meinen Herrn an, und ich stelle Ihm niemanden zur Seite. (72:20) Ich habe nicht die Macht, euch Schaden oder Nutzen zuzufügen. (72:21) Keiner kann mich vor Gott beschützen, noch kann ich eine Zuflucht außer bei Ihm finden. (72:22) Wenn die Ungläubigen das sehen, was ihnen angedroht wurde, so werden sie erfahren, wer die schwächeren Helfer hat. (72:24) Ich weiß nicht, ob das euch Angedrohte nahe ist oder ob mein Herr eine lange Frist dafür angesetzt hat." (72:25)>

<Gott: „Ich wusste nichts von Engeln, die untereinander stritten.“ (38:69)>

<Gott: „Wer hat die Engel angebetet?“ (34:40) Die Engel: „Gelobt sei Gott. Dich haben wir zum Freund, nicht sie. Nein, den Teufel haben sie verehrt.“ (34:41) Heute sollt ihr euch weder schaden noch nützen, doch die Sünder, die die Hölle leugneten, kommen genau dorthin. (34:42)>

<Wenn die Engel Gott preisen und um Vergebung für die Menschen bitten, dann krümmt sich der Himmel so sehr, dass er fast zusammenstürzt. (42:5)>

<Aus Furcht verehren der Donner und die Engel Gott. Und dennoch streiten die Ungläubigen über Gott, wo er doch so gewaltig ist. (13:13)>

<Die Engel werden rund um den Thron stehen, wo sie Gott preisen, während über die Menschen [?] geurteilt wird. (39:75)>

<Die Engel stehen in Reih und Glied (37:165) und preisen Gott (37:166) und die Ungläubigen klagen: (37:167) „Hätten wir nur eine Mahnung von unseren Vorfahren erhalten (37:168), dann wären wir heute Gottes erwählte Diener.“ (37:169)>

<Gott zu den Engeln: „Werft euch vor Adam nieder.“ Alle, bis auf Iblis, folgten dem Befehl. Der war ein Teufel. Er versündigte sich, indem er dem Befehl Gottes nicht nachkam. Gott zu den Menschen: „Wollt ihr nun ihn und seine Nachkommen an meiner Statt euch zu Verbündeten nehmen, obwohl sie doch Feinde der Menschen sind? Ein schlechter Tausch den die Sünder machen. (18:50) Ich habe die Teufel weder bei der Erschaffung des Universums noch bei ihrer eigenen Erschaffung dabei gehabt. Ich nehme mir doch keine Helfer, die die Menschen in die Irre führen (18:51)>

Sure 74, Beispiel einer wörtlichen Übersetzung

Der du dich zugedeckt hast. (74:1) Erhebe dich und warne (74:2) und verherrliche deinen Herrn. (74:3) Reinige deine Kleider (74:4) und meide die Unreinheit. (74:5) Sei nicht wohltätig in Erwartung von Gegengaben, so dass du dir mehr verschaffst. (74:6) Sei standhaft um deines Herrn willen. (74:7)>

<Wenn schließlich in das Horn gestoßen wird (74:8), ist das dann ein schwerer Tag (74:9) für die Ungläubigen, kein leichter. (74:10) Lass mich mit dem, den ich als Einsamen geschaffen habe (74:11) und dem ich Besitz in Fülle verlieh (74:12) und Söhne, die immer zugegen waren (74:13) und für den ich alle Bequemlichkeit bereitete. (74:14) Dennoch wünscht er, dass ich noch mehr gebe. (74:15)>

<Nein, er ist unseren Zeichen feindlich gesonnen gewesen. (74:16) Ich werde ihm bald schreckliche Mühsal aufbürden. (74:17) Er sann und wog ab. (74:18) Verderben über ihn. Wie wog er ab? (74:19) Wiederum Verderben über ihn. Wie wog er ab? (74:20) Dann schaute er, (74:21) dann runzelte er die Stirn und blickte finster (74:22), dann wandte er sich ab und wurde hochmütig (74:23) und sagte: „Das ist nichts als Zauberei, die überliefert wurde. (74:24) Das ist nur ein Menschenwort." (74:25) Bald werde ich ihn in der Hitze brennen lassen. (74:26) Nein, bei dem Mond (74:32) und bei der Nacht, wenn sie zu Ende geht (74:33) und bei dem Morgen, wenn er anbricht. (74:34)

Sie ist vom Schrecklichsten (74:35), eine Warnung für die Menschen (74:36), für die unter euch, die vorankommen oder zurückbleiben wollen. (74:37) Ein jeder wird für das aufkommen, was er vorausgeschickt hat (74:38), ausgenommen die von der Rechten (74:39), die einander in Gärten fragen (74:40) nach den Schuldigen: (74:41) „Was hat euch in die Hitze gebracht?" (74:42) Sie sagen: „Wir waren nicht bei denen, die beteten (74:43), noch speisten wir die Armen. (74:44) Und wir ließen uns ein im Geschwätz mit den Schwätzern. (74:45) Und wir pflegten den Tag des Gerichts zu leugnen (74:46), bis der Tod uns ereilte." (74:47)>

<Darum wird ihnen die Fürsprache der Fürsprecher nichts nützen. (74:48) Was ist ihnen denn, dass sie sich von der Ermahnung abwenden (74:49), als wären sie erschreckte Esel (74:50), die vor einem Löwen fliehen. (74:51) Jeder von ihnen möchte, dass man ihm ausgebreitete Blätter gibt. (74:52) Nein, sie fürchten nicht das Jenseits. (74:53) Nein, er ist eine Erinnerung. (74:54) Wer will, denkt dran. (74:55) Aber sie denken nicht daran, es sei denn, Gott will es. Ihm steht zu, dass man ihn fürchtet. Ihm steht es zu, zu vergeben. (74:56)

Namen der Suren

Sure 1, Die Öffnung (Al-Fatihah), Vers 1-7
Sure 2, Die Kuh (Al-Baqarah), Vers 1-286
Sure 3, Das Haus Ìmráns (Al-Imran), Vers 1-200
Sure 4, Die Frauen (An-Nisa)Vers 1-176
Sure 5, Der Tisch (Al-Maedah), Vers 1-120
Sure 6, Das Vieh (Al-Anam), Vers 1-165
Sure 7, Die Höhen (Al-Aaraf), Vers 1-206
Sure 8, Die Verderblichkeit des Krieges (Al-Anfal), Vers 1-75
Sure 9, Die Reue (At-Taubah), Vers 1-129
Sure 10, Jonas (Yünus), Vers 1-109
Sure 11, Hüd, Vers 1-123
Sure 12, Joseph (Yusuf), Vers 1-111
Sure 13, Der Donner (Ar-Rad), Vers 1-43
Sure 14, Abraham (Ibrahim), Vers 1-52
Sure 15, Der steinige Teil (Al-Hidschr), Vers 1-99
Sure 16, Die Biene (An-Nahl), Vers 1-128
Sure 17, Die Nachtwanderung (Al-Israa), Vers 1-111
Sure 18, Die Höhle (Al-Kahf), Vers 1-110
Sure 19, Maria (Maryam), Vers 1-98
Sure 20, Ta Ha, Vers 1-135
Sure 21, Die Propheten (Al-Anbiya), Vers 1-112
Sure 22, Die Pilgerfahrt (Al-Hadsch), Vers 1-78
Sure 23, Die Gläubigen (Al-Mominün), Vers 1-118
Sure 24, Das Licht (An-Nür), Vers 1-64
Sure 25, Die Rettung (Al-Furqan), Vers 1-77
Sure 26, Die Dichter (Ash-Shuara), Vers 1-227
Sure 27, Die Ameisen (An-Naml), Vers 1-93
Sure 28, Die Erzählung (Al-Qasas), Vers 1-88
Sure 29, Die Spinne (Al-Ankabüt), Vers 1-69
Sure 30, Die [Römer] Byzantiner (Ar-Rüm), Vers 1-60
Sure 31, Der Weise (Luqman), Vers 1-34
Sure 32, Die Anbetung (As-Sadschdah), Vers 1-30
Sure 33, Die Verbündeten (Al-Ahzab), Vers 1-73
Sure 34, Die Sabäer (Saba), Vers 1-54
Sure 35, Der Urspung der Schöpfung (Fatir), Vers 1-45
Sure 36, Ja-Sin, Vers 1-83
Sure 37, Jene die sich eingereiht haben (As-Saffat), Vers 1-182
Sure 38, Sad, Vers 1-88
Sure 39, Die Gruppen (Az-Zumar), Vers 1-75
Sure 40, Der vergibt (Al-Mumin), Vers 1-85
Sure 41, Fussilat, Vers 1-54
Sure 42, Die Beratung (Asch-Schüra), Vers 1-53
Sure 43, Der Prunk (Az-Zuchruf), Vers 1-89
Sure 44, Der Rauch (Ad-Duchan), Vers 1-59
Sure 45, Das Knienden (Al-Dschathiyah), Vers 1-37
Sure 46, Al-Ahqaf, Vers 1-35
Sure 47, Mohammed, Vers 1-38
Sure 48, Der Sieg (Al-Fath), Vers 1-29
Sure 49, Die Wohnungen (Al-Hudschurat), Vers 1-18
Sure 50, Qaf, Vers 1-45
Sure 51, Die Winde (Al-Dhariyat), Vers 1-60
Sure 52, Der Berg (At-Tür), Vers 1-49

Sure 53, Der Stern (An-Nadschm), Vers 1-62
Sure 54, Der Mond (Al-Qamar), Vers 1-55
Sure 55, Der Barmherzige (Ar-Rahman), Vers 1-78
Sure 56, Das unvermeidliche Ereignis (Al-Waqeah), Vers 1-95
Sure 57, Das Eisen (Al-Hadid), Vers 1-29
Sure 58, Der Streit (Al-Mudschadelah), Vers 1-22
Sure 59, Die Versammlung (Al-Haschr), Vers 1-24
Sure 60, Die Prüfung (Al-Mumtahanah), Vers 1-13
Sure 61, Das Schlachtfeld (As-Saff), Vers 1-14
Sure 62, Die Freitagsversammlung (Al-Dschumuah), Vers 1-11
Sure 63, Die Heuchler (Al-Munafeqün), Vers 1-11
Sure 64, Die Übervorteilung (At-Taghabun), Vers 1-18
Sure 65, Die Trennung (At-Talaq), Vers 1-12
Sure 66, Das Verbot (At-Tahrim), Vers 1-12
Sure 67, Die Herrschaft (Al-Mulk), Vers 1-30
Sure 68, Der Stift (Al-Qalam), Vers 1-52
Sure 69, Die Realität (Al-Haqqah), Vers 1-52
Sure 70, Die Wege des Aufstiegs (Al-Maaridsch), Vers 1-44
Sure 71, Noah (Nüh), Vers 1-28
Sure 72, Der Engel (Al-Dschinn), Vers 1-28
Sure 73, Der in Gewänder Gekleidete (Al-Muzzammil), Vers 1-20
Sure 74, Der Verhüllte (Al-Muddassir), Vers 1-56
Sure 75, Die Auferstehung (Al-Qiyamah), Vers 1-40
Sure 76, Der Mensch (Al-Insan), Vers 1-31
Sure 77, Die gesandt werden (Al-Mursalat), Vers 1-50
Sure 78, Die Verkündung (An-Naba), Vers 1-40
Sure 79, Die Ausreißer (Al-Nazeat), Vers 1-46
Sure 80, Der die Stirn runzelt (Abasa), Vers 1-42
Sure 81, Das Einhüllen (At-Takwir), Vers 1-29
Sure 82, Die Trennung (Al-Inferar), Vers 1-19
Sure 83, Der Betrüger (Al-Mutafifin), Vers 1-36
Sure 84, Der Zerfleischende (Al-Incheqaq), Vers 1-25
Sure 85, Die Burgen (Al-Burüdsch), Vers 1-22
Sure 86, Der nächtliche Besucher (At-Tariq), Vers 1-17
Sure 87, Der Allerhöchste (Al-Ala), Vers 1-19
Sure 88, Das bedeutende Ereignis (Al-Ghaschiyah), Vers 1-26
Sure 89, Die Morgendämmerung (Al-Fadschr), Vers 1-30
Sure 90, Die Stadt (Al-Balad), Vers 1-20
Sure 91, Die Sonne (Asch-Schams), Vers 1-15
Sure 92, Die Nacht (Al-Läl), Vers 1-21
Sure 93, Der Morgen (Ad-Duha), Vers 1-11
Sure 94, Die Verbreitung (Asch-Scharh), Vers 1-8
Sure 95, Die Feige (At-Tin), Vers 1-8
Sure 96, Der Embryo (Al-Alaq), Vers 1-19
Sure 97, Die Bestimmung (Al-Qadr), Vers 1-5
Sure 98, Der klare Beweis (Al-Bayyinah), Vers 1-8
Sure 99, Das Beben (Az-Zalzalah), Vers 1-8
Sure 100, Die Laufenden (Al-Adiyat), Vers 1-11
Sure 101, Der Tag des Geschreis (Al-Qareah), Vers 1-11
Sure 102, Die Anhäufung (At-Takathur), Vers 1-8
Sure 103, Der Nachmittag (Al-Asr), Vers 1-3
Sure 104, Der Intrigant (Al-Humazah), Vers 1-9
Sure 105, Der Elefant (Al-Fil), Vers 1-5
Sure 106, Die Quraisch, Vers 1-4

Index Sure : Vers Seite